교육서비스 경영

김대열은 연세대에서 교육학 석사를 취득하고 한양대에서 교육학 박사 과정을 수료하였으며, 현재 ㈜창공교육컨설팅 대표이사와 가천대 경영대학원 겸임교수로 재직 중이다. 국가전문자격 경영지도사(마케팅)를 포함하여 교육, 경영, HR, Marketing 관련 다양한 자격과 reference를 보유하고 있으며, 중소벤처기업부, 중소기업진흥공단, 소상공인진흥공단, 중소기업중앙회, 서민금융진흥원 등 다양한 유관기관에서 중소기업 및 소상공인 대상 경영컨설팅 강의와 경영 진단 및 자문을 수행하고 있다. 사회공헌활동 및 대외활동으로 한국사교육연구협의회 연구소장, 서울평생교육연합 이사 등의 활동에 임하고 있다. 주된 연구 분야는 교육서비스 개발 및 측정, 교육기업 경영 전략 수립과 조직관리, 인적자원개발 및 관리, 마케팅 프로그램 수립이며, 관심 분야와 관련하여 활발한 연구 및 저술 활동을 하고 있다. 대표 논저로는 「국내 사교육 연구동향 분석」, 「한국 사교육 산업 발전사」, 「마케팅관리론」, 「완벽한 혼공법」, 「국내 직무 역량 연구동향 분석」, 「진로진학컨설턴트의 개인배경과 전문성에 대한 인식이 직무만족 및 직무몰입에 주는 영향요인 분석」, 「교육서비스 기업의 교육리더십이 학습조직화에 미치는 영향: 자기효능감의 조절효과」 등이 있다.

이메일 ipsitong@gmail.com

Educational Service Management

교육서비스 경영

김대열

좋은땅

서문

교육서비스 시장은 불확실한 환경에도 불구하고 나날이 변화하고 발전하고 있다. 이는 아무리 시대가 변하여도 교육과 학습을 통해 오랫동안 성장하고픈 인간의 기본적인 욕구가 존재하기 때문이다. 이에 통계청은 전체 산업의 범주에 교육서비스업을 포함시켜 그 규모를 정기적으로 파악하는데, 이는 교육서비스를 하나의 산업으로 인식하는 현상이다. 즉, 교육서비스업은 하나의 면모를 가진 산업 영역이자 이미 깊이 자리매김한 큰 시장으로 볼 수 있다.

그럼에도 불구하고 교육서비스에 대한 깊은 연구와 고찰은 여전히 부족하다. 가장 큰 이유는 교육서비스를 개념화하고 구분할 기준이 모호하기 때문이다. 한국표준산업분류는 교육서비스업을 초·중·고등학교, 성인교육기관, 교육지원업까지 교육과 관련된 여러 형태를 명확한 구분 없이 포괄적으로 분류하고 있다. 따라서 의무 교육 영역인 공교육과 자발적인 교육 투자 영역인 교육서비스가 혼재되어 있어 산업의 구분 자체가 불명확하다. 이로 인해 교육서비스 공급과 수요의 주체를 누구로 할 것인지, 어떤 가치와 목적을 추구할 것인지에 대한 설명도 제각각이다. 심지어 초·중·고등학생 대상의 교육서비스는 사교육이라는 이름으로 불필요한 존재로 문제시되고 여러 고려 없이 단순히 줄여야 할 경감의 대상으로 인식되어 그 필요성과 긍정적 효과에 대한 논의조차 어렵다.

그러나 이처럼 교육서비스의 기능과 효과를 인정하지 않는 것은 교육을 통한 인간의 근본적인 성장 욕구를 무시하는 것이고, 이로 인해 오랜 역사를 통한 인류의 교육 투자 활동 또한 설명할 수 없게 한다. 즉, 교육서비스가 인간의 자기개발과 인적자본 축적에 기여한다는 사실에 동의한다면 이를 하나의 산업으로 이해하고 관련된 교육기업의 다양한 경영 활동에 대한 지속적인 논의와 발전적 방안을 모색하는 것이 마땅하다.

사실 교육서비스에 대한 연구가 전혀 없었던 것은 아니지만, 대부분 일반적인 서비스의 주제에 국한하여 다루어 교육서비스가 가진 교육적, 경영적 특성을 놓치는 경우가 많았다. 교육서비스에 대한 논의가 이처럼 부족한 실정이다 보니 교육서비스와 교육콘텐츠의 공급과 제공을 통해 경영 활동을 수행하는 교육기업에 대한 논의는 더욱 부족하였다. 실제로 국내에서 출간된 많은 저서를 탐색하면 교육서비스와 관련된 출판물은 찾기 어렵고, 더 나아가 교육서비스 관련 경영서적은 전무하기까지 하다.

이러한 이유로 인해 저자는 부족한 집필 역량과 일천한 안목에도 불구하고 스스로 자라고 배운 교육서비스 산업과 시장에 대한 빚진 마음으로 집필하게 되었다. 저자의 저술 역량과 실무 경험이 풍부하지 못하기에 책의 내용은 기존의 다양한 이론을 재정리하여 소개하고 교육서비스 경영에 접목하는 수준에 머무를 수밖에 없었다. 하지만 이러한 작은 노력이 교육서비스 경영을 보다 명확히 이해하고자 하는 독자의 성장과 성과에 조금이나마 도움이 된다면 집필에 소요된 시간과 에너지가 의미 있을 것이다.

이 책은 크게 2부로 구성하여 집필하였다. 1부는 교육서비스 경영의 기본으로 교육서비스의 기초적 개념, 경영자, 경영의 과정, 전략 수립의 내용을 다루었다. 2부는 교육서비스 경영의 실무로 경영의 핵심 활동을 교육서비스 경영 활동에 접목하여 교육서비스 관리, 인적자원관리, 재무관리, 마케팅관리로 구성하였다. 다시 밝히지만 본서는 경영일반, 경영전략, 생산관리, 인적자원, 재무, 마케팅의 기존 이론을 부연 설명하여 교육서비스 경영에 일부 적용한 정도이다. 이후 관련된 논의와 연구가 지속되고 저서에서 제시한 이론적 서술이 현장에 구체적으로 적용되며 실제적 성과로 입증된 교육서비스 경영의 성공 사례가 다양하게 추가되어 책의 내용이 지속적으로 보완되기를 기대해 본다.

저자의 성장과 이 책을 만드는 과정에 도움을 주신 분들께 감사의 마음을 전하고자 한다. 박사과정의 정기수 교수님과 서울평생교육연합 회원들, 석사과정의 박명희 교수님과 한국사교육연구협의회 회원들께 깊은 감사의 뜻을 전한다. 또한 한양대 일반대학원 평생학습학과, 연세대 교육대학원 평생교육경영학과, 가천대 경영대학원 교육경영학과, 숭실대 경영대학원 교육경영학과 교수님들과 전공생분들께도 감사드린다. 아울러 교육서비스 산업의 선배이신 손주은 회장님과 미래의 교육산업을 선도할 많은 교육기업 대표님, 임직원분들께 한없는 감사와 응원의 마음을 전하고자 한다. 마지막으로 아내 선영, 아들 예성, 예준에게도 변치 않는 사랑과 감사의 마음을 전하며 머리글을 마무리하고자 한다.

2022년 10월

김대열

차례

제2부 교육서비스 경영의 실무

Educational Service Management

제1부

교육서비스 경영의 기본

제1장

교육서비스 경영의 기초

제1절

교육서비스 경영의 개념

1. 경영의 정의

교육서비스 경영의 개념을 이해하기에 앞서 경영에 대한 정의가 선행되어야 한다. 경영이라는 용어는 매우 일상적이며 익숙하지만, 매우 다양하게 정의되고 있으며 보편적으로 인정되는 정의가 없다는 주장이 제기될 만큼 여러 시각에서 정의된다(신유근, 이춘우, 2020). 하지만 특정한 목표를 달성하는 사람들의 체계적인 집단을 조직(organization)이라고 정의하고 이러한 조직이 목표를 달성하는 과정을 경영 활동이라고 한다면 경영은 인류 역사 초기부터 존재하였다. 선사시대부터 수렵, 농사, 전쟁과 같은 활동이 있었고, 이를 수행하는 조직이 존재하였으며, 관련된 활동을 통제하는 경영자가 있었다. 즉, 국가 형태가 발전함에 따라 족장, 왕, 황제와 같이 일컫는 말은 다르다 하더라도 조직을 움직이는 경영자의 역할은 항상 존재해 왔다.

현대 사회 환경을 특징짓는 용어로 VUCA[1]라는 말이 사용된다. 즉각적이고 유동적인 대응 태세와 경각심을 요구하는 군사용어가 사용될 정도로 현대 기업 환경의 조직은 복잡성과 다양성을 내포하고 있다. 환경에 대응하기 위한 집단으로서 조직이 공유하는 특징은 크게 세 가지로 정리된다. 첫째, 조직 자체의 하나 혹은 여러 개의 독특한 '목표'를 가지고 있다. 둘째, 조직 내 구성원이 공통의 목적을 달성하기 위해 같이 일하고 있다. 셋째, 모든 조직의 구성원의 행동을 규정하고 제약하는 체계적인 구조를 가지고 있다(Robbins 외, 2021). 이러한 조직의 특징을 살펴보면 경영은 현대와 과거 모든 기간 동안 동일하게 이루어진 과정이자 활동이었다.

---

1) 변동성(Volatility), 불확실성(Uncertainty), 복잡성(Complexity), 모호성(Ambiguity)의 영어 단어 앞 자를 딴 약자로 1990년대 초반 미국 육군 대학원에서 처음 사용되기 시작했으며, 상황이 제대로 파악되지 않는 사회 환경을 일컫는 말이다.

경영에 대한 학문적 정의는 많은 학자들에 의해 다양하게 시도되어 왔다. Koontz는 경영을 경영자가 조직 목표를 달성하기 위해 가장 효율적인 방법으로 조직의 일들을 계획하고(planning), 조직하고(organizing), 충원하고(staffing), 지휘하고(directing), 통제하는(controlling) 활동이라 정의하였다(Koontz & Weihrich, 1998). 또한 Thierauf는 경영을 제품과 서비스와 같은 산출물을 생산하려는 목적으로 조직의 투입물인 인적자원과 경제적 자원을 계획·조직·통제·할당하는 과정을 통해 고객의 욕구를 만족시켜 조직의 목표를 달성하는 과정으로 정의하였다(Thierauf, 1977). 아울러 Stoner는 경영을 사람들을 통해 과업을 수행하는 예술(the art of getting things done through people)이라고 정의하며 조직 구성원의 노력을 지휘하고 통제하여 조직 목표를 달성하는 것의 중요성을 강조하였다(Stoner, 1995). 현대 경영학의 구루로 유명한 Drucker는 "경영은 과업이며, 규율이지만 또한 사람이다"라고 정의하며, 경영자의 모든 성과와 실패가 경영의 성과와 실패로 귀결되는 동시에 경영자의 정직성이 제대로 된 경영인지를 판단하는 기준이 된다고 하였다(Drucker, 1974).

이렇듯 경영에 대한 여러 학자의 다양한 정의를 정리해 보면 〈표 1-1〉과 같다

〈표 1-1〉 경영의 정의

Koontz and O'donnell(1988)	경영자가 조직 목표를 달성하기 위한 가장 효율적인 방법으로 조직의 일들을 계획, 조직, 충원, 통제하는 활동
R. J. Thierauf(1977)	제품과 서비스와 같은 산출물을 생산하려는 목적으로 조직의 투입물인 인적·경제적 자원을 계획·조직·통제·할당하는 과정을 통해 고객의 욕구를 만족시켜 조직의 목표를 달성하는 과정
J. A. F. Stoner(1982)	경영은 사람들을 통해 과업을 수행하는 예술이며 조직 구성원의 노력을 지휘하고 통제하여 조직 목표를 달성하는 것이 중요
P. F. Drucker(1974)	경영은 과업이며, 규율이지만 또한 사람

여러 경영학자들의 경영에 대한 정의 시도는 경영사상의 선구자인 Henri Fayol의 이론을 토대로 하였다고 해도 과언이 아니다. 경영 과학의 주창자이기도 한 Fayol은 자신의 저서 《산업 및 일반관리(General and Industrial Management)》(1916)에서 기업은 규모와 종류에 관계없이 관리가 필요하며 이러한 관리 과정을 계획(planning), 조직(organizing), 명령(commanding), 조정(coordinating), 통제(controlling)의 과정이라고 설명하였다. 현대 경영에서는 Fayol이 제시한

경영 관리의 과정을 [그림 1-1]과 같이 계획(planning), 조직화(organizing), 지휘(leading), 통제(controlling)로 축소하여 재정립하였다.

[그림 1-1] 경영의 관리 과정의 변천

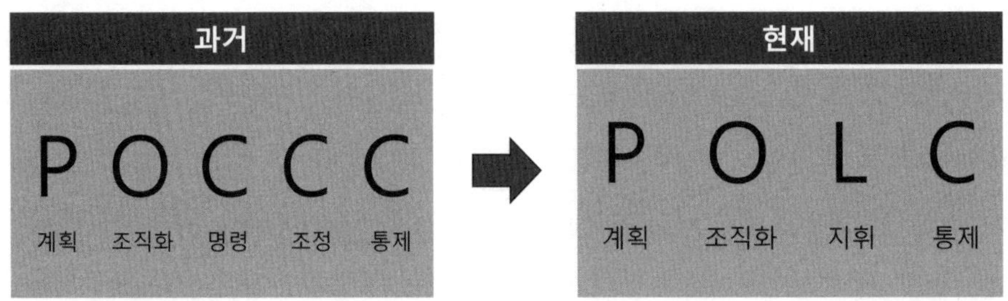

앞서 논의한 경영에 대한 정의는 기업의 업무를 효과적으로 수행하는 경영조직을 체계적으로 운영하여 조직의 목적을 달성하는 방법으로 여러 가지 방법론을 연구한다는 측면에서 관리론적 정의라고 할 수 있다. 즉, 경영을 조직 속 인간 행동에 대한 영역의 연구에 보다 집중한 것이다. 이는 경영의 주체를 인류 역사에서 이루어지는 모든 조직의 목표 달성을 위한 활동이라는 넓은 대상에 기업을 포함시켜 주체를 규정하는 데 제한적일 수 있다.

따라서 경영을 경영학의 연구 대상으로 새롭게 설정하는 것이 필요하며, 상이한 경영학의 방법론은 개별경제학(個別經濟學)과 경영경제학(經營經濟學)으로 나뉜다. 개별경제학의 입장에서는 국가의 모든 경제를 다양한 독립적인 개별경제 단위의 경영이라 보기 때문에, 기업뿐만 아니라 가계나 소비자 등도 경영의 단위로 포함시킨다. 이에 반해 경영경제학은 경영을 독립적인 기업단위의 활동으로 보아 제품과 서비스의 생산과 공급에 종사하는 경제적 조직, 즉 기업만을 경영의 단위로 설정하였다. 따라서 모든 조직의 목표 달성 활동을 경영으로 보는 것은 개별경제학적 관점이며, 기업에 국한하여 경영을 정의하는 것은 경영경제학의 관점이라고 할 수 있다.

경영경제학적 관점에서의 경영의 정의는 기업 관점에 집중하여 이루어진다. 기업은 설정한 목적을 달성하기 위하여 특정한 이념에 따라 자금, 노동력, 원재료, 기계, 설비 등과 같은 제 요소를 조달하고 이들을 결합하여 제조하고 또한 판매한다. 이에 기업은 경영의 이러한 일련의 여러 활동을 계속적이고 통일적으로 영위하는 조직체인 것이다. 따라서 기업의 모든 활동은 경영을 형성하게 되며 또한 그것은 경영에 의해 영위되고 있다. 이에 경영은 활동의 조직체인 것이며 합목적적 구성체이다(양종택, 1999).

종합하면 경영이란 조직이 처한 환경에 대응하기 위해 제한된 자원을 계획, 조직화, 지휘, 통제하여 조직의 목표를 효율성과 효과성을 고려하여 달성하는 과정이다.

2. 교육서비스 경영의 정의

경영은 기업뿐만 아니라 다양한 기관과 조직에서 보편적으로 필요한 활동이다. 최근에는 일반 기업뿐만 아니라 국가기관, 학교, 병원, 종교단체 등 비영리기관과 조직에서도 경영에 대한 관심이 증대되고 있다. 조직의 형태와 규모, 임무와 무관하고 어떤 계층에 속하는지에 관계없이, 모든 조직은 경영 활동을 필요로 하기 때문이다(권두승, 최운실, 2016). 따라서 우리가 일상생활에서 접하는 경영의 개념은 매우 폭넓게 적용되어 학교경영, 병원경영, 교회경영 등으로 다양하게 사용된다. 이는 〈표 1-2〉와 같이 각 조직이 추구하는 목적이 있으며 이러한 목표를 달성하기 위해 경영 활동에 관심을 가지게 된다.

〈표 1-2〉 경영 활동을 수행하는 조직의 목적과 기능

조직		목적과 기능
정부(중앙 및 지방)		• 공공성(공공 목적의 달성)
기관	공공기관	• 공익 추구
	영리기관	• 수익률 극대화
	비영리기관	• 특정 목적 달성 • 정부 등으로부터의 재정자금의 조달 • 공공재의 효율적인 조달, 분배
가계		• 수입 지출의 균형 • 장기적 안정, 성장을 위한 저축 등

자료: 권두승, 최운실(2016). 평생교육경영론.

교육서비스 경영의 개념을 정의하기 위해 다소 혼용되고 있는 경영과 관리를 구분하여 정리할 필요가 있다. 경영과 관리 모두 영어로 'management'로 표현되나 경영과 관리는 분명한 차이점을 가지고 있다. 〈표 1-3〉과 같이 일반적으로 관리는 '사람과 기술로 복잡하게 얽혀 있는 체계를 유연하게 움직이게 하는 일련의 과정'이며, 기획, 예산, 조직, 인사, 통제 및 문제 해결 등을 중요한 특성으로 가진다. 이와 달리 경영이란 '급변하는 경영환경에 따라 조직을 새로 만들거나 바꾸어 나가는 일련의 과정으로 미래를 예측하고 조직원을 미래 비전에 맞게 정렬시키며 어떠한 장애가 있더라도 그 비전을 성취하도록 적절한 영향을 미치는 과정'이다(권두승, 최운실, 2016).

〈표 1-3〉 관리와 경영의 비교

관리	경영
• 기획 및 예산 기능 목표 달성을 위한 세부 단계 및 일정계획 작성, 이에 따른 예산 배정 • 조직 및 충원 계획 집행을 위해 조직의 얼개를 짜고 사람을 배치, 책임과 권한을 위양하고 내부 규정과 절차를 만들어 성과 측정을 위한 방법 개발	• 방향 설정 비전을 개발하고 이를 성취할 수 있는 전략 개발 • 인적자원의 집중화 조직원들에게 말이나 행동으로 조직이 나아갈 방향을 제시하며, 비전과 전략을 이해하고 실행하고자 하는 혁신 리더나 팀을 만듦
• 통제 및 문제 해결 기능 얻어진 결과를 처음 계획과의 차이를 통해 검토, 이에 따른 문제점 해결	• 동기부여 및 사기 진작 조직원의 욕구를 만족시켜 줌으로써 정치적이거나 관료주의적인 저해 요인, 자원의 한계를 극복하도록 독려함

자료: 권두승, 최운실(2016). 평생교육경영론.

이렇게 혼용되고 있는 경영과 관리를 명확히 구별하는 것은 교육서비스 경영의 정확한 정의를 위해 필수적이다. 교육서비스 경영과 혼재되어 사용되는 용어로 교육관리라는 용어가 있다. 경영과 관리의 개념적 차이에 혼란이 있는 경우가 많지만 두 단어의 영어 단어를 각각 'management'와 'administration'으로 구분하여 표시하기도 한다. 즉, 관리는 주로 정부조직이나 비영리조직에서 많이 쓰이며, 경영은 기업조직에서 쓰이는 것이다. 따라서 교육관리는 교육행정(educational administration)과 같은 의미로 사용될 수 있으며 국가나 지방자치단체가 교육 목적을 달성하기 위해 행하는 행정적 관리 절차를 의미하는 것이다.

이에 반해 교육서비스 경영은 교육관리 또는 교육행정과 분명한 차이를 보인다. 경영학의 주된 연구 대상이 기업인 것처럼 교육서비스 경영의 주된 주체도 기업으로 보는 것이 타당하다. 그 이유는 교육기업은 정부조직 또는 비영리조직과 구별되는 기업만의 특징을 가지고 있기 때문이다. 그 특징은 크게 다음과 같이 세 가지로 정리된다. 첫째, 기업은 가장 진화된 사회조직으로 다양하고 복잡한 경영 활동을 포함하기 때문에 기업조직을 연구하여 얻은 연구 성과를 상대적으로 단순한 다른 사회조직에 적용할 수 있다. 둘째, 기업은 대학 및 연구기관과 가장 활발히 산학협동을 하며 다른 조직을 혁신지향적 조직으로 변화시키고 풍부한 지식과 아이디어를 제공할 수 있다. 셋째, 기업은 사회에서 일하는 사람들의 수가 가장 많은 보편적 조직으로 많은 사람들의 문제를 해결할 수 있다(신유근, 이춘우, 2020).

따라서 교육서비스 경영은 교육과 관련된 경영 활동을 하는 기업을 중심으로 정의되어야 한다. 경영 활동의 궁극적인 목적은 이윤 추구이며 기업은 제품 생산과 서비스 제공 활동을 통해 이익을 발생시켜야 존재할 수 있다. 그러므로 교육서비스 경영을 하는 기업 역시 이윤 추구를 존재 목표로 설정하고 지속적인 경쟁우위(sustainable competitive)를 통해 장기적인 생존을 추구해야 한다. 이러한 기업 생존의 목표를 달성하기 위한 기업의 과업은 이윤을 창출하면서 고객 가치를 전달하는 것이다. 기업의 가치전달 대상인 고객은 수많은 제품과 서비스에 직면하면서 더 많은 정보를 받게 되고, 기업은 극심한 경쟁 상황에서 가치전달 과정을 철저히 조정해 월등한 가치를 선정하고 제공하며 고객과 커뮤니케이션하는 것만이 승리의 원동력이다(Kotler & Keller, 2012). 즉, [그림 1-2]처럼 기업은 고객에게 가치를 제공하고, 고객은 그 가치에 대가를 제공하며 서로 상호작용하는 것이 경영 활동인 것이다.

[그림 1-2] 기업-고객 가치 교환

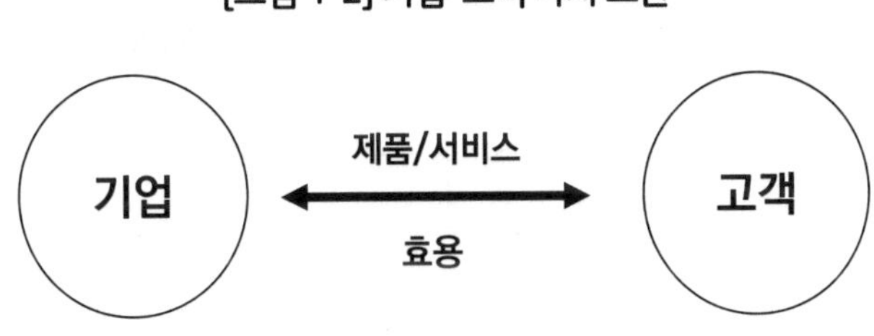

이러한 기업의 가치 제공 상호작용을 교육서비스 경영에 국한할 경우 일반 기업과 구별되는 교육기업의 차이점을 고려하는 것이 필요하다. 일반 기업이 고객에게 가치를 전달하는 방법은 크게 제품 또는 서비스를 통해서이다. 특히 교육기업은 교육과 관련된 서비스를 통하여 가치를 전달하고 이익을 창출한다. 즉, 교육기업은 하나의 서비스를 제공하는 조직으로 유형적 제품을 판매하기보다 무형적 서비스를 제공하고 그에 따른 보상을 받는 조직이다. 이러한 다양한 특성을 고려한다면 교육서비스 경영이란 〈표 1-4〉와 같이 정의할 수 있다.

〈표 1-4〉 교육서비스 경영의 정의

교육서비스 경영의 정의
교육서비스 경영이란 교육기업이라는 조직이 환경에 대응하여 제한된 자원을 계획, 조직화, 지휘, 통제하여 기업의 가치 창출이라는 목표를 효율성과 효과성을 고려하여 교육과 관련된 서비스를 제공하여 달성하는 과정이다.

또한 교육서비스 경영을 정의함에 있어서 해당 경영 활동이 이루어지는 산업 분류 방법을 통한 접근도 가능하다. 우리나라는 산업을 분류함에 있어 한국표준산업분류[2)]를 기준으로 삼는다. 분류의 기준은 생산단위가 주로 수행하고 있는 산업 활동을 유사성에 따라 유형화한 것으로 다음 〈표 1-5〉와 같은 분류 기준을 적용한다.

〈표 1-5〉 한국표준산업분류의 분류 기준

기준	내용
산출물(생산된 재화 또는 서비스)의 특성	• 산출물의 물리적 구성 및 가공 단계 • 산출물의 수요처 • 산출물의 기능 및 용도
투입물의 특성	• 원재료, 생산 공정, 생산기술 및 시설 등
생산 활동의 일반적인 결합 상태	-

자료: 통계청(2022).

2) 한국표준산업분류는 산업 관련 통계자료의 정확성, 비교성을 확보하기 위해 작성된 것으로 유엔(UN)의 국제표준산업분류에 기초하여 작성되었다.

한국표준산업분류 기준에 따라 우리나라의 모든 산업은 21개 중 하나의 분류 코드에 속하며 교육기업의 산업은 〈표 1-6〉에서 제시한 P.교육서비스업으로 분류된다. 교육서비스업은 1개의 중분류, 7개의 소분류, 17개의 세분류, 33개의 세세분류 코드를 가지고 있다. 그러나 한국표준산업분류는 단순히 생산단위가 수행하는 산업 활동을 분류 기준으로 삼았다. 이에 이윤 추구와 경쟁력 제고라는 목표를 가지고 있는 기업의 활동으로서의 교육서비스 경영을 정의하는 데 제한된다고 할 수 있다.

〈표 1-6〉 한국표준산업분류 대분류 및 교육서비스업 분류 항목

대분류		중분류	소분류	세분류	세세분류
A	농업, 임업 및 어업	교육 서비스업	초등 교육기관	유아 교육기관	유아 교육기관
B	광업			초등학교	초등학교
C	제조업		중등 교육기관	일반 중등 교육기관	중학교
D	전기, 가스, 증기 및 공기조절 공급업				일반 고등학교
E	수도, 하수 및 폐기물 처리, 원료 재생업			특성화 고등학교	상업 및 정보산업 특성화 고등학교
F	건설업				공업 특성화 고등학교
G	도매 및 소매업				기타 특성화 고등학교
H	운수 및 창고업		고등 교육기관	고등 교육기관	전문대학
I	숙박 및 음식점업				대학교
J	정보통신업				대학원
K	금융 및 보험업		특수학교, 외국인학교 및 대안학교	특수학교	특수학교
L	부동산업			외국인학교	외국인학교
M	전문, 과학 및 기술 서비스업			대안학교	대안학교
N	사업시설 관리, 사업 지원 및 임대 서비스업		일반 교습학원	일반 교습학원	일반 교과학원
O	공공행정, 국방 및 사회보장 행정				방문 교육학원
P	교육서비스업				온라인 교육학원
Q	보건업 및 사회복지 서비스업		기타 교육기관	스포츠 및 놀이 교육기관	태권도 및 무술 교육기관
R	예술, 스포츠 및 여가 관련 서비스업				기타 스포츠 교육기관
S	협회 및 단체, 수리 및 기타 개인 서비스업				레크리에이션 교육기관
T	가구 내 고용 활동, 자가소비 생산 활동				청소년 수련시설 운 영업
U	국제 및 외국기관			예술학원	음악학원
					미술학원
					기타 예술학원
				외국어학원 및 기타 교습학원	외국어학원
					기타 교습학원
				사회교육시설	사회교육시설
				직원 훈련기관	직원 훈련기관
				기술 및 직업 훈련학원	운전학원
					기타 기술 및 직업 훈련학원
				그 외 기타 교육기관	컴퓨터 학원
					그 외 기타 분류 안 된 교육기관
			교육 지원 서비스업	교육 지원 서비스업	교육 관련 자문 및 평가업
					기타 교육 지원 서비스업
21		1	7	17	33

자료: 통계청(2022).

특히 사교육(private tutoring)으로 대변되는 시장 고객인 수요자의 개별적 요구를 충족시키는 교육서비스 제공 기업과 설립 및 운영이 법률로 규정되어 있는 공교육기관의 분류가 모호하다. 일반적으로 초·중·고등 교육기관 및 특수학교 등은 공교육의 영역으로 교육행정이 이루어지며, 학원을 포함한 교육서비스 기업은 사교육의 영역으로 교육서비스 경영이 이루어진다. 이에 교육서비스 경영의 영역을 규정함에 있어서 제도적, 교육적, 경영적으로 공교육과 대조적인 특성을 고려해야 한다(박명희, 백일우, 2020). 한국표준산업분류의 교육서비스업을 교육서비스 경영과 교육행정으로 구분하면 〈표 1-7〉과 같다.

〈표 1-7〉 교육서비스 경영의 수행 범주

소분류	세분류	세세분류	수행 범주	
			교육행정	교육서비스경영
초등 교육기관	유아 교육기관	유아 교육기관	●	
	초등학교	초등학교	●	
중등 교육기관	일반 중등 교육기관	중학교	●	
		일반 고등학교	●	
	특성화 고등학교	상업 및 정보산업 특성화 고등학교	●	
		공업 특성화 고등학교	●	
		기타 특성화 고등학교	●	
고등 교육기관	고등 교육기관	전문대학	●	
		대학교	●	
		대학원	●	
특수학교, 외국인학교 및 대안학교	특수학교	특수학교	●	
	외국인학교	외국인학교	●	
	대안학교	대안학교	●	
일반 교습학원	일반 교습학원	일반 교과학원		●
		방문 교육학원		●
		온라인 교육학원		●
기타 교육기관	스포츠 및 놀이 교육기관	태권도 및 무술 교육기관		●
		기타 스포츠 교육기관		●
		레크리에이션 교육기관		●
		청소년 수련시설 운영업		●
	예술학원	음악학원		●
		미술학원		●
		기타 예술학원		●
	외국어학원 및 기타 교습학원	외국어학원		●
		기타 교습학원		●
	사회교육시설	사회교육시설[3]	●	●
	직원 훈련기관	직원 훈련기관		●
	기술 및 직업 훈련학원	운전학원		●
		기타 기술 및 직업 훈련학원		●
	그 외 기타 교육기관	컴퓨터 학원		●
		그 외 기타 분류 안 된 교육기관		●
교육 지원 서비스업	교육 지원 서비스업	교육 관련 자문 및 평가업		●
		기타 교육 지원 서비스업		●

3) 사회교육시설이란 학교교육 이외 교육 활동을 실시하는 단체의 총칭이다. 사회교육을 주된 목적으로 교육을 실시하는 기관 및 단체로 성격에 따라 학교 중심형, 준학교체제형, 학원형, 민간단체 설립형, 문화시설 중심형 등이 있

3. 교육서비스 경영의 지표

경영의 일반적이고 공통된 정의는 "조직이 추구하는 목표를 달성하기 위해 조직 구성원들(사람들)로 하여금 효율적이고 효과적으로 과업이 수행되도록 하는 체계적인 활동"이라고 할 수 있다. 이에 교육서비스 경영 활동에서 기업이 정한 목표를 달성하기 위한 두 가지 중요한 지표는 효율성(efficiency)과 효과성(effectiveness)이다. 경영이란 조직 구성원을 통해 일을 효율적이고 효과적으로 완성해 가는 과정이다. 이러한 경영을 책임지고 수행하는 주체를 경영자라고 할 때 경영자는 자신이 속한 교육기업이 효율성과 효과성이라는 두 가지 지표의 균형을 확보하도록 노력하는 것이 중요한 과제이다.

1) 효율성(efficiency)

효율성이란 계획된 목표의 달성한 결과와 이러한 과정에서 사용된 자원과의 관계이다. 효율성은 과업을 올바르게 수행한 것을 의미하며 투입되는 양(input)과 산출되는 양(output)의 관계성을 의미한다. 기업이 보유한 자금, 사람, 설비 등은 희소한 자원이기 때문에 이러한 자원을 효율적으로 사용하는 것은 중요한 일이다. 따라서 경영자는 경영 활동을 통해 투입 자원의 비용을 최소화하기 위한 노력을 기울인다.

효율성을 높이기 위한 방안은 크게 두 가지 방식이 존재한다. 첫째, 원가 절감 등의 방법을 통해 투입량을 줄이되 산출량은 유지시키는 방법이다. 예를 들어 A 외국어학원에서 같은 수의 수강생을 확보하였지만 배치되는 인력이 감소된 경우이다. 둘째, 투입량을 유지하되 이를 최대한 활용하여 산출량을 증가시키는 방법이다. 동일한 A 외국어학원에서 동일한 인력을 배치하여 수강생의 수가 증가한 것이 이에 해당된다. 그러나 첫 번째 효율성 제고 방식은 현재 상황에서 미래 상황으로의 개선과 성장을 목표로 설정하는 전략[4]을 채택한 기업에게는 적합하지 않은 방식이다.

다. 이에 헌법 및 교육기본법에 따라 1982년 「사회교육법」이 제정되었으나, 2017년 「평생교육법」으로 개정되었다. 평생교육기관은 운영 주체와 교육과정에 따라 교육행정과 교육서비스 경영의 양상을 모두 보인다고 할 수 있다.

4) 기업이 채택하는 전략은 설정하는 목표에 따라 성장전략, 통합전략, 다각화전략, 유지전략, 수확전략, 철수전략, 단순화전략 등이 있다.

2) 효과성(effectiveness)

효과성이란 계획된 활동이 실현되어 결과가 달성되는 정도 또는 경영자의 의사결정을 주도하는 원리로써 경영 목표가 달성된 정도이다. 성공적인 경영을 위해 효율성을 고려하는 것은 중요하지만 기업은 수행하는 경영 활동을 완성시키는 결과 자체도 중요하다. 즉, 기대한 성과를 적절히 달성할 수 있는 기업의 능력을 효과성이라고 한다. 따라서 효과성 자체가 기업 전체적 성과인 동시에 환경과의 적합성(fitness)을 강조한 개념이다.

효과성이 기대 목표 달성 정도라는 의미에서 기업의 목표가 달성하기에 적절하고 추구할 만한 가치가 있는지에 대한 검토는 효과성 평가의 전제조건이다. 이에 기업은 효과성을 제고시키기 위해 조직 구성원의 개성, 조직 목표, 사회 규범과 가치에 합당한 목표에 접근하도록 꾸준히 노력해야 한다.

효과성과 효율성이 서로 다른 의미의 용어인 것 같지만 [그림 1-3]처럼 서로 관련된 개념이다. 두 개념 모두 조직적인 업무가 어떻게 이루어지는가에 초점을 맞추고 있고 효율성을 높인다면 효과성은 상대적으로 쉽게 달성된다. 이는 역으로 효과적이지도, 효율적이지도 않은 경영 활동을 수행하거나 낮은 효율성에서 달성된 효과는 올바르지 않은 경영이라고 할 수 있다. 즉, 경영자는 효율성과 효과성이 균형을 이루어 설정한 목표를 달성함과 동시에 효율성을 추구하도록 끊임없이 노력해야 한다.

[그림 1-3] 효율성과 효과성

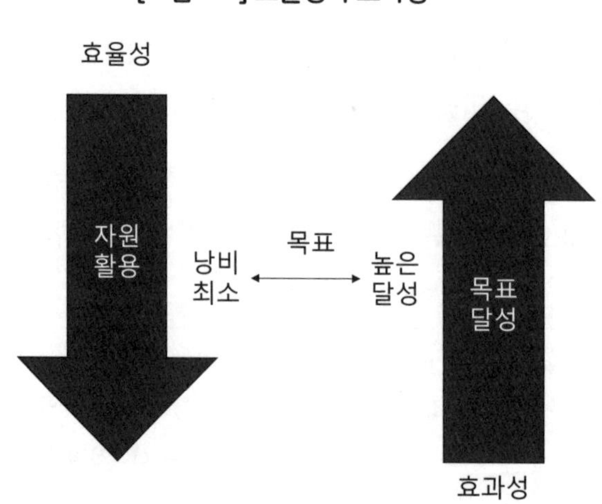

3) 교육서비스 경영의 효율성 · 효과성 추구

교육서비스 경영과 교육행정은 추구하는 지향점에서 각자 다른 관점을 추구한다. 〈표 1-8〉과 같이 교육서비스 경영의 관점이 효율성과 효과성을 추구한다면, 교육행정은 형평성과 일관성을 추구하는 관점이다.

〈표 1-8〉 교육서비스 경영과 교육행정의 관점

구분	교육서비스 경영의 관점	교육행정의 관점
현실 인식	현실의 문제점 검토	현실 자체 수용
설정 목표	혁신을 위한 창조	현상 유지와 관리
가치 평가	미래의 가치 계산	현재 손익 계산
문제 제기	What, Why	When, How
주요 지표	효율성, 효과성	형평성, 일관성

교육기업은 현상을 유지하는 것이 아닌 새로운 가치를 창출하는 경영 활동적 사고를 견지한다. 이러한 기업의 대표적인 활동 중 하나가 생산인데 다양한 생산요소를 투입하고 최종 상품을 만들어 기업의 이익을 발생시켜 영리 추구라는 기업 존재 이유를 충족한다. 이러한 생산 활동을 통해 산출되는 것이 최종 상품이며, 상품은 구성요소 차원의 강조점에 따라 [그림 1-4]와 같이 유형의 제품과 무형의 서비스로 구분된다.

[그림 1-4] 유형 제품과 무형 서비스

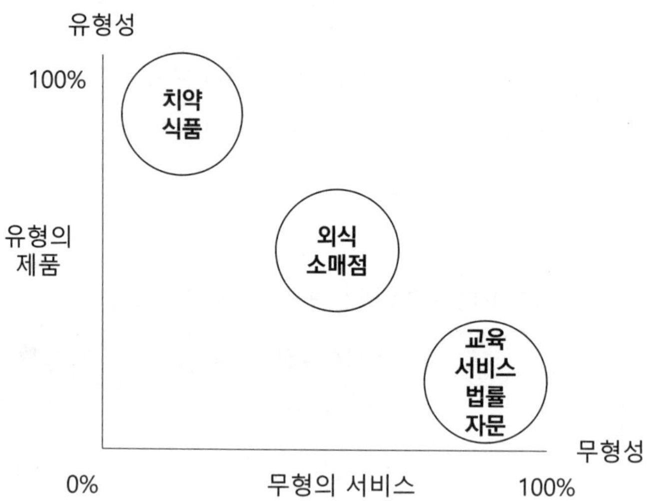

무형의 교육서비스를 제공하는 교육서비스 경영에 있어 효율성 추구는 교육기업에서 고려해야 할 중요한 사항이다. 교육기업 역시 일반 기업과 같이 자원, 특히 금전적 자원의 한계를 가지고 있다. 따라서 이러한 금전적 자원을 투자하여 가장 잘 사용될 수 있도록 최대의 회수(return)를 거둘 수 있는 교육프로그램과 과정, 교육서비스 개발 프로젝트 등에 할당해야 한다. 만약 효과성 증진을 위해 설계된 프로그램이 성공하였더라도 효율성을 거두기 위해 가치보다 더 많은 비용을 지출했다면 기업 가치 향상에 적절하지 않은 것이다. 따라서 교육서비스 경영에 있어서 긍정적인 투자 대비 회수율(return on investment: ROI)을 중요한 지표로 삼을 수 있는데 이것이 바로 경영 활동에서 효율성을 고려한 것이다(Reiser & Dempsey, 2014).

또한 효율성과 함께 효과성도 교육서비스 경영에서 중요한 고려 요소이다. 이러한 효과성의 적절한 검증을 위해 생산 과정에서 투입되는 생산요소와 최종 산출물 간의 관계를 설명하는 생산함수가 활용된다. 이는 경제학적으로 효과적인 투입-산출 관계를 수학적 함수 관계로 나타낸 것이다. 즉, 이윤 극대화 추구라는 기업 목적에 맞게 주어진 투입량과 생산량 가운데 최대의 산출량에 집중하는 것을 효과성 추구의 핵심지표로 고려한 것이다(백일우, 2009). 이와 관련된 영역의 이론을 연구한 학자로는 교육의 경제성장 기여도를 추정한 Denison, Schultz 등이 있다.

제2절

교육서비스 경영의 발전

1. 경영학의 발전 과정

경영학의 관리적 측면을 포괄하고 있는 교육서비스 경영의 특성을 고려하고, 교육서비스 경영의 발전을 알기 위해 순수 경영학의 발전 과정을 이해하는 것은 필수적인 지식이다. "한 학문의 역사는 학문 자체이다"라는 Goethe의 말처럼 경영의 발전 과정을 이해하는 것은 교육서비스 경영을 이해함에 있어 필수적인 것이다. 경영 활동의 시초를 수렵, 농사, 전쟁과 같은 인류의 역사적 행위까지 적용한다면 경영의 역사는 매우 길고 광범위하다. 인류는 수천 년 전부터 다양한 활동에 계획, 조직화, 지휘, 통제라는 경영의 핵심요소를 반영하였기 때문이다.

1) 역사 속 경영

기원전 3000~2500년경 고대 국가 이집트는 수천만 명을 동원해 피라미드라는 건축물을 만드는 거대한 프로젝트를 진행하였다. 역사학자들의 견해에 따르면 하나의 피라미드를 완성하기 위해 20년이라는 시간이 필요하였고, 10만 명 이상의 근로자가 동원되었다. 피라미드의 건설 과정을 살펴보면 경영학의 조직 관리와 유사하게 노동자마다 할 일을 정하고, 사람과 재료를 실행단위로 조직화하였다. 또한 피라미드 건설 과정에서 주된 건축 자재인 석회석과 화강암을 다루는 기술을 활용하여 현대 경영의 중요한 요소인 인적자원 활용의 흔적도 보인다. 동원된 노동자는 자신의 업무가 완성되었는지 확인받고 계획대로 진행되었는지 통제받았다. 이러한 관리 과정의 통제자를 오늘날의 경영자라고 할 수 있다.

1400년대 도시국가인 베니스는 로마 시대를 거쳐 중세에 접어들며 융성한 상업의 중심지가 되었다. 십자군 전쟁 때 군대의 수송, 병참 조달, 군비 대여 등을 통해 베니스는 엄청난 부를 축적하였고 현대 기업과 유사한 조직을 형성하면서 다양한 사업을 전개하였다. 베니스의 무기창고 옆으로 군함들이 줄지어 떠 있었고, 각 부두마다 밧줄을 이용하여 자재를 실었다. 또한 군함을 건조하는 조선소에서는 수로에 배를 띄워 흘러가게 하면서 배를 건조하였다. 즉, 정해진 위치에 배가 도착하면 부품과 자재를 조립하는 방식으로 배를 건조하였는데, 이는 현대 자동차 공장의 생산 라인의 모습과 매우 유사하다. 특히 베니스 상인은 물자의 움직임을 파악하기 위해 창고와 재고 관리 시스템을 활용하였고, 사람을 관리하기 위해 인적자원관리도 도입하였다. 무엇보다 당시 재산 상태를 측정하고 기록하기 위한 방법이 개발되어 사용되었는데 당시의 회계 시스템 중 대차대조표가 반영된 복식부기는 현대 회계학의 토대가 되었다.

베니스를 중심으로 한 이탈리아 상인들의 경험과 지식은 프랑스인 Savary에 의해 체계화되었다. Savary는 베니스의 상업 비법을 연구하여 1675년 《완전한 상인(Le Parfait negociant)》이라는 저서를 남겼으며, 이를 경영학의 태동으로 본다. 이후 Savary의 학문적 성과는 독일로 전해져 Ludovici 등에 의해 독일 상업학으로 정립되었다. 이후 독일 여러 지역에서 대학 수준의 상업교육기관이 설립되었으나 처음부터 학자 위주의 독일 경영학은 이후 등장한 실무 중심의 미국 경영학과 다른 학풍을 이어 나갔다.

1776년, Adam Smith의 《국부론(The Wealth of Nations)》 발간은 인류 역사뿐만 아니라 경영학에서도 중요한 사건이다. 경제적 자유방임주의를 주장한 이 책에서 저자는 노동의 분업(division of labor) 또는 직무전문화(job specialization)를 소개하며 작고 반복적인 단위로 업무를 쪼개는 것의 경제적 이점을 설명하였다. Adam Smith가 제시한 예를 살펴보면 옷핀을 생산하는 공장에서 10명의 노동자가 각자 핀을 제작하면 하루에 10개씩 생산하지만, 한 노동자가 한 공정만 전담하면 48,000개를 생산할 수 있다는 것이다. 즉, 노동의 분업을 통해 작업자들의 기능과 숙련 정도가 향상되며, 임무 교대로 인한 손실을 줄이고, 노동력을 절감하여 궁극적으로 개인 생산성이 극적으로 늘어날 수 있다고 주장하였다. 이러한 업무 분화는 조직에서 업무를 수행하는 대표적인 방법으로 활용되었고, 이후 과학적 관리법과 포드 시스템 등에 영향을 끼쳤다.

산업혁명(Industrial Revolution)은 현대적 기업 탄생에 영향을 끼친 중요한 사건이다. 18세기 후반부터 영국에서 시작된 산업혁명은 독일, 프랑스 등 유럽 인근 국가로 확산되면서 회사라는 새로운 경제 조직의 탄생을 야기했다. 산업혁명 이전에는 기본적으로 인간의 노동력을 활용하여 제품을 생산하였지만, 이후로는 노동력을 기계로 대체하여 경영의 효율성을 최대한으로 끌어올릴 수 있게 되었다. 방적기, 증기기관과 같은 기계의 활용은 대량생산의 토대가 되었고, 생산성 증대를 위한 연구개발도 이루어졌다. 또한 석탄, 석유 등 원자재의 효율적 관리 방법과 투입되는 노동의 고용량을 결정하는 방법도 활용되기 시작하였다. 또한 높은 생산성을 통한 다량의 제품 판매 형식이 이전의 주문생산 방식에서 탈피하여 불특정 다수의 고객에 대한 판매 방식으로 변화하여 수요를 예측하여 생산하고 시장에 생산품을 판매하기 시작하였다.

제국주의의 식민지 확장 정책은 앞서 설명한 대량생산 및 원자재 공급 요구에 대한 결과이다. 생산성 증대에 따른 제품 판매 시장의 확보와 원자재 확보는 기업의 영리 획득의 필수 사항이었다. 이에 유럽의 제국주의 국가는 앞다투어 침략을 통해 식민지를 확보하였고 기업가들은 아프리카, 아시아로 향하는 선단에 투자하여 배가 무사히 복귀하면 높은 배당금을 받기도 하였다. 이러한 과정을 현대의 벤처 투자의 시초라고 보는 견해도 있다. 즉, 투자한 배가 무사히 돌아오면 배당금을 받고 해산하는 것이 벤처의 일회성 투자와 유사하다고 보는 것이다(김성영 외, 2019). 이러한 식민지의 투자 열풍은 1602년 네덜란드의 동인도회사 설립으로 이어졌다. 자금을 모아서 주식을 발행하고 투자자들이 자유롭게 주식을 거래하기 위해 개설한 동인도회사의 주식시장을 현대의 주식회사의 시초로 보는 의견도 있다.

2) 현대 경영학의 발전

산업혁명 이후 기업이 성장하면서 경영 활동의 규모가 방대해지고 더 많은 인력이 동원되었으며 생산량이 증대되었다. 미국의 남북전쟁 이후 비약적인 공업화의 전개로 공장 규모가 커지고 대규모 인력의 필요가 제기되었다. 이러한 급속한 성장은 관리의 문제로 이어졌으며 대규모 태업과 노사 갈등이 야기되었고, 체계적이고 과학적인 경영이 필요해졌다. 이러한 상황은 미국 경영학 탄생의 배경이 되었으며, 17세기 발달한 독일의 경영학과 구별되는 생산관리, 재무관리 중심의 실천적, 실용적 경영학이 발전하였다. 학문적 측면이 강한 독일 경영학과 달리 미국의 경영학은 실용주의적 측면이 강해 다양한 학파가 존재하여 체계적인 과학으로서의 통일성을 나타내지 못한다는 특징이 있다. 이러한 미국 중심의 경영학의 발전 과정을 정리하면 〈표 1-9〉와 같다.

〈표 1-9〉 경영학의 발전 과정

구분	시기	주요 이론
고전이론	1911~1947년	과학적 관리법, 일반관리론(경영과정론), 관료제
행동주의 이론	1700년대 후반~1950년대	인간관계론, X-Y이론
근대이론	1938~1980년대	협동 체계 시스템 조직론, 시스템적 의사결정론
계량적 접근 이론	1940년대~현대	계량적 접근, 경영과학, TQM
현대적 이론	1960년대~현대	시스템이론, 상황적합이론, Z이론
신경영기법	현대	조직이론, 지식경영

(1) 고전이론

20세기에 들어와 경영학은 하나의 이론 체계로 발전하였고, 경영 활동과 관련된 다양한 원리와 규칙이 제시되어 기업 상황에 적용되기 시작하였다. 또한 복잡한 경영환경을 설명하고 보다 높은 생산물을 산출하기 위한 이론으로 정립되기도 하였다. 이러한 경영학 초기의 이론을 고전이론이라고 하며 대표적으로 과학석 관리법, 경영과정론, 관료제 등이 있다.

과학적 관리법(Taylor System)은 미국의 남북전쟁 이후 급속한 공업화 과정에서 탄생하였다. 노동자의 태업을 방지하고 공장 생산의 능률을 향상키기 위해서는 '최적의 작업 방식'이 필요하며 이를 적용하기 위한 과학적 관리(경영)(scientific management)라는 개념이 《과학적 관리(경영)의 원리(The principals of scientific management)》(1911)라는 책에서 소개되면서 알려졌다. 이 책에서는 과학적 관리의 근본적인 원리로 작업의 과학화 실현, 과학적 노동자 선발·교육·발전, 성과급제도, 기능별 관리, 계획과 작업의 분리 등을 제시하였다. 또한 과학적 과업 관리를 위해 작업분석(job analysis), 시간연구(time study), 동작연구(motion study), 최고동작종합(collection the quickest and best movement)의 단계적 방법을 취한다. Taylor의 과학적 관리법은 이후 Gilbreth 부부(Frank and Lillian Gilbreth), Gantt 등에 이어 발전되었고, 특히 Gantt가 고안한 [그림 1-5]와 같은 간트차트는 현재도 널리 활용되고 있으며, 당시에는 획기적인 방식이었다. 과학적 관리법에 대해 Drucker가 "진정한 노동자의 해방은 Marx가 아닌 Taylor가 가져왔다"는 평가를 할 정도로 임의적 관리가 이루어지던 시대에서 관리의 개념을 확립한 공적은 분명하다. 그럼에도 불구하고 노동생산성을 높이기 위해 인간 노동의 기계화를 추구했다는 비판과 인간의 생리적·심리적·사회적 측면을 고려하지 않았다는 문제점이 지적되고 있다.

[그림 1-5] 간트 차트

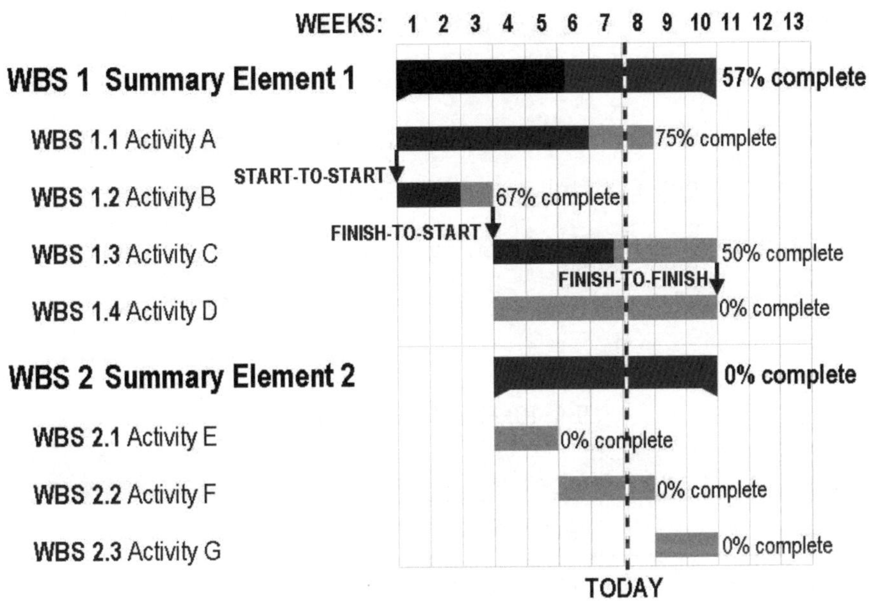

자료: 위키백과(2022).

Taylor의 과학적 관리법은 1903년 Henry Ford가 설립한 포드 자동차 회사에 적용되면서 포드 시스템(Ford system)으로 자리매김하였다. 포드 시스템은 대량생산의 기초 원리로 3S라는 표준화(standardization)·단순화(simplification)·전문화(specialization)를 창안하였다. 표준화는 제품의 표준화를 의미하며 하나의 제품만 생산하는 것을 원칙으로 삼았다. 단일 제품 생산으로 생산 비용이 극적으로 감소하였지만, 작업자의 숙련도는 극적으로 증가하였다. 단순화는 작업의 단순화를 의미하며 복잡한 작업 과정을 단순하게 재구성하여 비숙련공도 최소한의 교육훈련을 통해 작업 투입이 가능하게 하였다. 전문화는 인력의 전문화를 뜻하며 작업자가 한 작업 과정에만 투입되어 기술의 전문성을 높이고 궁극적으로 전체 생산 효율성을 증대시키는 것이다. 당시 가장 효율성을 추구하는 대표 기업의 경영자였던 Ford는 기업의 목표를 이윤의 극대화가 아닌 일반 대중에 대한 봉사라고 주장하였고 이는 '고임금 저가격'이라는 포디즘(Fordism) 경영이념으로 자리매김하였다.

Fayol이 제시한 일반관리론은 과학적 관리법이 미국에서 활발히 전개되고 있을 때 비슷한 시기에 프랑스에서 소개되었다. 프랑스 광업회사 사장인 Fayol은 《산업 및 일반관리(Administration industrielle et generale)》(1916)라는 저서를 통해 기업은 규모와 업종과 무관하게 필수적인 기능을 가지고 있다고 주장했다. 미국 경영학자들의 견해처럼 기업이 노동자의 생산성 제고에 관심을 갖는 것이 중요하다는 입장에서 더 나아가 〈표 1-10〉처럼 기업 전체 조직의 고유한 활동이 있으며 관리와 경영을 개념적으로 구분하였다. Fayol의 일반관리론을 통해 관리를 실행하기 위한 원칙이 제시되었고, 합리적 관리 활동을 위한 실천적 규준으로서 원칙 준수를 강조하였다. 현대 급변하는 경영환경에 대응하기 위한 일반적 원칙이 존재한다는 주장의 설득력은 점차 줄어들어 상황에 따라 다른 원칙을 따라야 한다는 상황적합이론(Contingency theory)과 같은 주장[5]이 제기되기도 하였지만, 조직 관리에 대한 일반적 원칙을 제시한 측면에서 경영학 발전에 기여한 바가 크다.

〈표 1-10〉 Fayol의 조직의 기능

구분	내용
기술적 기능	생산, 제조, 가공
영업적 기능	구매, 판매, 교환
재무적 기능	자본 조달과 운용
보전적 기능	재화 및 종업원 보호
회계적 기능	재산 목록, 대차대조표, 원가 계산, 통계
관리적 기능	계획, 조직, 지휘, 조정, 통제

경영자의 일이 무엇이고 올바른 경영이 무엇인지 규명하기 위한 관리원칙(principal of management)을 제시한 학자 중 독일의 사회학자 Max Weber는 이상적으로 작동하는 조직에 관심을 가졌다. 전근대적 조직은 관리자에 의해 지배되었지만, 새로운 경영환경에서는 합리성을 기준으로 조직을 운영하는 것이 중요한 부분이며 이러한 새로운 조직의 관리원칙으로서 관료제를 제시하였다. 관료제는 관리자들이 따라야 할 구조적 원칙들을 제공하였고 특히 〈표 1-11〉과 같이 분업, 권위의 계

5) 상황적합이론이란 조직과 환경의 관련성에 초점을 두고 조직의 문제를 해결하는 데 유일한 최선의 방법은 존재하지 않는다는 입장을 취한다. 즉, 조직이 처해 있는 상황과 환경이 각기 상이하기 때문에 문제의 이해와 해결을 위해서는 상황적 요인을 고려해야 한다고 주장한다.

층화, 공식적 선발, 공식화된 규정과 규제, 비인격화, 전문경력화 등으로 특징지어진다(김성영 외, 2019). 관료제가 적용된 조직은 구성원들 간의 개인적인 이해관계나 선호도가 아닌 공식적으로 구성된 체계를 더욱 중시하여 명령체계의 일관성을 확보하게 된다. 사실 관료제는 로마의 군대, 중세 가톨릭교회에서도 존재하였지만, Weber의 관료제는 경영 상황에서의 혼란을 가장 합리적으로 해결할 수 있는 '최선의 조직 형태(ideal type)'를 추구하였다.

〈표 1-11〉 Weber의 관료제 특징

구분	내용
분업	직무는 잘 정의된 단순하고 고정된 과업으로 분리된다.
권위의 계층화	지위는 명확한 명령의 사슬에 따른 위계에 따라 정해진다.
공식적 선발	사람은 기술적 역량을 기준으로 선발한다.
공식화된 규정과 규제	문서화된 규정과 표준화된 절차에 따라 작동되는 시스템이다.
비인격화	사람에 따라 달라지지 않는 통일된 적용과 통제이다.
전문경력화	조직의 경영자는 소유자가 아니라 직업경영인이다.

자료: 김성영 외(2019). 경영학 원론.

(2) 행동주의 이론

고전적 이론으로서 합리적 관리론이 다양한 비판을 받게 되면서 이를 보완하려는 노력이 진행되었고, 특히 조직 구성원의 사회적 욕구와 비공식적 관계를 중시하는 인간관계적 접근법이 등장하였다. 이러한 접근법을 행동주의 이론이라고 하며 기업의 직원들의 행동에 초점을 맞추게 되었다. 즉, 행동주의 이론은 높은 실적을 올리기 위해 종업원을 어떻게 지휘하고 동기를 부여할 것인가가 주요한 연구 주제이었다.

인간관계론은 대표적인 행동주의 이론으로 미국 하버드 대학 경영학자 G. E. Mayo를 중심으로 정립되었다. Mayo와 그의 팀은 미국 시카고에 있는 웨스턴 일렉트릭(Western Electric Co.)의 호손(Hawthorne) 공장에서 작업자의 작업능률과 이에 영향을 미치는 다양한 조건의 관계를 규명하기 위해 대규모 조사와 실험을 실시하였다. 호손실험(Hawthorne experiments)으로 많이 알려진 이 실험은 과학적 관리론에서 주장하는 바와 같이 공장의 조명을 적절히 밝게 하면 생산성이 향상될 것이라는 가설을 검증하기 위해 진행된 연구이었다. 이 연구에서 실험을 위해 종업원을 실험집단과 통제집단으로 나누고 조명의 밝기 차이를 두어 생산성을 조사하였다. 그러나 조명도와 무관하게 모든 집단에서 생산성이 향상되었는데 이는 자신들이 관심을 받고 있다는 사실 자체를 통해 동기부여가 이루어진 것이다. 이를 통해 조명과 같은 과학적 생산조건이 아닌 노동자의 태도, 경영자의 관심이 동기부여가 되어 생산성이 향상되었다는 것이 처음 발견되었다. 즉, 생산 환경보다 인간관계를 중시하는 것이 생산성 향상에 중요하다는 시사점이 도출되었고, 연구자들은 이러한 이론을 인간관계론이라 불렀다. 단순한 조명 관련 실험이었던 호손실험은 과학적 관리론의 주장과 달리 인간은 경제적 조건뿐만 아니라 동료 간의 관계, 관리자와의 관계, 근무의욕, 작업환경과 같은 심리적·사회적 조건에 영향을 받는다는 것을 알게 되었다.

호손실험은 설정한 연구 방법과 절차에 대해 많은 비판을 받았지만, 연구 결과를 통해 종업원 관리에 대한 새로운 관점의 변화를 가져왔고 사회적 존재로서 종업원을 이해하고 관리해야 한다는 새로운 연구 분야 발전에 영향을 끼쳤다. 이후 이루어진 후속 연구 결과를 기업에서 적극적으로 수용하고 현장에 적용하면서 인간 행동 연구가 경영학 전반뿐만 아니라 사회과학이론인 행동과학(behavioral science) 발전에도 지대한 공헌을 하였다. 또한 인간 행동과 행동의 원인으로서의 동기부여를 규정하기 위한 Abraham Maslow의 욕구 단계이론, Douglas McGregor의 X-Y이론, Frederick Herzberg의 2요인이론, David McClelland의 성취동기이론 등의 다양한 연구가 이어졌다.

McGregor는 종업원을 어떻게 바라볼 것인가에 대한 관점으로 X-이론과 Y-이론을 제시하였다. 연구 대상을 관리자들로 설정하고 실시한 서베이 결과를 통해 관리자들은 종업원들의 본성에 대해 두 가지 시각을 가진다는 것을 밝혀냈다. X-이론에 따르면 종업원들은 본성적으로 게으르며, 명령이 필요하고, 가능하면 책임을 회피하려는 성향이 있기 때문에 가급적 엄격하고 치밀하게 감독해야 한다고 주장한다. 반면, Y-이론에 따르면 종업원들은 근본적으로 성실하며, 스스로 일을 처리하려는 의지가 있고, 책임감 있게 업무를 수행하는 특성이 있기 때문에 가능하면 많은 범위에서 권한을 위임하고, 창의적으로 일을 할 수 있도록 독려해야 한다고 반대 의견을 제시한다. 이러한 X-Y이론의 관점은 인간이 가진 심리적·사회적 측면을 중시함으로써 종업원의 이해를 넓히는 데 공헌하였지만 경영에서 인간적 요소 외에 물적·기계적 요소에 대한 고려가 부족하다는 비판을 받는다. 그럼에도 불구하고 X-Y이론은 공식적 조직과 비공식적 조직의 다양한 고려를 통해 경영 관리의 새로운 전제를 제시하였다는 측면과 이후 조직행동학(organizational behavior, OB) 발전에 기여한 것에서 의의를 찾을 수 있다.

(3) 근대이론

근대이론은 그 자체가 시스템이론으로 불리며 현대적 관리론인 시스템이론에 지대한 영향을 끼칠 정도로 시스템에 대한 활용을 강조한 이론이다. 시스템이론은 Taylor의 과학적 관리론과 Fayol의 일반관리론이 강조하는 공식적 조직과 행동주의 이론에서 강조하는 인간관계적 비공식적 조직을 통합하였다. 시스템이론은 조직의 기술 시스템을 활용하여 종업원들의 사회적 시스템을 보완하고 활성화하며, 사회적 시스템 자체가 기술적 시스템과 조화를 이루는 방향으로 설계되고 운영되어야 한다는 전제를 가진다. 즉, 업무기술의 효율성을 높이는 동시에 종업원들의 사회적 욕구도 충족시키는 방식을 고려한다. 시스템이론은 C. I. Barnard와 H. A. Simon에 의해 현대적 이론까지 발전되었다.

대기업 최고경영자 출신 Barnard는 자신의 저서, 《경영자의 역할(The functions of the executive)》(1938)에서 조직 목표와 개인 목표 간의 상호 균형을 추구하는 협동 시스템(cooperative system)의 개념을 소개하였다. 즉, 조직의 목표와 이러한 목표를 달성하기 위해 일하는 종업원의 목표 및 필요가 서로 균형을 유지해야 조직이 효율적으로 운영된다고 주장하였다. 협동 시스템으로서 기업이 존속하기 위해서는 종업원 자신이 조직에 공헌한 정도만큼 만족을 얻어야 한다. 따라서 기업의 경영을 조직이 존속하기 위한 공헌과 만족 간의 균형 조정 과정이라고 보았다. 이에 협동 시스템은 공헌 의욕, 공통 목적, 의사소통을 세 가지 전제조건으로 설정하였다.

1978년 노벨 경제학 수상자인 Simon은 Barnard의 조직이론을 의사결정 문제 중심으로 재구축하였다. 종업원이 상급자의 권한을 수용하여 지시를 따름으로 상호 간의 협력이 이루어진다는 Barnard의 견해와 달리 Simon은 상급자의 명령이 합리적 의사결정에 따라 이루어져야 함을 강조하였다. 그는 자신의 저서 《경영행동(Administrative behavior)》(1947)에서 경영은 다른 사람을 통한 일의 과정이라 설명하며 조직의 존속을 위한 필수 조건으로 의사결정을 설정하였다. 경제인, 사회인이 아닌 관리인으로서 인간을 강조하였고, 정보의 불완전, 인지적 한계의 제한된 합리성(bounded rationality) 속에서 최적의 답이 아닌 적당히 만족스런 선택을 하는 인간 행동으로서의 의사결정을 중요한 과제로 설정하였다.

(4) 계량적 접근 이론

2차 세계대전 이후, 전쟁에서 사용된 문제 해결 방법이 경영학에 적용되면서 계량적 접근(quantitative approach) 또는 경영과학(management science)과 같은 새로운 개념이 정립되었다. 전쟁 상황에서 잠수함과 전투기 수량의 계산, 광범위한 전선에 보급품을 수송할 방법의 모색 등 어렵고 복잡한 문제를 해결하기 위해 개발된 수학 및 통계적 모형이 경영에 적용되어 경영 활동의 문제를 해결하기 시작한 것이다. 대표적으로 군에서 문제 해결에 크게 공헌한 Robert McNamara 등과 같은 엘리트들이 1940년대 중반에 포드 자동차에 입사하여 포드의 의사결정 시스템에 통계적 방법을 도입하기 시작하였다.

계량적 접근 방식은 통계학, 최적화 모델, 정보 모델, 컴퓨터 시뮬레이션 등의 기법을 경영 활동에 적용하는 방식으로 경영자가 효율적인 업무를 수행하는 데 도움을 준다. 이는 과거뿐만 아니라 오늘날에도 예산 수립, 통제, 품질관리, 스케줄링 등 경영 활동에서 발생하는 다양한 의사결정을 하는 데 폭넓게 활용되고 있다. 또한 컴퓨터 소프트웨어의 발달로 경영과학이 정보시스템(Information System; IS) 또는 경영정보시스템(Management Information System; MIS)으로 발전하여 저장된 데이터베이스를 통해 경영 활동의 의사결정은 물론 경영과학모형의 설계에까지 영향을 미치게 되었다.

한편 일본 기업들이 2차 세계대전 패망의 경제 상황을 극복한 주된 성공 원인을 최고의 제품을 생산하기 위한 품질 개선 노력에서 찾고자 하는 연구가 다수 있었다. 이러한 일본 기업의 품질 개선 연구는 미국의 Edwards Deming과 Joseph M. Juran과 같은 품질전문가들의 이론으로 정립되었다. 또한 일본 기업의 급격한 성장을 본받기 위해 여러 서구의 경영자들은 Deming과 Juran의 품질 개선 아이디어를 경영 현장에 도입하기 시작하였다. 이에 생산성 향상 위주의 과거의 관점에서 탈피하여 품질의 지속적인 개선을 중요한 경영 철학으로 삼고 고객의 욕구를 충족하는 제품을 생산하는 총체적 품질관리(total quality management; TQM) 기법이 등장하기도 하였다. 이러한 추세는 오늘날에도 다양한 분야로 확장되어 이전 생산관리, 유통 분야를 넘어 교육서비스 분야에도 적용되어 발전하고 있다.

(5) 현대적 이론

초기 경영학의 접근 방식은 일반적으로 조직 내부에서 발생하는 다양한 경영적 이슈를 주로 다루고 있다. 그러나 복잡하고 다양한 기업의 경영 활동을 이해하고 처리하기 위해서는 보다 포괄적이며 체계적으로 경영 활동에 접근하는 시각이 필요하다. 이러한 요구와 경영기법의 발전에 따라 1960년대부터 경영학자들이 조직의 내·외부 환경 변화에 관심을 가지며 탄생한 현대적 경영 이론에는 시스템이론, 상황적합이론, Z-이론 등이 있다.

1938년 전화기 회사 경영자 Chester Barnard는 자신의 저서 《경영자의 역할(The functions of the executive)》(1938)에서 기업은 하나의 협동적 시스템으로 작동되어야 한다고 주장하였다. 이러한 주장은 근대이론에서 일부 다루어졌으나 조직을 하나의 시스템으로 이해하려는 시도는 1960년대에 이르러 이루어졌다. 시스템이란 특정 목적을 달성하기 위해 여러 독립된 구성요소가 상호의존적으로 영향을 미치는 유기체적인 관계를 유지하는 집합체로 정의될 수 있다. 따라서 조직을 마치 인체와 같은 유기체처럼 간주하고 여러 구성원이 사회적 역학(dynamics)에 의해 상호 연관되어 의존적인 부분으로 구성된 하나의 전체로 보는 것이 바로 시스템이론(system theory)의 핵심이다. 조직은 환경과 상호작용하는 개방 시스템(open system)을 가지고 있어야 산업이 고도화될수록 당면하게 되는 기술혁신, 시장 포화 현상, 생산 자원의 제약, 기업 활동의 규제 등의 복잡하고 다양한 문제에 대응할 수 있다는 것이다. 즉, 시스템 개념을 활용하여 전체 부서와 조직의 입장에서 상호 관련성을 추구하여 주어진 문제를 해결하려는 시스템적 사고방식이 필요함을 강조한 것이다.

시스템이론과 함께 1960년대 새로운 경영적 사고로 등장한 것이 상황적합이론(contingency theory)이다. 이 이론이 등장한 것은 경영환경이 더욱 복잡해지고 이에 대응하기 위해 다양한 기업조직이 출현하면서 이전의 초기 경영이론이 제시한 원칙이 적용되지 않는 많은 예외가 발생되었기 때문이다. 모든 환경과 상황에 적용할 수 있는 최선의 조직은 없으며, 처해진 변화 상황에 따라 유효한 조직의 형태도 달라진다는 것이 상황적합이론의 핵심 개념이다. 확실하고 안정적인 시장 환경에서는 고정되고 명확한 조직구조와 지휘 체계가 효율적이지만 불확실한 환경에서는 변화에 기민하게 반응하는 조직구조와 리더십이 필요하다. 따라서 상황적합이론은 특별한 상황, 경우, 시점에 기업의 목적을 가장 잘 달성할 수 있는 기법이 무엇인지 채택하여 적용하는 경영자의 임무를 강조한다. 또한 경영자가 상황을 분류하는 변수로서 기업의 규모, 환경의 불확실성, 기술의 경직성, 조직 구성원의 개인차 등을 제시하였다.

아울러 2차 세계대전 이후 일본 기업의 경영적 성과를 이끈 경영 방식에 대해 전 세계 기업과 경영학자들이 관심을 갖기 시작했다. 당초 미국 기업의 전통적 경영 방식을 도입하여 재해석한 일본 기업만의 특성을 규명하고자 하는 다양한 연구가 다수 이루어졌다. 성공한 일본 기업의 대표적인 특성은 중요한 경영 의사결정에 종업원들을 참여시키며 종업원의 개인적 복지에 큰 관심을 가진다는 것이다. 또한 의사결정의 과정에서 최고경영자는 명령자가 아닌 촉진자의 역할에 집중하고 있다는 것 또한 일본 기업의 성과 요인으로 밝혀졌다. 이렇듯 전통적이며 위계적인 미국의 경영 방식과 참여적이며 개방적인 일본의 경영 방식을 절충하여 탄생한 것이 1981년 캘리포니아 대학의 W. Ouchi 교수의 Z-이론(Z-theory)이다. Z-이론은 미국 기업이 강조하는 개인의 책임과 일본 기업이 강조하는 집단적 참여를 결합한 이론이다. 즉, 상반된 두 나라의 경영 방식의 장점을 통합하여 새로운 경영이론이 탄생하였으며, 이후 GM, Ford, HP, Intel 등과 같은 기업에서 Z-이론을 채택하여 높은 성과를 도출할 수 있었다.

(6) 신경영기법

경영학은 과거뿐만 아니라 현대에도 지속적으로 발전하고 있다. 이러한 상황에서 기업의 사명과 목표를 설정하고 달성하기 위한 전략적 경영(strategic management)이 주목을 받고 있으며, 급변하는 경영 상황에 대처하기 위해 기업 내부 기능 위주의 미시경영(micro-management)에서 탈피하여 다양한 외부 환경을 고려하는 거시경영(macro-management)적 시각의 필요성이 대두되었다(신유근, 이춘우, 2020). 또한 경영 활동의 분석단위를 개인수준·집단수준·조직수준으로 나누고 환경에 관련하여 조직 전체 수준의 연구에 대한 필요성을 강조하는 이론이 등장하였는데 이를 조직이론(organization theory)이라고 한다.

기업경영에서 조직과 구성원에 대한 집중은 그들이 가지고 있는 지식과 정보, 노하우를 체계적으로 발굴하고 공유하여 조직 전체의 문제를 해결하는 자원으로 활용하는 경영 방식으로 적용되었다. Peter Drucker는 "과거 산업사회의 토지·노동·자본과 같은 전통적인 생산요소의 효용은 이미 한계에 다다랐으며, 지식이 새로운 생산의 유일한 근원이다"라고 하며 생산경제에서 지식경제로의 변화를 예견하였다(Drucker, 2006). 이처럼 자원으로서의 지식자산이 점차 강조됨에 따라 기업의 새로운 가치 창출의 원천으로 지식을 생성, 저장, 공유, 활용하는 방식으로서의 지식경영(knowledge management)이 새롭게 등장하였다.

대표적인 지식이론가로는 Peter F. Drucker, Nonaka Ikujiro, Peter M. Senge 등이 있다. 특

히 Nonaka는 지식을 암묵지(tacit knowledge)와 형식지(explicit knowledge)[6]로 구분하고 지식의 변환 과정을 공유화(Socialization), 표준화(Externalization), 연결화(Combination), 내면화(Internalization)의 창조적 루틴 과정으로 설명하였다(노나카 이쿠지로, 2010). 한편 학습조직의 대가인 Senge는 하버드 비즈니스 리뷰에서 가장 독창적인 경영 이론서로 선정된《학습하는 조직(The fifth discipline)》(1990)에서 경영혁신의 새로운 대안으로 학습하는 조직(learning organization)을 제시하였고 개인학습이 조직의 역량으로 발현되기 위한 다섯 가지 기본 원칙으로 시스템사고(system thinking), 개인적 숙련(personal mastery), 정신모델(mental model), 공유비전(shared vision), 팀 학습(team learning)을 제시하였다(Senge, 2014).

2. 교육서비스 경영의 발전 과정

보통 경영이란 생산수단과 직결된 영리행위로 이해하는 관점을 중심으로 본다면 학문 분야에서의 기업 경영은 익숙하지만 교육서비스 경영은 그리 보편적인 개념이 아니다. 일반적으로 쓰이는 교육행정, 학교경영, 학교관리보다 교육서비스 경영이 익숙하지 않은 것은 그만큼 개념의 정립이 쉽지 않기 때문이다. 즉, 교육 기능이 사회 전체적으로 결합되는 종합적이며 총체적인 인식의 장에 반영되고 학교교육, 사회교육, 기업 내 교육 등의 다양한 영역에서의 교육 주체의 기능적 특성을 고려한다면 교육서비스 경영의 적용 범위가 매우 광범위하게 된다. 따라서 교육서비스 경영은 오랜 역사와 다양한 산업 영역에서 지속적으로 발전해 온 개념이다.

1) 역사 속 교육서비스 경영

교육서비스는 인류 역사에서 가장 오래된 서비스 중 하나이다. 고대 중국 춘추전국시대 때 공자가 제자를 가르치던 일과 기르던 일은 교육서비스 수행이라고 할 수 있으며, 그리스 아테네에 설립한 플라톤의 아카데미도 교육서비스 기관의 원조라고 간주된다(김현수, 2018).

---

6) 암묵지는 학습과 체험을 통해 개인에게 습득된 지식으로 겉으로 드러나지 않는 상태의 지식이다. 반면, 형식지는 문서와 매뉴얼처럼 외부로 표출되어 여러 사람과 쉽게 공유되는 지식을 의미한다.

교육서비스 제공을 통한 경영 활동의 시작과 발전 과정을 역사 속에서 명확히 구분하여 탐색하기는 매우 어려운 일이다. 우선 교육서비스 경영의 영역을 구분하기 위해서는 교육행정의 범주인 공교육과 대비되는 교육서비스 또는 사교육의 범주를 명확히 해야 한다. 제도적, 교육적, 경영적 측면에서 공교육과 사교육은 분명한 가치 추구의 차이점을 보이는데 사교육은 자율성, 수월성, 사익성을 추구하는 반면, 공교육은 공익성, 평등성, 공공성을 추구한다(박명희, 백일우, 2020). 따라서 역사 속에 나타나는 교육서비스 경영의 발전 과정을 고찰하기 위해서는 공·사교육의 구분이 필요하지만, 현대 공교육의 시초인 근대학교의 탄생 시점을 계몽주의시대로 설정한다면 그 이전에는 현대적 의미인 교육행정과 교육서비스 경영이 혼재된 상황이었다.

그럼에도 불구하고 우리나라 역사에서 다양한 교육서비스 경영의 양상을 어렵지 않게 발견할 수 있다. 고려시대에 벼슬에서 물러난 연로한 봉건 관료 출신의 학자들이 십이공도(十二公徒)라는 기관을 설립하여 과거제도를 대비한 교육을 시켰다(홍희유, 채태형, 1998). 당시 관학인 국자감(國子監)을 공교육에 비유한다면, 십이공도는 사교육에 해당하는 교육서비스 경영 기관으로 볼 수 있다. 또한 조선시대에는 성균관(成均館), 사부학당(四部學堂), 향교(鄕校)보다 서당(書堂)과 서원(書院)이 사설교육기관으로 더욱 중요한 자리를 차지하였다(김춘식, 2011). 개화기부터 일제강점기 기간 역시 기독교청년회학과, 사설학술강습회, 사설학습강습소, 야학, 민중학회 등을 통해 학생과 성인들을 대상으로 교육을 제공하였는데 공교육이 부족했던 시대 상황을 반영한 사교육산업 및 교육서비스 경영의 발달 양상이라고 볼 수 있다(박명희, 강화정, 김대열, 2020). 해방 이후에도 부모의 교육열과 상급학교 진학을 위한 경쟁을 토대로 교육서비스 산업은 지속적으로 성장, 발전하였다.

2) 현재의 교육서비스 경영

교육서비스의 현재 상황을 조망하기 위해서는 교육서비스에 대한 명확한 범주화가 필요하다. 2017년 1월 개정된 한국표준산업분류를 따르면 교육서비스업은 교육 수준에 따른 초등, 중등, 고등교육 수준의 정규 교육기관, 특수학교, 외국인학교, 대안학교, 일반교습학원, 스포츠 및 놀이, 예술학원, 기술 및 직업학원, 교육지원서비스업 등 교육과 관련된 다양한 기관이 속한 산업이 망라되어 있다. 교육서비스를 소비자와 제공자의 상호 관계에서 발생하고 소비자의 교육 문제를 해결해주는 것으로 정의한다면 이렇듯 학교, 학원, 기타 교육시설 등의 모든 조직을 교육서비스 제공 기관으로 보는 것은 적절하다(차주항 외, 2011).

그러나 소비자 필요와 욕구 충족을 위한 양질의 무형적 교육서비스 제공을 통한 영리 추구라는 경영적 측면을 고려한다면, 초등, 중등, 고등교육기관은 별개의 교육학적 기관으로 간주하는 것이 필요하다. 이는 법적 설립과 운영, 교육 수혜 대상자, 재정 지출 방식, 교육 제공 과정 등이 일반 기업과 상이한 특징을 가지고 있기 때문이다.

따라서 경영적 교육서비스의 범주는 크게 교육 소비자 대상과 제공 서비스의 영역으로 구분할 수 있다. 더 나아가 교육 소비자 대상은 영유아, 초등학생, 중학생, 고등학생, 대학생 및 재수생을 포괄하는 학령인구와 성인으로 나뉜다. 또한 제공 서비스의 영역은 학령인구 대상의 교과, 비교과, 컨설팅 서비스와 연령 구분 없는 취미, 직업 서비스로 분류될 수 있다(김대열, 박명희, 2020).

우선 초·중·고등학생의 학령인구를 대상으로 하는 교과 및 비교과 교육서비스 참여 현황은 2009년부터 매년 조사, 발표되는「초중고 사교육비 조사 결과」로부터 확인할 수 있다. 최근의 결과 발표 내용까지를 종합해 보면 초·중·고등학생 사교육비로 대변되는 해당 교육서비스 시장의 비용, 참여율, 참여 시간 등이 지속적으로 증가하고 있는 추세이다.

한편 성인 대상 교육서비스 산업 시장 규모 역시 지속적으로 확장되고 있다. 평생직장의 개념이 모호해지고 안정적 일자리 확보가 불명확해진 최근 직업 환경이 반영되어 구직자와 전직자를 위한 공무원 및 자격증 교육 수요자가 지속적으로 증가하고 있는 추세이다. 또한 현재의 직무에서 새로운 역량을 확보하고 ABCD(Ai, Blockchain data, Cloud, big Data)의 키워드로 대변되는 4차 산업혁명 시대에 필수적인 신직무에 대한 요구와 관심이 성인 대상 교육서비스 수요 증가로 나타나고 있다. 이는 초·중·고 대상 입시 위주의 교육기업이 성인교육시장으로의 진출과 체질 개선을 이루어 낸 이후 발생하는 매출 증가를 통해 간접적으로 확인할 수 있는 대목이다.

제3절

교육서비스 경영의 특성

1. 교육서비스 경영의 주요 과제

교육서비스 경영의 영역을 광범위한 교육조직까지 확대한다면 현대인에게 교육적 경험과 지식을 제공하는 공공기관, 비영리단체, 민간단체, 기업 등의 교육 업무를 전문적으로 담당하는 모든 기관이 해당된다(김소현, 2013). 그러나 교육서비스 경영을 교육과 관련된 서비스를 제공하여 목표를 달성하는 경영 활동으로 정의한다면 교육서비스 관련 종사자가 속한 다양한 조직, 교육서비스의 사적인 공급 기업 등 영리 추구의 교육기업으로 국한하는 것이 적절하다. 이러한 교육기업은 일반 기업과 구별되며 이들이 추구하는 특징적 과제를 B. Courtney가 제시한 평생교육경영의 모형을 중심으로 정리한다면 다음과 같다.

1) 기업의 철학과 미션의 개발과 공유

교육기업의 철학은 기업 경영에 있어서 추구해야 하는 기본적인 가치, 신념 등을 의미한다. 또한 미션은 기업 자체가 시장에 존재해야 하는 궁극적인 이유이다. 이러한 교육기업의 철학과 미션은 기업이 생산하는 교육서비스와 프로그램의 목적과 과업으로 구체화된다. 교육기업이 생산·관리하는 교육서비스와 교육프로그램 및 콘텐츠가 어떤 방향과 특성으로 전개되는지는 기업의 철학과 미션에 따라 결정된다. 따라서 철학과 미션을 너무 추상적으로 설정하면 경영 활동의 방향 설정에 어려움을 겪게 되고, 너무 근시안적으로 설정하게 되면 교육서비스와 교육프로그램 및 콘텐츠 사업을 전개하는 데 제약 조건으로 작용된다. 따라서 기업의 철학과 미션은 기업의 핵심가치와 기업의 존재 이유를 명확하게 표현하는 것이 필요하다.

또한 교육기업이 철학과 미션을 설정함에 있어 다양한 내부·외부 환경을 고려하여야 한다. 기업이 보유한 내부 자원 및 조직 등의 내부 환경이 지속적인 경쟁우위를 확보할 만큼의 경쟁력이 있는지 판단하여 철학과 미션에 반영해야 한다. 또한 노벨 경제학 수상자, Robert Lucas가 자신의 논문 「Making a miracle」에서 한국의 경제 성장의 중요한 대표 요인을 교육으로 본 주장과 견해와 같이 교육과 관련된 정책적, 경제적, 사회문화적, 기술적 외부 환경도 고려하여 다양한 맥락이 감안된 철학과 미션을 설정하는 것이 필요하다. 아울러 최근 기업의 경영 활동이 기업 및 고객을 넘어 사회 차원으로 확대되고 있다는 측면에서 교육기업의 고객 욕구 충족, 기업의 이윤 창출과 함께 사회 전체 이익을 포함한 세 가지 측면을 모두 고려한 기업의 사회적 책무성(Corporate Social Responsibility)도 철학과 미션에 포함되어야 한다.

2) 기업의 목적과 목표의 명료화

교육기업이 자신의 목적과 목표를 명료화하는 것은 교육서비스 경영에서 가장 핵심적인 과제 중 하나이다. 이는 기업이 수행하는 교육 사업의 방향과 내용이 기업이 설정한 목적과 목표에 따라 평가되고 관리되기 때문이다.

교육기업이 명확히 해야 하는 목적은 목표보다 상위의 개념으로 정의되는데 기업의 존재 이유인 미션과 기업이 장기적으로 달성하고자 하는 이상적인 비전을 포괄하여 정의하기도 한다. 목표는 이와 달리 목적의 하위 개념으로 대체로 목적 달성을 위한 구체적인 과업을 가리킨다. 또한 목표는 기업이 달성하고자 하는 성과이며 목적보다 단기적이고 미션을 정의하는 지침이 되기도 한다. 교육기업이 목적과 목표를 설정할 때 기업이 처해 있는 환경에서 구체적으로 실현이 가능한지 검토하는 것은 필수적이다. 실현 가능성이 낮은 목적과 목표는 교육기업의 성장과 발전에 도움이 되지 않을 뿐만 아니라 경영 방향 설정에 혼란을 주어 위험한 상황에 처할 수도 있기 때문이다.

특히 교육기업은 경영적 역할과 함께 교육적 역할도 담당하기 때문에 설정한 목적과 목표에는 교육적 철학과 관점, 가치관이 포함되어야 한다. 교육기업은 교육서비스에 대한 수요자를 대상으로 프로그램 및 서비스를 제공하는 사업을 영위하기 때문에 분명한 시장의 요구가 존재한다. 즉, 수요자의 교육적 욕구를 충족시키고 이를 통한 효용가치를 발생시키므로 교육적 가치를 제공할 수 있는 노력이 기업의 목적과 목표에 반영되어야 한다. 목적과 목표를 수립함에 있어 경영적·교육적 측면을 모두 고려하는 것이 일반 기업과 교육기업을 구분하는 중요한 준거가 될 수 있다.

3) 기획

교육기업의 목적과 목표를 달성하기 위한 교육서비스와 프로그램을 계획하고 교육 수요자에게 전달할 수 있도록 준비하는 과정을 기획이라고 한다. 이를 위해서는 교육시장을 분석하고, 수요자의 요구를 파악하며, 교육 요구를 충족할 교육서비스 전달 과정과 교육프로그램을 설계해야 한다. 또한 이러한 일련의 과정에서 수행되는 과업에 따라 교강사 및 담당자를 선발하여 훈련시키는 것도 필요하다. 아울러 교육비용과 투입 시간 요인을 고려하여 시설 및 제반 사항을 준비하고 적절한 마케팅전략을 수립하는 것도 기획의 영역에 포함된다.

기획 단계에서 가장 중요한 것은 현재 기업이 속한 시장에서의 교육 수요를 파악하는 것이다. 경영학적으로 시장을 파악하는 데 고려할 중요한 핵심 개념으로는 필요(needs), 욕구(wants), 수요(demands)가 있다. 필요란 기본적인 만족의 결핍을 느끼는 상태로 인간 본성에서 발생하는 것이고, 욕구란 필요가 소비자에 따라 구체적 제품이나 서비스에 대해 나타나는 바람이다. 이에 반해, 수요란 특정 제품이나 서비스에 대한 욕구가 구매력과 구매의지에 의해 뒷받침되는 것으로 특정 교육서비스에 대한 욕구가 있더라도 구매력과 구매의지가 뒷받침되지 않는다면 구매로 이어지지 않게 된다. 이에 경영 활동의 주체로서 교육기업은 시장의 교육 수요를 반영하고 이를 충족시킬 교육서비스와 교육프로그램을 적절히 기획해야 한다.

또한 교육서비스 경영의 기획 단계에서 핵심적으로 고려해야 할 것은 학습자의 요구 분석과 교육프로그램 설계 모형이다. 요구 분석은 체계적인 교육프로그램 설계를 위한 첫 단계이다(Boyatzis, 1991; 이홍민, 2013). 교육서비스 경영 활동에서 전략적이고 높은 성과의 전제는 요구 분석이며, 이를 파악하기 위해 일반적으로 면담, 관찰, FGI(Focus Group Interview), 설문조사 등의 도구를 활용한다. 요구 분석을 통해 도출된 교육 요구를 충족할 교육프로그램은 이론적 설계 모형에 의해 구체화된다. 대표적인 교육공학적 설계 모형으로는 [그림 1-6]과 같이 분석(analysis), 설계(design), 개발(development), 실시(implementation), 평가(evaluation)의 ADDIE 모형이 있다.

[그림 1-6] ADDIE 모형

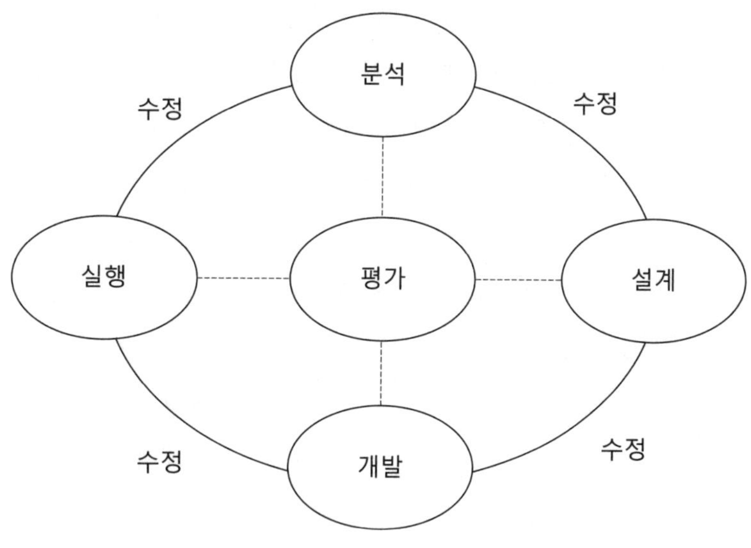

4) 조직화 및 구조화

교육기업 내에는 목적을 달성하기 위해 수행해야 할 다양한 과업들이 존재한다. 이러한 부분적 요소로서의 과업들을 기업전략 수행에 적합하도록 상호 관련성 있게 만드는 것을 조직화 및 구조화라고 말한다. 교육기업의 핵심적인 경영 활동은 시장의 교육 수요와 요구에 맞춰 교육서비스를 제공하고 교육프로그램을 개발·운영하는 것이다. 그러나 이러한 핵심 경영 활동을 수행하는 데 있어 교육프로그램 목적과 목표 수립, 내용과 방법 설계, 교육-학습 계획 및 진행 일정 관리, 교수자 배치, 시설 및 매체 관리, 수요자 모집과 같은 다양한 제반 업무가 수반되어야 한다. 즉, 조직화 및 구조화는 교육프로그램 개발과 운영이라는 핵심 활동이 원활하게 진행되도록 필요한 인력과 업무를 분업화하여 효율적이고 체계적으로 관리하는 것이다.

교육서비스 경영 활동에는 목적과 목표 달성을 위한 개발팀, 실행팀, 홍보팀 등 다양한 업무 기능적 부문이 존재한다. 개발팀은 기업의 목적 및 목표와 교육 수요자의 요구 및 관심을 반영하는 최적의 교육서비스와 교육프로그램을 기획 및 개발하는 역할을 수행한다. 실행팀은 개발된 교육서비스와 교육프로그램이 기획 의도에 따라 정해진 조건과 절차에 따라 적절히 진행될 수 있도록 관리하고 지원하는 역할을 담당한다. 아울러 홍보팀은 잠재적 학습자들에게 현재 기업이 개발하여 운영하는 교육서비스와 교육프로그램에 대해 설명하고 참여를 촉진함으로써 실제 교육 활동에 참여할 수 있도록 관련 정보를 체계적으로 전달하는 역할을 맡게 된다.

또한 이렇게 다양한 업무 역할을 수행하는 부문 간 의사소통이 원활히 이루어지도록 모든 팀이 의사결정에 참여하고 논의할 수 있는 경영자의 관리적 노력도 필요하다.

최근 기업 내부 자원의 열위에 따른 경영환경의 변화에 대한 대응력 저하를 해결하기 위해 아웃소싱(outsourcing) 전략을 구사하기도 한다. 아웃소싱 전략은 기업 간의 경쟁의 심화, 고객 요구의 다양화, 서비스 산업의 강화 등 경영환경 변화에 적응하기 위해 수평조직, 유연조직, 전문화 조직으로 다양한 조직 체질 개선의 일환이다. 즉, 구체적으로 전략적 지위를 확보하기 위해 조직화된 부문이 수행하는 업무를 전문화되고 특화되어 있는 외부자원을 이용하여 처리하는 것을 의미한다(천면중, 허명숙, 2019). 아웃소싱 전략을 통해 교육기업은 고객에게 차별화된 가치를 제공하는 교육서비스와 교육프로그램 품질 강화 등 핵심 업무에 조직 내부 자원을 집중하고, 여타 비핵심 업무에 대해서는 전략적으로 외부자원을 활용할 수 있다.

5) 지휘

교육기업을 이끌어 나가기 위해 조직과 업무를 통솔하는 것을 지휘라고 한다. 교육서비스 경영의 중요한 성과지표인 효과성을 달성하기 위해서는 조직 구성원이 자발적으로 업무에 참여하고 목표를 달성하도록 영향력을 행사하는 경영자의 지휘가 필요하다. 경영자의 지휘 활동은 조직을 지휘하는 데 활용되는 행동 방식으로 일반적으로 리더십(leadership)[7]이란 용어로 표현되기도 한다. 이러한 리더십과 관련된 연구는 오랫동안 지속되었고, 다양한 의미로 정의되어 오고 있는데 이는 조직을 지휘하는 것이 조직적 유형과 상황에 따라 유동적이고 복잡하게 발휘되고 있기 때문이다(김용현 외, 2015).

교육서비스 경영에서의 지휘 활동을 이해하기 위해서 교육기업이 가진 혼합적 특성을 고려하는 것이 필요하다. 교육기업은 규범적 조직과 야생적 조직의 특성을 모두 가진 조직이다. 규범적 조직은 영리적 조직과 대비되는 것으로 조직 구성원에 대한 통제가 기본적인 경제적 보상보다 보람과

---

7) 교육기업 경영자의 리더십과 관련된 내용은 본 서 2장. 교육서비스 경영자 부분의 3절 교육서비스 경영자의 리더십 파트에서 자세히 다룬다.

긍지, 만족감과 같은 심리적 보상을 위주로 이루어진다. 이러한 특성을 반영하여 경영자는 조직 구성원들의 자부심을 고취시키고 자발적으로 조직행동에 참여하고 헌신하도록 격려가 필요하다. 이에 반해, 교육기업은 경쟁자와 동일한 시장에서 상호 경쟁하는 야생적 조직의 성격도 가진다. 이는 경쟁 상황에서 생존을 위해 가용 자원을 최대한 효율적으로 활용해야 하는 조직이다. 이러한 조직을 지휘하기 위해서는 경영자의 열정, 창의력, 전략 발휘가 필요하다(김용현 외, 2015).

지휘 활동이 특히 중요한 이유는 지휘의 수준이 기업의 의사결정과 직결되기 때문이다. 교육기업은 다른 여타 기업보다 최고경영자의 의존도가 높고 최고경영자의 의사결정이 기업의 최종 결정으로 이어지기 쉽다. 경영을 조직적 의사결정 과정이라고 하는 견해[8]와 같이 의사결정은 경영자의 핵심역할이다. 따라서 경영자의 지휘 활동 수준의 제고는 의사결정 질 자체를 제고하는 것과 같은 의미로 해석된다. 이에 교육기업의 최고경영자는 조직 내·외부 사람들과 적극적으로 의사소통하고 최적의 의사결정이 이루어질 수 있도록 지속적 개선 노력을 기해야 한다.

아울러 교육기업의 경영자는 영리적 목적 추구와 함께 교육적 리더로서의 지휘 역할도 함께 고려해야 한다. 수요자의 교육적 요구를 충족시키는 교육기업 역시 교육적 가치와 목적을 달성하려는 조직이다. 기업의 경영적 측면만을 강요해서 교육적 가치를 무시하는 사업 추진은 지양되어야 하며, 교육서비스 경영자는 스스로 교육자적 리더임을 잊지 말아야 한다.

6) 인사배치

인사배치는 교육기업이 교육과 관련된 서비스와 교육프로그램을 담당하는 교육적 조직으로 성장, 발전하기 위해 필요한 인력을 충원, 배치, 활용하는 것을 뜻한다. 교육서비스 경영은 인적자원을 활용하여 무형의 교육서비스를 제공하는 특수성을 가지고 있기 때문에 인사배치는 무엇보다 중요한 요소이다.

저명한 조직이론가 A. Etzioni는 다양한 형태의 조직을 [그림 1-7]과 같이 참여와 권력의 종류에 따라 강제적 조직, 공리적 조적, 규범적 조직의 세 가지로 분류하였다. 강제적 조직(coercive organization)은 종사자의 활동을 통제하기 위해 강압적 방법을 주된 수단으로 사용하는 조직이다.

---

8) 1978년 노벨경제학자 수상자인 H. A. Simon은 경영의 핵심을 의사결정이 얼마나 합리적으로 이루어지고 있는지를 통해 판단하여 경영 활동 자체가 의사결정 활동이라고 주장하였다.

공리적 조직(utilitarian organization)은 봉급, 보너스, 수당 등을 활용하여 종사자의 활동을 통제하는 조직이다. 마지막으로 규범적 조직(normative organization)은 종사자의 활동을 통제하기 위한 수단으로 도덕적이고, 규범적인 수단을 사용하는 조직이다(이군현, 1992). 이러한 조직유형 분류에 따르면 교육기업은 영리 목적의 조직이기 때문에 우선 공리적 조직에 속한다. 그러나 교육 활동이라는 사회적 기여 역시 추구해야 하는 가치로 설정하고 운영되는 특성이 있기 때문에 규범적 조직의 성격도 띠게 된다.

[그림 1-7] Etzioni의 조직유형론

참여의 종류

권력의 종류	굴종적	타산적	도덕적
강제적	강제적 조직		
회유적		공리적 조직	
규범적			규범적 조직

자료: 이군현(1992). 조직유형론의 한계와 이의 극복을 위한 새로운 개념모형의 탐색.

또한 교육기업은 규모가 천차만별이고 경영되는 양상도 매우 다양하다. 1인 경영체제부터 국내 굴지의 상장회사까지 여러 규모와 형태로 경영 활동을 수행하고 있다. 그러나 규모와 형태와 무관하게 인적자원 활용이라는 공통점을 가지고 있으며, 이러한 인적자원을 적절히 활용하여 경쟁우위를 확보할 수 있다.

교육기업의 인적자원은 크게 교강사와 직원으로 구분할 수 있다. 교강사는 일반적으로 기업체와 계약을 통해 교수활동을 수행한다. 다만 교육기업에서 종사하는 교강사는 공교육의 교사와 달리 자율적인 계약 관계를 기준으로 근무가 이루어지기 때문에 특별한 자격이 불필요하다. 이는 교육서비스 산업에 요구되는 노동 수요를 충족하기에 수월하다는 장점으로 작동되기도 하지만, 실력과 자질에 대한 미검증으로 교육서비스 제공자에 대한 불신의 원인이 될 수도 있다. 따라서 교육기업에서의 직원은 경영 활동에서 강조되는 기능과 업무를 효과적으로 수행할 수 있는 역량(competency)[9]을 보유해야 한다. 교육프로그램 개발, 마케팅, 수행 및 평가 등에 따르는 업무는 교육기업에만 요구되는 직무로 높은 수준의 역량과 전문성 없이는 효과적으로 수행될 수 없다.

7) 회계관리

교육서비스 경영 역시 경영 활동의 한 종류이므로 기업의 재산 변화 등에 대한 다양한 재무정보를 생성하고 전달하는 과정으로서 회계(accounting)에 대한 관리가 필요하다. 회계란 기업의 경영 활동에 관심을 갖는 다양한 이해관계자가 합리적 의사결정을 할 수 있도록 기업실체 또는 경영실체의 경제적 활동을 기록, 추적하여 기업에 관한 유용한 재무적 정보를 측정하고 전달하는 과정이다.

교육기업의 경영 활동에는 주주, 채권자, 경영자, 종업원 등 다양한 이해관계자들이 연관되어 있다. 이러한 이해관계자들은 자신들이 관심이 있거나 직·간접적으로 관련되어 있는 기업의 경영 활동과 관련하여 각자의 목적에 맞는 다양한 정보를 원한다. 기업에서 이루어지는 회계는 크게 〈표 1-12〉와 같이 재무회계(financial accounting)와 관리회계(managerial accounting)의 두 가지 유형이 있다. 재무회계는 외부보고용으로 주주, 은행, 거래처, 국가나 지방공공단체 등의 외부 정보이용자들을 대상으로 회사의 업적을 보고하기 위한 것이다. 이에 반해 관리회계는 경영에 필요한 정보를 제공하기 위한 것으로 주로 경영계획과 통제를 목적으로 한다.

---

9) 역량(competency)이란 특정한 상황이나 직무 기준에 따라 효과적이고 우수한 성과의 원인이 되며, 기업에서 핵심인재로 평가받는 고성과자(high performer)의 공통된 행동 특성과 태도를 의미한다(행정안전부, 2008).

〈표 1-12〉 재무회계와 관리회계

구분	재무회계	관리회계
목적	외부 공표·과세정보 제공	내부 관리
정보이용자	주주, 채권자, 정부기관, 협력업체, 세무서 등	경영자, 관리자, 실무자 등
제공 정보	재무상태표, 손익계산서, 현금흐름표, 자본변동표, 주석	사업부별 손익정보, 제조 및 조달 의사결정, 전략 수립·평가, 사업타당성 분석, 성과 평가 정보
정보 유형	법규나 규정에 따름	정보이용자 요구에 따라 다양
작성 기준	기업회계기준[10]	자체 기준
보고 시점	보통 1년 단위(또는 분기, 반기)	필요시 또는 요구 시

그러나 규모와 형태가 다양한 여러 교육기업 중 조직의 규모가 영세하고 여건이 열악한 기업은 회계에 대한 체계적인 접근과 관리가 상대적으로 미진하다. 이에 일반적으로 재무회계보다 관리회계적 경영 활동이 주된 회계관리 양상이다. 따라서 회계분석을 통한 원가관리, 전략 수립, 성과평가에 한계점을 가지고 있고 보다 큰 규모의 기업으로 성장하기 위한 투자 유치에도 제한적이다. 특히 기업 수입의 대부분이 학습자의 수강료에 의존하고 있는 교육서비스 경영 활동에 있어 수강료 이외의 다양한 방법을 통한 수익 창출은 기업의 경쟁력 확보에 새롭게 제기되는 요구 사항이다. 이에 투자 및 발전 자금 조성을 위한 다양한 모색이 필요하다. 또한 기업의 지출을 고정비-변동비, 직접비-간접비 등으로 구분하여 비용효과의 극대화를 꾀하는 것이 필요하다. 이러한 필요에 기업의 회계 정보가 보다 체계적이고 효율적으로 관리되도록 이에 대한 분석과 관리적 노력이 절실하게 필요하다.

8) 마케팅

교육기업이 아무리 경쟁력 있는 교육서비스와 교육프로그램을 보유하고 있더라도 소비자에게

10) 기업회계기준이란 회사의 다양한 경영 활동을 재무제표에 기록하고 보고하는 데 사용하는 기준으로 회사가 사용하는 공용어와 같다. 우리나라의 기업회계기준은 상장기업에게 의무적으로 적용하는 한국채택국제회계기준(K-IFRS)과 비상장기업들의 회계처리 부담을 줄여 주기 위한 목적으로 제정된 일반기업회계기준으로 분류된다.

이를 적절히 소구(appeal)하지 못하면 경영 활동의 궁극적인 목적인 이익 실현을 구현하지 못한다. 이러한 표적시장의 잠재적 학습 수요자에게 교육서비스와 프로그램을 알리는 전반적인 활동을 마케팅(marketing)이라고 한다. 마케팅에 대한 정의는 다양하지만 일반적으로 표적시장을 선정하고 우수한 고객의 가치를 창조하며, 전달하고, 의사소통하여 고객을 확보, 유지, 증대시키는 과학이다(Kotler & Keller, 2012).

이러한 학자들의 정의를 고려한다면 마케팅은 단순히 교육서비스와 교육프로그램을 알리는 홍보와 구분되고 보다 포괄적으로 정리된다. 즉, 교육서비스 경영과 관련된 핵심 과정으로서의 교육서비스와 교육프로그램 기획과 개발, 운영과 평가, 전달 체계 구축과 축적을 포괄하는 복합적이며 종합적인 개념이다. 이에 교육프로그램을 기획하는 단계에서 마케팅적 관점이 적용되어야 하며, 개발 과정에 학습자의 요구 분석이 수반되어야 한다. 따라서 교육서비스 경영에서 마케팅의 개념은 매우 광범위하고 다른 업무와 적절히 연계되어야 한다.

또한 마케팅은 이윤을 목적으로 고객에게 만족을 주는 기업의 경영철학이라는 정의에 따르면 단순히 경영 활동을 넘어 기업을 경영하는 최고경영자의 경영철학이나 경영마인드를 의미할 수도 있다. 즉, 기업의 사명과 목표가 무엇이고, 이러한 것들을 달성하기 위해 환경 분석은 어떻게 이루어지며, 어떤 방식으로 시장을 세분화하고 표적시장을 선택할 것인지, 또한 마케팅믹스는 어떻게 결정할 것인지에 대한 종합적 전략의 계획과 수행 방안이 도출되어야 한다.

한편 마케팅 개념 정립 과정의 중심에는 소비자에 대한 관심과 집중으로의 관리 철학의 변화가 이어졌다. 마케팅관리 철학은 〈표 1-13〉의 생산 개념, 제품 개념, 판매 개념, 마케팅 개념으로 점차 발전했고, 최근 들어 복합적 또는 총체적 마케팅 개념이 강조되고 있다. 즉, 교육기업의 목적 달성을 위해 경쟁자들보다 목표로 하는 학습자로서의 고객의 필요와 욕구를 효율적으로 파악하고 보다 나은 교육서비스와 교육프로그램을 통해 높은 만족을 고객에게 전달하는 것이 마케팅 활동 성과를 좌우한다고 보는 것이다. 더 나아가 평생교육사회로의 진입으로 현대 사회에서 교육기업이 더욱 중요한 위치를 차지하고 있기 때문에 교육 수요자인 학습자 만족만을 통한 이윤 추구가 사회복지를 저해한다는 생각 또한 점차 늘어나고 있다. 즉, 소비자가 원하는 교육서비스가 궁극적으로 사회공익에 반한다면 교육기업은 이를 생산, 판매하지 않고 더 나아가 기업이 더욱 적극적으로 사회복지증진을 위해 마케팅 활동을 펼쳐야 한다는 사회적 마케팅 개념이 더욱 힘을 받고 있는 것이다.

〈표 1-13〉 마케팅관리 철학의 변화

철학	관점
생산 개념	수요가 공급을 초과하는 상황으로 서비스 원가를 낮추기 위해 생산성 향상이 가장 큰 목적
제품 개념	최고의 서비스 품질을 선호하는 소비자들을 위해 우수한 서비스를 생산하고 지속적으로 개선하는 데 주력
판매 개념	소비자가 기업이 생산하는 서비스를 자발적으로 구입하지 않는다는 가정하에 공격적인 영업과 촉진 활동을 전개
마케팅 개념	기업이 소비자의 욕구와 필요를 인식하고 충족시킬 서비스를 만들어 별도의 판매나 촉진 활동이 필요 없게 해야 한다는 주장
복합적(총체적) 마케팅 개념	마케팅 활동이 보다 다양하고 복잡해지는 현실에 맞게 관련된 문제를 광범위하고 통합적으로 인식

9) 평가

교육서비스 경영 활동의 중요한 요소로서 교육프로그램이 계획한 목적에 따라 적절히 유지되었는지, 더욱 개선의 여지가 없는지, 실시 과정에서 정해진 책임을 다하는지를 점검하는 평가(evaluation)가 필요하다. 교육서비스 경영 활동은 교육과 학습 과정을 일관성 있고 신뢰할 수 있게 개발하기 위한 체제로서 교수설계(Instructional Design; ID)적 측면을 가지고 있다(Reiser & Dempsey, 2014). 이러한 교수설계의 과정에서 평가는 제공되는 교육서비스와 교육프로그램에 대한 장점, 중요성, 가치를 결정하는 과정이자 결과물로 개발된 많은 평가 모형을 활용하여 다양하게 측정되어 왔다.

교육프로그램에 대한 평가는 교육 활동에 대한 가치(value)를 부여하며 판단하는 것으로 설계에서 시작하여 목표 설정, 실행, 교육 결과 도출에 이르는 과정은 물론, 평가 절차와 평가 결과를 포괄하는 모든 과정을 검증하는 의사결정 과정이다(신용주, 2017). 또한 평가는 주어진 주체, 상황, 목적에 따라 다양하게 수행될 수 있으며 전체 조직부터 개별 프로그램까지 평가 범주의 폭을 다양하게 설정할 수 있다. 아울러 평가 대상이 전체 조직인 경우 기업의 경영체제, 교육서비스 품질, 학습자 관리, 학습자 모집 및 유지, 직원 관리와 직무평가 등 다양한 평가 항목이 포함될 수 있다.

교육서비스 경영 상황에서 평가는 실시 시점, 재무적 관점, 계량적 측정 가능 여부에 따라 〈표 1-14〉와 같이 구분될 수 있다.

〈표 1-14〉 평가의 유형

기준	내용	
실시 시점	형성평가	- 교육프로그램 실행 중 실시 - 교육프로그램 개선 및 변화 추구
	총괄평가	- 교육프로그램 최종 단계에서 실시 - 교육프로그램 결과를 통한 향후 지속 여부 의사결정
재무적 관점	투자수익평가	- 교육프로그램 투자 총자본에 대한 순이익률 비율 파악 - 기업의 재무 및 경영 성과를 파악
	경영효율평가	- 재무비율, 시장가치분석 - 기업의 자산의 효율성 평가
계량적 측정 가능 여부	정량평가	- 양적 평가로 계량적 측정 검증 방법 활용 - 척도 사용 또는 가설 검증
	정성평가	- 질적 평가로 정량적 평가 어려운 주제 평가 - 서술적 질문지, 인터뷰 등 기술 자료 수집

또한 교육기업은 영리기업으로 다양한 마케팅 성과지표를 교육프로그램 및 관여된 마케팅 프로그램에 적용할 수 있다. 이러한 마케팅 성과지표에는 소비자 지각, 소비자 행동, 고객 성과, 서비스 시장 성과, 회계 성과, 재무시장 성과 등이 있다.

2. 교육서비스 경영의 기능[11)]

교육서비스 경영 활동을 기업과 같은 영리 목적의 조직에 한정시킨다면 교육기업이 일반 기업과 구분되는 고유한 활동을 기능별로 접근하여 정리할 수 있다. 사실 기업은 조직의 생존, 추구하는

11) 교육서비스 경영의 기능별 자세한 내용은 본 서 2부 교육서비스 경영의 실무 부분의 각 장(교육서비스 관리, 인적자원관리, 재무관리, 마케팅관리)에서 자세히 다룬다.

목적, 사명, 사업정책과 전략, 종합계획 수립, 통제 등 다양한 주제의 기능을 수행한다(Kubr, 2016). 또한 경영환경의 변화와 발전에 따라 정보기술(IT), e-비즈니스, 지식경영 등 기업 활동이 이루어지는 기능을 보다 폭넓게 설정할 수 있다. 기업의 기능을 정의함에 있어서 S. J. Skinner와 J. M. Ivancevich는 자신들의 저서 《경영학원론(Management)》(1993)에서 사업, 기업 환경, 경영과 조직, 인적자원, 마케팅, 재무관리, 회계 및 정보시스템의 구성요소를 가지고 기업의 기능을 제시하였다(Skinner et al., 1996).

이러한 여러 경영학자의 견해를 종합하고 기업의 기능적 특수성을 고려하여 관리 기능의 핵심 대상으로 국한할 경우 일반적으로 생산관리, 인사관리, 재무관리, 마케팅관리로 정리된다(신유근, 이춘우, 2020). 그러나 교육기업이 일반 기업과 구별되는 특성을 고려한다면, 일반 기업의 주된 네 가지 기능은 [그림 1-8] 교육서비스 관리, 인적자원관리, 재무관리, 마케팅관리로 재정리될 수 있을 것이다.

[그림 1-8] 교육경영의 기능

마케팅 관리
교육서비스 관리
재무 관리
인적자원 관리

1) 교육서비스 관리

일반 기업은 재화나 서비스를 만드는 데 소용되는 원재료와 제조 과정에서 필요한 기술적 공정을 통해 가치를 증대시키는 제품을 만들어 가는 활동을 수행한다. 이러한 활동을 생산관리(production/operation management)라고 하며 이는 기업전략에 부합하는 생산 과정의 전략과 과업을 설정하고 이를 달성하기 위해 생산자원을 효율적으로 배분하는 과정이다. 기업이 보유한 생산능력이 기업 목적과 적합할 때 기업 성과가 높다는 개념에 따라 생산관리에 대한 관심과 연구가 많이 이루어졌다. 이에 따라 좋은 품질의 제품을 적시(time), 적량(quantity), 적질(quality), 적소(place), 적가(price)로 공급하고 가용 자원의 효율적 활용을 위한 최소의 원가(cost), 최고의 품질(quality), 최단시간의 납기(delivery), 소비자 요구에 대한 유연성(flexibility)을 확보하는 것이 중요한 기업의 과제가 되었다. 또한 생산시스템을 적절히 설계하고 생산계획과 일정계획을 수립하며, 최적의 재고관리에 대한 모형과 이론을 적용하는 것도 해결해야할 과제로 정립되었다.

제조업 중심의 생산관리 개념을 그대로 교육기업의 경영 활동에 적용하는 것은 다소 무리가 있다. 유형의 제품을 생산하는 일반 기업과 무형의 서비스를 생산하는 교육기업은 관리해야 하는 재화의 성질이 상이하기 때문이다. 그러나 교육서비스 역시 생산, 전달, 관리되어야 한다는 측면에서 최근 생산관리의 이론이 교육서비스 경영 활동에 일정 부분 수용되고 있다. 이처럼 제조업 제조 공정에서 활용하는 공정 흐름을 서비스 현장에 적용한 대기행렬모형은 [그림 1-9]와 같다.

[그림 1-9] 서비스 대기행렬모형의 구조

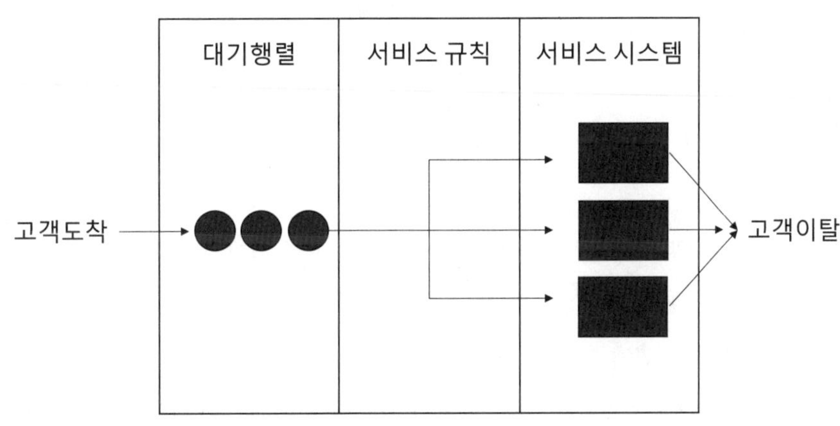

또한 제품과 동일하게 서비스 역시 품질을 측정·관리할 수 있다는 측면에서 교육서비스에 대한 품질관리 의식이 높아지고 있다. 이는 교육기업의 경영 성과는 고객이 기대하는 서비스 품질을 보장하고 제공해야 한다는 경영 철학을 기반으로 하고 있다. 이를 위해 교육서비스 품질은 [그림 1-10]과 같이 4개의 활동으로 관리되어야 한다. 첫 번째는 고객 수요에 적합한 품질의 교육서비스를 경제성을 충족하는 수준에서 설계(plan)하는 것이다. 두 번째는 계획한 교육서비스 제공이 전달 표준에 의해 적절히 제공(do)되어야 하는 것이다. 세 번째는 교육서비스가 정해진 기준에 따르는지 지속적으로 검사(check)하고 판매하는 것이다. 네 번째는 교육서비스가 시장에서 고객을 만족시키는지, 새로운 요구가 있는지 지속적으로 조사하여 서비스를 행하는 단계(action)의 활동이다.

[그림 1-10] 교육서비스 품질관리 활동

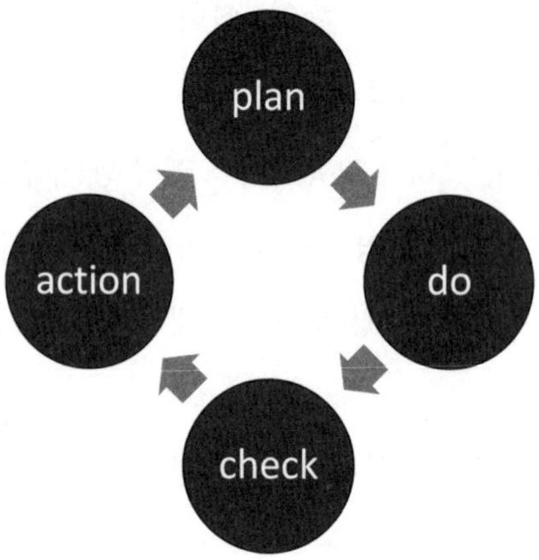

plan
do
check
action

2) 인적자원관리

인적자원관리(personnel/human resource management)는 기업이 생산, 판매 및 여타의 경영 활동에 필요한 인력을 확보, 평가, 개발, 보상, 유지하는 활동이다. 교육기업과 일반 기업 공통적으로 조직의 목표를 달성하기 위해 인력을 적절히 충원하고 유지하며 활용토록 개발하는 일련의 모든 과정을 계획적이고 조직적으로 관리하는 활동이 필요하다. 이에 일부 학자는 어느 조직이든 원활한 활동을 위해 필요한 3요소를 3M, 즉 사람(man), 돈(money), 자원(material)으로 표현하며 교육기업에서의 인적자원관리의 중요성을 강조하였다.

인적자원관리란 일하는 사람들이 각자의 능력을 최대로 발휘하여 좋은 성과를 거두도록 관리하는 일, 조직체가 보유한 인적자원의 효율적 이용을 위하여 수행하는 일련의 계획적·체계적 시책을 말한다. 유사한 개념으로 노무관리가 있는데, 인적자원관리를 인사관리 내지 노동력관리로 본다면, 노무관리는 인적자원 이외의 인간적인 여러 가지 측면(생활인, 사회적 존재, 주체적 존재로서의 인간)을 문제로 삼는 여러 시책(복지후생 · 인간관계 및 각종 행사의 참여 등)을 다룬다(실무노동용어사전, 2014).

교육기업 역시 하나의 조직으로 본다면 1968년 Bertalanffy가 제시한 일반체계이론(general system theory)을 적용할 수 있다. 이 이론은 [그림 1-11]과 같이 모든 조직체계가 내부 환경과 외부 환경으로 구성되며, 체제 외부로부터 사람, 돈, 자원이 투입되고 체제 내부에서 변환 과정을 거쳐 다시 체제 밖으로 생산물, 서비스의 형태로 산출된다고 설명한다. 또한 피드백(feedback)의 과정이 지속적으로 이루어져 산출물의 질을 검토하여 투입이나, 변환 과정의 개선을 이루는 것이다.

[그림 1-11] 일반체계 모형

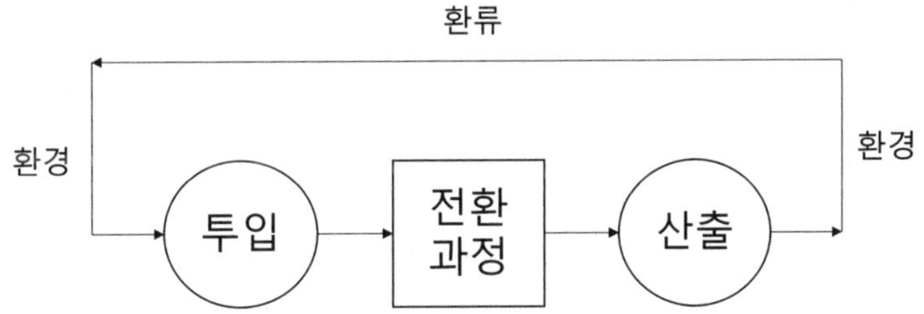

교육서비스를 포괄하는 서비스는 전통적인 외부 환경뿐만 아니라 내부 환경과 상호작용하는 내부 마케팅(internal marketing)과 [그림 1-12]와 같은 상호작용 마케팅(interactive marketing)의 병행이 필요하다. 내부 마케팅이란 각각의 서비스 종사자가 고객 만족을 충족시키기 위해 팀의 한 구성원으로 자신의 역할을 잘 수행할 수 있도록 효과적인 훈련 및 동기부여와 종사자 대상 지원 서비스를 제공하는 것이다. 또한 상호작용 마케팅이란 서비스 제공 순간에 이루어지는 소비자와 제공자의 상호작용 품질을 높이기 위해 현장 서비스 종사자의 숙련된 기술과 이들을 지원하는 과정을 강조한 개념이다(이학식 외, 2019). 이러한 내부 환경의 종사자에 대한 활동의 강조는 교육서비스 경영에서의 성과 창출을 위해 인사관리가 다른 유형의 기업보다 무엇보다 중요하다는 것을 알 수 있는 부분이다.

[그림 1-12] 상호작용 마케팅

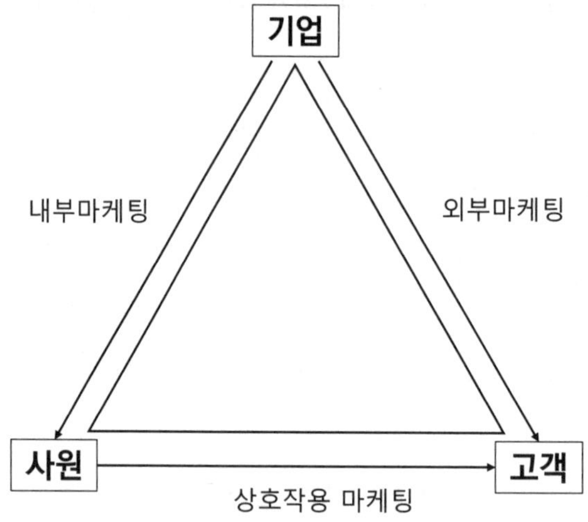

3) 재무관리

교육서비스 경영에서의 재무관리(financial management)는 교육기업의 경영 활동에 있어 소요되는 자본을 조달하고 운영에 관한 활동을 계획, 조정, 통제함으로써 기업이 설정한 목표를 달성하고자 수행하는 활동이다. 또한 재무관리의 목표는 단순히 기업 수익 향상에 국한되는 것이 아니라 기업의 가치를 극대화하는 것이다. 따라서 일반 공공기관이나 평생교육기관에서 수행하는 수입관리, 지출관리, 프로그램 손익계산 등의 예산관리(budgeting)를 포괄하는 개념이다. 재무관리와 관련된 의사결정 사항으로는 투자결정, 자본조달결정, 이를 동시에 수행하는 혼합의사결정, 배당의사결정, 기업조직의 지배구조 및 인수합병, 유동자산 및 고정자산 관리 등이 있다.

교육기업의 재무관리는 재무분석으로부터 시작된다. 재무분석이란 자본조달과 운영이 경영 활동에 효과적으로 반영되는지 기업의 상태를 평가하고 문제점을 분석하는 것이다. 재무분석 시 중요한 고려 사항으로 중요한 교육서비스 경영의 지표인 효율성과 효과성을 검토한다. 재무분석에서의 효율성이란 일정한 비용에 의해 얼마나 많은 서비스가 산출되었는가. 또는 일정한 서비스 산출을 위해 얼마나 많은 비용이 투입되었는가를 나타내 주는 지표이다. 또한 효과성이란 표적시장의 교육 수요자가 요구하는 서비스를 얼마나 제공하였는지 측정하여 목표 성과 기준을 확인하는 지표이다. 이러한 지표와 함께 재무분석을 하는 대상은 〈표 1-15〉와 같이 성장성, 안정성, 수익성,

활동성, 유동성, 생산성 등이 있다(Robbins 외, 2021).

〈표 1-15〉 재무분석 대상

구분	내용	활용 지표
성장성	기업의 경영 규모와 성과 증가를 나타내는 지표 기업의 경쟁력과 수익창출 능력을 나타냄	매출액증가율, 총자산증가율, 자기자본증가율, 순이익증가율, 주당이익증가율
안정성	기업이 조달한 자본과 타인자본을 검토하여 의존 정도를 나타내는 지표 부채의 원리금 상환 능력을 나타냄	부채비율 이자보상비율
수익성	기업이 투자한 자본의 이익 달성 정도를 나타내는 지표 일정 기간의 영업 성과를 나타냄	총자본순이익률 매출액순이익률 자기자본순이익률
활동성	기업이 보유한 자산의 효율적 활동 정도를 나타내는 지표	재고자산회전율, 매출채권회전비율, 비유동자산회전율, 총자산회전율
유동성	용이하게 현금화 시킬 수 있는 자산을 나타내는 지표 단기적 채무지급 능력을 나타냄	이동비율, 당좌비율
생산성	기업이 투입한 생산요소에 대한 산출량을 나타내는 지표 경영 활동의 효율성과 성과 배분의 합리성을 나타냄	노동생산성, 자본생산성

또한 교육기업의 재무관리에서 일정 기간 동안의 총수입과 총비용이 일치하는 점인 손익분기점(break-even point)을 활용하기도 한다. 경영 활동에서의 총비용은 고정비용과 변동비용으로 구분되는데, 손익분기점에서는 고정비용과 변동비용을 총수입에서 충당하고 있다는 전제로 제공하는 교육서비스의 가격이 손익분기점 이하의 수준으로 하락하면 기업은 손실을 입게 된다는 것이다. 손익분기점을 활용하여 이익도 손실도 발생하지 않는 지점을 검토하고 목표이익 달성에 필요한 매출액을 설정하며 공헌이익률과 고정비율의 조절을 통해 합리적 경영 의사결정의 기초 자료로 활용할 수 있다.

4) 마케팅관리

교육기업 역시 영리를 추구하는 조직임에도 불구하고 공교육에서 추구하는 공익성, 평등성, 공공성의 특징을 기준으로 교육기업 공급자들의 이윤 추구를 비교육적·반교육적 행위로 보는 견해가 있다(박명희, 백일우, 2020; 최선주, 강대중, 2014). 그러나 소비자로서의 고객의 필요와 욕구를 충족하는 필수재로서의 교육서비스 마케팅에 대한 사회적 관심이 높아지고, 마케팅에 대한 폭넓은 이해가 이루어지면서 교육 활동에 대한 마케팅적 접근은 과거의 부정적 이미지에서 탈피하고 새로운 긍정적 이미지를 형성하고 있다. 같은 맥락에서 공공기관, 비영리기관, 심지어 학교와 대학에서도 마케팅의 개념이 도입되고 있다(김용현 외, 2015). 이러한 상황은 마케팅이 기업 경영뿐만 아니라 교육기업을 포함한 사회 전반과 생활양식, 사고방식에 큰 영향력을 끼치고 있다는 배경 때문이다. 물질만능주의, 자원의 낭비, 무분별한 소비 촉진 등의 많은 비판에도 불구하고 고객의 욕구를 반영한 제품과 서비스를 생산하고, 적절한 가격에 제공한다는 면에서 낭비적 요소가 아닌 삶의 질 향상의 요인으로 여겨지기 때문이다.

교육서비스 경영에서 교육기업은 스스로 개발하고 운영하는 교육프로그램을 학습 수요자들에게 좋은 이미지로 인식시키고 더 많이 참여할 수 있도록 노력하는데 이러한 활동이 마케팅관리(marketing management)에 속한다. 일반적으로 기업과 소비자 간의 제품과 서비스, 효용을 교환하는 과정으로 마케팅 목표를 달성하기 위한 상당한 양의 과업과 기술을 마케팅관리라고 정의한다. 이러한 개념을 교육서비스 경영에 적용한다면 교육기업이 학습 소비자에게 교육서비스, 교육프로그램, 교육콘텐츠 등을 제공하고 학습 소비자는 이에 합당한 이윤을 교육기업에게 전달하여 장기적 이익을 실현하는 과정이라고 할 수 있다. 즉, 교육서비스 경영에서의 마케팅관리는 교육기업과 학습자 상호 간에 각자의 목적을 달성시키는 가치를 창출하고 유지할 수 있도록 교육시장을 정의하고 관리하는 과정이다.

이러한 측면에서 교육기업의 마케팅관리는 학습자의 필요(needs)와 욕구(wants)를 충족하고 수요(demands)를 개발하는 과정이라고도 할 수 있다. 필요란 기본적인 만족의 결핍을 느끼는 상태이다. 인간은 생리, 안전, 소속, 존경, 자아실현 중 어느 것이 결핍되었다고 생각하면 필요를 느끼게 된다. 즉, 필요는 마케팅에 의해 만들어지는 것이 아니라 인간 본성의 욕구에서 발생하는 것이다. 욕구는 필요가 소비자에 따라 구체적인 제품이나 서비스에 대해 나타나는 바람이다. 욕구는 근본적 욕구(fundamental needs)와 구체적 욕구(specific needs)[12]로 구분하기도 한다. 또한 수요는 특정 제품이나 서비스에 대한 욕구가 구매력과 구매의지에 의해 뒷받침되는 것이다. 어떤 제품이나 서비스에 대한 욕구가 있다고 하더라도 구매력과 구매의지가 뒷받침되지 않으면 수요로 이어지지 않는다. 교육경영의 마케팅관리 측면에서 필요, 욕구, 수요를 〈표 1-16〉과 같이 정리할 수 있다.

〈표 1-16〉 필요·욕구·수요

개념	정의	예시
필요	기본적 본성	사회 저명인이 되고 싶다.
욕구	구체적 교육서비스에 대한 바람	명문대 입학을 위한 성적 향상 목표로 학원 수강
수요	바라는 교육서비스에 대한 구매력 · 구매의지	지역의 학원 유무, 수강비 충당 경제력

교육서비스 경영에서의 마케팅관리는 [그림 1-13]처럼 교육시장과 학습 수요자의 욕구를 분석한 결과를 토대로 표적고객을 선정하고 서비스 마케팅 체계에 따라 마케팅전략을 수립하며, 마케팅 프로그램을 계획하고 수행하며 통제하는 일련의 과정이다(Kotler & Armstrong, 2017).

[그림 1-13] 마케팅관리 과정

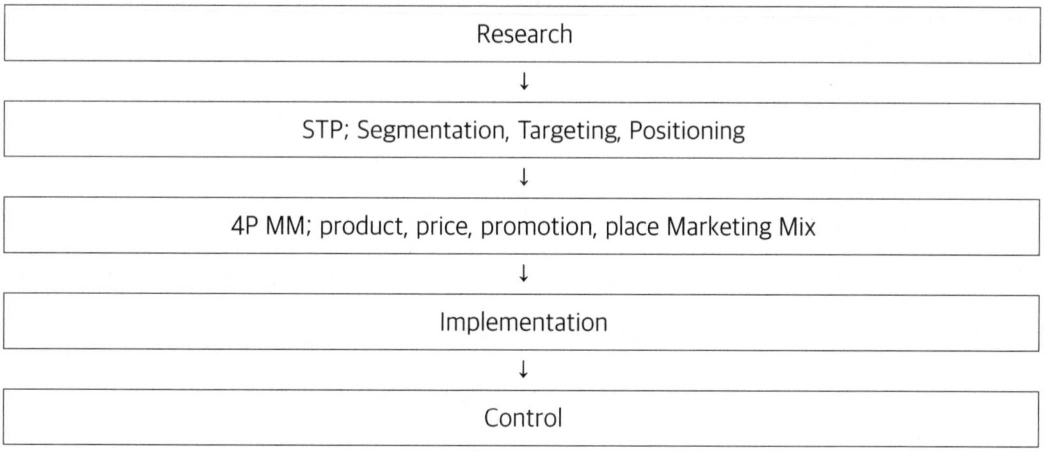

Research
↓
STP; Segmentation, Targeting, Positioning
↓
4P MM; product, price, promotion, place Marketing Mix
↓
Implementation
↓
Control

12) 마케팅관리의 핵심개념인 필요와 욕구를 설명함에 있어 필요와 욕구를 구분한 관점과 한 종류로 보는 관점이 각각 상이하게 존재한다(안광호, 2018; 이학식 외, 2019).

3. 교육서비스 경영의 환경

교육기업 활동에 영향을 미치는 거시적 환경(macro-environments)을 파악하는 것은 교육서비스 경영과 관련된 특성을 이해하는 것에 도움을 준다. 거시적 환경이란 교육기업을 포함한 다양한 형태의 기업 또는 사업단위의 전략 수립과 수행에 영향을 주는 다양한 외부 환경을 뜻한다. 거시적 환경을 분석하는 대표적 방법으로는 PEST 분석이 있다. PEST란 일반적으로 거시적 환경에 속한 구성요소인 정치적·법적 환경(political environment), 경제적 환경(economic environment), 사회문화적 환경(socio-cultural environment), 기술적 환경(technological environment)의 네 개 부문을 의미한다. PEST 분석 이외에 교육서비스 경영의 외부 환경을 분석하는 방법으로 3C분석, STEEP 분석[13] 등이 있다.

1) 정치적·법적 환경

교육서비스 경영 활동은 다양한 정치적 상황과 법률에 의해 규제된다. 교육서비스와 관련된 중앙정부와 지방정부의 제도 및 정책에 따라 크게 영향을 받는다. 예를 들면, 새로운 정부의 대입 제도 및 수능 체제의 변화에 따라 사교육의 수요와 공급 형태가 지속적으로 변화하게 된다. 또한 매번 변화하는 정부의 정책은 교육기업의 시기별 전략에 영향을 주게 된다. 가령 정부가 사교육산업에 대한 외국인 투자를 개방함으로써 미국과 영국의 어학원, 일본의 학습지 기업이 국내시장으로 진입한 것과 같다(박명희, 2015).

정부의 제도와 정책은 관련된 법령을 통해 규정되고 집행된다. 정부나 관련 기관은 법 제도와 규제를 통해 교육서비스 경영환경에 영향을 끼친다. 법적 환경은 소비자와 관련된 것과 교육기업과 관련된 것으로 구분할 수 있다. 교육서비스를 이용하는 학습 수요자도 소비자이기 때문에 소비자 보호와 관련된 법률인 「소비자기본법」, 「독점규제 및 공정거래에 관한 법률」 등에 보호를 받는다.

---

13) 3C 분석은 시장에서의 경쟁우위를 확보하기 위해 기업에 직접적으로 연결된 시장 상황과 이해관계자를 분석하는 방법으로 소비자(customer), 경쟁사(competitor), 자사(company)의 구성요소를 기준으로 접근한다. STEEP 분석은 산업에서의 기업의 경쟁력에 영향을 미치는 거시적 환경으로 사회적(social), 기술적(technological), 생태적(환경적)(environmental), 경제적(economic), 정치적(political) 환경을 파악하는 방법이다.

또한 교육기업에 적용되는 대표적인 법률은 「평생교육법」과 「학원의 설립·운영 및 과외교습에 관한 법률」이 있다. 그러나 교육서비스 경영의 활동을 보다 세밀하게 분류한다면, 직원 및 강사 계약과 급여에 해당되는 「근로기준법」, 「산업재해보상보험법」, 「고용보험법」, 「최저임금법」 등의 노동 관련 법률과 「회계법」, 「소득세법」 등의 재무 관련된 법률로 확대되고 「도로교통법」 등의 안전 관리 법률도 적용된다. 또한 기업의 지원 및 보호의 근거가 되는 「중소기업창업 지원법」, 「소상공인 보호 및 지원에 관한 법률」, 「지적재산권법」도 있다.

2) 경제적 환경

교육기업이 처해 있는 경제적 환경은 경영전략 수립과 수행, 마케팅 활동에 큰 영향을 준다. 특히 국가와 지역의 경제성장률은 교육기업의 마케팅 활동에 영향을 미치는 중요한 변수이다. 경제성장률은 무엇보다 고용에 영향을 주고, 이는 궁극적으로 소득과 소비의 증감에 중요한 선행 변수가 된다. 만일 경기가 불황인 상황이면 소비자들은 교육서비스 가격에 민감해지고 상대적으로 저렴한 대체 서비스 판매가 증가한다. 예를 들면 불경기에 학원비가 부담이 되어 대체할 수 있는 인터넷 강의 수강을 찾는 학습자가 많아지는 것과 같다. 따라서 경제의 성장 정도를 통해 교육시장의 잠재력을 파악하거나 교육서비스 이용률을 예측할 수 있다.

국민의 소득 변화와 실업률은 교육서비스 이용에 지출되는 가처분소득에 영향을 주기 때문에 교육서비스 경영 활동에 영향을 미치는 또 다른 중요한 요인이다. 학습 수요자들은 개인과 가정의 가처분소득이 증가하면 높은 구매력을 보이며 가처분소득이 감소하면 낮은 구매력을 보인다. 특히 가처분소득이 낮은 경우 필수품 이외의 제품에 대한 구매를 줄이거나 유보하게 되는데 지출 대상으로서의 교육서비스와 교육프로그램 이용이 필수품의 특성을 보이는지는 학습 수요자가 속해 있는 지역과 처해 있는 상황, 개인적 목표에 따라 달라진다.

아울러 교육서비스 경영 활동에 영향을 미치는 또 다른 경제적 환경으로는 운영에 소요되는 재료 및 유통 교재의 가격, 임금, 세금, 이자율, 임대료 등이 있다. 이러한 다양한 비용 항목의 가격이 안정적이지 않을 경우 교육기업은 전략 목표를 수립하고 안정적 투자를 하는 데 어려움에 처하고, 경영 활동에 제약 요인이 되기도 한다. 특히 임대료 등에 영향을 주는 지가(地價)는 교육기업의 전략에 가장 많은 영향을 미치는 경제적 환경 중 하나이다. 특히 교육 수요가 많은 지역은 상대적으로 지가 상승에 따른 임대료 등에 많은 비용이 들어가게 된다. 그러나 지가 상승은 해당 지역 고객의 소득을 높여 새로운 수요 창출과 수익 증대에 많은 영향을 미치는 요소가 되기도 한다.

3) 사회문화적 환경

사회문화적 환경은 교육기업이 속한 사회의 모든 특징을 망라한 것으로 연령, 성별, 종교, 관습, 가치관 등이 있다. 이러한 사회문화적 환경은 수치로 표현이 가능한 인구통계학적인 것부터, 수치로 표현이 어려운 문화적 가치까지 다양한 요인으로 이루어져 있다. 사회문화적 환경은 고객의 교육서비스 구매와 소비 행태의 많은 부분에 영향을 주며 궁극적으로 교육서비스 경영 활동의 양상을 결정한다. 또한 기업 수준부터 사업단위 수준까지 교육기업이 수립하는 전략의 수준을 결정하기도 한다. 예를 들어, 출산율 저하로 인한 학령인구 감소 현상은 교육서비스 수요 자체의 감소로 인해 전략의 변화의 원인이 되기도 한다. 전체적인 수요 감소는 도리어 교육서비스의 고급화를 가져오고 제한된 시장에 고품질, 고가격의 교육서비스를 생산하는 결과를 낳기도 한다. 또한 교육서비스 수혜자의 연령층이 확산되는데 영재 교육을 중심으로 저연령층까지 사교육이 확산되는 것은 사회문화적 환경 변화에 따른 표적시장 확대의 사례로 볼 수 있다.

교육서비스 경영에 영향을 주는 주요 사회문화적 환경 요인으로는 가계 소득 수준, 부모의 학력수준, 공교육의 특성, 사회적 인식 등이 있다(Na & Yoon, 2011). 그러나 이러한 사회문화적 환경은 다른 환경 요인과 마찬가지로 꾸준히 변화한다. 즉, 인구증감률, 학령인구비율, 취업률 등이 경제 및 사회 현상에 따라 변화하고 있는 것이다. 이러한 변화된 경영환경에서 소비자의 필요와 욕구 충족이 부족한 기업에 대한 소비자 이익 증진 활동을 의미하는 소비자주의(consumerism)가 등장하였다. 소비자주의의 등장과 확산은 교육서비스의 개선과 구매 후 평가를 더욱 중요하게 하였다. 특히 인구구조의 변화와 같은 인구통계학적 요인은 사회문화적 환경으로서, 저출산과 고령화에 따른 사회 변화로 인해 초·중·고등학생 대상 공교육 보완·보충의 교과 사교육보다 성인, 특히 노인층의 직무, 직업, 취미 사교육이 더욱 증대될 전망이다.

또한 사회문화적 환경의 변화는 소비자의 소비 행태의 변화를 초래하기도 한다. 예를 들면 여성의 경제활동참가율이 높은 지역일수록 보육의 기능을 일부 수행하는 지역 학원 및 학습지 센터의 수요와 이용 정도가 증가하였다. 이러한 환경 변화에 따라 교육서비스 경영 활동도 발맞춰 변화해야 하며, 이를 위해 교육기업은 사회문화적 환경 변화에 깊은 관심을 가지고 사회현상의 변화, 교육 수요자의 의식 및 가치관 변화, 소비자행동 변화에 대한 지속적인 연구를 수행해야 한다.

4) 기술적 환경

교육기업을 포함한 많은 기업은 제품과 서비스를 생산, 판매, 관리함에 있어 다양한 기술에 의존한다. 일반 기업은 고성능 설비, 운송 기술 활용과 새로운 미디어 도입으로 생산, 유통, 촉진의 여러 분야에 기술적 발전을 적용하고 있다. 최근 경영 활동의 효율성과 효과성을 높이고 새로운 가치를 창출하기 위해 클라우드 컴퓨팅, 빅데이터, 인공지능, 사물인터넷 등이 활용되고 있다. 신기술의 도입과 확산은 기업의 생산 및 판매활동에 직·간접적으로 지대한 영향을 주기 때문에 기업들은 신기술 개발과 수용에 큰 관심을 가지게 되었다.

기술적 환경은 교육서비스 경영의 서비스 생산 양식과 마케팅 활동에도 많은 영향을 주고, 전략 수립 과정에도 크게 영향을 준다. 예를 들어 다양한 교수 장비의 발전과 모바일 인터넷 기술의 등장을 통해 교육기업의 온라인 강의 제공이 보다 용이하게 되었다. 국내 많은 교육기업은 이러한 기술적 환경 변화에 따라 새로운 혁신 전략을 모색하고 있으며, 기술 발전에 재빨리 적응하여 여러 새로운 교육서비스를 만들었고 시장에서 성공하는 사례가 나오기 시작하였다. 이는 오프라인 실시간 대면 수업의 교육서비스가 온라인 상시 비대면 반복 학습의 교육콘텐츠로 대체되는 추세가 증가하며 관련된 시장 규모도 급성장하고 있기 때문이다.

또한 기술적 환경의 변화는 〈표 1-17〉에 제시한 기술적 장점을 토대로 기존 교육서비스의 품질을 보다 개선시키고 있다. 교수자-학습자의 수업 방식이 1:다수의 전통적 방식에서 1:1 또는 다수:다수의 쌍방향·상호작용 방식으로 변모하고 있는데 이러한 변화의 원인으로 인터넷 기반 스마트기기의 활용과 같이 기술적 발전을 빼놓을 수 없다.

〈표 1-17〉 IC 활용 교육의 장점

No.	내용
1	지식 전달 위주의 교육 방법과 교실 중심의 제한된 교육 환경에서 탈피하여 학습자의 자율과 특성을 존중하고, 다양하고 유연한 학습활동을 수행할 수 있게 한다.
2	스마트 기기를 활용한 정보 검색 및 상호작용을 통해 일련의 학습 과정에서 학습자의 주도적인 역할을 지원함으로써 자기 주도적 학습 환경을 제공할 수 있다.
3	스마트 기기를 활용하여 정보 검색 및 수집, 분석, 종합 등 새로운 정보 창출 과정에 직접 참여하게 하여 정보검색능력, 창의력과 문제 해결력을 신장시킨다.
4	문제해결학습, 프로젝트학습, 상황학습, 협동학습 등 다양한 수업활동을 지원함으로써 교수-학습의 질적 및 양적 향상이 이루어질 수 있다.
5	시공간의 제약성을 극복할 수 있는 다양한 스마트 기기의 활용을 통해 교육의 장을 더욱 확대함으로써 사고의 폭을 넓히고 고차원적인 사고능력을 신장시킬 수 있다.

자료: 한국교육학술정보원(2001). ICT 활용 교육 장학 안내서.

교육서비스 경영에서 기술적 환경 변화가 중요한 또 다른 이유는 학습 수요자의 욕구를 충족시키고 기업의 가치를 창출할 새로운 대안으로 새로운 기술이 활용될 수 있다는 것이다. 개발된 새로운 기술을 활용한다면 많은 일반 기업의 사례[14]와 같이 높은 고객 가치를 실현하고, 교육시장에 대한 트렌드를 바꿀 수 있다. 그러나 기술적 환경의 변화에 대해 교육기업이 주의해야 할 반응은 기존 제품에 대한 사수, 즉 마케팅 근시안이다(Levitt, 1960). 마케팅 근시안이란 새로운 기술이 출현함에도 불구하고 기존 서비스만을 고수하고 새로운 서비스로의 전환을 거부하는 것이다. 이러한 관점은 신기술에 대한 투자 지출이 불필요하여 단기간의 이익 증가에는 기여할 수 있으나 장기적으로 기업 생존을 위한 경쟁우위 확보에는 실패하게 된다. 따라서 적절한 신기술 검토와 도입을 통해 기업에게 높은 성과를 주는 가치 창출과 시장에서의 성공의 원동력을 확보하는 것이 필요하다.

14) 최근 공유경제라는 개념으로 Uber, Airbnb, 쏘카 등이 크게 성장하였고, Netflix, FLO, 멜론 등이 스트리밍 기술을 활용하여 영상, 음악 소비시장의 산업이 재정의되고 있다.

제 2 장

교육서비스 경영자

제1절

교육서비스 경영자의 개념

1. 교육서비스 경영자의 정의

교육서비스 경영자를 포함한 일반적인 경영자에 대한 정의에 따르면 경영자란 기업 경영에 관련된 최고 수준의 의사결정을 내리고 경영 활동의 전체적인 수행을 지휘하고 감독하는 사람이나 기관이다. 즉, 경영자와 경영 활동은 서로 분리하여 이해할 수 없으며 역으로 경영 활동을 효과적이고 효율적으로 수행하는 주체를 경영자라고 한다. 이에 Peter Drucker는 경영자의 첫 번째 직무를 기업을 경영하는 것이라 정의하며, 기업 경영을 "목표에 의한 경영을 한다(to manage by objectives)"는 것으로 정리하였다(Drucker, 2006).

이러한 경영자의 일반적 정의를 적용하여 교육서비스 경영자에 대한 개념을 정리한다면, 교육서비스 경영자는 교육기업에서 발생하는 경영과 관련된 최고 수준의 의사결정을 내리고 기업 목표 달성을 위해 경영 활동의 전체적인 수행을 효과적이고 효율적으로 지휘하고 감독하는 사람이다.

그러나 교육서비스 경영자를 정의하는 데 있어서 상관 또는 상사(boss)의 역할로 국한하는 경우가 있다. 이는 다른 사람에게 각자의 업무를 수행하도록 지시하고, 자신의 업무를 완수하는 사람 정도의 정의이다. 하지만 이러한 접근은 경영자의 직능에 국한된 분석이라는 한계를 가지고 있기 때문에 경영자를 기업의 특유한 하나의 기관(organ)으로서 정의 내리는 관점이 보다 적절하다. 즉, 인체의 하나의 기관(장기)이 없다면 생물체로 기능을 할 수 없는 것처럼, 교육기업에 교육서비스 경영자가 없다면 기업은 존재할 수 없는 것이다.

또한 교육서비스 경영자는 조직이 처한 환경에 대응하여 제한된 자원을 계획, 조직화, 지휘, 통제하여 기업의 가치 창출이라는 목표를 효율성과 효과성을 고려하여 교육과 관련된 서비스를 제공하여 달성하는 과정이라는 교육서비스 경영의 정의를 토대로 개념이 정립된다. 교육서비스 경영에서 교육기업의 비전과 목표를 달성하기 위해 수행하는 계획, 조직화, 지휘 및 통제 관련 활동은 동태적 과정이다. 즉, 환경과 상황에 따라 시시각각 변화하고 조정된다. 또한 교육기업과 같은 조직은 이러한 동태적 상황에 스스로 대처할 수 없는 비인격체이다. 따라서 교육서비스 경영자는 비인격체적인 기업을 유지·발전시키기 위해 방향을 결정하고 경영 활동을 직접 수행하는 주체가 되어야 하며 이러한 역할을 담당하는 인격체이다(조동성, 2006). 이에 경영자는 경영을 총괄하는 역할을 수행하는 동시에 경영에 대한 책임을 지기 때문에 경영에 있어서 없어서는 안 되는 가장 중요한 요소이다.

교육서비스 경영자가 수행하는 의사결정과 행동은 경제적 성과를 우선 고려하고 반영해야 한다. 기업이라는 영리 목적의 조직에서 교육서비스 경영자는 그가 창출하는 경제적 성과에 의해서만 존재의 정상성과 권위를 인정받을 수 있다. 교육서비스 경영자의 활동에는 비경제적 성과와 관련된 것들도 많다. 교강사와 직원의 행복을 증진하고, 지역사회의 복지를 향상시키며, 문화를 만드는 것들이 그러한 예이다. 그러나 이러한 성과는 부수적인 것으로 교육서비스 경영자가 고객이 원하는 교육서비스를 지불할 의사가 있는 가격으로 공급하지 못하고, 경제적 성과를 도출하지 못한다면, 이는 실패한 것이다. 즉, 교육서비스 경영자 자신에게 맡겨진 인적·물적 자원을 부(富)를 생산할 잠재 능력으로 개선시키거나 최소한 유지해야 한다(Drucker, 2002).

이러한 교육서비스 경영자가 수행해야 하는 일을 정리하면 [그림 2-1]과 같다.

[그림 2-1] 교육서비스 경영자 수행 업무

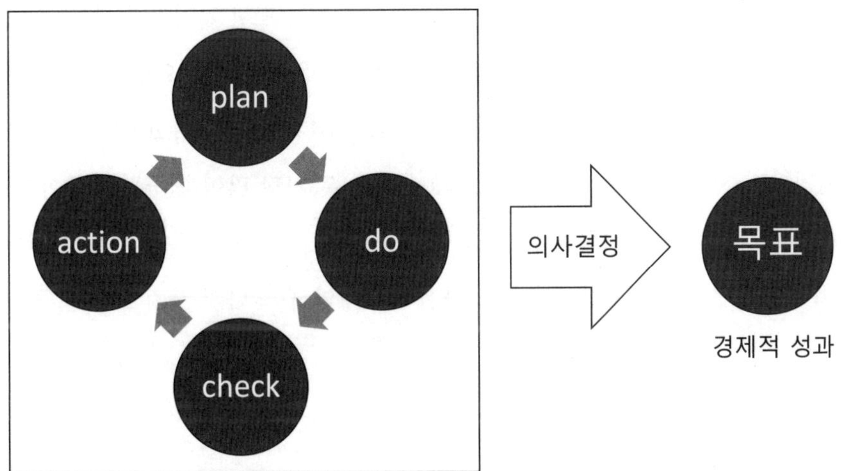

교육서비스 경영자의 정의를 보다 명확하게 하기 위해 경영자와 유사한 용어를 살펴보는 것이 필요하다. 경영자와 유사한 용어로는 사업가(businessman), 기업가(entrepreneur) 등이 있다. 우선 사업 활동을 하는 사람을 의미하는 사업가라는 말이 경영자라는 용어와 함께 구별 없이 많이 사용된다. 하지만 기업을 형성하지 않고 사업을 하는 사람도 많기 때문에 모든 사업가를 경영자라고 할 수 없다. 즉, 기업을 형성하여 사업을 하는 사람만을 경영자라고 할 수 있다(김성영 외, 2019).

이에 반해, 기업가는 기업을 일으켜 사업을 수행하는 사람으로 소유자를 의미하는 경우가 많다. 기업가가 경영 활동에 관여하지 않는 경우가 있기 때문에 기업가와 경영자는 같은 말이다. 최근 기업조직이 발전하고 기업가라는 용어의 의미도 변화하고 있다. 자본과 경영이 분리되지 않은 시기에는 기업의 소유자가 경영 활동 또는 관리기능도 함께 수행하는 경우가 많았는데 이를 소유경영자라고 한다. 그러나 기업의 규모가 점차 확대되고 경영 활동의 내용이 복잡해지면서 별도의 고용된 사람에게 경영 활동을 일부 위임하게 되는데 이를 고용경영자라고 부른다. 더 나아가 주식회사와 같은 기업의 형태가 고도로 발달하여 소유권의 유무와 무관하게 실질적으로 기업을 지배하고 경영하는 전문 경영지식과 능력을 가진 경영자가 요구되었는데 이들이 곧 전문경영자이다.

기업가에 대한 개념이 경영자와 혼용되고 그 의미도 퇴색되고 있지만, 기업가 정신(entrepreneurship)은 교육시장에서 기회를 포착하고 가치를 창출해야 하는 교육서비스 경영자의 역할을 정의함에 있어 반드시 필요하다. 기업가 정신이란 18세기 경제학자 Richard Cantillon이 기업가를 모험적인 경제활동과 연관시켜 최초로 언급함으로 시작되었다. 기업가 정신은 '시도하다, 수행하다, 모험'이라는 의미의 '앙트러프랑(entreprendre)'에서 유래되었고, 기업가는 새로운 사업을 진행하는 과정에서 '위험을 감수하는 사람'을 의미했다. 또한 기업가 정신의 대표 연구학자 Joseph Schumpeter는 새로운 생산 방법과 새로운 상품개발을 기술 혁신으로 보고 이를 통한 창조적 파괴에 앞장서는 기업가를 혁신자, 창조적 파괴자로 보았다(황보윤 외, 2019). 이후 기업가 정신 연구에서 기업가적 지향성(entrepreneurship orientation)은 가장 많이 연구된 주제이며 교육기업이 교육서비스 시장 분야에서 위험을 감수할 계획을 세우고, 혁신을 지향하고 경쟁우위를 확보하기 위해 교육경영자가 고려할 사항이다. 기업가적 지향성의 주된 다섯 가지 요인은 〈표 2-1〉과 같다.

〈표 2-1〉 교육서비스 경영자의 기업가적 지향성

구분	내용
혁신성(innovativeness)	새로운 교육서비스와 프로그램 개발을 목표로 창조적 실험과 프로세스를 통해 새로운 것을 기꺼이 하려는 마음
위험감수성(risk-taking)	새로운 교육시장에 대해 예측 가능한 결과의 지식이 없어도 새로운 기회를 포착하기 위해 모험적으로 진입하려는 의사결정과 도전
진취성(proactiveness)	교육시장의 미래 수요를 예측하고 기회를 인지하여 새로운 교육서비스나 브랜드를 도입하거나 성숙기, 쇠퇴기의 교육프로그램을 전략적으로 제거하는 통찰력
경쟁적 적극성(competitive aggressiveness)	새로운 교육서비스를 출시하여 시장에 진입하여 가급적 초기에 시장을 점유하기 위해 집중적으로 경쟁하려는 성향
자율성(autonomy)	교육기업이 조직의 관료주의를 탈피하고 개인이나 팀의 독립적 행동을 촉진하여 새로운 가치와 아이디어를 추구하는 행동

2. 교육서비스 경영자의 유형

교육서비스 경영자라는 용어가 경영 활동을 총괄하는 한 개인을 의미한다고 오해하기 쉽지만, 실제로 경영자는 경영기능을 담당하는 집단을 뜻한다. Peter Drucker가 경영자를 행동, 의사결정, 고려 사항이 언제나 경제적 차원에서 결정되어야 하는 하나의 경제적 기관으로 본 것도 이와 같은 맥락이다. 또한 교육서비스 경영 활동은 조직의 모든 위계계층(hierarchical level)에 의해 분류되고 적용된다. 위계계층에 따라 교육서비스 경영자의 역할과 책임이 달라지고 분화되는데 이를 경영자계층이라고 한다. 교육서비스 경영자는 위계계층에 따라 [그림 2-2]와 같이 최고경영층, 중간경영층, 현장 또는 일선경영층의 3개로 나뉜다. 이러한 수직적 차원의 계층으로 경영자를 구분하면 계층별 직무와 직능에도 차이가 발생하게 된다. 따라서 모든 경영자를 통칭하는 영어 표현인 'manager'와 달리 최고경영층, 중간경영층에만 국한된다면 'executive'로 표시하며, 현장경영층은 'supervisor'로 불린다.

[그림 2-2] 경영자의 위계계층과 명칭

<table>
<tr><th rowspan="4">최고
경영층
중간경영층
현장경영층</th><th>공식 명칭</th><th>역할</th><th>직위</th><th>한국 명칭</th><th colspan="2">미국 명칭</th></tr>
<tr><td>최고경영층
(top management)</td><td>전략적
역할</td><td>회장,
부회장,
사장,
이사</td><td>경영자</td><td rowspan="2">executive</td><td rowspan="3">manager</td></tr>
<tr><td>중간경영층
(middle management)</td><td>관리
통제</td><td>부장,
차장,
과장,
팀장</td><td>관리자</td></tr>
<tr><td>현장(일선)경영층
(lower management)</td><td>운영
통제</td><td>반장,
조장</td><td>감독자</td><td>supervisor</td></tr>
</table>

1) 최고경영층

최고경영층은 기업의 조직구조에서 최상위에 있는 대표이사, 사장, 부사장, 전무이사, 상무이사 등으로 구성된다. 이들은 기업의 전체적인 전략 계획과 의사결정기능을 담당하고, 책임을 지는 경영층이다. 최고경영층의 범위와 기능은 기업 규모에 따라 다소 차이가 발생한다. 다양한 사업부로 구성된 대기업과 단일 사업을 수행하는 기업은 최고경영층의 역할이 다르게 규정된다. 또한 기업의 형태가 주식회사인 경우 최고경영층의 업무 수행은 전체 주주의 이익을 대표하여 이루어진다. 즉, 기업의 기본 정책과 경영전략을 기획하는 것이 최고경영층의 핵심 기능이라고 할 수 있다. 또한 최고경영층의 기능은 구체적으로 수탁기능과 전반적 관리기능으로 구분된다.

수탁기능이란 주주의 이익을 대표하고 보호하며 경영전략을 수립·집행하고 기업의 전체 성과를 평가하는 것이다. 최고경영층은 기업의 재무상 자산을 적절히 관리하고 활용하며, 조직을 효율적으로 관리하기 위해 인사 조치를 실시한다. 또한 업무와 관련된 의사결정의 법률상 기준을 충족하기 위해 이사회(board of directors)를 구성하고 기능을 담당하기도 한다. 반면, 전반적 관리기능은 기업 전체와 관련된 기능으로 경영 활동의 기본적인 과정인 계획·조직·지휘·통제를 하는 기능이다. 또한 외부 이해관계자와 상호작용을 통해 기업 전체의 운영을 원활히 하는 기능이기도 하다. 전반적 관리기능은 이사회의 구성원 중 상근하는 최고경영자와 임원진이 담당한다.

최고경영층으로서의 교육서비스 경영자는 기업의 규모와 유형과 상관없이 경영 활동에 있어서 중요한 역할을 담당하고 조직 내 구성원의 역할과 활동을 규정하며 통제하는 책임자이다. 특히 비분리성을 가지고 있는 교육서비스와 교육프로그램이라는 지식 기반 상품을 통해 가치 창출이 이루어지기 때문에 지식사회 환경 안에서 목표를 달성하는 능력이 필요하다. Peter Drucker는 이러한 경영자의 역할을 강조하며 지능, 근면성, 상상력, 지식과 함께 목표를 달성하는 능력과 성과 창출에 최적화된 습관을 강조하였다(Drucker, 2002).

2) 중간경영층

중간경영층은 최고경영층과 현장경영층의 사이 계층에 위치하며, 최고경영층이 설정한 경영 목표와 방향, 계획에 따라 담당 부문의 업무가 원활히 진행되도록 관리·감독하는 계층이다. 중간경영층은 기업의 조직 형태에 따라 명칭이 상이할 수 있지만, 일반적으로 부장, 차장, 과장, 팀장 등의 장급과 소장, 국장, 공장장 등의 외부조직의 장이 있다. 중간경영층은 일반적으로 관리자라고 부르지만 기업의 조직체계와 경영 목적에 따라 지역별·직능별·제품 또는 서비스별로 부서를 분류하여 관리하는 사람들이 해당 분야에서 경영자적 역할을 수행하기 때문에 중간경영층이라고 불린다.

중간경영층은 자신이 담당하는 부분의 업무를 수행하기 위해 업무를 배정하고, 업무 수행 목표와 계획을 수립하며, 직원들의 업무를 평가하여 능력을 개발하고 동기부여 하는 역할을 수행한다. 그러나 중간경영층이 수행해야 하는 핵심 역할은 최고경영층의 경영 철학이 전체 조직에 전달될 수 있도록 직원들과 상호작용하는 것이다. 최고경영층이 설정한 목표, 전략, 정책의 집행 사항을 현장경영층에 전달하고, 현장경영층에 대한 지휘와 감독을 수행하며, 현장에서의 실행 여부를 최고경영층에게 전달한다. 또한 현장의 고충이나 애로 사항을 최고경영층에 전달하여 최고경영층과 현장경영층 간의 상호 관계를 조정하는 역할을 수행하는 것이 필요하다. 즉, 상하 간 커뮤니케이션뿐만 아니라 여러 부문의 협력·조정을 통해 기업 전체의 효율성을 확보하고 갈등을 적절히 관리해야 한다.

중간경영층도 중요한 경영 활동에 참여하는 전문경영자로서 전문성과 지식, 역량을 보유해야 한다. 현대 경영환경에서 중간경영층의 역할이 점차 중요해지고 있지만 많은 교육기업과 같은 중소기업에서는 최고경영층이 중간경영층의 역할을 동시에 수행하고 현장경영층에 직접 업무를 지시하는 경우도 많아 교육서비스 경영 활동에서의 중간경영층의 역할이 모호한 경우가 많다.

3) 현장경영층(일선경영층)

현장 또는 일선경영층은 각 부문별 중간경영층의 명령과 지시에 따라 직접 현장 업무와 일반 사무를 수행하는 직업을 대상으로 활동을 관리·감독하는 관리 계층이다. 일반 기업에서 직장, 계장, 조장, 반장 등의 직함으로 불리지만 교육서비스 경영환경에서는 제공하는 교육프로그램별, 학습자 반별 책임자를 의미하기도 한다. 현장경영층은 기업의 크기나 작업의 복잡도에 따라 역할이 달라진다.

교육서비스 제공 업무를 담당하는 교강사들을 지휘하며 업무를 독려하고 감독하는 현장경영층의 역할은 교육기업의 전반적인 목표 달성과 교육서비스 생산성 향상과 직결되기 때문에 매우 중요하다고 할 수 있다. 교육기업의 규모에 따라 중간경영층이 존재하지 않거나 역할이 불분명한 경우도 있지만 현장에서의 업무가 분명하기 때문에 현장경영층에 대한 지위와 역할은 중간경영층에 비해 상대적으로 뚜렷하다.

조직에서의 경영자를 구별하는 방식은 크게 두 가지 차원이 있다. 첫째는 앞에서 살펴본 계층구조를 기본으로 한 수직적 차원이다. 두 번째 차원은 수평적 차원으로 경영자의 운영기능을 강조하는 방법이다. 이 경우 재무, 생산, 마케팅, 지식, 기술과 같은 업무에 따라 구분될 수 있다. 우리가 일반적으로 사용하는 최고경영자 CEO(chief executive officer)는 경영에 대한 모든 활동을 관리·통제하는 역할을 한다. 그러나 최근 각 분야별로 전문화·분업화가 확산되었고, 이에 따라 부문별로 전결권을 위임하는 〈표 2-2〉와 같은 부문별 최고경영자가 등장하고 있다. 그러나 기업의 규모가 상이하고 부문별 담당자를 확보하지 못하는 경우가 많기 때문에 교육기업의 경영자는 상황에 따라 일부 또는 모든 역할을 겸하여 담당하고 업무를 수행해야 하는 경우가 많다.

〈표 2-2〉 부문별 최고경영자 명칭

약칭	호칭
COO	Chief Operation Officer[최고 운영 경영자(책임자)]
CFO	Chief Finance Officer[최고 재무 경영자(책임자)]
CTO	Chief Technology Officer[최고 기술 경영자(책임자)]
CRO	Chief Risk-management Officer[최고 위험 관리 경영자(책임자)]
CMO	Chief Marketing Officer[최고 마케팅 경영자(책임자)]
CPO	Chief Production Officer[최고 생산 경영자(책임자)]
CIO	Chief Information Officer[최고 정보 경영자(책임자)]
CKO	Chief Knowledge Officer[최고 지식 경영자(책임자)]
CBO	Chief Brand Officer[최고 브랜드 경영자(책임자)]
CDO	Chief Data Officer[최고 데이터 경영자(책임자)]
CPO	Chief Privacy Officer[최고 정보보호 경영자(책임자)]
CSO	Chief Strategy Officer[최고 전략 경영자(책임자)]

3. 교육서비스 경영자의 역할

조직의 위계계층상 여러 경영층이 존재하기 때문에 각각의 경영층이 수행해야 하는 역할이 다르다. 이에 따라 각 경영층에 대해 수행해야 하는 역할과 그러한 역할을 소화하는 데 필요한 역량이 서로 다르게 제시된다. 그러나 교육서비스 경영자를 포함한 다양한 경영계층에 공통적으로 적용되는 역할을 제시한 대표적인 학자가 있는데, 바로 경영자, 기업 조직, 전략 경영, 경영 교육 등 다양한 기업 경영의 주제를 탐구해 오고 있으며 국제 경영학계에서 높은 평가를 받는 학자인 Henry Mintzberg이다.

Mintzberg는 경영자의 역할을 크게 대인관계 역할, 정보처리 역할, 의사결정 역할로 정의하였다(김종재 외, 2007). 지속적으로 기업이 성장하기 위해 혁신이 필요하며, 특히 4차 산업혁명 현상과 같이 경영환경이 급속도로 변화하고 있는 시점에서 Mintzberg가 제시한 세 가지 역할과 함께 추가적으로 혁신가의 역할도 중요해지고 있다. 이에 교육서비스 경영자의 역할은 [그림 2-3]과 같이 종합해 볼 수 있다.

[그림 2-3] 교육서비스 경영자의 역할

대인관계 역할	정보처리 역할
대표자, 리더, 연결자	정보수집자, 정보제공자, 대변자

공식적 권한과 직위

의사결정 역할	혁신가 역할
기업가, 문제처리자, 자원배분자, 중재자	비전제시자, 개척자, 가치창출가

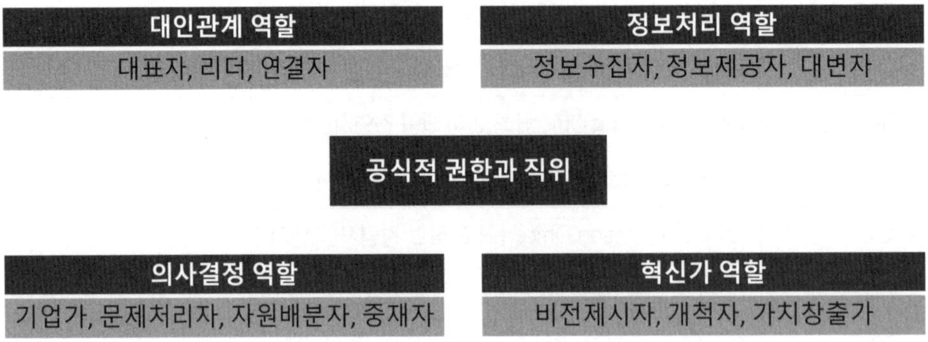

1) 대인관계 역할

교육서비스 경영자는 기업 내부와 외부의 다양한 이해관계자들을 만나고 커뮤니케이션하는 데 많은 시간을 할애한다. 우선 기업 내부에서 공식적인 회의, 업무협의, 의견청취 활동과 비공식적인 회식, 체육행사, 경조사 등의 활동에 관여한다. 이러한 교육서비스 경영자의 대인관계 역할은 다시 대표자, 리더, 연결자로서의 역할로 세분류할 수 있다. 대표자적 역할은 교육서비스 경영자가 조직의 대표로 행사에 참여하고 사회적 책무를 다하는 것이다. 리더의 역할은 직원들에게 업무를 제시하고, 직원을 격려하여 동기를 부여하며 갈등을 해소하는 것이다. 연결자의 역할은 조직의 상하 직급 간, 부서 간, 내부조직과 외부조직 간의 관계를 연결하는 것이다.

2) 정보처리 역할

대표적인 지식경영조직으로서 교육기업의 경영자는 외부의 수많은 자료(data)로부터 경영 활동에 필요한 패턴을 인식하고 의미를 부여하는 정보(information)를 확보해야 한다. 이러한 정보는 경영자가 상황을 판단하고 적절한 의사결정을 하기 위해 필요한 지식(knowledge)으로 활용되기 때문이다. 다양한 방법과 영역에서 확보된 정보는 교육기업의 핵심 자산이 되고 교육서비스 경영 활동에서 전략 수립에 중요한 요소로 반영된다. 따라서 적절히 정보를 수집 및 생성, 저장, 공유할 수 있는 정보처리의 역할은 경영자에게 중요한 역할이다. 정보처리 역할은 정보수집자의 역할, 정보제공자의 역할, 대변자의 역할로 나뉜다. 정보수집자의 역할은 기업에 필요한 정보를 지속적이며 직·간접적으로 수집하고 관찰하는 것이다. 정보제공자의 역할은 조직 내 직원에게 필요한 정보를 확보하여 전달하는 것이다. 대변자의 역할은 조직 내의 정보를 외부로 적절히 전달하는 일을 수행하는 것이다. 한편 최근 들어 정보보다 더 높은 수준의 유용성을 고려한 지식이 조직의 가장 중요한 자산이자 지속 가능한 경쟁우위를 위한 핵심이라는 지식경영(knowledge management) 개념이 강조되고 있다(천면중, 허명숙, 2019). 이에 교육서비스 경영자는 정보처리자를 넘어선 지식처리자로서의 역할에 보다 집중해야 한다.

3) 의사결정 역할

저명한 심리학자이자 의사결정 이론으로 노벨 경제학상을 수상한 Herbert A. Simon은 경영을 조직적 의사결정 과정이라고 정의하였다. 즉, 기업의 경영 자체가 의사결정 과정이며 경영의 핵심인 경영자에게 의사결정은 중요한 역할인 것이다. 기업의 생존과 성장의 전제조건으로서 합리적 의사결정을 내리기 위해서는 대인관계 역할과 정보처리 역할을 함께 고려해야 한다. 기업 내·외부의 사람을 만나 상황을 정확히 파악하고, 수집한 정보를 토대로 결정할 선택 대안으로 도출될 결과를 예상하며 최종 의사결정을 내려야 한다. 교육서비스 경영자에게 필요한 의사결정의 역할은 다시 기업가의 역할, 문제처리자의 역할, 자원배분자의 역할, 중재자의 역할로 나뉜다. 기업가의 역할은 기업 내부 환경과 외부 환경을 탐색하고 분석하여 발전과 성장의 동력을 확보하고 전략을 수립하는 것이다. 문제처리자의 역할은 현재 상태와 목표 상태의 차이를 문제시하여 바람직한 해결을 모색하는 것이다. 자원배분자의 역할은 제한된 기업 내부의 자원을 최대의 효율성을 위해 적절히 나누는 것이다. 중재자의 역할은 기업 내부의 갈등 발생과 중요한 결정 상황의 협상에서 조직을 대표하여 조율하는 것이다.

4) 혁신가 역할

미국의 경제학자 Schumpeter는 자신의 저서《경제발전의 이론(Theory of economic development)》(1912)에서 기업이 진출한 각자의 산업은 궁극적으로 완전경쟁 상태에 가까워지고 이윤이 없어질 것이기 때문에 기업의 이윤 창출을 위해서는 산업이 동태적이며, 기업가의 혁신이 필수적이라고 하였다. Peter Drucker도 역시《경영의 실제(The Practice of Management)》(2006)에서 앞으로 기업의 혁신 기능 발휘가 중심이 될 것이고, 현대 경영자의 핵심 역할은 혁신 기능이라는 견해를 밝혔다. 따라서 교육서비스 경영자에게 혁신가의 역할은 기업의 성장과 발전을 위해 다른 역할과 함께 중요하게 고려되어야 한다. 혁신가의 사전적 정의는 묵은 풍속, 관습, 조직, 방법 따위를 완전히 바꾸어서 새롭게 하는 사람이다(표준국어대사전, 2022). 그러나 교육서비스 경영 활동에서의 혁신가는 Schumpeter가 제시한 '창조적 파괴(Creative Destruction)'[15]의 혁신성을 보유한 사람이며 혁신의 방식으로 새로운 생산요소의 조합, 제품 및 서비스 소개, 생산 방식 구현, 시장 개척, 조직 창출 등을 도모하는 사람이다.

이상에서 논의한 교육서비스 경영자의 역할을 대인관계 역할, 정보처리 역할, 의사결정 역할, 혁신가 역할의 네 가지 분류 이외에 경영기능의 보편성(university of management)을 기준으로 분류하기도 한다. 이러한 기능과 연계된 교육서비스 경영자의 역할은 계획, 조직화, 지휘, 통제의 역할[16]이다.

4. 교육서비스 경영자의 자질

교육서비스 경영자가 여러 가지 경영기능과 경영자의 역할을 성공적으로 수행하기 위해서는 이

15) 창조적 파괴는 경제학자 Schumpeter가 기술의 발달과 경제의 적응성을 설명하기 위해 제시한 개념이다. 낡은 것을 계속 파괴하고 새로운 것을 창조하는 과정에서 경제구조의 혁신이 끊임없이 이루어지고 궁극적으로 산업이 개편된다는 개념이다. 혁신적인 기업가의 창조적 파괴행위가 새로운 결과물을 만들고 이윤이 생성된다고 보았다.

16) 교육서비스 경영자 경영기능의 보편적 역할은 본 서 3장 교육서비스 경영의 과정 부분의 각 절에서 자세히 다룬다.

에 필요한 전문적 자질을 갖추어야 한다. 무엇보다 경영기능을 원활히 수행하기 위해서는 현 상황을 정확하게 판단하고, 관련된 정보를 분석하며, 여러 가지 환경 변화가 미칠 영향을 예측하는 능력이 필요하다. 또한 기업에 관한 중요한 의사결정을 내려야 하는 경영자로서 상대적으로 더 많은 책임이 따르기 때문에 계획, 조직화, 지휘, 통제라는 교육서비스 경영의 과정과 기능을 효과적으로 수행하여 기업 목표를 달성하는 능력을 가져야 한다. 이에 Katz는 경영자를 직접 관찰한 현장연구에 기초하여 경영자가 가지고 있어야 할 기본적인 자질을 [그림 2-4]와 같이 개념적 자질(conceptual skill), 인간적 자질(human skill), 기술적 자질(technical skill)로 제시하였다(Katz, 1955).

[그림 2-4] 경영계층별 교육경영자에게 요구되는 자질

최고경영층	중간경영층	현장(일선)경영층
개념적 자질	개념적 자질	개념적 자질
인간적 자질	인간적 자질	인간적 자질
기술적 자질	기술적 자질	기술적 자질

1) 개념적 자질(conceptual skill)

개념적 자질이란 아이디어나 개념과 같이 추상적 또는 일반적 사고를 이해하고 이를 특정 상황에 결합시키는 능력이다. 교육서비스 경영자가 기업을 하나의 전체로 보고 국가, 경제, 사회, 산업, 지역 등 다양한 세력과의 복잡한 관계를 명료하게 파악하고 대처하는 상황 판단 능력을 의미한다. 상황의 변화를 정확히 분석하고 기업이 나아갈 방향과 설정한 목표를 달성하기 위한 전략을 설정하며, 여러 의사결정이 성과에 미칠 영향을 예측하는 능력이기도 하다. 또한 조직의 하위 부서들의 상호의존성과 한 부분의 변화가 다른 부분 또는 기업 전체에 어떤 영향을 미치는지 총체적으로 인식하는 능력이다. 이러한 개념적 자질은 비정형적 의사결정에 필요하기 때문에 계층구조상 상위의 최고경영층에게 우선 필요한 자질이라고 할 수 있다.

2) 인간적 자질(human skill)

인간적 자질이란 사람들과 함께 일하는 데 요구되는 인간관계에 대한 지식과 타인들을 통해 일을 처리해 나가는 능력이다. 교육서비스 경영자가 조직의 구성원으로서 효과적으로 일하고 조직 내에서 협동적 노력을 구축하는 대인관계 능력을 의미한다. 즉, 상급자, 하급자, 동료와 함께 효과적으로 일함으로써 조직의 목표를 성공적으로 달성하기 위한 인간적 자질은 구성원들이 공동 목표를 위해 하나의 팀으로 협력적으로 일하는 데 도움을 준다.

특히 교육 활동이 중심인 교육기업에서 조직 내 인간성 상실 등의 문제는 교육서비스와 관련된 학습자에게 영향을 주기 때문에 더욱 요구된다고 할 수 있다. 인간적 자질은 모든 교육서비스 경영자에게 필요하지만 특히 최고경영층과 현장경영층을 연결하는 역할을 수행하는 중간경영층에게 더욱 필요하다. 즉, 중간경영층은 최고경영층의 경영 지침이 현장에서 실행되도록 해야 하며, 현장의 애로 사항을 최고경영층에 전달하여야 하기 때문에 인간기술(people skills)로서 인간적 자질은 매우 중요하다.

3) 기술적 자질(technical skill)

기술적 자질은 어떤 구체적 작업이나 업무에 관련하여 전문화된 활동을 수행하는 데 필요한 지식을 활용할 수 있는 현장실무능력이다. 특정 과업을 달성하는 데 있어서 경험, 교육, 훈련을 통해 얻은 지식, 기술, 방법 등을 이용하는 능력을 의미한다. 모든 교육서비스 경영자는 자신의 하위자를 제대로 관리·감독하기 위해서 해당 업무와 관련된 전문지식과 기능을 갖추고 있어야 한다. 즉, 교육기업의 최고경영자는 교육서비스 현장에서 필요한 기술적 전문성을 갖추고 있을 때 현장 이해도를 기반으로 올바른 의사결정을 내릴 수 있다. 이러한 기술적 자질은 특히 현장경영층에 요구된다. 교육서비스 및 교육프로그램이 제공되는 현장에서 필요한 기술을 직원에게 지도하고, 문제가 발생한 경우 즉시 해결하는 데 활용될 수 있기 때문이다.

제2절

교육서비스 경영자의 의사결정

1. 의사결정의 이해

교육서비스 경영자는 개인으로서 또는 조직 구성원으로서 다양하고 크고 작은 의사결정을 해야 한다. 특히 기업의 자원이 제한되고 적응해야 할 환경의 변화의 폭이 클수록 적절히 경영전략을 수립하는 것은 중요한 의사결정 과정이다. 조직적 의사결정론을 체계화한 Simon은 조직을 존속시키는 것이 경영 활동이며, 개인이 조직에 참여하도록 하는 의사결정 과정도 경영 활동이라 설명하며 의사결정을 경영 자체와 동일시할 만큼 중요하다고 하였다.

1) 의사결정의 정의

의사결정(decision making)은 현재의 상태를 넘어 더욱 바람직한 상태를 달성하기 위해 하나 이상의 여러 대안 중에 하나를 선택하는 의식적인 과정이다. 즉, 의사결정은 문제점을 파악하고, 이러한 문제점을 해결하기 위해 관련된 정보를 수집, 분석하며 대안 중에서 최적의 해결책을 선택하는 과정을 의미한다.

2) 의사결정의 중요성

의사결정은 기업의 효과성 확보와 성과 도출에 영향을 주어 기업이 추구하는 생존과 성장에 절대적인 영향을 미치기 때문에 매우 중요한 과정이다. 교육기업 내에는 다양한 조직의 목표 및 전략의 수립, 과업 및 조직 설계, 업무 분담, 이윤 분배 등 다양한 이슈에 대한 끊임없는 논의가 이루어지고, 다양한 의견 차이로 인해 갈등이 발생한다. 따라서 교육서비스 경영자는 조직의 모든 과정에 관련된 의사결정을 적절히 내려 조직의 효율성을 확보해야 한다. 또한 의사결정이란 교육서비스 경영에 있어서 중추적인 역할을 담당하는 과정이므로 교육기업의 경쟁력과 성장에 직접적인 관련성을 갖는 요인이다.

2. 의사결정의 유형

교육기업에서 발생하는 문제에 대한 의사결정은 크게 두 가지 기준에 따라 분류될 수 있다. 첫째는 교육서비스 경영 활동에서 위계계층에 따라 담당하는 역할과 책임의 성격이 다르기 때문에 구분하는 상위, 중간, 하위 수준의 경영 수준에 따른 의사결정이다. 둘째는 의사결정의 문제가 얼마나 일상적이고 구조화되었는지를 기준으로 나누는 정형적 의사결정과 비정형적 의사결정이다.

1) 경영 수준에 따른 유형

교육서비스 경영자를 위계계층으로 최고경영층, 중간경영층, 현장경영층으로 구분하여 다양한 계열별 직무와 직능을 구분한 것과 같이 의사결정에도 [그림 2-5]와 같이 위계에 따른 수준의 차이가 발생한다. 우선 최고경영층에 의해 이루어지는 의사결정을 전략적 결정(strategic decision)이라고 한다. 교육서비스군의 결정, 교육시설 위치 선정, 투자결정, 자금조달 방법 결정 등 조직 전체에 대한 목표 설정과 장기적 계획이 이에 해당된다. 다음으로 중간경영층에 의해 이루어지는 의사결정을 전술적 결정(tactical decision)이라고 한다. 교육서비스 전달, 교육시설 배치, 예산 할당, 인원 배치 등 전략적 결정을 보조하는 단기적 계획이 이에 속한다. 마지막으로 현장경영층에서 이루어는 의사결정을 운영적 결정(operational decision)이라고 한다. 교육서비스 제공 시기, 성과 측정, 동기부여 등 직무에 대한 유효성과 능률성을 증대시키는 것이 목표이다.

[그림 2-5] 경영 수준에 따른 의사결정 유형

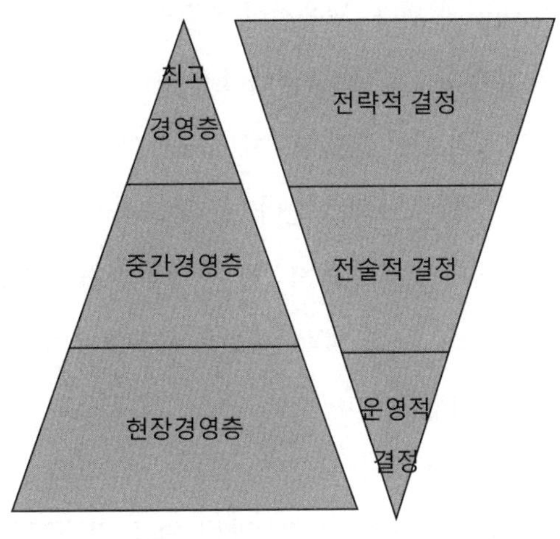

2) 구조화 정도에 따른 유형

경영에서 발생하는 문제 가운데 구조화 정도가 높은 의사결정을 정형적 의사결정(programmed decision making)이라고 한다. 이와 관련된 문제는 대부분 일상적이고 반복적으로 발생하는 단순한 문제이기 때문에 사전에 설정된 기준에 따라 처리될 수 있다. 단순하고 반복적인 구조화된 문제에 대한 의사결정은 주로 대안을 검토하지 않고 절차와 규정, 정책에 따라 처리된다. 또한 이러한 정형적 의사결정이 보다 일상화되어 효율적으로 처리될 수 있다면 책임의 수준도 낮아서 대개 현장경영층에 위임되기도 한다. 이러한 정형적 의사결정이 많이 이루어지는 곳은 은행과 보험회사처럼 안정적이고 일상적이며 구조화된 문제가 많이 발생하는 곳이다(March, 1994). 교육서비스 경영에서는 정기적이며 일상적으로 이루어지는 활동, 예를 들면 수강료 청구 및 수령, 직원 급여 지출, 교재 구입 등이 이러한 정형적 의사결정에 해당된다.

이에 반해, 비정형적 의사결정(non-programmed decision making)은 사전에 설정된 해결 기준이 없는 새롭고 독특한 문제에 대한 의사결정이다. 교육서비스 경영 활동 중에 처음 발생하거나 통상적인 문제와 다른 경우는 정형적 의사결정에서 활용되는 절차, 규정, 정책이 적용될 수 없다. 이에 경영자의 경험, 판단, 능력 등 암묵적 역량(implicit competency)을 활용하여 창의적으로 해결해야 한다. 이러한 비일상적이거나 복잡한 비정형적 의사결정은 주로 연구개발 조직이나 전략기획

부서에서 많이 이루어진다. 또한 위계계층을 기준으로 살펴보면 비정형적 의사결정은 상대적으로 상위인 최고경영층에서 많이 내리게 된다. 교육서비스 경영자는 비정형적 의사결정에 따른 성과를 극대화하기 위해서 다음과 같은 두 가지를 유의해야 한다. 첫째, 습관적으로 이루어지는 정형적 의사결정의 패턴이 중요한 비정형적 의사결정 영역에 작동하여 경영적 실수를 범하지 않도록 창의적이고 도전적인 의사결정 분위기를 조성해야 한다. 둘째, 교육서비스 경영자가 비정형적 의사결정에 집중하도록 조직 구성원들에게 구체적인 책임을 부여하고 현실에 안주하려는 의사결정의 습관을 버리도록 노력해야 한다(Steers, 1991). [그림 2-6]은 문제유형 및 조직수준에 따른 정형적 의사결정과 비정형적 의사결정을 나타낸 것이다.

[그림 2-6] 정형적 의사결정과 비정형적 의사결정

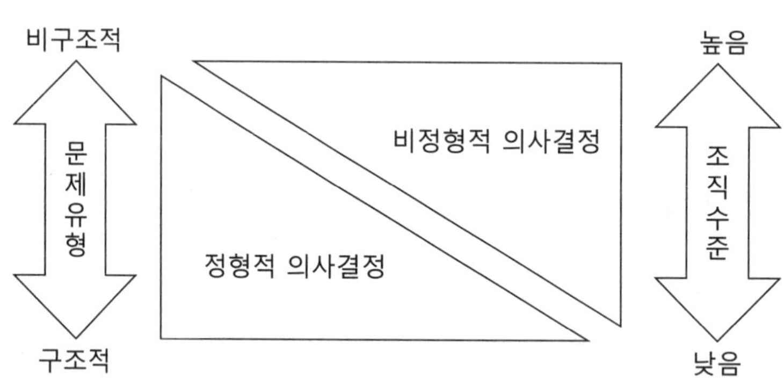

3. 의사결정 과정과 영향 요인

의사결정을 상품 선택과 같이 개인적 차원으로 국한한다면 단순히 여러 대안 중 하나를 선택하는 과정이라고 할 수 있다. 하지만 경영에서의 의사결정은 미래 생존에 영향을 미칠 수 있으며 수년간 체계적으로 분석해야 할 정도로 많은 분석이 요구되기도 한다(신유근, 이춘우, 2020). 따라서 경영자는 몇 개의 명확한 요소와 수순으로 구성된 체계적인 과정으로 의사결정을 내려야만 한다(Drucker, 2006).

1) 의사결정 과정

의사결정 과정(decision making process)은 문제를 찾는 것으로부터 시작해 의사결정의 효과성을 평가하는 마무리까지 모두 8단계에 달한다(Robbins 외, 2021). 이러한 단계에서 공통적인 요소로 설정된 몇 가지 구성요소를 통합하면 [그림 2-7]과 같이 5개의 단계로 재범주화 된다.

[그림 2-7] 의사결정 과정

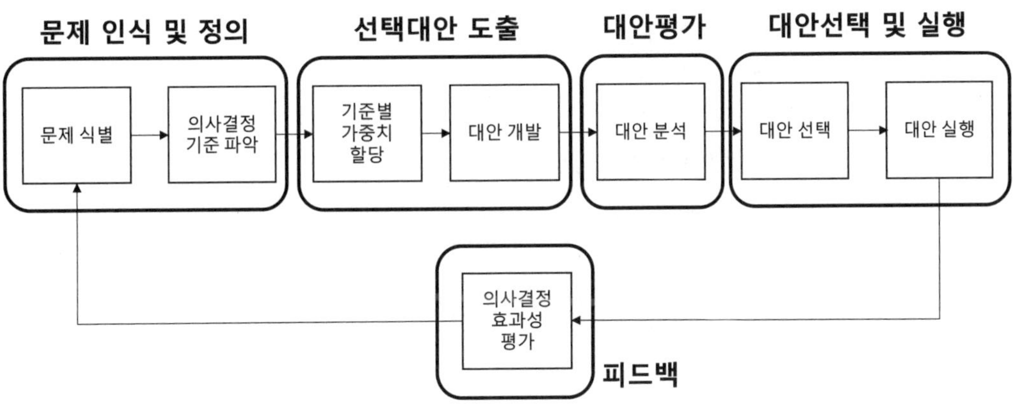

(1) 문제 인식 및 정의

의사결정 과정은 문제(problem)를 파악하는 것에서부터 시작한다. 문제란 현재의 모습, 예상되는 상태, 예기치 못한 결과인 현상(as-is)과 있어야 할 모습, 바람직한 상태, 기대되는 결과인 목표(to-be)와의 차이(gap)이다. 우리는 흔히 문제와 문제점, 과제를 구분하지 않고 사용하는데, 문제점이란 문제의 근본적인 원인이 되는 사항으로 문제를 해결하기 위한 핵심사항을 의미한다. 예를 들어 교강사의 불성실한 근태로 인해 해당 강좌의 교육서비스 이용자가 감소했다면, 이용자 감소는 문제, 교강사의 근태는 문제점이다. 또한 과제는 나타난 문제를 해결하기 위한 행동 또는 의사라고 볼 수 있다. 교육서비스 이용자 감소를 해결하기 위해 불성실한 교강사를 교체하거나 재교육시키는 것이 바로 과제인 것이다.

그러나 교육서비스 경영 상황에서 이러한 문제를 인식하는 것은 쉽지 않다. 그 이유는 문제의 유형이 다양한 기준에 따라 다르기 때문이다. 문제는 [그림 2-8]과 같이 크게 발생형 문제, 탐색형 문제, 설정형 문제로 나뉜다.

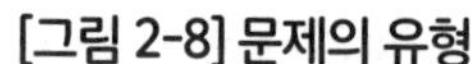
[그림 2-8] 문제의 유형

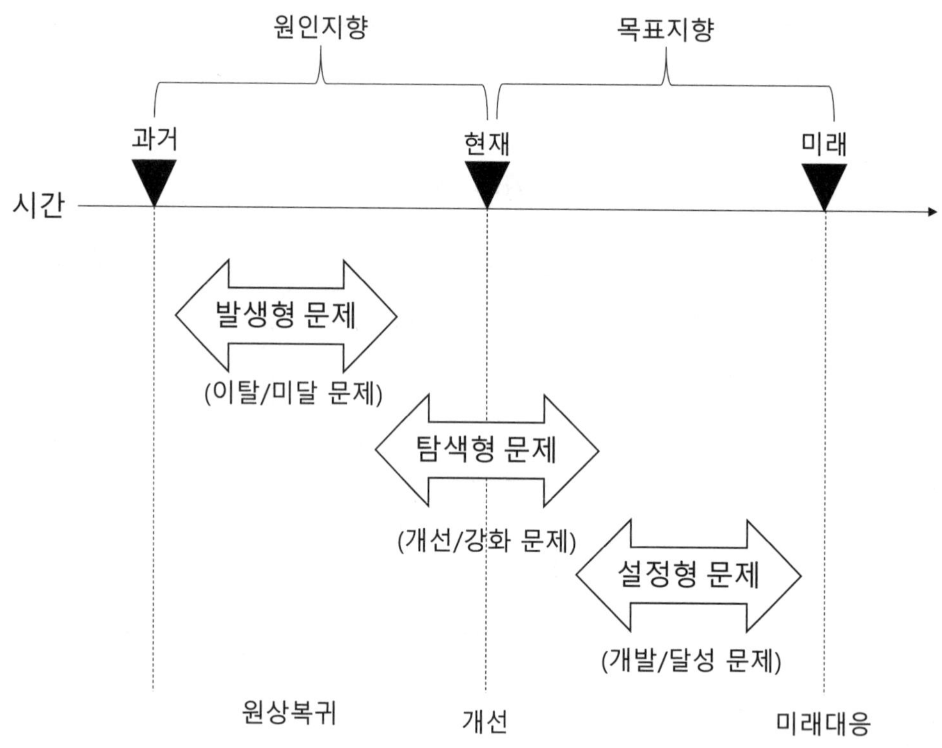

발생형 문제는 보이는 문제로서 당장 현실에서 해결하기 위해 고민해야 하는 문제이다. 발생형 문제에는 어떤 기준을 이탈함으로 생기는 문제와 기준을 충족시키지 못하는 미달문제가 있으며, 문제의 원인이 내재되어 있기 때문에 원인 지향적 문제라고도 한다.

탐색형 문제는 찾아내어 발견되는 문제로서 현재의 상황을 개선하거나 효율성을 높이기 위한 문제이다. 탐색형 문제는 눈에 바로 보이지 않기 때문에 방치하면 큰 손실로 이어지거나 결국 해결할 수 없는 문제로 변하기도 한다. 탐색형 문제는 다시 잠재문제, 예측문제, 발견문제로 보다 구체적으로 구분된다. 잠재문제는 문제가 잠재되어 현실에서 인식되지 않다가 이후 확대되어 보다 어려워진 문제이다. 잠재문제는 숨어 있는 문제이기 때문에 평상시 조사 및 분석을 통해 찾아내는 노력을 해야 한다. 예측문제는 현재 상황이 문제는 아니지만 계속해서 현 상태가 진행될 경우를 가정한 문제이다. 발견문제는 현재는 아무런 문제가 없지만 경쟁기업의 상황이나 선도기업의 기술 등에서 정보를 얻음으로 지금보다 더 좋은 교육서비스 제공이나 교육콘텐츠 개발 등을 통해 개선 및 향상시킬 수 있는 문제이다.

설정형 문제는 미래 상황에 대응해야 하는 장래의 경영전략과 관련된 문제이다. 즉, 앞으로 어떻게 할 것인지에 대한 질문에 답을 구하는 문제로 지금까지 해 오던 일과 무관하게 미래지향적으로 새로운 목표나 과제를 설정하는 것이다. 현상에서 보이는 발생형 문제나, 분석과 탐구로 확인할 수 있는 탐색형 문제와 달리 미래 상황과 관련된 문제로서 많은 창의성이 필요하여 창조적 문제라고도 한다.

보통 발생형 문제와 일부 탐색형 문제는 문제를 정확히 인식하여 해결해야 하는 문제이다. 그러나 설정형 문제는 현 상황을 문제로 간주해야 하기 때문에 이러한 과정을 문제정의라고 한다. 교육서비스 경영자는 문제를 정확히 인식하여 규정하고 해결하는 것이 매우 중요하다. 하지만 더 나아가 미래를 예측하여 발생할 문제를 미리 정의하여 대비하고 새로운 목표를 설정하는 것이 더욱 중요하다고 할 수 있다. 따라서 문제를 인지하는 것 이상으로 문제를 정의하는 것은 기업이 궁극적으로 얻고자 하는 목표의 규명으로 설명될 수 있다.

또한 교육서비스 경영자가 문제를 파악한 후에 문제를 해결하기 위한 중요한 의사결정 기준(decision criteria)을 설정해야 한다. 이러한 기준은 의사결정과 관련 있는 것들로 모든 의사결정 관련자에게 명확히 표현되어야 한다. 모호한 의사결정 기준은 결정에 큰 영향을 미칠 수 있기 때문에 가급적 분명한 기준 설정이 필요하다. 예를 들어 교육상담 프런트의 고객 응대 직원에게 상담 만족도를 기준으로 제시하지 않았다면, 이는 상담 고객의 교육서비스 선택에 영향을 주지 못한다.

(2) 선택대안 도출

문제에 대한 인지, 정의, 의사결정 기준 설정의 단계가 끝나면 목표를 달성할 수 있는 여러 가지 대안(alternatives)을 모색하고 도출해야 한다. 예를 들면 환자의 문제를 정확히 진단한 다음 치료할 방법이 무엇인지 생각하는 것과 같다. 문제를 해결해 줄 대안 선택에 대한 정보는 크게 내적 탐색(internal search)과 외적 탐색(external search)을 통해 얻을 수 있다.

① 내적 탐색

내적 탐색이란 기업 내부에 축적되어 있는 과거 실적, 매출, 추진 전략의 경과와 성과에 대한 정보를 탐색하는 것이다. 최근 들어 의사결정에 필요한 정보를 수집하고 분석하여 편의를 제공하는 다양한 시스템이 활용되고 있다. 이러한 시스템을 경영정보시스템(management information system)이라고 하며 내적 탐색에 활용되는 것으로는 내부정보시스템(internal information system), 고객정보시스템(customer information system) 등이 있다.

내부정보시스템은 기업 내부의 기본적인 정보로서 서비스별, 지역별, 기간별 매출, 서비스 수준, 사업부문별 실적, 판매 가격 등이 포함된다. 내부정보시스템의 목적은 매출 성과, 가격 반응, 시장 점유율, 마케팅 성과 등의 파악을 통해 합리적 의사결정을 위한 정보적 지원을 하는 것이다.

고객정보시스템은 고객 개인의 다양한 정보와 자료를 축적하여 데이터베이스로 관리하는 것이다. 최근 컴퓨터, 정보통신기술의 발전으로 고객의 인구 통계적 특성, 추구 혜택, 서비스 구매 행동 등을 시스템화하는 것이 가능해졌다. 특히 최근 고객과의 관계를 구축하고 강화하는 것이 장기적 경영 성과에 중시되고 있기 때문에 고객정보시스템은 고객지향적 의사결정을 위해 더욱 많이 도입되고 있다.

② 외적 탐색

외적 탐색은 새로운 정보 원천을 기업 외부 환경을 기준으로 하여 정보를 수집하고 활용하는 것이다. 내적 탐색이 기업의 내부와 각 부서의 자료를 종합하는 것이라면 외적 탐색은 다양한 외부 원천으로부터 정보를 수집하는 것이다. 교육서비스 경영의 외적 탐색의 정보 원천은 교육 관련 산업 동향, 경쟁기업의 정보, 고객 정보 등이 있다.

교육 관련 산업에 대한 정보는 정부와 지방자치단체가 제공하는 공공보고서와 연구보고서, 통계적 산업 동향, 생활지표 조사보고서 등이 있다. 경쟁기업의 정보는 경쟁사 자체 보고서, 홍보 자료, 경쟁기업의 근무자, 신제품 및 촉진전략 등의 분석 및 정보 수집으로 알 수 있다.

최근 외적 탐색을 위해 확보한 외부 원천 자료가 교육기업이 당면한 의사결정 문제에 적합하지 않거나 무관한 경우가 많다. 따라서 이러한 한계를 극복하고 문제를 해결하기 위해 고객을 상대로 직접 정보를 수집하는 조사 시스템(research system)을 구축하여 활용하거나 외부전문기관에 의뢰하여 정보를 수집하기도 한다. 이러한 직접조사는 문제 해결을 위한 의사결정에 직접적이고 유용한 정보만을 제공하고 체계성과 객관성을 확보할 수 있다는 장점이 있다.

(3) 대안 평가

도출된 선택 대안을 채택하고 실행하기 전에 대안에 대한 평가 기준을 세우고 중요성을 고려하여 평가하는 단계가 필요하다. 의사결정 상황에서 최종 대안을 선택하기 위해서는 우선 사용되는 평가 기준과 기준별 가중치를 정해야 한다. 평가 기준과 기준별 가중치는 매우 다양하며 의사결정자에 따라 각기 상이하게 적용된다. 따라서 대안 선택의 과정에서 다수의 대안들은 경영자가 정하는 우선순위에 따라 평가 기준이 달라지고 기준별로 가중치를 할당하는 방식도 다양하다. 예를 들어, 어느 신도시 지역에 프랜차이즈 형태의 어학원을 창업한다고 가정해 보면 대안을 선택하기 위해 기준을 마련해야 한다. 프랜차이즈 가맹비와 초기 투자비용, 프랜차이즈 본사의 지원 정도, 프랜차이즈 브랜드 평판, 수익성 등이 평가 기준이 될 수 있다. 각 평가 기준에 창업자가 항목에 따라 초기비용 40, 수익성 30, 본사 지원 20, 브랜드 평판 10점의 총점 100점에 따라 가중치를 주었다면 이에 따른 평가 결과는 〈표 2-3〉과 같다.

〈표 2-3〉 대안 평가 방식

평가 기준 (가중치) / 대안	초기비용 (40)	수익성 (30)	본사 지원 (20)	브랜드 평판 (10)	종합점수
A	4	9	9	9	700
B	7	7	4	6	630
C	6	9	6	6	690
D	5	7	5	8	590
E	8	5	5	3	600

(4) 대안 선택 및 실행

도출된 다수의 대안들 중에 어떤 대안이 가장 적합한지 선택하고 실행할 때에 대안평가 단계를 통한 평가 지표를 검토하여 최적의 해결책(optimal solution)을 최종 선택하게 된다. 이러한 대안을 선택하는 방식은 크게 보완적 방식(compensatory rule)과 비보완적 방식(non-compensatory rule)

으로 나뉜다. 보완적 방식은 대안 평가 점수에서 최고점을 받은 대안을 선택하는 것으로 일부 항목의 평가 점수가 낮더라도 다른 영역에서 보완하는 종합점수 반영식 선택 방법이다. 보완적 방식에 따르면 〈표 2-4〉에서 종합점수가 가장 높은 A 브랜드를 선택하는 것이 가장 합리적인 의사결정으로 볼 수 있다.

〈표 2-4〉 보완적 대안 선택 방식

속성별 중요도	교육서비스 브랜드		
	A	B	C
교육효과(40)	8	5	3
지속성(30)	5	7	3
수강편의성(20)	5	5	5
시설(10)	3	5	7
평가 점수	600	560	380

반면, 〈표 2-5〉와 같은 비보완적 방식은 보완적 방식보다 상대적으로 간단한 선택 방법이다. 즉, 보완적 방식처럼 한 가지 평가 기준이 다른 항목의 점수를 보완하지 않는 방식이다. 비보완적 방식은 사전편집식(Lexicographic Rule), 순차제거식(Sequential Elimination Rule), 결합식(Conjunctive Rule), 분리식(Disjunctive Rule) 등이 있다. 예를 들면 여러 비보완적 방식 가운데 결합식을 적용하면 다음과 같다. 결합식은 모든 평가 항목에서 최소한의 수용 기준을 적용하는 것이다. 따라서 모든 평가 항목에 대해 최소 수용 기준은 2점 이상이라고 정한다면, 평가 항목 중 2점 이하가 있는 브랜드를 제거하고 남은 C 브랜드를 선택하는 방식이다.

〈표 2-5〉 비보완적 대안 선택 방식

평가 기준	교육서비스 브랜드			
	A	B	C	D
수강료	4	4	3	3
교육효과	3	2	3	1
서비스 품질	1	2	3	5

사전편집식	- 가장 중요한 평가 기준에서 최상을 선택 - 최상이 2개이면 두 번째 중요한 평가 기준으로 선택 - 예) 수강료를 가장 중요시하면 A, B를 선택한 후 두 번째 기준에 따라 A 선택
순차제거식	- 중요한 특정 속성 최소 수용 기준 설정 - 최소 수용 기준 미충족 대안을 제거한 후 남은 대안 중 다른 평가 방식 적용 - 예) 수용 기준 2점이면 A, D 제거, B, C 중 선택
결합식	- 최소 수용 기준을 모든 속성에 마련 - 속성별 평가방법인 순차제거식과 달리 상표별 평가 방식 - 예) 최소 기준 2점이면 B, C 중 선택
분리식	- 중요한 한두 가지 속성의 최소 기준 설정 - 기준 만족 대안들 중 하나씩 선택 - 예) 서비스 품질 1개를 기준으로 할 때 최소 기준이 4점이면 D 선택

그러나 모든 대안 선택이 위와 같은 계량적 방식을 따르지만은 않는다. 때로는 경영자가 가진 전문성, 경험 등에 근거하여 복잡하고 불확실한 상황에서 의사결정 과정을 단순화하는 방식을 따르기도 하는데 이를 휴리스틱(heuristic)이라고 한다. 대안을 선택하는 과정에서 고려해야 할 수많은 요인을 동시에 고려하지 않고 경영자의 경험과 직관을 통해 의사결정을 하는 경우인데, 혁신 제품의 성공이 이러한 휴리스틱적 대안 선택을 통해 이루어지기도 한다.

대안이 선택되면 즉각적이고 과감하게 경영 활동에 적용해야 한다. 의사결정을 내리고 실행하지 않는다면, 시장 기회를 잃을 수 있기 때문이다. 즉, 의사결정은 실행을 통해 의미 있는 경영 활동의 과정으로 자리매김될 수 있다.

(5) 피드백

궁극적인 문제 해결 여부를 확인하기 위해 의사결정 과정에서 대안의 도출·평가·선택·실행이 제대로 이루어졌는지 지속적으로 결과를 평가하는 것이 필요하다. 이는 교육서비스 경영의 과정인 계획, 조직화, 지휘, 통제 가운데 마지막 단계인 통제의 영역에 해당된다. 의사결정 피드백을 통해 문제가 해결되지 않았다고 판단되면 의사결정의 첫 단계부터 점검하는 것이 필요하다. 문제의 인식 또는 정의가 잘못되었는지, 평가 기준과 가중치 설정이 잘못되었는지, 다른 대안 도출과 선택이 필요한지를 점검한다. 혹시 실행한 의사결정이 문제 해결의 원인이 되었다면, 모든 과정과 절차를 통해 얻은 교훈을 이후 의사결정에 활용하는 지식경영(knowledge management)의 원천으로 축적하는 노력도 필요하다.

2) 의사결정 과정의 영향 요인

교육기업 내·외부의 다양하고 복잡한 문제를 해결하기 위한 의사결정은 많은 요인에 의해 영향을 받는다. 의사결정에 영향을 주는 요인은 [그림 2-9]와 같이 문제의 유형, 의사결정 상황, 의사결정 접근방식, 의사결정자 스타일, 의사결정 오류와 편견 등이 있다.

[그림 2-9] 의사결정 과정의 영향 요인

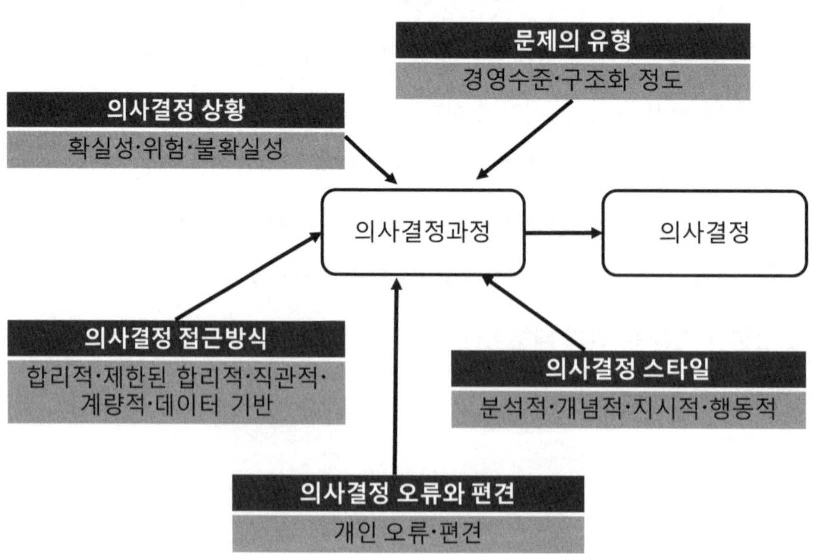

(1) 문제의 유형

문제는 의사결정을 통해 해결되는 것이므로 문제의 유형을 구분하는 것은 의사결정의 유형을 구분하는 것과 같은 의미라고 할 수 있다. 문제는 경영 수준에 따른 유형과 구조화 정도에 따른 유형으로 분류된다. 최고경영층, 중간경영층, 현장경영층에 따라 해결해야 할 문제는 각각 전략적 문제, 전술적 문제, 운영적 문제로 나뉜다. 또한 문제의 구조화 정도에 따라 구조화 정도가 높은 정형적 문제와 구조화 정도가 낮은 비정형적 문제로 구분된다. 정형적 문제는 일상적이고 반복적으로 발생하는 단순한 문제이기 때문에 절차, 규정, 정책에 의존한 의사결정 과정을 따른다. 반면, 비정형적 문제는 새롭고 독특한 문제이기 때문의 기존과 다른 의사결정 과정이 필요하다.

(2) 의사결정 상황

의사결정에 영향을 주는 상황적 조건은 확실성(certainty), 위험(risk), 불확실성(uncertainty)이 있다(Robbins 외, 2021). 문제 해결을 위한 적절한 의사결정을 위해 가장 이상적인 조건은 확실성이 높은 상황이다. 확실성이란 의사결정자가 모든 가능한 대안의 결과를 알고 있는 상태로 이러한 상황에서 교육서비스 경영자는 보다 정확한 의사결정을 할 수 있다. 그러나 확실성이 높은 경우보다 위험이 존재하는 상황이 더욱 일반적이다. 위험이란 의사결정자가 특정한 결과의 발생에 대해 그 가능성을 추정할 수 있는 상황을 의미한다. 'risk'와 함께 위험을 뜻하는 또 다른 영어 단어로는 'danger'라는 표현이 있다. risk란 미래의 가능성에 대한 노출 정도를 의미하며 부정적 상황과 함께 긍정적 가능성도 내포하여 적절한 의사결정으로 대응하면 기업의 기회(opportunity)가 되기도 한다. 하지만 danger는 부정적 결과만 나타나기 때문에 가급적 피하는 것이 필요하다. 불확실성은 의사결정자가 미래의 특정 결과에 대해 전혀 예측하지 못하거나 발생 가능성조차 추론하지 못하는 상황이다. 따라서 불확실성이 높은 상황에서의 의사결정은 합리적 의사결정보다 경영자의 심리적 경향성에 영향을 받게 된다.

(3) 의사결정 접근방식

여러 위계계층에 속해 있는 모든 조직 구성원이 각자 맡은 권한과 책임에 따라 의사결정을 내린다. 그러나 특히 매일 일상적인 것부터 복잡하고 난해한 것까지 다양한 의사결정을 행하는 교육서비스 경영자의 의사결정 방식은 무엇보다 중요하다. 따라서 경영자의 의사결정 접근방식에 대한 다양한 연구가 이루어졌고, 이를 설명하기 위한 여러 모델이 제시되었다.

경영자가 의사결정을 하는 데 사용하는 접근방식에 대한 모델은 크게 합리적 모델, 제한된 합리적 모델, 직관적 모델로 구분된다. 또한 최근 수학적 기법으로 경영 현상을 해석하려는 경영과학의 발전으로 이익 매트릭스, 의사결정나무, 손익분기점 분석, 비율 분석, 선형 프로그래밍, 대기행렬 이론, 경제적 주문량 모델 등 계량적 모델도 활용되고 있다. 아울러 최근 기술의 발달로 정형·반정형·비정형 등 다양한 데이터에 대한 수집, 저장, 분석, 활용이 가능하여 데이터 기반 모델도 발전하고 있다.

(4) 의사결정자 스타일

경영 상황에서의 의사결정은 사람을 통해 이루어지기 때문에 결정 과정에서 의사결정자의 스타일에 많은 영향을 받는다. 스타일(style)이란 어떠한 문제에 접근하고 해결하는 일정한 방식을 뜻한다. 어떠한 일이나 상황을 대하는 입장인 태도(attitude)나 개인이 가지고 있는 특성인 성격(personality)이 스타일로 나타나기도 한다. 인간 개인의 심리적 개념인 스타일에 대한 명확한 정의는 어렵지만 일반적으로 경영 의사결정 과정에 영향을 주는 의사결정자의 스타일은 모호성 용인 정도와 합리성 적용 정도에 따라 〈표 2-6〉과 같이 분석적 스타일, 개념적 스타일, 지시적 스타일, 행동적 스타일로 분류된다.

〈표 2-6〉 의사결정자 스타일

스타일	구분		특징
	모호성 용인 정도	합리성 적용 정도	
분석적 스타일	높음	높음	- 많은 정보를 수집하고 가능하면 많은 대안을 비교·평가하여 결정함. - 특별한 상황의 적응력이 높고 신중함.
개념적 스타일	높음	낮음	- 직관에 의존하고 장기적 관점에서 폭넓게 상황을 판단함. - 창의적인 해결책을 발견하는 데 탁월함.
지시적 스타일	낮음	높음	- 효율적이고 논리적이며 신속히 결정하고 단기적으로 판단함. - 많은 대안을 고려하지 않고 최소한의 정보로 결정하는 경향이 있음.
행동적 스타일	낮음	낮음	- 주변 사람의 성과에 관심이 많고 좋은 인간관계를 통해 결정함. - 다른 사람의 조언에 대한 수용성이 높고 자신의 결정에 대한 타인의 의견이 중요함.

(5) 의사결정 오류와 편견

의사결정 과정에서 개인의 오류와 편견이 문제 해결에 부정적 영향을 미칠 수 있다. 따라서 의사결정에서 정보를 처리하고 평가하는 과정에서 발생하는 편견과 오류를 적절히 파악하여 관리하는 것이 필요하다. 경영자가 의사결정을 내릴 때 일반적으로 범하는 오류와 편견은 〈표 2-7〉과 같다(Robbins 외, 2021).

〈표 2-7〉 의사결정 오류와 편견

구분	내용
자발적 편견 (overconfidence bias)	실제로 자신이 알고 있는 것보다 더 많이 알고 있다고 생각하여 자신에 대해 비현실적으로 긍정적인 자세.
즉각적 만족 편견 (immediate gratification bias)	즉각적 보상을 원하지만, 즉각적 손해는 피하려는 태도로 빠른 보상을 미래의 더 큰 보상 가치보다 선호하는 자세.
닻 내리기 효과 (anchor effect)	시작점에서 수집한 첫 번째 정보에 집착하여 이후 정보는 수용하지 않는 태도로 첫인상, 최초 평가 등의 정보를 중시하는 자세.
선택적 지각 편견 (selective perception bias)	자신의 편견에 의존하여 선별적으로 정보를 구성하는 태도로 중요한 정보, 문제 인식, 대안 개발에 영향을 줌.
확증 편견 (confirmation bias)	과거의 선택과 부합하는 정보만을 선호하고 이와 반대되는 정보의 가치를 낮게 평가하는 행동. 사전에 형성된 고정적 관점에 부합한 정보만을 수용하고 반대 정보에는 비판적임.
프레이밍 편견 (framing bias)	상황의 다른 부분은 경시, 생략, 배제하고 특정 부분만을 강조하는 경우로 자신이 보고 있는 것을 왜곡하는 자세.
가용성 편견 (availability bias)	가장 최근의 사건들만 기억하여 상황을 회상하는 능력을 왜곡해 판단과 예측에 문제가 생김.
유사 편견 (representation bias)	한 사건을 판단할 때 유사한 다른 사건과의 유사성을 근거로 평가함. 닥친 상황이 다른 사건과 유사하지 않아도 유사점을 찾고 동일하다고 판단함.
무작위 편견 (randomness bias)	우연에 의한 사건에 의도적으로 의미를 부여하는 태도. 사건을 어떤 원인과 무리하게 결부하려는 경향을 보임.
매몰비용 오류 (sunk cost error)	현재 선택이 과거의 결정을 돌이킬 수 없다는 사실을 인정하지 않는 오류. 과거에 투입된 시간, 돈, 노력에 집착하여 미래 발생 사건을 고려하지 않음.
자기중심적 편견 (self-serving bias)	성공을 자신의 명예로 삼고 실패의 요인을 외부에서 찾는 태도.
사후해석 편견 (hindsight bias)	사건의 결과가 알려진 이후 자신이 사건의 결과를 정확하게 예측했다고 신뢰하는 태도.
수정 편견 (revision bias)	어떤 대상이나 아이디어가 변화했을 때, 그것이 더 나은지 여부와 무관하게 실제로 개선되었다고 가정함.

4. 의사결정 모형

교육서비스 경영자를 포함한 경영자의 의사결정을 설명하기 위해 다양한 이론과 모형이 제시되고 활용되고 있다. 의사결정은 주어진 문제를 해결하기 위해 여러 가지 대안 중에서 합리적인 방법으로 최선의 대안을 선택하는 과정으로 교육기업을 경영하는 모든 경영자에게 중요한 과업이다(김용현 외, 2015). 따라서 의사결정의 모형을 정리함에 있어 경영자의 합리성을 기준으로 구분한 것이 대표적인 의사결정의 모형의 범주이다.

또한 의사결정 과정에 큰 영향을 주는 다양한 상황적 요소 중 하나로 불확실성이 있다. 이러한 불확실성은 경영자가 활용할 수 있는 정보의 양이 제한되기 때문에 발생한다. 이에 의사결정 과정을 명확하게 하기 위한 완전한 정보가 필요하며 이를 위한 여러 계량적 의사결정 방법도 최근 다양하게 활용되고 있다.

의사결정 과정에서 최근 데이터 과학적 예측분석(predictive analytics)에 대한 관심이 증가하고 있고, 이에 대해 방대한 양의 다양한 데이터를 처리, 저장, 분석, 이해할 필요가 있게 되었다. 미래의 불확실성을 의미 있는 확률로 변화시키는 데이터 과학으로서의 예측분석의 모형과 기술에 대한 활용 방법이 더욱 활성화되고 있다(Kotu & Deshpande, 2016).

1) 합리성 기준 의사결정 모형

경영자의 합리성을 기준으로 설명한 의사결정 모형은 합리성 모델, 제한된 합리성 모델, 직관적 모델로 구분된다.

(1) 합리성 모델

합리성 모델은 의사결정자가 모두 합리적이라는 가정을 기반으로 한다. 합리적 의사결정은 구체적인 제약 아래서 가치를 극대화하기 위해 논리와 일관성을 유지한다는 이론이다. 이를 위해서는 경영자 자신이 합리적인 의사결정자가 되어야 하고 객관적이며 논리적이라는 가정이 충족되어야 한다. 합리성 의사결정 모델에서는 합리성에 대해 다음과 같이 설명한다. 첫째, 의사결정은 목적지향적이고 논리적이다. 둘째, 문제는 명확하고 모호하지 않다. 셋째, 의사결정의 목적이 명확하고 구체적이다. 넷째, 가능한 모든 대안과 결과는 알려져 있다. 다섯째, 선택한 대안은 최종 보상을 극대화한다. 여섯째, 조직의 시간과 비용의 제약은 없다(김용현 외, 2015). 합리성 모델은 명확성, 객관성, 논리성, 완전한 지식에 기초하지만, 합리성의 가정이 반영되는 현실이 많지 않다는 비판을 받는다.

(2) 제한된 합리성 모델

제한된 합리성 모델은 인간은 합리적이라는 전통적 이론으로 설명하지 못하는 상황에서 제시되었다. 인간의 합리성만을 전제로 하면 비합리적인 상태에서의 의사결정 상황을 설명하는 모형 도출이 어렵고 복잡한 제약이 생겨나게 된다. 즉, 경영자의 의사결정이 완전한 합리성을 충족하지 못하고 어떤 사람도 모든 정보와 대안을 완전히 분석하지 못하기 때문이다. 의사결정 연구로 노벨 경제학상을 받은 Simon은 경영자는 합리적인 의사결정을 하지만, 정보처리 능력의 한계로 인해 합리성이 제한된다고 설명한다. 따라서 '가능한 최적의 결정을 하는 것'은 비현실적이고 '충분히 만족할 만한' 또는 '최소한의 조건을 충족하는' 대안을 선택하게 된다(김용현 외, 2015).

경영자는 의사결정이 완전히 합리적이지도 않고, 제한된 정보를 통해 의사결정이 이루어지기 때문에 대부분의 의사결정은 제한된 합리성 모델을 근거로 한다. 또한 의사결정은 조직문화, 내부 정책, 권력 구조, 현상에 따라 영향을 받는다. 따라서 조직이론연구가 Simon의 견해에 따르면 조직을 하나의 복잡한 의사결정 네트워크로 보는 것이 적절하다(Simon, 2013).

(3) 직관적 모델

경영자는 항상 합리성을 기반으로 하는 이성적인 의사결정만 하는 것은 아니다. 때에 따라서 경험, 감정, 육감, 지식 등을 근거로 의사결정을 하는 경우도 많다. 많은 경영자들이 중요한 의사결정을 내릴 때 공식적인 분석보다 직관에 더 의존하기도 한다. 그렇다고 직관적 의사결정이 합리성과 무관하게 이루어지는 것은 아니다. 의사결정 사항과 관련하여 유사한 상황을 많이 경험해 본 경영자가 정보의 제한성에도 불구하고 신속히 의사결정을 할 수 있는데 그러한 결과가 합리적 의사결정보다 더 좋은 결과를 낼 수 있기 때문이다.

2) 계량적 의사결정 모형

계량적 의사결정 모형은 계량경제학적 분석이나 통계학적 분석과 같이 수학적 기법을 활용하여 의사결정을 하는 것이다. 문제 해결을 위한 과학적이고 실증적인 모형을 활용하는 것으로 이러한 방식에는 이익 매트릭스, 의사결정나무, 손익분기점 분석, 대기행렬이론 등이 있다. 이 외에 선형 프로그래밍(linear programing)과 경제적 주문량 모델(economic order quantity, EOQ) 등이 있지만 이 모델들은 제품 생산과 재고 관리적 측면에서 주로 사용되는 기법이다.

(1) 이익 매트릭스(pay-off matrix)

이익 매트릭스는 비용-효과 분석이라고도 하며, 여러 가지 선택 대안은 투입되는 노력·비용에 대해 도출되는 성과·효과를 기준으로 평가한다. 이익 매트릭스는 게임에서 이해관계가 상충하는 두 플레이어(player)가 수취하는 이익을 [그림 2-10]과 같은 행렬표로 나타낼 수 있는데, 투입요소와 산출요소를 대비하여 최적 대안을 선택하는 도구이다. 주로 노력과 성과를 비교하여 최적 대안을 선택하거나 다수의 선택 대안 중에서 우선순위를 결정할 때 사용된다.

[그림 2-10] 이익 매트릭스

성과/효과 \ 노력/비용	Low	High
High	Grand Slam (만루홈런) Low Effort/High Payoff	Extra Inning (연장전 승리) High Effort/High Payoff
Low	Stolen Base (도루) Low Effort/Low Payoff	Strike Out (삼진아웃) High Effort/Low Payoff

(2) 의사결정나무(decision tree)

의사결정나무는 [그림 2-11]과 같이 의사결정 규칙을 나무 구조로 표현하여 전체 대안을 몇 개의 소집단으로 분류하거나 예측하는 분석 방법이다. 이 방법은 선택 대안을 분류 함수를 활용하여 의사결정 규칙으로 이루어진 나무 모양으로 표현하며, 연속적으로 발생하는 의사결정 문제를 시각화하여 의사결정이 이루어지는 시점과 성과 파악에 용이하다. 특히 의사결정나무는 최근 빅데이터의 분석 방법으로도 적용되고 활용하는 기법이다.

[그림 2-11] 의사결정나무

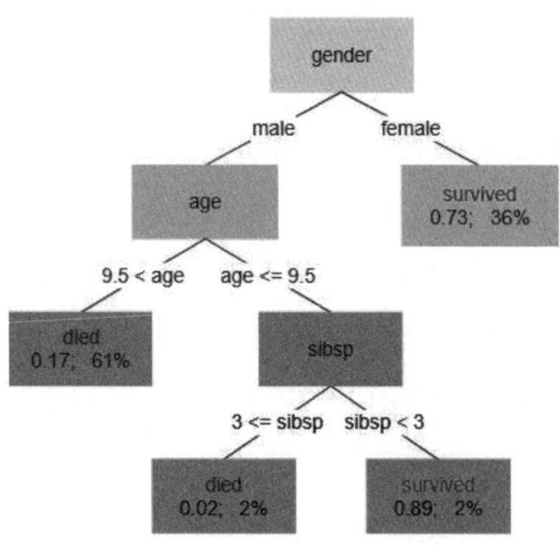

자료: 동국대학교(2022).

(3) 손익분기점 분석(break-even point analysis)

손익분기점 분석[17]은 교육서비스 경영에서 손실을 피하기 위해 최소 얼마의 매출을 올려야 하는지와 현 서비스를 계속 제공해야 하는지 판단할 수 있는 방법이다. 또한 교육기업이 이익을 추정하며 판매하는 서비스의 단위 가격을 설정할 때도 활용된다. 손익분기점은 서비스 단위당 가격, 변동비용, 고정비용을 계산하여 수익, 비용, 이익의 관계를 알려 준다. 손익분기점을 계산하는 공식은 다음과 같다.

17) 7장 재무관리-3절 재무분석의 이해-2. 레버리지분석-3) 손익분기점 부분 참고.

손익분기점(판매량) = 총고정원가/(1 - 단위당 변동원가)
손익분기점(매출액) = 총고정원가/1 - (단위당 변동원가/가격)

교육서비스 경영에서의 손익분기점 분석을 활용하는 것은 다양한 효용을 얻을 수 있지만, 교육서비스의 특성상 서비스의 단위당 가격을 계산하기가 매우 어렵고, 광고비 등의 투자성 비용의 분류가 불명확하다는 한계가 있다. 그러나 고객 증가로 인한 서비스 생산량 증가에 따라 추가 설비와 추가 고용의 필요 지점을 계산할 수 있다는 장점이 있다.

(4) 대기행렬이론(queuing theory)

대기행렬이론은 고객의 대기시간의 증감과 서비스 비용의 증감 사이의 적절한 균형이 필요한 상황을 설명해 주는 모형이다. 교육서비스 경영 상황에서 경영자가 고객이 인내할 수 있는 범위 안에서 적은 직원을 두어 효율성을 높이고 비용을 최소화하는 데 활용될 수 있다. 교육기업에서 교육서비스 수요자의 요구를 모두 충족시킬 수 있는 교강사와 시설의 수요를 모두 고려하여 대기를 최소화하거나, 일부 강좌로 모든 수요자를 감당해 고객의 인내심을 시험하는 위험을 감수할지를 결정하는 데 활용된다. 대기행렬이론의 공식은 다음과 같다.

$$Pn = [1 - (\text{도착률}/\text{서비스율})] \times [\text{도착률}/\text{서비스율}]^{n}$$

3) 데이터 과학적 의사결정 모형

최근 빅데이터(big data)와 같은 엄청난 양의 계량적 정보의 대중화로 이를 활용한 새로운 의사결정 모형이 주목받고 있다. 빅데이터의 특성을 3V로 표현할 수 있는데 데이터의 규모(volume)의 증가, 빠른 속도(velocity), 다양성(variety) 증가이다. 이러한 데이터를 기반으로 한 의사결정 과정은 수집-저장-분석-활용의 단계를 거친다.

또한 데이터 과학적 의사결정 모형은 분석에 활용하는 기법에 따라 〈표 2-8〉과 같이 회귀분석

(regression analysis), 로지스틱 회귀분석(logistic regression analysis), 의사결정나무(decision tree), 인공 신경망(artificial neural network), 서포트 벡터 머신(support vector machine), 연관성 분석(association analysis), 군집분석(cluster analysis) 등이 있다.

〈표 2-8〉 데이터 과학적 의사결정 분석 기법

기법	개념
회귀분석	독립변수와 종속변수 간의 선형적 관계를 도출하여 변수 사이 인과관계를 밝히고 관심 있는 변수를 예측·추론하는 방법
로지스틱 회귀분석	반응변수가 범주형인 경우 적용되는 회귀분석 모형으로 새로운 설명변수가 주어질 때 반응변수가 각 범주에 속할 확률을 추정하는 방법
의사결정나무	분석 대상을 분류 함수를 활용하여 규칙으로 이루어진 나무 모양으로 나타내 시각화하면서 전체 자료를 몇 개의 소집단으로 분류하거나 예측하는 방법
인공 신경망	사람의 두뇌 신경세포인 뉴런이 전기신호를 전달하는 모습을 모방한 기계학습 모델 방법
서포트 벡터 머신	벡터 공간에서 훈련 데이터가 속한 그룹을 분류하고 선형분리자를 찾는 기하학적 모델 방법
연관성 분석	데이터 내부에 존재하는 항목 간의 상호 관계 또는 종속 관계를 분석하여 찾아내는 방법
군집분석	관측된 여러 개 변수의 값으로부터 유사성을 기준으로 군집을 집단화하여 집단의 특성을 분석하는 다변량 분석 기법

제3절

교육서비스 경영자의 리더십

1. 리더십의 개념

1) 리더십의 정의

경영을 하는 모든 형태의 조직은 효과적인 리더십(leadership)을 추구하고 있고, 이러한 리더십은 기업과 조직에 있어서 모방할 수 없는 경쟁가치가 된다(Northouse, 2018). 리더십에 대한 정의는 이에 관심을 가진 사람의 수만큼 다양하게 제시되었고, 리더십을 연구하는 학자들은 지난 수십 년간 리더십에 대한 여러 질문을 고심하였으며, 리더십에 대한 방대한 양의 글을 썼다(Northouse, 2017). 리더십에 대한 문헌 중 가장 오래된 것은 서양의 Machiavelli의 《군주론(The Prince)》(1531)과 동양의 유교 경전인 《맹자(孟子)》가 있다. 이처럼 고대부터 관심을 받아 온 리더와 리더십에 대한 연구는 20세기 사회과학의 발달과 함께 다양한 학문과 분야에서 풍성한 연구로 이어졌다. 최근의 리더십 이론의 역사는 [그림 2-12]와 같다.

[그림 2-12] 리더십 이론의 역사

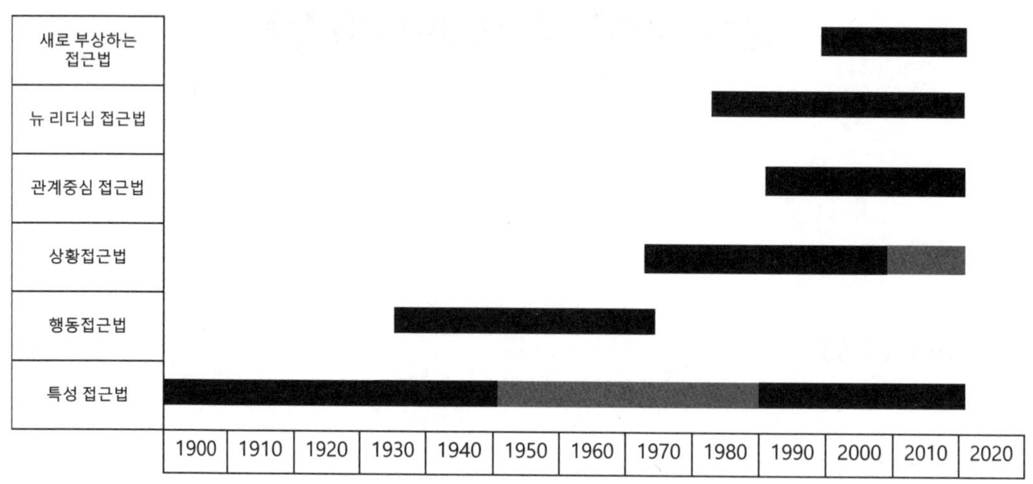

자료: Antonakis, Cianciolo, & Sternberg(2004). *The nature of leadership.*

리더십 연구와 정의가 다양하게 이루어졌지만, 한 가지 분명한 것은 조직 구성원이 경영자를 리더로 인정할 때 리더십이 형성된다는 것이다. 즉, 구성원들이 리더의 지위와 능력을 인식하고 영향력을 인정할 때 리더의 지시와 지휘에 따라 행동하게 된다. 이에 리더십이란 리더가 조직의 목표를 효율적으로 달성하기 위해 조직 구성원에게 발휘하는 영향력인 것이다(이병진, 2003).

기업과 조직에서의 리더십은 지위, 능력, 과정, 속성으로 나타난다. 지위로서의 리더십은 교육서비스 경영자의 지도적 위치, 조직의 상위 계층에 있는 것을 의미하고, 능력으로서의 리더십은 조직 구성원과의 관계에서 바람직한 행동과 변화를 가져오게 하는 능력이다. 또한 과정으로서의 리더십은 비강압적인 영향력을 활용하여 조직 구성원들의 목적 달성을 위해 행동을 지휘, 조정하는 것을 의미하고, 속성으로서의 리더십은 능력이 있다고 판단되는 리더에게 나타나는 공통적 특성을 의미한다.

이에 리더십을 그 양상에 집중하여 관련된 이론을 정리하면 〈표 2-9〉와 같이 크게 특성이론(trait theory), 행동이론(behavioral theory), 상황이론(contingency theory), 관계중심이론(relational theory)로 분류되기도 한다. 한편 경영환경의 변화에 따라 리더십에 대한 새로운 접근법이 등장하고 있으며, 최근 다양한 리더십 모델을 개발하고 통합하여야 한다는 주장도 지속적으로 제기되고 있다.

〈표 2-9〉 리더십 이론

이론	연구 주제	대표 이론
특성이론	효과적-비효과적 리더를 구별하는 보편적인 특성	전통적 특성이론
행동이론	효과적-비효과적 리더 사이에 구별되어 나타나는 행동	전통적 행동이론
상황이론	상황에 따라 달리 요구되는 효과적 리더십	상황적합이론, Hersey와 Blanchard 모형, 경로-목표이론, 규범이론
관계중심이론	긍정적 결과를 창출하는 리더와 구성원 사이의 관계	리더-구성원 교환관계 이론(LMX), 팀 리더십, 공유 리더십
새로운 리더십 접근법	리더십에 대한 다양한 접근 주제	카리스마 리더십, 거래적 리더십, 변혁적 리더십, 수퍼 리더십

2) 리더십의 특성

교육서비스 경영자에게 필요한 리더십을 규정하는 것과 함께 리더십의 관점, 유형, 기술, 원천, 효과 등 리더십의 특성(the nature of leadership)에 대해 살펴보는 것은 리더십을 이해하는 데 유의한 일이다.

(1) 리더십 관점

리더십에 대한 연구의 관점은 크게 [그림 2-13]과 같이 특성론과 과정론으로 나뉜다. 특성론에 따르면 리더란 가문과 출신 등을 통해 신장, 재능, 성향 등의 유전적 결정을 타고난 사람이다. 반면, 과정론에 의하면 리더는 여러 상황 속에서 리더십을 발휘하고 추종자와의 관계와 상황에 따른 행동으로써 누구나 리더십을 발휘할 수 있고 그를 만들어 가는 사람이라고 주장한다. 따라서 특별히 리더십 재능을 타고났다는 특성론과 달리 과정론에서는 리더십 행동은 관찰이 가능한 현상으로 후천적으로 학습이 가능하다고 제시한다.

[그림 2-13] 리더십 연구 관점

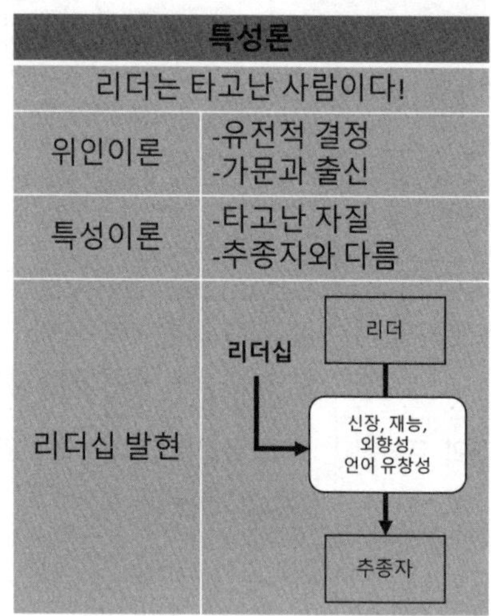

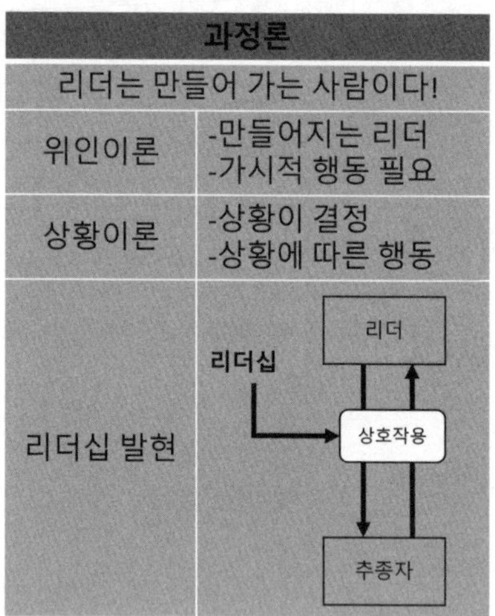

(2) 리더십 유형

리더십 유형은 리더와 구성원 사이의 관계와 업무 방식에 따라 〈표 2-10〉과 같이 지시적 리더십, 참여적 리더십, 위임적 리더십[18]으로 구분된다. 지시적 리더십은 리더 중심으로 의사결정이 이루어지며 하급자에게 명령하는 방식을 취한다. 하급자에게 업무나 규율 등을 지시하며 상대적으로 사람보다 과업에 대해 높은 관심을 보이는 것이다. 위임적 리더십은 하급자 중심으로 의사결정을 하며, 리더가 권한과 책임을 전적으로 하급자에게 위임하는 방식을 취한다. 하급자의 사적인 욕구에 주의를 기울이고 하급자를 친밀하게 대하여 업무 분위기를 좋게 하며 하급자를 적극적으로 지원하는 유형이다. 참여적 리더십은 지시적 리더십과 위임적 리더십의 중간 정도의 방식으로 민주적 리더십이라고 한다. 하급자와 논의하며 업무를 진행하고 의사결정 과정에도 하급자를 참여시키는 유형이다.

18) 지시적 리더십의 다른 명칭은 권위적 리더십, 전제적 리더십이며, 참여적 리더십의 다른 표현은 민주적 리더십이고, 위임적 리더십은 자유방임적 리더십이라고 불린다.

〈표 2-10〉 리더십 유형

구분	지시적 리더십	참여적 리더십	위임적 리더십
초점	리더 중심	조직 중심	개인 중심
결정	리더가 대부분 결정	하급자가 결정에 참여	하급자가 대부분 결정
자율성	최소한의 행동 자율	일정한 자율성 인정	완전한 자율
의사소통	일방적	양방향	개방적
권력	힘과 규율 사용	설득	자기 통제 의존
하급자 정서	무관심	고려	지배적
지향	과업 중심	개인 및 조직 중심	개인 성취 중심
리더 역할	지시	조직 참여	지지
심리적 결과	복종, 의존	협력, 참여	독립, 개인 수행

(3) 리더십 기술

Katz(1955)는 현장에서의 경영자의 활동을 직접 관찰한 현장연구에 기초하여 효과적인 경영관리는 리더가 가지고 있는 세 가지 기본적인 기술에 달려 있다고 설명하며, 전문적 기술, 인간관계 기술, 개념적 기술을 제시하였다(Katz, 1955).

전문적 기술은 실무적 기술이라고도 하며 어떤 구체적인 작업이나 활동에 관한 지식이고 동일한 작업이나 활동에 대한 능숙성이다. 인간관계 기술은 사람과 더불어 일하는 데 요구되는 인간관계에 대한 지식이며 사람들과 함께 일해 나갈 수 있는 기술이다(Katz, 1955). 개념적 기술은 아이디어나 개념과 관련된 능력이다. 전문적 기술이 사물을 다루는 기술이고 인간관계 기술이 사람을 다루는 기술이라고 한다면 개념적 기술은 개념, 착상, 비전, 계획 등과 같은 아이디어와 관련된 능력이다(Northouse, 2017). 또한 조직의 현안 문제, 경영 이슈의 의미를 구체화하여 기업의 존재 목적을 규정하고 조직의 현 위치를 파악하며 방향을 설정하는 전략과 관련된 기술로 의사결정 기술이라고도 할 수 있다.

세 가지 리더십 기술은 개인의 성향, 조직이 처한 환경, 조직의 생존 주기에 따라 달라진다. 특히 조직의 경영 위계계층에 따라 [그림 2-14]와 같이 요구되는 기술의 비중이 달라지는데 현장경영층은 전문적 기술, 중간경영층은 인간관계 기술, 최고경영층은 개념적 기술이 더욱 중요한 기술이다.

[그림 2-14] 경영자 위계에 따른 요구 기술 영역

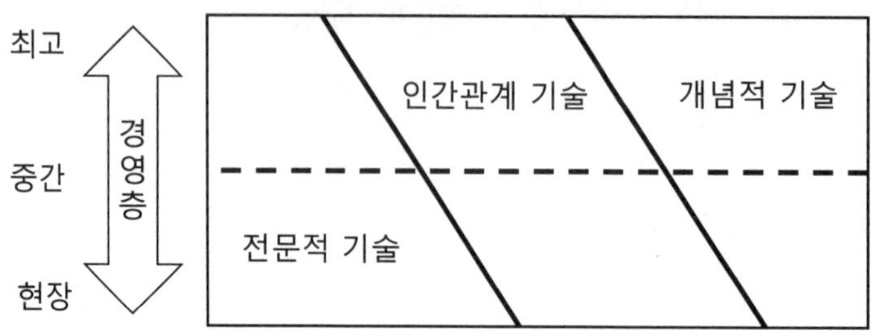

(4) 리더십 원천

리더가 구성원들을 이끌기 위한 영향력은 리더가 가지고 있는 힘의 원천에서 비롯된다. 구성원들이 경영자의 리더십을 인정하고 따르게 하며, 구성원 개인이 주어진 방향으로 행동하도록 영향을 미치는 잠재력을 힘의 원천이라고 한다. French와 Raven(1959)은 이러한 힘의 원천을 〈표 2-11〉과 같이 합법적 힘, 보상적 힘, 강압적 힘, 전문적 힘, 준거적 힘의 다섯 가지 유형으로 제시하였다(French & Raven, 1959).

〈표 2-11〉 힘의 원천

구분	내용	예
합법적 힘	직위 권한에 의해 구성원을 통제하는 힘	명령
보상적 힘	금전적, 심리적으로 보상을 제공하는 힘	승진, 보너스, 연봉 인상
강압적 힘	긍정적 보상을 없애고 처벌하는 힘	불이익, 공포
전문적 힘	전문적 기술, 지식, 역량을 바탕으로 하는 힘	노하우 전수
준거적 힘	리더에 대한 존경, 열망을 바탕으로 하는 힘	멘토링, 호의 제공

합법적 힘(legitimate power)은 조직 내에서 영향력 있는 지위나 역할을 담당하는 공식적 권한에 기초한 힘이다. 법률, 규정, 규칙 등에 의한 조직의 위계계층의 지위 또는 역할에 부여되는 힘이다. 합법적 힘은 교육기업 성장 초기에는 의존 가능하지만, 이에 계속 의존한다면 구성원의 저항이 발생하게 된다. 따라서 합법적 힘은 최소한의 복종만을 이끌 수 있기 때문에 다른 힘의 원천을 함께 활용하는 것이 필요하다.

보상적 힘(reward power)은 하급자에게 가치 있는 것을 제공하는 능력에서 나오는 힘이다. 보상적 힘은 리더가 보상이 가능한 양과 보상에 대한 하급자의 욕구 강도에 따라 다르다. 단기적으로 보상적 힘은 하급자들의 긍정적인 결과를 유도하여 성취 행동에는 직접적인 영향을 미칠 수 있다. 그러나 보상적 힘의 장기적 활용은 보상에 대한 학습 효과로 기대하는 성과 도출이 제한될 수 있다.

강압적 힘(coercive power)은 공포, 물리적 위협에 의존하는 힘으로 보상적 권력과 상대적인 힘이다. 교육서비스 경영자의 지시에 응하지 않는 하급자에게 벌을 주고 통제하여 리더의 능력을 발휘하는 것이다. 구성원들이 이와 같은 힘에 순응하는 것은 추종하지 않을 경우 초래될 수 있는 해고 등의 공포 때문이다. 강압적 힘이 구성원의 일시적인 복종을 유도할 수 있지만, 힘의 사용으로 두려움, 반감, 소외감 같은 부정적 결과를 초래할 수 있고, 이는 결과적으로 부적절한 성취와 조직 발전 저해를 가져올 수 있다.

전문적 힘(expert power)은 리더가 가지고 있는 전문적 기술이나 지식, 특별한 능력에 바탕을 두고 있다. 리더가 주어진 과업을 분석하고 실행할 수 있는 전문적 지식과 역량을 가지고 있다면 하급자들은 리더의 힘을 자기의 것으로 만들려는 내면화 과정을 거치게 된다. 또한 전문적 힘은 조직이 신뢰할 수 있는 분위기를 만들며, 구성원들의 태도의 변화와 동기부여를 추동하기도 한다. 특히 교육산업과 같이 전문적인 영역에서 조직원을 성장시킬 수 있는 리더의 경험과 교육·훈련은 매우 중요하며 교육기업의 복잡한 문제를 해결하기 위해 중요한 힘의 원천이기도 하다.

준거적 힘(reference power)은 하급자가 자신을 개발시키도록 유도하는 리더의 특별한 능력으로 교육서비스 경영자에 대한 존경과 본받고 싶어 하는 열망에서 나오는 힘이다. 준거적 힘은 리더의 지위와 조직의 위계와 관련된 것과 달리 개인적 연대로부터 발생되어 다른 힘보다 강력한 기업의 동력이 될 수 있다. 준거적 힘은 하급자들로부터 열정적이고 확고한 신뢰를 이끌어 내기 때문에 별도의 감독과 지휘에 대한 노력이 요구되지 않는다.

(5) 리더십 효과

리더십의 효과성을 평가하기 위해 선택한 기준들은 다양한 연구자의 리더십에 대한 명시적 또는 묵시적 개념을 반영한다. 따라서 대부분의 연구자들은 리더십 효과를 개인, 팀 또는 집단, 조직에 대한 영향력 행사의 결과 측면으로 평가하고자 한다(Yukl, 2014).

가장 타당한 리더십 효과성 지표는 리더십을 통해 조직의 성과가 향상된 정도와 목표 달성 촉진 정도이다(Campbell, 1977). 성과 향상 정도는 매출, 순이익, 시장점유율, 투자수익률, 생산성 등과 같은 객관적 지표와 리더의 상사, 동료, 하급자로부터 얻은 효과성 평정치의 주관적 지표로 확인된다. 또한 리더십의 효과성은 하급자들의 태도와 리더에 대한 지각으로 평가될 수 있으며 이러한 개념을 조직효과성이라고도 할 수 있다. 그러나 성장률, 수익성과 같은 정량지표와 달리 조직효과성은 주관성이 반영된 정성지표로 측정하기 위해 다양한 설문도구나 인터뷰를 활용한다. 이와 같은 조직효과성을 검증하기 위해 〈표 2-12〉와 같이 심리적 지표, 경제적 지표, 관리적 지표가 활용된다(권두승, 최운실, 2016).

〈표 2-12〉 조직효과성 지표

지표	주요 내용
심리적 지표	직무만족도, 동기부여, 사기, 갈등과 응집성, 유연성과 적응성, 조직 목표에 대한 조직원의 동조성, 조직 목표의 내면화
경제적 지표	전반적 유효성, 생산성, 효율, 수익, 품질, 성장성, 환경의 이용도, 이해관계자 집단평가, 인적자원의 가치, 목표 달성도
관리적 지표	사고 발생의 빈도, 결근율, 이직률, 통제, 계획과 목표 설정, 역할과 규범 일치성, 경영자의 인간관계 관리능력, 경영자의 과업지향성, 정보관리와 의사전달, 신속성, 안정성, 조직 구성원의 의사결정 참가, 교육 훈련과 개발의 강조

출처: Campbell(1977).

2. 전통적 리더십 이론

리더라는 용어는 아주 오래전부터 사용되어 왔지만 리더십에 관한 연구는 20세기 초에 규명되기 시작되었고, 대규모적이며 체계적인 연구는 1940년대 중반에 이루어졌다(신유근, 이춘우, 2020). 리더십에 대한 초창기 이론은 타인과 구별되는 효과적인 리더에게만 나타나는 개인적 특성을 추출하려는 노력에서 정립되었다. 이러한 이론을 특성이론(trait theory)이라고 하며 1940년대에 발전하여 성행하였다.

그러나 특성이론을 통해 성공적인 리더의 공통적 특성을 도출하는 데 실패하였고 이러한 한계를 극복하기 위해 외부로 나타나는 리더의 행동을 관찰하는 방향으로 연구가 전환되었다. 이를 행동이론(behavioral theory)이라고 하는데 기업이 달성한 성과와 이러한 성과를 창출하게 하는 지속적인 리더의 행동을 행동주의 심리학을 통해 설명하고자 하였으며 1950~1960년대의 리더십 연구의 주류를 이루었다.

1) 특성이론

특성이론이란 일반인과 다른 리더의 특성은 선천적으로 타고난다는 가정에서 효과적인 리더의 개인적 특성을 밝히고자 시도한 이론이다. 뛰어난 리더만이 가지고 있으나 평범한 리더는 가지지 못한 공통적인 특성을 규명하는 것이 연구의 관심사였다. 많은 연구자들이 수행한 성공적인 리더의 특성 연구를 정리해 보면 〈표 2-13〉과 같다.

〈표 2-13〉 리더십 특성 연구

연구자	효과적인 리더의 특성
Barnard(1938)	활력 · 인내력, 결단력, 책임감, 설득력, 지적 · 기술적 능력
Stogdill(1948)	지능, 민감성, 통찰력, 책임감, 솔선 · 주도성, 지속성, 자신감, 사교성
Mann(1959)	지능, 남성적 기질, 적응성, 지배성, 외향성, 보수적 기질
Stogdill(1974)	신체적 특성, 사회적 배경, 지적 능력, 성격, 과업관계특성, 사회적 성격
Lord et al.(1986)	지능, 남성적 기질, 지배성
Kirkpatrick & Locke(1991)	추진력, 동기유발, 성실성, 자신감, 인지적 능력, 사업지식
Zaccro(2004)	사회적 인식력, 사회적 예민성, 자기관찰 및 조절 능력
Gary Yukl(2013)	높은 활력 수준과 스트레스에 대한 내구력, 내적 통제 위치, 정서적 성숙도, 개인적 성실성, 사회화된 권력지향, 성취지향, 자신감, 친교 욕구
Peter G. Northouse(2015)	지능, 성실성, 자신감, 사교성, 결단력

자료: Peter G. Northouse, (2018). Gary Yukl(2014).

리더십에 대한 특성 연구는 리더라는 개인의 인간적 특성을 반영하기 위해 대부분 정성적 연구로 이루어졌다. 이에 리더십 특성을 알아내고자 수행한 대표적인 정량적 연구가 'Big 5 성격 모델'이다. 효과적인 리더가 가진 성격 특성을 5개의 분류로 분석한 이 모델은 이를 〈표 2-14〉와 같이 신경성, 외향성, 개방성, 우호성, 성실성의 요인으로 제시하였다.

〈표 2-14〉 Big 5 성격 요인

요인	내용
신경성(Neuroticism)	의기소침하고 불안하며 자신감이 없고 상처받기 쉬운 경향성
외향성(Extraversion)	사교적이고 적극적이며 활기가 넘치는 경향성
개방성(Openness)	안목이 넓고 창의적이며 직관력이 있고 호기심이 강한 경향성
우호성(Agreeableness)	수용적이고 순응하며, 타인과 공감하고 사회적 조화를 중시하는 경향성
성실성(Conscientiousness)	조직화되고 감정을 잘 통제하며 신뢰할 수 있는 결단성이 있는 경향성

선행연구에서 리더십과 가장 강한 상관성을 가지고 있는 성격은 외향성, 성실성, 개방성 순이었다. 또한 신경성은 리더십과 부적인 상관관계를 보였고, 우호성은 약한 상관관계가 나타났다(Northouse, 2018).

2) 행동이론

행동이론은 행태이론, 행위이론이라고도 하며 리더가 가지고 있는 선천적 특성보다 후천적인 교육과 훈련으로 리더십을 개발할 수 있다는 이론이다. 성공적인 리더의 행동을 파악하여 효과적인 리더의 행동 특성을 연구하고자 시도하였다. 대표적인 행동이론 연구로는 Iowa 대학의 연구, Ohio 주립대학의 연구, Michigan 대학의 연구, Blake와 Mouton의 관리격자이론, Misumi의 PM이론이 있다.

(1) Iowa 대학의 연구

1930년대 말 K. Lewin을 중심으로 한 Iowa 대학의 연구팀은 리더의 세 가지 유형을 연구하였다.

리더의 유형을 지시적 리더십, 위임적 리더십, 참여적 리더십으로 구분하여 진행한 연구에서 위임적 리더십이 가장 효과적이라고 주장했다. 그러나 후속 연구에서는 초기 연구 결과를 지지할 수 없는 상이한 결과가 나왔다. 위임적 리더십은 높은 성과를 내는 경우도 있지만, 반대로 지시적 리더십이 더 높은 성과로 이어지는 경우도 있었다. 특히 명확한 지침과 방향을 필요로 하는 비숙련 근로자들에게는 지시적 리더십이 효과적이었다. 그러나 교수, 의사 등 전문직 종사자에게는 참여적 리더십이 더욱 효과적이라는 결과가 도출되었다. 아울러 리더십의 효과성과 무관하게 하급자의 만족도는 위임적 리더십의 경우가 대체로 높았다. 이러한 연구 결과는 리더가 일(업무)과 사람 사이에 어느 것을 더 중요시하는 것이 적합한 것인지에 대한 논의의 시작을 제공하였고 이후 행동이론 연구에 반영되었다.

(2) Ohio 주립대학의 연구

1940년대 말, Ohio 주립대학에서는 18,000여 가지의 리더들의 행동을 150문항으로 구성하여 설문도구를 작성하였는데 이것을 LBDQ(Leader Behavior Description Questionnaire)라고 한다. 5년 후 발표된 축소판인 LBDQ-XII 설문지는 아직도 연구에서 다양하게 활용되고 있다. LBDQ-XII로 확인된 두 가지 유형의 리더 행동 척도는 [그림 2-15]와 같이 배려형과 구조주도형으로 나뉜다. 배려형은 상호 신뢰하고 구성원의 생각과 감정을 중시하는 리더 유형이다. 반면, 구조주도형은 목표 달성을 위해 구성원의 역할을 정의하고, 업무의 관계 및 수행을 구조적으로 파악하고자 한다.

Ohio 대학의 연구 결과에 따르면 배려형과 구조주도형이 모두 높을 때 가장 효과적인 리더십이라고 제시하고 있다. 이러한 연구 결과는 이후 사람 중심의 배려형과 일 중심의 구조주도형의 최적 결합을 어떻게 찾을 것인지에 대한 후속 연구의 과제가 되었고, 이후 상황적 경로-목표이론 연구에 영향을 미쳤다.

[그림 2-15] Ohio 주립대학교 리더십 연구모형

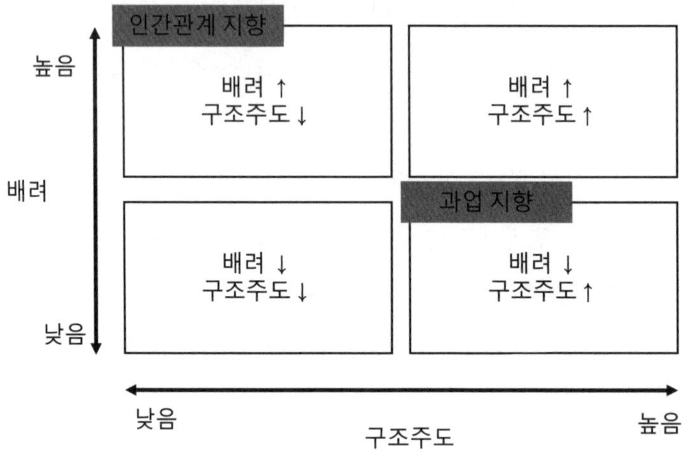

(3) Michigan 대학의 연구

Ohio 주립대학의 연구가 진행될 때 Michigan 대학도 리더의 행동을 파악하기 위한 연구를 진행하였다. Michigan 대학 연구팀은 리더의 행동이 소집단의 업적에 어떤 영향을 미치는지에 집중하였고, 이에 따라 리더의 행동을 종업원지향형(employee orientation)과 직무지향형(production orientation)이라는 두 가지 유형으로 제시하였다. Michigan 대학 연구팀의 종업원지향형과 직무지향형은 각각 Ohio 주립대학 연구팀의 배려형과 구조주도형과 유사한 개념이다.

종업원지향형 리더는 결정권을 위임하고, 인간관계를 중시하며, 하급자의 개인차를 인정한다. 반면, 직무지향형 리더는 직무의 기술적 측면을 중시하는 한편, 과업의 달성을 강조하여 구성원을 과업 달성의 수단으로 본다. 연구 결과, 생산성 향상을 위해 지속적으로 구성원에게 압력을 가하는 직무지향형 리더의 부서가 도리어 생산성이 떨어지는 것이 확인되었다. 또한 직무지향형 리더는 단기성과가 향상되는 경향이 있지만 장기성과는 종업원지향형 리더가 더 높다는 연구 결과를 얻었다.

(4) Blake와 Mouton의 관리격자이론

앞서 수행된 많은 행동이론이 리더십을 일 중심과 사람 중심으로 나누어 설명하려 했으며 이러한 논의는 Blake와 Mouton의 연구에도 이어졌다. Blake와 Mouton은 이전 연구와 유사하게 리더십을 일(성과)에 대한 관심과 사람에 대한 관심의 두 차원의 격자로 나타냈다. 관리격자이론으로 알려진 이 모형은 성과(생산)에 대한 관심과 사람에 대한 관심을 1점에서 9점까지 점수를 주어 [그림 2-16]과 같이 각각 높고 낮음에 따라 크게 다섯 가지 유형으로 이름을 붙이고 설명하였다.

[그림 2-16] 리더십 관리격자이론

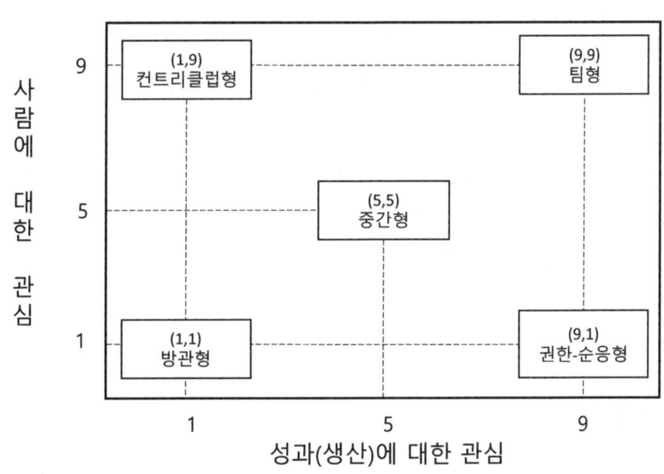

- 팀형: 성과와 사람 모두에 몰입하고, 헌신하여 과업완성을 이룬다.
- 컨트리클럽형: 만족스러운 관계형성에 관심을 가지고 타인의 욕구만족에 노력한다.
- 권한-순응형: 인간적 요소 개입을 최소화하고 일을 효율적으로 수행한다.
- 방관형: 퇴출되지 않고 조직에 남아 있을 정도의 과업을 수행한다.
- 중간형: 적절한 과업수행과 인간관계를 유지하여 균형화를 추구한다.

두 차원이 모두 낮은 유형(1,1)은 방관형으로 일과 사람 모두에게 무관심하여 조직에서 곧 퇴출될 위기에 있는 리더다. 일에 대한 관심은 높으나 사람에 대한 관심이 낮은 유형(9,1)은 권한-순응형으로 성과만 중시하고 사람에 대한 배려가 부족한 리더로서 생산성을 중시하는 사회에서 높은 평가를 받는 리더이다. 사람에 대한 관심은 높지만 일에 대한 관심이 낮은 유형(1,9)은 컨트리클럽형으로 인간성은 좋다는 평가를 받을 수 있으나 과업 생산성이 낮아 조직에서 환영받지 못하는 리더다. 일과 사람에 대한 관심 모두 중간 정도인 유형(5,5)은 두 차원의 관심에 적절한 균형을 유지하려고 하는 중도적인 리더다. 마지막으로 두 차원 모두 높은 유형(9,9)은 가장 이상적인 리더이며, 이러한 리더들이 리더십 행동 개발의 방향과 목표가 되기도 한다.

(5) Misumi의 PM이론

일본 오사카 대학의 Misumi 교수는 Ohio 주립대학의 연구를 발전시켜 새로운 리더십 프로그램을 개발하였다. 이 이론은 리더십의 기능을 성과기능(Production)과 유지기능(Maintenance)으로 구성된 것으로 보았다. 성과기능은 집단에서 목표 달성이나 과제 해결을 지향하는 기능이며, 유지기능은 집단의 자기보존과 집단의 과정 자체를 유지 및 강화하려는 기능이다. 이러한 두 기능의 영어 단어 앞 글자인 P와 M의 대·소문자의 표현에 따라 pM(저성과-고관계 지향), Pm(고성과-저관계 지향), pm(저성과-저관계 지향), PM(고성과-고관계 지향)의 네 가지 유형으로 분류하였다. 연구 결과 PM형 리더가 가장 우수하며, 성과기능(P)은 효과적 리더십 발휘를 위해 필수적이지만 유지기능(M)이 동반되어야 효과성이 높다고 보았다. 그러나 Misumi의 연구에서 높은 과업 관련 행동과 높은 관계성 행동이 효과적인 리더십인 것으로 나타나기도 하지만 연구의 타당성과 신뢰성은 아직 미지수라는 비판도 존재한다(Northouse, 2018).

3. 상황적 리더십 이론

리더십 초창기의 연구는 이상적이고 최선의 리더십 발견에 연구 목표를 두었지만, 리더십의 유효성이라는 관점에서 또 다른 한계에 봉착하였다. 이에 모든 상황에 적합한 최선의 리더십은 존재하지 않으며 리더의 행동이란 구체적 상황에 가장 부합할 때 가장 효과적이라는 결론에 다다랐다. 이러한 논의를 통해 1970년대 활발히 이루어진 리더십 연구를 상황이론(situational theory)이라고 한다.

상황이론에 따르면 리더의 행동은 상황적 산물이며 상황에 따라 효과적인 리더십 유형이 달라진다. 즉, 모든 상황에 최적화된 효율적인 리더십 유형은 없으며 상황에 따라 결정되는 것이 가장 효율적인 리더십이라고 보는 것이다. 상황적 리더십 이론에서는 가장 효과적인 특성, 기술, 행동을 결정하는 상황적 측면을 정의하려고 하였으며 대표적인 이론으로는 Fiedler의 상황적합이론, Hersey와 Blanchard의 3차원 유형성이론, House의 경로-목표이론, Vroom과 Yetton의 규범이론이 있다.

1) Fiedler의 상황적합이론

상황적합이론은 리더십 과정에서 작용하는 상황적 요소에 따라 성과가 다르게 나타난다는 F. E.

Fiedler의 이론이다. 1953년 Illinois 대학에서 다양한 집단의 리더들을 대상으로 연구를 실시하여, LPC(Least Preferred Co-Work) 태도 척도를 사용하여 리더의 유형를 예측하는 시도를 하였다. LPC 설문지는 '가장 싫어하는 동료 작업자'를 물어보는 설문지로 조직적 상황의 리더십 유형을 알아보는 도구이다. LPC 설문지 결과를 통해 낮은 LPC 점수의 리더를 과업중심적 리더, 높은 LPC 점수의 리더를 관계중심적 리더로 분류하였다.

또한 상황적합이론은 LPC 설문지를 사용한 조사의 결과를 토대로 리더십 상황을 리더와 구성원의 관계, 과업구조, 리더 직위의 권한이라는 세 가지 차원으로 분류하였다. 리더와 구성원의 관계는 구성원이 리더에 대해 가지는 확신, 신뢰와 존경의 정도를 기준으로 평가된다. 과업구조는 과업이 공식화된 정도로 과업이 명백하고 목표가 분명하며 의사결정의 투명성이 높은 구조적 과업과 그렇지 않은 비구조적 과업으로 나누어 평가된다. 마지막으로 리더 직위의 권한은 리더가 고용, 해고, 승진 등 권한을 발휘하여 영향력을 구사하는 정도로 평가된다.

이러한 세 가지 차원의 평가 결과를 통해 리더가 처한 상황의 호의성 조합을 설명한다. 즉, 세 가지 차원의 점수가 높을수록 호의적인 상황이며, 낮을수록 비호의적인 상황인 것이다. 이러한 상황을 기준으로 [그림 2-17]과 같이 여덟 가지 상황 유형을 분류한다.

[그림 2-17] Fiedler 상황적합모형

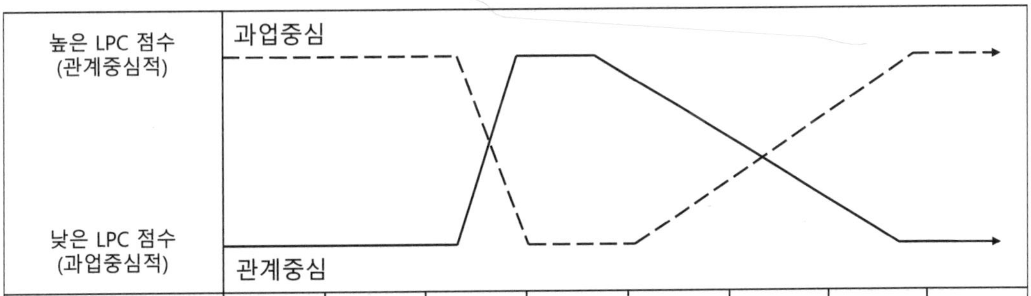

상황	1	2	3	4	5	6	7	8
리더-부하 관계	좋음	좋음	좋음	좋음	나쁨	나쁨	나쁨	나쁨
과업구조	구조적	구조적	비구조적	비구조적	구조적	구조적	비구조적	비구조적
리더 지위 권력	강	약	강	약	강	약	강	약
리더 입장	유리			중간			불리	
상황 확실성	확실			중간			불확실	

자료: Fiedler, F. E. (1972).

상황적합이론은 리더십 유형과 리더십 상황을 분류한 이후 어떤 상황에서 어떤 유형의 리더가 가장 높은 성과를 가져오는지를 분석하였다. 분석 결과 과업중심적 리더는 매우 호의적인 상황 또는 매우 비호의적 상황에서 좋은 성과를 낸다는 결론에 이르렀다. 반면, 관계중심적 리더는 중간 정도의 호의적인 상황에서 가장 높은 성과를 낸다는 것이다.

Fiedler의 상황적합이론을 적용하면 리더십의 유형이 고정되어 있다는 전제를 기반으로 리더십 효과성을 제고하기 위해 상황에 따라 그에 맞는 리더를 영입하거나, 상황을 변화시켜 현재 리더 유형에 맞추어야 한다는 시사점을 도출할 수 있다. 즉, 상황은 과업의 수준을 조정하거나 리더의 권한을 강화 또는 약화시킬 수 있는 것이다.

2) Hersey와 Blanchard의 3차원 유형성 이론

리더의 유형을 과업 지향적 유형과 인간관계 지향적 유형으로 분류한 선행 연구의 결과가 Hersey와 Blanchard의 연구에도 영향을 주었다. 3차원적 유용성 이론이라고도 불리는 Hersey와 Blanchard 모형은 리더의 행동을 과업 행동과 관계성 행동의 두 가지 차원과 부하의 발달 정도(성숙도)를 강조하여 조절변수로 사용해 분석하였다. 부하의 발달 정도란 달성 가능한 목표를 설정하는 능력, 기꺼이 책임지려는 자발성, 교육 및 경험의 정도를 뜻한다.

리더십의 유형은 과업적(지시적) 지향성의 정도와 관계적(지원적) 지향성의 정도에 따라 [그림 2-18]과 같이 지시형(directing), 코치형(coaching), 지원형(supporting), 위임형(delegating) 리더십으로 분류된다.

[그림 2-18] Hersey와 Blanchard의 상황적 리더십 모형

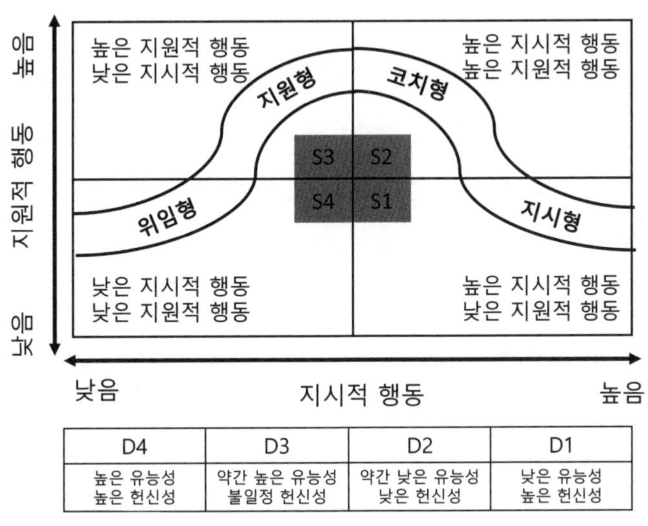

자료: Blanchard, K. (2018).

이 모형에 따르면 부하의 발달 정도가 낮은 상황에서는 과업 지향적 행동이 관계 지향적 행동보다 중요하다. 부하의 발달 정도 수준이 중간 정도인 상황에서는 과업 지향적 행동과 관계 지향적 행동이 모두 높아 리더와의 정보 교환과 연대적 지원이 모두 필요하게 된다. 이러한 단계보다 부하가 더욱 성숙하게 되면 과업 지향적 행동은 줄이고 관계 지향적 행동은 높이는 것이 필요하다. 마지막으로 부하의 발달 정도가 가장 높아지게 되는 상황에서는 부하가 리더의 지시나 명령 없이도 스스로 과업을 수행할 의사결정 권한을 위임하도록 과업 지향적 행동, 관계 지향적 행동 모두 덜 취하는 것이 적합하다.

Hersey와 Blanchard 모형은 부하의 성숙도가 증대됨에 따라 리더가 취해야 할 행동 유형이 유연하게 변화해야 한다는 리더십의 융통성을 강조했다. 즉, 같은 부하라도 상황의 변화에 따라, 같은 상황이라도 부하의 성숙도에 따라 리더십이 다르게 적용되어야 한다는 측면에서 리더십 연구에 크게 공헌했다. 또한 부하의 발달 정도의 증대인 인적자원개발이라는 새로운 전제에 따라 리더 행동을 기능적 측면에서 표현했다는 점에서 긍정적인 기여를 했다고 할 수 있다.

3) House의 경로-목표이론

리더에게 필요한 역할은 구성원이 목표를 달성하도록 조력하며 구성원이 설정한 목표가 조직 전체의 목표와 같은 방향을 추구할 수 있도록 길잡이가 되는 것이다. 이러한 리더의 역할을 확인시키고 방향을 제시한 동기부여 이론이 1971년, House의 경로-목표이론(path-goal theory)이다.

경로-목표이론은 리더의 행동을 배려와 구조주도의 두 가지 차원의 기준에 따라 분석해 <표 2-15>와 같이 지시적 행동(directive behavior), 지원적 행동(support behavior), 참여적 행동(participative behavior), 성취지향적 행동(achievement-oriented behavior)의 네 가지 유형의 리더십을 제시하였다.

<표 2-15> 경로-목표이론의 리더십 유형

지시적 행동	구성원에게 해야 할 과업과 과업을 달성하는 방법을 구체적으로 설명
지원적 행동	구성원의 욕구를 배려하고, 우호적이며 복지와 안녕에 큰 관심
참여적 행동	구성원과 상의하여 의사결정을 하며, 그들의 제안을 활용
성취지향적 행동	구성원이 최고의 성과를 내기를 기대하며 도전적 목표를 설정

Fiedler의 상황적합이론은 리더가 자신의 리더십 유형을 바꿀 수 없다고 가정하지만, 경로-목표이론은 리더가 상황에 따라 리더십 유형을 변경할 수 있다고 가정한다. 이 이론에 따르면 [그림 2-19]와 같이 리더십 유형은 부하의 기대감을 매개변수로 다양한 조직 결과에 영향을 준다. 이 과정에서 영향을 미치는 두 가지 상황으로 부하들이 통제할 수 없는 환경상황요인과 부하들의 개인적 특성인 부하특성요인을 제시하였다.

[그림 2-19] 경로-목표 모델

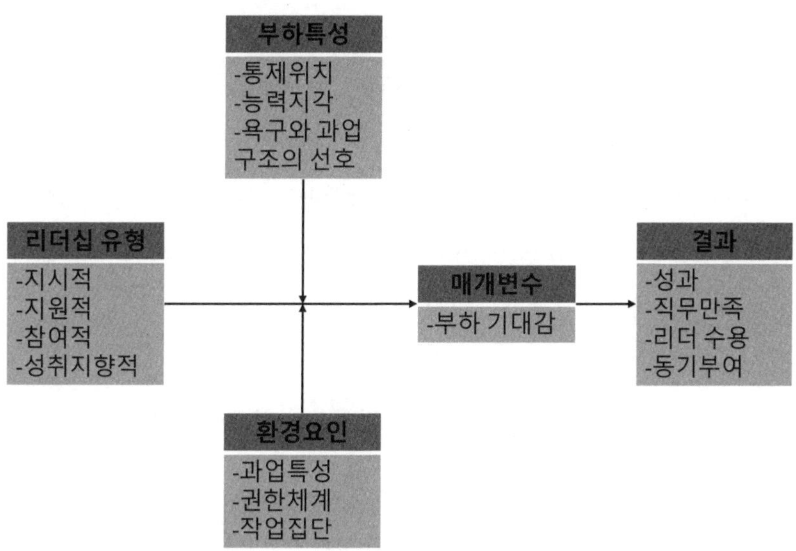

환경상황요인은 과업특성(task characteristics), 권한체계(the design of the task), 작업집단(primary work group)으로 이루어져 있다(Northouse, 2018). 과업특성이란 과업의 구조화 정도를 의미하며 구조화 정도가 낮을수록 지시적 행동이 더 수용되고, 높을수록 지시적 행동이 부적절하다. 권한체계는 조직의 규칙, 절차와 관련된 조직 요인으로 공식적 권한 체계시스템이 확립되어 있을수록 지시형 행동보다 지원형 행동이 더 요구된다. 작업집단은 집단의 발전 단계에 관한 것으로 공식적 권한 관계가 명확하면 지시적 행동은 의미가 없으며 지원적 행동이 필요하다.

한편 부하특성은 통제위치(locus of control), 능력지각(self-perceived level of task ability), 욕구와 과업구조의 선호(preference of structure)로 이루어져 있다(Northouse, 2018). 통제위치는 자신을 스스로 통제하고 있다고 생각하는 내적 통제자와 환경이나 타인이 통제하고 있다고 생각하는 외적 통제자로 나뉜다. 부하가 내적 통제자인 경우 참여적 행동을 선호하지만, 외적 통제자인 경우 지시적 행동을 선호한다. 능력지각은 부하가 자신의 능력에 대해 지각하는 정도로 능력지각이 높으면 성취지향적 행동을 선호하고 지시적 행동을 덜 선호하게 된다. 또한 욕구와 과업구조의 선호와 같이 부하 내면의 욕구가 리더의 행동에 영향을 주는데 성취동기가 강할수록 성취지향적 행동을 선호한다는 것이다.

4) Vroom과 Yetton의 규범 모델

Vroom과 Yetton의 규범 모델(normative model)은 의사결정론자로서의 리더의 역할을 규정하고 다양한 상황에 따라 리더의 개입과 참여 정도를 달리해야 한다고 주장하여 의사결정모델 또는 리더-참여모델이라고도 한다. 즉, 리더가 의사결정 상황마다 부하를 어느 정도 참여시켜야 할지와 이에 따라 선택해야 할 적합한 리더십의 차이가 있다는 것이 이 이론의 핵심이며, 이러한 규범 모델은 [그림 2-20]과 같이 서술적 부분과 규범적 부분으로 설명된다.

[그림 2-20] Vroom과 Yetton의 규범 모델

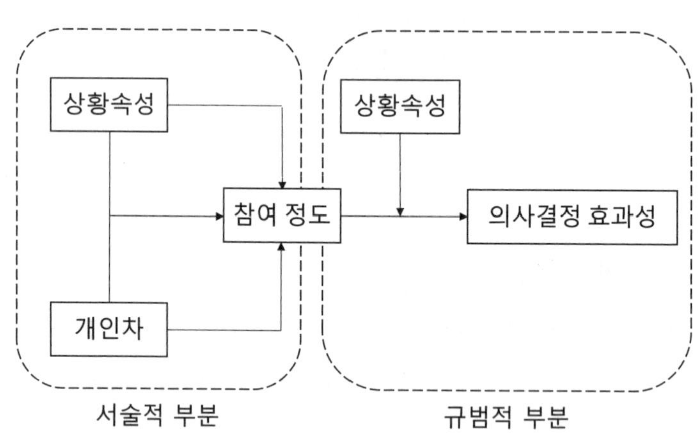

규범 모델은 의사결정의 3요소로 의사결정의 질, 부하의 의사결정 수용도, 의사결정의 적시성을 제시하였다. 서술적 부분은 리더의 개인적 특성과 부하의 참여 정도를 기준으로 〈표 2-16〉과 같이 모두 다섯 가지의 의사결정 리더십 유형으로 정리된다. 규범적 부분은 특정한 상황에서 부하를 의사결정에 어느 정도로 참여시켜야 효과적인지와 관련된 것이다. 즉, 규범적 부분은 의사결정권자에게 바람직하다고 판단되는 규범적 의사결정 방식의 접근법이다.

〈표 2-16〉 의사결정 리더십 유형

유형	의사결정 과정 참여자	참여 방식	의사결정권자
A1	리더	리더 혼자 결정	리더
A2	리더-부하 개별	리더가 부하에게 정보만 요구	리더
C1	리더-부하 개별	리더가 부하와 문제 공유, 정보 요구, 최종적 의사결정	리더
C2	리더-부하 집단	리더가 부하 집단과 토론만 진행	리더
G2	리더-부하 집단	리더가 부하 집단과 토론 및 집단 적 의사결정	리더-부하 집단

A: Autocratic(독재적), C: Consultative(협의적), G: Group(집단적)

의사결정 과정은 상황변인에 따라 효과성이 영향을 받는데 〈표 2-17〉과 같이 의사결정의 질과 의사결정의 수용도에 대한 질문이 이에 적용된다. 또한 의사결정의 시간적 압박이 큰 상황에서는 최소한의 의사결정에 부하를 참여시키는 것이 적절하다고 제시한다.

〈표 2-17〉 의사결정에 영향을 주는 상황변인

구분	상황변인	질문
의사결정의 질	A	의사결정이 중요한가?
	B	리더가 의사결정을 위한 충분한 정보를 가지고 있는가?
	C	문제가 구조화된 성격을 가지고 있는가?
의사결정의 수용도	D	부하들의 수용 여부가 의사결정에 중요한가?
	E	리더의 단독적인 결정을 부하들이 수용하는가?
	F	의사결정의 결과를 부하와 공유하는가?
	G	리더의 의사결정에 대하여 부하들과 갈등은 없는가?

의사결정 리더십 유형의 방식이 다섯 가지로 정의되었고 일곱 가지 상황변인을 제시하였기 때문에 규범 모델의 경우의 수는 2^7으로 128가지의 경우의 수가 발생한다. 이 모형의 128가지 경우의 수의 방식에 따라 효과적인 의사결정 방식을 A1~G2로 설명하고 제시한다. 의사결정 과정의 흐름도는 [그림 2-21]과 같다. 이러한 의사결정모델은 이후 수정·보완되어 컴퓨터 프로그램과 설계과정 등에 적용 및 개발되어 활용되고 있다.

[그림 2-21] Vroom · Yetton · Jago decision model

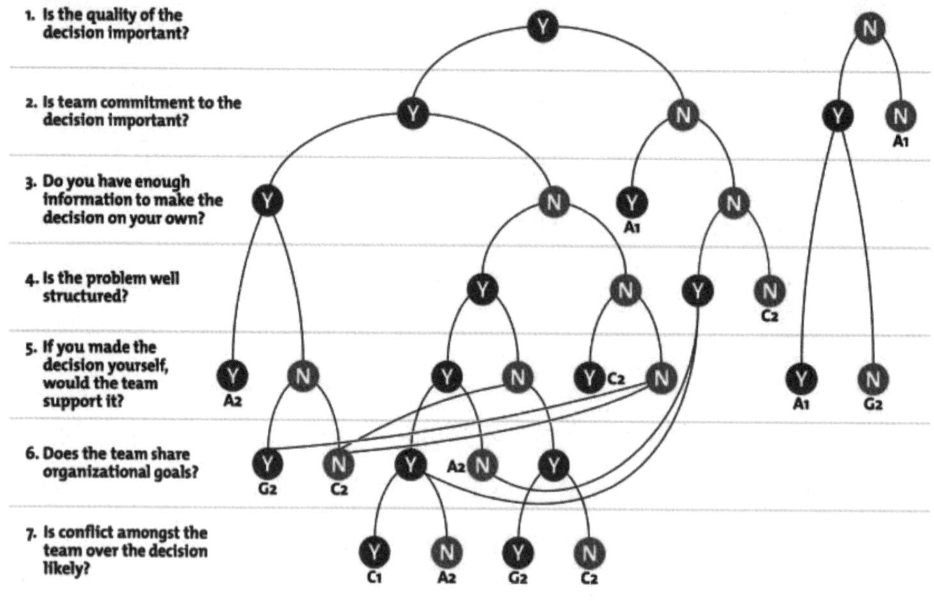

자료: www.mindtools.com

4. 현대적 리더십 이론

변화성과 복잡성으로 표현되는 현대사회의 특성을 중심으로 대부분의 조직의 존속 여부가 환경 변화에 따라 결정되고 있다. 교육기업이 이러한 시대의 변화로 인한 위기를 극복하고 경쟁우위를 확보하여 지속적으로 성장하기 위해서는 구성원의 강한 공동체성과 적극적인 참여를 유발하는 새로운 리더십이 요구된다(권두승, 최운실, 2016). 이러한 경향에 따라 등장한 현대적 리더십은 새로운 패러다임으로서의 리더를 중심으로 다양한 이론을 제시하고 있다(신유근, 이춘우, 2020).

새롭게 등장한 현대적 리더십 이론들이 표현 그대로 현대라는 시기에 국한되어 등장한 것은 아니다. 전통적 리더십 연구의 결과적 이론인 특성이론, 행동이론, 상황적 이론에 비해 상대적으로 1980년대 중반 이후로 현대와 가까운 시점에 등장하였지만, 현대적 리더십이라고 소개된 이론의 범주에 최근에 수행된 모든 리더십 연구를 포함시킬 수 없다. 이는 이전의 리더십 이론이 수정·보완·발전하기도 하며, 경영환경 변화에 따라 새로운 접근법이 부상하였기 때문이다. 그럼에도 전통적 리더십 이론에 이어 등장한 이론들을 현대적 리더십 이론이라 분류한다면 대표적인 이론으로는 카리스마 리더십, 거래적 리더십, 변혁적 리더십, 셀프 리더십, 수퍼 리더십 등이 있다.

1) 카리스마적 리더십(charismatic leadership)

카리스마(charisma)란 신이 주신 재능(endowed gift)이라는 그리스어 'kharisma'에서 유래되었다. 즉, 카리스마란 리더가 타고나면서 가지고 있는 타인을 헌신하게 만드는 매력이라고 볼 수 있다. 카리스마적 리더는 지배적이고, 자신의 신념에 대한 자신감이 확실하며, 조직에 강력한 비전을 제시한다. 카리스마적 리더십에 대한 연구는 리더의 특성에 대한 연구, 사회교환적 관계 관점의 연구, 인식론적 연구의 세 가지 접근 방법으로 이루어졌다(정기수, 구인성, 2021).

카리스마적 리더십에 대한 접근은 리더가 가지고 있는 고유의 특징으로서의 카리스마에 집중하였다. 자신감 넘치는 모습, 원대한 목표, 뛰어난 웅변술, 발산하는 에너지와 같이 리더가 보여 주는 심리적, 신체적 특성을 중심으로 논의되었다. 하지만 이러한 특성은 타고나기보다는 특성을 가지고 있는 사람을 리더로 인정함으로 그 리더에게 카리스마가 생긴다는 견해가 지배적이다. 이는 위기의 상황에서 대중이 이를 해결할 리더를 기대하고 있다가 카리스마의 특성을 가진 리더에게 카리스마를 부여하게 되고, 결과적으로 그 리더가 카리스마적 리더가 된다는 것이다(정기수, 구인성, 2021).

카리스마가 리더와 구성원 사이의 상호작용의 결과라는 논의는 사회교환적 관계 관점의 카리스마적 리더십 연구로 이어졌다. 리더는 구성원의 지원과 적극적인 복종이 필요하며, 구성원은 리더가 문제를 해결할 것으로 기대하기 때문에 카리스마적 리더의 영향력을 수용한다는 것이다(정기수, 구인성, 2021). 리더십 연구가 House는 카리스마와 비(非)카리스마의 구별을 리더와 구성원의 특수한 관계를 기반으로 설명하며, 카리스마의 효과를 여러 가지 특성과 구성원의 영향을 통해 설명하고자 하였다. House가 제시한 카리스마적 리더의 행동은 역할모델링, 이미지 구축, 목표의 명확한 제시, 높은 기대와 신뢰 표현, 동기유발이다(House, 1976).

조직행동론적 관점에서 구성원이 관찰한 리더의 행동을 카리스마에 기인한 결과의 행동으로 정의한 Conger와 Kanungo의 인식론적 연구도 있다. 그들은 카리스마적 리더십의 유형으로 전략적 비전 제시, 환경에 대한 인간성, 구성원 욕구 민감성, 개인적 위험 감수, 비관습적 행동의 다섯 가지를 제시하였다(Conger & Kanungo, 1987).

선행연구를 종합하면 카리스마적 리더십의 가장 큰 특징은 리더가 조직 구성원에게 비전을 제시한다는 것이다. 이는 많은 혁신가들에게서 공통적으로 발견되는 특징으로 끊임없는 도전과 지치지 않는 열정과 같은 성향도 있지만 무엇보다 새로운 방식과 세상에 대한 비전 제시를 의미한다.

2) 거래적 리더십(transactional leadership)

거래적 리더십은 리더와 구성원 간의 보상을 근거로 한 교환 관계를 기반으로 설명한 이론이다. 거래적 리더십의 리더는 구성원에게 가치 있는 것을 제공하고, 그 대가로 조직 목표 달성을 위해 바람직한 행동과 성과를 유도한다. 즉, 거래적 리더십은 구성원에게 적절한 보상과 처벌을 활용하여 성과를 도출하게 만드는 것이다.

거래적 리더십은 1985년 리더십을 단일선상의 연속체로 설명한 Bass의 연구에서 소개된 개념이다. Bass는 거래적 리더십의 구성요소로서 업적에 따른 보상(contingent reward)과 예외관리(management by exception)를 제시하였다. 업적에 따른 보상은 조건적 보상, 상황적 보상이라고 하며 구성원의 성과가 리더가 제시한 조건에 도달할 경우 보상을 제공하는 것이다. 구성원의 동기부여를 위해 리더는 과업의 완성 조건을 명확히 제시하고, 과업이 완성된 경우 보상 제공을 위해 구성원과 합의하려는 노력이 필요하다(Bass, 1985).

Bass 이전에 정치학자, Burns는 리더십을 거래적 리더십과 변혁적 리더십으로 분류하여 제시하였다. 거래적 리더십은 현상을 유지하기 위한 노력에 초점을 두고 적절한 목표 설정과 결과에 대한 평가와 보상으로 구성원의 동기부여를 이끌어내는 리더십이다. 반면, 변혁적 리더십은 현상을 변화시키기 위한 노력에 집중하여 이상적인 목표를 설정하고 현실적인 조직 목표 이상의 높은 수준의 개인적 목표로 동기부여를 유도하는 리더십이다(Burns, 1978).

거래적 리더십은 목표 달성에 따른 보상, 처벌을 통한 성과 달성이라는 측면에서 리더와 구성원의 관계를 단순한 조건적 관계로 규정했다는 비판이 있다. 그러나 현재의 일상적인 업무에 초점을 두고 조직을 순조롭고 능력적으로 운영하는 데 탁월하고 일상적인 성과 측면에 관심을 집중하는 데 효과적이라는 것에서 여전히 가치 있는 리더십 이론이다(정기수, 구인성, 2021).

3) 변혁적 리더십(transformational leadership)

미국의 정치학자 J. M. Burns는 자신이 출간한 《Leader》(1978)에서 리더십에 대한 새로운 접근을 시작하였는데, 그 시작은 이전의 모든 이론이 거래적 리더십이라는 비판에서 출발하였다. 또한 1980년대를 전후하여 극심한 불황 상황에서 생존을 위해 미국 기업은 변혁적 리더십(transformational leadership)을 채택하여 새로운 변화에 대응하고자 하였다.

Bass는 구성원들이 개인의 이해관계를 넘어 기대 이상의 공동 목표를 추구하고 기대를 뛰어넘는 성과를 달성하는 과정에 필요한 리더십을 변혁적 리더십이라고 규정하였다. 〈표 2-18〉과 같이 변혁적 리더십과 여러 측면에서 비교되는 개념은 거래적 리더십이다.

〈표 2-18〉 거래적 리더십과 변혁적 리더십 비교

구분	거래적 리더십	변혁적 리더십
개념	리더-구성원 간 이해관계 필요에 의해 법적 조건과 규정에 따라 리더십 과정 참여	리더-구성원 간 합의된 공동 목표를 추구하고 서로 교육적 관계와 목표와 가치 공유로 리더십 과정 참여
현상	현상 유지 노력	현상 변화 노력
목표	현상과 관련된 목표	이상적 목표
시간	단기적 전망	장기적 전망
동기부여	가시적 보상으로 동기부여	자아실현과 같은 장기목표를 위해 노력하며 동기부여
행위표준	규칙, 관례를 기준	새로운 시도, 도전 격려
문제 해결	문제를 해결하는 방법을 교육	질문을 통해 스스로 문제를 해결하도록 격려

변혁적 리더십의 구성요소는 카리스마, 영감적 동기부여, 개인적 배려, 지적 자극을 들 수 있다. 카리스마는 변혁적 리더십의 가장 핵심 구성요소로 구성원이 리더가 제시한 비전을 기꺼이 따르도록 하는 특별한 능력이다. 영감적 동기부여는 구성원에게 비전을 제시하고 열정을 일으키며 격려를 통해 에너지를 고양하고 업무에 몰입하도록 만드는 것이다. 개인적 배려는 구성원 각자가 가진 욕구와 능력의 차이를 인정하고 현재의 수준보다 더 높은 수준으로 끌어올려 높은 성과를 도출하

도록 잠재력을 개발해 주는 것이다. 지적 자극은 구성원이 과거의 관습적 업무수행에 대한 의문을 제기하고 새로운 방식으로 접근하도록 지원하며 이러한 방식을 조직의 수준까지 적용하도록 하게 하는 것이다.

한편 변혁적 리더십은 다음과 같은 여러 특징을 가지고 있다. 첫째, 변혁적 리더십의 목표는 구성원을 리더로 성장시키는 것이다. 둘째, 변혁적 리더십은 신체적인 욕구에 대한 구성원들의 관심을 정신적인 필요로 보다 높은 수준으로 끌어올린다. 셋째, 변혁적 리더십은 구성원의 기대보다 훨씬 높은 단계까지 넘어설 수 있도록 고무시킨다. 넷째, 변혁적 리더십은 요구되는 미래 수준의 비전을 가치 있게 만드는 변화의 의지의 방법으로 의사소통을 활용한다.

이러한 변혁적 리더십은 무한경쟁에 처해 있는 교육시장의 조직에서 구성원을 신뢰하고, 구성원 모두가 공유하는 비전을 개발하며, 위험을 감수하고, 자기계발을 통해 모든 구성원의 전문성을 개발한다는 측면에서 강력한 변화를 원하는 교육기업에게 변함없이 필요한 리더십이다.

4) 셀프 리더십(self-leadership)과 수퍼 리더십(super-leadership)

1986년 Manz가 제안한 셀프 리더십(self-leadership)은 지시와 통제를 강조하는 전통적 리더십의 한계를 지적하면서 등장하였다. 셀프 리더십은 리더십 대체이론[19]을 근거로 구성원 모두가 자율적으로 스스로 관리하고 이끌어 가는 리더십을 발휘하는 것에 관한 이론으로 자율적 리더십, 자기 리더십이라고도 한다. 즉, 셀프 리더십은 부하들이 자기규제와 자기통제에 의해 스스로 자신을 이끌어 나가는 것을 뜻하며, 리더는 부하들이 그러한 능력을 갖도록 촉진하고 지원하는 역할을 맡는 것을 의미한다(신유근, 이춘우, 2020).

셀프 리더십은 Douglas McGregor가 제시한 X-이론과 Y-이론 중 Y-이론의 관점을 전제로 한다. X-이론은 인간은 본성적으로 일하기 싫어하기 때문에, 명령과 통제를 받을 필요가 있고, 책임이 아닌 안정을 원한다는 이론이다. 반면, Y-이론은 인간은 일하기 좋아하고 스스로에게 동기를 부여하며, 책임을 받아들이고 추구한다고 주장한다(Northouse, 2017). 따라서 Y-이론의 철학을 따르는

---

19) 기존 리더십 이론이 강조하는 리더의 행동 유형보다 상황 요인 자체를 더욱 중요시 여기며 리더십의 효과를 감소시켜 구성원, 조직 특성을 규명하고 리더의 지도가 없더라도 구성원의 역할과 임무를 명확히 하고 구성원의 행동을 적절히 통제한다면 조직의 목표를 달성할 수 있다는 이론이다.

셀프 리더십은 인간이 기본적으로 책임을 회피하기보다 책임을 지려고 하며, 문제 해결을 위해 자율적 통제와 창의력의 역량을 가지고 있다고 주장한다. 따라서 업무 수행의 내재적 동기부여를 강조하고 구성원이 개발하지 못한 잠재력을 인정하여 학습과 교육을 통해 발전시키는 것이 필요하다고 제시한다.

1989년 Manz와 Sims가 처음 제시한 수퍼 리더십(super-leadership)은 셀프 리더십의 개념에서 출발하였다. 수퍼 리더십이란 구성원이 스스로 자신을 이끌어 갈 수 있도록 하는 셀프 리더십에 도움을 주는 리더십 개념이다. 즉, 수퍼 리더십이란 전통적 리더십의 관점에서 벗어나 바람직한 리더의 행동은 리더와 부하가 서로 영향을 주고받는 것이라는 관점에서 시작한다. 전통적 관점의 리더십이 목표를 강조하고 영향력을 행사하는 것에 초점을 맞춘다면, 수퍼 리더십은 부하의 자기강화에 대해 격려하고, 스스로 목표를 설정할 수 있도록 조력한다(Manz & Sims, 1990).

따라서 수퍼 리더십을 구성하는 핵심 하위 요인은 리더의 철학, 개념이 아니라 행동, 실천과 관련되었으며 구성원의 셀프 리더십을 개발하는 것으로 구성된다. 수퍼 리더십의 하위 구성요소는 모델링, 목표 설정, 격려와 지도, 보상과 질책이 있다. 또한 Manz와 Sims는 효율적인 수퍼 리더십 실천을 위한 전개 과정을 〈표 2-19〉와 같이 7단계로 제시하였다(Manz & Sims, 1990).

〈표 2-19〉 수퍼 리더십의 전개 과정

1단계	리더가 먼저 셀프 리더가 되기
2단계	셀프 리더십 모델을 정립하고 구성원에게 학습시키기
3단계	구성원이 스스로 목표를 설정하도록 유도하기
4단계	구성원의 긍정적 사고 유형을 창조하기
5단계	보상과 건설적 비판을 통해 셀프 리더십 배양하기
6단계	자율 통제 팀워크를 통해 셀프 리더십 함양시키기
7단계	셀프 리더십 조직문화를 조성하고 활성화시키기

5. 조직적 리더십 이론

교육서비스 경영을 포함한 모든 경영 활동의 핵심은 기업의 가치 창출 과정에 조직 구성원을 참여시키고 동기부여를 통해 목표를 달성하는 것이다. 경영자의 리더십은 조직이라는 집단 안에서 이루어지기 때문에 조직에 대한 다양한 연구가 조직심리, 조직행동, 인적자원개발, 조직효과성 등 다양한 분야에서 이루어졌다. 이러한 관심을 반영하듯이 리더십에 대한 연구도 조직 내에서 리더와 부하 간의 개별적인 교환관계가 어떻게 독특하게 발전해 나가고 이러한 관계가 효과적인 리더십에 주는 의미를 설명하고자 하였다(Yukl, 2014).

조직적 리더십 이론은 이전의 리더십 연구의 주제인 리더의 특성, 행동과 주어진 상황에 대한 분야를 넘어 조직 내에서 리더와 구성원들의 상호 관계를 설명하고 어떠한 영향력을 주고받는지에 대한 관점의 연구이다. 또한 급변하는 경영환경에 능동적이며 민첩하게 대처하기 위해 조직 형태로 작업팀(work team)이 널리 보급되고 활용되는 상황에서 팀에서의 리더의 역할과 과제에 대한 연구도 이루어지고 있다. 이러한 상황에서의 연구된 조직적 리더십의 대표적인 이론으로는 리더-구성원 교환이론, 팀 리더십, 공유 리더십이 있다.

1) 리더-구성원 교환이론

리더-구성원 교환이론(Leader Member Exchange theory; LMX theory)은 리더와 구성원 사이의 역할 형성 과정과 리더와 부하 간의 교환관계가 시간이 지남에 따라 발전되는 과정을 설명한 이론이다. LMX 이론이라고도 불리는 리더-구성원 교환이론은 기존의 리더십 이론이 일방적이고 리더와 모든 구성원의 관계를 동일하게 본다는 비판에서 시작되었다. LMX 이론 이전의 이론은 조직의 부하들은 동질의 한 개의 집단을 형성한다는 전제를 기반으로 리더십을 설명하지만, 실제로 리더는 구성원을 이질적인 여러 집단으로 구분하고 서로 다르게 대우한다는 새로운 가정이 LMX 이론의 토대이다.

LMX 이론은 수직쌍 연계이론(Vertical Dyadic Linkage theory; VDL theory)을 기초 이론으로 삼고 있는데 리더가 집단 내의 구성원 각각과 개별적 관계를 형성하고 내집단(in-group)과 외집단(out-group)으로 분류한다는 것이 핵심이다. 리더는 집단에서 공헌도가 높고 능력이 있으며 이해가 일치하는 내집단에는 의사결정에 참여하는 기회, 부가적인 책임, 재량권 등을 부여하고 내집단의 부하는 과업완수, 책임감, 헌신으로 보답을 하게 된다. 반면, 내집단 이외의 나머지 집단인 외집단에 대해서 리더는 고용적 관계에 초점을 두고 의무적인 지원, 배려, 조력만을 제공하여 외집단의 부하는 한정된 업무 이상의 행동은 하지 않게 된다.

LMX 이론은 〈표 2-20〉과 같이 리더와 구성원의 상호 영향력 과정에서 가장 효율적인 리더십을 찾기 위해 단일 집단을 기준으로 현상만을 강조한 평균적 리더십(Average Leadership Style; ALS) 유형을 탈피하고 리더와 구성원 간의 개별적인 관계와 리더십의 과정에 중점을 두고 있다.

〈표 2-20〉 평균적 리더십과 리더-구성원 교환이론 비교

구분	평균적 리더십(ALS)	리더-부하교환이론(LMX)
가정	조직의 모든 구성원들에 대해 동일한 차원으로 리더십 반응	조직의 세부 특성은 다름 개별 리더-구성원 간의 관계에 따라 리더십 결과가 다름
분석 대상	조직의 모든 구성원들의 반응	개별 리더-구성원의 반응
분석 방법	구성원들의 반응을 평균적으로 분석	리더-구성원 각각의 반응을 개별적으로 분석
연구 중점	리더십의 결과	리더십의 과정

자료: 권영훈 외(2010).

리더와 구성원의 차별적 교환관계 수준을 핵심 특성으로 설정한 LMX 이론은 상대방으로부터 혜택을 받았을 때 언젠가는 보답을 해야 한다는 사회적 교환이론(social exchange theory)과 상호교환관계에서는 특정한 역할 형성과 리더십 형성이 연결된다는 역할형성이론(role making theory)을 토대로 하고 있다. 이에 따라 리더와 구성원 간에 성숙된 리더십 관계가 발전할 때 효과적인 리더십이 발휘되고 그 결과로 긍정적 조직 성과도 나타난다고 주장한다.

LMX이론은 리더-부하 간의 관계 발전 과정을 생애주기모형(life cycle model)으로 설명하고 있다(박재춘, 김성환, 2015). 리더-부하 간 관계 발전 과정은 [그림 2-22]와 같이 역할 취득(role taking), 역할 형성(role making), 역할 일상화(role routinization)의 세 단계로 이루어진다. 역할 취득 단계는 리더와 구성원이 각자 공식 업무의 역할을 수행하는 것으로 할당된 의무만을 이행하는 단계이다. 역할 형성 단계는 신뢰 구축의 단계로서 리더와 구성원이 비구조화된 과업을 수행하는 기회를 제공하고 서로 암묵적 거래 과정으로 역할의 적응이 이루어진다. 마지막으로 역할 일상화 단계에서는 리더와 구성원이 서로의 요구를 받아들이고 기대하며 협력하는 관계를 지속하여 궁극적으로 공동의 목표를 달성하는 동반자적 관계로 발전한다.

[그림 2-22] 역할협상과정

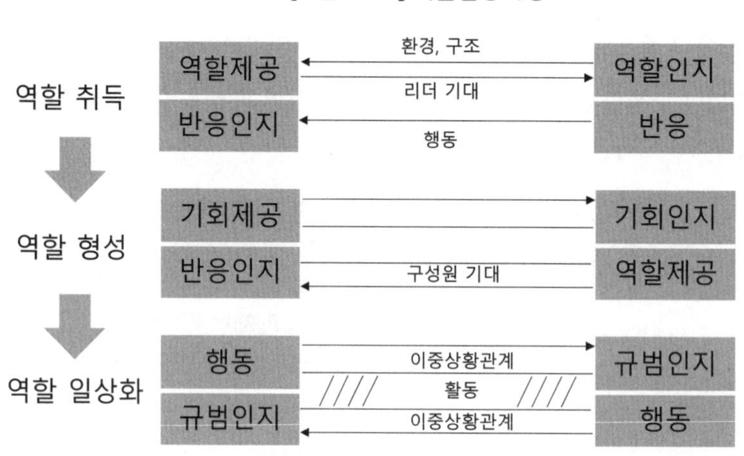

자료: Graen & Scandura(1987). Toward a psychology of dyadic organizing.

리더와 구성원 간의 관계를 측정하기 위해 다양한 측정 도구가 개발되었는데, LMX의 하위 요소로 정서적 애착(affect), 충성도(loyalty), 공헌 욕구(contribution), 전문성 존경(professional respect) 변수를 평가한다. 이러한 변수로 도출된 결과를 토대로 내집단과 외집단의 차이 발생 요인을 확인하고 내집단을 최대화하며 외집단은 최소화하여 업무 성과를 극대화할 수 있다는 것이 LMX 모형의 가장 큰 효용이라고 할 수 있다. 또한 교육기업 내에서 내집단과 외집단이 어떻게 만들어지는지와 조직 상황에서의 리더십 관계의 네트워크를 설명하여 상이한 다양한 유형의 조직에 적용할 수 있다는 활용 시사점을 도출할 수 있다.

2) 팀 리더십(team leadership)

교육기업은 성장함에 따라 다양한 과업을 수행하는 소규모의 하위 단위로 세분화된다. 부서, 부문으로 일컬어지는 각각 조직단위는 상대적으로 동일한 업무를 수행하고 독립으로 일하며 약간의 조정만이 필요하다. 이러한 유형의 작업단위를 동일행동 집단이라 하는데 구성원 사이에 업무의 상호의존성이 낮기 때문이다. 팀이란 구성원의 공동의 목적, 상호의존적인 역할과 서로 보완하는 기술을 가진 소규모의 과업집단을 의미한다(Yukl, 2014).

이러한 팀을 중심으로 업무를 수행하고 처리하는 팀제는 신속한 대응력을 확보하여 급격한 변화에 대한 대응과 적응이 가능하게 하는 중요한 방식이 되고 있다. 이와 같이 팀이라는 독특한 조직에서는 이전에 연구된 리더십과 상이한 특성을 고려해야 하고 이러한 리더십을 팀 리더십(team leadership)이라고 한다. 즉, 팀 리더십이란 전통적인 부서조직에 비해 유연하고 신속한 의사결정과 행동을 이끌어 내는데 적합한 조직으로서의 팀에서 구성원의 공유된 목표를 달성하기 위해 필요한 리더십이다.

팀 리더십을 이루는 구성요소로는 연구자마다 다소 의견 차이가 있지만 보편적으로 셀프 리더십(self-leadership), 팔로워십(followership), 팀워크(teamwork), 임파워먼트(empowerment), 의사소통(communication) 등을 들 수 있다. 팔로워십이란 리더십과 상반되는 개념으로 리더를 도와 조직의 과업을 수행하는 데 있어 구성원으로서 갖추어야 할 역량과 바람직한 태도 및 행위로, 이상적인 팀 운영을 위해서는 리더십과 균형을 이루어야 할 요소이다. 팀워크는 팀의 과업을 수행할 때 상호의존적이고 연결되어 있으며 모두 협동해야 한다는 인식으로부터 시작하여 활용되는 사고와 경험의 공유를 통해 나타나는 개념이다. 임파워먼트는 팀 구성원에게 업무 재량을 위임하고 자율적이고 주체적인 상황에서 조직의 의욕과 성과를 이끌어 내는 것으로 효과적인 팀 리더로서 구성원의 역할을 일방적으로 지시하고 가르쳐 주는 것보다 스스로 해결하고 대안을 찾도록 독려하는 것이다. 의사소통은 다양한 팀 업무 상황에서 구성원 간의 생각과 감정을 적절히 교환하고 긍정적 상호 관계를 형성하도록 리더가 경청과 피드백을 적절히 하여 팀 기능의 원활성을 극대화하는 것이다.

3) 공유 리더십(shared leadership)

공유 리더십(shared leadership)은 조직에서의 상호영향력이 발휘되고 구성원의 역량이 향상되면서 새롭게 등장한 리더십 개념이다. 이전의 리더십 연구가 1인의 리더에게서 나타나는 수직적 리더십(vertical leadership)에 편중되어 있다는 비판으로부터 팀의 긍정적 효과를 위해서는 구성원들 간의 집합적이고 비공식적인 리더십 발휘가 필요하다는 주장에서 시작하였다(Hiller et al., 2006).

공유 리더십을 구성하는 두 가지 핵심 개념은 [그림 2-23]과 같이 집합적 리더십과 분산된 영향력이다. 집합적 리더십은 팀 내부의 공식적인 1인 리더 중심의 수직적 리더십을 팀 구성원 대상의 전반적인 팀 수준의 수평적 리더십 발휘 수준으로 분석하는 것이다. 분산된 영향력은 리더십의 영향력 관계가 독립된 리더만이 리더십을 발휘한다는 전제에서 벗어나 구성원들 간의 상호 영향력을 주고받는 빈도를 설명하여 공유 리더십의 정도를 예측하는 것이다.

[그림 2-23] 공유 리더십 수준

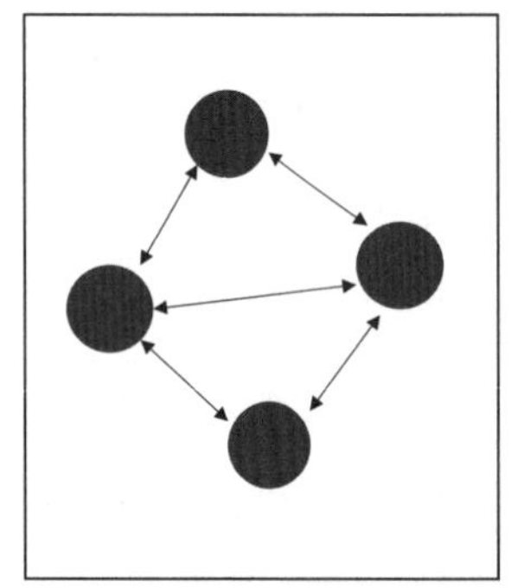
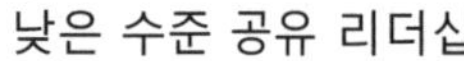

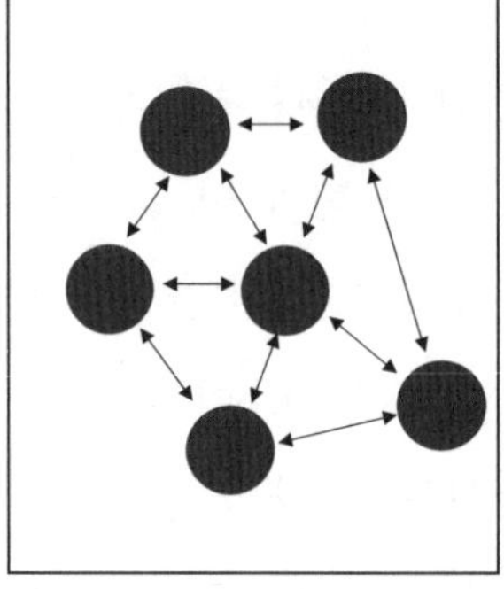

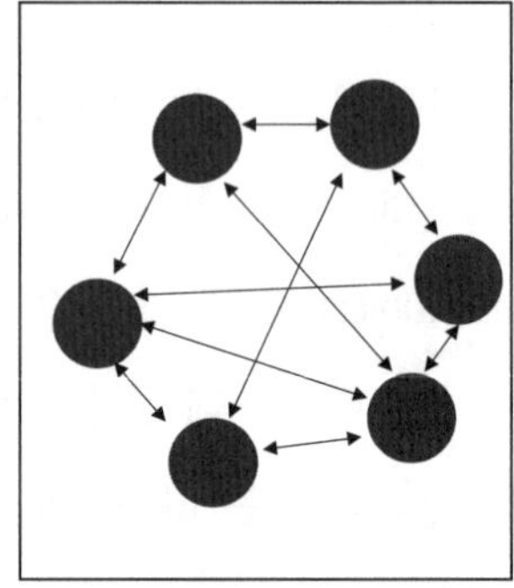

공유 리더십을 형성하는 과정에서의 필수적인 구성요소로는 계획과 조직화(planning & organizing), 문제 해결(problem solving), 지원과 배려(support & consideration), 개발과 멘토링(development & mentoring) 등이 있다. 계획과 조직화는 팀의 업무를 성공적으로 완수하기 위해 구성원과 함께 목표를 설정하고 공유하며, 우선순위에 따라 필요 자원을 효율적으로 배분하는 것이다. 문제 해결이란 팀 구성원들이 업무와 관련하여 발생한 다양한 문제들을 전문성을 활용하여 확인, 분석, 진단하고 함께 해결 방안을 개발하고 공유하는 것이다. 지원과 배려는 구성원들 간의 상호 신뢰를 바탕으로 서로 지지하며 격려하고 배려하여 긍정적인 팀 분위기를 조성하는 것을 포함한다. 개발과 멘토링이란 팀 구성원 간 경력에 대한 조언을 교환하고 상호 보완으로 긍정적인 역할모델을 제공하며 동료 간 업무 및 기술을 함께 공유하는 것이다(이윤수 외, 2016).

6. 리더십의 새로운 접근법

새로운 시대로 접어들고 경영환경이 지속적으로 변화함에 따라 리더십에 대한 접근 방법도 더욱 다양해지고 있다. 이러한 경향은 교육산업을 포함한 다양한 영역에서의 변화에 대응하기 위한 새로운 리더의 역할과 책임이 반영된 것으로 볼 수 있다. 최근 들어 새롭게 크게 관심을 받고 있는 대표적인 리더십 이론으로는 진성 리더십, 서번트 리더십, 윤리적 리더십 등이 있다. 그러나 리더십에 대한 연구는 성(性), 문화 등 새로운 이슈가 적용되어 또 다른 모형과 이론으로 지속적이며 꾸준히 연구되고 있다.

1) 진성 리더십(authentic leadership)

진성 리더십(authentic leadership)은 리더의 진정성을 강조하는 리더십이다. 명확한 자기 인식에서 시작하여 확고한 가치와 원칙을 세우고 타인과 투명한 관계를 형성하여 긍정적 영향을 끼치는 것이 진성 리더십의 핵심이다. 최근 기업의 비윤리적인 사건으로 인해 등장하며 보다 필요성이 강조되고 있는 진성 리더십은 자기인식(self-awareness), 내재화된 윤리적 관점(internalized moral perspective), 관계적 투명성(relational transparency), 균형화된 정보처리 과정(balanced processing)의 네 가지 관점으로 설명된다(이정환, 박한규, 2013).

자기인식은 리더가 자신의 특성, 가치관, 동기, 감정 등의 내면을 명확하게 인식하고 자신의 감정과 약점을 정확히 이해하는 것이다. 내재화된 윤리적 관점은 리더가 동료, 조직, 사회가 설정한 외부 기준과 압력이 아닌 자신의 내적 도덕과 가치관의 내부 기준에 따라 행동하는 것을 의미한다. 관계적 투명성은 리더가 개방성과 진실성을 기반으로 자신의 생각과 감정을 정확하고 솔직하게 표현하고 구성원과 공유하는 것이다. 균형화된 정보처리 과정은 리더가 의사결정을 하기 전에 관련된 자료를 객관적으로 분석하고 구성원들의 의견을 충분히 수렴하는 것이다.

2) 서번트 리더십(servant leadership)

서번트 리더십(servant leadership)은 타인을 위한 봉사에 초점을 두고 종업원과 고객, 커뮤니티를 우선적으로 여기고 그들의 욕구를 만족시키기 위해 헌신하는 리더십으로 정의된다. 섬김의 리더십이라고 부르는 서번트 리더십은 구성원에게 목표를 공유하고 그들의 성장을 도모하며, 리더와 부하 간의 신뢰를 형성하여 궁극적으로 조직 성과를 달성하게 하는 리더십이다(Greenleaf, 1970). 서번트 리더십은 용어가 나타내 주듯 성과 달성의 과정에 리더가 구성원을 섬기는 자세를 견지하여 그들의 성장 및 발전을 도와 구성원 스스로 조직 목표 달성에 기여하도록 만드는 것이다(Graham, 1991).

이후 서번트 리더십이 무엇인지 명확히 밝히기 위한 연구가 이루어졌고 서번트 리더십의 특성으로 〈표 2-21〉과 같이 10가지 내용이 제시되었다.

〈표 2-21〉 서번트 리더십의 10가지 특성

특성	내용
경청(listening)	리더-구성원 간 의사소통하고 메시지를 전달하고 수용하는 상호작용의 과정
공감(empathy)	상대방 입장에서 그 사람의 관점과 생각을 이해하려는 노력
치유(healing)	필요한 자질을 모두 갖춘 건전한 인격체를 만드는 것
자각(awareness)	리더 내면에서 물리적, 사회적, 정치적 환경에 민감하게 적응, 조율하고 수용하는 것
설득(persuasion)	다른 사람으로 하여금 깨닫게 하고 변화하게 하는 분명한 의사소통
개념화(conceptualization)	조직의 비전을 미리 확립하고 방향과 목표에 대한 분명한 지각과 이해 능력
통찰력(foresight)	과거의 사건과 현재의 일을 바탕으로 미래에 어떤 일이 일어날지 예측하는 능력
봉사정신(stewardship)	자신이 맡은 일에 대해 책임을 지는 정신
구성원 성장(commitment to growth)	구성원이 조직에 가시적인 공헌을 하도록 돕는 것을 넘어 내면적 잠재 가치를 가진 인격체로 대하는 것
공동체 형성(community building)	공동체를 구축하고 지역사회의 발전을 촉진하는 것

출처: Spears(2010). Character and servant leadership: Ten characteristics of effective, caring leaders.

3) 윤리적 리더십(ethical leadership)

윤리적 리더십(ethical leadership)은 기업의 사회적 책임과 윤리경영이 강조되는 기업 환경에서 최고경영층으로서의 리더에게 요구되는 역할과 책임에 관한 것이다. 즉, 윤리적 리더십은 리더의 개인적 행동과 대인관계를 통해 규범적으로 적합한 행동의 모범을 보이며 의사소통을 강화하고, 의사결정을 통해 조직 구성원이 윤리적 행동을 하도록 유도하는 것으로 정의된다. 윤리적 리더십에 관한 구성요소는 크게 리더의 자질과 관리자의 역할의 두 가지 측면에서 설명된다. 정직, 배려, 신뢰, 공정을 특징으로 하는 리더의 자질과 의사소통, 강화, 역할모델을 중심으로 한 관리자의 역할이 윤리적 리더십의 기본적 구성요소로 인정받는다(Heres & Lasthuizen, 2012).

윤리적 리더십의 정의와 구성요소에 대한 내용을 포괄하여 윤리적 리더의 행동 특성은 [그림 2-24]와 같이 타인 존중, 봉사, 공정, 정직, 공동 이익 추구의 다섯 가지로 나타난다(Northouse, 2018).

[그림 2-24] 윤리적 리더십의 원칙들

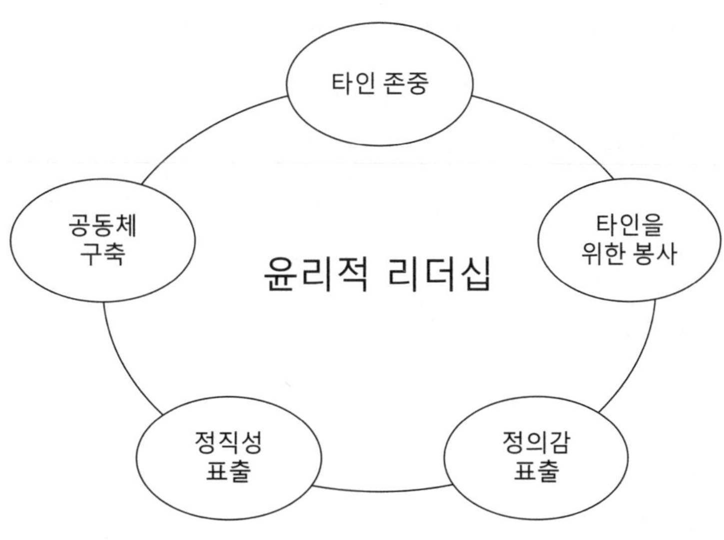

자료: Northouse(2018).

또한 윤리적 리더의 행동 특성과 함께 인간지향, 사회적 책임성, 절제라는 세 가지 차원을 따른다. 인간지향이란 다른 사람들을 존엄(dignity)과 존중(respect)으로 대하여 그들을 수단이 아닌 목적으로 인식하는 것이다. 사회적 책임성은 공익을 실현하고 공공서비스를 제공하는 조직에서 강조되는 가치로서의 책무를 의미한다. 절제는 자신의 권한과 성과에 집착하지 않고 지시나 명령보다 지원과 협력의 자세를 취하고 부당한 이득을 추구하지 않는 행위 등을 포함하는 것이다.

7. 교육서비스 경영적 리더십

기업의 리더로서의 교육서비스 경영자는 공통적인 리더의 역할을 수행하기 때문에 오랫동안 다양한 접근 방식으로 도출된 리더십의 개념을 적용하고 활용하는 것이 적절하다. 그러나 교육기업 경영이라는 특수성을 고려하여 새로운 리더십으로의 접근과 개념화도 필요하다. 전통적으로 다양한 교육기관 경영에서의 리더십은 생산 지향적 모델(product-oriented model)로 인식되어 왔다(최돈민, 정기수, 1997). 이러한 모델은 교육프로그램을 새롭게 만들고 교육 수요자에게 마케팅 활동을 하는 기능을 강조하는 것이다. 따라서 교육시장에서 교육 소비자들에게 프로그램의 우수성을 인식시켜 유인하고, 프로그램을 통해 만족을 느끼게 하는 것이 훌륭한 리더라고 인식되어 왔다(Schroeder, 1980). 이에 따라 교육기업의 경영자는 일반 기업과 다른 리더십의 정의가 요구되며 교육서비스 경영 분야의 리더십을 분류하고 유형별 특성을 알아보는 것이 필요하다. 다만 교육기업 경영자에 대한 연구가 미진하여 유사한 평생교육경영의 리더십 유형을 분류한 Edelson의 분류를 근거로 정리해 볼 수 있다. Edelson의 기준을 차용한 교육서비스 경영의 리더십은 프로그램 리더십, 정책 리더십, 정치 리더십, 대인 리더십, 전문 조직 리더십으로 구분할 수 있다(Edelson, 1992).

1) 프로그램 리더십

교육기업에서 제공하는 교육프로그램은 전체 사업 존립의 중심에 있기 때문에 기업의 사업 수행과 존립 여부를 결정짓는다(Knowles, 1980). 교육프로그램은 경영학의 유통 공급 체제(delivery system)와 포장(packaging) 형태를 취하기 때문에 구조적 형태로 표현된다. 이에 교육 수요자들은 교육프로그램을 교육서비스 경영의 실체 또는 본질로 인식한다. 따라서 교육프로그램의 적절한 관리는 교육기업의 생존에 핵심적 요소이다.

교육서비스 경영자는 교육 소비자에게 제공하는 교육프로그램의 수행 정도와 도출 성과를 분석하는 것을 넘어 교육프로그램의 품질을 이해하고 전략적 사업단위로서의 프로그램 포트폴리오를 평가하는 리더십을 발휘해야 한다. 이를 위해 교육서비스 경영 리더십의 영역에 교육프로그램과 관련된 운영, 수입 및 지출, 교강사와 직원의 배치와 관련된 구조적 문제뿐만 아니라 미래 비전에 따라 새로운 교육 수요를 예측하고 프로그램을 개발하는 데 있어 현장 지식과 실행 능력을 활용하는 비구조적 접근 방식도 활용해야 한다.

2) 정책 리더십

정책이란 정부나 공공기관에서만 취해야 할 노선이나 방침이 아니다. 교육프로그램은 독자적으로 존재하는 것이 아니며, 다양한 조직과 환경과 연계되어 있으며 이에 정책도 포함되어 있다. 즉, 정책은 교육기업에서 일어나는 일상적이고 공식적인 임무뿐만 아니라 기업의 일반적인 목표와 가치로 추출된다(Edelson, 1992). 교육서비스 경영자의 리더십이 발휘되는 정책은 서면과 같은 구조적인 것부터 일시적이고 암묵적 형태의 합의와 의견, 원칙 같은 것까지 매우 다양하다.

따라서 교육서비스 경영 리더는 기업의 행동 계획과 정책 개발을 위해 현재 정책을 받아들이는 것으로부터 시작하여 정책을 이끄는 기존의 가정과 기술의 유효성을 유지하기 위해 의미를 재검토하고 재구성해야 한다. 교육기업의 목표는 대부분 문서 형태로 정형화하고 기술되어야 하기 때문에 목표를 진술하는 것은 교육기업에게 매우 중요한 전제이다. 이에 Senge는 리더가 강요의 형태를 취하는 하향식 임무 부여보다 조직 구성원 각자가 비전과 임무를 스스로 규정하도록 제안하였다(Senge, 2014). 즉, 교육서비스 경영자의 정책 리더십이란 구성원들로 하여금 새로운 정책 개발에 참여하게 하고 스스로 비전을 개발하도록 발휘해야 하는 리더십을 뜻한다.

3) 정치 리더십

정치 리더십이란 교육서비스 경영자가 자신이 책임지고 있는 기업의 임무와 활동에서 목표와 이익을 위해 정치적으로 행동하는 것을 의미한다. 교육기업에서의 정책 결정, 교육프로그램 설계 및 시간표 작성, 교육커리큘럼 구성 등은 정치적 활동으로 인식된다(Edelson, 1992). 또한 교육서비스 경영자는 대외적으로 외부 관계 역량을 발휘하여 기업 생존 및 발전을 책임져야 하며 이러한 리더십 행동은 정치적 목표에 초점을 맞춘다.

아울러 교육서비스 경영자의 정치 리더십은 리더의 권력과 권위가 부하에 의해 나온다는 것을 명심하고 적절히 구성원을 이끌어야 한다. 교육서비스 경영 리더는 부하의 경쟁적(competing)이고 반박적인(contradictory) 요구에 직면할 수 있다(Katz, 1966). 이는 기업의 가치와 위기를 서로 다르게 인식하는 문제로 진전되기도 한다. 따라서 교육서비스 경영자는 내부 자원에 대한 조직 관리, 갈등 관리, 재무관리 등에서 적절한 정치적 역량을 발휘하여 구성원들이 조직의 목표를 효과적으로 달성할 수 있는 리더십을 발휘해야 한다.

4) 대인 리더십

대인 리더십은 교육서비스 경영자가 조직 내·외부의 다양한 인간관계에서 지녀야 할 리더십이다. 기업의 목표 성취를 위해 중요한 자본 중 인적자본의 중요성을 인식하고 일의 시작부터 마무리 단계까지 조정자로서의 역할을 충실히 수행하며 적절히 피드백하는 것이다.

최근 구체적인 경영 프로젝트를 위한 실무팀을 구성하고 운영하는 경향이 증가되고 있는 추세에 맞춰 분권화하는 경향이 지속되고 있다. 이에 기업 상황에서 작업팀마다 계획을 수립하고 프로젝트마다 리더의 역할이 무엇인지 결정하고 집단 자체를 위해 움직이도록 조정하는 것도 대인 리더십의 영역이다. 아울러 대인 리더십은 조직 내부의 동료들이 평소와 다른 방법으로 그들의 업무를 수행하도록 자율성을 가지도록 도와주며, 분권화된 프로젝트팀이 효과적인 시스템이 되기 위해 회의와 보고 및 비공식적 대화를 통해 주기적 피드백을 하는 것까지 포함된다.

5) 전문 조직 리더십

교육 분야의 기업은 독립적으로 존재하는 것이 아니라 다양한 영역의 협력체제로 연결되어 있다. 이에 교육서비스 경영 리더는 다른 기업 또는 조직과 협력적 체제를 가져야 한다. 즉, 교육기업 경영자는 하나의 전문적인 교육조직체라는 것을 감안하여 교육기업이 전문적 조직으로 제대로 된 기능을 수행하게 하고, 이러한 기능을 통해 높은 성과와 만족을 이끌어야 한다는 것이다.

교육서비스 경영자는 구성원들이 기업의 운영, 교육프로그램의 개발, 구성원의 역량 강화 등과 같은 영역에서 부딪치는 여러 문제, 도전, 이슈에 대해 관심을 유도하고 다양한 차원의 기회를 제공해야 한다. 이에 자신의 기업을 발전시키고자 하는 교육서비스 경영자는 개인의 전문성을 지속적으로 개발함과 함께 조직의 전문성도 같이 함양시킬 수 있는 리더십이 필요하다.

제 3 장

교육서비스 경영의 과정

제1절

계획

1. 계획의 이해

교육서비스 경영은 조직이 환경에 대응하여 제한된 자원을 계획, 조직화, 지휘, 통제하여 기업의 가치 창출이라는 목표를 효율성과 효과성을 고려하여 교육과 관련된 서비스를 제공하여 달성하는 과정이라고 정의할 수 있다. 교육서비스 경영 활동은 전형적인 과정에 따라 이루어지며 그 시작은 계획 또는 계획화(planning)이다.

1) 계획의 정의

교육서비스 경영 상황에서 다양한 활동과 업무를 수행할 때 일의 크기와 상관없이 계획을 세우게 된다. 교육서비스 경영자는 매일 처리해야 할 작은 업무에서부터, 기업의 생존이 달려 있는 몇 년간의 목표까지 세운 계획에 따라 추진하게 된다. 계획이란 교육기업의 목적을 달성하기 위해 필요한 모든 활동의 틀을 잡는 과정이다. 교육서비스 경영자는 설정한 계획에 따라 자원의 배분, 과업의 설정, 예산의 배분, 일정 수립을 정하며 각 활동에 개인과 조직을 어떻게 참여시킬지를 결정한다.

교육서비스 경영의 관리 활동은 계획에서 시작한다고 해도 과언이 아니다. 계획을 통해 교육서비스 경영자는 기업의 목적을 달성하기 위해 경영 활동과 관련된 모든 활동을 조정할 수 있다. 계획은 교육기업의 여러 자원을 구조화하고 조직화하여 모든 활동을 통제할 수 있는 기본적이고 구체적인 방안을 제시한다. 또한 적절한 계획을 수립함을 통해 기업의 구성원들은 교육서비스를 생산하고 교육프로그램을 제공하는 데 있어 각자가 수행해야 할 역할에 대한 방향을 정할 수 있다.

계획을 정의할 때 유사한 개념인 전략이라는 용어와 명확히 구분할 필요가 있다. 전략은 외부 환경에 적응하여 기업이 나아갈 이상적인 상태로의 방향을 설정하는 것이다. 따라서 전략은 기업 전체적이고, 외부적·장기적 관점에서 수립된다. 반면, 계획은 기업이 나아갈 궁극적인 방향이 결정되면 방향을 향해 기업이 취해야 할 모든 수준의 필요한 구체적인 방법을 찾는 것이다. 따라서 계획은 전략과 달리 방침, 절차, 규정, 프로그램, 예산을 설정하는 구체적 과정으로 내부적이며 단기적 관점에서 설정된다(김성영 외, 2019).

2) 계획의 필요성

현대 경영의 초기 이론인 과학적 관리법을 제시한 Taylor는 계획이 없는 경영은 진정한 경영이라고 할 수 없다고 하였다. 즉, 계획 없이 이루어지는 경영 활동은 노동자가 하루에 수행해야 할 작업량 제시와 이에 따른 급여 책정을 불가능하게 하여 궁극적으로 목표 달성에 도달할 수 없는 표류경영(drifting management)인 것이다.

계획을 수립하지 않고 임의로 이루어지는 경영 활동은 환경의 변화에 단순히 순응하는 방식으로 이루어진다. 만약 교육서비스 경영자가 경영 활동을 수행하기 전 당면 문제를 해결하기 위해 목표에 따라 예측이 가능한 사건들의 경로와 과정을 통제하는 의식적 시도로서 계획을 수립한다면 미래 전망, 체계적 고찰, 과학적 조사, 가치의 선택 등을 통해 현실적이고 구체적인 대안을 수립해 나가는 의사결정을 할 수 있다(Gilbert & Specht, 1977).

이에 따라 계획은 다음과 같이 네 가지 측면에서 필요성이 제기된다.

첫째, 현재 의사결정과 미래의 성과라는 결과 사이에 시간 차가 발생하기 때문이다. 새로운 교육서비스를 개발하기로 결정한 다음 실제 서비스가 현장에서 제공되기까지는 많은 시간이 소요된다. 따라서 계획을 수립하면 의사결정과 결과 사이에 발생하는 시간 격차로 인한 변화를 예측하여 변수를 제거하고 불확실성을 줄일 수 있다.

둘째, 교육기업이 처한 환경이 점차 복잡해지고 있기 때문이다. 교육기업과 교육산업의 규모가 확대되고 보다 복잡해짐에 따라 교육서비스 경영자의 임무도 복잡해지고 있다. 이러한 복잡성 증대 상황과 경쟁 심화 환경에서 교육기업의 활동과 자원을 적절히 계획하고 조정한다면 복잡성으로 야기되는 문제를 줄이고 체계적으로 경영 활동을 수행할 수 있다.

셋째, 교육시장 내의 경쟁이 심화되고 있기 때문이다. 교육산업은 상대적으로 안정된 환경에서 신뢰할 수 있는 장기 계획 수립이 가능했었다. 하지만 교육 수요자의 요구 변화, 새로운 교육서비스 공급자의 진입, 교육 트렌드의 변화로 경쟁이 심화되고 있다. 새로운 고객, 경쟁자, 시장 및 기술의 등장은 위험(risk)이 되지만 위험이 미래 가능성까지 내포되어 있다는 측면에서 새로운 기회가 될 수 있다. 이렇게 급변하는 경쟁 환경에서는 변화 상황에 따라 적절히 계획을 수립하여 대처하는 것이 필요하다.

넷째, 기업 내부의 다양한 경영기능이 상호 관계성을 가지고 있기 때문이다. 계획은 교육기업의 경영, 조직화, 서비스 제공, 교육훈련, 마케팅 등 중요하고 다양한 활동의 시작이자 지휘적 특성을 가지고 있다. 이와 같은 중요한 활동을 수행하기 위해 사전에 치밀하게 계획하고 모든 활동 영역에 계획적 내용을 포함한다면 경영의 다양한 기능이 서로 보완적으로 유지될 수 있다.

3) 계획의 역할

계획은 상황에 따라 공식적으로 수립되거나 비공식적으로 수행되기도 한다. 기업 관리의 효과성을 끌어올리기 위한 계획의 인적자본 관리적 측면은 성문화(codification)와 인간화(personification)로 분류된다(천면중, 허명숙, 2019). 교육기업의 공식적 계획은 문서화되고 데이터베이스(database)에 저장되는 성문화 전략을 취하는 것이지만, 비공식적 계획은 직접적인 인간 간 접촉을 통해 공유되는 인간화 전략이 구현된 것이다. 기업은 어떠한 형태든 계획을 수립하는데, 이는 다음과 같이 계획이 가지고 있는 역할 때문이다.

계획은 교육서비스 경영자와 모든 구성원에게 방향을 제시하고 조직 전체의 활동을 조정해 준다. 조직 구성원이 기업의 계획과 방향성을 인식하고 있으면 목표 달성을 위한 구성원의 공헌 필요성을 인지하여 스스로 활동을 조정하며 수행한다. 즉, 계획을 통해서 설정된 방향을 알게 되고 구성원의 행동이 기업 전체 목표에 기여할 수 있게 한다.

계획은 경영 성과의 측정의 기준을 제시하여 효과적인 통제에 활용된다. 계획은 구체적인 목표와 목표 달성을 위한 방안을 제시한 틀이다. 따라서 계획을 통해 제시된 목표와 도출된 성과의 차이의 여부, 차이의 정도를 확인하여 차이를 줄이도록 수행 방안을 수정할 수 있다. 만약에 계획이 수립되지 않으면 통제를 위한 기준도 설정할 수 없고 궁극적으로 목표 달성도 어려워진다.

계획은 중복되거나 소모적인 활동을 감소시켜 효율적인 경영 활동을 하게 한다. 업무가 계획에 따라 수행되면 불필요한 중복 수행이 일어나지 않도록 할 수 있다. 계획에 따른 업무 수행 정도를 피드백하게 되면 중복되는 비효율적 활동을 확인하여 수정·조정할 수 있다.

계획은 교육서비스 경영자의 경영 역량 개발에 도움을 준다. 경영자가 수행해야 하는 다양한 업무 가운데 구조적이고 반복적인 활동은 계획의 체계성을 활용하여 상당 부분 해결이 가능하다. 이에 따라 경영자는 전략적이고 미래지향적인 사고를 통해 발전적인 경영 활동을 할 수 있다. 이는 교육서비스 경영자의 역량 개발에 영향을 주어 성공적인 조직 운영의 능력을 함양할 수 있다.

2. 계획 수립과 예측 기법

1) 계획 수립 과정

교육서비스 경영의 계획 수립 과정은 기업의 규모, 조직계층의 수준, 계획 내용에 따라 다소 차이가 발생하지만 일반적으로 3단계를 거친다. 교육기업의 계획이 전개되는 과정을 보면 우선 미래의 상황이나 변화에 대해 예측을 하고 예측을 기반으로 계획을 수립하게 된다. 수립된 계획을 통해 경영자와 구성원은 이를 다양한 영역과 과정에서 실행하고, 실행된 계획이 목표를 달성하였는지 검토하는 단계를 거친다. 이러한 계획 수립의 과정을 일반적으로 〈표 3-1〉과 같이 PDS(Plan-Do-See) 프로세스라고 부른다.

〈표 3-1〉 PDS 프로세스

Plan(계획)	기초적인 자료를 토대로 예측하고, 예측을 통해 계획을 수립하는 단계
Do(실행)	예측을 기반으로 수립된 계획을 원안으로 실행하는 단계
See(평가)	실행 후 결과에 대해 평가와 피드백을 거쳐 계획-실행의 격차에 대해 수정을 하는 단계

2) 예측기법

계획 수립의 기반이 되는 미래에 대한 예측은 매우 난해한 행동이다. 이러한 예측의 어려움을 해결하기 위해 불확실한 사건에 대한 추정(estimate)이라는 기법을 활용한다. 교육서비스 경영자가 예측한 교육시장에서 발생하는 다양한 미래 상황에는 산업의 변화, 경쟁자의 변화, 환경의 변화, 소비자의 변화 등이 포함되어 있다. 이러한 복합적인 미래 변동 상황 예측을 위한 시도를 추정이라고 한다. 추정을 위해 교육서비스 경영자가 활용할 수 있는 예측기법은 크게 양적 방법(quantitative method)과 질적 방법(qualitative method)으로 구분된다.

대표적인 양적 예측 기법으로 시계열 분석(time series analysis)이 있다. 시계열 분석이란 동일한 현상이 시간의 경과에 따라 일정한 시간적 간격을 두고 반복적으로 나타나는 것을 측정하여 변화에 대한 추세를 알아보는 방법이다. 주로 장기적 추세, 주기적 변동, 계절적 변동, 불규칙 변동 등을 분석하는 데 활용된다.

또한 질적 예측을 위한 대표적 기법으로 시나리오(scenario)와 델파이 기법(delphi method)이 있다. 시나리오는 영화를 만들기 위해 쓴 각본이라는 뜻도 있지만 기업이 신년도에 사업계획을 수립하는 단계에서 일어날 수 있는 상황에 대해 여러 가지 가상적 결과와 대응하기 위한 구체적인 경영활동 과정을 작성하는 것이다. 델파이 기법은 그리스 신화의 태양신인 아폴로가 미래를 통찰하기 위해 신탁을 한 델파이 신전에서 유래했다. 즉, 다수의 판단이 소수의 판단보다 정확하다는 논리적 근거를 토대로 다수의 전문가들에게 특정 경영 이슈에 대한 의견을 묻고 반복적인 피드백을 통해 견해를 집약하는 집단의사결정 기법이다.

3) 계획 수립의 고려 사항

교육서비스 경영 과정에서의 성공적인 성과 도출을 위한 계획의 필요성과 중요성은 교육기업 경영자에게 적절히 고려되어야 할 사항이다. 또한 계획이란 목표 달성을 기대하는 과정으로 목표기대치를 달성하기 위해 준비하는 과정이라고 설명된다. 즉, 계획이란 목표를 달성하기 위한 준비 과정으로 지속적으로 계획을 세워나가는 계속적 과정이다(Skidmore, 1995). 계획의 계속성이란 상황과 변화에 따라 다양한 것을 고려하여 적절히 반영해야 한다는 것을 의미한다. 이는 계획 수립의 과정이 매우 전형적이며 규범적이라고 볼 수 있지만, 극심한 내·외부 환경 변화에 따라 다음과 같은 것들을 고려해야 하기 때문이다.

첫째, 계획 수립의 모든 과정이 전 구성원의 동기를 부여하고 동참의 역할을 하는 기준이 되어 모든 구성원이 참여하는 기제가 되어야 한다. 최근 기업 경영에 있어 인적자본(human capital)의 중요성이 강조되고 있고, 구성원을 단순히 근로자로 보는 것을 넘어 그들과의 관계를 사회적 자본(social capital)으로 보는 경향이 생겼다. 즉, 조직의 구성원들이 높은 수준의 기술을 활용하고 몰입도 높은 업무에 목표를 설정하며, 상호 신뢰 수준을 높여 강한 일체감으로 어려운 경영환경을 극복하고자 하는 것이 필요해졌다. 즉, 재능 있고 헌신적인 구성원의 효율성을 혁신적인 적응에 중요한 수단으로 보는 경향이 많아진 것이다(Yukl, 2014). 이에 계획 수립에 구성원의 요구가 반영되고 적극적으로 계획에 참여시키는 것이 필요하다.

둘째, 급변하는 환경에 대응하여 다양한 형태의 계획 수립을 병행해야 한다. 환경 변화는 계획 수립의 어려움으로 귀결된다. 계획은 어떠한 상황에 대응하기 이전에 수립되기 때문에 미래에 발생할 환경의 변화를 온전히 반영할 수 없다. 따라서 전혀 예상하지 못한 상황에 대한 발생 가능성을 고려하여 다양한 계획을 수립해야 한다. 우선 시나리오 계획 수립이 필요하며 환경 변화에 대해 상황별 시나리오를 작성하고, 각 시나리오에 따른 대안을 준비한다면 비상 상황에 대한 대응 능력을 일정 부분 확보할 수 있다. 또한 예상하기 어려운 환경의 발생에 대한 비상계획(contingency plan)을 마련해야 한다. 계획은 현재 상황보다 더 나아지는 목표에 대한 달성의 기대를 포함하기 때문에 예상치 못한 최악의 상황에 온전히 대응할 수 없다. 이에 최악의 상황을 예상한 대안은 환경의 급변 상황에 유연하게 대처할 수 있는 동력이 된다. 더 나아가 예상을 넘는 위기(danger)가 발생했을 때 이를 극복할 위기 계획(crisis plan)도 필요하다.

셋째, 계획이 가진 한계성을 검토해야 한다. 대부분의 기업이 경영 과정을 계획으로부터 시작한다. 하지만 설정한 계획이 가진 정형성으로 인해 그 자체가 경영 활동의 제약 요인이 되기도 한다. 우선 계획은 경직성을 가지고 있어 변화하는 상황에서 변경이 어려울 수 있다. 이에 교육서비스 경영자와 구성원이 설정한 계획에 함몰되어 명시된 절차와 규정에 제한되는 잘못을 저지를 수 있다. 따라서 때로는 계획이 가진 경직성을 극복할 파괴적 혁신(disruptive innovation)을 추구해야 한다. 교육서비스 경영자와 구성원의 창의성을 촉진하고 일련의 활동이 기회 발굴을 넘어 기회 창출의 단계에 이르도록 때로는 계획을 장애물로 여기는 혁신적 사고가 필요하다.

3. 계획의 유형

계획이 필요한 계층은 최고경영층부터 현장경영층까지로, 계획은 다양한 위계부터 서비스 생산, 인사, 재무, 회계까지 다양한 영역에서 수준과 정도에 따라 매우 포괄적으로 사용되는 개념이다. 따라서 계획이 가지는 포괄성을 여러 가지 기준으로 나누어 접근하면 계획이 가진 역할과 특징을 보다 명확히 할 수 있다. 계획은 다양한 기준으로 유형을 분류할 수 있지만 일반적으로 범위, 시간, 구체성, 빈도의 기준에 따라 나누어 볼 수 있다.

1) 범위에 따른 유형

계획을 범위에 따라 분류한다면 [그림 3-1]과 같이 전략계획, 전술계획, 기능계획으로 나누어 볼 수 있다. 계획의 범위는 기업 내 경영계층의 위계에 따른 기준을 적용할 수도 있다. 경영자는 위계 계층에 따라 최고경영층, 중간경영층, 현장경영층으로 분류된다.[20] 기업 내에서 최고경영층은 전략적 역할을 수행하며, 중간경영층은 관리 통제를, 현장경영층은 운영 통제를 담당한다. 이러한 위계 기준을 기업의 계획 활동에 적용하면 최고경영층, 중간경영층, 현장경영층은 각각 전략계획, 전술계획, 기능계획을 수행한다.

전략계획은 기업의 전략을 수립하기 위해 작성되는 계획이다. 전략적 차원에서 환경 변화에 대응하고, 기업 생존을 위한 방향을 설정하며, 기업 전체 수준의 목표 수립의 내용이 포함된다. 전술계획은 전략의 목표를 달성하기 위해 각 부서가 구체적으로 실행해야 하는 기술과 방법에 관한 계획이다. 각 부서별로 적절히 전술목표를 세우고 이에 따른 목표를 달성한다면, 도출된 성과가 기업의 전략 목표 달성에 기여하게 된다. 마지막으로 기능계획은 조직의 부문별로 전술목표를 달성하기 위한 기능별 목표를 세우고 실행 방안을 제시하는 것이다. 각 부서별 서비스계획, 인사계획, 재무계획, 마케팅계획이 기능전략의 구성요소이다.

---

20) 2장 교육서비스 경영자-1절 교육서비스 경영자의 개념-2. 교육서비스 경영자의 유형 부분 참고.

[그림 3-1] 계획의 범위에 따른 구분

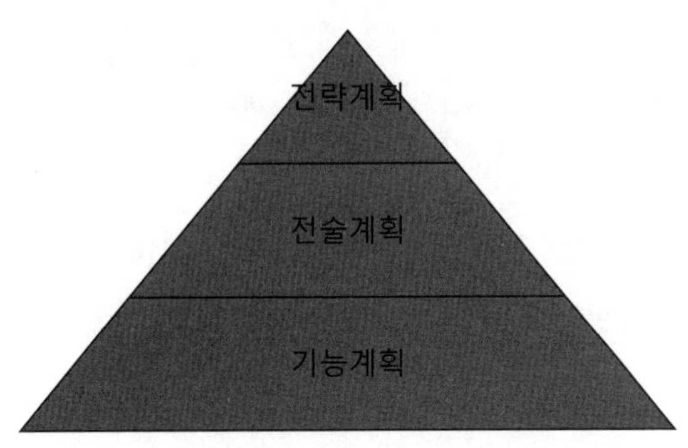

2) 시간에 따른 유형

계획을 시간에 따라 분류한다면 단기계획, 중기계획, 장기계획으로 구분된다. 상대적으로 계획 수립의 기한이 짧은 계획을 단기계획이라고 하며, 상대적으로 기한이 긴 계획을 장기계획이라고 한다. 성취를 위한 경영 활동은 단기계획보다 장기계획에 더욱 집중하도록 요구한다. 이는 단기계획을 통한 성과가 궁극적으로 장기계획에 영향을 주어 기업의 지속적인 성장과 관련이 있기 때문이다.

다만, 단기·중기·장기계획을 구분하는 기준으로서의 시간은 매우 주관적이라는 측면을 고려해야 한다. 시간은 활용하는 사람에 따라 매우 탄력적이며 시간의 의미도 맞춤형이기 때문이다(한홍, 2006). 즉, 교육서비스 경영자의 관점에 따라 단기계획이 장기계획이 되기도 하며, 장기계획이 단기계획이 되기도 한다. 이러한 시간의 특성을 고려하여 Drucker는 성과를 올리는 사람은 일에서 출발하지 않고 시간에서 출발한다고 하였다. 또한 계획에서 출발하지 않고, 시간이 얼마나 걸리는지 명확히 파악하는 것에서 출발해야 한다고 주장하였다(Drucker, 2006). 이에 시간에 따른 계획의 구분은 경영자가 설정한 시간의 의미에 따라 달라질 수 있음을 알 수 있다.

3) 구체성에 따른 유형

계획의 유형 기준으로서의 구체성이란 목표를 설정하고 달성하기 위한 행동 규범을 상세히 규정한 것에 따른 분류이다. 구체성이 높은 계획을 상세계획이라고 하는데 구체적인 목표와 행동을 명확히 규정하고 있는 것이다. 반면, 구체성이 낮은 계획을 방향계획이라고 한다. 상세계획과 달리 구체적인 계획사항을 제시하지 않고 전반적인 지침만을 제시하여 경영자가 유연하게 활용할 수 있는 것이다.

특히 환경이 급변하고 불확실성이 높아지는 현대 경영환경에서는 미리 설정한 상세계획대로 이루어질 수 없기 때문에 때로는 방향계획에 따라 포괄적으로 계획을 추진할 수밖에 없다.

4) 빈도에 따른 유형

계획을 수립하는 빈도에 따라 계획의 유형을 구분하면 일회성계획과 상시계획으로 나뉜다. 일회성계획은 구체적인 목표를 달성하기 위해 정해진 시간과 자원을 배치하고 이에 따라 팀을 구성하며, 목표가 완성되면 팀을 해체하는 형태로 수행된다. 반면, 상시계획(standing plan)은 반복적인 경영 활동에 대한 계획을 세우고 지속적으로 실행하는 계획이다. 상시계획은 특정 상황이 발생할 때마다 계획을 수립할 필요가 없어 반복적이고 동일한 상황에 대한 업무 수행의 일관성 확보가 가능하다. 다만 상시계획은 구성원의 업무의 유연성 발휘를 제한하고 경직적인 수행을 통해 내·외부 고객의 불만족을 야기한다. 따라서 상시계획을 수립할 때는 구성원이 이를 효율적으로 활용하고 때에 따라 유연하게 조정이 가능하도록 권한을 부여하는 것이 필요하다.

4. 목표 관리

계획 활동이란 목표를 달성하는 계획을 설정하는 활동이다. 목표(goal)는 원하는 결과 또는 표적이며 경영자들의 의사결정을 이끌고 업무 결과를 측정하는 기준을 제시한다. 이에 계획(plan)은 목표를 어떻게 충족시킬지에 대한 윤곽을 제시하는 문서라고 정의된다(Robbins 외, 2021). 따라서 계획과 관련된 활동은 목표를 관리하는 것이라고 해도 무방하다.

1) 목표의 개념

경영관리에서의 목표는 Peter Drucker에 의해 제시된 개념이다. 과거 경영환경은 상명하달(上命下達)의 관리 위주였지만 구성원의 자발적인 목표 설정을 통해 조직의 몰입을 중시하는 최근 경영기법의 등장으로 목표에 대한 중요성이 강조되고 있다.

목표란 사전적으로 어떤 목적을 이루기 위해 지향하는 실제적 대상을 의미하지만 교육서비스 경영환경에서는 목표는 조직이 달성하고자 하는 바를 공식적으로 언급하는 공표된 목표(stated goal)와 기업이 실제로 추구하는 실제 목표(real goal)로 정의된다.

목표의 개념을 보다 명확히 정립함에 있어 목표에 포함되는 내용을 고려하는 것이 적절하다. 우선 목표는 구성원이 경영자가 제시하는 상황, 목적, 방침에 근거하여 스스로 설정하는 것이다. 또한 리더의 조언과 자기 통제에 따라 수행되며 목표의 달성 정도를 자기평가에 따른다는 특징이 있다.

2) 목표 수립 방식

목표를 수립하는 방식은 조직의 형태와 주로 수행하는 업무의 전문성에 따라 달라진다. 목표란 조직이 실현하고 달성하고자 하는 바람직한 업무 상태이며 선호하는 결과를 의미하기 때문에 조직을 연구하는 데 가장 핵심이 되는 것이다(Etzioni, 1964; Gross, 1969). 따라서 기업의 목표 수립 방식을 검토하는 것은 조직 자체를 연구하는 것이며, 조직문화도 확인할 수 있는 방법이다. 목표 수립 방식은 크게 하향식(top-down) 목표 수립과 상향식(bottom-up) 목표 수립이 있다.

하향식 목표 수립 방식은 전통적인 목표 설정 방법으로 최고경영층이 목표를 설정하면 조직의 위계에 따라 내려가 각 조직의 부서에서 하위 목표가 결정된다. 이와 같은 하향식 목표 수립 방식은 최고경영층이 기업의 상황에 대해 면밀하게 분석하여 알고 있고, 기업 전체의 관점에서 접근하기 때문에 기대하는 목표에 가장 근접하다고 할 수 있다. 특히 급변하는 외부 환경에 기민하게 대응해야 하는 경우와 문제 해결 상황에 긴급성이 존재하는 경우 적절한 방식이다. 그러나 하향식 목표 수립 방식은 전체적인 목표 설정 관점으로는 구체적이고 세부적인 하위 목표 접근이 어려우며, 따라서 모호하거나 현장과 동떨어질 수 있다는 한계를 가지고 있다.

상향식 목표 수립 방식은 하향식 방식과 달리 목표 설정의 주체가 조직의 하위계층이며 그들이 정한 목표가 위로 전달되어 결정된다. 고객과 이해관계자를 잘 알고 있는 현장 전문가가 설정한 목표로서 구체적으로 해결할 문제에 접근이 가능하다. 때로는 현장 하위 부서가 제안한 목표들이 상위로 올라가면서 다양한 경영층의 의견과 수정이 반영되어 점차 일관성 있으며 통합적인 목표로 발전하기도 한다. 이러한 장점에도 불구하고 상향식 목표 수립 방식은 개별 현장의 특성을 반영하지만 기업 전체의 영향 요인을 고려하지 않고 자신의 부서에 국한된 관점으로 접근한다는 단점을 가지고 있다.

조직의 목표가 다양한 계층으로 명확히 전달되기 위해서는 전체 기업의 목표 네트워크 또는 수단-목표 체인(means-ends chain)이 형성되어야 한다. 상위의 목표가 하위의 목표와 연결되고, 하위 목표 달성이 상위의 목표 달성의 수단이 될 수 있도록 목표의 위계가 잘 정립되는 것이 필요하다.

3) 효과적인 목표의 특성

교육기업의 목표는 매출, 영업이익, 당기순이익, 시장점유율 등과 같이 구체적인 성과지표로 표현되거나 기업 이미지 제고, 고객 만족도 향상 등 추상적으로도 설정될 수 있다. 그러나 목표 달성의 가능성을 높이기 위해서는 무엇보다 목표가 글 또는 문서로 작성되어야 하며, 목표는 기대되는 결과가 무엇인지 명확하게 나타나야 한다. 상담 치료 전문가 Palmer는 통합치료 분야에서 다루어야 할 과제로서의 목표를 구체적이고(specific), 측정 가능하고(measurable), 성취 가능하고(achievable), 관련되고(relevant), 시간적 범위를 고려한(time bound) 것으로 설명하였다(Palmer, 2008). 이렇게 제시된 단어의 앞 자를 딴 SMART 목표 설정 방법은 교육서비스 경영의 장면에서도 적용할 수 있는 효과적인 목표의 특성이 될 수 있다.

4) 목표 관리법

Peter Drucker는 자신의 저서 《경영의 실제(The Practice of Management)》(1954)에서 상사와 부하가 공동으로 목표를 설정한 후 목표가 달성된 정도를 측정하고 평가함으로써 경영의 효율성을 증진시키기 위한 전사적 차원의 조직 관리 체계 경영기법을 제시하였다(Drucker, 2006). 이러한 기법을 목표 관리법(management by objectives; MBO)이라고 하며 기업에 성과평가제도가 정착되면서 중요한 관리의 수단으로 활용되고 있다.

목표 관리법은 목표의 구체성, 참여적 의사결정, 명확한 일정, 성과 피드백의 네 가지 핵심요소로 구성된다. 즉, 목표 설정이란 하급자가 무엇을 해야 하는지 명확하게 정해 주는 것이 아니라 하급자가 스스로 동기부여(motivation)하는 기제라는 것이다. 따라서 하급자 자신이 설정한 목표를 달성하기 위해 더욱 업무에 몰입한다는 것이 목표 관리법의 핵심이며, 목표 설정 자체가 하급자의 동기부여의 가장 효과적인 방법이라고 설명한다. 이러한 목표 관리법의 구체적인 절차는 〈표 3-2〉와 같다.

〈표 3-2〉 목표 관리법(MBO)의 절차

순서	내용	고려 사항
1	목표 설정	경영자와 구성원 또는 팀장과 팀원이 공동으로 목표 설정
2	행동계획 수립	개인과 부서 모두 행동계획 수립에 관여
3	달성 정도 검토	경영자와 구성원이 정기적으로 달성 정도 검토 후 필요시 수정
4	성과 평가	개인과 부서의 목표 달성 여부 평가 후 급여 증감과 차기연도 목표 설정에 참고

제2절

조직

1. 조직의 이해

경영의 보편적 정의는 기업이 처한 환경에 대응하여 제한된 자원을 계획, 조직화, 지휘, 통제하여 조직의 목표를 효율성과 효과성을 고려하여 달성하는 과정이다. 즉, 조직은 경영의 시작점이며, 과정의 주체이며, 성과의 귀결점이다. 교육서비스 경영의 과정에서 계획을 수립했다면 이를 실행할 적절한 조직을 구성하고 운용하는 것이 필요하며 이러한 일련의 과정을 조직화(organizing)라고도 한다.

1) 조직과 조직화의 개념

조직(organization)이란 특정한 목표를 달성하기 위해 의도적으로 설계하거나 자연적으로 형성되어 분업과 통합의 활동 체계를 가진 사회적 단위(social unit)이다. 기업과 같은 영리 목적을 달성하기 위해 의도적으로 만든 조직을 공식 조직(formal organization)이라고 하며, 체계나 규정 없이 형성된 친목 모임과 같은 조직을 비공식 조직(informal organization)이라고 한다.

이러한 조직의 부문별 활동을 체계적으로 관리하여 조직 목표 달성에 공헌할 수 있도록 경영의 자원을 배치하는 것을 조직화라고 한다. 조직화의 구성요소로는 구성원의 과업 범위 및 깊이와 관련된 전문화(specialization)와 효과적 과업 수행을 위해 필요하지만 개인의 자율성과 상충하는 표준화(standardization)가 있다.

아울러 교육기업 조직의 체계는 한눈에 알 수 있도록 [그림 3-2]와 같이 조직도(organization chart)로 표현되기도 한다. 조직도는 경영자, 부서, 책임자, 직책 등의 위치를 활용하기 적절한 시각적 이미지로서 활용성이 높지만, 최근 다양한 조직 형태 활용에 따라 조직을 넘나드는 업무와 새로운 권한과 책임의 변경으로 인해 현실을 반영하지 못한다는 한계점 역시 가지고 있다.

[그림 3-2] 조직도 예시

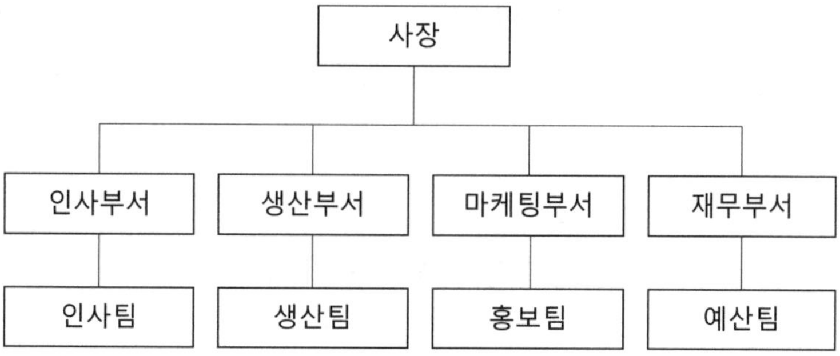

2) 조직 구성의 원리

현대의 조직은 구조와 기능의 모든 면에서 적절한 변화를 요구하는 빠르게 변화하는 환경에 처해 있다(Spector, 2019). 그러나 교육기업을 포함한 다양한 조직은 변화 상황에도 전형적으로 적용되는 조직 구성의 원리를 내포하고 있다. 이는 조직화의 원칙이라고도 하며 이를 따르지 않는 조직은 성과 달성을 위한 기능을 다 하지 못하고 심지어는 조직으로 정의될 수도 없다. 조직 구성의 원리는 〈표 3-3〉에서 제시한 바와 같이 모두 일곱 가지로 정리된다.

〈표 3-3〉 조직 구성의 원칙

원칙	내용
명령 일원화 원칙	조직의 질서 유지를 위해 명령의 계통을 일원화해야 한다는 원칙
전문화 원칙	업무를 전문적으로 수행하는 능력을 키워야 한다는 원칙
통제 범위 원칙	상급자가 지휘·감독할 수 있는 하급자의 수에는 한계가 존재한다는 원칙
권한 위임 원칙	직무를 위임할 경우 위임의 내용에 책임과 권한을 포함해야 한다는 원칙
조정 원칙	경영 활동의 조정과 협조에 의사소통과 의견 교환을 사용해야 한다는 원칙
계층 단순화 원칙	조직의 계층은 가능한 한 단순화되도록 줄여야 한다는 원칙
권한과 책임 원칙	직무에 따른 책임·권한·임무가 같은 비중으로 주어져야 한다는 원칙

3) 조직의 유형

경영환경에서 볼 수 있는 다양한 조직은 주어진 기준에 따라 유형별로 분류된다. 조직의 유형을 확인하여 조직의 특성과 수행하는 활동을 이해하는 것은 교육서비스 경영자가 효과적인 조직 운영을 하기 위해 필요한 일이다. 조직은 [그림 3-3]과 같이 공식성, 영리성, 규모에 따라 보다 세부적으로 나뉜다.

[그림 3-3] 조직의 유형별 분류

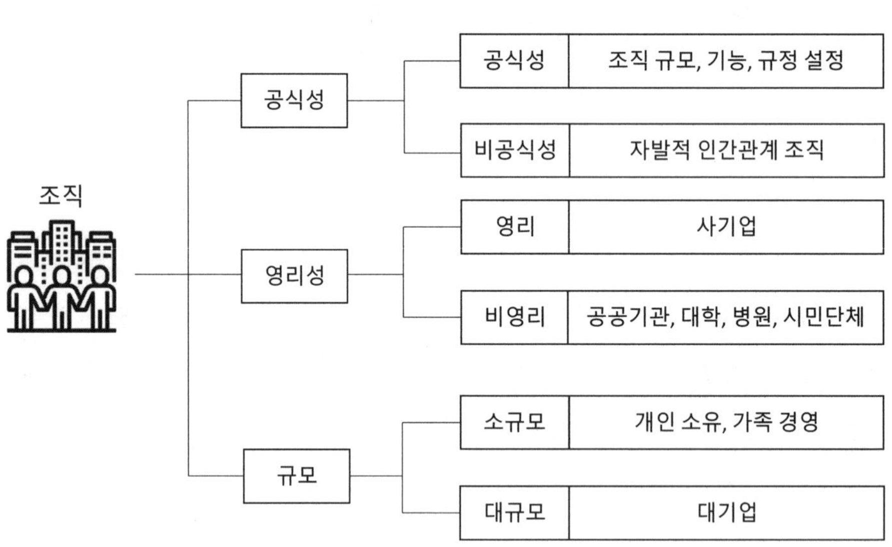

조직은 공식성을 기준으로 공식적 조직과 비공식적 조직으로 구분할 수 있다. 공식적 조직은 조직의 구조, 기능, 규정이 설정되어 있으며, 비공식적 조직은 개인의 상호작용과 커뮤니케이션에 따라 형성된 자발적인 집단이다. 조직발달 이론에 따르면 비공식적 조직이 점차 공식화 정도가 심화되면서 공식적 조직으로 발전되었다고 설명한다. 인간관계 위주로 형성된 비공식적 조직의 효과성을 높이고 구성원의 행동을 통제할 목적으로 다양한 규정과 장치가 적용되면서 조직의 공식화가 진행된 것이다. 그러나 최근 공식적 조직 내의 비공식적 조직의 필요성이 증대되고 구성원의 다양한 욕구를 해소시키고, 다른 부서 간의 정보의 흐름을 촉진하는 비공식적 조직의 순기능이 공식적 조직의 기능을 보완하고 있는 추세이다(신유근, 이춘우, 2020).

조직은 영리성에 따라 영리조직과 비영리조직으로 구분된다. 비영리조직은 정부를 비롯하여 병원, 대학, 시민단체와 같이 공익을 추구하는 조직을 의미한다. 교육기업과 같은 조직은 영리조직으로 구분되는데 이윤을 조직 관리의 최우선으로 설정하였기 때문이다. 한편 최근 영리조직과 비영리조직의 추구 가치의 영역이 점차 모호해지고 있다. 전통적으로 영리와 무관하던 대학, 병원 등의 비영리조직도 최근 경쟁 심화 상황에서 고객 만족을 통한 영리 추구적 마케팅 활동에 관심을 가지고 있다. 또한 학원과 같은 영리 목적의 교육기업도 사회의 장기적 복지를 통해 공공의 이익을 고려하는 경영 활동을 수행해야 한다는 주장도 제기되고 있다(김대열, 2021).

또한 조직은 규모에 따라 소규모 조직부터 대규모 조직까지 나뉠 수 있다. 교육기업의 규모에 따른 조직 유형 분류는 1인 기업부터 대기업까지 매우 광범위하게 구분될 수 있다. 그러나 일반적으로 교육기업은 매출규모와 자산총액, 상시 근로자 등을 기준으로 〈표 3-4〉와 같이 기업의 유형을 구분할 수 있다.

〈표 3-4〉 규모에 따른 교육서비스업 기업의 유형

중소기업	규모 기준 평균 매출액 400억 원 이하. 자산총액 5,000억 원 미만
소기업	중소기업 중 중기업을 제외한 기업. 규모 기준 평균 매출액 10억 원 이하
소상공인	개인사업자 또는 법인사업자 형태. 매출 기준 소기업 중 상시근로자 5인 미만
1인 창조기업	창의성과 전문성을 갖춘 1인 또는 5인 미만 공동사업자. 상시근로자 없이 사업을 영위하는 기업

자료: 중소기업기본법, 소상공인 보호 및 지원에 관한 법률.

2. 조직구조

1) 조직구조의 개념

조직구조(organization structure)란 조직의 목표를 달성하기 위해 조직 구성원과 집단의 행동에 영향을 미치는 부서의 직무, 직위, 권한관계 등을 공식적으로 짜놓은 프레임워크(framework)이다. 조직구조를 통해 교육기업은 목표를 달성하기 위해 필요한 활동을 결정하고 논리적인 절차로 활동과 과업을 집단화하며 구성원에게 할당하여 서로 협력할 방식을 결정할 수 있다.

조직구조는 조직의 능률, 환경 적응력, 유연성 등과 서로 영향을 주고받는다. 조직의 능률성을 확보하기 위해 과도하게 합리적으로 조직구조를 설계하면 외부 환경 변화에 대응할 유연성이 부족해진다. 반면, 조직에 폭넓은 자율성을 부여한다면 변화 환경에 대한 적응력을 확보할 수 있지만, 일관된 과업 수행이 어려워 조직 전체의 능률이 떨어질 수 있다. 따라서 조직구조는 내부의 능률과 외부에 대한 환경 적응력, 이를 적절히 조정할 수 있는 유연성을 모두 고려해야 한다.

조직의 구조를 설계할 때 중요하게 고려해야 할 또 다른 변수는 [그림 3-4]와 같이 통제, 협조, 자율성이다. 이러한 변수는 서로 상충되는 관계를 형성하게 되는데 통제가 강해지면 자율성이 줄어들고, 긴밀한 협조가 어려워진다. 반면, 자율성을 강조하면 조직 전체 관점에서 통제가 어려워지고 부서 간 협조가 원활하지 않게 된다(김성영 외, 2019). 따라서 통제, 협조, 자율성의 세 변수를 조직구조 설계 시 균형적으로 고려하는 시각이 필요하다.

[그림 3-4] 조직구조 설계 고려 사항

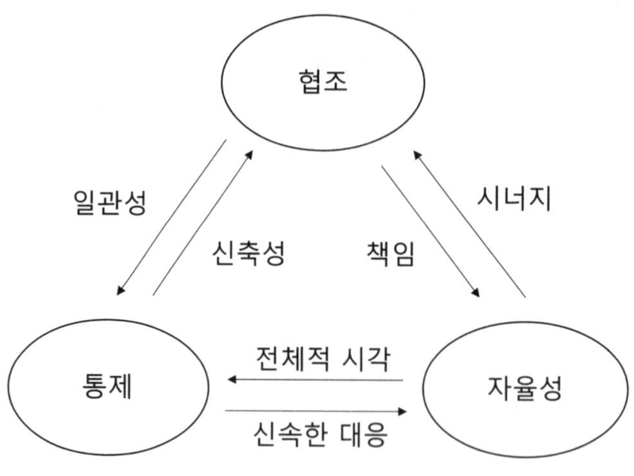

2) 조직구조 결정 요소

조직의 구조를 설계함에 있어 영향을 주는 핵심 결정 요소는 전문화, 부문화, 공식화, 분권화, 통제 범위, 명령 사슬 등이 있다. 이러한 결정 요소를 어떻게 설정하는지에 대한 설계는 직무와 작업 집단을 연결시키는 과정이자 체계를 결정하는 문제이다.

(1) 전문화

전문화(specialization)는 구성원이 업무 생산량을 높이기 위해 전체 활동이 아닌 일부 활동을 전문적으로 수행하는 것이다. 전문화는 조직의 활동을 작업별로 분리한 정도를 의미하며 분업이 많이 되면 전문성이 높아진다는 의미에서 분업화라고도 한다. 전문화를 통해 조직은 근로자가 가진 다양한 기술을 효율적으로 사용할 수 있다. 업무를 필요로 하는 기술 수준에 따라 나눈다면 해당 업무를 수행할 수 있는 근로자를 기준으로 역할을 나누게 되어 모든 업무를 수행하는 비효율성을 극복할 수 있다. 따라서 분업의 정도가 높을수록 전문화의 수준도 높아지며, 이러한 전문화 정도에 따라 조직구조는 수평적 분업과 수직적 분업으로 구분될 수 있다.

수평적 분업은 조직에서 동일한 수준의 일을 분리하는 경우이다. 교육서비스 경영에서의 수평적 분업의 사례는 동일한 교육프로그램이 A·B·C 클래스에서 진행되는 것이다. 수평적 분업의 정도는 어느 수준까지는 조직의 능률성 향상에 도움이 되지만, 계속 높아지면 단조로워지고 스트레스가 많아져 효과가 떨어지게 될 수 있다.

수직적 분업은 조직에서의 특정 업무를 계층에 따라 분화하는 것이다. 한 개의 전체 교육 성과 달성을 위해 기초반, 기본반, 심화반 등 클래스를 세분화하거나 전체 교육 담당자와 세부 교육 담당자로 위계를 나누는 경우가 수직적 분업의 사례이다. 수직적 분업의 정도가 높으면 구성원의 업무 과정과 결과를 체계적이며 일관성 있게 관리할 수 있다. 다만 수직적 분업의 정도는 재량권에 영향을 주는데 교육서비스를 제공하는 경영자와 교강사는 대부분 해당 업무의 모든 재량권을 가지고 있어 수직적 분업의 정도가 낮은 편이다.

(2) 부문화

부문화(departmentalization)는 전문화된 분업이 이루어지고 난 뒤 공통의 과업을 통합하여 협력하도록 묶는 것을 의미한다. 부문화의 유형은 〈표 3-5〉와 같이 기능별, 제품별(서비스별), 고객별, 지역별, 프로세스별로 분류된다.

〈표 3-5〉 부문화의 유형

부문화	내용
기능별	수행한 업무를 기준으로 직원 그룹화
제품별(서비스별)	기업의 주요 제품(서비스)을 기준으로 직원 그룹화
고객별	고객의 문제 및 요구에 따라 직원 그룹화
지역별	근무지 또는 고객 분포에 따라 직원을 그룹화
프로세스별	업무 또는 서비스 흐름에 따라 직업을 그룹화

기능별 부문화(functional departmentalization)는 가장 일반적인 부문화 방법으로 수행하는 업무 기능별로 그룹화하는 것이다. 경영자는 교수, 행정, 인사 등 부문별로 구분해 작업 현장을 구성할 수 있다. 기능별 부문화의 장점은 모든 유형의 조직에서 사용할 수 있고 조직의 목표와 활동에 맞게 기능만 변경할 수 있다는 것이다. 또한 공통의 기술과 전문성을 가진 직원을 공통된 단위로 배치하여 규모의 경제를 이룰 수 있다.

제품별 부문화(product departmentalization)는 회사의 주요 제품 분야를 중심으로 업무 기능을 그룹화하는 것이다. 제품군과 관련된 모든 지식을 가지고 있는 전문가가 해당 부문의 권한을 가지고 있다. 유형의 제품이 아닌 무형의 교육서비스를 제공하는 교육서비스 경영 활동에서는 제품별 부문화를 서비스별 부문화(service departmentalization)로 변경하여 적용할 수 있다. 조직의 활동이 제품과 관련된 것이 아니라 제공되는 교육서비스와 관련된 것으로 각 서비스에 따라 자율적으로 그룹화가 이루어지는 것이다. 서비스별 부문화의 가장 큰 장점은 특정 교육서비스와 관련된 모든 활동이 단일 관리자의 권한의 범위 안에서 통제되기 때문에 서비스의 품질에 대한 책임이 점차 증가하여 고객 만족에 긍정적 영향을 준다는 것이다.

고객별 부문화(customer departmentalization)는 교육기업에 관련된 고객을 유형화하여 고객의 욕구를 가장 잘 충족할 수 있는 공통적인 문제와 요구에 기반을 두어 그룹화하는 것이다. 예를 들어 교육 강좌가 온라인-오프라인으로 각기 상이한 형태로 고객에게 제공된다면 온라인 수강자, 오프라인 수강자 각자가 부문화의 기준 고객이 될 수 있다.

지역별 부문화(geographic departmentalization)는 지역에 따라 업무와 부서를 그룹화하는 방식이다. 지역별 부문화는 종사자의 근무 지역이나 고객의 분포 지역을 기준으로 부문화할 수 있다.

교육기업의 규모가 커서 본점과 분점의 다점포 전략을 수행하거나 가맹 사업 전략에 따라 본사와 가맹원이 전국에 분포한 경우 지역별 부문화는 전체 조직 관리에 상당한 효용을 제공한다. 또한 지역별 부문화는 교육서비스를 제공하는 고객이 여러 지역에 분포한 경우에 활용되며, 시장을 세분화(segmentation)하여 동질적 지역 고객에게 맞춤형 서비스를 제공할 수 있다는 장점이 있다.

프로세스 부문화(process departmentalization)는 제공되는 교육서비스와 교육프로그램의 운영 과정이나 고객 응대 및 수강 흐름에 따라 활동을 그룹화하는 것이다. 직원의 배치는 특정 서비스 프로세스를 완료하는 데 필요한 공통 스킬을 중심으로 이루어진다. 프로세스 부문화는 보다 효율적인 업무 활동 흐름을 가능하게 한다는 장점이 있지만 제공하는 서비스가 달라져 기능의 중복이 발생할 수 있다는 단점도 존재한다.

(3) 공식화

공식화(formalization)는 교육서비스 경영의 다양한 활동과 업무가 얼마나 표준화되었으며, 업무를 수행하는 데 있어서 얼마나 규정과 절차를 따르는지에 대한 정도를 의미한다. 이러한 공식화 정도에 따라 조직은 크게 공식적 조직과 비공식적 조직으로 구분할 수 있다.

공식적 조직은 구체적인 과업과 목표를 위해 의도적이며 계획적으로 형성된 조직을 뜻한다. 예를 들어 대표이사, 이사, 부장, 팀장 등은 공식적 조직에서의 일반적인 직함이다. 공식적 조직의 가장 우선되는 역할은 부여된 업무를 완수하여 조직의 목표 달성에 기여하는 것이다. 공식적 조직을 통해 조직 구성원은 업무를 수행하고 목표를 달성하며 이에 따른 보상을 얻을 수 있다. 회사 내·외부에 명시되어 있는 조직도가 공식적 조직의 대표적인 표현 방식이다. 공식적 조직은 무엇보다 효율성 우선의 원리에 따라 운영되는 특징을 가지고 있다.

반면, 비공식적 조직은 구체적이고 명확한 조직의 과업과 목표 이외의 다른 목표를 추구하는 조직이다. 구성원의 여가, 취미, 자기개발 등 구성원들의 요구와 취향에 따라 구성되고 유지된다. 비공식적 조직은 감정의 논리에 따라 운영되며 추구하는 목표가 비교적 불분명하다. 최근 조직 유지를 위해 공식적 조직의 역할이 한계에 다다르게 되었고, 조직 구성원의 성향의 변화와 공식적 조직의 단점을 보완한다는 측면에서 비공식적 조직의 순기능에 대한 관심이 늘어나고 있다.

(4) 분권화

분권화(decentralization)는 의사결정의 권한을 하부 또는 다른 부문으로 얼마나 위임할 것인가를 나타낸다. 조직의 한 부문에 집중되어 이루어지는 의사결정은 권한의 집중도가 매우 높은 조직의 특징이며, 다양한 하부 부서에서 의사결정에 영향을 미치거나 심지어 실제 의사결정에 참여하는 것은 분권화의 정도가 높은 조직의 특징이다.

권한의 집중화(concentration)와 분권화는 조직의 특성이나 상황에 따라 상이하게 나타난다. 전통적으로 상황이 안정되거나 외부 환경 변수가 안정적인 경우에는 현장 상황의 파악과 즉각적 의사결정이 용이한 집중화가 분권화보다 효과적이다. 그러나 빠른 의사결정, 생산과 동시적 품질관리, 판매와 동시에 서비스 제공을 요구하는 시장 환경 변화에서는 의사결정 권한을 일선 담당자에 위임하는 분권화를 더욱 요구하고 있다(Galbraith & Lawler, 1993).

또한 조직이 위기상황에 처해 있고 의사결정의 결과가 매우 중대한 경우는 의사결정의 권한이 분산되어 있으면 일관된 경영이 어렵기 때문에 분권화보다 집중화가 적합하다. 반면, 의사결정의 결과의 영향이 크지 않고, 개방적인 조직문화를 가지고 있으며, 부문의 전문화 정도가 높아 구성원의 의사결정 역량이 높은 경우에는 위임의 정도가 높은 분권화가 적합하다. 특히 교육기업이 고객의 요구를 경쟁자보다 빨리 파악하여 신속히 대응하고자 하는 전략을 채택했다면 조직의 분권화 정도를 높이는 것이 필요하다.

(5) 통제 범위

통제 범위(span of control)는 조직을 보다 효과적이며 효율적으로 유지하기 위해 통제의 폭을 얼마나 넓고, 좁게 하는가에 대한 문제에 있어서 기본적으로 관리자가 통제할 수 있는 대인관계의 크기를 결정하는 것이다. 즉, 통제 범위는 한 관리자가 관리 가능한 조직 구성원의 수이기도 하다. [그림 3-5]와 같이 경영자가 많은 직원의 보고를 받으면 받을수록 통제의 범위가 넓은 것이고, 이는 조직 위계계층의 수가 작아지게 한다. 통제 범위에 따른 계층에 따라 수가 큰 조직을 tall 조직, 작은 조직을 flat 조직이라고 한다.

[그림 3-5] 통제 범위

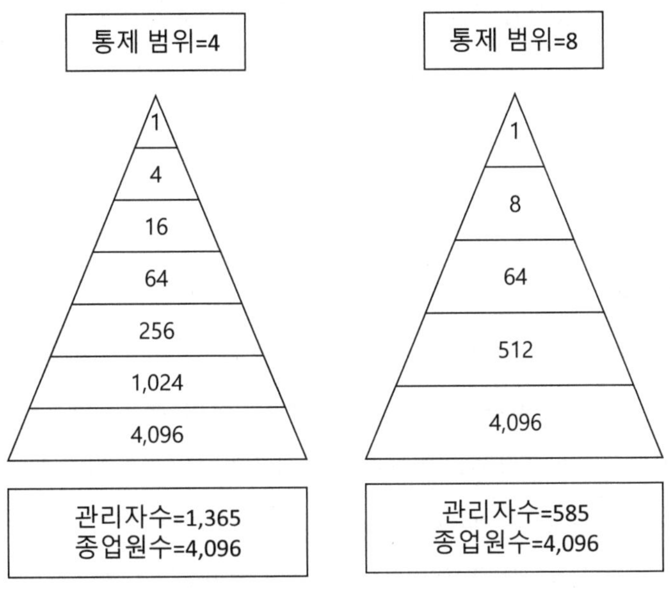

통제의 범위를 어느 수준에서 결정하는지에 대한 기준은 절대적이지 않다. 통제의 범위와 필요한 관리자의 수 및 비용 부담은 상충 관계(trade-off)이므로 경영자의 관리 능력과 추구하는 목표에 따라 적절한 수준의 통제 범위를 설정하는 것이 필요하다.

(6) 명령 사슬

명령 사슬(chain of command)은 조직 내에서 명령을 전달하는 계통을 사슬에 비유한 말이다. 즉, 명령과 보고의 단계가 조직의 상부에서 하부에까지 연결되어 있는 것으로 전달의 체제를 의미한다. 보고하는 사람은 보고받는 사람의 지시에 따라야 하고 지시받은 업무를 수행할 책임을 지게 된다. 전통적으로 명령 사슬은 명령 통일(unity of command)의 원칙이 적용되었다. 한 조직의 구성원은 누구나 한 사람의 경영자, 특히 위계계층에서 직속 리더에게 보고를 해야 한다는 개념이다. 이를 통해 업무 수행의 혼란을 줄이고 업무 능력이 올라간다고 주장해 왔다.

그러나 명령 통일의 원칙은 인터넷, 모바일 등 정보화의 발달과 보고 체계와 방식의 편의성 증대로 인해 점차 적용 정도가 낮아지고 있다. 즉, 명령 사슬의 공식적인 채널과 절차가 아니어도 모든 조직 구성원과 쉽게 의사소통할 수 있는 환경이 조성된 것이다. 또한 새로운 조직 형태가 등장하였고, 상황과 역할, 프로젝트 성격에 따라 여러 명의 상급자에게 보고할 필요성도 제기되었다. 이에 명령 사슬이 추구했던 전통적 조직의 권한, 책임의 개념이 점차 사라지고 있는 추세이다.

3. 조직설계

1) 조직설계의 개념

교육서비스 경영자에게 조직을 보다 바람직한 구조와 운영 체계로 바꾸기 위해 계획을 세우고 추진하는 것은 매우 중요한 조직 관리의 과제이다. 이와 같이 조직을 어떤 방향으로 구성하며 조정할 것인지에 대한 문제를 조직설계(organization design)라고 한다. 조직설계는 조직에 있어서 의사결정을 요하는 문제에 대하여 합리적인 결정 과정을 거치도록 그 과정을 설계하는 것이다(조석준, 허중경, 1995). 따라서 조직을 설계한다는 것은 단순히 조직과 관련된 문제를 넘어 기업의 목표 달성과 직결된 중요한 과제이다.

2) 전통적 조직설계

전통적인 조직설계의 핵심이자 주체는 소유주로서의 경영자이다. 경영자가 소유주인 전통적 경영환경에서는 별도로 조직을 설계하거나 기획할 필요가 없이 소유경영자가 모든 권한을 행사하며, 통제의 범위가 소유경영자에게 집중되어 있었다. 따라서 전통적 조직설계는 경영자를 조직의 최상단에 놓고 모든 체계를 형성하는 전통적 조직 형태를 띠게 된다.

전통적 조직설계 상황에서 대표적인 조직 형태는 [그림 3-6]과 같이 라인 조직, 기능식 조직, 라인-스태프 조직, 사업부제 조직 등이 있다.

[그림 3-6] 전통적 조직

(1) 라인 조직

라인 조직은 직계조직이라고도 하며 최고경영층의 권한과 명령이 수직적인 단계를 통해 현장 종업원에 전달되는 조직 형태로, 군대식 조직이라고도 한다. 가장 오래되고 단순한 형태로 시행되며 무엇보다 지휘·명령 계통이 명확하여 책임과 의무가 명확하고 분업을 통한 효율성 확보가 용이하다. 그러나 일련의 원칙에 따라 유지되는 조직의 특성 때문에 조건에 따라 정해진 권한의 한계를 넘지 못하고, 규정에 따라 정해진 업무 이외에는 적극적으로 관여하지 않아 조직 및 개인 역량의 유휴가 발생한다는 단점이 있다.

(2) 기능식 조직

기능식 조직은 라인 조직의 단점을 보완하기 위해 Taylor가 창안한 조직 형태로 Taylor 조직이라고도 한다. 라인 조직이 수직적 분화를 중시한다면, 기능식 조직은 수평적 분화 관계를 중시하여 관리자의 업무를 전문화하여 직능별로 전문 관리자가 지휘·감독하는 조직 형태이다. 기능식 조직은 전문지식과 경험이 있는 관리자의 조력으로 효과적인 경영과 전문성을 기반으로 한 고능률을 기대할 수 있다. 또한 분업의 원칙이 적용되며 작업의 표준화가 가능하다. 그러나 책임의 전가 위험이 있고 지나친 전문화로 인한 관리 비용의 소모가 많이 발생한다는 것이 문제점이며, 라인 조직과 달리 명령의 통일이 이루어지지 않아 전체 조직의 질서 유지가 어렵다는 단점이 있다.

(3) 라인-스태프 조직

라인-스태프(line-staff) 조직은 라인 조직과 기능식 조직을 조화시킨 조직 형태이다. 직계참모조직이라고도 하는 라인-스태프 조직은 라인 조직과 기능식 조직의 단점을 보완하고 장점을 살리기 위한 혼합형 조직이다. 즉, 라인 조직의 지휘·명령의 통일화를 유지하되, 기능식 조직의 수평적 분화에 따른 책임과 권한은 확립하는 조직이다. 라인-스태프 조직에서는 전문적인 스태프의 조언을 통해 효율적인 관리 활동의 전개가 가능하며, 이로 인한 비용 절감이 가능하고 무엇보다 통제가 용이하다. 다만 라인과 스태프 조직 간의 대립과 갈등이 생길 수 있고 라인이 스태프의 조언을 무시하면 스태프 역할이 모호해질 수 있다는 단점이 있다.

(4) 사업부제 조직

사업부제 조직은 조직을 제품별, 지역별, 시장별 등으로 구분하여 각각 개별적인 경영단위로서의 사업부를 만들고 각 사업부에 자유재량을 부여하는 분권적 조직 형태이다. 구분한 각 부문에 따라 포괄적인 결정이나 조정의 권한이 주어지기 때문에 분권화가 가능하고 경영의 의사결정이 합리적이고 책임의 소재가 명확하다. 또한 독립적인 경영권을 인정하여 독립채산제가 보장된다. 그러나 독자적인 직무수행으로 중복되는 관리비용이 발생하고, 사업부만의 이익의 극대화를 목표로 삼아 기업 전체의 이익과 배치되는 상황이 발생할 수 있다.

3) 현대적 조직설계

현대에 들어오면서 전통적 조직설계의 원칙들이 한계에 다다르게 되고 무엇보다 복잡한 경영환경에 대한 대응이 부적절하다는 비판이 제기되었다. 따라서 보다 유연성이 높고, 혁신성을 확보하며, 기민한 조직에 대한 시장의 필요와 요구가 생겨났다. 이렇게 과거 조직과 대비되는 조직에 대한 설계를 현대적 조직설계라고 한다.

현대적 조직설계의 대표적인 형태는 팀 조직, 매트릭스 조직, 가상·네트워크 조직, 프로젝트 조직 등이 있다.

(1) 팀 조직

팀 조직은 기업의 당면한 문제를 해결하기 위해 다양한 전문 능력을 보유한 구성원을 임시로 조직하여 과업에 투입시키고 수행이 완료되면 해체하는 조직의 형태이다. 팀 조직에서는 전통적 조직과 달리 계층의 상하로 연결되는 명령의 사슬이 없으며 팀으로 권한이 위임된다. 팀 조직은 상호 보완적인 능력이나 기술을 보유한 구성원이 공동의 책임하에 공동의 성과 목표를 달성하기 위해 모인 소집단(small group)이라고 할 수 있다(신유근, 이춘우, 2020).

팀 조직은 일반적으로 〈표 3-6〉과 같이 조직 전체적 수준과 구체적 작업집단 수준으로 Task Force 팀, 프로젝트팀, 자율작업팀, 교차기능팀으로 구분된다.

〈표 3-6〉 팀 조직의 유형

기준	팀 유형	특징
조직 전체적 수준	Task Force 팀	특수한 목적 달성을 위해 일시적으로 조직 및 해체
	프로젝트팀	일상적인 업무를 위해 장기간 조직
구체적 작업집단 수준	자율작업팀	자율적 의사결정을 통해 일상적인 업무 처리
	교차기능팀	다른 기능을 가진 전문가들이 비일상적 특수 업무 공동 처리

(2) 매트릭스 조직

매트릭스 조직은 기능식 조직과 사업부제 조직의 장점을 결합하기 위해 이 둘을 통합하여 설계된 조직이다. 매트릭스 조직은 [그림 3-7]과 같이 종축과 횡축의 두 지휘·명령 체계를 설치하고, 이원적 관리를 통해 활동하는 조직으로 행렬식(行列式) 조직이라고도 한다. 매트릭스 조직은 전통적 조직이 중시하는 명령의 통일화의 원칙을 위배한다는 문제가 있으나 환경의 다양화에 대응할 필요성으로 인해 발전하였다.

매트릭스 조직이 정착되면 기능 부서와 제품 부서를 동시에 통합하게 되어 조직의 효율성이 극대화되고, 전문 분야별 동일성을 유지하여 최종 결과에 초점을 둘 수 있다. 또한 전문성을 보유한 구성원이 두 사업부에서 동시에 업무를 수행하기 때문에 인적자원을 효율적으로 활용하고 유연하고 혁신적이며 적응력이 뛰어나다는 장점이 있다. 그러나 여러 부서의 목표가 상충되는 경우 갈등이 유발될 가능성이 있으며, 이중 명령 체계로 인한 혼란과 오랜 의사결정 시간의 소요는 단점으로 지적된다.

[그림 3-7] 매트릭스 조직

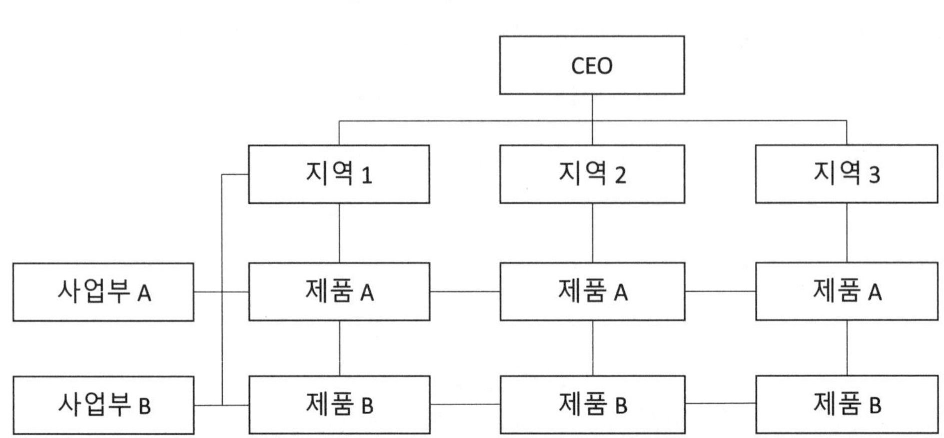

(3) 가상 조직 · 네트워크 조직

[그림 3-8]과 같은 가상 조직(virtual organization)과 네트워크 조직(network organization)은 현대 조직이 추구하는 개념인 경계 없는 조직(boundaryless organization)의 대표적인 형태이다. GE의 최고경영자였던 Jack Welch가 고안한 조직으로 수직적 계층이나 수평적 부서의 벽을 없애는 것에서 더 나아가 회사와 고객, 공급자 간의 외부적 경계도 없앤 조직이다. 이와 같이 다양한 이해관계자 사이의 장벽을 최소화하거나 완전히 제거하기 위한 조직 형태로 가상 조직과 네트워크 조직이 제시되었다(Robbins 외, 2021).

우선 가상 조직은 특정 시장과 기회를 발견했을 때 우수한 핵심역량을 가진 인적자원과 기술을 일시적으로 통합하고 제휴하는 조직을 말한다. 외부 전문가로 구성된 소수의 핵심 조직을 한시적으로 고용하여 사업 기회를 얻기 위해 협력관계를 유지한다. 구성원이 전자 시스템을 이용하여 업무를 수행하는 가상 조직의 장점은 의사결정 단계가 간소화되고 환경 변화에 신속하고 유동적으로 대응할 수 있다는 것이다.

네트워크 조직은 정보통신기술을 활용하여 조직의 유연성과 유기적 연계성의 극대화를 모색하는 조직이다. 독립된 각 사업의 부서들이 자기 고유 기능을 수행하면서 서비스 생산이나 프로젝트 수행을 위해 상호 협력을 하는 조직구조이기도 하다. 네트워크 조직은 자원의 중복 투자를 감소시키고 시장 상황 변화에 신속하게 대응할 수 있다는 장점이 있다. 다만 네트워크 조직은 경영자의 직접적인 통제가 어려워 업무 과정에서 왜곡이 발생할 수 있다는 단점도 있다.

[그림 3-8] 가상 조직·네트워크 조직

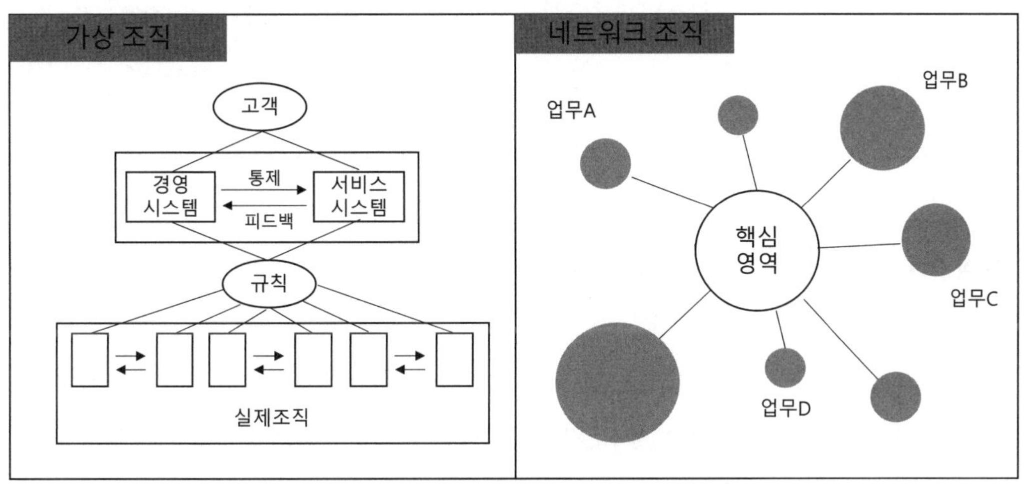

자료: 신유근, 이춘우(2020). 경영학원론.

(4) 프로젝트 조직

프로젝트 조직은 [그림 3-9]와 같이 팀 조직의 하나의 세부 팀 형태로 조직될 수도 있지만, 조직 전체의 특정 과제를 해결하기 위해 일시적이며 간헐적으로 형성되기도 한다. 프로젝트팀은 무엇보다 인원 구성이 탄력적이고 기동성이 빠르며 책임과 평가의 경계가 명확하다. 그러나 일시적인 조직 특성으로 인해 조직 구성원 간의 의사소통에 어려움이 발생하도 하고, 본래 소속된 부서와 일시적으로 형성된 프로젝트 조직 간의 관계 조정에 많은 노력이 필요하다.

[그림 3-9] 프로젝트 조직

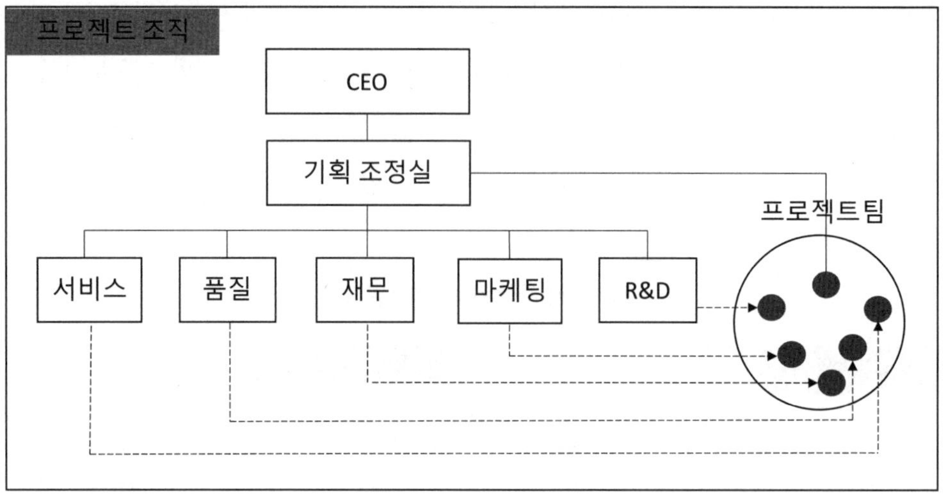

4) 상황별 조직설계

조직설계에 영향을 주는 상황 요인은 매우 다양하다. 조직의 규모, 설정된 과업과 과업 해결을 위해 사용되는 기술, 시장 환경의 변동성, 기업이 채택한 전략 등이 조직설계의 주된 영향 요인이다. 적합한 조직에 대한 설계는 상황에 따라 달라지기 때문에 교육기업이 처해 있는 내·외부 환경에 따라 적절한 조직 형태를 선택하는 것이 중요하다.

(1) 기계적 조직과 유기적 조직

교육기업이 처한 환경 변화의 양상에 따라 기계적 조직과 유기적 조직의 유형을 선택하여 대응하는 것이 필요하다. 일반적으로 안정적 환경에서는 효율성과 생산성을 확보할 수 있는 기계적 조직이 적합하다. 반면, 가변적 환경에서는 유연성과 적응성이 필요한 유기적 조직이 적합한 조직 형태라고 할 수 있다. 〈표 3-7〉은 이러한 기계적 조직과 유기적 조직의 특성을 정리한 것이다.

〈표 3-7〉 기계적 조직과 유기적 조직의 특성

구분	기계적 조직	유기적 조직
주요 목표	효율성, 생산성	유연성, 적응성
운영 방식	기계적 방식에 의존	인간의 잠재력 활용
조직구조 구성요소	높은 과업 분화 높은 집권화 높은 공식화	낮은 과업 분화 높은 분권화 낮은 공식화
조직 과정의 운영	조직 지위에 기초한 의사결정 하향적 커뮤니케이션 상급자에 의한 조정	개인 능력에 기초한 의사결정 쌍방향 커뮤니케이션 상호 조절 및 자발적 조정
적합 상황	대량생산, 연속생산 기술 안정적이고 단순환 환경	소량주문생산기술 동태적이고 복잡한 환경
형태		

(2) Duncan과 Thompson의 환경 불확실성

Duncan과 Thompson은 기업이 처한 외부 환경을 복잡성의 정도와 변화의 정도의 2차원적 관점으로 [그림 3-10]과 같이 분류하였다. 환경에 대응하기 위한 적합한 조직을 설계할 때 제시한 두 가지 관점 기준인 환경 복잡성, 환경 동태성에 따라 조직구조를 설계하는 환경적 이론을 제시하였다.

[그림 3-10] Duncan과 Thompson의 환경 불확실성 분류

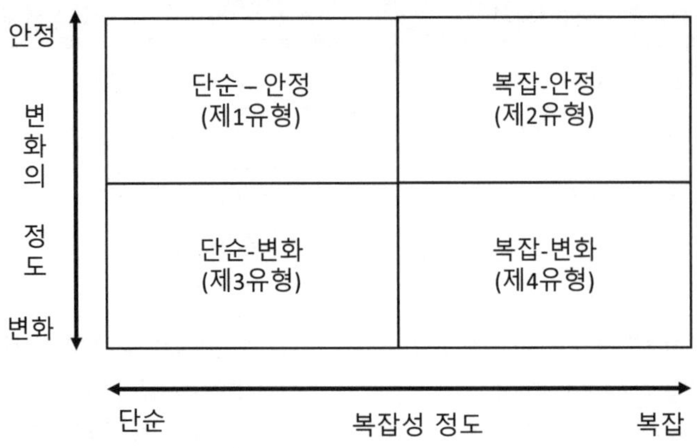

(3) Mintzberg의 조직성장경로 모형

Mintzberg는 조직이 성장하는 과정에서 요구되는 조직설계의 기준으로 기본 부문의 힘의 구심점 위치에 따라 다섯 가지 기본적 조직구조 모형을 제시하였다. 경영 활동의 구심점 위치와 조직성장 정도에 따라 조직 형태가 달라짐을 주장하며, 최고경영층부터 지원 스태프까지 각각의 힘의 구심점에 따라 이상적인 조직구조를 [그림 3-11]과 같이 제시하였다.

[그림 3-11] 조직성장경로에 따른 조직구조

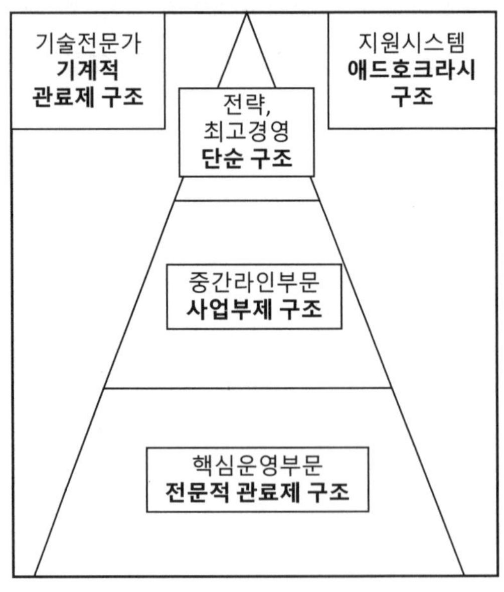

구분	단순구조	사업부제 구조	전문적 관료제 구조	기계적 관료제 구조	애드호크라시 구조
구심점	최고경영층, 전략경영층	중간라인 부문	핵심운영 부문	기술전문가 부문	지원시스템부문
조직구조	집권화, 직접관리 유기적 조직	분권화, 공식화 기계적 조직	분권화, 복잡성, 공식화 기계적 + 유기적 조직	단순화, 분권화, 공식화 기계적 조직	낮은 복잡성 유기적 조직
장점	신속하고 용이한 통제 빠른 의사결정	위험분산, 다각화 중간경영자 육성	전문성, 재량권	효율성, 표준화	유연성, 창의성 신속한 환경 대응
단점	최고경영자 역량 기반 권력 남용	부문최적화 전사적 적용 불가	느린 의사결정 전문가-관리자층 갈등	느린 환경 대응 창의성, 유연성 저해	느린 의사결정 역할 모호, 갈등
적합환경	단순, 동태적 신생 소규모조직	차별화, 다각화 성숙한 조직	복잡, 안정적 복잡한 대기업	단순, 안정적 성숙한 대기업	복잡, 동태적 혁신 조직

(4) 새로운 조직 형태

최근 경영환경에서 새로운 조직 형태를 설계하여 적용할 필요가 제기되고 이에 따른 다양한 조직 형태가 등장하기도 하였다. 경영환경의 경계가 세계로 확장되면서 기존의 조직 형태가 범위를 세계로 넓히면서 글로벌 네트워크 조직, 글로벌 매트릭스 조직 등이 등장한 것이다.

또한 경영범위의 확장에 따라 다양한 분권화가 이루어져 권력의 평등화(power equalization) 또는 권력공유(power sharing) 경향도 뚜렷해지고 있다(Narayanan, 1993). 이러한 분권적 조직의 대표적인 형태로 구성원의 고도의 자율성과 팀워크를 기반으로 한 분권적 조직이면서도 통합적인 조직 형태인 심포니 오케스트라형 조직이 활용되기도 한다(윤순봉, 장승권, 1995).

아울러 고객 욕구와 가치를 중시하는 조직 설계의 중요성이 강조되면서 역피라미드형(upside-down structure) 조직과 아메바형(amoeba) 조직과 같은 고객지향적 조직이 등장하고 있다. 역피라미드 조직은 소비자 주도형 조직이라고도 하며 경영조직의 상하 위계관계보다 고객의 요구를 최우선으로 여기고 설계되며 운영되는 조직이다. 아메바형 조직은 정해진 규정, 계획, 구조를 준수하는 기존 조직 형태와 대비되는 조직으로 변화하는 환경에 따라 기민하게 과업이나 임무를 위해 변화하여 움직이는 조직이다. 특히 구성원 개인의 자율성과 유연성을 강조하는 교육기업에게 고객의 욕구와 환경 변화에 즉시 대처할 수 있는 아메바형 조직 형태도 적절히 선택하여 활용하는 것이 필요하다.

제3절

지휘

1. 지휘의 영역

교육서비스 경영자는 조직의 목적과 목표를 달성하기 위해서 사람들이 모인 집합체인 조직을 적절히 지휘하는 역량을 가지고 있어야 한다. 지휘란 조직 구성원들에게 각자 맡은 업무를 지시(commanding)하고 영향(influencing)을 미치는 행동을 일컫는다. 즉, 지휘란 경영자가 보유한 권한을 이용하여 영향력을 행사하는 하나의 방법으로 권위의 행사와 함께 교육과 설득 및 협의와 참여를 토대로 협력적 방법을 강조하는 것으로 집단의 노력을 유도하고 설득하며 협력하는 과정이다(서울대교육연구소, 1995). 따라서 적절한 지휘 활동을 위해서는 개인과 조직의 행동에 대한 폭넓은 이해와 체계적인 접근을 통해서 인간과 집단에 대한 지식을 추구하며, 유효성을 고려하는 것이 필요하다.

이에 지휘의 영역은 크게 조직에 참여하는 개인을 대상으로 분석하는 개인행동의 영역과 집단행위 수준의 조직 내 집단을 대상으로 분석하는 조직행동으로 구분된다.

1) 개인행동

조직을 구성하고 있는 개인행동을 이해하기 위한 접근은 주로 심리학의 발전에 따라 학습, 태도, 성격, 지각, 동기부여에 초점을 맞추어 왔다. 개인행동에 대한 접근은 크게 행동주의적 접근법, 인지적 접근법, 절충주의적 접근법으로 구분된다.

행동주의적 접근법은 관찰과 예측이 가능한 행동들을 통해 인간의 심리를 객관적으로 연구할 수 있다고 보는 심리학적 이론이다. 행동주의적 접근법은 행위주의적 접근법, 강화적 접근법이라고도 하며, 인간의 행동은 자극과 반응으로 형성되며 자극에 대한 기계적 반응이 행동으로 나타난다고 보았다.

인지적 접근법은 행동주의 이론에 대한 반발로 인해 등장하였고 인간의 내적 정신 과정에 집중하는 이론으로 발전하였다. 인지적 접근법에 따르면 인간의 형태적 행동과 함께 주관적 심리도 고려해야 개인의 행동을 완전히 이해할 수 있으며 이를 위해 지각, 기억, 정보처리 과정 등의 인지의 과정에 연구의 초점을 두었다.

절충주의적 접근법은 인간의 행동을 설명하고자 하는 다양한 접근법이 가진 각자의 한계를 극복하고 이론별 장점과 특징을 종합하여 포괄적인 하나의 모형을 정립하기 위한 노력으로 제기되었다. 즉, 개인의 행동은 인지 과정이나 심리 과정에서의 지각으로 유발되고, 외부로 나타나는 결과로 보았다.

2) 조직행동

조직행동(organization behavior; OB)은 개인행동과 집단행동을 포괄하여 직무 상황에 나타나는 모든 행동을 연구하는 영역을 의미한다. 또한 조직행동은 조직과 집단에서의 행동을 설명하고, 예측하고, 영향을 미치는 것이다. 경영자는 다른 직원들보다 어떤 행동에 참여하는 구성원의 참여 이유를 설명하고, 다양한 행동과 결정에 어떻게 반응할지를 예측하며, 구성원 행동에 영향을 미칠 수 있다(Robbins 외, 2021). 따라서 공동 목표를 달성하기 위해 구성원 사이에 상호작용이 이루어지는 조직의 행동에 대한 이해는 중요한 경영적 연구 주제이다.

조직행동이 주로 초점을 맞추는 영역은 개인 차원의 행동, 집단 차원의 행동, 조직 차원의 행동 세 가지로 정리된다. 개인 차원의 행동은 조직행동이 개인 차원의 행동으로부터 시작된다는 것을 전제로 개인행동을 유발시키는 주요한 요소를 규명하고 이러한 요소들이 개인의 유효성과 성과에 미치는 영향을 밝히고자 하였다. 집단 차원의 행동은 [그림 3-12]와 같이 개인이 속한 작업집단 내의 타인과의 상호작용은 인적 시스템과 자아개념 및 욕구에 따른 대인 간 방침에 영향을 받는다는 것을 정리한 개념이다. 마지막으로 조직 차원의 행동은 [그림 3-12]에서 보여 주는 것과 같이, 조직행동을 직접 관리하고 지휘하는 리더십이 개인과 집단, 조직 차원의 행동 형성에 중요한 역할을 한다고 밝힌 것이다.

[그림 3-12] 집단차원 및 조직차원의 행동 모형

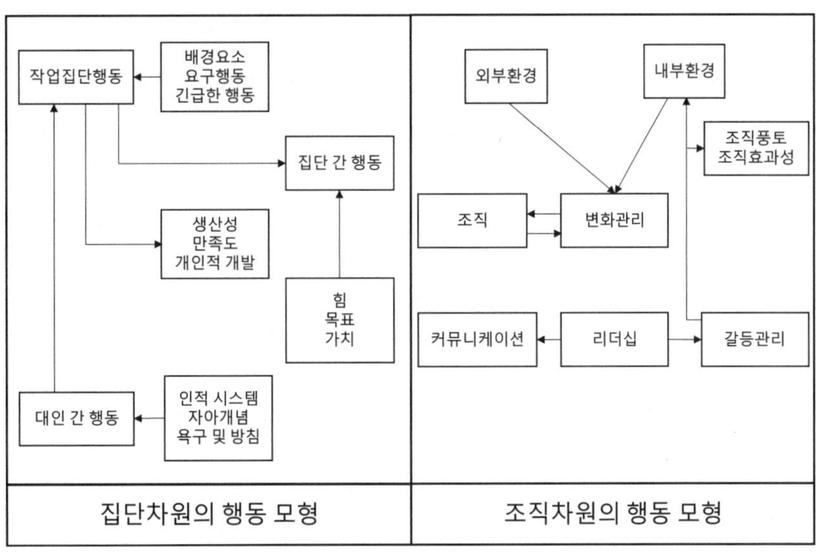

2. 개인행동의 이해

1) 학습

개인행동으로서의 학습이란 개인행동 형성의 근본적인 과정으로서 반복적인 훈련과 경험을 통해 이루어진 비교적 영구적인 행동 변화를 의미한다. 또한 학습은 경영학적 관점에서 조직의 목표에 개인행동의 긍정적 변화를 포함시키는 전략이라고 할 수 있다. 이러한 학습의 경영적 이론의 정의를 따른다면 학습의 주요 구성요소로는 행동 변화, 영구적 변화, 훈련과 경험, 강화 작용[21]이 포함된다.

학습과 관련된 대표적인 이론은 자극-반응이론, 인지적 학습이론, 사회학습이론 등이 있다.

21) 행동 변화란 성격, 지각, 동기와 태도의 변화를 의미하고, 영구적 변화는 학습을 통한 변화가 비교적 영구적 성격을 지님을 뜻한다. 또한 강화 작용은 경험을 되풀이하는 과정에서 필요한 작용을 의미한다.

(1) 행동주의 이론(자극-반응이론)

미국의 교육심리학자 Ashley Horace Thorndike가 주창한 자극(stimulus)-반응(response) 이론에서는 학습이 어떤 자극에 대한 특정 반응의 결합으로 이루어진다고 주장하였다. 이러한 자극-반응이론은 개인의 행동을 자극과 반응의 연상 학습이라는 개념으로 정리하여 행동주의적 이론이라고도 불린다.

자극-반응이론의 대표적인 개념으로는 고전적 조건화(classical conditioning)와 조작적 조건화(operant conditioning)를 들 수 있다. 고전적 조건화는 Pavlov의 개 실험에서 보인 종소리-먹이-침의 반사 반응을 통해 특정 행동을 이끌어 낼 수 있는 적절한 자극을 제시하고, 그에 맞는 반응을 강화시키는 과정을 학습이라 정의하였다. 조작적 조건화는 Skinner의 쥐 실험에서 나타난 보상(먹이)과 행동(단추 누름)의 관계를 통해 자극과 반응의 관계가 보상을 받는 경험에 의해 학습된다는 효과를 설명하였다. 또한 조작적 조건화는 개인행동의 성장적 자극과 행동의 외적 결과의 관계를 [그림 3-13]과 같은 긍정적 정적 강화, 부정적 부적 강화, 소거, 처벌의 강화이론(reinforcement theory)으로 설명했다.

[그림 3-13] 강화이론 예시

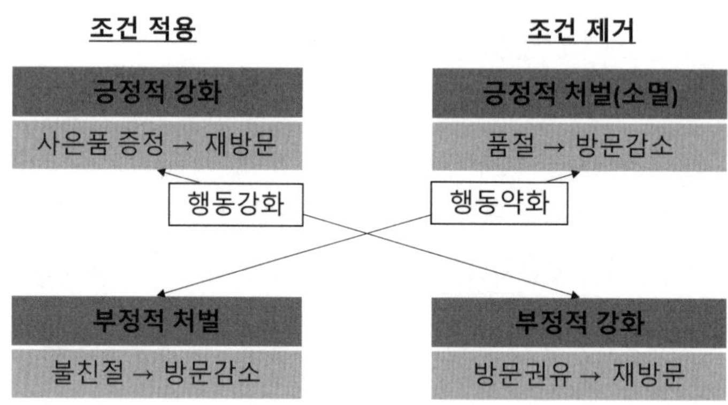

(2) 인지적 학습이론

인지적 학습이론(cognitive learning theory)은 개인에 대한 수동적인 행동주의 이론에 반발하며 나온 것으로 인간을 문제 해결의 주체로 보고 학습 과정에서 발휘되는 창조성과 내면성을 강조하였다. 인간은 자신이 처한 외부 환경에 대해 인지적이고 이상적인 상호작용을 통해 행동을 습득하고 모방학습이나 인지학습을 통해 달성된다고 보았다.

즉, 학습이란 학습자의 목표, 지각 속의 인지적 지도(cognitive map), 환경자극의 기호(sign), 기대(expectation)와 이를 종합한 학습자의 구성 의미 체계(significance)에 의해 이루어지는 것이라고 주장하였다. 따라서 인지적 학습이론은 외부 자극에 대한 반응보다 주어진 문제에 대해 해결할 수 있는 능력과 해결 가능하다는 확신으로서의 인지적 단서, 목표 추구성이 보상으로 이어진다는 기대를 핵심 구성요소로 설정하였다.

(3) 사회학습이론

사회학습이론(social learning theory)은 저명한 심리학자 Albert Bandura가 출간한 《사회학습이론(Social Learning Theory)》(1977)에 소개된 이론이다. 이 이론에 따르면 사람의 행동은 다른 사람의 행동이나 주어진 상황을 관찰하고 모방함으로써 이루어진다고 보았기 때문에 보상이나 처벌의 자극으로 행동의 반응이 변한다는 이전 학설과 대립되는 주장을 내세웠다.

사회학습이론에서 사회적 구성요소인 개인은 가족, 친지, 상사, 동료, 부하 등 타인에게 일어나는 사건을 보고 모방하거나 직접 경험하는 과정을 학습으로 규정하였다. 따라서 사회적으로 보상받는 행동의 강화, 타인의 행동을 관찰하고 학습하는 모방, 사회적 상호 관계, 다양한 인간의 내적 심리 과정을 이론의 주요 개념으로 제시하였다. 또한 자기효능감(self-efficacy), 결과 기대(outcome expectation), 개인 목표(personal goals), 개인변인과 환경변인의 역동적 주체로서의 개인의 발달 요인을 제시하여 조직효과성 연구에 토대를 마련하기도 하였다.

2) 태도

태도(attitude)란 어떤 대상에 대해 일관성 있게 호의적 또는 비호의적으로 반응하거나 행동하도록 학습된 선유경향(predisposition)이다(Fishbein & Ajzen, 1975). 즉, 태도는 어떤 대상에 대한 전반적인(overall) 긍정적 또는 부정적 평가라고 할 수 있다(이학식 외, 2018). 이러한 태도를 형성하는 데 영향을 주는 요인으로는 문화, 집단의 성원 자격, 사전작업 및 경험 등이 있다. 또한 태도를 형성시키는 여러 변수에 대한 연구가 이루어졌으며 대표적인 변수로 자극, 정서, 인지, 행동 등이 제시되었다.

태도의 변화를 설명하기 위한 대표적인 이론으로는 K. Lewin의 장이론(field theory)이 있다. 장이론에 따르면 인간의 태도, 기대, 감정, 욕구 등의 내면적 힘은 외적 힘과 상호작용한다. 즉, 인간의 심리상태로서 태도는 고정적이거나 안정되어 있지 않고 겉으로 그렇게 보여도 실제로는 서로 상충되는 동적인 세계에서 균형 상태를 유지하고 있다고 주장한다.

또한 Leon Festinger의 인지부조화 이론(cognitive dissonance theory)도 개인의 태도와 행동을 설명해 준다. 이론에 따르면 인간의 태도, 행동, 신념 등은 일관성을 유지하려고 하며 이 중 일관적이지 않은 부조화의 상황에서 이를 회피하거나 해결하기 위한 방안을 모색하고 이를 통해 태도나 행동을 바꾼다고 주장한다.

3) 성격

성격(personality)은 개인을 특정 짓는 지속적이며 일관된 행동양식으로 개인 자신이 선천적으로 타고난 성격과 후천적으로 일상생활에서 학습을 통해 형성된 성격으로 구분된다. 성격을 결정하는 요인은 유전적 요인, 문화적 요인, 사회적 요인, 상황적 요인 등 다양하지만 개인 성격과 조직행동의 관련성에 초점을 맞추면 성격적 특성을 가지고 실제 업무와 관련된 행동을 예측하는 것이 중요하다.

성격적 특성이 조직행동에 미치는 영향은 〈표 3-8〉과 같이 통제 위치(locus of control), 마키아벨리즘(Machiavellianism), 자존감(self-esteem), 자기감시(self-monitoring), 위험감수(risk-taking) 등 다섯 가지 요인으로 정리된다.

〈표 3-8〉 성격이 조직행동에 미치는 영향

통제 위치	개인이 자신을 둘러싼 사건을 통제하여 영향을 미칠 수 있다고 믿는 정도
마키아벨리즘	목적을 위하여 수단을 가리지 않는 것
자존감	자신의 능력과 가치에 대한 전반적인 평가와 태도
자기감시	타인의 변화나 상황적 단서를 파악하여 자신의 행동을 조정하는 능력
위험감수	불확실성과 위험에 도전하여 새로운 기회와 가능성을 추구하는 성향

개인의 성격을 측정하려고 한 대표적인 성격 유형 검사는 마이어스-브릭스 성격 유형 검사(The Myers-Briggs Type Indicator; MBTI)와 Big 5 성격 모델(Big Five model)[22]이다.

MBTI 성격 유형은 저명한 심리학자 Carl Gustav Jung의 심리학적 유형(psychological types) 이론을 근거로 연구·개발되었으며 일상생활에 유용하게 활용되고 있다. MBTI는 에너지 방향[외향(E)-내향(I)], 인식기능[감각(S)-직관(N)], 판단기능[사고(T)-감정(F)], 생활양식[판단(J)-인식(P)]의 네 가지 척도의 양극단 지표의 분류 및 조합에 따라 〈표 3-9〉와 같이 16가지 성격 유형을 제시하여 성격적 특성과 행동의 관계를 이해하는 기초 자료로 활용이 된다.

〈표 3-9〉 MBTI 성격 유형과 경영적 특성

유형	특성
ESTJ	절차를 확인하고 점검하는 책임자의 역할에 맞으며, 효과적으로 조직을 구성한다.
ESTP	활력이 넘치는 경영인으로 실용적이고 일상적인 서비스 사업에 능하다.
ESFJ	사람을 조력하는 사업에서 능력을 발휘하며, 실용적인 서비스를 제공한다.
ESFP	성과가 바로 확인되고 일이 성사될 때마다 성장하는 사업을 선호한다.
ENTJ	사업 기획과 실행능력이 뛰어나며, 사업의 다각화 방안에 관심이 많다.
ENTP	신속과 정확을 좋아하지만, 근본적으로 아이디어가 현실화될 때 만족한다.
ENFJ	명확한 사업 구상과 실현을 위한 방법을 알고, 시장 상황 파악 능력이 뛰어나다.
ENFP	팀워크를 기반으로 하는 사업에 적합하며, 조직을 활용한 사업에 능하다.
ISTJ	조직의 구조 안에서 성취하고자 하는 욕구가 강하고 성실하게 일한다.
ISTP	구체적이고 실용적이며 실무적인 유형의 서비스를 제공하는 사업을 좋아한다.
ISFJ	조직의 구조와 기준을 잘 따르며, 사업 활동들은 실제적이고 실무적인 서비스이다.
ISFP	여유로운 사업의 속도를 선호하고, 소수의 네트워크와 함께 일하기를 좋아한다.
INTJ	독립성과 통제에 대한 욕구로 자신을 미래의 기업가로 생각한다.
INTP	추구하는 이상적인 사업 형태가 정해져 있으며, 자신의 분석력을 활용한다.
INFJ	독립성을 좋아하고 발전할 수 있는 자유가 허용되는 기회를 추구한다.
INFP	사회적, 환경적 문제와 연관된 일을 선호하고, 다양한 인간 관리에 능하다.

22) 2장 교육서비스 경영자-3절 교육서비스 경영자의 리더십-2. 전통적 리더십 이론-1) 특성이론 부분 참고.

4) 지각

지각(perception)은 감각기관으로 들어온 정보를 조직하고 해석하는 과정이다. 즉, 지각이란 현실 행동에서 각종 지각이 협동하여 작용함으로 통합된 사물의 인지를 성립시키는 것으로 단순히 오감의 감각을 나타내는 감각작용(sensation)과는 구별된다.

사람이 어떠한 대상을 지각할 때는 일정한 패턴을 따르게 되는데 이러한 것을 지각 과정이라고 하며 선택, 조직화, 해석의 과정을 거치게 된다. 선택 단계에서는 환경으로부터 감지되는 상황이나 자극, 정보 가운데 일부만을 지각하려는 경향이 있는데 이를 선택적 지각(selective perception)이라고 하며 몇 가지 특징을 가진다. 첫째, 선택적 지각은 어떤 자극을 평소보다 더 잘 지각하는 지각적 탐색과 덜 지각하는 지각적 방어로 구분된다. 둘째, 조직화 단계에서는 선택되어 지각 범위 안에 들어온 자극들을 보다 잘 기억하기 위해 서로 연결하여 하나의 이미지로 통합하는 과정과 조직된 덩어리로 인식하는 과정을 따른다. 마지막으로 해석 단계에서는 조직화된 자극을 다시 해석하는 과정을 거치는데 자신의 경험, 욕구 등에 따라 재가공하고 자기 목적에 부합되는 의미를 부여하는 해석이 이루어진다.

지각과 관련된 이론은 대부분 다른 사람을 평가하는 것을 중심으로 연구가 되었으며 대표적으로 귀인이론(attribution theory)이 있다. 귀인이론이란 특정한 행동이 발생하는 원인을 추론하는 과정을 설명하는 이론으로, 이에 따르면 사람들은 자신이 관찰할 수 있는 행동을 바탕으로 귀인(歸因)하여 태도나 의도를 추론하고 이렇게 추론된 내용은 태도 변화의 선행요인으로 인식하게 된다. 귀인은 크게 내적 귀인과 외적 귀인으로 구분된다. 내적 귀인은 행동의 원인을 능력, 태도, 성격과 같은 행위자 개인의 내적 요인으로 돌리는 것이다. 반면, 외적 귀인은 행동의 원인을 외부의 사회적 상황이나 타인 등 환경적 요인으로 돌리는 것이다.

한편, 지각 과정에서는 〈표 3-10〉과 같은 다양한 오류가 발생하여 정확한 판단을 내리는 데 걸림돌이 될 수 있다.

〈표 3-10〉 지각 오류 유형

지각 오류	내용
상동적 태도	특정인에 대한 평가가 그가 속한 사회적 집단에 대한 지각을 기초로 이루어짐
후광효과(현혹효과)	인물이나 사물 등 일정한 대상의 특정 부분의 평가가 다른 부분까지 영향을 미침
선택적 지각	자신의 인상과 일치하는 정보만 취하고, 불일치하는 정보는 무시함
대비효과	어떤 사람의 평가가 다른 사람의 평가에 영향을 줌
주관의 객관화 (투사 효과)	자신의 개인적 성향을 다른 사람에게 투시하여 평가함
자기실현적 예언 (피그말리온 효과)	타인의 기대나 관심으로 인하여 능률이 오르거나 성과가 좋아지는 현상
지각적 방어	자신이 지각할 수 있는 사실은 받아들이고 기존 상동적 태도와 배치되는 정보는 회피하거나 왜곡함
관대화 경향	평가에 있어 가능한 한 높은 점수를 주려고 함
가혹화 경향	평가에 있어 가능한 한 낮은 점수를 주려고 함
중심화 경향	평가에 있어 중간 정도 점수를 주려고 함

3. 조직행동의 이해

1) 집단과 집단구조

(1) 집단

집단이란 조직 공동의 목적을 달성하기 위해 구성원 사이에 상호작용(interaction)이 일어나며, 이로 인해 이해를 함께 나누는 조직체를 의미한다. 집단은 다양한 기준에 따라 유형을 나누어 볼 수 있다. 대표적인 집단 구분의 기준으로는 공식화[23] 정도, 소속감 여부, 준거집단의 설정 등으로 나눌 수 있다.

소속감 여부에 따른 조직 집단 구분은 미국의 사회학자 William G. Sumner에 의해 제시되었다.

---

23) 본장-2절 조직-1. 조직의 이해-2)조직구조 결정 요소-(3)공식화 부분 참고.

그는 사회 집단을 내집단(in-group)과 외집단(out-group)으로 분류하였는데 내집단은 개인이 소속되어 있으면서 소속감과 공동체 의식을 느끼는 집단이다. 반면, 외집단은 개인이 소속되어 있지 않은 집단으로 소속감을 느끼지 못하고 이질감 혹은 적대감을 느끼는 집단이다. 내집단과 외집단은 상대적인 개념으로 상황에 따라 구성원이 속하는 집단이 내집단 또는 외집단이 되기도 한다. 특히 가능한 한 많은 집단의 구성원이 내집단에 소속되는 것이 필요한데 내집단의 일원이 되는 것은 리더와 함께 확대된 역할 책임에 얼마나 열중하는지에 달려 있다(Graen, 1976).

준거집단은 목적에 따라 다양하게 분류되는데 집단 구성원으로 소속되었는지 여부에 따라 [그림 3-14]와 같이 회원집단(membership reference group)과 비회원집단(non-membership reference group)으로 분류된다. 회원집단은 접촉 빈도에 따라 1차 집단과 2차 집단으로 구분되며, 공식화 여부에 따라 공식집단과 비공식집단으로 나뉜다. 또한 비회원집단은 열망집단(aspiration group)과 회피집단(dissociative group)으로 분류된다(이학식 외, 2018).

[그림 3-14] 준거집단의 유형

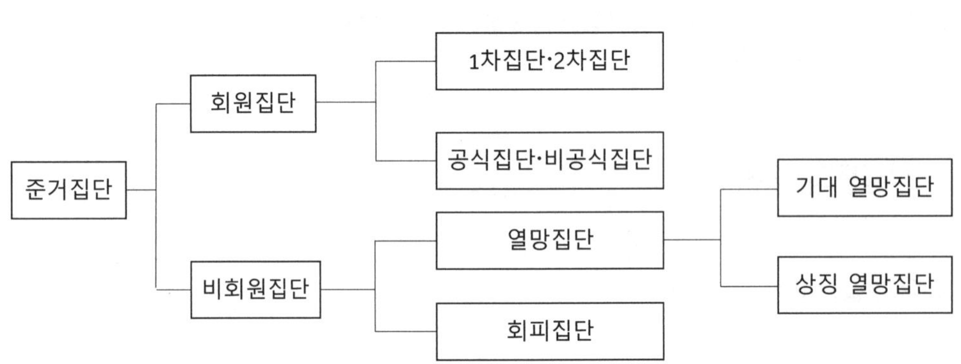

(2) 소집단

소집단(small group)은 집단의 구성원 수가 대략 2~20명 정도까지의 규모의 집단을 뜻하며 사회학적 관점과 심리학적 관점으로 각기 달리 개념화된다. 사회학적 관점은 각종 조직에서의 소집단 역할에 초점을 둔다. 따라서 과제적 집단으로서의 전형적인 소집단을 파악하고 소집단 구성원의 업무 분담, 시간의 공유, 모임의 지속, 집단 존속의 경계를 규정한다.

반면, 심리학적 관점에서는 집단을 구성하는 개인의 감정과 의사소통 유형 등의 역동성에 초점을 맞춘다. 즉, 집단 구성원의 정서적 상호작용을 중시하고 소집단에 참여하는 구성원 개인과 소속감을 중요시 여기며 비공식적 집단을 형성한다.

다만 소집단은 서로 친밀하고 구성원끼리 자주 접촉하는 1차 집단과 구별된다. 가족, 동료집단 등 1차 집단은 소집단적 요소도 지니고 있지만, 소집단이 감정과 같은 동일한 가치 기준을 반드시 가지고 있는 것은 아니다. 즉, 1차 집단은 소집단이지만 모든 소집단을 1차 집단으로 볼 수는 없는 것이다.

(3) 집단구조

집단구조(group structure)란 집단 구성원 간에서 확인되는 심리적 관계의 배열 상태를 의미하며 관계의 구조적 차원에 따라 몇 가지의 집단구조가 추출된다(사회복지학사전, 2022). 집단이 형성되면서 구성원이 스스로 만들어 내거나 타인과의 관계에서 만들어지는 것으로 전체 집단 과정 중 초기에 이루어지는 절차나 규범의 구체화 과정을 집단구조라고 한다.

집단 분화를 통한 구조화에 영향을 줄 수 있는 요소에는 규범, 지위, 역할, 응집성 등이 있다. 우선 규범이란 집단 활동의 질서를 위해 확립된 행위의 표준 또는 구성원 간 수용되는 행위의 기준을 의미한다. 지위란 타인에 의해 집단과 구성원에게 부여되는 상대적 위치 또는 서열을 뜻한다.

또한 역할이란 특정 사회적 단위에서 구성원에게 기대되는 일련의 행동양식이다. 역할은 보통 집단 내에서 개인의 지위에 따라 개인에게 할당된다. 집단 구성원은 주어진 역할을 수행하면서 다른 구성원과 상호작용하게 된다. 그러나 역할이 제대로 수행되지 못하는 갈등의 상황이 발생하기도 하는데 이를 역할 갈등(role conflict)이라고 한다. 역할 갈등은 조직에서 기대하여 주어진 역할과 자신이 지각한 역할 간의 모순으로 생겨나는 심리적 갈등을 의미한다. 역할 갈등의 원인은 개인이 수행해야 하는 역할이 분명히 규정되지 않은 역할 모호 상황이나, 상사가 부하에게 과도한 역할을 기대하는 상황, 역할의 무능력이나 마찰로 발생하기도 한다.

아울러 응집성은 집단 구성원이 집단에 머물러 있도록 작용하는 경향성으로 집단의 결합도, 단결 정도를 의미한다. 응집성이 높아질수록 구성원 간의 상호 교류가 늘어나고, 응집성이 집단의 목표와 일치할 때 집단의 성과에 긍정적 영향을 줄 수 있다. 이러한 응집성을 높이기 위해 과업을 강조하거나, 참여적 관리 방안을 채택하고, 경쟁심을 조성하는 방법을 활용할 수 있다.

2) 집단역학

집단역학(group dynamics)은 일정한 집단 상황에서 구성원 간에 존재하는 상호작용과 세력을 의미하며, 집단의 성질의 단순 기술을 넘어 동태적(動態的)이며 역학적인 성질을 분석하고 개인행동이나 집단행동의 변화의 원인을 검증하기 위한 사회심리학의 한 분야이다.

미국의 사회심리학자 Lewin의 장이론(field theory)을 기본 이론으로 하여 집단에 대한 실험연구를 수행하였고 그가 창설한 Massachusetts 공과대학의 Dynamics 연구소를 중심으로 최근까지 많은 연구가 이루어졌으며 대표적으로 [그림 3-15]와 같은 집단발달 5단계 모형이 도출되기도 하였다.

[그림 3-15] 집단발달 5단계

형성기		격동기		규범기		성과기		해체기
조직이 결성되고 모집 목적, 구조, 리더십을 정의하는 단계	→	구성원이 조직의 역할과 규범을 이해하지 못하고 갈등이 벌어지는 단계	→	구성원이 역할과 규범을 수용하고 수행하여 성과를 추구하는 단계	→	집단이 완전한 기능을 수행하여 성과를 도출하는 단계	→	과업 실행보다 활동의 마무리에 집중하는 단계

집단역학 분야에서 사회 측정학적 이론이 적용된 개념이 소시오메트리(sociometry)이다. 소시오메트리는 정신과 의사 J. L. Moreno에 의해 고안된 것으로 인간관계를 그래프나 조직망으로 추적하는 이론이다. 응답자가 정서적으로 좋아하는 사람과 싫어하는 사람을 일정 형태의 테스트를 통해 표현하고 측정하여 소규모 집단의 비공식적 관계를 소시오그램(sociogram)의 그림으로 표현하여 파악하는 것이다. 이러한 테스트를 통해 밝혀진 내용을 [그림 3-16]과 같은 소시오매트릭스에 나타내서 인간의 집단역학적 사회성을 확인하는 데 활용되고 있다.

[그림 3-16] 소시오매트릭스 예시

※ 상담자 선택 문제

구분		상담자 A	상담자 B	상담자 C	상담자 D
내담자	A		상담	상담	
내담자	B				
내담자	C	상담	상담		상담
내담자	D		상담		

구분		상담자 A	상담자 B	상담자 C	상담자 D	계
내담자	A		1	1	0	2
내담자	B	0		0	0	0
내담자	C	1	1		1	3
내담자	D	0	1	0		1
계		1	3	1	1	

상담 희망 1, 비희망 0 → 상담자 B, 내담자 C

3) 갈등

갈등(conflict)의 어원은 라틴어의 콘피게레(configere)로 '함께'라는 의미의 콘(con)과 '충돌이나 다툼'을 의미하는 피게레(figere)의 합성어이다. 즉, 개인이나 집단 간에 정서와 동기가 모순되어 서로 충돌한다는 뜻을 가지고 있다. 또한 갈등(葛藤)의 한자어는 칡나무 '갈'과 등나무 '등'으로, 이들이 서로 줄기가 꼬여 뒤엉켜 있는 모습을 나타내며 서로 헤쳐 풀어낼 방법이 없다는 것을 의미한다.

갈등의 유형은 서로 다른 위계의 구성원 간에 발생하는 수직적 갈등과 동일한 수준의 위계인 동료 간 발생하는 수평적 갈등이 있다. 또한 전통적 조직 형태인 라인-스태프 조직에서 라인(직계)과 스태프(참모) 간의 대립과 갈등이 발생할 수 있으며, 집단 내에서 역할이 제대로 수행되지 못해 발생하는 역할 갈등도 있다.

갈등이 발생하는 원인은 다양하지만 크게 목표의 불일치, 영역의 불일치, 지각의 불일치로 분류된다. 목표의 불일치는 조직 구성원 간에 설정한 목표에 대한 의견 차이로, 예를 들면 최고경영자층은 고품질, 고가의 교육프로그램 기획을 희망하지만 실무자는 대중적인 중저가 교육프로그램 출시를 원하는 경우에서 발생하는 갈등이다. 영역의 불일치는 불명확한 역할분담과 권한에서 유발되는 것으로 예를 들면 마케팅 활동에 대한 역할과 권한이 명확히 정해지지 않는 경우이다. 지각의 불일치는 현실에 대한 견해의 차이로 발생되는 것으로 예를 들면 최고경영층은 시장 전망을 낙관적으로 보지만, 실무자는 현상 유지적으로 보는 경우이다.

갈등은 적절히 관리하고 해결해야 하는데 이를 위해 선택할 수 있는 관리 방법으로는 공동 목표의 재확인, 설득 또는 협상, 제3자 해결 등이 있다. 공동의 목표의 재확인은 목표 불일치로 발생하는 갈등을 해결하기 위해 궁극적인 상위 목표를 재확인하는 것이다. 설득은 경영자가 가진 다양한 힘(power)[24]을 사용하고 특히 보상적 힘을 이용하여 당사자를 이해시키는 것이며 협상은 양자가 주장의 일정 부분을 양보하고 상대방의 주장을 수용하는 것이다. 제3자 해결은 긍정적 협상 분위기만 조성하는 역할로 한정하는 화해 조성, 갈등 해소에 관한 절차적, 내용적 대안을 갈등 당사자에게 추천하는 조정, 중재 당사자가 구속력이 있는 중재 등의 방법이 있다.

4) 의사소통

의사소통(communication)의 사전적 의미는 '상호 공통점을 나누어 갖는다'는 라틴어 'communis(공통, 공유)'에서 나온 말이다. 즉, 의사소통이란 두 사람 또는 그 이상의 사람들 사이에서 의사 전달이 일어나고 상호 교류가 이루어진다는 뜻으로, 어떤 개인 또는 집단이 다른 개인 또는 집단에 대해서 정보, 감정, 사상, 의견 등을 전달하고 그것들을 받아들이는 과정이다.

(1) 의사소통의 과정

Wilbur Schramm(1971)은 의사소통을 발신자와 수신자 사이에서 일어나는 "정보 및 아이디어의 교환이나 공유 또는 생각의 공통성을 구축하는 과정"이라고 하였다. 즉, 의사소통이란 발신자와 수신자 사이의 상호작용이며, [그림 3-17]과 같은 다양한 과정을 통해 이루어진다.

---

24) 2장 교육서비스 경영자-3절 교육서비스 경영자의 리더십-1. 리더십의 개념-2) 리더십의 특성-(4) 리더십 원천 부분 참고.

[그림 3-17] 의사소통의 과정

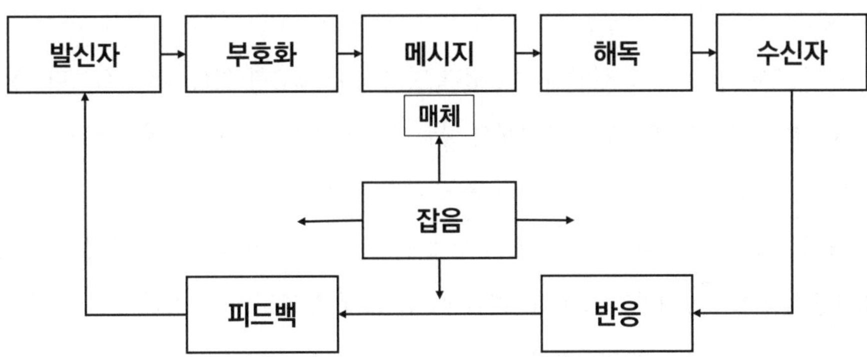

의사소통 구성요소로서 발신자(sender)와 수신자(receiver)는 메시지를 주고받는 당사자이며, 발신자가 전달하고자 하는 정보 또는 아이디어 자체는 메시지(message)이고, 이를 전달과 이해 가능한 형태로 변환시키는 과정을 부호화(encoding)라고 한다. 부호화된 메시지는 특정한 매체(media)를 통해 수신자에게 전달된다. 메시지를 받은 수신자는 메시지를 나름대로 해석하는데, 이를 해독(decoding)이라고 한다. 메시지가 해독된 후 수신자는 메시지에 대한 반응(respond)을 보이고 메시지를 발신자에게 다시 전달하는 피드백(feed-back)을 하게 된다.

이러한 의사소통의 과정에서 메시지 전달과 수신 사이에 정확도를 감소시키는 계획되지 않은 현상이나 의도적 왜곡인 잡음(noise)이 생기기도 한다. 이러한 의사소통의 장애요인으로서의 잡음은 다양한 원인에서 기인한다. 우선 발신자와 관련된 요인으로 목표의 불명확, 의사소통 기술의 부족, 신뢰도 결핍, 대인 감수성 부족, 준거체제의 격차 등이 있다. 수신자와 관련된 요인은 선입견, 평가적 경향, 선택적 경청, 피드백의 부족 등이 있다. 발신자, 수신자 이외 상황에 관련된 장애요인도 있는데 정보의 과정, 의미 해석의 상황성, 의사소통의 환경, 시간의 부족 등이 있다. 이러한 의사소통의 장애요인을 제거하는 것은 원활한 조직 의사소통의 필수사항으로 적절하고 지속적인 피드백, 명료한 메시지 사용, 표현의 독자성 확보 등을 통해 가능하다.

(2) 의사소통의 유형

의사소통은 조직의 목표 달성을 위해 사용되는 방식으로 공식적 의사소통과 비공식적 의사소통으로 나뉜다.

공식적 의사소통은 소통 경로, 방법, 절차 등을 규범적으로 정해 놓은 것으로 하향적 의사소통, 상향적 의사소통, 수평적 의사소통, 대각적 의사소통으로 분류된다. 하향적 의사소통은 명령계통에 따라 상급자에게서 하급자로 전달되는 명령과 지시 등을 포함한 의사소통방식이다. 상향적 의사소통은 하향적 방식과 반대로 하급자에게서 상급자에게 전달되는 보고, 의견 제시 등을 포함한 의사소통방식이다. 하향적·상향적 의사소통은 조직의 성과와 관련하여 통제 목적을 위해 활용되는 대표적 방식이다. 수평적 의사소통은 조직의 계층 수준이 같은 구성원이나 부서 간의 의사소통으로 상호작용적 의사소통이라고도 한다. 대각적 의사소통은 조직 내의 여러 기능과 계층을 가로질러 이루어지는 구성원들 간의 의사소통이다.

비공식적 의사소통은 자생적으로 형성된 비공식적 체계를 의미한다. 구성원들은 조직위계에 의해 규정된 상대와의 대화 이외에 여러 가지 사회적인 욕구와 필요에 의해 조직과 계층을 넘어선 유대관계를 형성하거나 학연이나 지연과 같은 감정적 친화를 기반으로 의사소통하려 하는데 이러한 공식적이지 않은 의사소통의 총칭을 비공식적 의사소통이라고 한다. 특히 비공식적 의사소통 방식의 경로는 포도넝쿨과 비슷하다고 하여 그레이프바인(grapevine)이라고도 한다.

(3) 의사소통 네트워크

조직의 원활한 의사소통을 위해 권한의 집중도, 정확성, 의사소통 속도 등을 고려한 다양한 의사소통 형태가 적용된다. 의사소통의 네트워크는 [그림 3-18]과 같이 체인형, 수레바퀴형, 원형, 완전연결형, Y자형으로 분류된다.

체인형은 의사소통이 공식적인 위계계층을 따라 상하로만 흐르는 고층조직에서 흔히 발견되는 유형이다. 수레바퀴형은 종사자들이 한 명의 리더에게 집중되는 패턴의 유형이다. 원형은 구성원 간의 서열이나 지위가 고려되지 않고 모두 동등한 입장의 태스크포스팀 등에서 나타나 정보 전달과 문제 해결 속도는 느리지만 의사소통 만족도는 높은 유형이다. 완전연결형은 그레이프바인과 같이 비공식적 의사소통의 네트워크로서 공식적 또는 비공식적 리더가 없고 구성원 누구나 타인과 의사소통이 가능한 방식이다. Y자형은 확고한 중심인물이 없어도 대다수 구성원을 대표하는 리더가 존재하여 라인과 스태프 조직이 혼합되어 있는 조직에서 많이 나타난다.

다양한 의사소통 네트워크 유형 중 권한의 집중도는 체인형이 가장 높고 완전연결형이 가장 낮으며, 의사소통 정확성은 완전연결형이 높고, 의사결정 속도는 체인형이 빠르다.

[그림 3-18] 의사소통 네트워크 유형

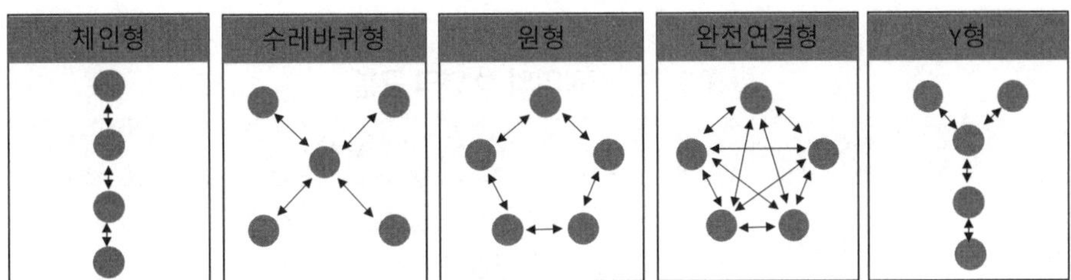

(4) 조하리의 창 정보 전달

미국의 심리학자 Joseph Luft와 Harry Ingham이 인간이 어떻게 정보를 주고받으며, 대인관계에서 어떤 마음 상태를 갖고 있는지 설명하기 위한 자기 인식 모델로 조하리의 창(Johari's window) 이론을 제시하였다. 조하리의 창은 [그림 3-19]와 같이 자신이 아는(known by self) 영역, 자신이 모르는(unknown by self) 영역, 남이 아는(known by others) 영역, 남이 모르는(unknown by others) 영역을 기준으로 네 가지 영역을 구분하여 의사소통의 양상을 설명한다.

[그림 3-19] 조하리의 창

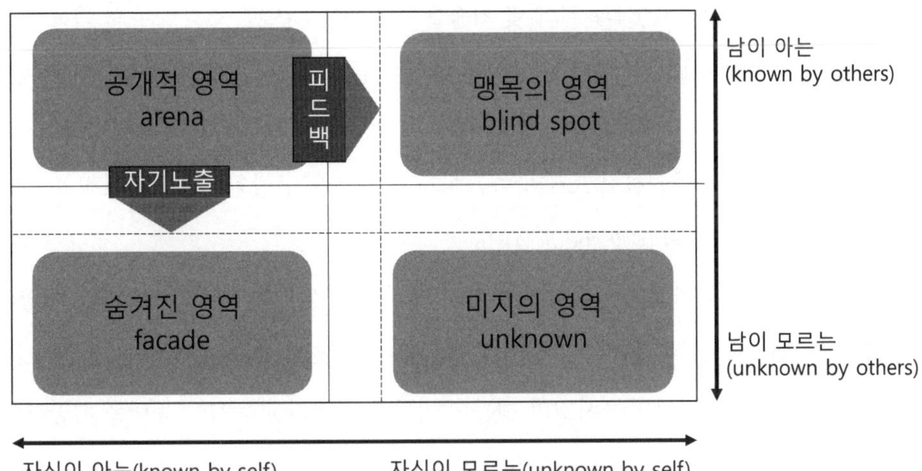

이러한 기준에 따라 〈표 3-11〉과 같이 열린 창(open area), 보이지 않는 창(blind area), 숨겨진 창(hidden area), 미지의 창(unknown area)으로 구분하여 갈등의 근본 원인을 파악하고 자기공개와

피드백을 통해 원만한 의사소통과 인간관계의 방법을 모색하였다.

〈표 3-11〉 조하리의 창 영역 구분

창	영역	내용
열린 창	공개적 영역	• 자신도 알고 타인에게도 알려진 자신에 관한 정보 • 노출과 피드백 요청을 증가시켜 영역 확대
보이지 않는 창	맹목의 영역	• 자신은 모르지만, 타인은 알고 있는 정보나 자신에 대한 타인의 감정 • 이상한 행동습관, 특이한 말버릇, 성격으로 자기 성찰을 통해 개선
숨겨진 창	숨겨진 영역	• 자신은 알고 있지만, 타인은 모르는 정보 • 자신만의 약점, 비밀, 희망, 욕망 등으로 판단에 따라 타인과 공유
미지의 창	미지의 영역	• 자신도 모르고, 타인도 모르는 자신에 관한 정보 • 상호 간의 관계에서 오해의 소지, 갈등 잠재력이 가장 큼

5) 조직문화

조직문화(organizational culture)란 특정 개인이 고유한 개성을 형성하는 것과 같이 구성원들이 공유하는 가치관, 신념, 이념, 관심과 지식 및 기술을 총칭하는 것으로 조직 고유의 독특한 성격을 형성하는 심리적, 행동적, 사회적, 경제적 등 다양한 분야에서 나타나는 요소가 하나의 가치체계로 나타나는 결합체이다. 또한 조직문화란 일정한 패턴을 갖는 조직 활동의 기본 가정으로 오랜 시간 구성원들에 의해 타당하고 당연한 것으로 받아들여지며, 새로운 구성원들에게도 조직의 문제를 해결하는 올바른 방법으로 학습된다(Schein, 2010).

조직문화는 조직 내면에 암묵적으로 흐르고 있는 정신적 배경으로 집단적 가치관을 제공하거나 보이지 않는 규범의 기능을 수행하여 구성원의 업무 수행 태도와 행동, 대인관계, 의사소통 등을 결정한다. 즉, 조직문화는 구성원의 사고와 행동의 방향을 제시하고 이끄는 동력을 제공하여 구성원들을 결합시키고 조직 활동의 의미와 목적을 부여하여 행동양식을 결정한다.

조직문화를 이루고 있는 구성요소는 연구자마다 다양한 기준에 따라 제시하는데 컨설팅 전문회사인 Mckinsey에서 제시한 7S 모델로 설명하는 것이 대표적이다. 7S는 〈표 3-12〉와 같이 리더십 스타일(style), 관리기술(skill), 전략(strategy), 구조(structure), 제도와 절차(system), 구성원(staff), 공유가치(shared value)를 뜻한다. 7S 모형은 조직효과성 분석에 사용되었고 이는 조직문화의 궁극적 목적이 조직효과성 제고라는 측면에서 모형이 제시한 각각의 요소를 조직문화의 구성요소로 볼 수 있다(백기복, 2011).

〈표 3-12〉 7S 모형과 조직문화 구성요소

요소	내용
리더십 스타일	핵심 경영자가 조직의 목표를 달성하기 위해 행동하는 방법과 조직의 문화 스타일
관리기술	인원 또는 전체 조직으로서의 독특한 능력
전략	확인된 목표를 달성하기 위해 기업의 희소자원을 시간적으로 우선순위화한 계획
구조	조직단위가 상호 연관되어 있는 방식으로 중앙집권적·분권화·네트워크화·매트릭스화
제도와 절차	작업이 어떻게 완수되어야 하는지에 대한 절차·프로세스 및 재무 시스템
구성원	조직 내 인원의 유형과 수에 대한 정보
공유가치	조직을 나타내고 조직이 믿고 있는 것

자료: Waterman, Peters, & Phillips(1980). Structure is not organization. Business horizons, 23(3), 14-26.

조직문화는 여러 기능을 통해 조직효과성에 여러 가지 영향을 미친다. 우선 순기능으로 조직의 행동 지침을 제공하고, 구성원의 조화와 단합을 통해 긍정적인 조직 분위기를 형성한다. 이러한 조직문화는 외부 시장 환경에 대한 적응력을 확보하여 보다 적절한 대응을 가능하게 하고 내부 조직 환경에서 구성원의 조직 몰입을 강화시킨다. 그러나 조직문화는 순기능과 상반되는 역기능을 통해 부정적 영향을 끼치기도 한다. 특히 조직문화가 조직에서 관습이나 규범으로 굳어져 구성원의 행동과 가치관을 지배하거나, 조직의 변화가 필요할 때 구성원의 저항의 근거가 될 수 있다. 이는 조직 구성원의 다양성과 창의성을 제한하여 환경 적응의 실패 요인으로 지적된다(변상우 외, 2012).

6) 조직개발

조직개발(organization development; OD)이란 조직의 생산능률을 높이기 위해 조직을 개혁하는 활동을 뜻한다. 광의적 의미에서는 조직의 구조, 풍토 모두를 개혁하는 것이며, 협의적 의미에서는 조직의 풍토 또는 조직문화적 측면에서의 변혁만을 뜻한다.

조직개발은 조직의 변화를 요구하기 때문에 이에 저항하는 조직 내부의 저항 세력이 존재한다. 조직의 변화를 희망하는 세력과 저항하는 세력의 크기가 균형을 이루고 있는 상황에서는 어떠한 변화도 발생하지 않기 때문에 변화 세력을 증대하거나 저항 세력을 감소시켜야 한다.

일반적으로 조직개발의 실행은 문제점 인식, 진단 및 자료 수집, 피드백, 분석 및 변화전략 구상, 실천계획 수립, 실행, 확인 및 평가의 과정을 거치게 된다. 조직 개발 과정에 대한 다양한 연구자의 이론 중 Lewin의 3단계 조직변화 모델이 대표적이다. Lewin은 조직의 변화 과정을 [그림 3-20]과 같이 해빙(unfreezing), 변화(change), 재결빙(refreezing) 단계로 나누어 설명하고 있다.

[그림 3-20] Lewin의 조직 변화 과정

해빙 단계		변화 단계		재동결 단계
-문제의 진단과 인식 -변화의 저항 최소화	→	-저항 극복 -변화 주입 -지속적 변화 -기법 선택 적용	→	-변화 상태의 구체화 -평가 및 변화 정착

조직개발을 위한 구체적이며 대표적인 기법으로는 리더십 관리격자로 알려진 Blake-Mouton의 조직개발(grid OD) 방법이 있다. 이 기법은 그리드 세미나, 팀워크의 개발, 그룹 간의 관계 개선, 이상적 모델의 구상, 실시계획의 작성과 변혁 활동의 수행, 조직적인 평가 등의 각 단계로 구성된다.

또한 뛰어난 조직을 구성하고 지속하기 위해 형식적인 구조 변혁의 한계를 넘어 조직 구성원의 변화 역량을 높이고자 하는 학습조직(learning organization)이라는 개념이 주목받고 있다. 조직의 지속적인 경쟁우위 확보를 위해서는 조직 내 개인학습, 팀 학습, 조직학습이 습관적으로 발생하도록 하는 노력이 필요하다는 것이다. 이에 Garvin은 새로운 지식을 창조, 습득, 교환함으로써 새로운 지식을 추가하고 이러한 지식을 활용하는 학습조직의 필요성을 강조하였다.

4. 동기부여

1) 동기부여의 개념

동기부여(motivation)는 심리학 영역에서 오랫동안 깊이 있는 논의가 이루어져 왔음에도 정확한 정의가 어려운 개념이다. 다만 일반적으로 동기를 한 개인이 특정한 행동에 몰입하도록 만드는 내적 상태로 정의한다(Spector, 2019). 또한 조직행동에서의 동기부여란 조직 구성원이 개인의 욕구 충족 능력을 가지며 조직 목표의 달성을 위해 높은 수준의 자발적인 노력을 기울이는 것으로 개념화한다. 특히 동기이론은 조직 구성원의 행동의 요인을 규명하는 중요한 개념으로 인적자원의 개발, 생산성 향상 등 여러 가지 관점으로 다양하게 전개되었다.

아울러 동기를 부여하는 형태는 고성과 직원에 대한 보상으로 나타나며 방법에 따라 외적 보상과 내적 보상으로 구분된다. 외적 보상은 타인으로부터 야기되는 보상으로 임금 인상, 승진, 칭찬 등이 이에 속한다. 외적 보상은 구성원의 동기부여를 이끄는 요인이 되기도 하지만, 혁신적이며 창의적인 업무를 수행하는 사람들은 외적 보상만으로 동기가 생기지 않는다. 이에 내적 보상이 필요한데, 이는 어떤 업무나 프로젝트를 수행하는 과정에서 생기는 개인적 만족이다. 성취감, 기대감, 사회 공헌의 믿음 등이 내적 보상의 양상이며 이러한 것들이 강력한 동기부여의 요인이 된다.

2) 동기부여 이론

동기부여에 관한 다양한 연구를 통해 여러 이론이 정립되었다. 이러한 동기부여에 대한 이론은 〈표 3-13〉과 같이 크게 내용이론(contents theory)과 과정이론(process theory)으로 구분된다. 내용이론이란 동기를 일으키는 원인이 무엇인지 관심을 두고 전개하여 인간에게 동기를 부여하는 욕구에 주목한다. 반면, 과정이론은 욕구를 달성하기 위한 행위를 선택하는 과정에 주목하여 이론을 전개하였다.

〈표 3-13〉 동기부여 이론

내용이론	과정이론
Maslow의 욕구위계이론 Alderfer의 ERG이론 Herzberg의 2요인이론 McClelland의 성취동기이론	Vroom의 기대이론 Adams의 공정성이론 Locke의 목표설정이론

(1) 내용이론

① Maslow의 욕구위계이론

Maslow의 욕구위계이론은 인간 행동이 각자의 필요와 욕구를 바탕으로 한 동기(motive)에 의해 유발되고, 이러한 인간의 동기는 각 욕구의 하위 위계의 욕구가 어느 정도 충족되었을 때 점차 상위 욕구로 나아간다고 보았다. Maslow는 인간의 욕구위계를 [그림 3-21]과 같이 생리적 욕구, 안전 욕구, 소속 및 애정 욕구, 자아 존중의 욕구, 자아실현의 욕구의 5단계로 구분하였다.

욕구위계이론에 따르면 욕구가 저차원에서 고차원으로 순서대로 충족되며, 하위 욕구의 미충족은 상위 욕구 충족으로 나아가는 데 제한이 된다고 설명한다. 그러나 이러한 이론은 개인의 욕구가 정태적이 아니라 동태적이라는 맥락을 설명할 수 없으며, 욕구단계의 개인차를 인정하지 못했다는 한계가 있다.

[그림 3-21] Maslow의 욕구위계

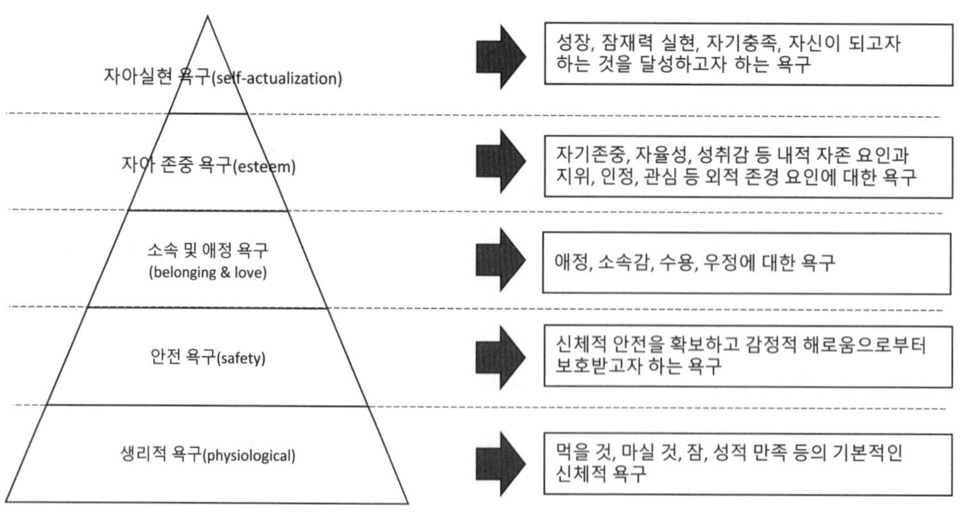

② Alderfer의 ERG이론

Clayton Paul Alderfer는 인간의 동기에 대한 체계적인 연구를 통해 Maslow의 욕구위계이론을 수정하여 인간의 핵심적 욕구를 존재욕구(existence needs), 관계욕구(relatedness needs), 성장욕구(growth needs)로 새롭게 단순화하여 분류하였다. Alderfer는 욕구단계에 대한 경험적 연구 결과를 토대로 하위 욕구에서부터 상위 단계로 진행하는 것이 아니라 반대의 방향으로 이행된다고 주장하였다. 즉, Maslow가 주장한 욕구위계에 따른 만족-진행(satisfaction-progression)뿐만 아니라 좌절-퇴행(frustration-regression)의 요소도 함께 포함하여 인간의 욕구를 설명하였다.

③ Herzberg의 2요인이론

미국 심리학자, F. Herzberg는 동기가 직무 자체의 본질에서 발생하며, 외부 보상이자 직무 환경에서 발생하는 것은 아니라고 주장하였다. 동기는 업무와 관련된 두 가지 요인에 기인한다고 하여 Herzberg의 동기이론을 2요인이론(two-factor theory)이라고 한다.

Herzberg는 인간의 욕구 충족에 초점을 두고 이를 충족한 요인을 동기요인(motivation factor)과 위생요인(hygiene factor)으로 이원화시켰다. 동기요인은 직무에 대한 만족을 결정하는 것에 영향을 미치는 요인으로 직무 내용과 관련하여 직무에 대한 만족을 결정짓는다는 의미에서 만족요인이라고 한다. 이러한 동기요인에 해당되는 것은 성취감, 안정, 책임감, 성장과 발전 등이 있다. 위생요인은 개인의 욕구를 충족함에 있어서 개인의 불만족을 방지해 주는 효과를 가져오는 것으로 불만족 요인이라고도 한다. 위생요인에 해당하는 것은 조직의 급여, 규정, 감독, 업무조건, 지위, 동료와의 관계 등과 같이 직무 환경과 관련된 요인을 말한다.

2요인이론에 따르면 동기요인의 수준이 높으면 만족하지만 낮다고 해서 불만족하지 않는다. 그러나 위생요인이 어느 수준 이상으로 올라가면 만족을 주지 않는다고 설명한다. 즉, 급여가 적으면 불만족하지만 많다고 해서 만족하지 않는다는 것이다. Herzberg는 불만족을 야기하는 요인이 직무 자체보다 직무를 둘러싸고 있는 환경이라고 주장하였고 직무 내용에 연계된 동기요인을 충족시켜 높은 만족과 적극적 태도 유지를 강조하였다.

Herzberg의 2요인이론은 Maslow의 욕구단계이론, Alderfer의 ERG이론이 발전된 것으로 세 이론의 관련성은 [그림 3-22]와 같다.

[그림 3-22] 내용이론의 관계

④ McClelland의 성취동기이론

성취동기이론은 개인과 사회의 발전은 성취 욕구와 밀접한 상호 관련성이 있다는 가정을 설정하고 고도의 성취 욕구를 가지고 있는 조직이나 사회의 경제 발전이 빠르며 성취동기가 높은 사람이 경영자로서 성공 가능성이 높다고 주장하였다. McClelland는 사회와 조직의 성장은 구성원의 성취 욕구의 함수라 주장하며 개인의 욕구 중 습득된 욕구를 성취욕구(needs for achievement), 소속욕구(needs for affiliation), 권력욕구(needs for power)로 분류하고 성취욕구가 조직의 성장과 높은 관련성이 있다고 주장하였다.

성취욕구란 강력한 목표를 설정한 후 그 목표를 달성하려는 욕구를 말하며, 소속욕구는 귀속욕구라 하며 타인과 친근하고 밀접한 관계를 맺으려는 욕구를 말한다. 또한 권력욕구는 타인을 통제하기 위해서 영향력을 행사하는 욕구를 뜻한다. McClelland는 성취욕구가 높은 사람은 스스로 성과 목표를 설정하기를 좋아하고, 난이도와 위험이 중간 정도인 것을 선호하며, 결과에 대한 즉각적인 피드백을 원하는 동시에 목표가 달성되었을 때 내재적 보상을 더 중시한다는 특징을 제시하였다.

(2) 과정이론

① Vroom의 기대이론

Victor Vroom의 기대이론(expectancy theory)이란 구성원의 동기부여 강도를 성과에 대한 기대와 성과의 유의성에 의해 설명한 이론이다. 기존의 동기부여 내용이론이 동기에 대한 복합적인 과정을 설명하기에 부적절하다고 판단하여 제시한 대안이 바로 기대이론이다. 즉, 동기를 유발하기 위한 다양한 요인들이 상호작용하는 과정에 관심을 두고, 개인행동의 결과로 나타나는 성과에 대한 기대의 차이와 개인마다 가지고 있는 성과에 대한 선호의 차이에 대한 가정으로 설정하였다.

기대이론은 동기가 되는 힘(force), 높은 성과에 대한 기대(expectancy), 직무 결과에 대해 개인이 느끼는 가치인 유의성(valence), 직무수행 결과로 주어진 보상에 대한 믿음의 정도를 의미하는 수단성(instrumentality)을 VIE모형이라고 불리는 다음과 같은 수학적 함수로 설명하였다.

$$\text{힘}(F) = \text{기대}(E) \times \Sigma(\text{유의성}(V) \times \text{수단성}(I)) \ (0 \leq \text{기대} \leq 1, -1 \leq \text{유의성} \cdot \text{수단성} \leq 1)$$

기대란 어떤 행동이나 노력의 결과에 따라 나타나는 성과에 대한 일종의 신념으로 자신에게 돌아올 결과에 대한 기대감이다. 과업을 수행하기 위한 노력은 실제로 성과가 나타날 것이라는 기대에 의해 좌우되며, 노력의 지속성은 성과가 있다는 믿음에 영향을 받는다. 기대는 노력과 제1수준의 성과인 과업 수행을 연결하며, 강도는 노력의 결과, 성과가 전혀 없을 것으로 기대하는 0에서부터 완전한 성과가 있을 것으로 기대한 1까지 범위에 포함된다.

기대이론은 교육서비스 경영자가 직원들의 성과를 개선할 동기부여에 대해 할 일의 시사점을 제공한다. 첫째, 직원들이 어떤 보상을 가치 있게 생각하는지 분석해야 한다. 둘째, 직원 각자 개인의 성과표준을 결정하고, 달성이 가능함을 명확히 알려야 한다. 셋째, 성과와 연계한 보상을 제공하고, 제공한 보상이 적절하다고 생각하는지 피드백하여야 한다.

② Adams의 공정성이론

J. Stacy Adams의 공정성이론이란 조직 내에서 개인이 자신의 업무에 투입한 것과 산출된 것을 준거 기준과 비교하여 차이가 있음을 인지하고 이를 줄이는 과정에서 동기부여가 된다는 이론이다. 이 이론은 투입(input)에 따른 보상 산출(output)의 형평성 원칙에 초점을 맞추어 분배 결과의 공정성을 평가하여 형평이론(equity theory)이라고도 부른다.

Adams는 조직의 근무자가 자신의 노력과 결과로 얻은 보상이 자신과 비슷한 지위에 있는 사람인 준거인과 비교하여 차이가 있음을 인지하고 불공정한 차이(discrepancy)를 줄이기 위해 동기가 유발된다고 주장하였다. 불공정한 차이는 투입보다 산출이 클 때도 생기지만 대부분 투입보다 산출이 적을 때 더욱 뚜렷해진다. 이러한 경우 불공정성을 줄이는 방안은 〈표 3-14〉와 같이 투입의 변경, 산출의 변경, 준거대상의 변경, 조직의 이탈 등이 있다.

〈표 3-14〉 불공정성 해소 방법

방법	내용
투입의 변경	직무에 투입하는 시간, 노력, 기술, 경험의 감소
산출의 변경	임금 인상이나 작업 조건의 개선
준거 대상의 변경	비교 기준인 인물, 집단 등을 비슷한 수준으로 변경
조직의 이탈	직무 전환, 퇴사 등으로 인한 불공정 상황 이탈

교육서비스 경영자는 기업 내에 불공정성의 원인이 되는 저생산성, 저품질, 결근, 이직에 대한 지속적인 관찰이 필요하다. 일부 기업은 개인의 임금을 대외비로 하여 직원들끼리 서로 비교하는 문제 자체를 없애고자 하지만, 이는 직원이 자신의 노력을 과대평가하거나 다른 직원의 임금수준도 과대평가하는 역효과를 일으킬 수 있다. 이에 교육기업 경영자는 직원들과 명확하고 주기적인 의사소통을 통해 불공정성에 대한 인식을 개선시킬 필요가 있다.

③ Locke의 목표설정이론

Edwin A. Locke에 의해 정립된 인지 과정 이론인 목표설정이론(goal setting theory)은 산업 및 조직 심리학자들에게 가장 유용하게 활용되는 이론 중 하나이다. 목표설정이론은 인간이 합리적으로 행동한다는 기본적인 가정을 토대로 의식적으로 달성하기 위해 설정한 목표가 동기와 행동에 영향을 미친다고 제시하였다. 조직이 구체적이고 어려운 목표를 수립하지만, 성취에 영향을 미치는 수많은 요소가 다양한 상황에서 성취 수준과 어떠한 관계가 있는지에 대한 질문과 검증을 통해 구성원의 참여가 과업의 성취 정도와 긍정적 관계가 있음을 확인하였다.

목표설정이론은 목표란 개인이 의식적으로 달성하거나 성취하고자 하는 것을 의미하며, 두 가지 인지적 개념인 가치와 의도에 따라 행동이 결정된다고 주장하였고, 이는 이후 실무적으로 목표에 의한 관리법(MBO)[25]의 이론적 토대가 되었다.

또한 직무수행을 향상시키기 위한 목표 설정에 중요한 요인으로는 종업원의 목표 수용, 목표를 향한 과정에 대한 피드백, 어렵고 도전적인 목표, 구체적인 목표가 있다. 이후 성과를 결정짓는 요인으로서 목표에 대한 속성을 보다 명확하게 규정하는 과정에서 Steers(1977)는 〈표 3-15〉와 같은 여섯 가지 과업 목표 속성을 제시하였다.

〈표 3-15〉 목표의 필수 속성

속성	내용
구체성	막연한 목표보다 구체적 목표가 성과를 높이는 행동의 원인이 됨
곤란성	쉬운 목표보다 다소 어려운 목표가 동기를 더욱 유발시킴
설정의 참여	구성원이 목표 설정 과정에 직접 참여함으로 성과가 향상될 수 있음
피드백	노력에 대하여 피드백이 주어질 때 성과가 향상될 수 있음
동료와의 경쟁	동료들 간의 적당한 경쟁이 성과를 높일 수 있음
수용성	일방적으로 강요된 목표보다 구성원이 자발적으로 수용한 목표가 더 큰 동기를 유발시킴

25) 목표에 의한 관리법(MBO)은 3장 교육서비스 경영의 과정-1절 계획-4. 목표 관리-4) 목표 관리법 부분 참고.

제4절

통제

1. 통제의 이해

교육서비스 경영 활동 과정에서 통제는 계획-조직화-지휘-통제로 이어지는 관리 영역의 마지막 단계이다. 교육기업 경영자는 계획 단계에서 설계된 활동이 경영 목적에 맞게 효율적이며 효과적으로 달성되는지 지속적으로 감시해야 한다. 이러한 활동을 통제(control)라고 하며, 적절한 통제는 계획된 목표와 구체적인 성과 사이의 차이를 명확히 하고 개선하는 데 필수적이다.

1) 통제의 정의

통제는 계획, 조직화, 지휘와 함께 경영의 기본 과정에 속하며 설정한 계획에 따라 경영 활동이 일치하도록 지도 및 감독하는 과정이다(김성영 외, 2019). 또한 통제는 계획한 내용대로 달성되고 있는지를 확인하고 편차가 있을 경우 수정하는 제반 감시활동을 하는 관리기능이다. 경영자는 실제로 수행된 활동의 성과가 바라는 기준 결과에 이르렀는지 평가를 통하거나 성과-기준의 비교 없이는 알 수 없다. 따라서 효과적인 통제 시스템 구축은 각 활동들이 조직의 목표를 달성하도록 이끌어 준다.

또한 여러 활동이 일정 기준을 따르고 있는지 검토·평가하고 기준과 편차가 발생할 경우 경영 활동을 수정하는 것이 통제의 핵심 기능이다. 즉, 통제 과정에서 평가 기준을 설정하고, 이에 따라 평가·비교하는 과정에서 얻어진 중요한 자료를 다시 계획에 반영시켜 피드백하는 것이다. 이에 통제는 경영 활동의 종결 단계가 아니며 [그림 3-23]과 같이 새로운 계획으로 이어지는 순환 과정의 단계라고 할 수 있다.

[그림 3-23] 계획과 통제의 순환관계

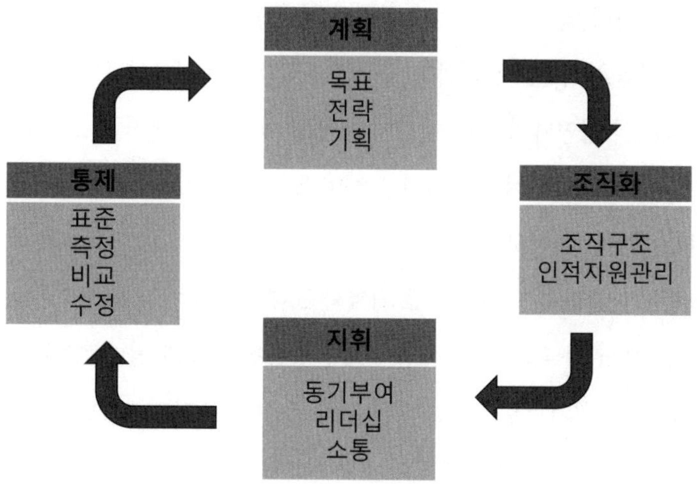

2) 통제의 필요성

적절한 계획이 수립되고, 목표 달성을 위한 조직구조를 효율적으로 구성하며, 효과적인 리더십과 구성원의 이해를 통한 동기부여가 이루어졌다고 하더라도, 경영 활동이 계획대로 이루어져 목표가 달성되고 있는지 확인하는 것은 어려운 문제이다. 이러한 측면에서 경영과 관련된 여러 제반 활동 내용을 확인하는 통제 활동은 매우 중요하며, 통제를 통해 경영자는 조직 목표에 부합한 활동이 이루어지고 있는지와 그렇지 않은 경우의 원인을 확인할 수 있다.

이에 따라 통제는 다음과 같은 다섯 가지 측면에서의 필요성이 제기된다.

첫째, 환경의 불확실성이 점차 증대되고 있기 때문이다. 과거와 달리 최근 경영환경에서는 다양한 변수와 상황 변화가 발생한다. 그렇기 때문에 최초 설정한 계획에 따른 경영 활동의 지속성 유지는 어려운 일이 되었다. 이에 이러한 불확실성의 격차를 줄이고, 급변하는 경영환경에 대처하기 위해서 통제의 중요성이 더욱 커지고 있다.

둘째, 현대 경영 조직의 복잡성이 지속적으로 증가하기 때문이다. 세계화, 디지털화로 인해 경영 활동의 영역이 지리적, 영역적으로 광범위해졌고, 대응하는 조직도 복잡해졌다. 팀 조직, 매트릭스 조직, 가상·네트워크 조직 등 새로운 조직 형태의 등장이 이를 입증하고 있다. 따라서 다양한 영역과 형태의 조직 간의 조정과 통합을 이루기 위한 통제의 필요성이 더욱 제기되고 있다.

셋째, 인간은 활동을 하면서 실수와 오류를 범하기 때문이다. 환경의 불확실성이 늘어나고, 조직의 복잡성이 증가함에 따라 인간이 실수와 오류를 범할 확률이 점차 커졌다. 이에 인간의 실수와 오류로 발생할 조직의 위험을 적절히 관리하고 수정하기 위한 통제 시스템 구축이 더욱 중요해졌다.

넷째, 현대 기업에서의 경영자의 권한 행사의 제약성 때문이다. 복잡한 조직구조로 인해 경영자가 모든 상황을 판단하고 개입하여 의사결정을 하며 통제하는 것은 불가능하다. 이에 현대 조직의 발달에 따라 권한을 적절히 위임하고 분권하는 경향이 뚜렷해지고 있다. 이때 어느 영역에서 어느 수준의 권한을 위임할지 판단하기 위한 기초 자료와 토대로서 통제는 필수적이다. 적절한 통제 프로세스 구축은 효과적인 권한 위임 체계 설정에 매우 중요한 요소가 될 수 있다.

다섯째, 기업과 직원을 위기로부터 보호하기 위해서이다. 조직은 자연재해, 재정적 위기, 보안 노출, 데이터 해킹 등 다양한 위협에 노출되어 있다. 이에 경영자들은 어떠한 상황이 발생하더라도 조직의 자산을 보호해야 할 책무가 있다. 만일 종합적인 통제 시스템을 보유하고 있다면 다양한 위협에서 기업과 직원이 받을 손해를 최소화하고 예방할 수 있을 것이다.

2. 통제의 유형

1) 기준에 따른 유형

통제는 경영 활동의 어떠한 것을 기준으로 설정하였는지에 따라 관료주의적 통제(bureaucratic control), 시장적 통제(market control), 집단적 통제(clan control)로 구분된다. 일반적으로 다양한 통제 접근법이 혼합되어 활용되지만, 보통 시장적 통제를 구축하고 관료주의적 통제나 집단적 통제를 부가적으로 활용한다.

관료주의적 통제는 규칙, 규제, 절차, 방침, 보상제도 등을 잘 준수하였는지를 통해 구성원들이 어떻게 일을 처리할 것인지를 명확하게 제시한다. 조직의 부서 예산을 적절히 활용하였는지, 기업의 지침에 따라 활동이 이루어졌는지를 확인한다. 이에 관료주의적 보상은 전적으로 개인의 성취도를 근거로 이루어진다.

시장적 통제는 가장 일반적인 통제 접근법으로 시장에서의 성과를 중심으로 이루어진다. 시장에서 도출되는 이익을 기준으로 통제 시스템을 구축하고 각 부서와 개인은 시장 성과를 통해 얻게 되는 기업 이익의 공헌도를 기준으로 평가가 이루어진다.

집단적 통제는 공동체적 통제라고도 하며 구성원들의 자율성과 비공식적 규범, 공유된 가치와 전통 등의 기업 문화를 기반으로 이루어진다. 다른 통제 유형보다 유연하고 느슨한 분위기를 조장하며, 적절하고 기대되는 행위와 성과 표준을 확인하기 위해 조직문화가 기준이 된다. 성과에 대한 보상은 집단의 성취와 구성원 간의 공정성을 기준으로 이루어진다.

2) 시기에 따른 유형

통제의 유형은 경영 활동이 이루어지는 시기에 따라 구분할 수 있는데 [그림 3-24]와 같이 활동 전의 사전통제(feedforward control), 활동이 진행되는 중의 동시통제(concurrent control), 활동이 종료된 후의 사후통제(feedback control)가 있다.

사전통제는 실제 활동이 일어나기 전에 행해지고 예견되는 문제를 사전에 예방할 수 있기 때문에 가장 바람직한 통제 방법이다. 직원이 직무 기술서의 내용대로 필요 역량을 갖추었는지 사전에 확인하고, 편차가 있는 경우 수정한다. 이를 통해 인적자원을 잘못 배치하고 관리함으로 발생하는 손실을 방지할 수 있다. 또한 생산관리 측면에서 서비스가 제공되기 전에 투입 서비스의 품질을 확인하고, 적시에 사용될 수 있는 양을 충분히 확인하며, 이에 따른 충분한 자금이 확보되었는지에 대한 검토가 사전통제의 영역이다.

동시통제는 업무 활동이 수행되는 과정에서 행해지는 통제 활동이다. 경영 활동에서 발생하는 문제에 대한 즉각적인 수정과 개선을 통해 상황이 심각해지는 것을 방지할 수 있다. 일반적으로 현장에서 직접 직원의 업무를 감독하는 것이 동시통제의 방법이다. 경영자는 문제를 바로잡고 성과를 정상화하기 위해 즉각적인 수정 조치(immediate corrective action) 또는 근본적인 수정 조치(basic corrective action) 중 선택해야 하는데 동시통제는 즉각적 조치에 속한다. 동시통제는 문제에 대한 즉각적 수정을 통해 자원의 낭비와 손해의 최소화를 모색할 수 있다. 많은 현장에서 동시통제를 위해 다양한 소프트웨어를 활용하기도 한다.

사후통제는 활동이 끝난 후 취해지는 가장 일반적이며 많이 활용되는 통제 유형이다. 경영자가 사후통제를 통한 결과를 인식하는 시점은 이미 손실이 발생하였거나 자원의 낭비가 일어난 후일

가능성이 높다. 그러나 사후통제를 통해서 문제를 인식하고 수정·보완하여 차기 계획에 반영하여 동일한 문제의 반복적인 발생을 예방할 수 있다. 이에 사후통제는 두 가지 이점이 있다. 첫째, 경영자에게 계획의 유효성에 대한 중요한 정보를 제공한다. 사후통제의 결과로 성과 기준-실제 성과 차이의 편차를 통해 계획의 실행 여부 및 효과적인 새로운 계획에 대한 교훈을 얻을 수 있다. 둘째, 사후통제는 종업원이 자신의 업무 수행이 얼마나 잘 수행되었는지에 대한 정보를 제공하여 종업원의 동기부여를 강화할 수 있다(Robbins 외, 2021).

[그림 3-24] 시기에 따른 통제 유형

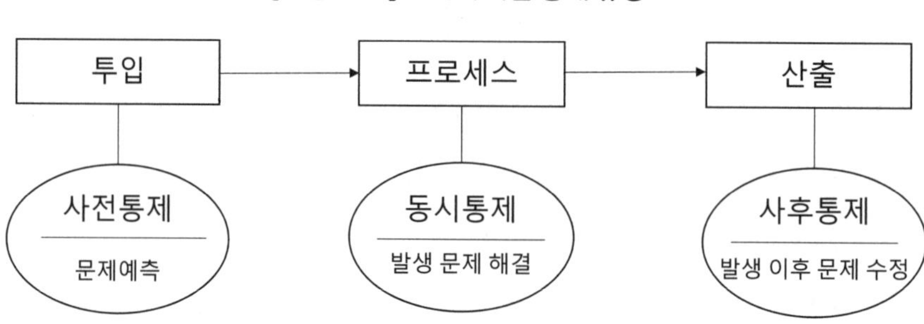

3. 통제 과정

교육서비스 경영의 활동에서 이루어지는 통제 과정(control process)은 실제 성과의 측정, 기준과 성과의 비교, 편차나 부적절한 기준의 수정 활동의 3단계로 이루어진다. 이에 통제 과정 이전에 평가의 기준으로서의 표준 설정이 필요하기 때문에 이를 통제 과정에 포함한다면 통제는 [그림 3-25]와 같이 표준 설정, 성과 측정, 표준-성과 비교, 수정 활동의 4단계로 이루어진다.

[그림 3-25] 통제의 과정

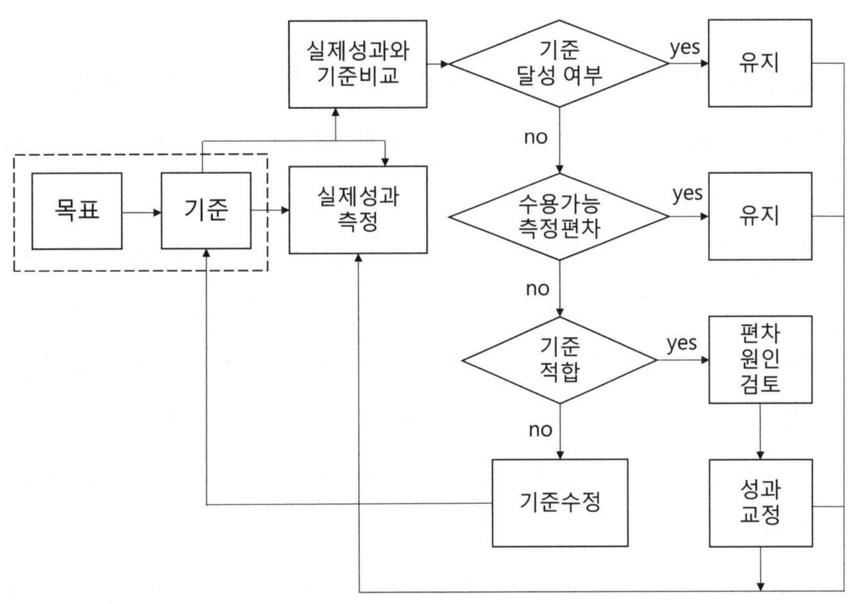

자료: Robbins 외(2021). 경영학원론.

1) 표준 설정

표준은 통제 활동의 달성 목표 또는 기준을 의미하는 것으로 결과를 측정하기 위한 기초 준거가 된다. 표준 설정은 경영 목표에 따라 수립되는 계획-조직화-지휘-통제의 단계 중 계획의 단계에 속하지만, 통제 이후 도출된 활동이 새로운 계획 과정에 반영되기 때문에 통제 과정의 첫 단계로 볼 수 있다.

설정하고자 하는 표준은 구체적인 요소와 단위로 표현하는 것이 적절하다. 산출되는 서비스 및 프로그램의 객관적 수치, 서비스 품질 등과 투입되는 비용, 인력, 교육서비스 제공 과정 등이 될 수 있다. 표준을 설정하는 것이 교육기업 입장에서는 어려운 과업이 될 수 있기 때문에 다른 제조·생산 분야에서 보편적으로 적용하는 국제 표준 기구(International Organization for Standardization; ISO)의 기준을 채택할 수 있다. ISO 표준은 다양한 영역의 품질을 규정한 국제 기준이며 이 중 ISO 21001은 교육기관경영시스템(Educational Organization Management System)으로 학습자와 교강사의 만족과 나은 교육서비스 제공을 위한 기관의 역량과 성과 향상에 적용되는 표준이다.

2) 성과 측정

표준이 설정된 이후 실제 성과를 측정하는 것으로 통제 활동이 이어진다. 측정을 위해서는 다양한 정보 원천을 수집해야 하는데 개인적 관찰 자료, 통계적 자료, 구술 보고서, 서면 보고서가 대표적인 정보 유형이다.

개인적 관찰 자료는 실제 활동에 대해 직접적이고 상세한 지식을 기반으로 하기 때문에 중요한 행동뿐만 아니라 드러나지 않는 행동을 관찰하여 숨은 문제의 원인을 알 수 있는 기회를 제공한다. 통계적 자료는 교육서비스 경영자가 실제적인 성과를 정량적으로 이해하는 데 적합한 방법이며, 시각적 그래프로 표현하여 성과에 대한 다양한 정보를 얻을 수 있다. 다만 통계적 자료가 효과적이고 가시적일지라도, 한정적인 정량 정보에 제한되어 중요한 주관적 요소를 포함할 수 없다는 한계를 가지고 있다.

구술 보고서는 회의, 면담, 전화 등의 구술 보고를 통해 얻을 수 있는 자료이다. 이러한 성과 측정 자료는 개인적 관찰 자료의 특성과 비슷하며, 통계적 자료와 구별되는 정성적 자료이다. 따라서 사람 중심적 접근법으로 작업 성과를 확인하는 데 좋은 방법이지만, 암묵적 정보를 문서화하는 데 어려움이 발생할 수 있다. 서면 보고서는 문서, 이메일 등의 방식으로 얻게 되는 자료로 통계적 자료와 마찬가지로 수집하는 데 시간이 더 많이 소요되지만 직·간접인 구술 보고서보다 더 공식적인 자료가 될 수 있으며 더욱 포괄적이고 간결한 정보를 줄 수 있고 조직 내 공유와 참고가 용이하다는 장점을 가지고 있다.

또한 성과 측정의 방식과 관점은 직무 특성, 기업 특성, 산업 특성 등에 따라 상이하다. 조직을 경영하는 최고경영층은 직원 만족도, 결근일수 등 감독자의 직무를 중심으로 성과를 측정한다. 반면, 마케팅부서의 담당자는 고객 방문 횟수, 광고의 도달 범위, 방문객 수, 고객당 매출액 등을 위주로 측정한다.

3) 표준-성과 비교

이후 통제 과정은 설정된 표준과 측정된 성과 비교 단계로 이어진다. 비교 단계는 실제 성과와 표준으로 설정된 기준 사이의 편차 정도를 결정한다. 편차는 모든 경영 활동에서 어느 정도 발생되기 때문에 미리 예측되고 가급적 조기에 발견되는 것이 가장 이상적이다. 발생이 예상되는 편차에 대한 대응을 위해 우선 수용 가능하고 용인되는 범위로서 변동 허용치(range of variation)를 결정하는 것이 필요하다. 표준과 성과의 비교로 인해 확인되는 편차가 변동 허용치를 벗어나면 교육서비스 경영자는 즉각적인 주의를 기울여야 한다. 또한 편차의 정도, 원인과 예상 결과를 면밀히 분석하여 필요한 수정 활동에 대한 의사결정을 실시해야 한다.

4) 수정 활동

표준과 성과의 비교를 통해 확인되는 편차가 변동 허용치를 벗어나서 위치하거나 심지어 범위 이내에 존재한다고 하더라도 경영자는 필요에 따라 수정 활동을 선택할 수 있다. 수정 활동은 크게 세 가지 종류로 구분되는데, 어떠한 조치도 수행하지 않는 경우, 성과를 기준에 맞게 조정하는 경우, 성과 기준을 재설정하는 경우이다. 성과가 통제의 범위와 능력을 벗어나거나, 일시적인 문제로 판단되는 경우에는 어떠한 조치를 수행하지 않을 수도 있다.

그러나 성과를 기준에 맞게 재조정하는 것이 필요한 경우에는 성과 달성이 미진한 원인을 찾아야 한다. 만일 경영자가 한 가지 문제점을 즉시 바로잡아 성과를 설정한 기준으로 끌어올릴 수 있다면 이를 즉각적인 수정 조치(immediate corrective action)라고 한다. 즉각적인 수정 조치가 아닌 편차의 발생 원인을 본질부터 점검하는 것은 근본적 수정조치(basic corrective action)라고 한다(Robbins 외, 2021). 이 두 수정조치 중 어느 것을 선택하는지는 경영자의 판단과 소요되는 비용 및 시간에 대한 검토를 기반으로 한다.

또한 때에 따라 성과의 수준이 아닌 기준을 재설정하는 것이 필요하다. 발생하는 편차가 비현실적 성과 기준으로 인해 과도하거나, 목표가 너무 높거나 낮은 경우가 이에 속한다. 표준과 성과의 비교 과정을 통한 결과가 지속적으로 목표를 상회한다면 경영자는 이를 상향 조정해야 한다. 그러나 이러한 경우 재설정한 기준이 직원의 사기 저하와 불만 야기의 원인이 될 수 있다는 것도 유의하여야 한다. 반면, 기준의 상향 조정보다 하향 조정은 더욱 신중을 기해야 하는데 종업원이 목표를 달성하지 못한 경우 기준이 너무 높기 때문이라고 불만을 표현하기 때문에 목표가 충분히 달성 가능하고 공정하다면 하향 조정에 대한 결정에 더욱 신중해야 한다.

4. 통제기법

교육서비스 경영자는 조직의 성과를 관리하고 측정하는 적절한 통제기법을 이해하고 효과적으로 활용해야 한다. 통제기법은 교육기업과 연관된 활동이 폭넓은 것과 같이 매우 다양하다. 교육서비스 경영 활동에서의 대표적인 통제기법 영역은 교육서비스 품질 통제, 재무활동 통제, 균형성과표, 모범활동 벤치마킹, 경영정보시스템 활용 등이 있다.

1) 교육서비스 품질 통제

통제의 가장 중요한 영역 중 하나는 품질(quality)에 대한 통제이다. 품질에 대한 관리는 전통적으로 제조·생산 부분을 중심으로 이루어져 왔다. 그러나 품질은 유형의 제품의 제조와 생산에만 국한되지 않고 고객의 기대를 만족시키는 제공물의 작동 정도로 정의되기 때문에 제품과 서비스 모두에 적용되며, 다양한 요소에 의해 결정되기 때문에 적절히 관리할 필요가 있다

그러나 기업의 생존을 위한 전략적 선택으로 품질의 개념이 생산뿐만 아니라 기업의 전체 조직이나 모든 산업 영역으로 확장되면서 경영자를 비롯한 모든 직원이 품질에 참여하는 방향으로 변화하고 있다. 이러한 상황을 반영하여 등장한 것이 전사적 품질관리(total quality management; TQM)이다. 즉, 고객의 요구에 부응하는 품질 달성을 최우선 목표로 설정하고 서비스 품질과 업무 수행 방법을 지속적으로 개선하며, 이에 모든 조직 구성원이 폭넓게 참여하고 효과적인 의사소통을 중시해야 한다는 기법이다.

2) 재무활동 통제

재무적 측면에서의 통제기법은 크게 예산 분석과 비율 분석으로 구분되어 사용된다. 예산이란 미래의 경영계획을 숫자로 표시하거나 조직 내 재무적 자원의 사용을 통제하기 위해 미래 지출, 수익, 기대 이익을 공식적으로 기술한 것이다. 예산 분석은 계획 도구와 통제 도구로 활용되는데, 계획 도구는 경영의 어떤 분야가 중요하고 얼마의 자원을 각 부문에 배분하는지를 나타낸다. 통제 도구는 경영자에게 제공하는 양적 기준으로 조치가 필요할 만큼 계획과 성과의 편차가 클 경우 필요

한 조치에 대한 분석 도구이다

비율 분석은 자원의 투입과 산출의 비율을 보고 계획한 성과가 도출되었는지 분석하는 방법이다. 비율 분석에 활용되는 대표적인 지표로는 성장성, 안정성, 수익성, 활동성, 유동성, 생산성[26] 등이 있다.

3) 균형성과표

균형성과표(balanced score card; BSC) 활용은 과거 성과에 대한 측정지표로서의 재무지표를 보완하기 위한 방법론이다. 재무지표는 정량적 수치로 표시되어 측정이 쉽고 객관적이지만 재무 관점의 성과 평가 이상의 다양한 요인을 고려하는 것이 필요하다는 관점에서 등장하였다. 즉, 균형성과표는 재무적 가치 창출 이외에 기업의 무형의 자산의 가치와 공헌 정도를 포함하여 목표를 설정하고 성과를 측정하여 통제·관리하기 위해 개발된 시스템이다.

균형성과표는 〈표 3-16〉과 같이 기업 성과에 영향을 미치는 재무, 고객, 내부 프로세스, 학습과 성장의 네 가지 영역을 종합적으로 평가하며 통제한다.

〈표 3-16〉 균형성과표

재무	기업의 손익 개선에 기여하는지에 대한 측정지표
고객	고객의 주요 관심사항을 반영한 측정지표. 품질, 비용, 시간, 서비스 등 평가
내부 프로세스	고객 측면에서 만족에 영향을 미치는 업무 프로세스와 핵심역량을 결정짓는 업무 프로세스 측정지표
학습과 성장	기업의 비전을 달성하기 위해 성장하고 혁신하기 위해 학습할 내용과 개선 사항 측정지표

26) 1장 교육서비스 경영의 기초-3절 교육서비스 경영의 특성-2. 교육서비스 경영의 기능-3) 재무관리 부분을 참고.

4) 모범사례 벤치마킹

많은 통제기법이 기업 내부의 자료와 지표를 기준으로 이루어진다면 벤치마킹(benchmarking)은 외부의 경쟁자나 유사한 기업의 최고 성과와 관련된 활용을 찾아 통제에 활용하는 기법이다. 벤치마킹 기법을 통해 기업은 자신의 경영 활동의 성과와 벤치마킹 대상의 기업의 성과를 비교하여 차이를 발견함으로 개선해 나갈 추가적인 정보를 얻을 수 있다.

벤치마킹은 단순히 경쟁사의 성공 사례를 추종하는 단순한 개념이 아니라 벤치마킹 대상의 성공 개념을 자사에 도입하는 것이 목적이다. 따라서 벤치마킹은 [그림 3-26]과 같이 다양한 절차를 따라 진행되고, 실제적이고 효율적인 통제기법으로 정착되도록 여러 노력을 해야 한다.

[그림 3-26] 벤치마킹의 절차

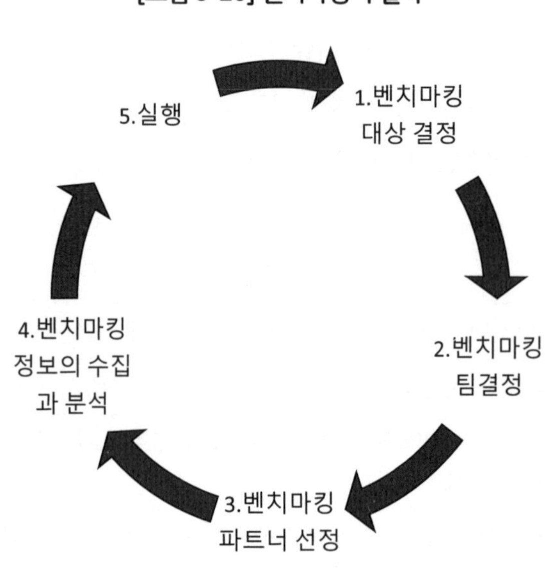

자료: 노규성, 조남재(2010). 경영정보시스템.

5) 경영정보시스템 활용

경영 활동을 적절히 감시하고 측정하기 위해 적절한 도구를 통해 적정량의 정보를 필요에 따라 활용하기 위해 정보를 수집하여 관리하는 시스템을 경영정보시스템(management information system; MIS)이라고 한다. 경영정보시스템을 활용하여 경영 활동에서 일어나는 다양한 현상에 대해 파악할 수 있으며 실제 성과와 표준 기준의 편차를 시스템적으로 통제할 수 있다. 일반적으로 경영정보시스템은 여러 컴퓨터 하드웨어와 소프트웨어의 지원을 통해 이루어지며, 경영정보시스템에서 저장되고 축적된 정보는 필요에 따라 가공 및 분석되어 다양한 의사결정의 필수 자료로 활용할 수 있다.

제 4 장

교육서비스 경영전략 수립

제1절

전략의 이해

1. 전략의 개념

급변하는 교육시장 환경에서 교육기업이 생존하고 지속적으로 성장하기 위해서는 환경 변화에 대해 기업의 모든 경영 활동을 전체적이고 계획적으로 적응시켜 나가는 전략이 필요하다. 최근 들어 전략의 개념이 경영 활동을 넘어 개인이나 조직의 전략적 행동을 설명하기 위한 광의적 개념으로 활용되고 있다. 사실 전략은 오늘날 등장한 것이 아니고 과거로부터 존재하던 개념이며 대표적으로 《손자병법(孫子兵法)》에서 전쟁의 승패를 결정하는 용어로 사용되었다. 관련된 다양한 개념어인 전쟁, 전략, 전술, 전투는 [그림 4-1]과 같이 위계를 가지고 있으며, 전략은 전쟁의 승리를 이끄는 방법이며 전술과 전투의 지침이 되기도 한다.

[그림 4-1] 전략의 상하 위계

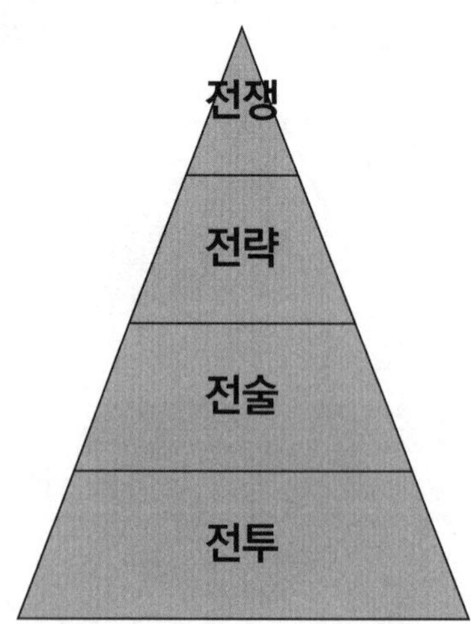

1) 전략의 정의

전략(strategy)은 전장의 장수나 장수의 술(術)(the art of general)과 같은 용병술을 의미하는 고대 그리스어 strategia가 그 어원이다. 또한 동양에서는 싸움 '전(戰)'과 다스릴 '략(略)'이 합쳐진 한 자어로 싸움을 다스리는 방법의 의미를 가진다. 그러나 전략은 단순하고 구체적인 실행 방안으로서의 하위 개념인 전술(tactics)과 구분되며 전쟁의 목표를 달성하기 위한 기본 방침이나 계획을 포괄하는 개념이다(신유근, 이춘우, 2020).

군사용어인 전략이라는 개념을 경영 분야에 도입하여 최초로 사용한 사람은 경영학자이자 경영 사상가인 Alfred D. Chandler이다. 그는 자신의 저서 《Strategy and Structure》(1962)에서 "전략이란 기업의 장기적 목적 및 목표의 결정과 그 목표를 달성하기 위해 취해야 할 행동양식과 자원 배분에 관한 결정이다"라고 정의하였다. 따라서 기업 경영 현장에서 사용된 초기 전략의 개념은 목표와 구분하지 않고, 장기적인 목적 및 목표 설정, 실행을 위한 행동양식, 자원의 배분의 세 가지 측면을 고려하여 정의된다.

이후 전략경영(strategic management)의 아버지라 불리는 러시아의 학자 Igor Ansoff에 의해 "경영전략은 주로 기업의 외부적 문제로서 외부 환경의 변화에 기업을 전체로서 적응시키기 위해 제품과 시장구조를 결정하는 것이다"라고 정의되었다. 즉, 경영에서의 전략은 경영 목표를 달성하기 위한 의사결정과 지침이라고 하여 각종 의사결정은 기회주의적 요인에 의한 수단 선택의 성격을 갖는다고 주장하였다. 특히 Ansoff의 주장은 경영전략의 개념에 목표를 포함시키지 않았고, 전략과 목표를 명확히 구분하여 전략을 목표 달성의 수단으로 보았다(Ansoff, 1965). 이에 Ansoff의 주장은 도리어 외부 환경에 집중하여 전략의 환경 분석적 요소를 정립하는 데 일조하였다.

2) 전략의 특성

전략의 다양한 정의에 따라 전략을 하나의 일률적인 정의로 개념화하기 위해서는 기존 정의들에서 제시된 공통점을 종합하고 그 특성을 고려한 접근이 바람직하다. 이러한 전략의 중요한 공통적 특성은 다음과 같다.

첫째, 전략은 목표 달성을 위해 장기적인 방향과 범위를 설정한다. 둘째, 전략은 경쟁우위를 달성하기 위해 수립된다. 셋째, 전략은 변화하는 환경에서 사업의 방향을 설정한다. 넷째, 전략은 조직행동의 범위와 깊이를 포괄하는 전체적인 것이다. 다섯째, 전략은 시장에서 팀을 이루어 수행하고, 경쟁에서 승리하는 것이다. 여섯째, 전략은 이해관계자들(stakeholder)의 기대를 충족시킨다(이학식 외, 2019).

이상의 전략의 특성을 종합하면 전략이란 기업의 목적 달성과 관련된 것이다. 또한 전략은 '기업이 어디로 가고 있는가'에 대한 답으로 기업의 수단과 관련된 것이다. 따라서 기업이 설정한 목적을 달성할 방법을 찾는 것이 전략의 중요한 특징이라고 볼 수 있다. 아울러 전략이란 기업의 실행계획 및 통제와 관련된 것으로 경영 활동의 청사진 제시와 이를 향해 가는 과정에 대한 지속적인 확인의 성질을 가지고 있다.

2. 전략의 기능

교육기업을 포함한 모든 기업들이 무엇을 해야 하며 어떤 것을 달성한 것인지를 명확하게 제시하는 활동으로서의 경영 활동인 전략은 세 가지 기능을 가진다(Thompson & Strickland, 1992). 전략의 세 기능은 외부 환경에 대한 것, 기업의 자원에 관한 것, 경영 활동의 통합에 관한 것이다. 사실 전략을 수행하는 과정은 반복적으로 전형적인 절차를 거쳐 실행되지만 전략이 가진 기능을 이해하는 것은 환경 변화 대응을 위한 기업 보유 자원과 활동의 통합에 대한 문제로서 교육서비스 경영 활동 전개의 중요한 요소이다.

1) 외부 환경의 대응

전략은 변화하는 외부 시장 환경 상황에서 교육서비스 경영자가 유연하게 대처할 수 있도록 환경적응능력에 대한 필요성을 인지하게 하고, 이를 보유하도록 촉진한다. 외부 환경의 변화 속도와 폭은 처해진 시장 상황과 혁신의 정도에 따라 상이하다. 변화 속도가 완만하고 폭이 크지 않다면 과거의 경험과 축적된 정보만으로 미래의 전략을 구상할 수 있다. 그러나 환경의 변화가 크고 빠르면 과거의 경영 정보와 경험은 환경 대응에 크게 도움이 되지 못한다. 따라서 교육서비스 경영자는 외부 환경의 변화를 예측하고 선제적으로 대응하기 위한 방안을 모색해야 하는데 이것이 바로 전략의 첫 번째 기능이다.

2) 내부 자원의 배분

기업이 보유한 내부 자원은 그 보유량과 무관하게 크고 작은 모든 외부 환경에 대응하기 위한 전략 수행에 투입되기에는 매우 제한적이다. 따라서 기업은 보유한 회사 전체의 자원을 효율적으로 배분하고 적절히 활용하기 위한 의사결정을 내려야 한다. 이러한 역할이 바로 전략의 두 번째 기능으로, 다양한 사업과 여러 조직을 보유한 기업에 자원 배분의 지침을 제공한다. 현대 기업은 외부 환경에 기민하게 대응하기 위해 전문화, 부문화 등과 같이 새로운 조직구조의 형태를 채택하고 있다. 이러한 조직구조 설계는 기업에게 보다 효율적이고 전문적인 조직운영이라는 효용을 제공한다. 그러나 이와 같이 다양한 조직부문의 운용은 각 부서 간 갈등과 기업 전체의 보유 자원에 대한 경쟁적 요구로 인해 전체적인 성과 극대화의 제한 요소가 될 수 있다. 따라서 교육서비스 경영자는 기업 전체가 보유한 자원을 어떻게 배분할 것인지의 합리적 결정을 위해 설정한 전략을 지침으로 활용할 수 있다.

3) 경영 활동의 통합

경영전략은 기업이 수행하는 다양한 활동들을 통합하는 기능을 수행한다. 사업에 필요한 계획이나 지침을 제공하여 기업 내부의 역량을 발휘하게 하는 것이 세 번째 전략의 기능이다. 전략은 기업의 미션과 비전을 명확히 하고 추구하는 핵심가치를 공유하며, 이를 달성하기 위한 목표 설정과 달성을 위한 다양한 기능부문의 행동과 의사결정을 통합한다. 이러한 전략의 통합적 기능은 기업의 방향과 종사자들의 동기를 유발하고 업무의 가치와 자부심을 느끼게 하여 적합한 경영 활동의 방향을 제시해 준다.

3. 전략의 절차

기업의 목표 달성을 위해 수립하는 경영전략의 절차는 [그림 4-2]와 같이 전략 분석(strategic analysis), 전략 수립(strategic formulation), 전략 실행(strategic implementation), 전략 통제(strategic control)로 구성된다.

[그림 4-2] 전략의 절차와 질문

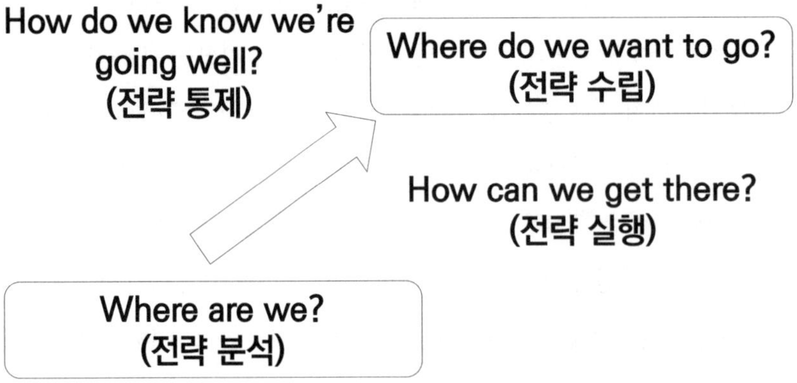

1) 전략 분석

전략 분석 단계는 기업의 현재 위치를 파악하는 단계로 '우리는 어디에 있는가?(Where are we?)'의 질문에 대한 답을 구하는 과정이다. 전략 분석 단계에서는 현재 기업이 직면한 내적·외적 상황이나 위치를 분석하기 위해 시장 분석, 기업 분석, 환경 분석 등이 이루어진다.

시장 분석은 기존 교육서비스 시장과 새로운 시장의 수요, 특징, 추이, 경쟁 여건을 분석하는 것을 의미한다. 기업 분석은 경쟁기업에 비해 자사가 가진 상대적 강점과 약점을 분석하는 것이다. 환경 분석은 기업이 속한 외부의 다양한 정치·경제·사회·기술적 환경과 외부 거래 환경을 분석하는 것이다.

2) 전략 수립

전략 수립 단계는 기업이 가고자 하는 위치에 대한 답을 구하는 단계로 '우리는 어디로 가기를 원하는가?(Where do we want to go?)'의 질문에 대한 답을 구하는 과정이다. 이를 위해 기업의 목표를 설정하고, 자사가 보유한 전략적 사업단위(strategic business unit; SBU)[27]를 평가하며, 사업단위별 목표를 설정하는 단계이기도 하다.

기업의 목표를 설정할 때는 새로운 목표 자체를 수립하거나 기존 목표가 수정·보완되기도 한다. 또한 기업 목표는 기업 수준의 성과 평가와 상황 분석에 따라 상이하게 행해지기도 한다. 전략적 사업단위의 평가는 한정된 기업의 자원을 효율적으로 배분하기 위해 필수적이다. 이에 전략적 사업단위 선택은 성과가 도출된 시장을 선택하는 의미이며 그 자체가 경영 성과에 큰 영향을 미친다. 따라서 선택된 전략적 사업단위의 평가와 목표 설정은 이전의 기업 목표와 상황 분석에 따라 이루어지며, 전략적 사업단위의 목표는 매출액, 시장점유율, 이익 등으로 표현되기도 한다.

한편 전략 수립 단계에서 선택 가능한 전략적 대안은 다양한 의사결정 방안 중에 조직이 보유한 강점과 약점, 조직이 직면한 기회와 위협, 기업의 사명과 전략적 목표에 입각하여 수립된다. 무엇보다 전략적 대안은 조직의 장기적인 성과를 최적화하는 데 초점이 맞춰져 있어야 한다.

3) 전략 실행

전략 실행 단계는 기업이 가고자 하는 곳에 도달할 수 있느냐에 대한 답을 구하는 것으로 '우리는 그곳에 어떻게 갈 것인가?(How can we get there?)'의 질문에 대한 답을 구하는 과정이다. 이 단계에서는 전략의 효율적 실행을 위해 필요한 기능전략이 수립되며 기업이 보유한 시스템도 전략의 실행을 위해 수정되기도 한다. 전략 실행 단계는 실제로 수립된 목표 달성을 위한 실행 방안을 모색하며 필요한 수단을 조합하고 수행하는 단계이다.

또한 아무리 좋은 전략이 수립되어도 이를 효과적으로 실행하지 않는다면 수립한 전략은 아무런

---

27) 전략적 사업단위란 기업의 독자적인 경영전략 수립에 필요한 관련 사업을 함께 묶는 조직으로 한 전략적 사업단위는 별개의 자원 배분, 전략 수립과 집행에 따라 정의된다. 교육서비스 시장에서의 전략적 사업단위는 일반적으로 브랜드, 서비스 범주 수준, 서비스 범주군 등으로 정해진다.

가치가 없다. 따라서 기업이 실행하는 전략이 좋은 결과를 얻고자 한다면 전략과 방침을 구체적인 실행으로 옮기는 조치를 취해야 한다.

4) 전략 통제

전략 통제 단계는 경영전략을 효과적으로 실행하여 목적을 제대로 달성하기 위해 작업이 제대로 진행되고 있는지, 즉, '우리가 잘 가고 있는 것을 어떻게 아는가?(How do we know we're going well?)'와 관련된 단계이다. 만일 원하는 결과와 실제 결과 사이에 차이가 있다면 필요한 조정 활동을 통해 장기적인 목적이 달성될 수 있도록 노력해야 한다.

전략 통제 과정에서는 실행 과정을 적절히 감시하여 성과 측정의 결과, 품질과 효율성, 경쟁우위를 조정하는 과정이 이루어진다. 이와 같은 전략 통제 과정에서 수립한 전략이 계획대로 실행되고 있는지, 의도한 결과가 전략 실행에 의해 달성되었는지 지속적으로 피드백해야 한다. 이를 위해 효과적인 통제시스템을 구축한다면 기업의 문제점을 명확히 규명하고 변화가 필요한 신호를 감지할 수 있다.

제2절

전략의 수준

1. 전략의 위계

교육기업이 수립하고 실행하며 통제해야 하는 전략은 매우 다양하다. 이는 대부분의 기업이 다양한 영역과 분야에서 경영 활동을 수행하기 때문이다. 따라서 기업은 상위 수준에서의 전략과 함께 각각의 사업별로 독립된 전략 수립이 요구된다. 이에 기업의 다양한 전략은 조직의 위계계층과 같이 위계에 따라 수준이 구분되며 이를 전략의 위계(hierarchy of strategy)라고 한다. 전략의 수준은 위계에 따라 [그림 4-3]과 같이 위에서부터 기업전략(corporate strategy), 사업전략(business strategy), 기능전략(functional strategy)으로 분류된다.

기업의 가장 상위의 전략을 기업전략이라고 하며 기업전략의 목표는 사업부 간의 시너지를 최대한 창출하는 것이고, 전략의 주요 내용은 사업포트폴리오의 최적화와 투자, 인수합병, 핵심역량 확보 및 개발 등이 있다. 사업전략의 목표는 경쟁우위 확보가 목표이며 이를 위해 기업의 다양한 기능 간 협업과 통합을 중요시한다. 기능전략은 기업의 가장 하위 수준에서 교육서비스의 효율성, 품질 등의 서비스 전략과 효과성, 고객응대력 획득을 위한 마케팅전략이 이루어지는 것이다(채서일, 이성호, 2017).

[그림 4-3] 전략의 위계

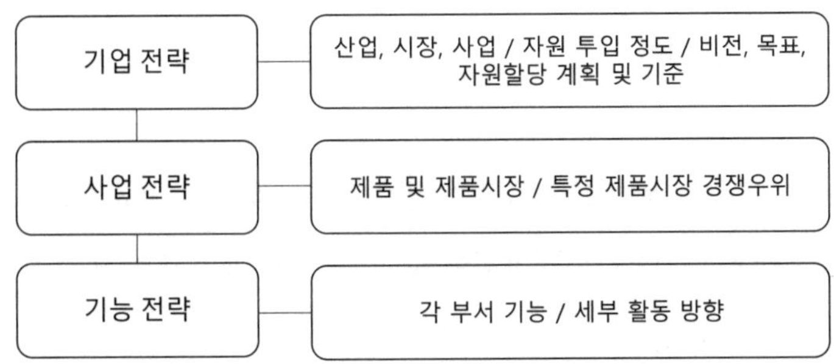

2. 기업전략

기업전략은 전사적 전략 또는 조직전략으로 설명되며 기업 전체의 방향과 관련되어 기업 수준의 전략이라고도 한다. 기업전략은 최고경영층에 의해 수립되며 전체로서의 기업이 지속적으로 경쟁우위를 확보하기 위해 나아갈 방향을 설정하기 위해 수립된다. 또한 기업이 직면한 기회와 위협을 파악하여 경영 목표를 설정하고 사업 활동의 범위를 결정하는 것이다.

기업 수준의 전략은 수익 창출과 매출 성장의 실현을 위해 기업의 사업과 제품 및 서비스를 적절히 통합하는 것이다. 따라서 기업전략은 기업의 전체에 해당하는 수준부터 서비스 마케팅 계획까지 경영 활동 전체를 아우르게 되는데 이러한 기업전략의 과정을 정리하면 〈표 4-1〉과 같다.

이와 같이 다양한 경영전략 중 최고경영층으로서의 교육서비스 경영자가 최우선으로 결정해야 할 내용은 기업 사명 정의, 기업 목표 설정, 사업포트폴리오 평가와 선택이다.

〈표 4-1〉 기업전략 수립 절차

1. 기업 사명 · 비전 정의	- 전사적 수준의 기업 사명과 비전 결정
2. 기업 목표 설정	- 기업 사명을 기업 전체 경영 활동을 이끌 기업 목표로 전환
3. 사업(서비스)포트폴리오 평가와 선택	- 기업 목표 달성을 위한 최적의 사업포트폴리오 유지 결정 - 어떤 사업, 서비스 구성이 목표 달성에 가장 적절하며, 얼마나 많은 자원이 지원되어야 하는지 결정
4. 사업단위별 경쟁전략 결정	- 해당 산업에서 각 사업단위의 경쟁우위 확보 방안 강구 - 기존 사업 성장 또는 새로운 분야 진출을 통한 매출성장 확대 성장전략 개발
5. 서비스 수준의 마케팅 계획 수립	- 앞 단계 토대로 구체적 마케팅 계획 수립

1) 기업 사명과 비전의 정의

개인이 성공적 인생을 위해 자신의 목표를 설정하는 것과 같이 교육기업도 장래의 목표와 방향을 설계해 놓는 것이 필요하며 이를 구체적이며 명시적으로 표현해 놓은 것을 기업 사명(corporate mission)이라고 한다. 기업 사명은 단순히 매출 증대와 수익 향상과 관련된 것 이상의 기업의 근본적인 존재 이유에 대한 것이어야 한다. 따라서 기업 사명은 철학적이며 본질적인 질문에 대한 답을 반영하고 있는 것이 적절하다.

이에 따라 기업 사명이 가지고 있어야 할 특성은 다음과 같다. 첫째, 기업 사명은 명확한 가치를 제공하고 단순한 나열이 아닌 경영 활동의 명확한 지침을 제시하여야 한다. 둘째, 기업 사명은 기업이 앞으로 활동할 사업영역, 새롭게 진출할 사업의 범위와 공략할 시장의 범위를 명확히 명시해야 한다. 셋째, 기업 사명은 종사자들의 동기를 유발하고 일의 가치와 자부심을 느끼게 해야 한다. 넷째, 기업 사명은 기업의 장래 비전을 제시해야 한다(안광호 외, 2018).

경영 상황에서 기업 사명과 혼동되어 사용하는 용어로 비전(vision)과 핵심가치(core value)가 있다. 그러나 이러한 용어는 기업 사명과 구분되어 사용되는 것이 적합하다. 우선 기업 사명은 기업의 존재 이유(its reason for being)이며 존재의 목적(purpose)이다. 따라서 일반적으로 사업영역(business domain)이 포함되며 확대되거나 변화가 가능하다. 기업의 존재 이유는 고객 만족과 직결되기 때문에 기업 사명을 설정할 때 제공되는 교육서비스보다 해당되는 교육시장 중심으로 정하는 것이 바람직하다.

반면, 비전은 기업이 장기적으로 달성하고자 하는 이상적 목표(ideal goal)이다. 현재 시점에서 실현이 용이하지 않지만 조직이 장기적으로 반드시 실현하고자 하는 목표, 가치관, 이념 등의 통칭이다. 기업의 실무에서는 기업 사명, 즉 미션과 비전을 구분 없이 사용하지만, 학술적으로는 명확히 구분된다. 미션이 조직의 존재 이유이자 절대 변화하지 않는 목적이라고 한다면, 비전은 오랜 기간 유지되고 정기적으로 변화 가능한 요소로 기업의 바람직한 미래의 모습이다. 따라서 시장 상황과 트렌드 변화에 따라 조정되거나 수정될 수 있다.

아울러 핵심가치는 기업이 목표를 달성하기 위해 전사적으로 공유하거나 실천하는 행동 방식과 의사결정의 기준을 의미하며 목표 달성을 위해 지켜가야 할 지속적 신념(beliefs)을 표현하여 기업 정체성을 명확히 해 준다. 또한 핵심가치는 미션 및 비전 달성을 위한 전략적 선택의 가이드라인을 제공하여 미션과 비전의 적용 개념으로 접근하는 것이 적합하다.

2) 기업 목표 설정

기업의 목표(goal)는 기업이 달성하고자 하는 성과이며, 비전보다는 단기적이고 기업 사명을 정의하는 지침이 된다. 기업 목표는 매출, 영업이익, 당기순이익, 시장점유율 등 구체적인 성과지표로 표현되거나 교육기업 이미지 제고, 교육 수요 고객 만족도 향상 등 추상적 목표로 설정되기도 하며 다수의 목표가 복수로 설정될 수도 있다. 명확한 목표 설정은 달성 가능성을 높이며 뚜렷한 비전과 함께 강한 동기부여 요인이 된다. 기업 목표 달성을 위한 고려 사항은 다양한 연구자들에 의해 〈표 4-2〉와 같이 정리된다.

〈표 4-2〉 기업 목표 설정 고려 사항

안광호 외, 2018	1. 여러 기업 목표들은 추상적인 것부터 구체적인 것까지 계층적(hierarchical)으로 서술되어야 함 2. 가능한 한 계량적으로 서술되어야 함 3. 실현 가능한 것이어야 함(realistic) 4. 기업 목표들이 서로 상치되지 않고 일관성이 유지되어야 함
이학식 외, 2019	1. 우선성(priority): 상위 목표 달성을 위해 수단을 어디에 중점을 둘 것인가 2. 측정가능성(measurability): 목표가 계량적으로 측정될 수 있도록 설정된 것인가 3. 일관성(consistency): 복수의 목표들이 상치되지 않고 서로 조화를 이루는가 4. 합리성(rationale): 목표 설정에 기업의 기회와 강·약점을 합리적으로 감안하는가 5. 시간계획성(time period): 목표가 시간적 일정에 따라 설정되는가

3) 사업포트폴리오 평가

교육기업의 사명과 비전, 목표가 설정되면 기업이 수행하고 있는 다양한 사업단위를 검토해야 한다. 기업은 여러 가지 사업으로 구성되는데, 이러한 모든 사업의 집합을 사업포트폴리오(business portfolio)라고 한다. 교육서비스 경영자는 기존의 사업들의 매력도를 평가하고 기업의 강점을 살려 시장 기회를 획득하기 위한 최적의 사업포트폴리오를 확인하고 평가해야 한다.

사업포트폴리오를 분석하기 위해 전략 수립에 용이한 사업단위를 설정해야 하는데 이러한 분석단위를 전략적 사업단위(strategic business unit; SBU)라고 한다. 전략적 사업단위는 교육기업이 독자적 전략을 수립하기 위해 필요한 관련 사업을 함께 묶은 조직으로 하나의 전략적 사업단위는 별개의 비용 지출, 전략 수립, 전략 집행의 최소 단위이다. 전략적 사업단위는 〈표 4-3〉과 같이 브랜드 수준, 서비스 범주 수준, 서비스 범주군으로 구분되며 일반적으로 교육서비스 범주 수준에서 정해진다.

〈표 4-3〉 전략적 사업단위 수준 예시

브랜드 수준(brand level)	엠베스트, 수박씨닷컴
서비스 범주 수준(service category level)	중등 인터넷 강의
서비스 범주군(the set of service categories level)	인터넷 강의

전략적 사업단위를 결정할 때 고려할 사항은 다음과 같다. 첫째, 전략적 사업단위의 수준은 개별 사업의 관계성에 의해 결정된다. 둘째, 공통점을 가진 사업단위를 전략적 사업단위로 묶으면 전략 수립과 집행의 조정이 용이하다. 셋째, 전략적 사업단위가 너무 넓게 설정되면 개별 사업, 서비스군의 시너지 효과를 위한 구체적인 전략적 방향 제시가 어렵다. 반면, 전략적 사업단위가 너무 좁게 정의되면 교육서비스 경영자가 너무 많은 사업단위 평가로 인해 많은 시간과 노력을 투입해야 한다. 넷째, 바람직한 전략적 사업의 정의는 제공되는 교육서비스 사업 자체의 고객과 경쟁자를 보유하고 독자적인 전략을 가지며, 사업단위에 대한 이익, 비용 측정과 성과에 대한 책임이 이루어지는 조직단위이다.

3. 사업전략

사업전략은 기업전략의 종속 개념으로 특정 시장이나 서비스, 세분시장에서 어떻게 경쟁할 것인가에 대해 초점을 맞춰 사업단위 수준 또는 사업부 수준의 경쟁전략이라고도 한다. 이에 사업전략은 사업단위의 경쟁전략이라는 측면에서 논의되고 진출한 시장에서 어떻게 경쟁할 것인가의 구체적 방법을 결정하는 것이다.

사업전략은 하나의 사업단위, 하나의 교육서비스 또는 하나의 교육프로그램을 위해 수립되는 전략이다. 사업전략 수립은 각 사업단위가 산업과 시장에서 어떤 고객을 상대로 어떤 교육서비스를 제공하여 어떻게 경쟁할 것인지에 대한 답을 찾는 과정이다. 기업의 시장 목적을 달성하기 위해 교육서비스를 어떻게 관리하며, 이를 위해 자원을 어떻게 배분해야 할지에 대한 의사결정의 지침이 되기도 한다.

사업전략은 기업 수준의 전략 가운데 사업포트폴리오 평가가 이루어진 후 각 사업단위에 대해 확대, 유지, 철수 등의 의사결정을 내리고, 경쟁기업을 상대로 경쟁우위를 확보하며, 확보한 우위를 유지하는 전략 목표를 가지고 있다. 이를 통해 경쟁의 방법을 정하고 높은 수익을 추구한다.

사업전략의 핵심은 경쟁자 대비 경쟁우위 확보에 대한 방법과 방향 설정이다. 경쟁우위를 갖기 위해 사업전략 수립에서 고려할 내용은 크게 두 가지이다. 첫째, 사업단위의 경영자원과 핵심역량이 독특하여 다른 경쟁기업이 가지지 못한 것이어야 한다. 둘째, 보유한 경영자원과 핵심역량이 시장이 요구하는 핵심성공요인(key success factor; KSF)과 관련되어야 한다. 핵심성공요인은 특정 시장에서 성공하기 위한 조건들을 의미하는 것이며, 해당 산업에서 성공하기 위해 필수적인 제반 조건이다. 특정 교육기업이 해당 시장에서 핵심성공요인을 가지고 있다면 그렇지 않은 경쟁기업보다 성공할 확률이 높다. 이와 같은 핵심성공요인은 기업 내부에서 도출되기도 하지만 무엇보다 고객들의 필요(needs)와 욕구(wants)를 기반으로 할 때 목표 달성의 토대가 된다.

경쟁우위 창출과 유지, 높은 수익 실현을 위한 사업전략 수립 과정은 [그림 4-4]와 같다.

[그림 4-4] 사업전략 수립 과정

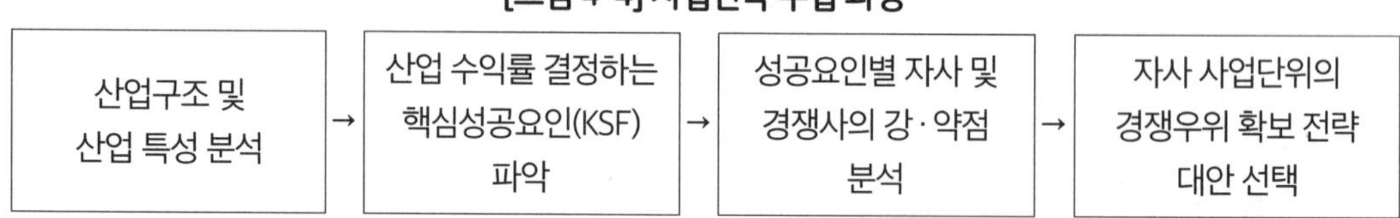

4. 기능전략

기능전략은 사업전략을 실시하기 위해 자원의 사용을 어떻게 할 것인지에 대해 규정하는 지침을 제공한다. 즉, 사업전략이 용이하게 실행되도록 각 기능조직단위로 실행할 전략을 규정하고 구체화하는 것이다. 구체적으로 서비스, 마케팅, 재무, 인적자원, 연구개발 등 전통적 기능부서별로 기능전략이 수립되며, 해당 기능별 조직에서 교육서비스 및 프로그램 기획, 영업활동, 자금조달, 인사업무 등 세부적인 수행 방법을 결정한다.

기능전략은 [그림 4-5]와 같이 기업전략으로서의 사명, 비전, 목표 설정과 이를 달성하기 위한 사업전략을 실행하는 전략 위계의 가장 하위 개념이다. 기능전략을 사업전략의 종속 개념으로 서비스, 마케팅, 인사, 재무의 모든 영역을 포괄하여 설명할 수도 있으며, 서비스전략, 판매전략과 구분하여 인사 및 재무 전략에 국한된 기능전략으로 한정하여 정의하기도 한다.

[그림 4-5] 기업전략, 사업전략, 기능전략의 관계

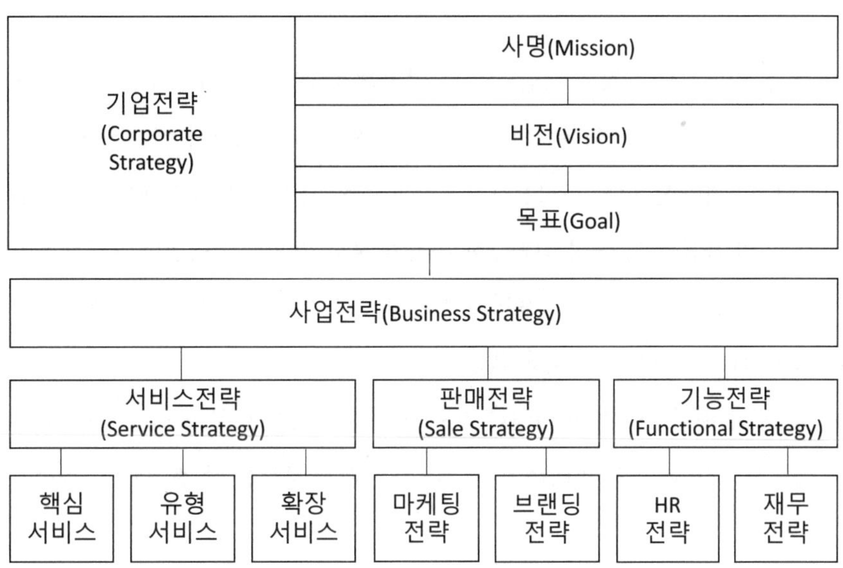

제3절

전략 수립 방법

1. 전략 수립 과정

교육서비스 경영의 전략 수립은 기업전략, 사업전략, 마케팅전략의 순서로 이어진다. 기업전략에는 기업 목표의 수립과 각 사업단위의 평가와 전략적 선택이 포함되며, 하위 전략 수행 후 기업 전체의 성과 평가까지 해당된다. 사업전략은 기업 수준의 전략을 통해 선택된 사업단위에 대한 전략으로 사업단위별 목표 수립과 성과에 대한 평가가 포함된다. 마케팅전략은 구체적인 마케팅 프로그램과 관련된 것으로 시장세분화, 표적시장 결정, 포지셔닝의 마케팅적 시장 접근 이후 마케팅 믹스 프로그램의 관리를 실시하는 과정이다.

모든 수준의 전략 수립 과정에서 다양한 요인의 상황 분석이 이루어진다. 시장 상황과 시장 기회, 자사와 경쟁사의 현황, 기업이 속해 있는 내·외부 환경 분석은 각 전략 수립 과정에 영향을 끼친다.

이러한 모든 전략 수립 과정을 종합하면 [그림 4-6]과 같다.

[그림 4-6] 전략 수립 과정

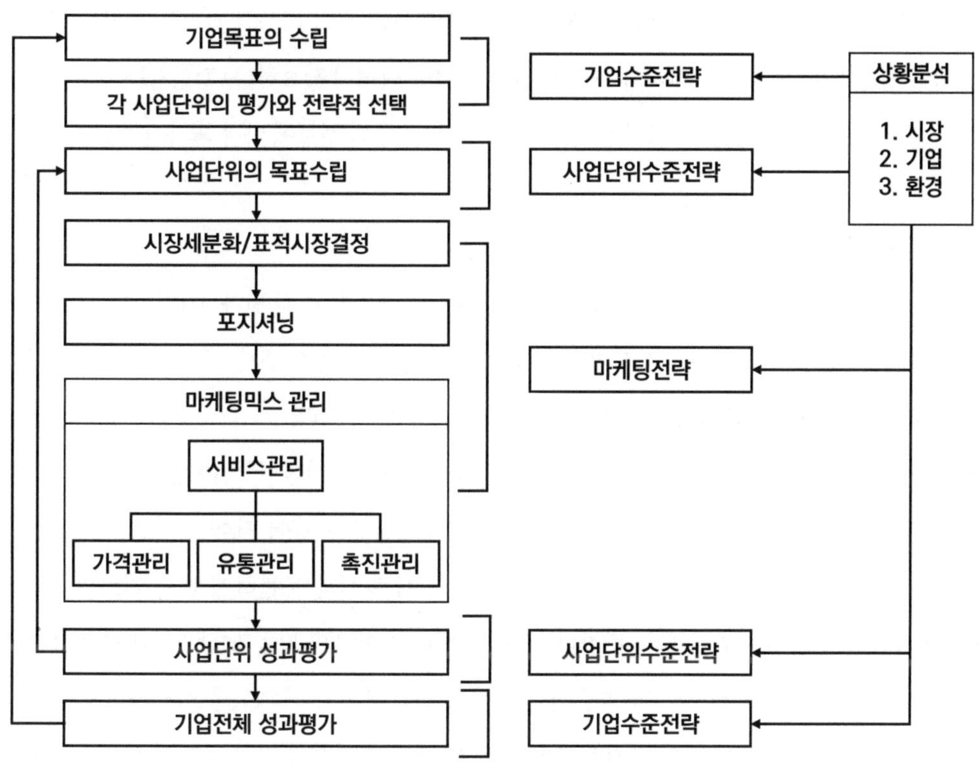

2. 시장 기회 분석

1) 시장조사

(1) 시장조사의 정의

많은 교육서비스 경영자들이 추진하는 사업의 성공과 실패 가능성을 과거의 유사한 경험을 근거로 판단한다. 그러나 이와 같이 과거의 경험에 국한하여 의존하는 예측과 의사결정은 한계를 가진다. 따라서 잠재시장과 수요에 대해 조사를 실시하여 보다 객관적인 정보를 얻은 후 도출된 결과를 토대로 판단하고 의사결정을 하는 것이 필요하다. 이때 경영자가 취할 수 있는 의사결정 방법은 경험에 의한 휴리스틱 방법과 경험과 객관적인 조사 결과를 종합하여 판단하는 방법으로 나뉜다(이훈영, 2017).

이와 같이 시장의 기회를 파악하고, 경영적 의사결정을 위한 정보(information)를 얻기 위해 자료(data)를 수집·분석하는 것을 시장조사라고 한다. 시장조사는 기업 내부의 관리자나 외부 전문 조사기관이 수행하며, 때에 따라 조사자와 관리자 간의 긴밀한 협력이 필요하다. 경영자는 효과적인 시장조사를 위해 조사 목적을 명확히 해야 하고, 조사를 통해 얻게 된 정보에 따라 의사결정을 해야 한다.

(2) 자료와 정보

시장조사에 활용되는 자료는 기업 내부자료와 기업 외부자료로 나뉜다. 기업 내부자료는 회계 부문, 서비스 부문, 영업 부문, 고객서비스 부문으로 나뉘고, 기업 외부자료는 소비자, 경쟁자와 관련된 것과 정치, 사회, 문화, 법률, 경제, 기술적 환경 자료 등이 있다.

시장조사를 통해 얻게 되는 자료는 가공과 활용에 따라 위계를 형성하게 되는데 이를 자료(data), 정보(information), 지식(knowledge), 지혜(wisdom)의 영어 단어의 앞 자를 따서 [그림 4-7]과 같은 DIKW 피라미드라고 한다. 우선 자료는 존재 형식과 무관하게 다른 자료와 상관관계가 없는 가공하기 전 순수한 수치를 뜻한다. 정보는 이러한 자료의 가공과 상관관계의 이해를 통해 패턴을 인식하고 의미를 부여한 것이다. 지식은 상호 연결된 정보의 패턴을 이해하고 이를 토대로 결과물을 예측하는 것이다. 이러한 지식이 모여 근본 원리에 대한 깊은 이해도를 바탕으로 도출된 아이디어를 지혜라고 한다.

[그림 4-7] DIKW 피라미드

구분		내용
wisdom	지혜 (wisdom)	- 근본 원리에 대한 깊은 이해도를 바탕으로 도출된 아이디어 - 예) 해당 제품에 대한 고객 점유율은 A사가 높을 것이라고 판단함
knowledge	지식 (knowledge)	- 상호 연결된 정보의 패턴을 이해하고 이를 토대로 결과물을 예측함 - 예) 고객은 상대적으로 저렴한 A사의 제품을 살 것임
information	정보 (information)	- 자료의 가공과 상관관계의 이해를 통해 패턴을 인식하고 의미를 부여함 - 예) A사의 제품이 더 쌈
data	자료 (data)	- 존재 형식을 불문하고 다른 자료와 상관관계가 없는 가공하기 전 순수한 수치 - 예) 해당 제품 가격을 A사는 100원, B사는 200원으로 책정함

(3) 시장조사의 절차

시장조사는 〈표 4-4〉와 같이 크게 조사문제의 결정, 조사계획의 수립, 조사의 실시, 조사 결과의 보고의 4단계의 절차로 이루어지며, 각 단계를 구체적으로 세분하면 10단계의 과정으로 이루어진다.

〈표 4-4〉 시장조사의 절차

절차	과정
1. 조사문제의 결정	1. 의사결정문제의 정의
	2. 조사 목적의 설정
2. 조사계획의 수립	3. 조사 유형과 자료 유형의 결정
	4. 자료 수집 방법의 결정
	5. 조사 대상의 결정
	6. 자료 분석 방법의 결정
3. 조사의 실시	7. 자료의 수집
	8. 자료의 분석
	9. 자료구조로부터의 정보 추출
4. 조사 결과의 보고	10. 조사보고서 작성

① 조사문제의 결정

조사문제 결정 절차의 첫 번째 과정은 의사결정문제의 정의이다. 시장조사는 관리자와 조사자가 함께 의사결정문제를 명확히 하는 것으로부터 시작된다. 이 과정에서 관리자와 조사자는 〈표 4-5〉와 같이 해결하고자 하는 의사결정문제를 조사문제로 재정의하는 과정을 거치게 된다.

〈표 4-5〉 의사결정문제와 조사문제의 예시

의사결정문제	조사문제
신제품포장 개발	포장디자인 대안들의 효과에 대한 평가
새로운 점포 개발을 통한 시장 침투	가능한 지역 대안들에 대한 평가
점포방문고객의 증가	점포의 현재 이미지 조사
반복구매율의 증가	현재 반복구매 정도에 대한 조사
광고예산의 지역적 분산	각 지역에서 현재의 시장침투율 조사
신제품 도입 여부의 결정	적절한 시험시장 결정과 테스트마케팅

자료: Churchill & Iacobucci(1995). Marketing research.

조사문제 결정 절차의 두 번째 과정은 조사 목적의 설정이다. 관리자와 조사자가 의사결정문제의 정의에 합의하면 구체적인 조사 목적을 설정한다. 무엇보다 조사 목적은 의사결정문제의 해결을 위한 자료의 수집과 분석에 관련되어 있어야 한다. 또한 조사 목적은 조사 유형의 결정과 이어지는 조사 과정의 지침을 제공할 수 있어야 하며, 교육기업의 문제 해결에 필요한 정보를 제공할 수 있도록 구체적으로 설정해야 한다.

② 조사계획의 수립

조사계획 수립의 첫 번째 단계는 조사 유형과 자료 유형의 결정이다. 조사의 유형은 〈표 4-6〉과 같이 탐색(탐험)조사(exploratory research), 기술조사(descriptive research), 인과관계(인과)조사(casual research)의 세 가지 유형으로 분류된다. 조사자들은 조사문제의 명확한 정의를 위해 탐색조사를 먼저 실시한 이후 기술조사 또는 인과관계조사를 수행하기도 한다. 한편 조사 유형은 조사의 횟수에 따라 하나의 대상을 단 1회 조사하는 횡단조사(cross-sectional research)와 기간 간격을 두고 2회 이상 조사하는 종단조사(longitudinal research)로 나누기도 한다.

〈표 4-6〉 조사의 유형

탐색조사	- 조사문제가 불명확할 때나 주어진 문제영역에 대해 잘 모를 때 기본적 통찰과 아이디어를 얻기 위해 실시됨 - 주로 비계량적(정성적), 비정형적 절차를 사용 - 문헌조사법, 심층면접법, 표적집단면접법(FGI), 전문가 의견조사 등
기술조사	- 표적모집단이나 시장의 특성에 관한 자료를 수집 · 분석하고 결과를 기술하는 것 - 고객, 경쟁자, 표적시장, 가타 관심 대상에 대한 이해와 마케팅 변수와 소비자 반응 간의 관련성 파악이 가능함 - 주로 통계적 방법에 의한 분석이 이루어짐 - 서베이법, 실험법, 관찰법 등
인과관계조사	- 두 개 이상의 변수들 간의 인과관계를 밝히는 것임 - 어떤 변수가 어떤 현상의 원인인지 이해하고 어떤 조치에 따라 어떤 결과를 초래하는지 예측할 수 있음 - 통계적 방법에 의해 분석을 함 - 서베이법, 실험법, 관찰법 등

시장조사자는 조사 목적에 필요한 자료 유형을 결정해야 한다. 자료는 1차 자료(primary data)와 2차 자료(secondary data)로 분류된다. 1차 자료는 조사자가 직접 수집한 자료로 보통 서베이법, 실험법, 관찰법을 통해 수집한다. 보통 1차 자료는 정확성, 정합성, 시의성 등의 측면에서 2차 자료보다 우수하다. 그러나 직접 수집해야 하기 때문에 시간과 비용의 소요가 크다는 단점이 있다. 1차 자료 수집은 주로 설문지, 기계장치의 두 가지 측정도구를 사용한다. 특히 설문지는 시장조사에서 가장 많이 사용하는 측정도구이기 때문에 적절한 시장조사와 응답 유도를 위해 조사를 실시하기 전에 설문지 개발과 사전조사에 신중을 기해야 한다. 설문지를 개발할 경우 고려할 사항은 〈표 4-7〉의 내용과 같다.

<표 4-7> 설문지 개발 시 고려 사항

1	필요한 정보를 명확히 하고, 구체적으로 파악해야 한다.
2	필요한 정보에 맞게 질문 내용, 단어, 형태를 결정한다. 질문 형태에는 선택형(폐쇄형)(closed-end question)과 개방형(open-end question)으로 나뉜다.
3	질문 순서를 적절히 결정한다. 서두에는 가급적 단순, 흥미로운 질문으로 시작하여 후반에 어렵고, 응답을 거부할 질문을 위치시킨다.
4	사전조사(pretest)를 실시하여 오류는 점검하고 수정 · 보완한다.

2차 자료는 다른 목적을 위해 이미 수집되어 존재하는 자료 구조(data structure)를 의미한다. 기존 자료를 활용한다는 측면에서 1차 자료보다 시간과 비용의 소요가 절감된다는 장점을 가지고 있다. 이에 2차 자료를 수집한 이후에 1차 자료를 수집하는 것이 바람직하다. 다만 2차 자료는 너무 오래되었거나 필요한 정보와 부합하지 않을 수 있다는 한계를 가지고 있다.

조사계획 수립의 두 번째 단계는 자료 수집 방법의 결정이다. 자료를 직접 수집해야 하는 1차 자료의 경우는 적절한 수집 방법을 정해야 하는데 일반적인 방법으로 서베이법, 표적집단면접법, 실험법, 관찰법, 심층면접법 등이 있다.

서베이법(survey method)은 설문조사를 통해 자료를 수집하는 것으로 가장 널리 이용되는 1차 자료 수집 방법이다. 해당 교육기업에 대한 신념, 태도, 선호도, 구매행동 등을 설문지를 이용하여 직접 물어보고 자료를 수집하며, 주로 기술적 조사에 사용된다.

표적집단면접법(focus group interview: FGI)은 6~12명 정도의 소수 응답 면접대상자를 한 장소에 모이도록 하고 사회자가 주제를 제시하여 자유로운 분위기의 대화를 통해 정보를 수집하는 방법이다. 표적집단면접법은 가설 도출이나 탐색조사에 주로 사용된다.

실험법(experimental method)은 변수들 간의 인과관계를 조사할 경우 주로 사용된다. 실험대상자를 몇 개의 집단으로 나누고 집단별 원인변수를 다르게 조작하여 결과가 집단별로 다르게 나타나는지 조사한다. 예를 들면 새로운 교육기업 광고 개발을 위해 몇 개의 집단을 나누고 서로 다른 광고시안을 보여 준 이후 기억 정도, 선호도 등의 차이를 조사한다. 단, 실험법에서의 가장 중요한 고려 사항은 결과변수에 영향을 줄 외생변수의 통제 문제이다.

관찰법(observation method)은 조사 대상을 관찰자나 도구에 의해 관찰함으로 자료를 수집하는 방법이다. 예를 들어 교육기관에 방문하는 고객을 비디오나 사진으로 촬영하여 고객의 특성 등을 조사하는 것이 있다. 일반적 관찰법으로 소비자의 내면 욕구와 동기 파악이 어려운 경우 직접 현장에 참여하여 관찰하는 문화인류학적 방법이 동원되기도 한다. 최근 들어 인터넷, 모바일과 같은 가상공간이 확대되어 이에 대한 관찰을 위해 방대한 양의 사진, 동영상, 글, 고객참여 등 소셜미디어 데이터를 수집하여 의사결정에 사용하기도 한다.

심층면접법(depth interview)은 조사자, 응답자 1대1 대면접촉을 통해 질의, 응답을 하는 방법이다. 심층면접법은 일반적 설문조사가 밝히기 어려운 잠재적 욕구나 동기를 파악하는 데 사용되며 질문 항목이 미리 정해지지 않는 경우가 많고, 응답에 따라 질문이 계속 변경된다.

조사계획 수립의 세 번째 단계는 조사 대상의 결정이다. 조사 유형에 따라 조사 대상을 결정하는데 소수 대상으로 조사하는 탐색조사에 비해 기술조사와 인과관계조사는 응답자 다수를 대상으로 조사를 실시한다. 먼저 전체 소비자인 모집단(population)을 결정한다. 모집단 전체를 대상으로 하는 조사를 전수조사(센서스)라고 하지만 비용과 시간의 절감을 위해 표본을 추출하고 결과를 도출하여 모집단으로 일반화한다. 구체적인 표본추출 방법의 절차는 〈표 4-8〉과 같다.

〈표 4-8〉 표본추출 방법의 절차

<table>
<tr><td>1</td><td colspan="4">조사 대상의 모집단 정의</td></tr>
<tr><td>2</td><td colspan="4">표본프레임 선정</td></tr>
<tr><td rowspan="12">3</td><td rowspan="12">표본추출
방법 결정</td><td rowspan="5">확률 표본
추출법</td><td colspan="2">- 표본추출단위가 추출될 확률이 사전에 알려져 있고, '0'이 아니게 표본을 추출하는 방법</td></tr>
<tr><td>단순
무작위</td><td>- 가장 단순하게 무작위 추출
- 예) 학원 고등학교 수강생 3학년 100명 중 20명 추출</td></tr>
<tr><td>층화</td><td>- 모집단을 상호배타적인 그룹들로 나누고 각 그룹에서 무작위 추출
- 예) 학원의 수강 금액에 따라 그룹을 나누어 추출</td></tr>
<tr><td>군집</td><td>- 모집단의 한 그룹 전체 추출 또는 한 그룹에서 확률표본추출
- 예) 여러 학원 분원 중 한 곳의 수강자 전체 또는 일부 추출</td></tr>
<tr><td>체계적</td><td>- 일정한 표본추출 간격으로 추출
- 예) 학원 출입하는 1, 11, 21, 31… 등 추출</td></tr>
<tr><td rowspan="7">비확률
표본추출법</td><td colspan="2">- 표본추출단위가 추출될 확률이 사전에 알려지지 않은 표본추출 방법</td></tr>
<tr><td>편의</td><td>- 조사자 편의대로 표본추출
- 예) 학원 앞에서 임의로 설문조사</td></tr>
<tr><td>판단</td><td>- 모집단 중 정확한 정보를 제공한다고 판단되는 구성원을 표본으로 추출
- 예) 학원 종사자 조사</td></tr>
<tr><td>할당</td><td>- 인구, 주소 등 사전에 정해진 비율 따라 모집단 구성원 할당
- 예) 대선투표 출구 조사</td></tr>
<tr><td>눈덩이</td><td>- 조사 대상으로부터 유사한 대상을 소개받아 확대하는 방식
- 예) 가출 청소년 실태 조사</td></tr>
</table>

조사계획 수립의 네 번째 단계는 자료 분석 방법의 결정이다. FGI, 심층면접 등 정성조사의 비계량적 자료는 조사자 주관에 의해 분석한다. 반면, 서베이법, 실험법, 관찰법 등 계량적 자료는 코딩(coding)을 통해 분석한다. 코딩은 자료처리 과정을 거쳐 분석 가능한 상태로 편집하는 작업이다.

③ 조사의 실시

조사실시의 첫 번째 단계는 자료의 수집이다. 자료 수집은 사전 계획에 따라 이루어진다. 자료 수집을 위한 응답자 접촉 방법은 〈표 4-9〉와 같이 대인인터뷰(대인면접법), 전화인터뷰(전화면접법), 우편서베이(우편조사법), 컴퓨터를 이용한 서베이(인터넷조사법) 등이 있다.

〈표 4-9〉 자료 수집 응답자 접촉 방법

<table>
<tr><td rowspan="3">대인인터뷰</td><td colspan="2">- 훈련된 면접원이 응답자를 직접 만나 자료를 수집하는 방식
- 방문인터뷰, mall-intercept인터뷰 등</td></tr>
<tr><td>장점</td><td>- 조사원이 어려운 질문을 설명하여 정확한 자료 수집 가능</td></tr>
<tr><td>단점</td><td>- 조사비용과 시간이 많이 소요
- 조사원의 영향, 임의적 판단으로 비표본추출오류 발생
※ 표본추출오류: 표본이 모집단을 대표하지 못함으로 발생하는 오류
※ 비표본추출오류: 표본추출오류 이외의 모든 오류(응답자, 측정, 설문지, 관리적 오류 등)</td></tr>
<tr><td rowspan="3">전화인터뷰</td><td colspan="2">- 조사 대상자에게 전화를 이용하여 질문하는 방법
- 최근 RDD(random digit dialing) 방식 사용</td></tr>
<tr><td>장점</td><td>- 적은 비용과 짧은 시간으로 조사 가능, 전화번호부 활용</td></tr>
<tr><td>단점</td><td>- 제한적 질문 내용, 낮은 응답률, 시각자료 불가능</td></tr>
<tr><td rowspan="3">우편서베이</td><td colspan="2">- 우편을 이용하여 설문지를 보내고 응답 후 회신하는 방식
- 인터넷 보급에 따라 e-mail 서베이 등도 이용</td></tr>
<tr><td>장점</td><td>- 적은 비용, 조사원 영향 적음</td></tr>
<tr><td>단점</td><td>- 낮은 응답률</td></tr>
<tr><td rowspan="3">컴퓨터 이용 서베이</td><td colspan="2">- e-mail, 웹페이지 활용하여 설문지 발송, 응답 파일 전송받는 방법</td></tr>
<tr><td>장점</td><td>- 저렴한 비용으로 대규모 조사 가능</td></tr>
<tr><td>단점</td><td>- 고령자, 교육수준 집단 사용 제한, 스팸메일 규제 강화</td></tr>
</table>

조사실시의 두 번째 단계는 자료의 분석이다. 자료 분석은 사전의 계획에 따라 수집한 자료를 SPSS, R, phython 등 통계패키지를 이용하여 분석하는 과정이다. 수집된 자료에 따라 새로운 분석 방법이 검토되거나 원래 계획하지 않은 변수들 간 관계에 대한 추가적 분석으로 의도치 않은 시사점 획득이 가능하기도 하다. 시장조사에 자주 활용되는 분석기법은 〈표 4-10〉과 같다.

〈표 4-10〉 시장조사 자료 분석 기법

회귀분석 (regression analysis)	- 둘 이상의 독립변수가 하나의 종속변수에 미치는 영향력을 분석하여 독립변수에 따른 종속변수의 변화를 예측함 - 예) 광고비 증감과 수강료 변화가 매출에 미치는 영향
상관관계분석 (correlation analysis)	- 하나의 변수와 다른 변수가 어느 정도 밀접한 관계를 갖고 변화하는지 알아봄 - 예) 광고비 변화와 매출 변화의 관계
분산분석 (analysis of variance: ANOVA)	- 세 집단 이상의 특정 변수의 평균값이 집단 간 차이가 있는지 검증함 - 예) 연령별로 선호하는 교육프로그램의 차이
요인분석 (factor analysis)	- 조사에 사용된 여러 변수를 유사한 변수끼리 한 요인으로 묶어 요인을 축소하며 의미를 부여함 - 예) 교육서비스 기관 선택 기준인 프로그램, 서비스, 시설, 강좌 구색, 친절도, 광고, 부대시설 등의 다양한 변수를 소수의 요인으로 묶음
군집분석 (cluster analysis)	- 동질적 특성을 가진 조사 대상을 묶으며 주로 시장세분화에 많이 활용됨 - 예) 교육프로그램을 서비스, 수강료 등의 집단으로 구분

조사실시의 세 번째 단계는 자료구조로부터의 정보 추출이다. 시장조사는 경영적 의사결정에 필요한 정보 획득이 실행 목적이므로 조사자와 관리자는 도출된 자료구조로부터 필요한 정보를 추출한다.

④ 조사 결과의 보고

조사자는 분석되고 추출된 결과를 토대로 보고서를 작성하고 의뢰인에게 구두발표(presentations)를 실시하는데 보고서의 요건은 다음과 같다. 첫째, 보고서는 명확하고 간결해야 한다. 이는 의사결정자들은 쉽고 빠른 이해가 가능한 보고서를 선호하기 때문이다. 둘째, 보고서는 객관적 자료를 바탕으로 해야 한다. 조사 결과는 의사결정자가 자신의 경험, 판단에 비추어 합리적으로 납득할 수 있어야 한다. 일반적인 조사보고서의 구성요소는 〈표 4-11〉과 같다.

〈표 4-11〉 조사보고서 구성요소

1. 표지	보고서 제목, 조사의뢰사, 조사회사, 제출일자
2. 목차	주제별 제목과 페이지 번호, 표 번호, 그림 번호, 부록
3. 요약	조사의 목적, 자료 수집 및 분석 방법, 시사점 요약, 제안사항
4. 서론	조사의 배경, 의사결정문제, 조사 목적, 가설, 조사의 범위, 조사기간, 참여자
5. 조사설계와 자료 수집 방법	조사설계, 자료(1차, 2차) 수집 방법, 표본의 특성, 추출 방법, 크기
6. 자료 분석 방법과 시사점	자료 분석 방법, 시사점
7. 결론	시사점 요약, 제안사항, 한계점
8. 부록	설문지 · 관찰기록지, 구체적 표와 그림, 참고문헌, 컴퓨터 아웃풋

2) 소비자행동분석

(1) 소비자행동의 정의

교육기업의 경영자는 성공적인 경영전략과 마케팅믹스 프로그램의 개발 및 실행을 위해 고객으로서의 교육서비스 수요자의 욕구를 충족시킬 가치 있는 서비스와 프로그램을 제공해야 한다. 따라서 소비자로서의 교육 수요자의 서비스 구매 과정을 적절히 이해해야 한다. 이러한 구매자로서의 개인이 어떠한 의사결정의 시점에서 교육서비스와 같은 제공물(offering)의 소비와 관련하여 내리는 의사결정들의 집합을 소비자행동이라고 한다(이학식 외, 2018).

소비자행동에 대한 정의는 몇 가지 핵심요소로 구성된다. 첫째, 소비자행동은 서비스, 제품, 아이디어 등 다양한 제공물에 대해 이루어진다. 둘째, 소비자행동은 서비스나 제품의 획득, 사용, 처분을 포괄하여 단순히 구매 이상의 다양한 소비 관련 활동이 포함한다. 셋째, 소비자행동은 획득, 사용, 처분의 과정이 일정 기간을 통해 순차적으로 발생되는 동태적 특징을 가진다. 넷째, 소비자행동은 정보수집자, 영향력 행사자, 의사결정자, 구매자, 사용자 등의 하나 또는 그 이상의 역할을 담당하는 다수의 개인들에 의해 이루어진다. 다섯째, 소비자행동은 제공물의 획득, 사용, 처분 자체의 여부, 그러한 행동의 이유, 시점, 장소, 방법, 양, 빈도 등 다양한 의사결정을 포함한다(이학식 외, 2018).

(2) 구매행동 유형: 관여도

교육서비스 경영전략 계획 수립과 경영 활동 수행에 있어 소비자행동에 대한 이해는 필수적이다. 소비자행동에 대한 다양한 개념 중 소비자의 주된 행동인 구매의사결정과 정보처리에 가장 큰 영향을 주는 것은 관여도(involvement)이다.

관여도란 소비자가 주어진 상황에서 어떤 대상을 중요시 여기는 정도나 대상에 대한 관심 정도이며, 소비자 자신과 특정 대상과의 관련성에 대한 지각 정도이다. 교육서비스를 구매하는 소비자는 서비스에 대한 관여도에 따라 다양한 행동 양상을 보이며, 이는 고관여 구매행동과 저관여 구매행동으로 나뉜다.

① 고관여 구매행동

고관여 구매행동(high-involvement buying behavior)은 교육서비스를 구매하는 의사결정이 중요하거나, 개인적 관심이 많아 신중한 의사결정을 할 때 나타난다. 예를 들어 대학교 진학 준비를 위해 선택하는 교육 강좌의 수강이나 인터넷 강의 수강을 위해 구입하는 노트북 구입 등이 이에 속한다. 교육서비스에 대한 관심이 크고, 구매가 개인적으로 중요하며 지각된 위험이 높고, 구매와 관련한 상황이 긴급할수록 관여도가 높아진다. 고관여 구매행동은 다시 〈표 4-12〉와 같이 복잡한 구매행동(complex buying behavior)과 부조화 감소 구매행동(dissonance-reducing buying behavior)으로 나뉜다.

〈표 4-12〉 고관여 구매행동

복잡한 구매행동	- 매우 중요한 교육서비스를 구매할 경우, 브랜드 간 뚜렷한 차이점이 있는 경우, 서비스의 가격이 높고, 일상적으로 빈번히 구매하는 제품이 아닌 경우의 상황에 적용된다. - 신념(belief) 개발 → 태도(attitude) 형성 → 구매대안 선택(choice)의 행동 과정을 따른다. - 전략적 시사점으로 소비자의 정보수집행동, 구매행동, 구매 후 평가에 대한 이해가 필요하며 중요하게 고려하는 속성과 상대적 중요성 인지 후 제공할 수 있는 차별적 이점을 알린다. 지면광고를 활용하여 브랜드 편익을 알리고, 상담자들에게 동기를 부여하며 자사 서비스에 대한 주변인의 호의적 태도 형성을 촉진하는 노력을 기울인다.
부조화 감소 구매행동	- 교육서비스에 대한 관여도가 높고, 서비스의 가격이 고가이며, 평소 자주 구매하는 서비스가 아니고, 구매 후 위험부담이 있고, 브랜드 간 차이가 미비할 경우의 상황에 적용된다. - 브랜드 간 차이가 미미할 경우, 비슷한 가격대에서 서비스 품질에 차이가 없을 것으로 인식하게 된다. - 전략적 시사점으로 소비자는 유용한 정보를 위해 다양한 대안처를 둘러보지만 구매는 비교적 빨리 이루어진다. 적절한 가격, 구매용이성 등에 우선적으로 반응하여 구매하므로 구매 후 불만 사항을 발견하거나 구입하지 않은 교육서비스의 좋은 점을 발견하면, 구매 후 부조화[28]를 경험하기도 한다. 따라서 부조화 감소를 위한 구매에 대한 확신 유도 촉진 활동이 필요하다.

② 저관여 구매행동

저관여 구매행동(low-involvement buying behavior)은 구매하려는 교육서비스에 대한 관심이 적거나, 중요한 구매의사결정이 아니고, 긴급하지 않은 상황에서 나타난다. 저관여 구매행동은 다시 〈표 4-13〉과 같이 습관적 구매행동(habitual buying behavior)과 다양성 추구 구매행동(variety-seeking buying behavior)으로 나뉜다. 다만 교육서비스가 가진 특성에 따라 일반적인 소비자행동론에서 제시하는 저관여 구매행동은 보편적으로 나타나지 않으며 고관여 구매행동 대비 상대적 저관여 구매행동으로 이해하는 것이 적절하다.

---

28) 구매 후 부조화란 소비자가 교육서비스를 구매한 후 실제 서비스에 대한 만족이나 불만족을 느끼기에 앞서 자신의 구매 선택에 대해 느끼는 불안감이다.

〈표 4-13〉 저관여 구매행동

습관적 구매행동	- 교육서비스에 대한 관여도가 낮고, 브랜드 간 차이가 미비하며, 서비스의 가격이 낮고, 일상적으로 빈번히 구입하는 경우의 상황에 적용된다. - 고관여의 신념(belief) → 태도(attitude) → 선택(choice)의 과정을 거치지 않는다. - 브랜드 정보 획득, 평가, 신중한 고려의 노력을 하지 않고, 브랜드 친숙성으로 선택하며, 구매 후 선택에 대한 평가를 하지 않는 경향을 보인다. - 전략적 시사점으로 시험구매 유도를 위한 가격할인과 판촉을 활용한다. 중요사항, 브랜드 연합이나 기억을 위한 심벌만 강조하는 광고문구가 효과적이며, 짧고 반복적 형태로 학습을 유도하기 위한 촉진 매체가 적합하다.
다양성 추구 구매행동	- 교육서비스에 대해 관여도가 낮고, 브랜드 간 차이가 뚜렷하거나 브랜드를 전환하는 경우의 상황에 적용된다. - 전략적 시사점으로 선도브랜드와 추종브랜드 간 전략이 달라야 한다. 선도브랜드는 교육 공간의 확보, 수강생 모집 자원 부족의 해결, 빈번한 광고 등으로 습관적 구매행동을 유도한다. 추종브랜드는 낮은 가격, 할인쿠폰, 무료 샘플 등 브랜드 전환을 유도한다.

(3) 구매의사결정 과정

① 소비자 문제 해결의 유형

소비자는 구매의사결정 과정을 통해 자신의 욕구를 충족시켜 줄 다양한 대안 가운데 최상의 대안을 선택하는 문제 해결을 취한다. 이러한 문제 해결 유형은 〈표 4-14〉처럼 어떤 교육서비스에 대한 구매경험이 없는 경우와 있는 경우로 나뉜다.

〈표 4-14〉 문제 해결 유형

정보		구매경험	
기존 정보	새로운 정보 탐색	無	有
없음	많음	포괄적 문제 해결	포괄적 문제 해결
적음	적음	제한적 문제 해결	제한적 문제 해결
많음	없음	회상적 문제 해결	일상적 문제 해결 회상적 문제 해결

소비자가 특정 교육서비스군의 구매경험이 없는 경우에 의사결정을 위해 투입하는 시간, 노력의 정도에 따라 다음과 같이 포괄적 문제 해결(extensive problem solving), 제한적 문제 해결(limited problem solving), 회상적 문제 해결(recall problem solving)로 구분된다. 포괄적 문제 해결은 정보 수집에 상당한 시간과 노력을 투입하여 대안을 평가하고 신중히 선택하는 방식이다. 선택 대안의 교육서비스가 고관여이며, 관련된 지식이 없고, 정보 수집의 시간적 여유가 있을 경우 나타난다. 제한적 문제 해결은 정보 수집에 비교적 적은 시간과 노력을 투입하여 선택하는 방식이다. 선택 대안인 교육서비스가 저관여이며, 관련된 지식이 어느 정도 있는 경우나 대안이 고관여이지만 정보 수집의 시간적 여유가 부족하여 불가피하게 선택할 경우 나타난다. 회상적 문제 해결은 구매경험이 없지만 타인과 광고의 영향으로 과거에 저장된 정보를 기억하여 인출하는 방식이다. 노출 광고에 무관심하지만 반복적으로 노출되면 브랜드를 쉽게 떠올려 구매로 이어지는 경우에 나타난다.

반면, 소비자가 특정 교육서비스군의 구매경험이 있는 경우, 이에 대한 만족과 불만족으로 이어진다. 만족할 경우 일상적 문제 해결(routinized problem solving)의 구매와 브랜드 충성도(brand loyalty)가 발생한다. 만족하지 않지만 적어도 불만족하지 않다면 타성적 구매(inertia)가 이루어진다. 한편 구매 후 불만족하지 않더라도 대안의 부족, 다른 매력적 대안에 노출되면 다양성 추구 행동(variety seeking)을 하기도 한다. 그러나 교육서비스를 구매한 후 불만족하면 이전의 포괄적, 제한적, 회상적 문제 해결 과정을 반복하게 된다.

② 소비자 의사결정 과정

소비자 구매행동은 문제 해결 과정의 관점에서 접근하면 매우 다양하게 정리된다. 이 중 구매와 관련하여 의사결정 과정이 가장 복잡한 것은 포괄적 문제 해결과 제한적 문제 해결이다. 복잡한 구매행동의 표준적 의사결정 과정은 [그림 4-8]과 같이 문제의 인식, 정보의 탐색, 대안의 평가, 구매, 구매 후 평가 등 다섯 단계로 이루어진다. 그러나 습관적 구매와 같은 경우 일부 단계가 생략되거나, 순서가 바뀌기도 한다. 한편 최근 소비자 여행(Consumer Decision Journey; CDJ)이라는 말로 소비자가 교육서비스나 브랜드와 맺는 관계와 이를 통해 경험하는 과정이 강조되고 있다.

[그림 4-8] 소비자 의사결정 과정

소비자는 실제 상태(actual state)와 바람직한 상태(ideal state)의 차이를 느끼면, 이를 해소할 욕구가 발생하는데 이를 문제의 인식(problem recognition)이라고 한다. 문제의 인식은 동기부여(motivation)를 통해 구매로 이어진다. 동기부여의 크기는 실제 상태-바람직한 상태 간 차이의 크기와 문제의 중요성에 의해 결정된다. 즉, 교육서비스 구매에 발생하는 비용, 시간, 노력에 비해 욕구가 크지 않거나, 중요성이 낮으면 구매로 이어지지 않는다. 문제 인식의 유발요인은 스스로 문제를 인식하는 내적 요인(internal factors)과 가족, 준거집단, 사회적 영향, 광고, 기업의 노력으로 인한 외적 요인(external factors)이 있다.

소비자가 문제 인식과 동기부여가 되면 문제를 해결할 교육서비스에 대한 정보의 탐색(information search) 과정을 거친다. 정보 탐색은 정보를 기억에서 회상하는 내적 탐색(internal search)과 내적 탐색으로 부족하면 외부에서 정보를 찾는 외적 탐색(external search)으로 구분된다. 정보 탐색을 위한 원천은 개인적 원천(personal sources), 상업적 원천(commercial sources), 공공적 원천(public sources), 경험적 원천(experiential sources)이 있다. 정보 원천의 영향력은 각기 상이하게 나타나는데 일반적으로 상업적 원천의 정보가 많지만 단순 정보나 편견적 정보라는 인식으로 교육서비스에 대한 주관적 평가가 함께 전달되는 개인적 정보원천이 가장 효과적이다.

소비자는 내적·외적 정보탐색의 정보를 토대로 대안을 선택한다. 소비자는 모든 대안 중 자신의 조건에 맞는 대안만을 고려하는데 이를 고려 상표군(consideration set)이라고 하며 이 중 쉽게 한두 대안을 제거하여 선택 집합(choice set)을 형성한다. 예를 들어 온라인 강의 사이트에서 마음에 드는 강좌를 장바구니에 담아놓는데 이러한 대안이 고려 상표군이다. 소비자는 대안들을 비교하고 평가하는데 속성들과 속성의 중요도를 뜻하는 평가 기준(evaluative criteria)을 사용한다. 소비자마다 평가 기준이 다르며 일반적인 평가 방식은 보완적 평가 방식(compensatory rule)과 비보완적 평가 방식(non-compensatory rule)으로 나뉜다.

보완적 방식은 브랜드의 한 가지 속성의 약점을 다른 속성의 강점이 보완하여 점수를 만회하는 방식이다. 예를 들어 〈표 4-15〉와 같이 교육서비스 선택 시 브랜드를 평가하는 상황에서 속성별 중요도를 기대효과 40, 가격 30, 시설 20, 접근성 10이라고 가정한다. 이를 1~10까지 점수로 나타내면, A, B, C 순이다. A는 접근성이 가장 낮고, 가격이 B보다 낮지만, 기대효과가 높아 가장 높은 점수를 받았다.

〈표 4-15〉 보완적 방식 사례

속성별 중요도	교육서비스 브랜드		
	A	B	C
기대효과(40)	8	5	3
가격(30)	5	7	3
시설(20)	5	5	5
접근성(10)	3	5	7
평가 점수	600	560	380

소비자들은 현실적으로 보완적 방식보다 간단한 비보완적 방식을 사용한다. 비보완적 방식은 한 가지 속성의 약점을 다른 속성의 강점이 보완하지 않는 평가 방식이다. 〈표 4-16〉은 소비자가 네 가지 학습지 브랜드를 평가한 것이다. 또한 비보완적 방식은 사전편집식(lexicographic rule), 순차제거식(sequential elimination rule), 결합식(conjunctive rule), 분리식(disjunctive rule) 등이 있다.

〈표 4-16〉 비보완적 방식 사례

평가 기준	학습지 브랜드			
	A	B	C	D
가격	4	4	3	3
커리큘럼	3	2	3	1
교사	1	2	3	5

사전편집식	- 가격 〉 커리큘럼 〉 교사 순으로 가격을 가장 중요한 기준으로 설정하면 가격에서 4점인 A, B를 선택한 이후 커리큘럼 점수가 높은 A 선택
순차제거식	- 가격, 커리큘럼, 교사의 수용 기준을 2점으로 설정하면 1점 요소인 A, D를 제거한 후 B, C 중 선택
결합식	- 가격, 커리큘럼, 교사의 최소 수용 기준을 2점으로 하면 모두 충족한 B, C 중 선택
분리식	- 가장 중요한 1개의 기준 요소를 교사로 설정하면 D 선택

대안에 대한 평가가 끝난 이후 소비자는 구매를 하게 되는데 구매를 원하는 서비스와 실제 구매

하는 서비스가 다를 수 있다. 그 이유는 두 가지 요인 때문이다. 첫째, 대안에 대한 주변 사람의 태도이다. 주변 사람은 가족, 친지, 동료 등 의미 있는 다른 사람(significant other)이라고도 한다. 예로 자녀의 학원 선택에 있어 아내가 교육비를 고려하지만 남편은 교육효과를 원한다면 인지도를 가진 브랜드 학원을 선택할 가능이 높다. 둘째, 예상하지 못한 상황변수들이다. 예를 들어 학원 수강 시점에서 갑작스럽게 실직하거나, 긴급하게 타 지역으로 이사하는 경우 등이다. 또한 구매를 원하는 학원의 수강이 모집 완료되어 다른 학원을 선택하는 경우도 있다. 또한 소비자는 교육서비스의 구매, 사용에 따른 결과에 대한 불안감을 가지며 이를 지각된 위험(perceived risk)이라고 한다. 예를 들어 학원 수강을 신청하면서 발생하는 서비스 품질이나 비용 부담에 대한 불안감 등이다. 구매를 원하는 브랜드의 변화, 구매의 지연, 구매 결정의 회피 등은 지각된 위험에 영향을 받는다. 또한 지각된 위험의 정도는 가격, 구매 결과의 불확실 정도, 소비자의 확신 정도에 따라 다르다. 따라서 교육서비스 경영자는 지각된 위험의 정도를 높이는 요인을 파악하고 제거, 감소시키기 위한 방안으로 소비자에게 추가적인 정보를 제공하거나 제품에 대한 보증을 실시하는 것이 중요하다.

교육서비스를 선택 및 구매한 후 평가가 이루어지는데 만족·불만족의 여부와 구매 후 부조화로 설명된다. 소비자는 [그림 4-9]와 같이 기대 불일치 패러다임(expectancy disconfirmation paradigm) 이론이 제시하는 것과 같이 구매 후 기대(expectation)와 지각된 제품성과(perceived performance)의 관계에 따라 만족 혹은 불만족하게 된다. 즉, 지각된 제품성과가 기대에 못 미치면 불만족, 기대에 부응하면 만족한다.

[그림 4-9] 구매 후 평가 과정

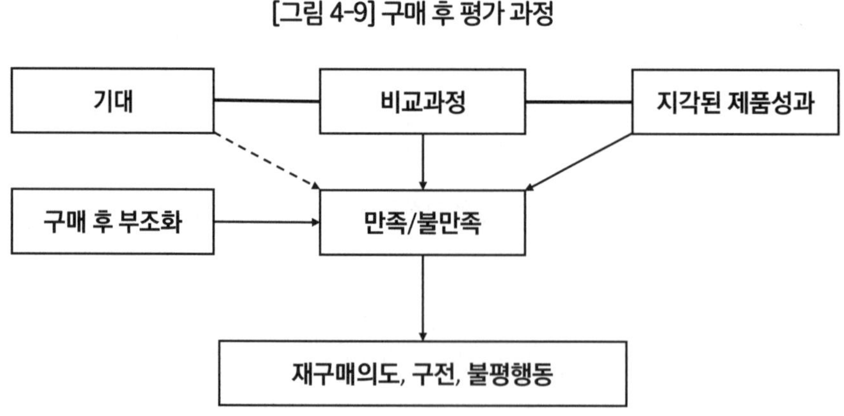

소비자는 구매 이후 선택한 대안이 선택하지 않은 대안보다 나은지에 대한 확신 부족의 인지부조화(cognitive dissonance)[29]나 심리적 불편(psychological discomfort)을 느낀다. 이를 구매 후 부조화(postcruciate dissonance)라고 한다. 완벽한 제품과 서비스는 없기 때문에 소비자들은 거의 모든 구매에서 정도 차이는 있지만 구매 후 부조화를 느낀다. 불만족은 제품성과가 기대에 미치지 못해서 발생하지만, 구매 후 부조화의 원인은 자신의 결정에 대한 일종의 의구심으로, 구매 후 부조화는 보통 고관여 의사결정과 대안들의 매력도 차이가 미비할 때 더욱 크다. 구매 후 부조화는 심리적 불편이기 때문에 소비자는 이를 해소하고자 한다. 부조화 감소 방법은 두 가지로 설명된다. 첫째, 선택한 대안의 장점을 의도적으로 부각시키고, 단점은 축소시킨다. 둘째, 자신의 구매를 지지하는 정보를 찾아 자신이 구매한 교육서비스의 브랜드 광고에 관심을 가지고, 타인과의 대화에서 선택을 지지받고자 한다. 이는 구매한 서비스에 대한 합리화 과정(rationalization process)을 거쳐 관찰되기도 한다.

구매 후 부조화가 긍정적으로 해소되면 만족으로, 부정적으로 해소되면 후회와 불만족으로 나타난다. 특히 고관여 서비스군에 해당되는 교육서비스는 부조화 영향이 크기 때문에 교육서비스 경영자는 서비스 구매 과정이 완료된 이후 거래 후 서신 및 감사의 뜻을 전달하는 방법 등을 통해 소비자의 선택이 현명했음을 인지시켜 부조화 해소에 도움을 주어야 한다.

(4) 정보처리 과정

소비자는 구매의사결정 과정에서 대안 선택과 평가를 위해 많은 정보와 자극에 노출된다. 소비자가 [그림 4-10]과 같이 자극에 대해 노출, 주의, 이해, 기억하여 선택 가능한 교육서비스와 프로그램에 대한 신념과 태도를 형성하는 일련의 과정을 소비자 정보처리 과정이라고 한다. 정보처리 과정에 의해서 형성되거나 변화된 신념과 태도는 구매의사결정에 즉각적으로 사용되거나 기억에 저장하여 이후에 이용되기도 한다.

---

29) 인지부조화는 믿는 것과 보는 것 간의 불일치로 인해 발생하는 불편을 제거하려는 심리적 상황이다. 이를 위해 자신의 태도와 행동을 일치하지 않는 과제와 일치하는 방향으로 변화시킨다.

[그림 4-10] 소비자 정보처리 과정

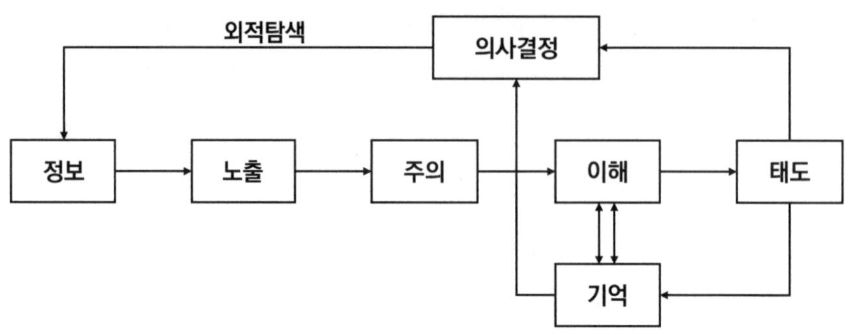

① 노출

노출은 정보처리의 출발점이며 노출이 되지 않으면 정보처리가 이루어지지 않는다. 노출의 유형에는 우연적 노출, 의도적 노출, 선택적 노출이 있다. 우연적 노출(accidental exposure)은 예기치 않은 상황에서 서비스에 대한 이야기, TV 시청, 웹 서핑 중 여러 가지 광고에 의도치 않게 노출되는 것이다. 의도적 노출(intentional exposure)은 소비자가 의사결정을 위해 스스로 외적 탐색을 하여 정보를 얻는 것이다. 선택적 노출(selective exposure)은 소비자가 관심 있는 정보에만 자신을 노출시키는 것이다. 예로 우편광고물을 뜯지도 않고 버리는 경우, 광고가 나오면 채널을 바꾸는 경우 등이다.

② 주의

소비자가 의도적으로 정보에 노출되면 자연히 주의(attention)를 기울인다. 특히 고관여된 서비스군에 속하는 교육서비스와 교육프로그램에 대해서는 상당한 주의를 기울인다. 때로는 관여되지 않은 제품 노출이라도 잘 만들어진 광고에 주의를 집중하기도 한다. 그러나 제품 자체에 고관여한 상태는 제품 자체에 주의를 기울이지만, 광고 자체에 흥미를 느끼는 상태에서는 광고의 배경적 요소나, 연출에 주의를 기울인다. 따라서 특정 서비스가 저관여 상태의 주의라도 광고의 배경적 요소, 연출에 대한 주의로 호의적 태도를 가지게 하는 것이 좋다. 이는 이후 브랜드가 기억에 저장되어 구매 결정에 영향을 미칠 수 있기 때문이다. 즉, 기업의 색다른 광고 활동은 소비자의 주의를 끌고자 하는 것이다.

③ 이해

이해(comprehension)는 감각기관에 유입된 정보를 조직화하고 의미를 해석하는 것이다. 소비자는 지각적 조직화(perceptual organization), 지각적 범주화(perceptual categorization), 지각적 추론(perceptual inference) 등의 체제로 정보를 효율적으로 해석한다. 지각적 조직화는 자극물 구성요소를 따로따로가 아닌 전체적으로 통합하여 의미를 부여하는 것이다. 예를 들면 교육 강좌, 교육시설, 교강사를 포함한 영상 광고가 이에 해당된다. 지각적 범주화는 유입된 정보를 기존 제품스키마(product schema)와 연관 짓는 것이다. A학원을 특정 과목 또는 대상의 전문 학원으로 인식시키는 것은 기존 기억 속의 스키마로 쉽게 이해시키고자 하는 것이다. 지각적 추론은 대상을 평가할 때 직접적으로 평가하지 않고 다른 것으로부터 추리하는 것이다. 이때 가격-품질 연상효과(price-quality association)가 나타나는데 가격이 높을수록 고품질로 평가하는 경향으로 품질 추론의 단서가 되는 것이다.

④ 태도

태도(attitudes)는 소비자가 어떤 대상에 대해 비교적 지속적이고 일관성 있게 갖는 평가와 감정이며, 대상에 대한 긍정적 또는 부정적 결과를 낳게 된다. 태도는 의사결정과 무관하게 정보처리 과정에서도 형성된다. 소비자의 태도 형성을 설명하는 이론은 다속성 태도모델, 인지적 반응과 정서적 반응, 관여도 등이 있다.

대표적인 다속성 태도모델은 다음과 같은 Fishbein 모델 공식으로 설명된다. 이 모델은 개인의 태도는 속성에 대한 신념, 속성에 대한 평가, 소비자가 고려하는 속성의 수로 결정된다고 제시한다.

$$A = \sum_{i=0}^{n} Bi \cdot Ei$$

A = 대상에 대한 태도(attitude)
Bi = 대상의 속성 i에 대한 신념(belief)
Ei = 속성 i에 대한 소비자 평가(evaluation)
n = 소비자가 고려하는 속성의 수

소비자는 정보에 노출되어 이를 처리하는 동안 여러 가지 반응을 하며 태도를 형성하는데 이를 설명하기 위한 개념으로 인지적 반응(cognitive response)과 정서적 반응(emotional response)이 있다. 인지적 반응은 정보를 처리하는 동안 자연스럽게 떠올리는 생각으로 광고메시지 주장에 대한 지지주장, 반박주장과 광고실행에 대한 실행지지(긍정적 생각), 실행격하(부정적 생각)로 나타난다. 정서적 반응은 정보를 처리하는 동안 자연스럽게 느끼는 긍정적, 부정적 느낌을 의미한다.

한편 소비자는 고관여 상태일 때 정보에 관심을 기울이고 신중히 정보처리를 한다. 따라서 다속성 태도모델과 인지적 반응은 고관여 소비자의 태도 형성 설명에 적합하다. 반면 소비자가 저관여 상태이면 인지적 반응보다 정서적 반응을 자극하여 광고 태도에 영향을 준 후 브랜드 태도로 확장하는 것이 좋다.

⑤ 기억

소비자의 기억은 단기기억(short-term memory)과 장기기억(long-term memory)으로 구분된다. 단기기억은 감각기관으로 유입되는 정보를 의미하며, 정보처리 과정에서 중요한 정보는 반복적으로 생각되고 마음에 새기는 리허설(rehearsal)된 정보로 장기기억으로 이전된다. 따라서 교육브랜드에 대한 반복되는 광고는 리허설 효과를 통해 장기기억에 저장되는 것을 유도한다. 단기기억에서 장기기억으로 이전된 정보를 저장하는 과정에서 과거 서비스 경험, 정보원에서 획득한 서비스 정보와 태도가 함께 저장된다. 이는 일반적으로 지각 범주화의 제품스키마를 통해 네트워크 형태로 구성되면 장기기억으로 쉽게 이전되며, 장기기억의 정보는 의사결정에 인출되어 내적 탐색 정보로 영향을 미치기 때문이다.

3. 환경 분석

경영전략 수립에 있어 기업이 처해 있는 복잡하고 급변하는 환경을 이해하는 것이 필요하다. 환경(environment)이란 기업의 경영 활동에 영향을 미치는 다양한 요인을 의미한다. 이에 교육기업이 처해 있는 환경 변화를 잘 감지하고 대응하여 기업의 성장 기회를 얻는 것은 중요하며, 이를 위해서 기업이 처해 있는 환경을 여러 하위 시스템으로 이해하고 접근해야 한다. 기업 환경은 특정

서비스 및 사업 분야와 밀접한 관련을 가지고 경영 활동에 직·간접적으로 영향을 미치는 내부 과업환경과 사회의 모든 집단에 영향을 끼치는 광의적 외부 환경으로 분류할 수 있다. 기업 내부의 환경 요인은 최고경영층과 관리자에 의해 통제가 가능한 환경이다. 반면, 외부 환경 요인은 내부 환경 요인과 상호작용을 일으키지만 개별 기업이 통제할 수 없는 환경 요인이다.

1) 내부 환경 분석

내부 환경 요인은 교육기업의 경영자와 관리자들에 의해 주도되며 통제 가능한 요인들이다. 내부 환경은 통제 주체에 따라 최고경영층과 개별 부문 관리자의 의사결정 영역으로 분류된다.

최고경영층에 의해 관리되고 의사결정이 되는 요인은 사업영역, 기업 목표, 기업문화, 개별 부서의 역할 등으로 구분된다. 사업영역은 교육기업의 활동 영역을 결정하는 것으로 교육서비스와 프로그램, 사업 지역, 소유 구조, 구체적인 사업 분야를 모두 포괄한다.

기업 목표는 최고경영층이 제시하며 기업 전반과 관련된 측정 가능한 목표로 표현된다. 보통 매출액, 시장점유율, 이익 등이 사용되는데 최근 이익, 고객 만족 수준에 대한 중요성이 증가하고 있다. 이러한 기업 목표의 구체적 달성을 위해 핵심성과지표(KPI)를 설정하고 관리한다.

기업문화는 조직 구성원들이 공유하고 따르는 가치, 규범, 관행으로 구성된다. 기업문화는 기업의 유형에 따라 새로운 교육서비스 개발에 영향을 미치기도 한다. 특히 새로운 교육시장 변화에 대응하기 위해 창의성, 실험정신, 고객중시, 전문성, 효율성 강조 등의 시장지향적 기업문화 구축이 기업 성장과 직결된다.

조직은 다양한 부문과 부서로 구성되기 때문에 개별 부서의 역할을 규정하고 관리하는 것이 필요하다. 최고경영자는 개별 부서의 기능과 관리자의 중요성을 인식하고 적절한 자원을 배분하여 효과적 경영 활동이 가능하도록 해야 한다. 최근 개별 부서별로 전문화·분업화가 확산되는 추세이고, 이에 따라 부서별로 권한을 위임하는 부문별 경영자[30]가 등장하고 있다. 또한 최고경영층은 각 부서의 업무와 역할을 규정하고 타 부서와 원활한 조정을 위한 제도적 장치를 마련해야 한다.

개별부문 관리자는 규정된 업무에 따라 기능별 역할을 중심으로 의사결정을 한다. 구체적인 사

---

30) 2장 교육서비스 경영자-1절 교육서비스 경영자의 개념-2. 교육서비스 경영자의 유형-3) 현장경영층(일선경영층) 부분 참고.

업시장과 부서 목표의 선택, 조직의 구축, 업무 계획 및 통제 등이 이에 속한다. 목표 시장을 선정하기 위해 시장을 몇 개의 세분시장으로 나누어, 하나 이상을 표적시장으로 삼기도 한다. 이러한 표적시장 선택은 개별 부문의 의사결정에 영향을 준다. 또한 표적시장과 관련된 성과 목표를 수립하는데 이는 최고경영층의 전반적 목표보다 구체적이고 고객과 관련된 목표를 설정하는 것이다. 이와 같은 성과 달성을 위해 적합한 하부 조직을 구축하며 제반 활동을 수행하기 위한 인적 구조를 설계하고, 조직의 구성에 따라 시장조사, 서비스계획, 판매촉진 등 활동 영역과 내용을 상이하게 배치한다. 마지막으로 업무를 계획하고 통제하여 활동 수행 이후 성과 검토, 평가를 정기적으로 수행하여 환경 변화에 따른 전략을 수정하기도 한다.

2) 외부 환경 분석

(1) 소비자·수요

소비자는 경영전략 수행에 있어서 가장 중요하게 고려할 외부 환경 요인이다. 기업은 나이, 소득, 학력, 주거 지역 등 소비자의 특성을 고려한 전략을 구상하지만, 이러한 변인 자체를 통제하지는 못한다. 또한 소비자의 문화, 가족, 친지, 습관, 생활양식 등은 교육서비스 구매에 많은 영향을 준다. 따라서 소비자의 행동을 분석하여 소비자가 원하는 것과 아직 인식하지 못한 욕구를 파악하여 이에 적합한 서비스를 제공하는 것이 필요하다. 이는 소비자의 관여도에 따라 고관여 서비스, 저관여 서비스로 구분되기도 한다.

수요는 특정 제품이나 서비스에 대한 소비자의 욕구가 구매력과 구매의지에 의해 뒷받침되는 것이다. 이러한 수요를 분석하기 위해 서비스 시장의 크기, 성장률을 검토한다. 서비스 시장이 크고, 성장률이 높을수록 매력적인 시장으로 볼 수 있지만 시장이 크면 경쟁자도 늘어나기 때문에 수요를 분석할 때 수요와 함께 경쟁자, 더 나아가 잠재적 경쟁자들도 함께 고려해야 한다.

수요를 예측하는 방법으로는 의견조사법, 시장시험법, 시계열 분석법, 인과관계법 등이 있다. 의견조사법은 종업원과 외부업자를 대상으로 하는 의견 청취 방법과 전문가 의견 합성법, 잠재고객 의견조사법 등이 있다. 시장시험법은 의견조사법에서 발생 가능한 신중하지 않은 의견 등을 고려하여 새로운 서비스, 기존 서비스의 새로운 판로 지역 진출 등 직접 시장의 수요를 예측하기에 적절하다. 시계열 분석법은 과거 실적으로 미래의 수요를 예측하기 위해 사용된다. 인과관계법은 서비스 수요 변화(파생수요)에 선행하는 다른 제품의 수요 변화를 이용하는 것으로 '변수 선정 → 수요와 변수의 대응 → 회귀분석 실시 → 변수 간 관계 설명 회귀식 발견 → 변수 대입하여 수요 예측'의 순서로 이루어진다.

(2) 경쟁자

외부 환경에서 경쟁자[31]는 마케팅 활동에 큰 영향을 주기에 경쟁 환경 분석은 교육기업에게 필수적이다. 이를 위해 경쟁 관계의 수준, 경쟁자 파악, 경쟁 형태[32], 경쟁구조[33] 등의 분석이 필요하다.

경쟁 관계의 수준은 제품 및 서비스군 간의 경쟁, 서비스군 내에서 서비스 유형 간의 경쟁, 서비스 유형 내의 브랜드 간의 경쟁이 있다. 예를 들어 제품 및 서비스군 간의 경쟁이란 직장인 소비자에게 경제적 여유가 생긴 경우, 해외여행과 교육 투자 사이의 결정이다. 서비스 유형 간의 경쟁이란 교육 투자로 결정한 경우 자신의 직무 역량 향상 강좌와 취미 활동 강좌 사이에서 결정하는 것이다. 마지막으로 브랜드 간의 경쟁은 직무 역량 향상 강좌를 선택한 경우 동일한 내용의 여러 오프라인 강좌 중에서 하나를 결정하는 것에 관한 것이다.

경쟁자를 파악할 때 일반적으로 대체 가능성이 존재하는 대안 모두를 경쟁자로 본다. 유형의 제품을 예로 들면 탄산음료와 과일음료는 서로 다른 세분시장에 속해 있지만 갈증 해소라는 측면에서 서로 대체 가능하기 때문에 경쟁자로 볼 수 있다. 그러나 교육서비스는 서비스의 특성을 고려하여 마케팅 근시[34]를 넘어 세분시장의 경쟁 관계 수준을 폭넓게 파악하는 것이 필요하다. 이렇듯 경쟁자를 파악하는 방법은 〈표 4-17〉과 같이 고객 중심적 방법과 기업 중심적 방법으로 구분된다.

---

31) 시장 환경 분석의 주요 대상으로 자사(company), 경쟁자(competitor), 고객(customer)을 설정할 경우 이를 각 영문 앞 자를 따서 3C 분석이라고 한다.

32) 경쟁 형태는 경쟁자의 수에 따라 독점, 과점, 독점적 경쟁, 순수경쟁으로 구분된다. 경쟁자가 없는 독점, 소수인 과점, 여러 개인 독점적 경쟁, 많은 수의 순수경쟁으로 나뉜다. 교육서비스 기업과 학원은 일반적으로 독점적 경쟁이나 순수경쟁의 형태를 따른다.

33) 경쟁구조는 본 장 3절 전략 수립 방법-6. 경쟁전략 수립 방법-1) 산업구조분석 부분에서 자세히 다룬다.

34) 마케팅 근시(marketing myopia)는 경쟁 범위를 같은 형태나, 같은 종류의 상품으로 국한하여 좁게 보는 시야와 사고를 뜻한다.

〈표 4-17〉 경쟁자 파악 방법

<table>
<tr><td rowspan="7">고객 중심적 방법</td><td rowspan="4">고객지각에 근거</td><td colspan="2">- 교육서비스에 대한 고객의 평소 생각에 근거한 분석 방법</td></tr>
<tr><td>지각도</td><td>- 여러 교육서비스가 고객 마음속에 차지하고 있는 위치를 2차원 또는 3차원의 공간에 나타낸 그림</td></tr>
<tr><td>서비스 제거</td><td>- 여러 교육서비스를 제시하고 선호 서비스를 선택, 나머지를 제거한 다음 다시 서비스를 선택하는 방식
- 1차 선택 서비스-2차 선택 서비스를 경쟁으로 봄</td></tr>
<tr><td>사용상황별 대처</td><td>- 소비자의 사용 상황을 고려해 대체 관계를 파악
- 예) 맞벌이 부부 퇴근 전 시간 자녀 수강 학원 또는 기관</td></tr>
<tr><td rowspan="3">고객행동에 근거</td><td colspan="2">- 실제로 구매하는 행동, 소비 패턴의 관찰을 토대로 파악하는 방법</td></tr>
<tr><td>상표전환 매트릭스</td><td>- 한 서비스에서 다른 서비스로의 구매전환 비율을 도표화하여 계산표를 작성하는 방법</td></tr>
<tr><td>수요의 교차탄력성</td><td>- 자사 교육서비스 가격의 변화에 따른 판매량 변화를 계산하여 가격탄력지수를 계산하는 방법</td></tr>
<tr><td rowspan="2">기업 중심적 방법</td><td colspan="2">표준산업분류 활용</td><td>- 표준산업분류코드를 사용하여 비슷한 산업끼리 묶는 방법</td></tr>
<tr><td colspan="2">기술의 대체 가능성</td><td>- 기존 상품을 대체할 제품과 기술을 조사하여 대체 가능성을 파악하는 방법
- 예) 오프라인 강좌와 온라인 강좌</td></tr>
</table>

(3) 거시적 환경[35)]

거시적 환경은 교육기업 또는 사업단위 전략의 수립과 수행에 영향을 미치는 중요한 외부 환경 요인이다. 거시적 환경은 일반적으로 정치적·법적 환경(political environment), 경제적 환경(economic environment), 사회문화적 환경(socio-cultural environment), 기술적 환경(technological environment)의 네 개 부문으로 분류하며, 이를 PEST 분석이라고 한다. 이러한 분류에 생태학적 환경(environmental environment)을 추가하여 사회적(social), 기술적(technological), 생태적(environmental), 경제적(economic), 정치적(political)으로 설명하는 STEEP 분석으로 확장되어 활용되기도 한다. 한편 최근 정보통신기술과 인터넷 환경의 발달과 고성능 디바이스의 등장은 다양한 매체의 발전으로 이어져 매체(media) 환경에 대한 관심이 늘어나는 원인이 된다.

---

35) 1장 교육서비스 경영의 기초-3절 교육서비스 경영의 특성-3. 교육서비스 경영의 환경 부분 참고.

최근의 매체 환경의 변화는 경영전략 수립과 활동의 변화를 초래한다. 이전의 경영 활동의 하나의 영역인 마케팅 활동은 TV, 라디오, 신문, 잡지 등의 매체를 주로 사용했지만, 최근 인터넷, 스마트폰 등으로 활용되는 매체가 다양해졌다.

이러한 매체 환경의 변화는 촉진 활동뿐만 아니라 기업의 이미지 전달 방식도 변화시켰다. SNS 등 인터넷 매체를 통한 고객과의 의견 교류를 통해 기업의 호의적 혹은 비호의적 이미지 전달이 더욱 활성화되었다. 이러한 환경 변화에 대응하기 위해 교육기업은 홈페이지 등 매체를 활용하여 자사 이미지와 교육서비스의 정보를 제공하여 기업 이미지를 제고하고자 노력하고 있다.

이러한 변화를 반영하여 경영자와 마케팅 관리자들은 매체를 〈표 4-18〉과 같이 트리플 미디어(triple media)라는 판매미디어(paid media), 자사미디어(owned media), 평가미디어(earned media)로 구분하여 관리할 수 있다.

〈표 4-18〉 트리플 미디어

판매미디어	- 기업이 미디어 회사에 돈을 지불하고 원하는 콘텐츠를 컨트롤하는 것 - TV, 라디오 등 전통적 매체
자사미디어	- 기업이 자체적으로 보유한 것 - 웹사이트, 블로그, 모바일 앱 등
평가미디어	- 기업의 바이럴 마케팅, 홍보 활동에 활용되는 것 - 페이스북, 인스타그램 등 사회연결망 서비스

3) 환경 분석 방법

(1) SWOT 분석

SWOT 분석은 [그림 4-11]과 같이 교육기업이 처한 환경을 내부 환경과 외부 환경으로 구분하여 분석하는 방법이다. 기업의 내부 환경을 강점(Strength)과 약점(Weakness)으로, 외부 환경을 기회(Opportunity)와 위협(Threat)으로 구분하여 분석하며 분석요소에 해당되는 네 가지 요소의 영어 단어의 첫 글자를 따서 SWOT 분석이라고 한다.

[그림 4-11] SWOT 분석에 따른 전략 유형

		내부요인	
		S	W
외부요인	O	SO전략 강점이용→기회포착	WO전략 약점보완→기회포착
	T	ST전략 강점이용→위협회피	WT전략 약점보완→위협회피

SWOT 분석의 목적은 교육기업의 경쟁우위 달성을 위해 경쟁기업과 비교하여 자사가 보유한 핵심역량(core competencies)[36]을 이용하여 강점을 최대화하고, 약점을 최소화하는 전략을 수립하는 것이다. 또한 외부 환경을 분석하여 시장기회를 포착하거나 발생 가능한 위험요인을 도출하기 위해 활용된다.

SWOT 분석을 실시하는 순서는 다음과 같다. 첫째, 자사의 강점·약점, 환경이 제공하는 기회·위협을 검토한다. 둘째, 강점-기회(SO), 강점-위협(ST), 약점-기회(WO), 약점-위협(WT)으로 연계하여 상황별 전략을 도출한다. SO전략은 외부 환경의 기회를 활용하기 위해 내부의 강점을 사용하는 방안이며, ST전략은 외부 환경의 위협을 극복하고자 내부의 강점을 활용하는 방안이다. WO전략은 내부의 약점을 보완하여 외부 환경의 기회를 활용하는 방안이며, WT전략은 내부의 약점을 보완하여 외부 환경의 위협을 극복하는 방안이다. 마지막으로 분석 내용을 토대로 각 요소를 기준으로 교차표를 정리하여 전략을 도출한다.

SWOT 분석은 다음과 같은 장점과 단점을 가지고 있다. 장점으로는 내부적인 상황과 외부적인 환경에 대한 전체적 관점의 파악과 적용이 가능하고 무엇보다 활용과 이해가 쉽다는 것이다. 또한 전체적 분석에서 세부적 분석까지 분석의 수준을 조절하여 활용의 범위 설정이 용이하다. 그러나 각 요인에 대한 정보 수집이 충분하지 못하거나, 분석의 단위(unit of analysis)가 명확하지 않으면 효과적 분석이 어렵다는 단점을 가지고 있다. 또한 강점, 약점, 기회, 위협 등 각 요인 모두 분석이

36) 경쟁기업에 비해 우월하고 독특한 활동의 집합이다. 희소성을 가지고, 모방에 비용이 많이 들며, 경쟁우위를 달성하는 과정에서 대체가 불가능한 것이다. 예를 들면 특허를 가진 교육 방법, 효과적 인적자원관리시스템 등이 있다.

완료되어야 분석의 완성이 가능하다는 것이 한계점으로 지적된다.

(2) VRIO 분석

VRIO 분석은 텍사스대학교 경영학과 교수인 Barney가 자신의 저서 《지속적 경쟁우위의 원천(Sources of sustainable competitive advantage)》(1991)에서 제시한 모형이다. VRIO 분석은 자원기반 관점으로 기업의 내부 자산 환경을 분석하는 방법으로 이를 통해 기업의 성장잠재력을 가늠하고, 내부 자원과 능력을 통해 지속 가능한 경쟁우위를 판단하는 모형이다.

VRIO 분석은 단순히 기업이 어떤 자원을 보유하고 있는 것에 초점을 두는 것이 아니라 보유한 자원을 활용할 능력의 여부를 판단하는 것이다. 이에 기업의 자원과 능력의 우위성을 종합적으로 분석하기 위해 가치사슬(value chain)이나 7S 모델[37]과 함께 고려해야 한다.

VRIO 분석에서 확인하는 구성요소는 고객 가치(value), 희소성(rarity), 모방불가능성(in-imitability), 조직적 체계(organization)이다. 고객 가치는 자원과 능력이 기업의 성과와 이익으로 직결될 수 있음을 의미한다. 희소성은 기업이 보유한 자원과 능력이 희소하거나 접근이 어려워 경쟁기업이 보유할 가능성이 낮아야 함을 뜻한다. 모방불가능성은 경쟁기업이 자원과 능력을 완벽하게 모방할 수 없거나 모방을 위한 시간과 비용이 상당하여 자사가 지속 가능한 경쟁우위를 확보할 수 있음을 의미한다. 조직적 체계는 시장의 환경 변화에 빠르게 대처하고 자원과 능력을 잘 활용하는 내부 의사결정 구조로의 조직체계가 구성되어 있음을 뜻한다. 이러한 구성요소를 분석한 이후 [그림 4-12]와 같은 프레임워크를 통해 전략 시사점을 도출할 수 있다.

---

37) 7S 모델은 세계적인 전략컨설팅 펌인 Mckinsey사가 제시한 것으로 리더십 스타일(style), 관리기술(skill), 전략(strategy), 구조(structure), 제도와 절차(system), 구성원(staff), 공유가치(shared value)의 7개 요소를 통해 조직을 진단하여 기업 내부 환경을 체계적으로 분석하고 해결 방안을 수립하는 프레임워크이다.

[그림 4-12] VRIO 프레임워크

고객 가치	No	Yes	Yes	Yes	Yes
희소성		No	Yes	Yes	Yes
모방 불가능성			No	Yes	Yes
조직적 체계				No	Yes
	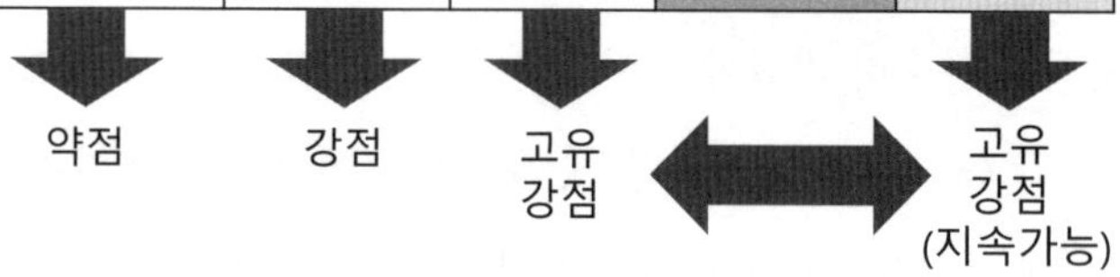 약점	강점	고유 강점		고유 강점 (지속가능)

자료: 나가이 다카히사(2020). 사장을 위한 MBA 필독서50.

(3) 3C 분석

3C 분석이란 일본의 저명한 전략 연구가인 오마에 겐이치가 제시한 전략적 사고 프레임워크로서 자사(Company), 경쟁사(Competitor), 고객(Customer)의 요소를 통해 환경을 분석하는 방법으로 [그림 4-13]과 같이 3요소의 관점에서 사업을 분석하여 전략 삼각형(strategic triangle) 방법이라고도 한다. 자사와 경쟁자는 동일한 고객을 대상으로 가치를 주고, 받는 존재로 설정하고, 자사-경쟁자 상호 간에는 비용을 통해 경쟁하게 되는 상황을 설명한 이론이다.

[그림 4-13] 3C 분석

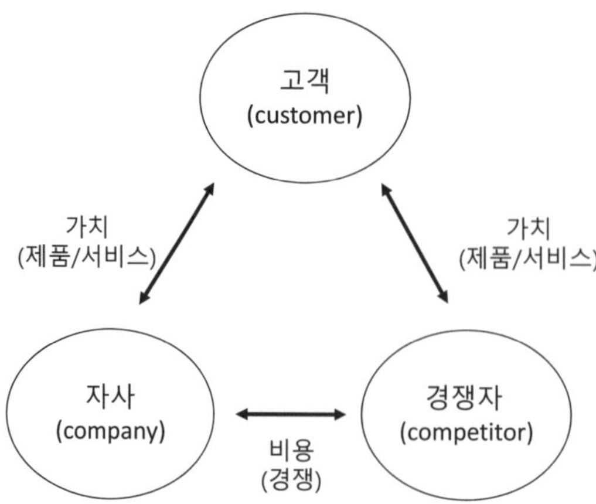

경영전략 도출을 위해 자사·경쟁사·고객 관점에서 [그림 4-14]와 같은 분석을 통해 시장에서의 기회와 위협, 자사의 강점과 약점을 파악하고, 경쟁사 대비 경쟁우위를 확보할 차별화 요소를 획득하고자 하는 것이다. 자사 관점에서는 자사의 포지셔닝, 수익성, 브랜드, 서비스 생산력, 판매력, 재무력, 기술력을 검토한다. 경쟁사 관점에서는 시장에서의 경쟁자 수, 기술력, 가격대, 서비스 생산력, 재무력 등을 고려한다. 마지막으로 고객 관점에서는 시장 규모, 시장 성장성, 구매 결정과 구매 행동에 영향을 미치는 요인을 분석한다.

이러한 분석 내용을 토대로 자사가 고객에 대해 경쟁자와 차별되게 제공할 수 있는 가치를 명확화하게 되는데, 목표 표적 시장을 선정하여 제공할 수 있는 서비스 혜택과 가격을 구체화하여 경쟁사 대비 우월성을 확보할 수 있다. 이 과정에서 고객에게 제공하는 가치가 실현이 가능한지와 충분한 수요와 이익의 확보가 가능한지 판단하여 전략 설계로 이어진다.

[그림 4-14] 3C 분석 적용

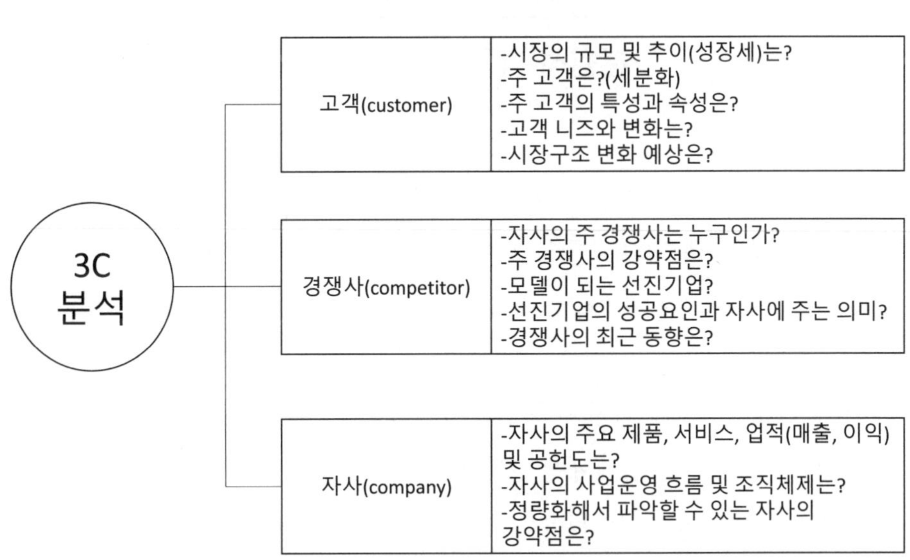

자료: 중소기업진흥공단(2017). 중소기업 경영애로 해결을 위한 표준솔루션 200.

(4) 가치사슬 분석

가치사슬(value chain) 분석은 현대 경영전략의 창시자로 인정받는 하버드대 Michael Porter 교수가 제시한 것으로 기업의 부가가치가 생성되는 내부 과정을 설명한 이론이다. 가치사슬 분석에서는 [그림 4-15]와 같이 기업의 부가가치가 창출되는 과정과 직·간접적으로 관련된 활동·기능·프로세스의 연계를 본원적 활동과 지원적 활동으로 나누어 설명한다.

[그림 4-15] 가치사슬의 구조

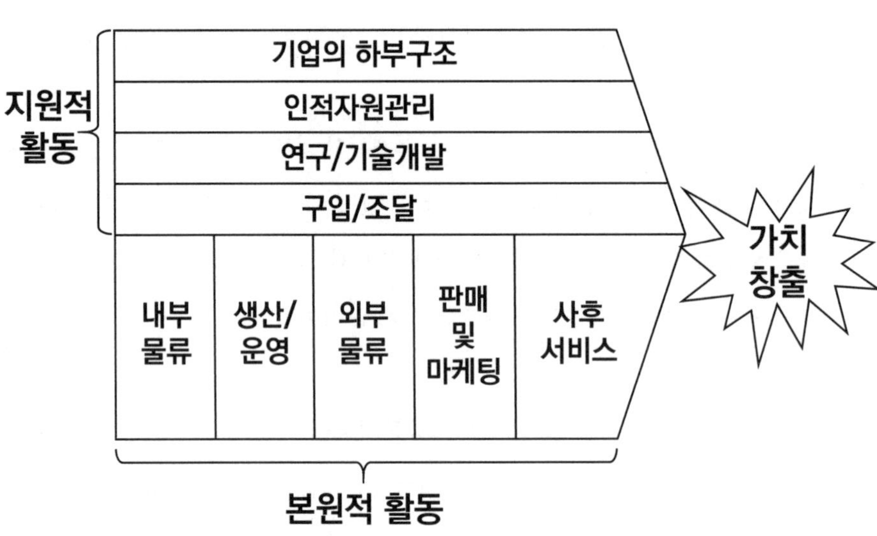

자료: Michael Porter(2018). 마이클 포터의 경쟁전략.

본원적 활동(primary activities)은 상품의 물리적 변화에 직접적으로 관련된 기능을 수행하는 활동으로, 가치 창출에 직접적으로 기여한다. 본원적 활동에는 내부물류(inbound logistics), 생산·운영(manufacturing·operations), 외부물류(outbound logistics), 판매 및 마케팅(sales & marketing), 사후서비스(after service)의 다섯 가지 활동이 속한다. 내부물류는 투입물의 계획 및 관리에 관련된 활동, 접수, 보관, 재고관리, 수송계획 등이며 생산·운영은 투입물을 최종 제품으로 변환시키는 가공, 포장, 조립, 장비유지, 검사 등을 의미한다. 외부물류는 최종 제품을 고객에게 전달하는 활동, 창고관리, 주문실행, 배송, 유통관리 등이고, 판매 및 마케팅은 구매자들이 제품을 구매하도록 하는 모든 활동들이 해당된다. 마지막으로 사후서비스는 기업의 제품 가치를 유지·강화하는 활동, 고객지원, 수리업무 등이 속한다.

지원적 활동(supportive activities)은 본원적 활동을 지원하는 활동이며, 가치 창출에 간접적으로 기여한다. 지원적 활동에는 기업의 하부구조(firm infrastructure), 인적자원관리(human resources management), 연구·기술개발(technology development), 구입·조달(procurement)의 네 가지 활동이 있다. 기업의 하부구조는 일반관리, 회계, 법률, 재무, 전략기획, 기타 기업의 전반적 운영에 필수적 활동이며, 인적자원관리는 인력의 충원, 동기부여, 훈련, 교육 등을 의미한다. 연구·기술개발은 제품 및 제반 가치 활동 개선을 위한 노력과 활동이며, 구입·조달은 특정 부문에 국한되지 않은 원재료, 서비스 기계 등의 전반적 구입과 조달활동이 해당된다(Michael Porter, 2018).

다만 가치사슬 분석은 교육서비스 경영의 핵심 상품인 교육서비스보다는 유형의 제품을 설명하기에 적절하다. 따라서 교육서비스 경영적 측면에 가치사슬을 새롭게 적용하는 것이 필요하다. 그럼에도 불구하고 교육기업은 가치사슬 분석을 통해 각 단계에서 가치 창출에 관련된 핵심 활동이 무엇인지 규명할 수 있다. 또한 각 단계와 핵심 활동들의 강점과 약점, 차별점을 분석하여 가치 창출 부분으로의 경쟁우위와 가치 비창출 부분으로의 경쟁열위를 파악할 수 있다는 면에서 효용 가치가 있다.

아울러 가치사슬 분석은 주로 기업의 내부 역량 분석도구로 활용된다. 그러나 최근 정보통신기술 및 인터넷의 발달로 가치사슬의 해체가 가속화되고 네트워크를 기반으로 한 아웃소싱이 활발해지는 추세가 계속되고 있다는 측면에서 교육서비스 경영전략에서의 새로운 내부-외부 환경의 관련성을 연구할 필요가 있다.

4. 사업포트폴리오 분석

사업포트폴리오란 교육기업이 수행하고 있는 다양한 사업단위를 특정한 전략 목표에 따라 일정한 집합으로 묶어 관리하는 전략적 사업단위이다. 교육기업이 보유한 많은 사업과 서비스를 전략적 사업단위인 사업포트폴리오로 분류하여 적절히 분석한다면 해당 각 전략적 사업단위에 어느 정도 자원을 분배할 가치가 있는지 결정할 수 있고 해당 시장의 매력도를 평가할 수 있다.

즉, 사업포트폴리오 분석(business portfolio analysis)은 교육기업이 보유한 여러 사업의 경쟁적 강점과 시장 매력도를 평가하여 강한 사업에 더 많은 자원을 투입하고 약한 사업은 처분하는 등의 전략적 의사결정을 통해 최적의 사업포트폴리오를 유지하는 것이다. 또한 교육기업에게 있어서 사업포트폴리오 분석 활용은 여러 이점을 가진다. 무엇보다 전략적 사업단위의 시장 성장 가능성,

경쟁우위 등의 기업 전체 공헌도를 시각적으로 평가하여 각 전략적 사업단위의 시장 매력도, 사업의 시장 또는 산업 내 경쟁적 위치를 확인하고 다른 전략적 사업단위와 비교하여 기업의 전체 성과 공헌 정도를 확인할 수 있다.

대표적인 사업포트폴리오 분석 방법은 Boston Consulting Group이 제시한 성장률-점유율 매트릭스(growth-share matrix)인 일명 BCG 매트릭스와 General Electric과 Mckinsey Company가 제시한 시장매력도-사업경쟁력모형(market attractiveness-business strength model)인 일명 GE 매트릭스가 있다.

1) BCG 매트릭스

BCG 매트릭스는 1960년대 미국 경영자문회사인 Boston Consulting Group이 개발하였고, 성장률-점유율 분석으로도 불린다. 기업은 BCG 매트릭스를 통해 각 전략적 사업단위가 기업 전체에 현금을 공급할 능력이 있는지, 기업의 현금 지원이 필요한지 평가할 수 있다.

BCG 매트릭스의 가로축은 상대적 시장점유율(relative market share)을 의미하며, 자사의 경쟁적 강점을 나타낸다. 자사의 사업단위 시장점유율을 가장 높은 경쟁자 시장점유율로 나눈 값으로 일반적으로 1.0 또는 1.5를 기준으로 높고 낮음을 분류한다. BCG 매트릭스가 자사의 강점을 검토하기 위해 상대적 시장점유율을 선택한 이유는 시장점유율이 높은 기업은 규모의 경제, 높은 상표 인지도, 시장지배력, 고객·원자재 공급자에 대한 강한 교섭력을 가지며, 경쟁사보다 더 빠른 경험 누적으로 단위당 생산비용을 낮출 수 있기 때문이다.

BCG 매트릭스의 세로축은 시장성장률(market growth rate)을 의미하며, 해당 기업이 속한 산업의 시장 매력도를 측정하는 것이다. 일반적으로 제품시장 연 성장률이 10~15% 이상이면 고성장, 이하이면 저성장으로 판단한다. BCG 매트릭스가 시장의 매력도 측정에 시장성장률을 채택한 이유는 시장성장률이 높은 산업은 아직 서비스 애호도가 형성되지 않아 신규 사용자들로 주로 구성되었고, 시장점유율을 높이기가 상대적으로 용이하며 수요가 공급을 초과하므로 높은 가격, 이익 창출이 가능하기 때문이다.

BCG 매트릭스 구조는 [그림 4-16]과 같이 상대적 시장점유율과 시장성장률의 높고 낮음에 따라 4분면으로 나뉜다. 각 사업단위는 원으로 표시되며, 원의 크기는 해당 사업단위의 매출액을 나타낸다. 각 사분면에 위치한 전략적 사업단위의 명칭은 별(star), 문제아(problem child) 또는 물음표(question mark), 자금젖소(cash cow), 개(dogs)이다.

[그림 4-16] BCG 매트릭스

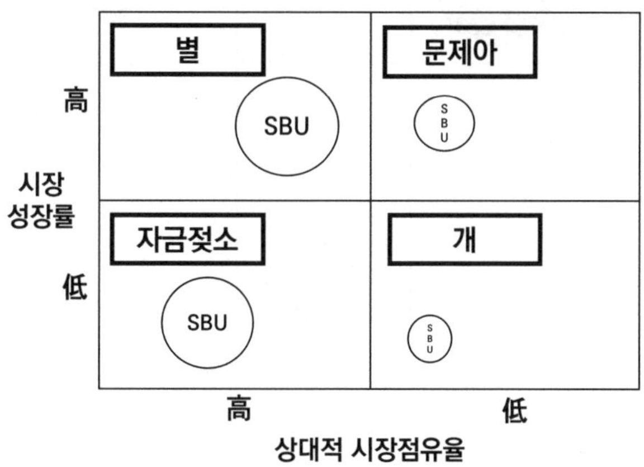

별은 점유율과 성장률이 모두 높아 수익이 높고 안정적인 성장을 위한 지속적인 투자를 실시해야 한다. 문제아는 점유율은 낮지만 성장률은 높아 불안한 시장으로 사업을 확대하여 별의 영역으로 이동하거나 철수할지의 의사결정이 필요하다. 자금젖소는 점유율은 높지만 성장률은 낮아 수익이 높은 편이어서 현상을 유지하여 전체 사업의 자금원천으로 관리해야 한다. 개는 점유율과 성장률이 모두 낮아 시장 전망이 어둡기 때문에 가능한 한 빨리 철수하는 것이 바람직하다.

2) GE 매트릭스

GE 매트릭스는 미국의 기업 GE사와 경영 컨설팅 펌 Mckinsey가 공동 연구하여 탄생한 전략적 사업단위 평가 기법이다. GE 매트릭스는 [그림 4-17]과 같이 BCG 매트릭스의 상대적 시장점유율과 시장성장률 이외에 많은 변수를 사용하여 전략적 사업단위의 해당 시장의 기회와 경쟁력을 평가하여 더 많은 전략적 유용성을 가진다.

[그림 4-17] GE 매트릭스

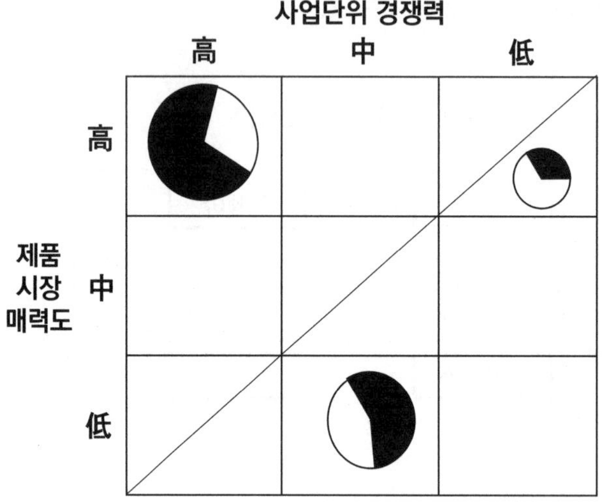

GE 매트릭스의 가로축은 사업단위 경쟁력(business strength)이며 측정변수로 시장점유율, 점유율의 성장률, 제품 품질, 촉진의 효과성, 브랜드 평판, 생산능력, 생산성, 단위당 비용 등을 활용한다.

GE 매트릭스의 세로축은 제품시장 매력도(market attractiveness)이며 측정변수로 시장의 크기와 규모, 성장률, 경쟁 정도, 평균 기대수익률, 요구 기술 수준, 인플레이션 취약성, 시장에 대한 기술적, 사회적, 정치적, 법적 영향 등을 활용한다.

GE 매트릭스는 시장의 산업 크기와 위치를 원으로 활용하여 표시하는데 원의 크기는 해당 제품시장의 산업의 크기이며, 원 내부의 짙은 부분은 해당 전략적 사업단위가 시장에서 차지하는 시장점유율을 나타낸다. 사업단위 위치는 자금흐름(cash flow)이 아니라 투자수익률(return on investment; ROI)과 연관되어 평가되고, 매트릭스의 보다 상단이나 왼쪽에 위치할수록 투자수익률이 높은 것으로 기대한다.

GE 매트릭스에 표현된 사업단위 위치에 따라 다양한 전략 선택이 가능하다. 전략적 사업단위의 위치가 대각선이 지나는 사각형보다 위에 위치한다면, 높은 투자수익률을 기대할 수 있기 때문에 해당 사업단위는 유지 또는 확대하는 전략을 취해야 한다. 반면에 전략적 사업단위의 위치가 대각선이 지나는 사각형보다 아래에 위치한다면, 낮은 투자수익률이 예상되기 때문에 해당 사업단위는 수확 또는 철수하는 전략이 적절하다. 만일 전략적 사업단위의 위치가 대각선이 지나는 사각형에 위치한다면 선택적인 유지, 확대, 수확, 철수 전략을 고려할 수 있다.

5. 성장전략 수립 방법

교육기업이 보유한 다양한 사업단위에 대한 사업포트폴리오 평가가 끝나면 여러 전략 대안 가운데 최적의 전략을 선택해야 한다. 이 중 무엇보다 지속 가능한 성장을 추구하는 전략을 선택하는 것은 기업 생존과 직결된 것이며, 성장을 위해 다양한 전략 방안을 모색해야 한다.

일반적으로 기업이 선택할 수 있는 성장전략은 집중적 성장전략, 통합적 성장전략, 다각화 성장전략으로 구분된다. 통합적 성장전략은 유통전략과 관련된 전략으로 교육기업이 주로 선택할 수 있는 전략은 집중적 성장전략과 다각화 성장전략으로 정리될 수 있다.

1) 집중적 성장전략

집중적 성장전략은 이미 보유한 기존 사업단위의 시장이나 제품을 중심으로 성과를 향상시키는 전략이다. 전략 대안 방법으로 제품-시장 매트릭스가 활용되는데 러시아의 Ansoff 박사가 Harvard Business Review에 발표하여 Ansoff 매트릭스라고도 불린다. Ansoff 매트릭스는 '제품'과 '시장'의 두 축을 토대로 시장 침투, 신제품 개발, 시장 개발, 다각화의 네 가지 전략을 제시한다. 이를 교육기업이 제공하는 상품인 '서비스'로 '제품' 영역을 대체한다면 〈표 4-19〉와 같은 전략 대안을 도출할 수 있다.

〈표 4-19〉 Ansoff 매트릭스 서비스 재적용

시장 \ 서비스	기존 서비스	새로운 서비스
기존 시장	시장 침투	새로운 서비스 개발
신시장	시장 개발	다각화

시장 침투는 기존 시장에 기존 서비스를 활용하여 판매 증대를 이끄는 전략이다. 네 가지 전략 중 가장 보수적 전략이며, 기존 서비스를 사용하는 소비자에게 더 많은 소비를 유도하여 추가적 매출을 올리는 것이다. 이미 제한된 시장 상태이기 때문에 경쟁사의 시장점유율을 빼앗거나 기존 시장에서 자사 서비스를 모르거나, 사용하지 않는 고객의 구매를 이끄는 것이다.

새로운 서비스 개발은 기존 시장에 새로운 교육서비스를 개발하여 판매를 증가시키는 전략이다. 예를 들어 수강생에게 제공되는 오프라인 교육 강좌를 스마트폰 모바일 온라인 강좌 서비스 형식으로 제공하는 경우이다. 또한 기존 서비스를 사용하는 소비자들에게 새로운 서비스를 또 출시하여 구매하게 하는 것도 이에 속한다. 아울러 새로운 서비스 개발은 핵심적인 교육서비스뿐만 아니라 새로운 부가 서비스를 개발하는 것도 해당된다.

시장 개발은 기존 서비스를 판매할 새로운 시장을 개척하여 판매를 증대시키는 전략이다. 이 전략은 기존 표적시장과 다른 신규 세분시장을 찾는 것이 핵심이다. 예를 들어 국내에서 성공한 교육 프로그램을 외국 시장으로 확대 판매하거나, 새로운 연령층에게 추천하는 것이 이에 속한다. 아울러 현재 교육 강좌를 새벽 시간에도 수강 가능하도록 확대 개설하는 얼리버드(early bird) 프로그램도 시장 개발의 사례로 볼 수 있다.

다각화는 기존 사업과 직접적 관계가 없는 분야로 새로운 성장 기회를 얻는 것이다. 새로운 서비스로 신시장을 공략하는 다각화는 집중적 성장전략이라기보다 다각화 성장전략에 속한다.

2) 다각화 성장전략

다각화 성장전략은 현재 사업범위를 넘어 좋은 기회를 통해 성장을 모색하는 전략이다. 다각화 성장전략은 다시 관련 다각화와 비관련 다각화로 구분된다.

관련 다각화는 현재 기업의 사업단위와 기술과 관련성이 있는 사업을 대상으로 추진하는 것으로 전략적 적합성을 가진 사업으로 확장하는 것이다. 반면, 비관련 다각화는 전혀 새로운 분야의 사업을 추진하는 것으로 전략적 적합성이 약한 사업으로 확장하는 것이다.

교육기업이 신규 사업으로 다각화하는 경우 취할 수 있는 부가적인 선택 전략으로는 개발(development)전략과 인수(acquisition)전략이 있다. 개발전략은 투자를 통해 기업 스스로가 사업단위를 개발하는 것이다. 가망성 있는 사업에 기업이 개발능력을 가지고 있으며 시간적 여유가 있는 경우 채택할 수 있는 전략이다. 인수전략은 타 기업의 기존 사업단위를 구매하는 것으로 사업단위 개발에 시간적, 인적, 재정적 투자가 필요하거나 법, 제도 등 요인의 장애가 있을 때 채택하는 전략 방안이다.

6. 경쟁전략 수립 방법

교육기업이 처해 있는 외부 환경으로서의 경쟁자는 기업의 사업단위가 속한 시장의 매력도를 결정하는 중요한 요소이다. 이에 경쟁자를 상대로 경쟁우위를 확보하고 유지할지의 경쟁전략 수립은 기업의 수익률에 큰 영향을 끼치게 된다.

한편 보유한 다양한 사업단위에 대한 사업포트폴리오 평가가 끝나면 여러 전략 대안 가운데 최적의 전략을 선택해야 한다. 이 중 무엇보다 지속 가능한 성장을 추구하는 전략을 선택하는 것은 기업 생존과 직결된 것이며, 성장을 위해 다양한 전략 방안을 모색해야 한다.

이에 Michael Porter는 기업이 앞으로 어떤 방법으로 경쟁을 전개할 것인지에 대한 계획을 세우는 것이 중요하며 전통적인 전략 수립 방식의 재검토를 주장하였다. 이를 위해 〈표 4-20〉과 같은 질문과 절차의 검토를 통해 기업이 얼마나 적절하게 경쟁전략을 구성하고 있는지 확인하도록 하였다.

〈표 4-20〉 경쟁전략 수립 절차

기업이 현재 실행하고 있는 것은 무엇인가?	- 현재 활용하고 있는 전략은 어떤 것인가? - 암시적 추정 현재의 전략이 타당하려면 기업의 상대적 입지, 강점과 약점, 경쟁사와 산업 전반의 동향에 대한 추정을 어떻게 해야 하는가?
주변 환경에서는 어떤 일이 벌어지고 있는가?	- 산업분석 경쟁에서 성공을 거두게 하는 주요 요인과 산업에서의 기회나 위협 요인은 어떤 것인가? - 경쟁사 분석 기존 및 잠재적 경쟁사의 가능성과 한계는 어디까지이며, 그들은 앞으로 어떤 조치를 위할 것인가? - 사회적 여건 분석 정부, 사회, 정치의 국면에서 어떤 중요한 점이 기회나 위협 요인으로 작용할 것인가? - 강점과 약점 업계와 경쟁사를 분석한 결과를 고려해 볼 때, 그 기업은 현재 그리고 앞으로의 경쟁사와 비교해 어떤 강점과 약점이 있는가?
어떠한 것을 실행해야 할 것인가?	- 추정과 전략의 검증 현행 전략에 포함된 추정을 위해 위의 환경 분석 결과와 비교해 볼 때 어떤 결과가 나타나는가? - 이 전략은 기업의 일관성 점검(내부일관성, 환경의 적합성, 자원의 적합성, 의사소통과 실행성)에 대한 질문과 어떻게 부합하는가? - 전략상의 대안 위 분석 결과를 토대로 할 때 실현 가능한 전략적 대안에는 어떤 것들이 있는가? 현행 전략이 그 대안 중의 하나가 될 것인가? - 전략적 선택 어떤 전략이 외부 상황의 기회와 위협 요인에 가장 적절하게 대응하도록 하는가?

자료: Michael Porter(2018). 마이클포터의 경쟁전략.

이러한 경쟁전략 수립을 위한 분석 기법과 전략으로 Michael Porter는 산업구조분석과 본원적 전략을 제시하였다.

1) 산업구조분석

산업구조분석은 산업에 참여하는 주체를 [그림 4-18]과 같이 기존 기업, 잠재적 진입자, 대체재, 공급자, 구매자의 5요소로 나누고 서로 간의 경쟁관계의 우위에 따라 산업과 기업의 수익률이 결정되는 것으로 보아 5-forces model이라고도 불린다.

[그림 4-18] 5-Forces 모형

즉, 산업의 수익률에 영향을 주는, 다시 말해 해당 시장의 매력도를 결정하는 요인으로 기존 기업들 간의 경쟁 정도, 잠재적 진입자의 시장 진출 위협 정도, 대체재의 유무, 공급자의 교섭력, 구매자의 교섭력을 제시한 것이다.

기존 기업들 간의 경쟁 정도에 따라 많은 기업들이 경쟁에 참여하는데, 경쟁자 규모가 비슷하고 제공하는 서비스의 차별화가 적으면 경쟁이 심화된다. 이와 같이 경쟁이 치열할수록 가격경쟁이 심하거나, 광고비 지출 혹은 고객서비스 수준이 높아져서 수익률이 낮아진다. 예로 특정 지역 교육 시장에 여러 학원이 치열하게 광고전을 펼치고 있다면 매력적이지 않은 시장이다. 또한 경쟁기업이 해당 시장을 떠나는 요인으로서 퇴출장벽(exit barriers)이 높아 경쟁자 철수가 적어진다면 덜 매력적인 시장이다.

잠재적 진입자(potential entrants)의 시장진출 위협 정도도 시장의 매력도를 결정한다. 어느 시장에서 기존 기업들이 높은 수익률을 거두면 많은 기업이 진입하고 싶어 한다. 그 산업 진입이 자유롭다면 즉, 진입장벽(entry barriers)이 낮다면 새로운 기업의 진입으로 경쟁이 증가하여 수익률이 낮아진다. 또한 잠재적 진입자의 새로운 기술, 현대적 생산 공정 도입은 가격을 인하시킨다. 예를 들면 어느 지역에 대기업 브랜드 학원이 진입하면 기존 학원의 경쟁력이 약해진다.

기존 기업들은 상대적 우위로서의 진입장벽 구축으로 잠재적 진입자를 저지하려 한다. 진입장벽은 규모의 경제, 제품차별화, 경험곡선효과를 통한 비용우위, 높은 자본투자, 전환비용[38], 정부규제 등이 있다. 이에 새로운 진입자는 기존과 차별화되며 다른 전략경로 등을 새롭게 개척하는 방식으로 진입장벽을 극복하고자 노력한다.

대체재의 유무 정도도 시장의 매력도를 결정하는 요소이다. 자사의 서비스와 대체관계에 있는 대체재의 품질이 좋고, 가격이 낮으면 구매자가 쉽게 대체재를 구입하여 경쟁이 심해진다. 예를 들어 대형 학원이 입지한 지역에 수강을 대체할 학습지나 지역 소규모 교습소의 수강 가격이 낮고 품질이 좋으면 매력적이지 않은 시장이다. 그러나 대체재 존재 여부가 반드시 수익률에 부정적인 영향을 미치는 것은 아니다. 기존 서비스 충성도가 높고 대체재로의 전환비용이 크면 대체재의 영향이 작기 때문이다.

공급자의 서비스가 차별적이거나 공급하는 기업이 소수이면 공급자의 교섭력이 강해진다. 즉, 자사와 공급자 간 거래에서 협상력(bargaining power)이 어느 쪽이 큰지가 수익률에 영향을 준다. 예를 들어 교육서비스를 제공하는 교강사의 교섭력이나 책정 임금수준이 높다면 기업의 교섭력이 약해지고 수익률은 부정적 영향을 받는다.

구매자의 교섭력이 클수록 수익률은 낮아진다. 우선 소수의 구매자가 시장 전체에 영향력을 끼치면 교섭력이 강한 것이다. 예를 들어 특정 서비스 충성고객의 구전 영향력이 높다면 기업에게 많은 요구 사항이 발생한다. 반대로 구매자가 많으면 구매자의 교섭력은 약하다. 이에 특정 시장에 교육서비스 제공 기업의 수가 적고 구매 수요자가 많다면 이는 매력적인 시장으로 볼 수 있다.

2) 본원적 전략

교육기업이 경쟁사보다 높은 수익을 창출하는 것은 경쟁우위를 확보하는 것이며 이는 비용우위(cost advantage)와 차별화우위(differentiation)의 두 가지 방법으로 이루어진다. 비용우위전략은

38) 전환비용(switching cost)은 한 제품에서 경쟁사의 다른 제품으로 전환하는 데 드는 비용이다. 기업이 현재 사용하는 기술, 제품, 서비스에서 다른 기술, 제품, 서비스로 전환할 때 발생하는 비용을 말한다.

동일한 품질의 서비스를 경쟁사보다 저렴하게 판매하는 것이고, 차별화우위전략은 경쟁사가 모방할 수 없는 독특한 서비스를 경쟁사보다 고가로 판매하는 것이다.

Michael Porter는 비용우위와 차별화우위의 선택에 따라 전체 시장을 어떻게 세분화할 것인지에 대한 본원적 전략을 [그림 4-19]와 같이 비용우위전략(cost leadership strategy), 차별화전략(differentiation strategy), 집중화전략(focus strategy)의 세 가지 전략으로 제시하였다.

[그림 4-19] 본원적 경쟁전략의 유형

경쟁우위 유형 / 경쟁 범위	낮은 비용	차별화
전체시장	비용우위전략	차별화전략
특정 세분시장	집중화 전략 (비용우위 집중화전략)	(차별적 집중화전략)

비용우위전략은 전체 시장의 비용선도자가 되는 것으로 시장에서 가장 낮은 비용으로 교육서비스를 제공하고 이를 통한 가격경쟁으로 우위를 가지는 것이다. 이는 효율적 규모의 시설투자와 경험곡선효과[39]의 원가 감소, 간접비의 효율적 통제, 연구개발비와 광고비에 대한 통제를 통해 달성할 수 있다.

차별화전략은 시장 내에서 경쟁사가 제공하지 못한 독특한 가치를 소비자에게 제공하는 것이다. 이 전략은 특별한 교육서비스 제공, 독특한 광고를 통한 차별화된 브랜드 이미지 구축으로 실현되며 무엇보다 높은 서비스와 품질을 제공하는 것이 전제되어야 한다.

집중화전략은 시장 내 특정 세분시장에 국한하여 경쟁우위를 확보하는 것으로 중소규모 교육기업에 적절한 전략이다. 이는 다시 비용우위 집중화전략과 차별적 집중화전략으로 나뉜다. 비용우위 집중화전략은 저가 세분시장을 표적화하며 차별적 집중화전략은 고가·고품질 세분시장을 표적화한다는 것에서 차이가 있다.

---

39) 경험곡선효과란 누적생산량이 2배 증가할 때마다 비용이 일정 비율로 감소하는 현상을 의미한다. 즉 70% 경험곡선이란 누적 생산량이 2배 증가 시 단위당 생산 비용이 20% 감소하여 이전의 70%에 이르게 되는 것이다. 경험곡선효과는 규모의 경제를 통한 대량생산의 효율성을 설정하는 개념이다.

Educational Service Management

제 2 부

교육서비스 경영의 실무

제 5 장

교육서비스 관리

제1절

교육서비스의 이해

1. 교육서비스의 정의

1) 서비스의 일반적 정의

교육서비스를 포괄하는 서비스는 일상생활에서 쉽게 접하는 단어이다. 일반적으로 서비스는 받아들이는 사람에 따라 남을 위한 봉사의 의미로 해석되기도 하며, 상대방의 감정적, 내면적 만족을 위해 정성을 다하는 것으로 인식된다. 특히 우리나라에서는 '공짜', '덤으로 제공되는 것'의 개념까지 폭넓게 사용된다(채신석, 김재호, 2021).

서비스(service)라는 단어는 라틴어의 '노예' 또는 '노예상태'를 의미하는 세르부스(servus), 세르비티움(servitium)에서 유래되었고, 오늘날에 이르기까지 공헌과 봉사의 의미를 포함하여 변화되어 왔다. 서비스는 다양한 관점에 따라 정의되지만 체육활동에서의 개념을 제외하고 사전적 정의는 크게 세 가지로 정리된다. 첫째, 서비스는 생산된 재화를 운반·배급하거나 생산·소비에 필요한 노무를 제공하는 것이다. 둘째, 개인적으로 남을 위해 돕거나 시중을 드는 것이다. 셋째, 장사에서 값을 깎아 주거나 덤을 붙여 주는 것이다(표준국어대사전, 2022).

서비스의 여러 개념을 토대로 미국마케팅학회(AMA)는 경영학적 서비스를 '판매를 위해 제공하거나, 상품 판매와 관련하여 공급된 활동, 혜택 및 만족'이라고 정의하였다. 이러한 정의는 유형의 제품과 결부한 관점을 따른 접근이지만, 서비스를 물리적 제품과 무관하게 구매자의 욕구를 충족시키는 무형적인 형태의 부가가치를 제공하는 모든 경제적 활동을 포괄하는 개념으로 보는 것이 적절하다. 이에 따라 서비스는 행위(deeds), 과정(process), 성과(performance)로 정의되며, 현대에 이르러서는 어느 산업 분야에 한정된 용어가 아니라 사회 전반에 깊이 연관된 개념으로 볼 수 있다.

서비스의 일반적 정의를 구체적으로 살펴보면 다음과 같다(이학식 외, 2019).

첫째, 유형의 제품이 고객의 욕구를 충족시키기 위해 제공되는 것과 같이 무형의 서비스도 고객의 욕구를 충족시키기 위해 제공된다. 둘째, 서비스는 사람과 시설의 결합에 의해 제공된다. 제공되는 서비스는 사람과 시설의 비중에 따라 사람중심형 서비스(people-based services)와 시설중심형 서비스(equipment-based services)로 구분된다. 셋째, 서비스는 유형의 제품과 무관하게 제공되거나 유형의 제품에 부수적으로 제공되는 지원 서비스도 포함된다. 일반적으로 제품의 구성요소적 분류인 핵심제품, 유형제품, 확장제품 중 서비스는 확장제품의 영역이다.

서비스에 대한 이상의 구체적 정의에 따라 서비스는 여섯 가지 기준으로 분류할 수 있다(Kotler & Keller, 2011). 첫째, 제공되는 서비스에 따라 사람중심형 서비스와 시설중심형 서비스를 더욱 세분화한 서비스 유형은 [그림 5-1]의 내용과 같다. 둘째, 서비스 제공 대상자가 서비스 제공 시점에 현장에 있어야 할 경우와 그럴 필요가 없는 경우로 구분할 수 있다. 셋째, 서비스는 제공 대상자에 따라 개인적인 것일 수도 있고, 집단적일 수도 있다. 넷째, 서비스 제공자의 목적에 따라 영리와 비영리로 나눌 수 있다. 다섯째, 시간단계별로 사전서비스(before services), 서비스 제공(in services), 사후서비스(after services)로 구분된다. 여섯째, 서비스 실행 대상이 사람일 수도 있고 사물일 수도 있다.

[그림 5-1] 사람중심형과 시설중심형 서비스

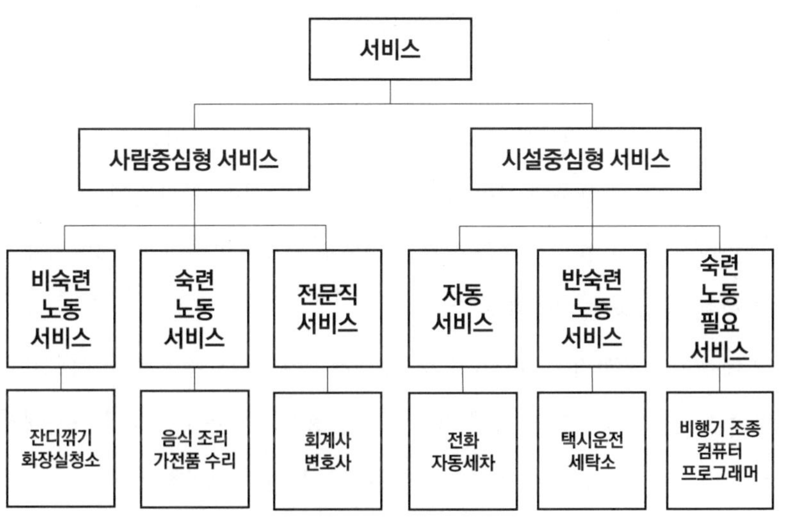

자료: 이학식 외(2019). 마케팅.

2) 서비스의 학문적 정의

일상생활에서 빈번히 사용되는 서비스에 대한 명확한 정의는 서비스 산업이나 서비스 상품을 지칭하는 것 이외에도 다양한 의미로 사용된다. 즉, 고객을 대하는 직원의 태도와 행동을 지칭하기도 하며 유형 제품의 설치와 수리를 위한 과정을 뜻하기도 한다. 그러나 서비스를 정의하기 위해 고려할 수 있는 학문적 관점은 크게 경제학적 관점과 경영학적 관점으로 나누어 볼 수 있다(김성영, 라선아, 2021).

(1) 경제학적 관점

경제학 관점에서는 서비스를 유형재인 재화와 구분되는 용역의 관점으로 개념화한다. 일상적으로 서비스는 대부분 제품을 구매하면 대가 없이 주어지는 부수적인 것으로 여기는데 이는 가치의 중심을 제품에 두기 때문이다. 이러한 관점은 서비스에 대한 전통적인 생각에 기반을 둔 것이며, 초기 경제학적 접근도 이러한 방식을 벗어나지 못했다.

경제학의 아버지로 불리는 Adam Smith는 경제학을 체계화하는 과정에서 비물질적인 것은 보존이 어렵기 때문에 부(富)로 볼 수 없다고 보았다. 그의 주장에 따른 보이지 않는 서비스 노동은 부를 창출할 수 없는 활동으로 비생산적 노동으로 간주된다. 따라서 최근의 서비스 경제와 수요의 발전에도 그의 견해에 따르면 비생산적 노동인 서비스는 도리어 생산적인 부의 축적을 방해한다고 볼 수 있다.

이후 20세기 역사의 진보에서 대부분의 학문에 큰 영향을 끼친 Karl Marx는 Adam Smith와 다소 상이한 주장을 제시한다. 가치 창출에 서비스는 불필요하지 않지만, 일반적인 제품과 같이 거래 또는 판매는 불가능하다고 본 것이다. 이러한 생각은 전통적 경제학의 관점에 따라 거래 가능한 경제활동을 유형의 제품 판매 활동에 국한해 본 것이다.

한편 프랑스의 대표적 경제학자 J. B. Say는 생산, 분배, 소비라는 3분법적 구성으로 부가 어떻게 형성, 분배, 소비되는지를 설명하였다. 특히 그가 제시한 효용가치론에 따라 소비자에게 효용을 주는 모든 활동, 즉 서비스를 포함한 생산용역이 비물질적인 부라고 정의하였다.

(2) 경영학적 관점

서비스를 가치 창출의 주된 주체이자 과정으로 여기는 연구는 1960년대 초반부터 경영학 분야에서 시작되었다. 또한 1990년대에 접어들면서 서비스에 대한 구체적 연구가 본격적으로 이루어졌고, 이론적 체계를 형성하여 새로운 경영학 연구 영역으로 자리매김하였다. 무엇보다 제품과 서비스를 구분하는 가장 중요한 기준은 유형성(tangibility)이며, 유형의 제품에 비해 무형의 서비스에 대한 정의와 측정의 어려움을 극복하고자 하는 것이 주된 경영학적 연구 주제였다. 이러한 경영학적 관점에서의 서비스는 모두 네 가지 관점으로 정의될 수 있다(김성영, 라선아, 2021).

첫째, 활동론적 정의이다. 미국마케팅학회(AMA)는 서비스를 '판매 목적으로 제공되거나 상품 판매와 연계하여 제공되는 모든 활동, 편익, 만족'으로 정의하였다. 이 정의에 따르면 서비스가 활동이라는 형태로 소비자에게 제공될 수 있다는 의미이다. 그러나 교육시장에서는 활동과 무관한 학습코칭이나 진로진학컨설팅과 같이 아이디어 제공에 국한하는 교육서비스가 있기 때문에 활동론적 정의는 모든 교육서비스를 설명하기에 한계를 가진다.

둘째, 속성론적 정의이다. J. H. Rathmell은 서비스를 '시장에서 판매하는 무형의 상품'이라 정의하였고, 제품과 서비스의 분류 기준을 물리적으로 만질 수 있는지의 여부에 따라 구분하였다. 이에 따라 유형의 제품과 구분되는 서비스의 대표적 특징은 무형성(intangibility)을 들 수 있다. 그러나 서비스가 가진 다양한 특성을 단순히 유형성-비유형성으로 구분하는 것은 협소한 정의가 될 수 있다.

셋째, 봉사론적 정의이다. 이러한 관점은 서비스를 사람의, 사람에 대한 봉사로 보는 전통적인 견해에서 발전하였다. 이에 현대적 서비스는 이러한 전통적 입장에서 벗어나 사람이 제공하는 서비스를 사람으로부터 분리해야 한다고 주장한다. 이는 봉사론적 정의가 인간관계를 주종관계로 설정하는 위험을 내포하고 있기 때문이다. 또한 최근 서비스가 공공 영역까지 확대되는 상황을 보면 전력, 상하수도 공급 서비스와 같은 공공서비스는 봉사론적 관점에서 설명이 미진한 부분이 있다.

넷째, 상호관계론적 정의이다. 서비스를 봉사론적 관점에서 보기보다 도리어 서비스 제공자-소비자 간 상호 관계로 보는 것이 적절하다는 견해이다. 이러한 상호 관계의 형성은 소비자의 필요와 욕구를 충족시킬 문제 해결 방안으로서의 무형적 서비스 제공을 의미한다. 이러한 상호관계론적 입장에 따라 최근 기업-고객 간의 관계를 형성하고 유지하며, 발전시키는 것이 경영전략 수립에 반영되고 있다.

3) 교육서비스의 분류 체계적 정의

교육서비스를 정의하기 위한 일반적, 학문적 접근은 교육서비스 자체가 가진 다양성으로 인해 명확한 정의가 어렵다. 다만 교육서비스에 대한 정의는 그 자체의 이론적 정의보다 서비스의 유형이 가지고 있는 다양성을 고려하여 서비스를 분류하기 위해 제시하는 체계 기준을 따라서 규정하는 것이 타당하다.

서비스의 대표적인 분류체계인 Lovelock의 기준에 따르면 서비스 행위의 성격, 서비스 조직과 고객의 관계, 고객별 서비스 변화와 개인화의 재량, 서비스의 수요와 공급 관계, 서비스 제공방식의 다섯 가지로 분류할 수 있다(Lovelock, 1983).

서비스 행위의 성격의 분류에 따르면 서비스는 직접적으로 서비스를 받는 대상이 사람인지 사물인지, 그리고 서비스 행위의 성격이 유형적 행동인지 무형적 행동인지의 기준에 따라 〈표 5-1〉과 같이 네 가지 유형으로 구분된다.

〈표 5-1〉 서비스 행위의 성격에 의한 분류

서비스 행위의 성격	서비스의 직접적인 대상	
	사람	사물
유형적 행동	사람의 신체에 대한 서비스 (병원, 호텔, 헬스클럽, 여객수송, 식당 등)	제품·소유물에 대한 서비스 (화물수송, 세탁, 수리보수, 동물병원 등)
무형적 행동	사람의 정신에 대한 서비스 (**교육서비스**, 광고, 경영자문, 방송통신, 극장, 박물관 등)	무형자산에 대한 서비스 (은행, 법률서비스, 회계, 증권, 보험, 조사 등)

서비스 조직과 고객의 관계의 분류에 따르면 서비스 조직과 고객의 관계가 회원관계인지, 비회원관계인지, 그리고 서비스가 제공되는 성격이 연속적 거래인지 단속적 거래인지의 기준에 따라 〈표 5-2〉와 같이 네 가지 유형으로 구분된다.

〈표 5-2〉 서비스 조직과 고객의 관계에 의한 분류

서비스 제공의 성격	서비스 조직과 고객의 관계 유형	
	회원관계	비회원관계
연속적 거래	**교육서비스**, 대학교육, 보험업, 은행업 등	공공서비스, 방송업, 철도업 등
단속적 거래	교통카드, 장거리전화, 정기승차권, 연극회원권 등	렌털업, 우편서비스, 공중전화, 영화관 등

고객별 서비스 변화와 개인화 재량에 의한 분류에 따르면 서비스의 전달 과정에서 고객의 요구에 맞춰 서비스가 얼마나 맞춤화, 개인화되는지의 정도와 고객 욕구에 대한 종업원의 재량 정도의 기준에 따라 〈표 5-3〉과 같이 네 가지 유형으로 구분된다.

〈표 5-3〉 고객별 서비스 변화와 개인화 재량에 의한 분류

고객욕구의 종업원 재량 정도	고객에 따라 서비스를 변화시킬 수 있는 정도	
	높음	낮음
높음	**개인교습**, 법률 의료, 건축디자인, 부동산 중개 등	**교육서비스(대형)**, 예방의료, 헬스센터 등
낮음	호텔, 은행, 고급식당 등	대중교통, 패스트푸드점, 영화관, 스포츠 관람, 헬스클럽 등

서비스의 수요와 공급 관계에 의한 분류에 따르면 수요의 변동이 많은지와 적은지, 그리고 성수기 수요를 충족시키는 공급능력으로서의 공급의 통제 범위의 정도 기준에 따라 〈표 5-4〉와 같이 네 가지 유형으로 구분된다.

〈표 5-4〉 서비스의 수요와 공급 관계에 의한 분류

공급 통제 범위	수요의 변동 정도	
	많음	적음
최대수요부합	전기, 천연가스, 전화, 소방 등	**교육서비스**, 보험, 법률서비스, 세탁, 은행 등
최대수요초과	극장, 여객수송, 호텔, 회계, 식당 등	영업을 위한 기본 수준의 수용 능력은 부족하지만 그 이상을 감당할 수 있는 사업

서비스 제공방식에 의한 분류에 따르면 서비스가 제공되는 지점이 단일 장소인지 다수 장소인지, 그리고 고객과 기업의 상호작용 방식에 따라 〈표 5-5〉와 같이 여섯 가지 유형으로 구분된다. 고객-기업의 상호작용 방식은 고객이 가느냐, 기업이 가느냐, 고객과 기업이 근접하느냐에 따라 구분된다.

〈표 5-5〉 서비스 행위의 성격에 의한 분류

고객-기업 상호작용 방식	서비스 지점	
	단일입지(고정)	복수입지(이동 가능)
고객이 기업에게 감	**교육서비스**, 극장, 미용실 등	버스, 지하철, 패스트푸드 등
기업이 고객에게 감	**학습지**, 콜택시, 방역, 조경업, 원예업 등	우편배달, 긴급자동차 수리 등
고객-기업이 근접/원격거래	신용카드, 지역 CATV 등	**인터넷 강의**, 전화회사, 방송통신망 등

이상의 서비스의 분류 기준에 따라 교육서비스를 정의하면 사람을 대상으로 직접적이며 무형적 행동으로 이루어지며, 일반적으로 회원관계를 통한 연속적 거래가 이루어지는 서비스이다. 또한 고객에 대한 서비스 변화에 따라 정의하면, 기업의 규모에 따라 다소 상이하게 정리된다. 즉, 대형 교육서비스 기업은 서비스 변화 정도가 낮고, 개인교습은 서비스 변화 정도가 높은 차이를 보이지만, 고객 욕구에 대한 종사자의 재량 정도는 공통적으로 높은 서비스이다. 교육서비스는 상대적으로 수요의 변동 정도가 적고 성수기 수요를 충족시킬 정도의 공급 통제 범위를 가지며, 전통적으로 교육 수요 고객이 학원 등 단일입지의 교육시설에 찾아가는 서비스 유형이다. 아울러 교육서비스는 그 유형에 따라 다르게 정의될 수도 있는데 예를 들어 학습지의 경우 기업이 고객에게 가는 구조이고, 최근 발달한 인터넷 강의는 새로운 형태의 고객-기업의 상호작용의 서비스 유형으로 볼 수 있다.

2. 교육서비스의 특성

1) 교육서비스의 기본적 특성

교육서비스를 포함한 모든 서비스는 기존의 유형 제품과 다른 공통된 특성을 가지고 있다. 서비스 역시 제품과 마찬가지로 소비자의 욕구를 충족시킨다는 동일한 목표를 가지고 있지만 그 방식과 적용에 있어서 제품과 구별되는 특징을 가지고 있다. 이처럼 유형의 제품과 명확히 구별되는 서비스의 네 가지 특성은 무형성(비유형성)(intangibility), 동시성(비분리성)(inseparability), 이질성(비표준화성, 가변성, 변화성)(heterogeneity), 소멸성(perishability)이다.

(1) 무형성

서비스는 구매하기 전에 감각기관으로 감지될 수 없고, 구매하였음을 보여 주고 나타낼 구체적 대상이 없다. 따라서 소비자는 구매와 소비하기 전까지 서비스 품질에 대해 불확실하게 느낀다. 따라서 기업 중심의 정보 원천인 광고보다는 사람 중심의 정보 원천으로서의 구전(word of mouth)을 신뢰하고, 서비스 제공자의 상징물, 건물, 시설, 가격, 종업원의 복장 등으로부터 서비스의 품질을 추론한다.

이와 같이 서비스가 무형적이라는 것은 [그림 5-2]와 같이 비가시적이며, 인지가 쉽지 않다는 것을 의미하고, 완전히 무형적이라고 보는 것보다 상대적으로 유형적인 부분에 비해 무형적 속성이 강한 것을 의미한다(채신석, 김재호, 2021). 아울러 교육서비스는 가장 강력하게 무형성의 지배를 받는 서비스 유형이라고 볼 수 있다.

[그림 5-2] 서비스의 무형적 정도에 따른 제품과 서비스

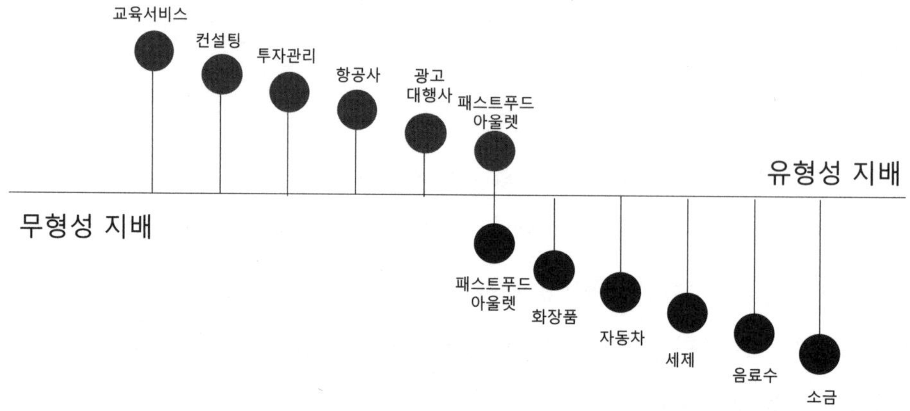

(2) 동시성

유형의 제품이 제조, 유통 과정을 거쳐 소비되는 것과 비교하여 서비스는 생산과 소비가 동시에 이뤄진다. 따라서 유형의 제품은 소비자가 원하는 시간과 장소에 상품을 제공받기 위한 유통기능이 매우 중요하다. 하지만 서비스는 재고로 유지할 수 없어, 시간과 장소 효용을 창출하는 수송과 저장은 중요하지 않다. 또한 경우에 따라 서비스 수혜자를 서비스 생산에 참여시키고 적극적인 협조를 받기도 한다.

한편 서비스의 동시성으로 인해 서비스 기업은 집중화된 대량생산체제를 구축하기 어려우며, 사전에 제공되는 서비스 품질의 통제가 곤란하다. 이에 서비스 관리에서 공급과 수요의 문제가 가장 핵심적 과제이다. 생산, 유통, 판매의 과정을 가지는 제품과 다른 서비스의 사전 품질 통제의 어려움으로 인해 고객과 지속적으로 접촉하고 직원을 철저히 교육시키는 것은 매우 중요한 경영적 요소이다.

(3) 이질성

서비스는 여러 가지 가변적인 요소와 다양한 상황으로 인해 품질이 일정하지 못하고 제공자와 제공하는 상황에 따라 매우 다르게 제공된다. 또한 서비스가 사람에 주로 의존하기 때문에 일관되고 표준화된 서비스 제공은 어렵고, 한 서비스 기업 내에서도 종업원에 따라 서비스의 품질 차이가 발생한다. 이에 소비자는 유명한 강사, 유명한 의사, 유명한 헤어디자이너와 같이 검증된 서비

스 제공자에게 서비스를 받으려고 한다. 이러한 상황에서 소비자는 그만큼의 전환비용(switching cost)을 감수하기도 한다.

이에 기업은 서비스의 이질성을 극복하기 위해 서비스의 표준화(standardization) 노력을 기하게 된다. 또한 적절한 절차를 통한 표준화와 직원 교육은 서비스의 이질성을 극복하고 일관성을 가져오게 하여 기업의 핵심 경쟁력으로 발휘되기도 한다.

(4) 소멸성

서비스는 저장이 불가능하고 시간이 지나면 소멸되며 구매 후 단 한 번의 소비로 서비스의 혜택과 편익이 사라진다. 예를 들면 비행기의 좌석, 의사의 예약진료, 자동차 정비소의 설비, 학원의 강의가 재고로 저장되지 못하는 것과 같다. 이러한 현상은 서비스 자체의 소멸성이라고 보는 것보다 서비스 잠재력(potential)의 소멸로 보는 것이 적절하다. 즉, 서비스는 수요가 있어야 실현되기 때문에 서비스가 대기 상태로 있으면 서비스 잠재력이 소멸되는 것이다.

또한 서비스 생산량은 수요량에 큰 영향을 받는다. 수요가 지속적이고 안정적이면 문제가 되지 않지만, 수요의 변동이 심하면 효율적인 자원 배분을 위해 수요와 공급의 특성을 분석해야 한다. 이에 수요와 공급 간의 조화를 이루는 전략이 필요하다. 이러한 전략의 형태로 가격차별화 정책을 수행하거나 공급이 많은 시기에 직원을 추가로 투입할 수도 있다. 또한 서비스의 소멸성을 극복하기 위해 서비스를 반영구적으로 제품화하기도 한다. 예를 들어 유명 강사의 오프라인 강의 서비스는 시간이 지남에 따라 사라지지만, 이를 동영상 강의로 제작하게 되면 반영구적으로 제공할 수 있는 것이다.

서비스 경영에서 일반적으로 논하는 무형성, 동시성, 이질성, 소멸성의 서비스의 기본적인 특성 네 가지 외에 서비스는 추가적인 특징을 가진다. 이러한 특징은 고객과의 관계와 품질 평가, 분산화 및 모방 가능성 정도와 관련된 것이다.

(5) 고객관계성

서비스 제공 과정에서 서비스 수혜자는 서비스 제공자의 조언과 도움을 얻기 위해 찾는 경우가 많다. 특히 교육, 의료, 법률, 상담 서비스 등 전문적 영역의 서비스의 경우 이러한 특징이 더욱 명확히 드러난다. 이에 서비스의 중요한 특징을 설명함에 있어 고객과의 관계성이 매우 중요한 요소이다. 최근 들어 고객관계성이 이전 보다 더욱 중요해졌으며, 무형의 서비스가 유형의 제품에 비해 MGM 현상[40]이 뚜렷하다는 특성으로 인해 서비스 기업과 고객의 관계를 지속하는 관계마케팅(relationship marketing)이 더욱 필요해졌다.

(6) 품질 평가의 어려움

서비스의 기본적인 특성 중 무형성을 고려하면 서비스의 품질에 대한 평가의 어려움으로 이어진다. 소비자는 서비스를 구매한 후 소비 및 사용할 때 품질을 평가 하게 되는데, 평가 시점이 언제인지에 따라 탐색품질(search quality), 경험품질(experience quality), 신뢰품질(credence quality)로 구분된다. 탐색품질은 구매 이전 정보탐색 과정에서 평가하는 품질이고, 경험품질은 제품 또는 서비스를 소비하고 사용하면서 즉시 평가하는 품질이며, 신뢰품질은 시간이 지난 후 평가가 가능한 품질이다. 이러한 품질의 종류에 따라 [그림 5-3]과 같이 제품 및 서비스의 품질 평가의 어려움 정도가 정해지는데 교육서비스는 평가가 어려우며, 신뢰품질이 높은 서비스라고 할 수 있다.

[그림 5-3] 제품 및 서비스별 품질 평가 어려움의 정도

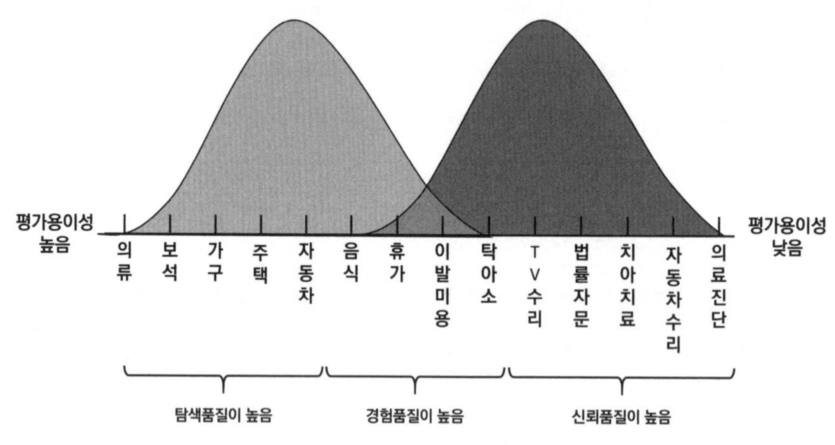

자료: 이학식 외(2019). 마케팅.

40) Members Get Members의 약자로 기존 고객이 새로운 고객을 창출하는 것을 의미한다.

많은 유형의 제품들이 탐색품질로 평가가 가능하지만 대부분의 서비스는 경험품질과 신뢰품질로 평가를 하게 된다. 따라서 소비와 사용 이전에는 서비스에 대한 품질 평가가 어렵다. 이에 소비자들은 유형의 제품 구매보다 서비스를 구매할 때 위험 가능성을 더욱 느끼게 된다. 이로 인해 서비스 구매의사결정 시 광고나 판매원의 제안보다 구전을 선호하며, 가격과 서비스 제공 시설의 외형 등에 의존하여 품질을 추론하고, 서비스에 대해 만족할 경우 충성도가 높은 경향이 있다(이학식 외, 2019).

(7) 분산화 경향

서비스는 현장 종사자 의사결정 권한이 상대적으로 크며, 공간적으로 분산된 서비스의 경우는 새로운 서비스 도입이 운영 시스템 전체에 커다란 영향을 주지 않는다. 따라서 적은 비용으로 서비스 시험이 가능한 서비스의 특징으로 인해 다점포 전략과 같이 복수입지를 활용하여 확장이 가능하다.

(8) 모방 용이성

서비스 상품은 물리적 유형성을 기반으로 하는 제품과 달리 쉽게 복사와 모방, 개선이 가능한 특징을 가진다. 이에 성공한 교육서비스 콘셉트가 경쟁자에게 쉽게 인지되고 재활용이 가능하다. 따라서 새로운 교육서비스에 대한 아이디어가 지속적으로 필요하고 제조 생산업보다 새로운 서비스 개발과 개선이 지속적으로 이루어져야 한다.

2) 교육서비스의 차별적 특성

교육서비스는 일반적인 서비스의 기본적인 특성을 공통적으로 가지고 있다. 이는 교육서비스 구매자도 일종의 소비자에 속하기 때문에 그들의 욕구를 충족시키는 공통적 특성을 교육서비스가 내포하고 있기 때문이다. 그러나 교육서비스의 기본적이며 공통된 특성에도 불구하고, 다른 서비스와 구별되는 교육서비스만의 차별적 특성을 이해하는 것이 교육서비스를 보다 심도 있게 이해하는 데 유익하다. 여타의 서비스와 구별되는 교육서비스의 차별적 특성으로는 경합성, 배제성, 구체성과 명확성, 사람 중심성 등이 있다.

(1) 경합성

경합성(rivalry)이란 다양한 교육서비스에 참여하는 사람이 소비할 수 있는 양이 정해져 있다는 것을 의미한다. 경합성의 반대말은 비경합성(non-rivalry)으로 소비에 참여하는 사람이 아무리 많아도 한 사람이 소비하는 재화 및 서비스의 양은 변함이 없다는 것이며, 주로 공공재에 해당하는 의무 교육 영역에 해당된다. 이는 초중등 교육과정에 해당되는 것으로 많은 사람이 동일한 재화와 서비스를 동시에 소비할 수 있으며 개인의 소비가 다른 사람의 소비에 영향을 주지 않는 것이다(박문서, 2006). 그러나 개인이 선택하는 교육서비스는 공공재의 특성과 다른 개인의 소비가 중요한 상품적 특성인 경합성을 가지고 있다.

(2) 배제성

교육서비스의 배제성(excludability)은 서비스에 대한 대가를 치러야만 소비할 수 있기 때문에 소비하지 못하는 다른 사람과 구별된다는 특성을 의미한다. 이윤 추구를 목적으로 하는 교육기업과 달리 공교육 영역에서는 모든 사람이 교육과정을 수강하도록 하는 비배제성(non-excludability)을 가지고 있다. 즉, 교육 수요자가 적절한 비용을 지불하지 않고도 정해진 교육을 받을 수 있는 것이다. 하지만 교육서비스 수요자는 필요한 교육서비스와 교육콘텐츠에 대한 비용을 지불함으로 해당 교육서비스를 사용할 수 있다.

(3) 구체성과 명확성

교육서비스는 구체적인 전제로 이루어지는 실천적 활동의 장점을 가지고 있다(장환영 외, 2018). 공·사교육을 포괄한 많은 조직이 교육의 목적을 추구하지만, 교육에 대한 개념 정의가 교육학, 경제학, 철학 등의 다양한 학문과 이데올로기적으로 다양하게 이루어지고 있어 구체적인 교육 목적을 명확히 설정하기에 어려움이 있다. 그러나 교육서비스는 교육 활동이 이루어지고 있는 현장에서의 구체성과 명확성을 기반으로 생산되며 제공되기 때문에 도달하고자 하는 교육 목표가 구체적이며 명확하다. 또한 이를 위해 이루어지는 교육 활동이 분명하고, 구체적인 서비스 대상과 목표, 결과를 명확히 명시할 수 있다.

(4) 사람 중심성

교육서비스는 학습자 중심의 서비스로 공급자와 수요자의 인적 관계성이 다른 서비스보다 중요하다. 즉, 교육서비스는 사람 의존성이 높은 상품으로 교육서비스 산업의 성과를 사람의 움직임과 연관시키는 것도 이 때문이다. 또한 교육서비스가 이루어지는 모든 과정에 학습자에 대한 목표와 공급자가 이를 달성하기 위한 적절한 교육 활동과 평가를 실시하는 것이기 때문에 사람 중심성은 중요한 교육서비스의 주요한 특성이다.

제2절

교육서비스 설계

1. 교육서비스 설계 개요

1) 교육서비스 개발 과정

신제품을 개발할 경우에 구조화된 틀에 따라 설계되고 출시된 제품은 그렇지 않은 제품에 비해 시장에서 성공할 확률이 매우 높다. 특히 무형성을 가진 서비스의 경우에는 적합한 서비스가 도출될 개발 시스템을 구축해야 한다. 이에 교육서비스를 포함한 서비스를 개발할 때에는 다음과 같은 네 가지 사항이 반영되어야 한다. 첫째, 객관적이어야 하고, 주관적이어서는 안 된다. 둘째, 정확해야 하고 모호해서는 안 된다. 셋째, 사실에 근거해야 하고 자신의 견해에 근거해서는 안 된다. 넷째, 개발 방법론이 구체적으로 제시되어야 하고, 관념적인 말로 적당히 포장해서는 안 된다(Valarie 외, 2006). 이러한 서비스 개발의 반영 사항을 종합해 보면, 교육서비스 개발 프로세스는 구조화되어야 하며, 정의된 절차를 준수해야 한다.

교육서비스 개발 프로세스는 [그림 5-4]와 같이 개발, 분석, 설계, 서비스 제공 등의 4단계로 진행된다. 개발 단계는 서비스의 아이디어를 발굴하는 단계이며, 아이디어 원천으로는 고객의 접점 제안, 현장 직원의 고객 의견 수집, 고객 데이터베이스 분석, 고객의 인구통계학적 추세 관찰, 새로운 기술의 발달 등이 있다. 분석 단계는 개발 단계에서 최종 선정된 서비스 콘셉트를 사업타당성, 수익성, 위험요소의 기준으로 검증하여 성공 가능성이 있는 서비스 콘셉트를 추진할 프로젝트로 승인하는 단계이다. 설계 단계에서는 새로운 서비스 상품과 프로세스를 개발하기 위해 가장 많은 시간과 자금을 투자하며, 서비스 테스트와 시장 테스트를 거친다. 서비스 제공 단계는 이전의 과정을 통해 출시된 새로운 서비스를 전면적으로 시장에 제공하고 피드백하여 지속적으로 개선하고 보완하는 단계이다(노형봉, 2013).

[그림 5-4] 서비스 개발 과정

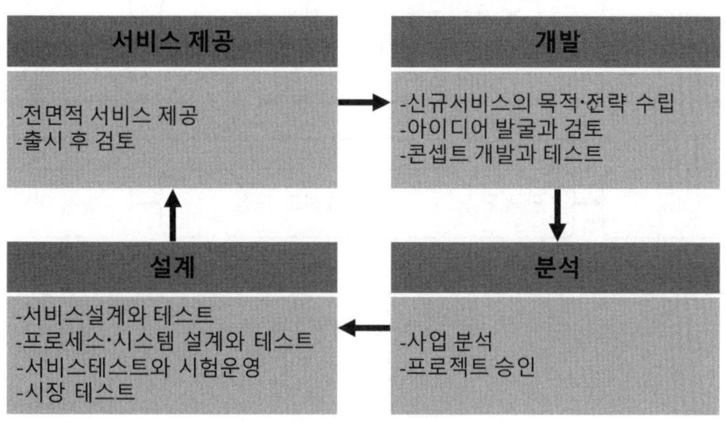

자료: Johnson(2000). A critical evaluation of the new services development process: integrating service innovation and service design.

2) 교육서비스 설계의 개념

교육서비스의 설계는 새롭게 도출된 서비스 콘셉트 아이디어에 대한 검토, 분석이 이루어지고 난 이후 실제 시장에 제공되기 전 다양한 테스트와 시험운영을 실시하는 단계로 서비스 개발의 핵심 단계이자 성공적인 교육서비스 제공을 위한 사전 단계이다.

교육서비스 설계는 단순히 서비스 개발의 한 부분이 아니라 교육기업의 경영 모형과 연계하여 기업의 성과 과정과 같이 고려되어야 한다. 서비스 설계와 경영 모형은 [그림 5-5]와 같은 연계성을 가지는데, 상세 서비스 설계 개발이 경영 모형에서 설계 이행으로 이어지고, 수행된 경영 활동의 마지막 단계인 성과 개선이 새로운 서비스 개발 설계에 영향을 미친다.

[그림 5-5] 서비스 설계 및 경영 모형

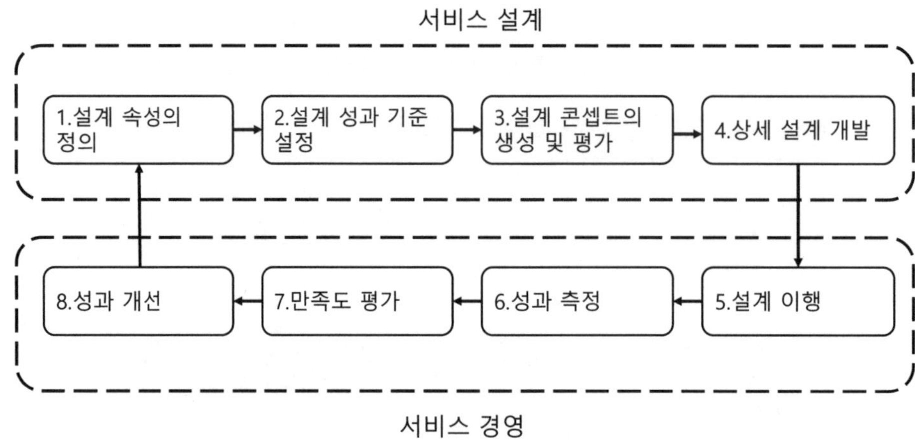

자료: 오형술 외(2012). 서비스공학.

2. 교육서비스 설계 과정

교육서비스를 설계하는 데 있어서 여러 가지 접근 방식이 사용된다. 서비스 설계 접근 방식은 크게 생산라인 방식, 고객 공동생산 방식, 저접촉 운영 분리방식 등으로 나뉜다. 생산라인 방식은 운영 효율성과 일관된 품질을 보장하기 위해 통제된 환경에서 균질한 서비스를 제공하는 프로세스이다. 고객 공동생산 방식은 서비스 설계 과정에 고객이 적극적으로 참여하도록 설계하는 방식이다. 두 가지 방식을 절충하여 설계 과정에서 고접촉 업무와 저접촉 업무를 분리하여 운영하려는 방식인 저접촉 운영 분리방식은 저접촉 업무에 혁신기술을 적용하여 고생산성을 추구하려는 방식이다. 서비스 방식에 큰 영향을 준 정보통신의 발전은 서비스 설계 과정에서 고객과 종업원에 더 많은 권한을 위임하는 방식을 제시하였고, 다양한 설계 접근 방식을 적절히 절충하여 적용하게 하였다(James & Mona, 2010).

교육서비스의 설계 과정에서 어떠한 접근 방식을 채택하는 것과 무관하게 일반적으로 설계 속성의 정의, 설계 성과 기준 설정, 설계 콘셉트의 생성 및 평가, 상세 설계 개발의 4단계를 따른다(오형술 외, 2012).

1) 설계 속성의 정의

설계 속성 정의 단계는 교육서비스의 주요 고객과 요구를 파악하는 것으로 서비스 설계의 가장 중요한 단계이다. 고객의 필요와 욕구를 명확히 이해하지 않고 설계된 서비스는 시장에서 실패할 가능성이 높기 때문에 고객의 요구를 반영하고 직접적인 접촉을 통한 의견 수집이 필수적이다.

수집된 고객의 요구 사항을 정리하고 중요도에 따라 우선순위를 결정하며 고객의 일상적 표현을 설계 속성으로 변환해야 하는 것은 필수적이다. 특히 설계 속성에는 고객의 요구를 충족시키기 위한 기술적 요소들이 구체적으로 명시되어야 한다. 예를 들면, 학원의 수강 클래스에서 '쾌적한 수업을 위해 클래스 정원이 너무 많으면 안 된다'는 요구를 해결하기 위해 '클래스 수강 인원'을 설계 속성 정의로 포함시키는 것이다.

설계 속성의 개념은 정량화가 가능하여야 하고, 고객의 요구를 만족시켰는지 그 효과의 검증을 위해 객관적 평가가 가능해야 한다. 예를 들어, 클래스 수강인원은 '명'과 같은 단위로 측정할 수 있다. 또한 교육서비스를 설계함에 있어 영향을 주는 여러 정성적 개념도 정량화하는 것이 필요하다. 교육서비스를 제공하는 역량을 측정하기 위한 '전문성의 수준'의 조작적 정의가 이와 같은 사례이다.

고객의 요구와 속성 간의 상관관계를 측정하기 위한 대표적인 방법론으로 품질기능전개(Quality Function Deployment; QFD)가 활용된다. QFD는 상품 품질을 설계에 반영하기 위한 설계기법으로 상품과 과정 설계 고려 사항을 결합시켜 전체적 안목으로 품질 문제를 볼 수 있는 체계적 방법이다(원석희, 2015). QFD는 일본의 미쓰비시 고베 조선소에서 신제품 개발 기간을 단축하기 위해 이용되었으나 최근 고객의 요구를 포함시키는 서비스 영역에도 활용될 수 있도록 발전하였다. QFD의 다양한 매트릭스 가운데 대표적인 것은 [그림 5-6]과 같은 품질의 집(house of quality) 매트릭스이다.

[그림 5-6] 서비스 품질의 집

고객 요구사항 \ 서비스 특성 (고객선호도)		업무 간소화	종사자 훈련	행정 지원	신서비스 개발	인테리어	시설관리
교육품질	1	●	◐	◐			◐
편리	2	●	◐	○	●		
친절	3	◐	◐				
효율	4	◐	◐	◐			
유입편의	5						●
시설	6					●	
가중치		24	12	7	3	9	12
설계목표		회의	교육강화	소통	조직 활성화	매일점검	지속적검
기술적 평가	5	X				B	A
	4	B	X	X	B		X
	3		A	A	X	A	B
	2	A	B	B	B	X	
	1						

경쟁평가

X=당사
A=1경쟁사
B=2경쟁사
(5점 만점)

고객 요구사항	1	2	3	4	5
교육품질			B	X	A
편리	A	X	B		
친절			AB		X
효율	AB	X			
유입편의	X	A	B		
시설			B	X	A

상호관계
●강한관계=9
◐중간관계=3
○약한관계=1

2) 설계 성과의 기준 설정

설계 성과의 기준 설정 단계에서는 앞선 단계의 속성을 만족시키기 위해 설계되어야 하는 기준을 구체적으로 명시한다. 기준을 설정하는 데 있어서 고객의 요구를 최대한 반영하는 것이 적절하지만, 기업이 보유한 자원의 제약이나 비용적 차원에서 모두 충족시키는 것은 현실적으로 불가능할 수 있다. 이에 설계 기준을 고객의 요구와 경쟁자의 교육서비스 수준인 최소 허용 기준 사이에서 적절히 절충하는 것이 필요하다.

최소 허용 기준을 파악하기 위해 여러 가지 분석 기법이 활용되며, 이를 통해 속성에 대한 성과와 만족도를 파악한다. 성과-만족도의 관계를 평가하는 대표적인 분석 방법은 컨조인트 분석(conjoint analysis)이 있다. 컨조인트 분석 방법은 마케팅 조사 기법으로 어떤 제품과 서비스를 구매할 때 고객이 중요하다고 생각하는 속성별로 원하는 속성의 수준을 찾아 효용을 추정함으로써 선택할 제품이나 서비스를 예측하거나 조사된 추정 절차를 통해 신상품과 서비스의 잠재적 시장점유율을 예측하는 기법이다(Dellaert, 1995). 구체적인 컨조인트 분석의 절차는 [그림 5-7]과 같다.

[그림 5-7] 컨조인트 분석의 절차

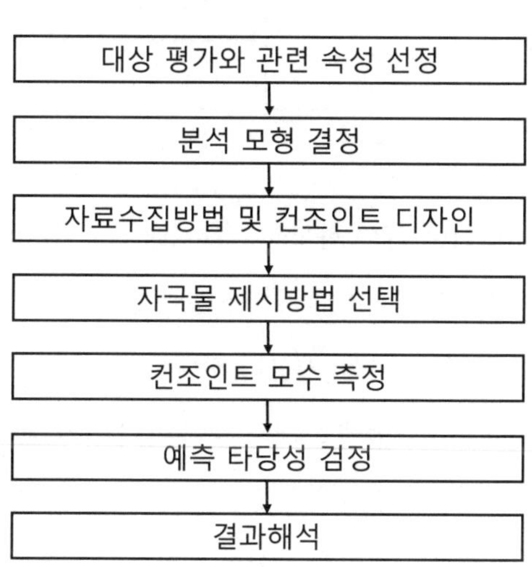

3) 설계 콘셉트의 생성 및 평가

앞의 단계의 과정으로 도출된 속성과 성과를 토대로 구체적인 서비스 콘셉트를 생성하고 평가하는 설계가 이루어진다. 이 단계에서 서비스 시스템 수준의 구조가 만들어지며 서비스 활동의 흐름을 시각적으로 도식화하고 교육서비스를 제공하기 위해 수행되어야 하는 활동을 정의하기 위해 FAST(Functional Analysis System Technique) 방법이 활용된다. FAST는 서비스를 전달하기 위해 완수되어야 하는 활동을 구분하는 방법으로 '왜 A기능은 수행되는가?', '어떻게 A기능이 수행되는가?'에 대한 답을 [그림 5-8]과 같이 시각적으로 나타내는 유용한 도구이다.

[그림 5-8] 서비스 콘셉트 FAST 방법

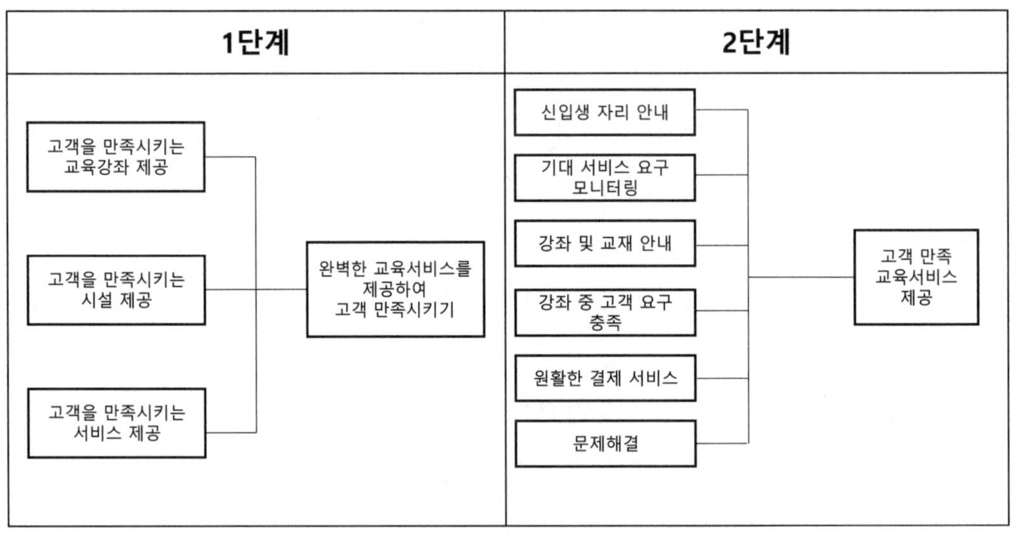

필요한 서비스 활동들이 정의되면, 해당 활동들을 순서대로 배치하여 프로세스를 생성하게 되는데, 각 단계에서 프로세스의 경계를 정의하고 서비스를 전체적으로 파악하며, 모든 프로세스가 어떻게 상호작용하는지 플로우차트(flowchart)를 사용한다.

서비스 플로우차트는 단순히 문서작업에 그치는 것이 아니고 경쟁기업과 차별화되는 우리 기업만이 제공할 수 있는 서비스의 개념과 전략을 수립하는 서비스 디자인(service design) 과정이어야 한다. 서비스 디자인은 서비스 제공자와 고객 사이의 품질과 상호작용을 향상시키기 위해 사람, 환경, 커뮤니케이션, 서비스를 구성하는 요소 등을 서비스 제공자와 제공 서비스에 대해 반응하고 행동하는 소비자가 만족스러운 교감을 공유하도록 계획화하고 조직화하는 활동이다(채신석, 김재호, 2021). [그림 5-9]와 같은 적절한 서비스 프로세스 디자인을 통해 서비스의 다양한 특성이 기업의 차별적 요소로서 경쟁우위를 줄 수 있다.

[그림 5-9] 서비스 프로세스 디자인 방법

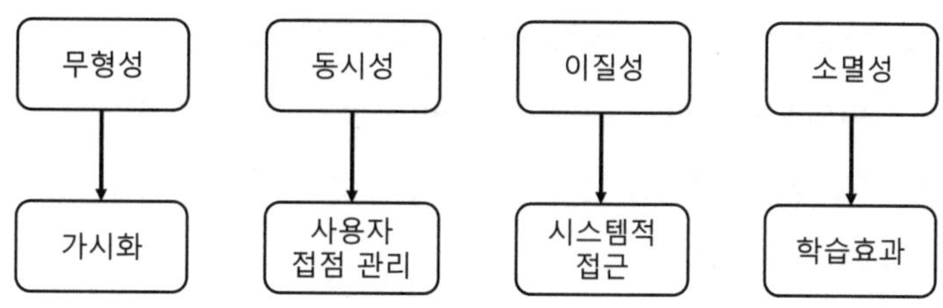

4) 상세 설계 개발

상세 설계 개발 단계에서는 앞의 단계에서 정리된 프로세스를 선택된 콘셉트와 일치하도록 구체화한다. 각 단계에서 생성된 설계 대안을 평가하여 성과 기준을 가장 만족시킬 대안을 선택하고, 관련된 여러 기능을 구체화하는 단계이다.

설계 대안의 예측 성과를 토대로 대안을 선택하는 과정에서 서비스 운영 특성을 고려하고, 안정적으로 서비스 제공이 가능한지에 대한 안정성 측정 척도가 활용된다. 하나의 서비스 수행은 여러 개의 프로세스로 나누어지는데, 각 프로세스에 대해 여러 대안이 도출되며, 생성된 대안의 평가는 대안별 속성값에 대한 평가로 이루어진다. 이때 속성-성과 수준-운영 특성-안정성 간의 관계를 나타내는 성과함수모형을 정의하여 활용하기도 한다.

또한 설계 대안의 예측 성과와 서비스의 단계를 시뮬레이션을 통해 평가하기도 하며, 변동으로 인한 영향의 정도는 확률분포와 같은 통계적 기법이 활용된다. 성과함수모형과 시뮬레이션 등 통계적 분석의 결과로 도출된 선택 가능 대안의 성과 변동성을 줄이기 위해 각 대안의 변경을 통해 보다 명확하고 예측 가능한 설계 대안의 도출 노력이 이루어진다.

3. 교육서비스 디자인

1) 교육서비스 디자인의 이해

교육서비스 디자인은 경쟁기업과 차별화된 특징을 반영한 교육서비스를 제공하기 위한 교육서비스의 개념과 전략에 대한 것이다. 교육서비스 디자인은 서비스 제공자와 고객 사이에서 서비스 품질과 상호작용을 향상시키는 인적, 물적, 커뮤니케이션적 요소 등을 계획하고 조직화하여 서비스 제공자와 고객 사이의 만족스러운 교감을 공유할 수 있게 한다. 무형의 교육서비스를 고객이 구체적으로 경험하고 평가할 수 있도록 고객이 경험하는 모든 접촉 경로의 요소를 탐구하고 창조하는 것이 교육서비스 디자인의 핵심이다.

교육서비스 디자인의 정의적 접근은 교육 수요자가 교육서비스를 통해 경험하는 모든 유·무형의 요소와 모든 경로에 대해 고객 중심의 관점에서 평가하여 잠재된 요구를 포착하여 창의적인 방법을 통해 효과적이고 매력적인 서비스 경험을 향상시키는 방법이다. 이에 따라 교육서비스 디자인의 핵심은 고객이 만족하는 서비스 경험을 설계하고 전달하는 과정 전반에 대해 해결하고자 하는 문제를 체계적인 조사를 통해 구성하는 것이다. 또한 문제 해결의 근본적인 목표를 수립하고, 목표의 본질에 맞는 창의력을 반복적으로 활용하여 혁신적 아이디어를 나오게 하는 디자인적 개념으로 정리된다.

이에 교육서비스 디자인은 서비스의 기호와 역할을 정의하고, 고객에게 새로운 서비스 경험을 제공하며, 이를 지속적으로 유지시키기 위해 교육기업의 조직 시스템과 프로세스를 개발하는 것이다. 무엇보다 서비스가 가지고 있는 무형성의 특징을 고려하여 눈에 보이지 않는 서비스를 시각적으로 가시화하고 그러한 과정의 가치를 서비스 제공자와 사용자에게 전달해 주는 것이다. 이에 효과적인 교육서비스 디자인은 서비스 제공을 통해 고객에게 제공되고, 이것을 서비스 품질이라는 결과로 평가받게 된다.

2) 교육서비스 청사진

새로운 아이디어의 교육서비스가 탄생하면 실질적인 서비스 형태로의 설계 도면을 작성해야 한다. 대표적인 서비스 콘셉트 개발과 디자인의 유용한 서비스 프로세스를 개발하고 개선하는 기법을 서비스 청사진(service blueprint)이라고 한다. 서비스 청사진은 기본적인 플로우차트보다 더욱 복잡하다. 플로우차트가 일반적인 고객 경험 단계의 서비스를 단순하게 보여 주는 것이라면, 서비스 청사진은 고객이 볼 수 있는 부분과 볼 수 없는 부분에서 일어나는 모든 일을 포함하여 서비스의 모든 형성 과정을 더욱 자세히 구체화하고 있다.

교육서비스 청사진 작성은 고객의 기대와 서비스 규격(specification)을 매칭하는 핵심사항 중 하나로 서비스 프로세스의 주요한 특징을 객관적으로 서술하며, 서비스 제공 과정의 각 단계, 직원과 고객이 수행해야 할 역할을 시각적으로 파악할 수 있도록 묘사한다. 즉, 교육서비스는 물체(object)라기보다 '체험'이기 때문에 서비스를 유용하게 설명하는 도구이다(채신석, 김재호, 2021).

(1) 서비스 청사진 구성요소

[그림 5-10]은 교육서비스 이용 고객이 도착하는 단계에서 이용 후 떠날 때까지의 서비스 직원과 고객 간의 직·간접의 다양한 접촉을 통해 수행되는 교육서비스 활동을 나타낸 것이다. 전체적인 서비스 시스템을 살펴보면 가시선을 기준으로 일선부서(front office)와 지원부서(back office)로 나뉜다. 서비스는 청사진에서 볼 수 있듯이 전면의 일선 활동과 생산 공정 후면의 다양한 활동도 수반된다. 서비스는 고객 접점의 직원을 통해 서비스 품질이 평가되지만, 후면의 다양한 활동이 품질 높은 서비스 변환 활동과 관계가 있다.

[그림 5-10] 교육서비스 청사진 예시

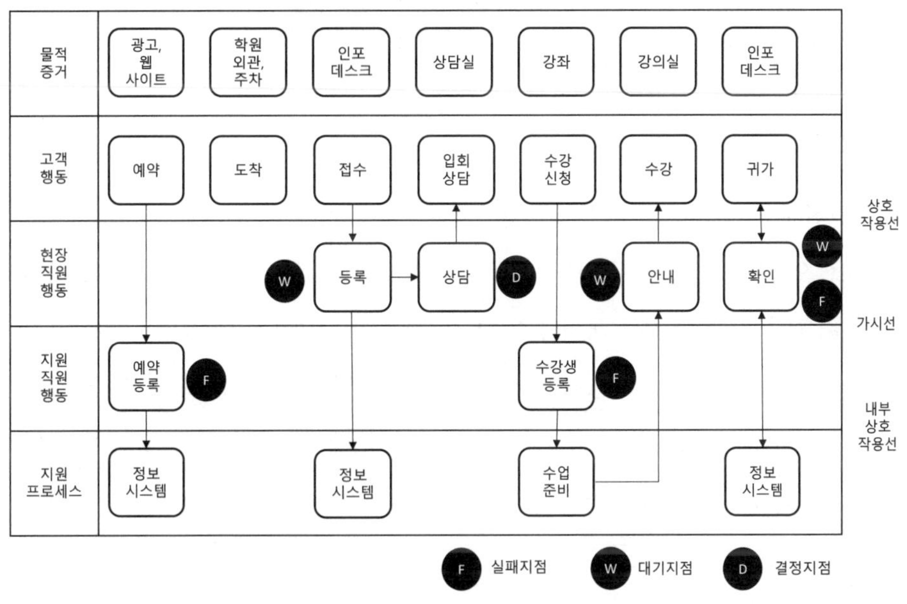

서비스 청사진의 가장 상단은 '물적 증거'로 고객이 볼 수 있거나 경험할 수 있는 것을 나타낸다. 경영자는 이 부분이 고객의 기대와 기업의 이미지에 부합되는지 자문하고, 일선 부서에 있는 현장 종업원은 상호작용선에서 고객과 커뮤니케이션해야 한다. 또한 서비스 청사진은 〈표 5-6〉과 같이 고객 행동, 현장 직원의 행동, 지원 직원의 행동, 지원 프로세스 등으로 구성된다.

〈표 5-6〉 서비스 청사진 구성요소

고객 행동(customer actions)	- 고객이 서비스를 구매·소비·평가하는 프로세스에서 행하는 선택, 상호작용, 기타 활동 - 고객이 도착하여 서비스를 제공받은 후 떠나는 과정 포괄
직원 행동(employee actions)	- 두 영역으로 이루어진 고객 접점 직원과 지원 직원 행동으로 구성 - 가시선 기준으로 보이는 행동과 볼 수 없는 행동으로 나뉨
지원 프로세스(support process)	- 서비스 전달 직원을 지원하기 위한 내부적 서비스
상호작용선(line of interaction)	- 고객과 기업의 지속적 상호작용이 발생하는 기준선
가시선(line of visibility)	- 고객이 볼 수 있는 행동과 볼 수 없는 행동을 구분 - 직원의 일선 활동과 후방 활동을 구분
내부 상호작용선 (line of internal interaction)	- 서비스 지원 활동과 고객 접점 활동으로 구분 - 지원 프로세스로 후방 지원 시스템 포괄

(2) 서비스 청사진 관리지점

서비스 청사진에는 실패지점, 대기지점, 결정지점과 같이 중요한 관리지점이 표기된다. 실패지점(F)은 서비스 오류가 발생하여 시스템 운영에 문제가 발생할 가능성이 큰 지점이다. 이 지점에서는 서비스 오류 발생 가능성을 제거하거나, 발생 조짐이 나타나면 시스템 작동을 멈춘다. 대기지점(W)은 고객의 대기가 발생하는 지점으로 서비스 제공 능력을 높이거나 대기로 인한 지루함을 해결하는 지점이다. 결정지점(D)은 서비스 제공자가 의사결정을 내리는 지점으로 예를 들어 상담을 원하는 학생의 상담 일정을 즉시 잡을 것인지 예약 후 별도 일정을 잡을 것인지 결정하는 지점이다(노형봉, 2013).

(3) 서비스 청사진 작성 절차

서비스 청사진은 크게 서비스 프로세스를 분해하는 단계와 서비스 청사진을 그리는 두 단계로 나뉜다. 1단계인 서비스 프로세스 분해 단계에서는 서비스 설계를 위해 제공 서비스를 분해하여 단위 프로세스를 만든다. 분해된 단위 프로세스는 이후 전체 프로세스를 완성시키고 구성해야 하므로 중복이나 누락이 없도록 한다. 2단계인 서비스 청사진 작성 단계는 1단계에서 분해한 단위 프로세스를 각 영역에 맞게 도식화하고 서비스 청사진의 구성요소를 고려하여 각 하위 프로세스가 흐름에 맞도록 전체 프로세스를 조립하여 완성한다.

제3절

교육서비스 품질

1. 교육서비스 품질의 이해

1) 교육서비스 품질의 개념

교육서비스를 포함하는 모든 서비스의 품질은 고객의 주관에 따라 인지되기 때문에 측정이 매우 어렵다. 서비스 품질은 소비자가 제공받은 서비스에 대한 기대와 실제로 제공받아 지각한 서비스, 즉 기대 서비스(expected service)와 지각된 서비스(perceived service)의 두 가지 변수에 따라 결정된다. 또한 고객과 종업원 간의 접촉인 서비스 전달 과정에도 영향을 받는다. 서비스 품질은 고객 필요 관점, 고객 품질 지각 관점으로 크게 구분된다(조인희, 이인희, 2011).

고객 필요 관점은 서비스 품질을 고객의 필요나 요구에 일치시키는 관점이다. Lewis와 Booms는 서비스 품질을 제공된 서비스가 고객의 기대에 얼마나 일치하는지를 측정하는 것이라고 정의하였고, 일관된 기준에서 제공되는 서비스가 고객의 기대에 일치하는 것이 품질 서비스라고 하였다(Lewis, 1993). 즉, 고객이 원하는 것을, 원하는 시점에, 지출할 만한 비용으로 고객의 기대보다 나은 서비스를 제공하는 것이 높은 서비스 품질이라고 정의할 수 있다.

고객 품질 지각 관점은 고객이 지각하는 품질의 중요성을 논의하는 관점으로 Grönroos, Parasuraman, Zeithaml, Berry가 PZB 이론으로 제시하였다. 서비스 품질이 고객에 의해 어떻게 지각되는지와 기업이 이러한 지각된 서비스에 어떻게 영향을 미칠 수 있는지 의문을 제시하고 해답을 구한 것이다. 우선 Grönroos는 서비스 품질을 소비자의 기대 서비스와 지각된 서비스의 비교 평가의 결과로 보고 기술적 품질, 기능적 품질, 이미지와 같은 다양한 변수의 함수관계를 주장하였다.(Grönroos, 1984). 또한 PZB 이론에서는 서비스 품질을 소비자들이 지각한 서비스 품질과 기업이 제공해야 한다고 느끼는 소비자의 기대와 제공받은 서비스의 성과에 대한 차이로 설명하였다(Parasuraman, Zeithaml, Berry, 1988).

2) 교육서비스 품질의 정의

일반적으로 품질은 사용적합성(fitness for use)이나 명세일치성(conformance)과 같은 단순한 정의가 보편적으로 사용된다. 하지만 제품 품질과 달리 복잡한 서비스 품질은 품질 표준에 의해 유지되기 어렵고, 사용적합성보다 활동적합성의 성격이 강하기 때문에 측정하기 더욱 어렵다. 또한 고객의 품질 인지가 서비스 직원, 물리적 요소 등에 크게 영향을 받으며, 이에 대한 고객의 요구 사항이 다르기 때문에 서비스 품질 정의를 내리기 위해 고객 만족을 고려하는 것이 필수적이다.

교육기업은 표준적인 운영절차로 서비스 품질 규격을 정의하고자 하지만, 소비자는 서비스 경험에 대한 개인의 기대치를 기준으로 품질을 평가한다. 따라서 교육기업과 소비자 간의 서비스 품질 규격에 대한 관점이 상이하기 때문에 정상적인 서비스 프로세스가 진행되었을지라도 고객의 불만족이 발생할 수 있어 이러한 품질 규격 불일치를 해소하기 위한 기업-고객 상호작용이 서비스 품질의 중요한 요소이다.

서비스 품질은 여러 학자들에 의해 다양하게 정의되었지만, 크게 운영 관점, 사용자 관점, 가치 관점으로 설명된다(Metters 외, 2006). 운영 관점에서의 서비스 품질은 설계 규격의 일치 수준의 평가이다. 예를 들어 교육 강좌의 시작 시간이 명시되어 있다면, 품질 수준은 쉽게 판단된다. 만일 품질 규격이 서비스 프로세스의 효율성만 고려하여 규정된다면, 고객의 욕구를 만족시키지 못하는 문제가 발생한다. 사용자 관점에서의 서비스 품질은 고객 개인의 관점에 따른 정의이다. 동일한 서비스라도 고객별로 상이하게 평가할 수 있다는 가정에서 출발한 개념이다. 예로 우수한 교육 강사의 수업에 대한 만족도가 고객별로 다르게 발생할 수 있는 것을 들 수 있다. 가치 관점에서의 서비스 품질은 서비스가 제공하는 가치로서 품질을 정의하는 관점이다. 서비스 품질의 적합성만 고려하는 것이 아니라 고객이 지불하는 가격과 서비스를 비교하여 품질을 판단하는 것이다.

3) 교육서비스 품질의 구성요소

교육서비스 품질은 인적 서비스, 물적 서비스, 시스템적 서비스의 세 가지 구성요소로 전달된다.

인적 서비스는 사람에 의해 제공되는 노동과 수고로서 교육서비스 산업에서 적절한 인적자원 활용은 경쟁력 있는 서비스 품질 요소가 될 수 있다. 기업에 종사하는 서비스 제공자가 주어진 분야에 대해 얼마만큼의 전문적 지식과 기술, 태도를 가지고 있는지는 서비스 품질 확보에 중요한 사항이다. 또한 이러한 전문성과 기술을 활용하여 고객의 요구를 얼마나 충족시킬 수 있는지, 이러한 요구에 어떠한 태도를 가지고 행동하는지에 따라 교육서비스 품질이 결정된다.

물적 서비스는 시설, 물품, 장비 등을 통해 제공되는 편익으로 인적 서비스와 함께 서비스 품질을 구성하는 중요한 요소이다. 물적 서비스는 핵심적 증거와 주변적 증거로 구분되는데, 예를 들어 교육서비스 제공 기관의 교육프로그램과 같이 어떤 서비스 품질에 대한 비용 지불의 부분을 핵심적 증거라고 한다면, 편의시설, 식음료, 안내책자 등과 같이 구매의 일부로 소유할 수 있는 것이 주변적 증거이다. 핵심적 증거와 주변적 증거는 다른 여러 가지 요인들과 결합하여 서비스에 대한 고객 인식에 영향을 주기 때문에 철저히 관리할 필요가 있다.

시스템적 서비스는 최근 인적 서비스와 물적 서비스 이외에 인터넷, 모바일 환경 발달로 새롭게 등장한 품질 측정 요소이다. 시스템적 서비스는 아이디어, 자료, 정보, 지식, 제도 등의 시스템에 의해 제공되는 편익으로 고객 만족을 높이기 위해 도입되고 중요성이 점차 증가하는 요소라고 할 수 있다.

4) 교육서비스 품질의 분류

교육서비스의 품질 평가는 서비스 전달 과정 중에 발생되며, 이러한 서비스 품질은 객관적 품질(objective quality)과 지각품질(perceived quality), 그리고 과정품질(process quality)과 결과품질(outcome quality)로 각각 분류할 수 있다.

교육서비스는 평가의 주관성, 객관성에 따라 객관적 품질과 지각품질로 구분된다. 객관적 품질은 강의실의 좌석, 시설, 실내 온도 등 측정 가능한 객관적인 측면의 특성을 나타낸 기계적 품질이다. 반면, 지각품질이란 주관적 품질로 객관적 요소에 대한 고객의 주관적 평가로서의 인간적 품질이다.

또한 교육서비스 품질은 기능적 측면과 기술적 측면에서 과정품질과 결과품질로 구분된다. 과정품질은 고객이 서비스를 어떻게 제공받았는가 또는 서비스 전달 과정을 어떻게 경험하였는가를 보여 주는 품질이다. 고객과 교육기업 간 상호작용에서 진실의 순간(moment of truth; MOT)이라고 부르는 고객 접촉 순간에서의 서비스 처리 과정과 서비스 제공자의 기능 수행으로 고객이 서비스를 얻는 방법(how the customer gets it)을 나타내므로 이를 기능적 품질(functional quality)이라고 한다.

결과품질은 고객과 교육기업 간의 상호작용에서 결과적으로 어떤 서비스를 제공받았는가를 뜻한다. 결과품질은 일반적으로 고객이 객관적으로 평가할 수 있는 서비스 품질로 서비스 제공자가 고객에게 제공하는 편익활동 자체를 고객이 서비스로 파악하는 것이다. 이는 서비스 활동의 유무나 적합성 수준에 따라 편리성 또는 불편성을 평가하여 궁극적으로 고객이 얻는 대상(what the customer gets)을 의미한다. 결과품질은 그 특성상 문제 해결에 있어 기술적인 접근을 수반하므로 기술적 품질(technical quality)이라고 한다.

5) 교육서비스 품질의 차원

교육서비스의 품질은 고객이 기대한 품질과 지각한 품질의 각 수준의 차이로 평가된다. 고객의 기대보다 지각한 수준이 높으면 고객은 만족하기 때문에 고객이 어떤 차원의 품질에서 기대치를 높이고 있는지 알아야 한다. Parasuraman, Zeithaml, Berry는 서비스 품질을 정의하기 위해 다양한 고객집단과의 인터뷰를 통해 소비자는 유형성(tangibles), 신뢰성(reliability), 반응성(responsiveness), 능력(competence), 접근(access), 우대(courtesy), 의사소통(communication), 신용(credibility), 안전성(security), 고객의 이해(understanding knowing the customer)의 열 가지 차원을 통해 서비스 품질을 평가한다는 것을 발견하였다. 이후 이러한 열 가지 차원은 다시 유형성(tangibles), 신뢰성(reliability), 반응성(responsiveness), 확신성(assurance), 공감성(empathy)의 다섯 가지 중요한 요인으로 축약하여 설명되었다(Parasuraman, Zeithaml, Berry, 1985).

이를 service와 quality의 합성어로 SERVQUAL 모형이라고 한다. 〈표 5-7〉과 같은 SERVQUAL 모형의 다섯 가지 요인은 소비자의 기대 서비스와 지각된 서비스를 비교하여 서비스 품질에 대한 소비자의 판단을 다섯 가지 차원에서 측정한다.

〈표 5-7〉 SERVQUAL 5요소

유형성	시설, 설비, 종업원, 광고물의 외형의 물리적 요소
신뢰성	약속된 서비스를 신뢰성 있게, 정확히 수행하는 능력
반응성	고객을 돕고 신속한 서비스를 하는 의지
확신성	종업원들의 업무지식, 공손함, 믿음을 줄 수 있는 능력
공감성	고객들에 대한 이해, 개인적이고 자상한 주의를 제공하는 정도

6) 교육서비스 품질 평가 특성

교육서비스 품질은 유형의 제품보다 평가가 어렵다. 이는 고객들이 제품을 구입할 때는 품질을 평가할 수 있는 유형의 단서인 색상, 포장, 스타일 등을 통해 평가할 수 있지만, 서비스의 품질 평가는 구매 후 사용하는 시점에서 이루어지기 때문이다. 이러한 제품과 서비스의 품질의 평가는 이전에서 제시한 [그림 5-3]에서 설명한 것과 같이 탐색품질, 경험품질, 신뢰품질[41]로 나뉜다. 주로 유형 제품은 탐색품질 평가가 많은 반면, 교육서비스는 경험품질과 신뢰품질적 평가의 비중이 크다. 이로 인해 소비자는 서비스 구매의사결정 시 광고와 같은 촉진 수단보다 선경험을 기반으로 하는 구전을 선호하며, 가격과 서비스 제공자 외형에 의존하여 품질을 추론하고, 만족할 경우 충성도가 높은 경향이 있다.

2. 교육서비스 품질의 측정

1) Grönroos 2차원 모형

스웨덴 학자 Grönroos는 전반적으로 서비스 품질을 결정하는 요인을 [그림 5-11]과 같이 결과품

41) 탐색품질(search quality)은 구매 이전 정보탐색 과정에서 평가하는 품질이며, 경험품질(experience quality)은 제품 또는 서비스를 소비하고 사용하면서 즉시 평가하는 품질이고, 신뢰품질(credence quality)은 시간이 지난 후 평가가 가능한 품질이다.

질(outcome quality)과 과정품질(process quality)로 나누었다. 결과품질은 소비자가 서비스 제공자와 상호작용을 통해 '무슨 서비스를 받았는가(what)'에 관한 것이다. 예를 들어 학업 성취도를 높이기 위해 학습지를 신청하여 서비스를 적절히 받았다면, 신청한 교육서비스의 결과품질이 우수한 것이다.

반면, 과정품질은 소비자가 제공받은 서비스 과정을 '어떻게 받았는가(how)'에 관한 것이다. 예를 들어 학습지 신청 과정에 대해 불편사항이 있거나 학습지 교사가 불친절하다면 해당 교육서비스의 과정품질이 낮은 것이다.

[그림 5-11] Grönroos의 2차원 품질모형

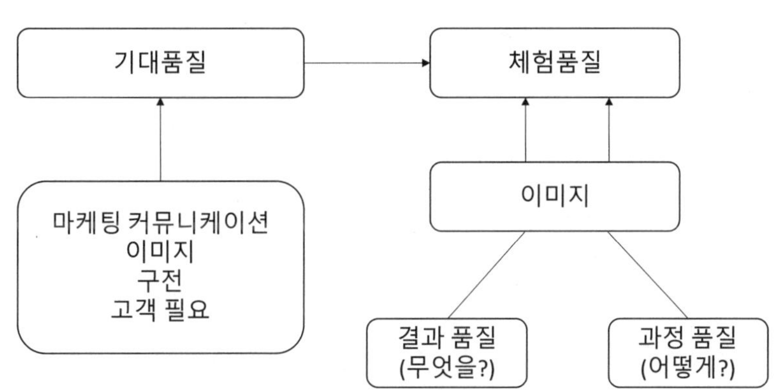

2) 서비스 품질 GAP 모형

서비스 품질 GAP 모형은 서비스 품질을 [그림 5-12]와 같이 기대 서비스와 지각된 서비스의 차이(GAP)로써 평가하는 것이다. Parasuraman, Zeithaml, Berry는 서비스 품질 GAP 모형을 통해 고객의 기대와 지각된 서비스 사이에 발생하는 차이를 설명하며, 이 모형을 통해 기업은 품질 문제의 원인을 규명하고 서비스 품질을 개선할 수 있다는 방안을 제시하였다. 즉, 고객의 서비스 기대치는 고객의 개인적 욕구, 구전, 과거 경험에 의해 형성되므로 교육기업은 적절한 의사소통을 통해 고객의 서비스 품질 평가를 개선시킬 수 있다(Parasuraman, Zeithaml, Berry, 1985).

[그림 5-12] 서비스 품질 GAP 모형

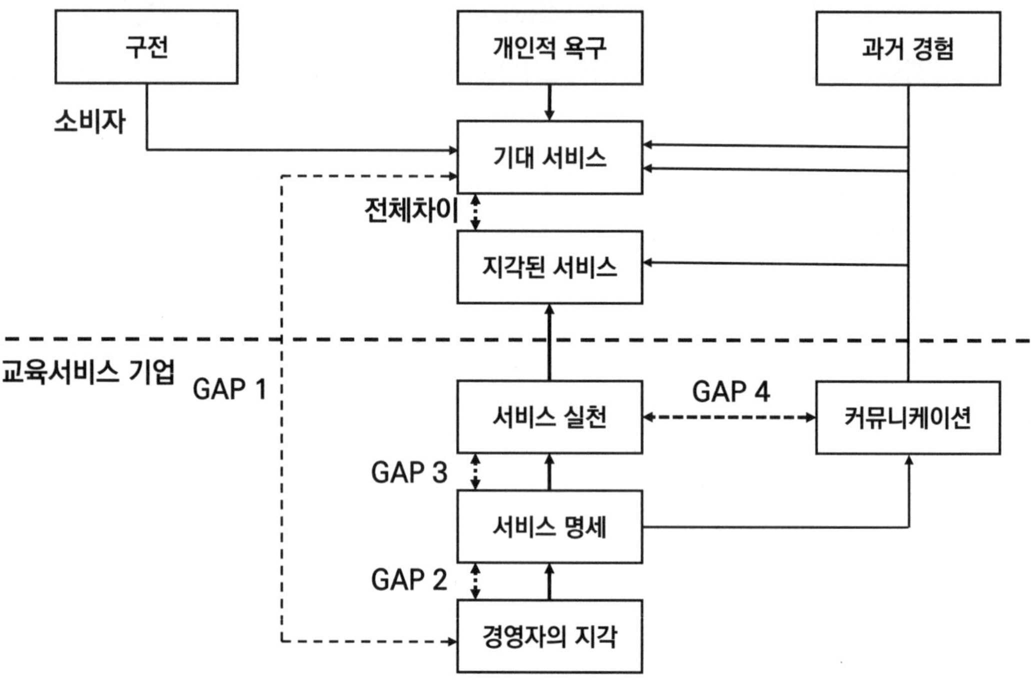

고객의 기대 서비스와 지각된 서비스의 차이를 고객 GAP이라고 하며, 이것이 고객 만족을 결정하는 핵심적인 GAP이다. 이 고객 GAP은 〈표 5-8〉과 같은 네 가지 GAP이 누적되어 형성된다. 이에 교육서비스 기업 내에서 발생하는 네 가지 GAP을 규명하고 발생 원인과 결과가 무엇인지 살펴보아야 한다.

<표 5-8> 서비스 GAP 요인

구분		내용	상황	대응
GAP 1	경영자의 인지 격차	소비기대-경영자 지각 간의 차이	경영자가 고객이 친절한 안내를 원하는 것을 모름	과학적, 정확한 고객 조사로 고객의 기대 정확히 이해
GAP 2	경영자의 인지 격차	경영자 지각-서비스 명세 간의 차이	고객이 원하는 것을 알아도 친절한 안내를 위한 구체적 지침이 없음	고객 기대 충족시킬 서비스 업무 구체화
GAP 3	서비스 전달 격차	서비스 명세-실천 간의 차이	종업원이 지침을 지키지 않음	서비스 명세에 따른 실천을 위한 서비스 업무 지휘·감독
GAP 4	시장 커뮤니케이션 격차	서비스 커뮤니케이션-서비스 실천 간 차이	약속한 서비스 품질을 제공하지 않음	실제 제공되는 서비스에 관한 정확히 커뮤니케이션으로 과도한 기대 지양
전체 GAP	지각된 서비스-기대 서비스 격차			

3) SERVQUAL 모형

SERVQUAL 모형은 Parasuraman, Zeithaml, Berry의 이론을 기반으로 서비스 품질에 대한 고객의 기대치와 인지도를 측정하는 방법이다. 유형의 제품과 달리 서비스 품질은 객관적인 측정이 불가능하기 때문에 주로 설문도구를 이용하여 측정한다. SERVQUAL은 서비스 품질에 대한 고객의 기대와 인지도를 정량적으로 측정하여 고객의 기대 서비스와 인지한 서비스 간의 GAP의 함수라는 개념을 적용한 것이다.

SERVQUAL은 유형성, 신뢰성, 반응성, 확신성, 공감성의 다섯 가지 품질 차원을 측정하는 총 22개 문항으로 구성되었고, 각 문항별로 각각 7점 척도로 측정한다. 기대치는 서비스 기업의 특정 서비스 속성 보유 여부에 대해 동의하는 정도이며, 인지도는 기업이 그 속성을 실제로 실현하였는지에 대한 정도이다. 예를 들어 학원 서비스의 품질을 측정하는 SERVQUAL 설문지는 <표 5-9>와 같다.

이러한 SERVQUAL 설문 측정 결과로부터 각 설문 문항별 기대치와 지각도의 차이, 각 품질 차원별 기대치와 지각도의 차이, 품질 차원별 상대적 중요도, 가중 서비스 품질 점수, 관리 노력에 따른 서비스 품질 점수 변화, 부서별 서비스 품질의 비교, 경쟁사와의 비교, 고객집단별 서비스 품질의 인지도 차이 등 다양한 정보를 얻을 수 있다.

〈표 5-9〉 학원의 SERVQUAL

기대치 측정 설문 문항	
유형성	우수한 학원은 최신의 시설을 가지고 있을 것이다.
신뢰성	우수한 학원은 약속한 교육서비스를 제공할 것이다.
반응성	우수한 학원의 직원은 신속히 교육 수강자를 도우려 할 것이다.
확신성	우수한 학원의 고객은 교육이 안정적이라고 느낄 것이다.
공감성	우수한 학원은 교육 수강자 개개인별로 관심을 기울일 것이다.
인지도 측정 설문 문항	
유형성	이 학원은 최신의 시설을 가지고 있다.
신뢰성	이 학원은 약속한 교육서비스를 제공한다.
반응성	이 학원의 직원은 신속히 교육 수강자를 도우려 한다.
확신성	이 학원의 고객은 교육이 안정적이라고 느낀다.
공감성	이 학원은 교육 수강자 개개인별로 관심을 기울인다.

4) SERVPERT 모형

Cronin과 Taylor는 기존의 SERVQUAL 모형이 많이 활용되었음에도 불구하고 여러 문제점으로 비판이 제기되는 상황에서 새로운 모형을 제시하였다. 기존의 서비스 품질에 대한 선행연구에서 기대와 성과의 불일치 관계만으로 서비스 품질을 평가한다는 것이 미흡하다는 판단에서 성과만이 서비스 품질 측정에 중요하다고 주장하며 SERVPERT 모형을 제시하였다. 즉, 서비스 품질은 태도로 개념화할 수 없으며, 기대변수를 제외한 성과만을 기준으로 한 측정이 장기적인 서비스 품질에 대한 정의를 더욱 명확히 한다고 주장하였다.

SERVPERT 모형은 SERVQUAL 모형의 측정 문항인 22개 항목이 서비스 품질을 측정하기에 적합하지만 사전 기대와 사후 성과를 2회씩 측정하는 것은 매우 어렵기 때문에 SERVQUAL 모형의 5개

차원을 그대로 채택하고 기대 관련 변인은 측정하지 않고 성과 변인만을 측정하였다. 〈표 5-10〉과 같이 성과만을 측정하는 모형이 장기적 서비스 품질에 대한 태도를 더 잘 밝혀 주고 예측력이 높다고 주장하였다(Cronin & Taylor, 1992).

〈표 5-10〉 SERVQUAL 모형과 SERVPERT 모형 비교

구분	SERVQUAL 모형	SERVPERT 모형
모형 구성	성과수준 - 기대수준 (Q = P - E)	성과 (Q = P)
기대 정의	제공해야 할 수준	기대수준 미측정
측정 차원	5개 차원, 22개 항목(44문항)	5개 차원, 22항목(22문항)

3. 교육서비스 품질의 관리

1) TQM(Total Quality Management)

총체적 품질경영(Total Quality Management; TQM)은 품질관리의 영역을 생산 과정에 국한시키는 좁은 인식에서 벗어나 경영 활동 영역을 보다 넓게 확대시켜 품질 검사와 측정뿐 아니라 공급업자 선정이나 고객서비스까지 포함시킨 것이다. 즉, 총체적 품질경영은 교육서비스의 품질을 향상시켜 장기적인 경쟁우위를 확보하기 위해 모든 부서, 모든 활동, 모든 수준의 구성원을 조직화하고 참여시키는 방법이다. 최저비용으로 고객의 요구 조건 충족에 맞는 산출물을 창출하는 것으로 품질관리 책임자인 경영자뿐만 아니라 모든 구성원이 지속적인 개선 활동에 참여하는 것으로 정의된다.

따라서 총체적 품질경영은 몇 가지 특징을 가지고 있다. 우선 품질은 외부고객뿐만 아니라 내부고객인 종업원에 의해서도 정의되므로 종업원이 지속적으로 참여하고 지속적 개선을 강조하는 인간 위주 경영시스템을 지향한다. 또한 총체적 품질경영의 성공을 위해 최고경영층의 장기적 열의가 필수적이이며, 결과보다 과정을 중시하기 때문에 단순히 품질 프로그램 집합이 아니라 일종의 경영시스템인 것이다.

최근 교육서비스 영역에서도 총체적 품질경영의 방법론이 적용되고 있다. 예를 들면 공교육기관인 대학에서 학생을 고객으로 간주하고, 고객 입장에서 학생을 교과과정 계획, 결정, 내용 설계, 배점 방식 결정에 참여시킨다. 대학의 총체적 품질경영적 목표는 학생이 무엇을 원하는지 파악하고 일관성 있게 제공하기 위해 교육과정을 지속적으로 개선하는 것이다. 이러한 대학 경영의 발상 전환으로 학생들이 더욱 진지하게 사고하고 문제 해결 능력을 키울 수 있다고 보고된다(원석희, 2015).

2) 6-시그마 품질경영

품질경영에 대한 시스템 구축 이론은 여러 단계의 발전을 거쳐 6-시그마 품질경영시스템으로 자리매김하였다. 6-시그마는 정규 분포에서 평균을 중심으로 질 좋은 물품의 수를 6배의 표준편차 이내에서 생산할 수 있는 공정의 능력을 정량화한 것이다. 즉, 6시그마는 제품 100만 개당 2개 이하의 결함을 목표로 하는 것으로 거의 무결점 수준의 품질을 추구하고 것이다(윤덕균, 2007).

6-시그마 품질경영은 이와 같은 통계적 품질관리를 기반으로 각종 경영 혁신 운동의 정신·기법이 접목되어 만들어진 것이다(김계수 외, 2008). 통계적 품질관리, 무결함 운동, 고객 만족 경영, 지식경영 등 기존 혁신 활동이 모두 6-시그마 품질경영에 통합되었다.

6-시그마 품질경영의 프로세스는 [그림 5-13]과 같은 문제정의(Define), 측정(Measure), 분석(Analyze), 개선(Improve), 관리(Control)의 5단계를 거친다(노재범 외, 2005).

[그림 5-13] DMAIC 단계별 주요 추진 절차

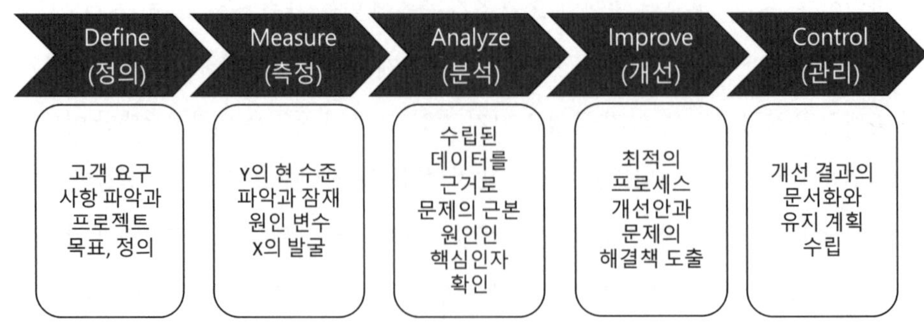

출처: 노재범 외(2005). 서비스 이노베이션 엔진, 6시그마.

3) Deming의 수레바퀴(wheel)

일본 품질관리의 아버지로 불리는 Deming이 제시한 품질 개선을 위한 방법은 〈표 5-11〉과 같이 수레바퀴가 반복되는 것처럼 Plan-Do-Check-Action(Adjust)의 순환을 강조하여 PDCA 사이클이라고도 한다. 즉, 관리란 계획을 설정하고 이를 달성하기 위한 모든 활동이라는 관점으로 계획을 수립하고 이에 따라 품질 개선 시도를 한 후 결과를 검토하여 계획 목표가 미달성된 경우 방법을 변경하는 과정을 〈표 5-11〉과 같이 반복적으로 하는 방법론이다.

〈표 5-11〉 PDCA 사이클

Plan (계획)	1. 목표를 명확히 하여 목표를 결정한다. 2. 목표 달성을 위한 방법을 결정한다. 3. 업무 분담을 명확히 한다.	Plan Do Action Check Quality
Do (실행)	1. 동기를 부여한다. 2. 결정한 방법을 교육 · 훈련한다. 3. 결정한 방법을 실시한다. 4. 정해진 방법 이행 결과의 데이터를 수집한다.	
Check (평가)	1. 결정한 방법이 이행되었는지 조사한다. 2. 목표를 달성했는지 조사한다.	
Action (조정)	1. 정한 방법에서 벗어나 있으면, 정한 방법대로 되도록 수정 조치를 취한다. 2. 목표를 달성하지 못하였으면, 원인을 조사하여 재발방지 조치를 취한다. 3. 일의 원칙이나 방법을 보다 좋아지도록 변경한다.	

4) 통계적 과정 관리

교육서비스 품질 성과는 통계적 과정 관리(Statistical Process Control; SPC)의 계량적 지표에 의해 판단될 수 있다. 예를 들면 교육프로그램 수강생을 대상으로 정기적으로 고객 설문조사를 실시하여 불만을 표시한 고객의 비율을 중요한 성과지표로 사용한다. 만약 최근 들어 불만 고객의 비율이 높아졌다면 서비스 프로세스 중 평상시와 다른 문제가 발생했을 것이라는 추론이 가능하다. 경영자는 이를 정확히 판단하고 그 결과에 따라 적절한 조치를 취해야 하는데 이를 위해 서비스 프로세스의 상태를 점검하고 정상적으로 가동되고 있는지 여부를 판단하는 데 활용할 수 있는 기법이 [그림 5-14]와 같은 관리도(control chart)이다.

[그림 5-14] 고객불만율에 대한 관리도

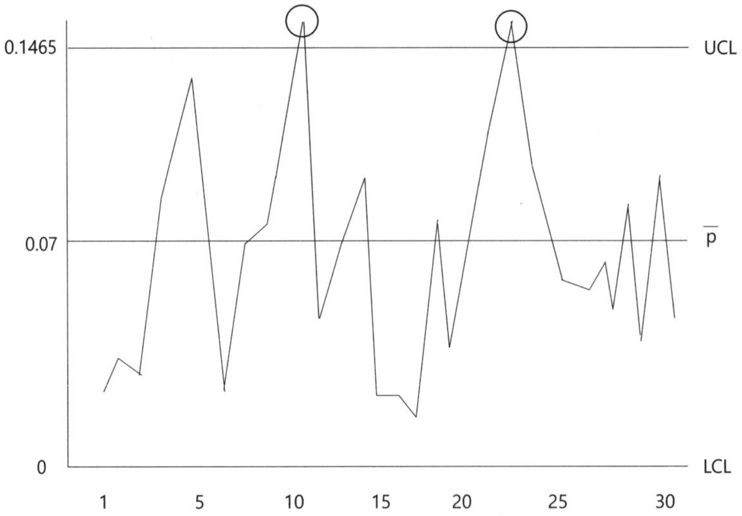

자료: 김태웅(2005). 서비스기업의 운영관리.

관리도에서는 성과 변동의 원인을 이상 원인과 우연 원인으로 구분한다. 이상 원인에 의한 변동은 교강사 및 직원의 미숙, 시설의 고장 등 충분히 예방 가능한 원인에 의해 발생하는 변동이다. 이에 반해, 우연 원인에 의한 변동은 서비스 제공자와 시설, 시점과 무관하게 모든 서비스 제공 프로세스에서 지속적으로 발생하는 문제이다. 즉, 서비스 설계와 프로세스 구조상 문제점, 서비스 규격의 불일치 등의 문제로 발생하는 변동이다(김태웅, 2005). Deming은 모든 문제 중 이상 원인에 의한 것은 6% 정도에 불과하며, 우연 원인에 의한 것은 94%라고 하였다(Deming, 2018). 즉, 이상 원인의 제거는 원래부터 프로세스에 없어야 할 요소를 제거하는 것에 불과하며, 우연 원인을 제거해야 근본적인 프로세스의 개선이 가능하다.

또한 통계적 과정 관리의 관리도는 [그림 5-15]와 같이 조사필요와 품질특성에 따라 계란형 변수를 이용하는 $\overline{X}$-관리도와 R-관리도, 계수형 속성에 이용되는 p-관리도와 c-관리도 등으로 분류된다.

[그림 5-15] 통계적 과정 관리도

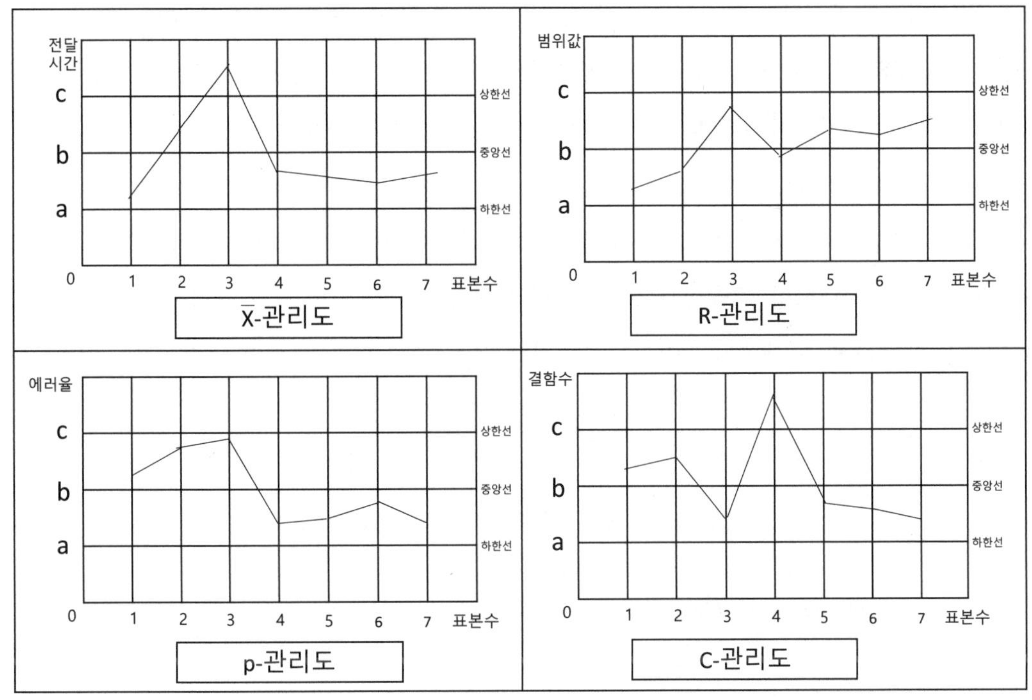

5) ISO 표준

국제표준기구(International Organization for Standardization; ISO)는 조직이 업무를 수행할 때 달성할 품질 프로세스를 정의하여 제시하는데 이를 ISO 표준이라고 한다. ISO 표준에 따라 고객 만족을 위한 기업의 프로세스에 대한 정의와, 실제 기업이 실행하는 프로세스와 일치도를 평가하도록 되어 있다. 즉, ISO 표준을 인증받았다는 것은 산출 품질의 일관성을 보장받고 기업이 품질경영시스템을 구축하고 실행하고 있음을 제3의 심사원이 공식적으로 인정한 것이다.

품질과 관련된 ISO 표준은 ISO 9000으로 일반적 관리 시스템적 품질 기준을 소개하고 개괄적 부분으로서 품질 관련 개념을 정의한다. ISO 9000은 하위 기준으로 9001, 9002, 9003, 9004 등이 있고, 서비스 기업을 위한 품질 표준과 양질의 서비스 시스템을 구축하려는 조직을 위한 인증 기준으로 활용된다.

한편 국제표준기구는 2018년 5월 1일에 교육기관 대상 국제표준기준으로 ISO 21001(Educational

Organization Management Systems; EOMS) 표준을 발표하였다. ISO 21001은 학습자 대상의 교육 제품 및 서비스를 제공하는 조직에 공통적 관리 도구를 제공하기 위한 목적으로 개발되었다. 교육 수요자의 요구와 기대치를 포함하며 교육기관, 학습자 및 기타 관련 이해당사자 간의 특정 상호작용에 중점을 두고, 기타 수혜자 및 직원의 만족도를 높이는 것을 목표로 하는 조직을 인증하는 표준이다(ISO 21001, 2018).

ISO 21001은 [그림 5-16]과 같이 조직과 조직 상황 이해, 이해관계자의 니즈 및 기대 이해, 학습자 및 기타 수혜자 요구 사항, 교육기관 경영시스템 적용 범위 결정, 교육기관 경영시스템 결과(학습자 및 기타 수혜자 만족, 제품 및 서비스) 등을 기획, 운용, 성과 평가, 개선의 절차에 따라 평가하고 인증한다.

[그림 5-16] ISO 21001 프레임워크의 EOMS

Introduction(0) / Scope(1) / Term and definition(3) / Informative annexes

Understanding The organization and its context(4.1)

Understanding the needs and expectation of interested parties(4.2)

Learners and other beneficiaries requirements

Determining the scope of EOMS(4.3)

Operation (8)

Plan

Do

Planning (6)

Leadership (5)

Performance evaluation (9)

Act

Check

Improvement (10)

Results of EOMS(learner and other beneficiary satisfaction; products and service)

Management system for educational organization(4.4) / Support(7) / Normative annex

자료: ISO(2018). Educational organizations Management systems for educational organizations Requirements with guidance for use.

제4절

교육서비스 시설

1. 교육서비스 시설의 입지 선정

교육서비스는 제공되는 서비스 특성이 사람 중심형 서비스이지만, 품질 평가가 어렵다는 측면에서 물리적 시설 수준에 따라 품질을 예상하기도 한다. 또한 시설을 통해 제공되는 편익인 물적 서비스를 통해 서비스에 대한 평가가 이루어진다. 따라서 많은 교육 수강자가 유입할 수 있는 좋은 입지는 서비스의 잠재수요를 증가시키고, 제조업과 다른 교육서비스만의 차별적 요소가 되기도 한다. 이에 따라 교육서비스 시설의 입지 선정은 전략적으로 매우 중요한 사항이며, 입지 선정에 대한 의사결정이 잘못 이루어지면 교육기업의 생존에 직결되는 영향을 받을 수 있다.

1) 입지 선정 고려 사항

입지(point)와 상권(boundary)은 〈표 5-12〉와 같이 구분되는 개념으로 입지가 사업주가 정한 일종의 정적이며 공간적인 장소 개념이라면, 상권은 사업 활동을 영위함에 있어 목표로 하는 고객이 존재하는 시간적·공간적 범위이다.

〈표 5-12〉 입지와 상권

입지	- 입지의 주체가 정한 정적이며 공간적 장소 - 시설의 위치나 위치적 조건을 의미 - 시설 면적, 가시성, 주차시설 등이 평가 항목임
상권	- 사업 활동을 영위하는 데 있어 목표로 하는 고객이 존재하는 시간적 · 공간적 범위 - 시설의 유효 수요 분포 공간 - 어떤 지역의 밀집한 시설집단의 영향권

서비스 시설의 입지를 선정할 때는 다양한 요인을 고려해야 하지만 무엇보다 서비스 업종에 따라 설정된 중요도에 따라 달라지는 경우가 많다. 서비스 시설의 입지는 세 가지의 서비스 유형 분류를 기준으로 하는데 배달 서비스, 준제조형 서비스, 수요 민감 서비스이다(Metters 외, 2006).

배달 서비스는 택배회사, 치킨집, 세탁소, 우체국 등에 해당되어 주어진 영역을 효율적으로 관리할 수 있는 배달 거점을 선정하는 것이 중요하다. 즉, 배달의 편의성을 가장 중요하게 고려하는 서비스로 입지 선정 요인으로 거리, 운송수단, 시간 등이 있다.

준제조형 서비스는 물류의 편의성을 가장 큰 입지 선정 목표로 설정하고 복수 시설의 입지로 구성된 물류 네트워크를 도입하여 비용을 최소화하기 위해 입지를 선정하며 도매업, 창고 등이 이에 해당한다.

교육서비스 시설은 배달 서비스와 준제조형 서비스와 무관한 서비스 유형 특성을 가지고 있지만, 수강생의 수송을 위해 일부 운송수단 및 비용 절감에 따른 차량 배치 사항이 고려될 수 있다.

수요 민감 서비스 시설은 고객이 주변에서 자주 접하며, 고객을 가장 많이 유인할 수 있는 입지를 선정하는 것이 중요한 사항이다. 즉, 많은 고객이 쉽게 방문할 수 있는 접근 용이성이 가장 중요한 고려 요인으로 수강 목적의 교육서비스 시설을 원하는 고객에게 중요한 입지 고려 사항이다. 이와 같은 수요 민감 서비스 시설의 입지 선정 평가 요인은 〈표 5-13〉과 같다.

〈표 5-13〉 수요 민감 서비스 시설의 입지 선정 평가 요인

구분	평가 요인
지역 인구 통계	후보 지역의 인구 기초 통계, 후보 지역의 소득 잠재력
교통의 흐름과 접근 용이성	차량 수, 차량 종류, 보행자 수, 보행자 유형, 대중교통 사용 가능성, 주요 고속도로 접근성, 교통 혼잡 정도, 접근 도로의 질
소매구조	후보 지역의 경쟁자 수, 상점 형태와 수, 인근 서비스 시설과의 보완성, 상업지역 근접성
위치	이동 가능한 주차시설 수, 주차장까지 거리, 거리에서 서비스 시설이 눈에 띄는 정도, 시설의 크기와 모양, 상태, 출입의 용이성
법적·비용적 요소	지형 형태, 임차기간, 지방세, 영업과 유지비용, 임차의 제한적 조항

자료: 김태웅(2005). 서비스기업의 운영관리.

2) 입지 선정 프로세스

수요 민감 서비스 특성을 가지고 있는 교육서비스 시설의 입지 선정은 기업의 생존과 직결된 중요한 문제이다. 따라서 교육서비스 시설의 입지는 신중히 선정되어야 하고, 이와 관련된 의사결정은 일반적으로 시장 선택, 상권 분석, 입지 평가의 단계로 이루어진다.

(1) 시장 선택

새로운 교육서비스 시설을 설립할 때 선택해야 할 첫 번째 단계는 적절한 시장을 선택하는 것이다. 시장이란 서울, 부산, 대구 등 시설이 들어설 도시 또는 광역 지역을 의미한다. 시장을 선택하기 위해 주로 고려할 요인은 인구수, 인구증감 추세, 소득 잠재력, 경쟁 상태, 지역의 경제 성장 상황 등이다. 이때 특정 시장의 매력도를 측정하기 위해 소매포화지수(Index of Retail Saturation; IRS)를 지표로 사용할 수 있다. 소매포화지수는 다음 공식과 같이 지역별 소비지출 수준과 시설의 면적을 비율로 표현한다.

$$IRS_i = \frac{POP_i \times EXP_i}{RSS_i}$$

IRS_i=지역 i의 소매 포화지수
POP_i=지역 i의 인구
EXP_i=지역 i의 인당 소매지출
RSS_i=지역 i의 시설면적

IRS는 시설 면적 대비 소비지출 수준을 나타내기에 IRS값이 클수록 포화 상태가 낮기 때문에 진출 시장으로 바람직하고, 여러 선택 시장 대안 가운데 IRS값이 가장 큰 시장 선택이 적절하다. 다만 IRS는 지역의 인구, 소비지출 등 요소만을 가정하여 경쟁 심화 상황은 고려하지 않았다는 한계를 가진다.

(2) 상권 분석[42)]

교육서비스 시설을 설립할 시장이 선정되면, 시장의 잠재력과 경쟁 강도를 고려하여 상권을 분석해야 한다. 같은 시장이라도 주거형태, 토지 이용 상황, 상가 형성 등 상황이 다양하기 때문에 공간적 편차가 발생하여 적절한 상권 분석을 통해 적합한 시설 입지를 탐색해야 한다.

(3) 입지 평가

입지 평가 단계에서는 개별 후보 입지에 대한 상세 평가 과정을 수행한다. 다양한 평가 요소로 구성된 체크리스트를 사용하여 후보 입지의 적합성을 검토하며 이때 〈표 5-14〉에서 고려한 평가 요인을 지표로 활용한다. 각 후보 입지에 대한 평가 방법으로는 〈표 5-14〉와 선호도 행렬 모형이 활용된다. 즉, 다양한 평가 요인별로 점수를 부여하고 합계점수가 높은 후보지를 최종 입지로 선정하는 것이다.

또한 평가 시 평가자의 주관에 따라 가중치를 달리 부여할 수도 있다. 이러한 모형을 활용하여 쉽게 후보 입지를 선정하고, 평가자 입장에서 중요한 요인에 대한 가중치를 반영할 수 있다. 그러나 선호도 행렬 모형은 평가자의 주관이 개입되고, 평가자가 다르면 다른 의사결정이 나올 수 있다

---

42) 본 장의 4절 교육서비스 시설 2. 교육서비스 시설의 상권 분석 부분에서 자세히 다룬다.

는 한계를 가지고 있다. 따라서 이 모형은 최적의 입지를 선정하기보다 최악의 후보지를 제거하는 방법에서 주로 활용된다.

〈표 5-14〉 선호도 행렬 모형 활용 사례

평가 요인	가중치	후보 입지 A	후보 입지 B
소비자 평균 수입	0.40	7	8
유입 가능성	0.30	9	8
경쟁자 위치	0.20	8	9
투자비용	0.10	4	2
가중합계	1.00	7.5	7.6

2. 교육서비스 시설의 상권 분석

교육서비스 시설 설립 시 상권 설정에 따른 기준 시설의 정확한 상권 파악은 교육서비스 경영에 있어 가장 기초적인 사항이다. 상권의 범위는 설립하는 업종과 업태와 밀접한 상관관계를 가지고 있으며, 제공하는 교육서비스 상품의 구성과 가격대 설정의 중요한 기초 자료가 된다. 또한 상권 분석을 통해 구매력을 추정할 수 있으며 목표 매출액과 매출 성과 분석의 중요한 자료를 얻을 수 있고, 무엇보다 마케팅 활동 범위 결정에 필수적인 정보이다.

1) 상권의 개념

미국마케팅협회(AMA)는 "상권이란 특정 마케팅 단위 또는 집단이 제품이나 서비스를 판매·인도함에 있어 비용과 취급 규모 면에서 경쟁적이며 그 규모가 어떤 경계에 의해 결정되는 지역 범위"라고 정의하였다. 즉, 상권이란 경영 활동의 거래를 행하는 공간적 범위이다. 상권은 일반적으로 두 가지 의미로 사용된다. 첫째, 한 사업체가 고객을 흡인하거나 흡인할 수 있는 범위이다. 둘째, 다수의 상업시설이 고객을 흡인하는 공간적 범위이다.

상권은 주로 판매하는 쪽에서 본 것으로 소비자 입장에서 본다면 생활권이라고 할 수 있다. 소비자는 상업 시설에서 소매와 도매 두 가지 구매 형태를 가질 수 있으나 일반적으로 소매 구매 활동이 이루어지기 때문에 소비자가 인지하는 상권은 소매상권이라고 할 수 있다. 또한 상권으로 정의함에 있어 의료, 교육, 행정 등 서비스를 포함하는 넓은 의미로 해석되어 서비스권 또는 도시권으로 표현되기도 한다.

종합해 보면 상권은 어떤 사업을 영위하는 대상으로서의 고객이 존재하는 공간적, 시간적 범위이며, 고객의 방문을 감안하여 기대할 수 있는 매출액 규모를 포함하는 개념이다.

상권의 범위는 시설의 크기, 취급하는 서비스의 종류와 상업 집적도, 교통편의에 의해 결정된다. 따라서 대형 시설의 신규 입점, 지하철의 신규 개통 등에 따라 상권의 범위는 크게 변한다. 상권은 서비스 제공자의 입장에서 보면 서비스를 제공함에 있어서 그에 따르는 비용과 제공 규모 면에서 경제성을 획득하는 지역 범위이며, 소비자 입장에서 보면 적절한 가격의 서비스를 효율적으로 발견할 수 있겠다는 기대가 적용되는 지역 범위이다.

상권은 계층적 구조의 특성을 가지고 있어 지역 상권, 지구 상권, 개별 시설 상권으로 구분된다. 하나의 지역 상권은 여러 지구 상권을 포함하지만 지방 중소도시는 지역 상권과 지구 상권이 거의 일치한다. 지역 상권 내의 가장 중심부에 위치한 지구 상권이 지역 전체 소비자들을 흡입한다.

2) 상권의 유형

교육서비스 시설 입점을 위한 상권은 권역별 구분과 서비스 제공자 관점에서 구분된다. 권역별 구분에 따른 유형은 근린상권, 지역상권, 광역상권으로 세분류할 수 있다. 또한 서비스 제공자 관점에서 설정 거리 및 흡입율을 기준으로 1차 상권, 2차 상권, 3차 상권으로 나뉜다.

〈표 5-15〉와 같은 근린상권, 지역상권, 광역상권의 권역별 구분은 서비스 내용이나 시설까지의 이동에 소요되는 시간을 기준으로 분류한 것이다. 상권의 규모나 질은 시설의 종류, 크기, 매력, 상품의 다양성과 가격, 서비스 수준, 지역 소비자들의 특성, 경쟁 서비스 시설 등의 위치를 모두 반영한다(김태웅, 2005).

〈표 5-15〉 권역별 구분에 따른 상권

상권	특징
근린상권	- 주거지 근처 일상적으로 자주 방문하는 상업지 - 소요 시간 10분 이내 가까운 거리 - 도보 500m, 차량 5~10분 거리
지역상권	- 주거지와 다소 떨어져 주 또는 월 단위 방문, 서비스 취급 상업지구 - 근린상권보다 2배 정도의 소요 시간
광역상권	- 주거지와 멀리 떨어져 방문 주기가 빈번하지 않은 상업지구 - 번화가형이라고도 하며 부도심형과 도심형으로 구분 - 중심상업지역으로 건물의 고층화, 과밀화로 상주인구의 공동화 현상

판매자 관점에서의 설정 거리 및 흡입율에 따른 유형은 〈표 5-16〉과 같이 1차 상권, 2차 상권, 3차 상권으로 구분된다. 이러한 구분은 서비스 판매량, 매출액, 고객지지율 측면에서 구분한 것으로 고객 이용도가 반영된 상권 구분이다.

〈표 5-16〉 설정 거리 및 흡입율에 따른 상권

상권	특징
1차 상권	- 시설을 기준으로 500m 이내 지점(반경 1km 이내) - 매출액 비중이나 시설 이용 고객 비율 60% 이상 차지 거주 범위 - 대부분 시설에서 지리적으로 인접한 지역 거주 소비자 구성
2차 상권	- 시설을 기준으로 1km 이내 지점(반경 2km 이내) - 1차 상권 이외 매출액 비중이나 시설 이용 고객 비율 30% 이상 차지 거주 범위 - 1차 상권 외곽에 위치하고, 상권 소비자가 넓게 분산
3차 상권 (한계상권)	- 1차 상권, 2차 상권 이외 지역(반경 2km 이외) - 2차 상권 이외 매출액 비중이나 시설 이용 고객 비율 5~10% 정도 차지 거주 범위 - 시설 이용 고객이 상당히 먼 거리에 위치하며, 소비자가 광범위하게 위치

3) 상권 분석 방법

(1) 서술적 방법

① 체크리스트법

체크리스트법은 상권 규모에 영향을 미치는 요인을 수집하고 평가하여 시장 잠재력을 측정하는 방법이다. 분석 대상 상권의 다양한 특성을 체계화한 항목으로 조사하고, 이를 바탕으로 신규 시설 개설 여부를 평가하는 방법으로 대상 입지와 주변 상황에 관해 사전에 결정된 변수 리스트에 따라 대상 시설을 평가한다.

체크리스트법은 이해하기 쉽고 사용이 용이하며, 상대적으로 비용이 적게 들고 무엇보다 평가 요인 활용이 유연하다는 장점이 있다. 반면, 평가자의 주관적 분석 가능성이 제기되며, 선정한 변수에 따라 다양한 해석이 도출된다는 단점을 가지고 있다. 무엇보다 중요한 고려 사항인 매출액 추정이 어렵다는 한계를 가지고 있다.

② CST Map 기법

CST(Customer Spotting Technique) Map 기법은 설문조사나 고객 정보를 토대로 실제 시설 이용 고객의 주소지를 파악한 후 직접 도면에 표시하여 지도 분석(Quadrat Analysis)을 실시한 후 대상지 인근의 토지, 지형, 지세 등을 고려하여 상권을 파악하는 기법이다. 특정 시설에 서비스를 제공받기 위해 방문하는 고객을 무작위로 선택하여 거주지 위치와 정보를 획득할 수 있으며 2차 자료보다 1차 자료를 이용하는 경우 더 높은 정확도를 확보할 수 있다.

CST Map 기법을 활용함으로 상권의 규모를 파악하고, 고객의 특성 조사가 가능하며, 무엇보다 점의 표시 빈도에 따라 경쟁의 정도를 파악하여 시설의 개설과 확장계획에 필요한 정보를 획득할 수 있다.

③ 유추법

유추법은 W. Applebaum 교수가 발전시킨 방법으로 신규 시설과 특성이 비슷한 유사 시설을 선정하여 객관적 판단을 토대로 상권 범위를 추정하는 방법이다. 유추법은 상권 규모를 추정하기 위해 다른 시설을 이용하는 고객들의 거주지를 지도상에 표시한 후 시설을 중심으로 서로 다른 동심원을 그리는 방식으로 파악한다. 이때 고객의 위치를 점으로 표시하고 CST Map 기법을 이용하여 상권 규모를 측정한다. 유추법은 다양한 효용에도 불구하고 기존 시설을 기준으로 유추 시설의 상권을 파악할 수 있기 때문에 분석 가능한 유사 시설을 확보하고 있어야 한다는 한계를 가지고 있다.

(2) 규범적 방법

① Reily의 소매인력법칙

W. J. Reily의 소매인력법칙은 시설들의 밀집도가 시설의 매력도를 증가시키는 경향이 있음을 설명하는 법칙으로 개별 시설의 상권 파악보다 이웃도시 간의 상권 경계를 결정하는 데 주로 이용된다. 소매인력법칙에 의하면 두 경쟁도시가 중간에 위치한 소도시의 거주자들을 끌어들이는 상권의 규모는 인구에 비례하고, 거리의 제곱에 반비례한다. 따라서 소매인력법칙은 많은 인구를 가진 도시의 시설이 먼 거리에 있는 고객도 흡인할 수 있다고 설명한다.

$$\frac{B_a}{B_b}=\left(\frac{P_a}{P_b}\right)\left(\frac{D_b}{D_a}\right)^2$$

B_a =A시의 상권영역(중간도시부터 A시가 흡입하는 소매흡인량)
B_b =B시의 상권영역(중간도시부터 B시가 흡입하는 소매흡인량)
P_a = A시 거주인구
P_b = B시 거주인구
D_a = A시로부터 분기점까지의 거리
D_b = B시로부터 분기점까지의 거리

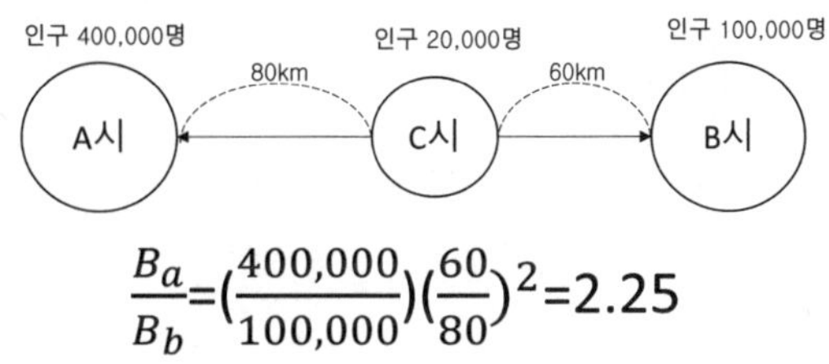

$$\frac{B_a}{B_b}=\left(\frac{400,000}{100,000}\right)\left(\frac{60}{80}\right)^2=2.25$$

② Converse의 수정 소매인력이론

Converse의 수정 소매인력이론은 흡인되는 구매력 정도가 동일한 두 도시 사이의 거래가 분기되는 중간 지점의 정확한 위치를 결정함에 있어 Reily의 소매인력법칙을 수정하여 거리-감소함수를 제시하였다. 거리-감소함수는 거리가 멀어짐에 따라 구매를 위한 이동이 줄어드는 현상을 설명하였고, 거리와 구매빈도 사이의 관계를 역의 지수함수의 관계로 보았다. Converse의 이론은 제1법칙과 제2법칙으로 나뉜다. 제1법칙은 두 개의 경쟁도시 중 어느 도시로 소비자가 상품을 구매하러 갈 것인지의 상권분기점을 찾아내는 것이다. 제2법칙은 소비자가 지출하는 금액이 거주도시와 경쟁도시 중 어느 지역으로 흡수되는가에 대한 것으로 중소도시 소비자가 인근 대도시로 얼마나 유출되는지를 설명한다.

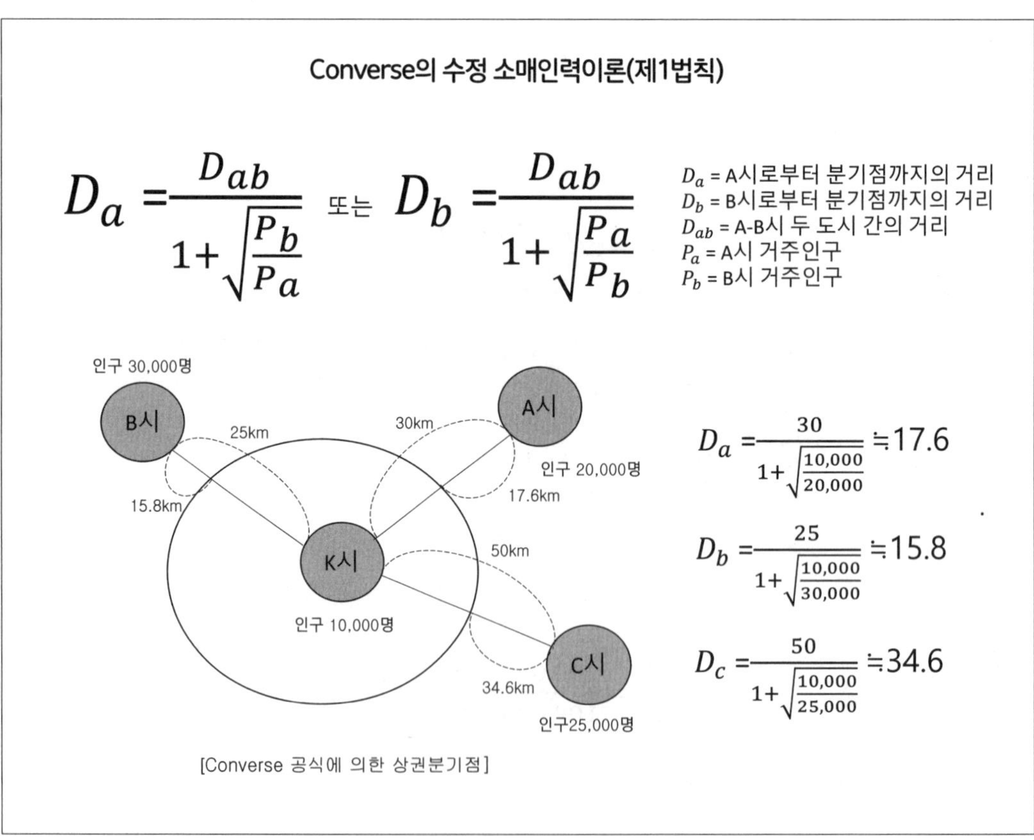

[Converse 공식에 의한 상권분기점]

Converse의 수정 소매인력이론(제2법칙)

$$\frac{Q_a}{Q_b}=\left(\frac{P_a}{H_b}\right)\left(\frac{4}{d}\right)^2 \quad \text{또는} \quad Q_b=\frac{1}{\left(\frac{P_a}{H_b}\right)\left(\frac{4}{d}\right)^2+1}$$

Q_a = 외부 대도시로 유출되는 중소도시의 유출량(%)
Q_b = 중소도시에서 소비되는 양(%)(체류량)
P_a = 외부 대도시 인구
H_b = 중소도시 인구
d = 대도시-중소도시 거리
4 = 관성인자로 적용 평균치

예시)
P_a = 150,000명
H_b = 40,000명
d = 3mile

$$Q_b=\frac{1}{\left(\frac{150,000}{40,000}\right)\left(\frac{4}{3}\right)^2+1} = 0,13(13\%)$$

즉, 중소도시 체류량 13%

③ Kane의 흡인력 모델

Kane의 흡인력 모델은 Reily와 Converse가 제시한 법칙이 지세나 교통편의를 무시하고 직선거리 변수를 사용하고 있으며, 시설 면적의 크기와 같은 경쟁요소를 고려하지 않고 있다는 것을 지적하였다. 흡인력 모델에 따라 인구, 중심까지 소요 시간, 시설 면적의 3개 요소에 의해 중간 지점의 구매력이 두 개의 대도시로 흡인되는 비율을 산출한 것으로 시설 면적과 매출액의 비율의 거의 같다는 발상의 근거에서 시작하였다.

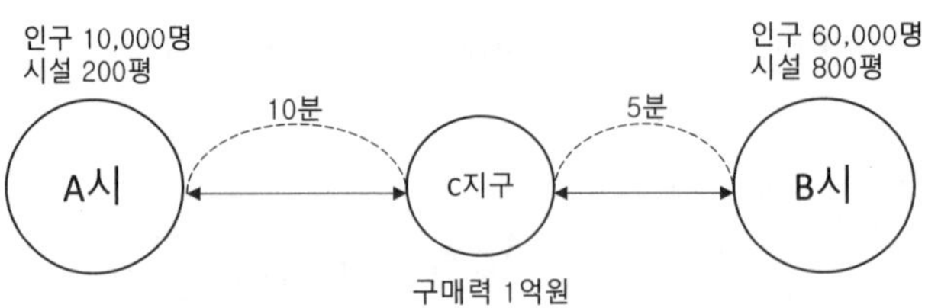

A시-B시의 인구 비율 1:6
A시-B시 시설 면적 합계 비율 1:4
C에서 A시, B시까지의 소요시간 비율 1:2

구분	A시		B시	
	수치	비율	수치	비율
인구(명)	10,000	1	60,000	6
소요시간(분)	10	1	5	2
시설면적(평)	200	1	800	4
비율합계	-	3	-	12

A시-B시 비율 3:12=1:4
C지구 구매력 1억원이므로

A시로 흡인되는 비율 = $\frac{3}{3+12}$ = 0.2, 1억원 X 0.2 = 2천만원

B시로 흡인되는 비율 = $\frac{12}{3+12}$ = 0.8, 1억원 X 0.8 = 8천만원

④ Applebaum의 상권 분석 모형

Applebaum의 상권 분석 모형은 본래 상권의 범위를 측정하기 위해 사용되었으나 현재는 상권 분석 시에 널리 사용되는 방법이다. Reily와 Converse가 제시한 거리와 인구변수를 새로운 교통수단 변화에 따라 자동차 주행 시간과 시설의 면적으로 바꾸어 상권을 분석하고 계산하였다.

$$D_a(X) = \frac{D_{ab}}{1+\sqrt{\frac{M_b}{M_a}}} \quad \text{또는} \quad D_b(Y) = \frac{D_{ab}}{1+\sqrt{\frac{M_a}{M_b}}}$$

$D_a(X)$ = A시로부터 자동차(버스, 도보) 주행거리
$D_b(Y)$ = B시로부터 자동차(버스, 도보) 주행거리
D_{ab} = A-B시 두 도시 간 자동차 탑승시간
M_a = A시 시설면적
M_b = B시 시설면적

⑤ Christaller의 중심지이론

Christaller의 중심지이론은 한 지역의 생활거주지 입지 및 수적 분포, 다양한 시설들 간의 거리관계와 공간구조를 중심지 개념에 의해 설명하려는 이론이다. 중심지이론에 따르면 한 도시의 중심지 기능의 수행 정도 및 상권의 규모는 인구 규모에 비례하고, 중심지를 둘러싼 배후 상권 규모 역시 도시의 규모에 비례하여 커진다고 설명한다.

중심지는 [그림 5-17]과 같이 그 기능이 넓은 지역에 미치는 고차 중심지로부터 작은 기능만 갖는 저차 중심지까지 여러 계층으로 구분되며, 이러한 크고 작은 여러 형태의 중심지가 공간적으로 어떻게 입지해야 하는지를 설명하는 연역적 모델이다.

특히 상업중심지로부터 중심기능을 제공받을 수 있고 안정적 시장 형성을 위한 가장 이상적인 배후 상권의 모양은 정육각형이며, 정육각형 모양의 배후 상권은 중심지가 수행하는 상업적 기능이 배후지에 제공되는 최대 도달거리와 상업중심지 정상 이윤 확보에 필수적으로 필요한 최소 수요 충족거리가 일치한다고 설명하였다.

[그림 5-17] 중심지 이론

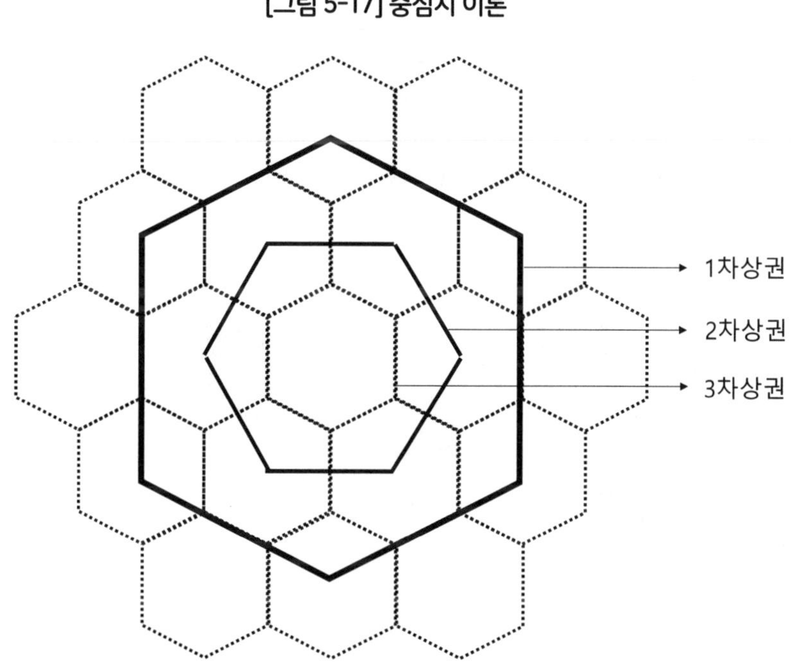

(3) 확률적 방법

① Huff의 확률모델

Huff의 확률모델은 Reily나 Converse의 상권경계선 모델이 지역의 고객흡인력이 각각의 지역의 인구 규모에 의해 결정되는 경험법칙이라고 지적하며 개별 상권의 크기를 측정하기 위해 거리 변수 대신에 거주지에서 시설까지의 교통시간을 이용하여 모델을 전개하였다. 또한 소비자는 지역 내의 여러 시설 중 자신에게 제공하는 효용이 상대적으로 큰 것을 비교한다는 것을 확률적 선별을 통해 설명하며, 효용의 상대적 크기는 시설의 면적 규모와 소비자의 거주지로부터의 거리에 따라 결정되는 것이라는 가정에서 모델을 제시하였다. 즉, 거주지에서 가깝고 면적이 큰 시설이 큰 효용을 준다는 것이다.

$$P_{ij} = \frac{U_{ij}}{\sum_{j=1}^{n} U_{ij}} = \frac{\frac{S_j}{T_{ij}^{\lambda}}}{\sum_{j=1}^{n} \frac{S_j}{T_{ij}^{\lambda}}}$$

U_{ij} = 시설j의 i지구 소비자에 대한 흡인력
P_{ij} = 시설j로 i지구 소비자가 소비하러 가는 확률
S_j = 시설j의 규모(특정 서비스 충당 시설면적)
T_{ij} = 시설$j - i$지구 사이 시간 거리
n = 시설의 수
λ = 매개변수(시설 방문에 필요한 시간 거리가 소비에 미치는 영향에 대한 매개변수. 컴퓨터 계산으로 산출)

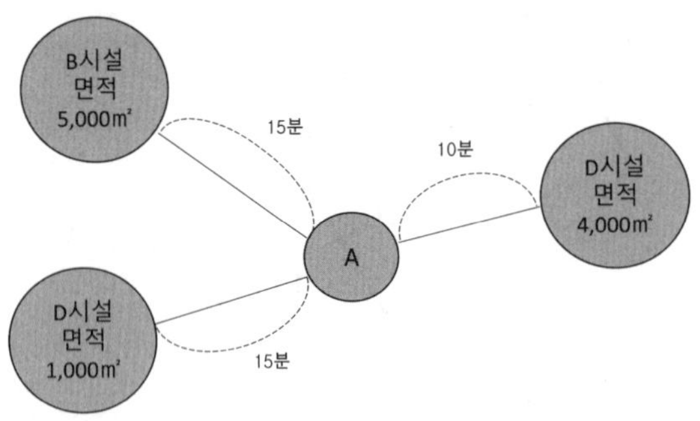

<B시설로 유입되는 확률>

$$P_{ab} = \frac{\frac{S_b}{T_{ab}}}{\frac{S_b}{T_{ab}} + \frac{S_c}{T_{ac}} + \frac{S_d}{T_{ad}}} = \frac{\frac{5}{15}}{\frac{5}{15} + \frac{4}{10} + \frac{1}{15}} ≒ 0.417(42\%)$$

② 수정 Huff 모델

수정 Huff 모델은 기존의 Huff 모델이 복수의 상업시설의 고객흡인율을 계산할 수 있으므로 실용적이고 대규모 시설을 계획할 때 고객흡인 가능성을 예측함에 유용하다는 장점에도 불구하고 그대로 이용하기 힘들다는 단점을 극복하기 위해 제시되었다. Huff 모델을 실용성 있게 고친 것이 수정 Huff 모델이며 Reily 법칙의 '거리의 제곱에 반비례한다'는 원리를 대입하였다. 즉, 소비자가 어느 상업지에서 구매하는 확률은 시설 면적에 비례하고 그곳에 도달하는 거리의 제곱에 반비례한다는 것이 모델의 핵심이다.

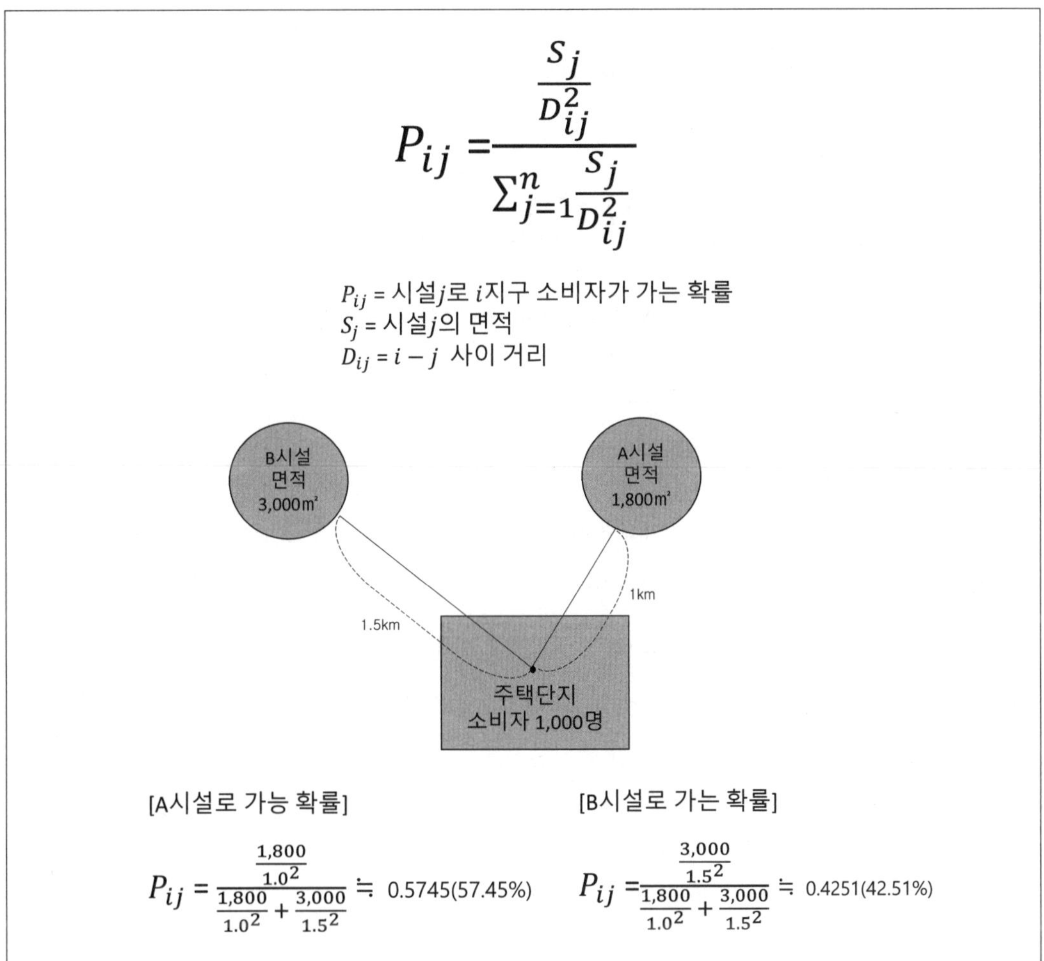

③ MNL 모형

MNL(Multinomial Legit) 모형은 상권 내 소비자들의 각 시설에 대한 개별적인 구매에 관한 관측 자료를 이용하여, 각 시설에 대한 선택확률의 예측과 각 시설의 시장점유율 및 상권의 크기를 추정하는 모형이다. MNL 모형은 Luce의 선택공리에 이론적 근거를 두고 있다. Luce의 선택공리 이론이란 소매환경변수와 시설 성과 간의 관계를 확률적 관계로 가정해서 분석하는 확률적인 방식이다. Luce 이론은 특정한 시설의 매력도 및 효용이 높을수록 소비자들에게 해당 점포가 선택될 확률이 높아진다고 설명한다.

Luce 선택공리 공식

$$P_{ij} = \frac{U_{ij}}{\sum_{j=1}^{n} U_{ij}}$$

P_{ij} = 시설j로 i지구 소비자가 가는 확률
U_{ij} = 특정 점포의 매력도 및 효용

④ MCI 모형

MCI(Multiplicative Competitive Interaction) 모형은 Huff의 원래 모형 공식에는 시설 매력도 또는 시설 크기에 대한 민감도계수가 포함되어 있지 않은 것을 수정하여, 시설 크기에 대한 민감도계수를 포함시켰다. 한 시설의 효용도 및 매력도를 측정함에 있어서 매개변수로서 시설의 크기, 시설까지의 거리뿐만 아니라 서비스 구색, 판매원 서비스 등 선택에 영향을 미치는 여러 점포 특성 등을 포함하여 측정하는 모형이다.

※ 계산 방식

구분	서비스 구색 효용치 (X)	종사자 서비스 효용치 (Y)	거리 효용치 (Z)	XYZ
A시설	2	5	10	100
B시설	5	4	5	100
C시설	5	5	6	150
D시설	10	5	3	150

- A 시설 찾을 확률 = {100/(100 + 100 + 150 + 150)} × 100 = 20%
- B 시설 찾을 확률 = {100/(100 + 100 + 150 + 150)} × 100 = 20%
- C 시설 찾을 확률 = {150/(100 + 100 + 150 + 150)} × 100 = 30%
- D 시설 찾을 확률 = {150/(100 + 100 + 150 + 150)} × 100 = 30%

제 6 장

인적자원관리

제1절

인적자원관리의 이해

1. 인적자원관리의 개념

1) 인적자원의 개념

교육서비스 경영 활동은 조직의 목표를 달성하기 위해 크게 세 가지 요소를 적절히 관리해야 한다. 이를 경영의 3요소, 3M이라고 하며, 돈(money), 물자(material), 사람(man)을 지칭한다. 첫 번째 요소인 돈(money)은 경영 활동에 활용되는 재무적 자원으로 자본금, 자산, 운영자금 등을 일컫는다. 두 번째 요소인 물자(material)는 물적 자원으로 건물, 시설, 장비, 물품 등을 의미한다. 세 번째 요소인 사람(man)이 바로 인적자원(human resource)인데, 자원으로서의 사람을 경영의 중요한 생산요소로 여기며, 최고경영층, 중간관리자, 현장종사자까지의 상호작용을 통해서 경영 목표를 달성하고자 관리해야 할 중요한 자원으로 간주하는 것이다. 이와 같은 경영의 3요소에서 인적자원으로서의 사람은 돈, 물자와 달리 가치를 표시할 수 없기 때문에 '숨은 가치(hidden value)'로 부르기도 한다(김영재 외, 2021).

중요한 생산요소로서의 인적자원에 대한 중요성은 역사 속에서 많이 등장하였는데, 초기 성경의 레위기에서 남성과 여성의 노동 가치를 화폐단위로 나타낸 것이 대표적인 예라고 볼 수 있다. 또한 저명한 역사학자 Adam Smith는 '교육받은 인간은 일종의 값비싼 기계'라는 생각을 제시하였는데 이는 인적자원의 개념을 구체화한 초기 경제학의 접근이었다. 이후 인적자원에 대한 이론이 지속적으로 발전하여 인적자원을 경제 분석에 도입한 Shultz와 인적자본이론으로 노벨 경제학상을 수상한 Becker까지 이르게 되었다(백일우, 2009).

이렇듯 인적자원이 중요한 이유는 인적자원이 가진 속성으로 인해 무한한 부가가치 생산이 가능하기 때문이다. 돈이나 물자와 같은 자원도 가치 창출이라는 경영 활동에 중요한 요소이다. 그러나 이러한 자원을 실제로 활용하는 것은 인적자원에 해당되는 사람이며, 인적자원이 투입되지 않으면 부가가치를 생산할 수 없다. 또한 사람의 자질과 능력에 따라 창출되는 가치의 차이가 발생하기 때문에 인적자원은 매우 중요한 것이다.

따라서 교육기업을 포함한 많은 기업은 이러한 인적자원을 전략적으로 활용하고자 노력하고, 높은 수준의 인적자원을 확보하는 것으로 기업의 경쟁력을 판단하고자 하는 '자원기반이론'을 근거로 경영 활동을 수행한다. 자원기반이론이란 기업의 인적자원 확보 정도와 활용 수준에 따라 기업의 경쟁우위 정도를 파악하고 이들 기업들의 중요한 성공 원인으로 보는 것이다. 인적자원에 대한 자원기반이론적 관점은 인적자원의 전략적 활용이 경쟁력을 창출하여 궁극적으로 부가가치 생산에 영향을 미친다는 사고이다.

가치 창출을 위한 인적자원의 대표적인 특징은 희소성(scarcity), 모방불가능성(non-imitability), 대체불가능성(non-substitutability), 특수성(specificity)이다. 첫째, 인적자원은 희소성이 필요하다. 기업이 보유한 인적자원이 희소하면 경쟁자가 보유하는 것을 지속적으로 억제할 수 있다. 둘째, 인적자원의 모방불가능성이 필요하다. 경쟁자가 따라 할 수 없는 비대칭적 자원으로서 인적자원을 통해 경쟁우위를 확보할 수 있다. 셋째, 인적자원은 대체불가능성이 필요하다. 경쟁자가 대체할 수 없는 정도의 인적자원의 차별성은 가치를 만들어 낸다. 넷째, 인적자원은 특수성이 필요하다. 즉, 기업의 인적자원 활용도가 높아지고 익숙해짐으로 특수한 특성을 가질 수 있다(김영재 외, 2021).

이러한 인적자원의 전략적 가치는 [그림 6-1]과 같이 교육기업의 경쟁우위를 지속 가능하게 하며 전략적 목표를 달성하는 데 기여하게 된다.

[그림 6-1] 인적자원의 가치와 지속 가능성

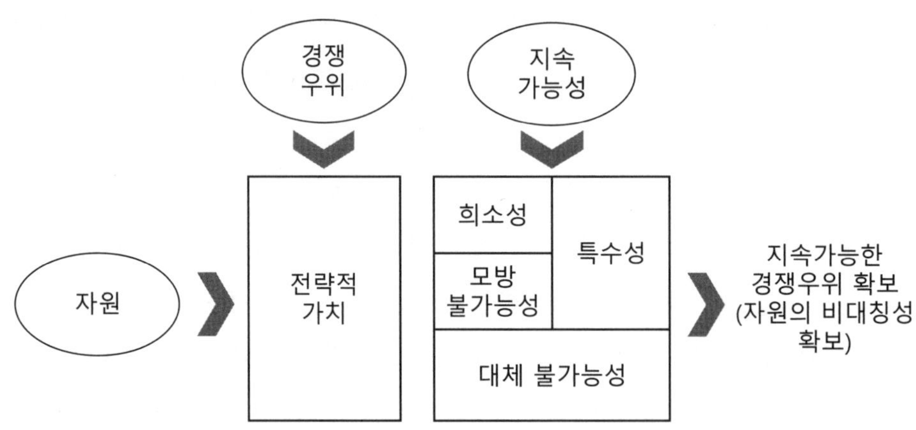

자료: 김영재 외(2021). 신인적자원관리.

2) 인적자원관리의 개념

인적자원관리는 단순히 기업의 인적자원을 적절히 관리한다는 개념 이상의 의미로 정의된다. 인적자원관리를 정의하기 위해서는 인적자원관리가 적용되는 범위에 대한 탐색이 필요한데, 복잡한 경영 활동의 여러 범위를 포함한다면 인적자원관리는 매우 넓은 의미로 해석된다. 즉, 리더십이나 조직의 집단행동과 개인행동관리, 동기부여와 같은 개념도 모두 인적자원관리 분야에 해당된다(임창희, 2015).

다만 인적자원관리에 대한 보다 명확한 정의를 위해 인적자원관리의 기능에 따른 접근이 필요하다. 이에 따라 인적자원관리는 과정적 정의와 제도적 정의, 인간적 정의로 분류하여 이해할 수 있다.

첫째, 인적자원관리의 과정적 정의는 경영 활동의 기본적 계획(plan)-실행(do)-통제(see)의 순환과정에 따른 것이다. 경영 활동에 있어 필요한 인적자원을 예측하고 계획하여, 선발과 배치의 과정을 통해 이전의 배치가 효과적이었는지에 대한 평가의 관점에서 인적자원관리를 이해하는 것이다. 즉, 경영 활동에서 이루어지는 채용, 평가, 보상, 교육훈련, 방출 및 이직의 과정으로 구분하여 인적자원관리가 설명될 수 있다.

둘째, 인적자원관리의 제도적 정의는 사람 관리를 위해 여러 가지 제도를 어떻게 만들 것인지에 대한 관점을 따른 것이다. 채용, 평가, 보상, 교육훈련, 방출 및 이직을 아우르는 모든 기능에서 생산성을 높이려는 결정을 하고 적절한 업적 평가와 보상제도에 대한 이해를 통한 접근이 제도적 정의라고 할 수 있다.

셋째, 인적자원관리의 인간적 정의는 관리 대상인 인간 자체에 집중하여 관리하려는 것이다. 이는 다른 의미에서의 인적자원관리의 사회적 기능이라고도 할 수 있는데 종사자 개인이 갖는 욕구와 기대와 관련된 기능으로서 개인의 복지와 행복에 관심을 가짐으로써 개인과 조직의 조화를 통해 상생을 달성하는 것을 의미한다(김영재 외, 2021).

이와 같은 여러 인적자원관리의 정의를 포함하는 활동의 내용은 〈표 6-1〉과 같이 정리될 수 있다.

〈표 6-1〉 인적자원관리의 활동 내용

	채용	개발	보상	유지	방출
계획	몇 명을? 인력공급추이? 몇 시간 노동?	무슨 교육? 부족한 점?	공정한가? 적은가? 임금기준은?	욕구와 태도? 직장만족수준?	이직 이유는? 미래생산량은? 해고규모?
실행	모집홍보 선발면접 배치	인사평가 교육진행 경력개발	임금책정 복지후생	사기유발 갈등해결 노사분규해결	이직관리 징계 권고퇴직
통제	모집효과분석 선발은 잘되었나?	교육효과는? 경력개발결과? 투입비용계산	적정 배분되었나? 보상태도는? 승급체계문제점은?	사기향상 정도는? 불만감소량은? 생산에 공헌도는?	이직률은? 징계율 감소?

자료: 임창희(2015). 인적자원관리.

현대 경영 활동에서 인적자원관리에 대한 중요성이 점차 강조되고 있는데, 무엇보다 조직의 경쟁우위를 창출해 주는 핵심역량(core competency)로서의 인적자원이 높은 가치를 창출하고 조직의 차별성을 확보해 주기 때문이다. 또한 인적자원관리가 더욱 중요해지는 것은 다음과 같이 크게 경쟁력 관점과 전략적 관점의 요인들이 작용했기 때문이다(이학종, 양혁승, 2011).

첫째, 인적자원은 활용 가능한 자원으로서 기업의 경쟁력 확보를 가능하게 한다. 전통적으로 자원에 대한 생각은 천연자원, 물적 자원으로 확대되었고 이제는 인적자원까지 포괄하게 되었다. 이에 인적자원 관리적 측면에서 조직 구성원은 자산(asset), 투자(investment), 경쟁력

(competitiveness) 관점에서 이해된다. 우선 인적자원 관점에서 구성원들을 자산 또는 인적자본(human capital)으로 여겨 조직의 중요한 부로 간주하고 자산 가치를 높이기 위해 우수 인력을 확보하며 그들의 가치가 항상 유지, 보존될 수 있게 노력해야 한다. 또한 인적자원은 투자를 통해 잠재능력이 개발되고 가치를 향상할 수 있다. 따라서 시설과 기계를 투자하여 가치를 향상시키는 것처럼 구성원들에 대해 높은 대우를 제공하고 동기부여 하여 그들의 능력개발을 통해 조직의 가치를 증대시키는 것이다(Noe et al., 2007). 마지막으로 인적자원은 조직의 경쟁적 우위를 확보할 수 있는 핵심요소로 무한 경쟁의 경영환경에서 경쟁적 비교우위를 가능하게 하는 중요한 자원이다.

둘째, 인적자원은 전략적으로 활용 가능한 천연자원, 물적 자원과 본질적으로 다른 중요성을 가지고 있다. 이는 인적자원의 능동성, 개발 가능성, 전략적 성과 요인으로 접근할 수 있다. 우선 인적자원의 능동성이란 자금, 기계, 시설 등 물적 자원의 수동적 성격과 달리 인적자원의 욕구, 동기, 태도, 행동, 만족에 따라 성과가 결정되고 이러한 인적자원관리의 차이가 기업 성과에 주는 영향의 차이가 크다는 것이다. 또한 인적자원은 개발 가능성을 가지고 있는데 물질적 자원개발의 제한성과 달리 성장과 성숙, 개발을 통해 잠재능력을 발휘하고 자질을 보유할 수 있기 때문에 경영환경의 변화에서 차지하는 중요성이 더욱 확대되고 있다. 마지막으로 조직의 인적자원을 적절히 관리하는 것이 조직 성과 달성에 있어 다른 자원보다 중요한 전략적 요소로 작용하는 것으로 본다(Baron & Kreps, 1999).

2. 인적자원관리의 특성

1) 목표적 특성

인적자원관리는 경영의 한 영역이기 때문에 궁극적인 목표인 효과성과 효율성을 반드시 고려해야 한다. 또한 조직 내·외부에 다양한 이해관계자가 존재한다는 측면에서 각자에 따른 목표적 특성을 가지게 된다. 대표적인 조직 내·외부의 이해관계자는 조직 자체, 경영자, 종사자, 주주, 소비자 등이 있는데 각 이해관계자에 따라 추구하는 목표가 동일하기도 하지만 서로 상충되어 문제가 발생하기도 한다. 따라서 다양한 이해관계자를 고려해야 하고 관리해야 할 인적자원관리의 목표는 크게 기업의 이익, 종사자의 욕구, 사회적 공헌 등이 있다.

(1) 기업의 이익

기업은 설정한 목표를 달성하기 위해 효율성 극대화의 노력으로 최소의 인건비로 최대의 생산성을 추구한다. 이를 위해 경영 활동에 투입되는 인원을 적정선에서 유지하고 채용, 훈련, 노무에 지출하는 비용을 최소화해야 한다. 또한 노동시장의 공급과 수요의 변화와 노동의 기술 대체 현상에 따른 조치로 선발과 퇴직을 조정하며 부서 간 인력 재배치도 적절히 수행해야 한다. 기업이 처한 시점의 경기 변동도 기업의 이익 달성을 위한 인적자원관리에 영향을 주는데 시장의 수요 변화에 맞춰 인력을 조절하고 교육훈련에 대한 투자도 적절히 관리하여 성과를 극대화해야 한다.

(2) 종사자의 욕구

사람으로서의 인적자원인 종사자의 욕구 충족을 위한 여러 가지 제도 수립도 인적자원관리의 중요한 목표이다. 종사자 만족을 위한 다양한 제도와 중요한 의사결정의 참여는 인적자원인 종사자의 동기부여를 끌어낼 수 있다. 즉, 충분한 보상과 좋은 인간관계 유지, 제도적 지원과 같은 노력은 종사자의 만족과 인적자원의 개발을 이끌어 내어 효율적인 경영 성과 도출의 중요한 토대가 될 수 있다. 이를 위해 근무시간의 유연한 적용과 종사자의 능력 개발과 경력 향상을 위한 경영 노력은 현대 경영의 필수 사항이 되기도 한다. 한편 적절한 교육프로그램을 개설하여 종사자의 잠재능력을 개발하고 경력개발에 참여시키며, 이에 따라 권한을 위임한다면 종사자의 인적자원은 보다 혁신적으로 변화하여 기업의 경영 성과에 시너지를 줄 수 있다.

(3) 사회적 공헌

교육기업 경영자의 잘못된 인적자원관리는 잘못된 종사자 선발로 이어지고 비윤리적인 경영 활동으로 기업뿐만 아니라 주주, 사회, 국가에 큰 피해를 줄 수 있다. 이에 기업의 경영 활동이 기업과 고객을 넘어 사회 차원으로 확대되고 있기 때문에 경영 활동으로서의 인적자원관리는 윤리적, 환경적, 법적, 사회적 맥락을 충분히 고려해야 한다. 기업의 경영 활동은 고객의 욕구 충족과 함께 사회의 장기적 복지를 통해 경쟁사보다 효과적, 효율적으로 고객을 만족시키는 것이라고 할 수 있다. 따라서 조직의 인적자원 생산성이 오르며, 종사자의 만족도가 높아져도 고객에게 피해가 발생한다면, 인적자원관리의 궁극적 목표가 달성되었다고 보기 어렵다. 예를 들어 종사자에게 고도의 기술과 고객설득 훈련으로 교육서비스를 제안하고 판매를 높여 인센티브를 많이 받는 등 기업과 종사자의 성과는 높아졌다고 하지만, 고객에게 불필요한 서비스를 제공한다면 이는 적절한 인적자원관리라고 볼 수 없다. 이에 경영층, 주주, 종사자, 고객, 지역사회 등 기업과 연관된 모든 이해관계자들의 이해를 균형적으로 충족시키는 인적자원관리가 필요하다.

2) 기준적 특성

인적자원관리는 다양한 기준을 합리적으로 설정하고 적용하는 것을 통해 기업의 성과로 이어진다. 이러한 인적자원관리의 기준은 단순히 인사정책을 수립하고 전개하는 것을 넘어 기업의 상황과 전략, 사명과 비전에 맞추어 적절히 적용되고 활용되어야 한다. 인적자원관리의 기준은 크게 효율성과 공정성, 제도와 사람, 통제와 개발, 자산과 자본 등의 측면으로 분류할 수 있다(임창희, 2015).

(1) 효율성과 공정성

인적자원관리에 있어 따라야 할 중요한 기준은 효율성과 공정성이다. 효율성은 인적자원관리가 효율적인지 판단하는 것으로 정해진 인적자원이 낭비 없이 최대한의 성과를 도출하는지 판단하는 기준이다. 예를 들어 아무리 열심히 업무를 수행해도 성과로 이어지지 않는다면 이는 비효율적인 인적자원관리의 양상이다. 따라서 인적자원관리와 관련된 기업의 정책은 경영 의사결정의 경영 효율성과 같이 고려되어야 한다.

또 다른 인적자원관리의 기준으로 공정성은 여러 명의 종사자로 구성된 조직에서 모든 구성원들이 납득할 만한 정책이 실현됨을 의미한다. 이는 동일한 급여와 승진을 모든 종사자에게 적용한다는 의미가 아니며 종사자가 조직에 공헌한 투입량을 정확히 판단하고 보상하는 공정한 대우를 제공하는 것이다. 이를 위해 업적 평가의 공정성 확보를 위한 기준 설정에 종사자를 참여시키거나 의견을 수렴하는 과정을 취하기도 한다.

효율성과 공정성은 조화롭거나 상충되기도 한다. 예를 들어 임금의 불공정성이 비효율을 초래하는 경우도 있다. 그러나 공정한 인적자원관리는 조직 구성원들에게 자신의 업무에 대한 공정한 보상을 기대하게 만들어 도리어 효율성을 상승시킬 수 있다.

(2) 제도와 사람

적절한 인적자원관리를 위한 초점으로서의 제도와 사람을 고려하는 것은 필수적이다. 우선 효율적 인적자원관리를 위해 채용, 평가, 보상, 노사관계의 제도를 잘 만들어 구축하는 것은 필요하다. 그러나 인적자원의 인간적 특성을 고려하여 조직 구성원의 역량을 갖추게 하고, 조직에 대한 자부심을 가지고 업무를 수행하며, 조직에서 팀워크를 발휘하고, 자기개발과 동기부여를 촉진하는 인간적 관리가 필요하다.

인적자원관리의 제도적 측면에서 규정을 만들고 이를 잘 준수하도록 감독하는 것도 필요하지만, 인간의 지식과 아이디어, 감정을 중요시 여기고 사회 및 조직적 자본으로 취급하고 관리하는 리더십과 조직문화 관리도 중요한 인적자원관리의 영역이다. 따라서 최근 전형적인 제도적 관리보다 사람 중심의 인간적 관리가 조직의 경쟁력 확보에 중요한 관점으로 여겨지고 있는 추세이다.

(3) 통제와 개발

인적자원관리의 발전 과정을 살펴보면 초창기의 초점은 종사자에 대한 통제와 감독이었다. 그러나 최근 경영 활동의 변화에 따라 점차 종사자의 자율성을 강조하고 권한의 위임이 확대되며, 종사자의 능력을 개발하여 스스로 성장할 수 있도록 지원해 주는 형태로 발전하고 있다. 이러한 발전 추세는 〈표 6-2〉와 같이 전통적 모델, 인간관계 모델, 인적자원 모델로 변화, 발전하였다.

〈표 6-2〉 인적자원관리 모델의 변화

구분	내용
전통적 모델	- 돈을 주고 산 인건비는 비용이기 때문에 최대한 활용해야 한다는 관점 - 상급자의 철저한 감독과 통제를 인사관리의 주요 목적으로 삼음 - 인간은 노동을 싫어하고 게으르며, 책임지기 싫어한다는 McGregor의 X이론 관점의 관리 모델
인간관계 모델	- 종사자의 사기를 북돋우는 일, 인간관계를 잘 만드는 일, 사원의 의욕과 자긍심을 높이는 일이 관리의 초점 - 인간은 여건을 마련해 주면 일을 좋아하고 책임감이 있으며, 성취 욕구가 있어 능동적이라는 Y이론 관점의 관리 모델
인적자원 모델	- 종사자의 능력을 개발시켜 더 가치 있는 자원으로 만드는 것 - 공헌가치를 높이는 것을 관리 기준으로 삼는 현대적 관점 - 종사자의 능력개발은 자신의 자아성장감과 만족감을 높이고 동시에 노동생산성을 높여 궁극적으로 회사의 가치를 향상시키는 방향으로 작용함

자료: 임창희(2015). 인적자원관리.

(4) 자산과 자본

인적자원관리의 기준으로 인적자원을 자산으로 보는가, 자본으로 보는가에 따라 관리 형태가 달라진다. 우선 인적자원을 자산으로 파악하는 관점을 취한다면 가장 싸게 구입하여 가장 많은 산출, 즉 '총산출 - 총비용 = 이익'이라는 산술식이 적용된다. 그러나 만일 인적자원을 자본으로 파악한다면 종사자를 인재로 성장시켜 가치를 증대시킬 수 있는, 교육·훈련을 통한 투자의 대상으로 보는 것이다. 또한 이렇게 투자된 인적자원에 적절히 권한을 위임하고 의사소통을 한다면, 인간으로서의 특성이 반영된 아이디어 제공 등으로 기업에 더 많은 공헌을 하게 되어 인적자본의 수익률을 극대화할 수 있다. 이러한 두 가지 관점에 따라 인적자원관리의 양상이 전혀 달라진다. 예를 들어 한 명의 종사자를 교육시킨 개발비는 자산 관점에서는 자산의 감소로 이어지지만, 자본 관점으로는 투자를 통해 증대되어 결국 기업 자산 증식에 기여한 것이다.

3) 관리적 특성

인적자원관리는 다른 자원의 관리와 근본적으로 다른 관리적 특성을 가진다. 이는 인적자원이 시설, 자산, 설비와 같은 물적 자원과 다른 인간으로서의 특성을 가지고 있기 때문이다. 따라서 인적자원은 다른 물적 자원과 구별되는 인간적 특성을 가지고 있다는 측면에서 물적 자원과 다르게 관리되어야 한다. 이렇게 물적 자원과 구분되는 인적자원의 관리적 특성은 능동성, 존엄성, 개발성, 소진성 등이 있다(임창희, 2015).

(1) 능동성

능동성은 다른 자원에 비해 인적자원이 가지는 가장 명확한 특성이다. 물적 자원은 성과에 기여함에 있어 자원 자체의 양과 질에 의해 지배되고 수동적인 성격을 갖는다. 반면, 인적자원을 통한 성과는 인적자원인 인간의 욕구와 동기, 태도, 행동에 따라 결정되고 경영관리에 따라 달라질 수 있다. 즉, 인적자원의 생산성이 아무리 높아도 이를 관리하는 자극 양상에 따라 인적자원의 반응이 적극적 노력이나 소극적 나태로 변화할 수 있다. 이는 반대로 이해하면 인적자원의 양와 질이 부족하여도 적절히 관리한다면 성과에 기여하는 생산성이 증가할 수 있다는 것이다.

(2) 존엄성

인적자원으로서의 사람은 하나의 인격체이기 때문에 조직 성과 도출을 위해 생산성을 증대시키기 위해 함부로 취급되거나 혹사시켜서는 안 된다. 또한 시설, 기계와 같은 물적 자원은 상황에 따라 매매하거나 처분이 가능하지만 인적자원은 이와 같이 다루어지는 것은 부적절하다. 이는 시장 공급과 수요의 차원으로 설명할 수 있는데 물적 자원은 공급의 증가에 따라 수요가 변화하고 이에 따라 가격이 변동되지만, 인적자원이 속한 노동시장에서는 인간의 생계를 위한 최저임금이 적용된다. 또한 노사 간, 또는 노동자 간 인간관계도 적절히 보살펴 조직에서 소외되는 상황이 발생하지 않도록 관리해야 하며, 경제적 보상 이외의 사회·심리적 만족도 충족시키는 고려가 필요하다.

(3) 개발성

자금과 같은 물적 자원에 비해 인적자원은 개발성을 가지고 있다. 이는 오랜 시간 사용에 따라 닳아 없어지고 소비되는 감가상각의 물적 자원과 다른 인적자원의 중요한 특성이다. 즉, 물적 자원은 주어진 양과 질의 한계성으로 인해 자원의 확장과 개발이 불가능하지만, 인적자원은 자연적인 성장과 성숙은 물론 장기간을 통해 개발될 수 있는 많은 잠재력과 자질을 보유하고 있다. 따라서 인적자원의 개발성을 고려하면 정해진 임금에 따라 고용된 종사자는 교육과 훈련을 통해 그 인적자원 가치가 무한히 증대되어 궁극적으로 인재로 거듭나게 되는 것이다. 이러한 인적자원의 개발성은 환경 변화가 심한 교육서비스 산업 상황에서 더욱 비중이 증가하는 중요한 특성이다.

(4) 소진성

물적 자원이 시간 경과에 따라 소진되는 것과 같이 인적자원인 사람도 수명이 있고 기업에서 노동을 제공할 수 있는 기간이 정해져 있다. 따라서 생산성 높은 근무 연령은 정해져 있으며, 노령화에 따라 은퇴의 상황에 처하게 된다. 다만 자본과 원료와 같은 물적 자원은 필요에 따라 비축하거나 재고로 관리하여 이후에 사용할 수 있는 가치 보존적 특징을 가진다. 그러나 인적자원은 선발되면 그 시점으로부터 노동력이 소비되는 소진성을 가지고 있다. 이에 인적자원관리는 이러한 노동력의 소진성을 고려하여 효율성을 높이기 위한 다양한 방안을 모색하여 실행하기도 한다.

3. 인적자원관리의 역사

1) 인적자원관리의 기원

인적자원관리의 기원을 알기 위해서 경영의 기원을 알아보는 것과 마찬가지로 역사를 거슬러 올라가면 고대시대까지 이를 수 있다. 사회 발전이 이루어지지 않은 고대사회에서 사용자와 피사용자의 관계는 현재와 같은 고용관계라기보다 지배와 종속의 관계였다. 선사시대 부족의 족장 무덤인 고인돌을 만드는 과정에 수백 명의 사람이 투입되거나, 고대 이집트 피라미드 한 개를 세우기 위해 연 인원 10만 명의 인부가 20년 동안 노동을 한 것은 고대의 인사관리의 한 장면이다.

이렇듯 제한된 사회제도 안에서도 노동자로서의 사람을 관리하기 위한 노력은 다양하게 이루어졌다. 고대 바빌론의 지배자 Hammurabi가 만든 함무라비 법전에 적힌 종들을 위한 임금이나 노예 노동의 규정은 가장 오래된 인적자원관리의 사례이다. 또한 중세에 이르러 유럽의 수공업자들을 중심으로 도제제도(apprenticeship)가 생겨났고 소상인에 해당하는 길드(guild)라는 조합이 형성되어 활동하였는데 이는 엄격한 신분사회에서 자율적인 인력의 선발, 훈련, 기술 전수와 보상이라는 인적자원관리의 효시라고 볼 수 있다.

근대적 인적자원관리의 기원은 18세기 산업혁명 이후 영국을 중심으로 일어난 공장제도의 도입과 공업 발달, 기술 혁신을 통한 결과로 보는 학자들의 견해가 다수이다. 산업혁명 이후 고용자-피고용자의 관계가 실제적인 노동계약 관계로 자리매김하였으며 노동 제공과 임금 지급이라는 전형적 교환 과정을 통해 근로계약 관계가 형성되었다. 아울러 도시 노동자의 근로 및 생활조건 악화로 인해 이를 해결하기 위한 복지정책의 필요성 제기는 현대 인적자원관리와 유사한 형태를 갖추는 배경이 되었다.

2) 인적자원관리의 발전 과정

산업혁명 시기 인적자원관리의 초기적 활동은 기업에서의 인적자원관리 개념과 제도의 토대를 마련하였다. 산업혁명 이전의 가내수공업자 위주의 가게(shop) 경영은 대량생산이 가능한 공장(factory) 경영으로 바뀌었고, 공장의 수많은 노동자들을 적절히 관리하기 위한 인적자원관리의 필요성이 더욱 강조되었다. 또한 인적자원관리의 대상도 과거 몇몇의 숙련기술자 위주에서 기계적 생산을 도와주는 수많은 미숙련공들까지 확대되었다.

기업에서의 인적자원관리의 이슈는 오늘날까지 영역적, 범위적으로 지속적으로 확대되어 발전하였다. 인적자원관리의 발전 과정은 다양한 준거에 따라 나누어 볼 수 있지만, 주로 인적자원을 어떻게 가장 효율적으로 운영할 수 있는가의 문제에 초점을 둔다면, 합리성을 강조한 관리, 인간성을 강조한 관리, 종사자를 강조한 관리 등으로 나눌 수 있다(임창희, 2015).

(1) 합리성을 강조한 관리

① 과학적 관리법

인적자원관리로서의 과학적 관리법은 Taylor의 《과학적 관리(경영)의 원리(The principals of scientific management)》(1911)를 효시로 본다. 현대 인사관리의 시초로 여겨지는 과학적 관리법의 첫 번째 원리는 관리자와 근로자의 직책을 분업한 과업관리(task management)이었다. 이러한 원리를 적용하여 합리적 과업관리와 직무설계, 과학적 선발과 훈련, 차등성과급제, 기능적 관리자 제도가 제시된 것이다.

Taylor 이후 인적자원의 과학적 관리법은 벽돌 공장 인부의 작업 활동을 개선하고자 수행된 Gilbreth 부부의 동작연구(motion study)와 작업공정의 합리화를 위한 작업시간 단축을 목적으로 한 Gantt의 시간연구(time study)로 이어졌다. 이후 과학적 관리법은 Ford가 제시한 3S, 표준화(standardization) · 단순화(simplification) · 전문화(specialization)의 생산 기초 원리를 통해 정점에 다다랐다.

급격한 산업화와 대량생산이라는 경제 환경에서 과학적 관리법은 인간공학(human engineering) 기업의 생산성 증대에 크게 기여하였다. 그러나 과학적 관리법은 풍부한 노동력에 따른 대기업의 인건비 절감과 노동 효율성만을 강조하였고 인간으로서의 노동자의 인격을 무시하며, 인간의 기계화, 노동착취라는 비판을 받아 이후 새로운 인적자원관리 연구 등장에 영향을 주기도 하였다.

② 일반관리론

과학적 관리법이 각광을 받던 시기, 프랑스의 Fayol은 《산업 및 일반관리(General and Industrial Management)》(1916)라는 자신의 저서를 통해 인적자원관리를 포함한 경영의 문제를 공장의 작업 방식에 국한하지 않고, 기업 전체의 모든 조직의 영역까지 확대시켰다. 즉, 경영자가 어떤 업무를 수행하며, 조직은 어떻게 구성되고, 바람직한 관리원칙은 무엇인지에 대한 연구가 이루어진 것이다.

Fayol의 일반관리론은 기업을 포함한 모든 조직의 기능을 기술적 기능, 영업적 기능, 재무적 기능, 보전적 기능, 회계적 기능, 관리적 기능의 여섯 가지로 구분하여 설명한다[43]. 특히 인적자원관리적 측면에서 Fayol의 일반관리론은 조직의 규모가 확대됨에 따라 실무 담당자 수가 늘어나기 때문에 이들에 대한 관리가 필요하며, 이러한 경영 활동을 완수하기 위한 14가지 경영원칙(principal of administration)[44]을 제시하였다. 이러한 원칙의 하위요소인 분업화, 권한책임균등, 명령 통일, 보수, 공정성, 고용보장 등의 대부분은 인적자원관리와 관련된 것들이다.

또 다른 일반관리론의 초기 이론은 독일의 Weber가 제시한 관료제[45]이다. 그는 조직의 합리적

---

43) 1장 교육서비스 경영의 기초-2절 교육서비스 경영의 발전-1. 경영학의 발전 과정-(1) 고전이론 부분 참고.

44) Fayol은 경영 활동의 원칙으로 분업화(division of work), 권한책임균등(authority & responsibility), 규율(discipline), 명령 통일(unity of command), 지휘일원화(unity of direction), 전체 이익을 위한 개인의 복종(subordination of individual to general interest), 보수(remuneration), 권한 집중화(centralization), 계층의 연쇄(scalar chain), 질서(order), 공정성(equity), 고용보장(stability of tenure), 주도권(initiative), 단결심(esprit de corps)의 14가지를 제시하였다.

45) 1장 교육서비스 경영의 기초-2절 교육서비스 경영의 발전-1. 경영학의 발전 과정-(1) 고전이론 부분 참고.

관리를 위해 무작위적 관리를 지양하고 원칙대로 조직을 관리하기 위한 최선의 조직 형태를 추구하였다. 이에 분업, 권위의 계층화, 공식적 선발, 공식화된 규정과 규제, 비인격화, 전문경력화의 합리적 조직 관리를 위한 관료제의 관리원칙을 제시하였다.

(2) 인간성을 강조한 관리

① 인간관계론

인간관계론은 대표적으로 근로자의 인간성을 강조한 이론으로 미국 경영학자 Mayo를 중심으로 정립되었다. 그는 자신의 팀과 함께 미국 시카고의 호손(Hawthorne) 공장에서 발생하는 생산성 악화와 관리상의 문제를 해결하기 위한 검증 연구를 실시하였다. 그의 팀은 1927~1932년의 5년여에 걸친 장기적 연구를 통해 조직과 조직 구성원에 대한 새로운 인식에 대한 시사점을 얻게 되었고, 이러한 연구 결과는 인적자원관리뿐만 아니라 경영학 전체의 학문적 발전에 중요한 역할을 하였다.

호손실험은 처음에는 과학적 관리법의 전제를 기본으로 작업장의 물리적 환경과 생산성의 상호관계를 검증하기 위한 목적으로 수행되었다. 그러나 연구수행 결과 작업환경과 생산성 사이에 명확한 연관성을 확인할 수 없었고, 오히려 작업집단 구성원의 심리적, 인간적 요소와 내부적 관리감독이 생산성과 더 밀접한 관계를 갖고 있다는 것이 증명되었다. 이러한 연구는 생산성을 결정하는 상사, 동료와의 인간적 관계, 집단의 분위기, 비공식집단의 활동 등의 감정적이고 인간적인 요소가 인적자원관리에서 중요한 요소라는 사실을 발견하였고 이후 인간관계론(human relations)이라는 명칭을 갖게 되었다.

이후 인간관계론은 노동자의 사회적 욕구 충족과 관련된 리더십, 소집단 행동에 많은 영향을 미쳤으며, 이후 발전한 행동과학의 토대가 되었다. 다만 인간관계론은 인간의 사회적·심리적 측면이 중요하다는 인식에도 불구하고 복잡한 인간 내부의 요소를 설명하기 위해 심리학, 사회학 등 상호 교류가 필요하여 인간 행동에 대한 연구를 함께 수행하였는데 이를 통칭하여 행동과학이라고 한다.

② 행동과학

행동과학(behavioral science)은 인간 행동에 대한 체계적인 연구로서 인적자원관리적 측면에서 인간 행동을 연구하고 해석하려는 시도이다. 이전의 인간관계론적 연구를 통해 얻어진 결론을 토대로 심리학, 사회학, 인류학 등의 다학문적 지식을 동원하여 과학적으로 인간 행동을 연구하고 경험적이며 실증적인 실험과 관찰을 통한 결론을 도출하려 하였다.

1940년대 말 Chicago 대학의 철학자, 심리학자, 사회학자, 정신병리학자들이 연합하여 조직을 비롯한 개인과 집단의 행동에 대한 학제적(interdisciplinary)인 접근을 취하며 본격적으로 발전한 이론이다. 행동과학은 Taylor의 과학적 관리법을 이용하여 인간의 행동을 연구하였으나 이전의 인간관계론자와 달리 인간 행동을 객관적이고 과학적인 방법을 통해 파악하려고 하였다. 대표적인 학자로는 Moreno, Skinner, McClelland, Herzberg, Fiedler 등이 있다.

인간의 행동을 연구하는 행동과학은 점차 종합적 관점에서의 인간 행동을 연구하였고, 기업이나 조직을 대상으로 개인, 집단, 조직 분석에 적용되어 학문으로 발전하였다. 또한 인적자원관리에서의 행동과학적 연구는 자원으로서의 능력개발과 성과 달성을 위한 효율적 활용에 적용되어 인력계획, 교육훈련 및 능력개발, 경력개발계획, 조직변화 등 조직개발에 활용되었다. 아울러 성과 관리에 있어서 목표 관리(management by objectives; MBO), 직무재설계(job redesign), 태스크포스팀(task force team), 분임조(quality circle; QC) 활동과 구성원의 참여 및 능력 발휘를 통한 높은 성과 달성에 시사점을 제공하였다. 행동과학적 접근은 근래에는 조직구조조정(organizational restructuring), 업무 과정 리엔지니어링(business process reengineering; BPR), 총체적 품질관리(total quality control; TQC) 등 여러 가지 경영혁신 등에도 널리 적용되고 있는 추세이다.

(3) 종사자를 강조한 관리

① 인적자원적 접근

인적자원적 접근은 1960년대까지의 인사관리가 주로 생산직 종사자에 국한된 것을 극복하고자 등장한 이론이다. 이때까진 종사자의 채용, 고충처리, 임금계산 등을 위주로 인사관리라는 용어를 사용하였으나 1970년대 이후로 기업의 중요한 성공 자산으로 인적자원에 대한 인식이 늘어나며, 인사관리 대신 인적자원관리라는 말이 사용되었다.

기업의 사업전략 수행과 목표 달성에 중요한 자산으로서 인적자원을 다른 자산들과 연계할 경우 전략 수행의 효율성을 확보할 수 있다는 사고가 자리를 잡기 시작한 것이다. 심지어는 누구나 쉽게 획득할 수 있는 물적 자산보다 인적자원이 가진 경쟁력이 더 높은 부가가치를 창출할 수 있다는 측면에서 기업의 핵심요소로 보는 인식이 점차 늘어났다.

한편 기업의 종사자들을 단순히 물질적 관리요소로만 보지 않고, 잘 교육시키고 훈련시키면 투입한 것 이상의 많은 가치를 창출할 수 있다는 신념이 인적자원적 접근의 핵심이다. 즉, 조직의 인적자원은 단순한 노동력 제공자를 넘어서 지식, 아이디어, 창의성, 혁신성을 보유하여 무한히 가능성을 높일 수 있다는 인식이 점차 늘어나고 있다. 특히 기업의 경영환경과 여건이 지속적으로 변화하는 상황에서 기존의 자산이 극복할 수 없는 해답을 탁월한 역량을 가지는 인적자원에서 찾고자 하는 인식이 확산되었다.

② 노동지향적 접근

인적자원관리의 노동지향적 접근은 관리의 주체를 경영자에 국한하는 시각을 탈피하고 노동자도 참여시켜야 한다는 것이다. 즉, 자본가인 경영자적 관점의 한계를 넘어 노동자 지향적 접근으로 종사자의 이익을 보전하고 삶의 수준을 높이는 방향으로의 의사결정이 필요하며, 이를 반영한 인적자원관리 제도를 구축해야 한다는 주장이다. 이전의 종속적인 기업가-노동자 관계의 갈등관계를 극복하고 노동을 자본보다 중요시하려는 관점에서 시작하였다.

자본지향적 관리가 지속될 경우 종사자의 직업생활의 질이 떨어지고, 육체적·정신적 건강에 나쁜 영향을 미쳐 결국 기업의 생산 활동은 비효율적이 된다. 따라서 자본가에게 종속적 존재가 아닌, 동일하고 대등한 존재로서의 종사자의 존재성을 인정하고 자유로운 노동 이동과 작업 안정, 직무의 인간적 설계와 공정한 소득 보장을 실행해야 한다고 주장하는 것이다.

노동지향적 접근은 이전의 인적자원관리 이론이 발전하는 과정에서 그 주장이 일부 반영되는 추세로 이어졌기 때문의 별도의 인적자원관리 관점으로 보기는 어렵다. 또한 기업이 노동지향적 접근만을 추구할 경우 기업의 생존 조건인 이윤 추구와 목적 달성의 저해로 이어질 수 있고, 이는 기업의 존속도 장담할 수 없게 된다. 이에 노동지향적 인적자원관리의 새로운 시각을 받아들이되 전체 기업의 목표 달성을 위한 균형적 인적자원관리 관점이 필요하다.

제2절

인적자원관리의 시작

1. 직무분석

1) 직무분석의 개념

직무분석(job analysis)은 인적자원관리의 가장 기본적인 기능으로 [그림 6-2]와 같이 공식적인 시스템을 활용하여 종사자들이 자신의 직무에서 실제로 무엇을 하는지에 대한 정보를 수집하여 획득하는 과정이다. 인적자원관리의 핵심 분야인 직무관리의 초석인 직무분석은 직무의 내용, 맥락, 인적 요건에 관한 정보를 수집하고 분석하는 체계적 방법이다. 또한 직무분석은 그 과정에서 종사자들의 채용, 교육훈련 및 개발, 평가, 보상 등을 결정하는 시작이기 때문에 모든 인적자원관리 관행의 기반이다(Robert 외, 2018).

[그림 6-2] 직무분석 시스템

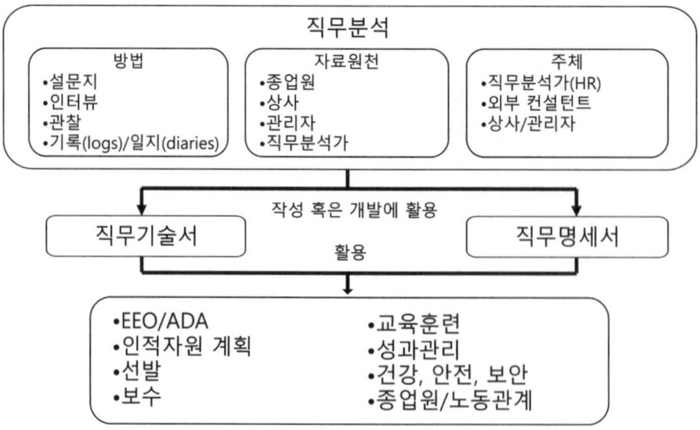

자료: Robert 외(2018). 인적자원관리.

직무분석의 목적은 직무에 관한 공식적인 개요를 작성하여 필요한 정보자료를 수집하고 분석하는 것이다. 직무와 관련된 지식(knowledge), 기술(skill), 능력(ability), 책임(responsibility), 조건(condition), 환경(environment), 조직관계(organizational relationship) 등과 같이 직무와 연계된 기본사항들을 분석한 정보자료이다. 이렇게 직무분석에서 정리된 자료는 직무기술서와 직무명세서로 작성되고 직무평가의 기본 자료로서 활용된다(이학종, 양혁승, 2011).

직무분석을 위한 직무와 관련된 용어로는 〈표 6-3〉과 같이 요소, 과업, 직위, 직무, 직종, 직군 등으로 정리된다. 이를 교육서비스 제공 현장을 예로 들어 설명하면 다음과 같다. 홍길동이라는 학원강사의 판서 행위와 같은 요소(element)가 모여 강의 활동이라는 과업(task)을 수행한다. 업무상의 직위(position)는 A반 강의 담당이며, 직무는 A반 수강생의 강의와 관리, 평가를 수행(job)한다. 홍길동은 교육서비스 제공직이라는 직종(job category)에 종사하는 것이며, 교육서비스 제공 강사라는 직군(job family)에 속하는 것이다.

〈표 6-3〉 직무 관련 용어 정리

용어	내용
직군(job family)	직무의 집단으로 일반적으로 기능에 따라 분류
직종(job category)	직군 내 혹은 직군 간의 포괄적인 직함 또는 직종에 따른 직무들의 집단
직무(job)	과업 혹은 과업 차원이 유사한 직위들의 집단
직위(position)	한 개인에게 할당되는 업무들을 구성하는 과업 혹은 과업 차원들의 집단
과업(task)	직무수행을 위해 논리적이고 필수적인 단계들인 식별 가능한 업무 활동을 형성하는 요소들의 집단
요소(element)	개별적인 동작, 이동, 정신적 과정 등으로 분할되는 업무의 가장 작은 단위

자료: 임창희(2015). 인적자원관리.

2) 직무분석의 절차

직무분석의 절차는 직무분석 목적과 분석의 대상에 따라 매우 다양하지만 직무분석은 논리적 과정에 따라 전문적 기법이 활용되어 이루어져야 한다. 분석가들에 의해서 일반적으로 행해지는 직무분석의 절차는 [그림 6-3]과 같이 5단계를 따르게 된다(Robert 외, 2018).

첫 번째 단계는 직무분석의 계획으로 분석 과정에 들어가기 전에 자료를 수집하기 위한 계획을 수립하는 단계이다. 무엇보다 직무분석의 목적을 규정하고 직무분석의 중요한 사항을 고려하는 과정이다.

두 번째 단계는 직무분석을 준비하고 도입하는 것으로 조직도, 현재 직무기술서, 기존 직무분석 정보 등의 여러 자료를 검토하는 단계이다. 이 과정에서 직무분석에 누구를 참여시킬 것이며, 어떤 기법을 활용할 것인지를 결정하고, 직무분석 과정에서 영향을 주고받을 이해당사자를 확인하는 의사소통이 필요하다.

세 번째 단계는 본격적으로 직무를 분석하는 단계로 가용한 자원과 시간을 근거로 여러 가지 방법을 활용하여 자료를 수집하는 단계이다. 직무분석에 필요한 자료들이 수집되면 정보를 직무, 조직단위, 직군에 따라 분류한다.

네 번째 단계는 직무기술서(job description)와 직무명세서(job specification)의 초안을 개발하는 단계이다. 일반적으로 직무기술서는 직무의 내용, 직무수행 방법 및 절차, 작업 조건 등이 기록되고, 직무명세서는 해당 직무를 수행하는 종사자가 갖추어야 하는 자격요건이 기술된다. 이 단계에서 유의할 사항은 관리자와 종사자를 직무기술서 작성에 관여시키지 않아 직무기술서의 일관성을 확보하고 주관성을 배제한다. 초안이 완성된 이후 관리자와 종사자의 피드백 과정을 거쳐 자료의 타당성을 확보한다.

다섯 번째 단계는 직무기술서와 직무명세서의 유지와 갱신을 결정하는 단계이다. 완성된 직무기술서와 직무명세서가 기업의 시스템에 잘 구축되고 활용되도록 검토하고 갱신하는 과정을 통해 활용 가치를 높일 수 있다.

[그림 6-3] 직무분석 과정의 단계

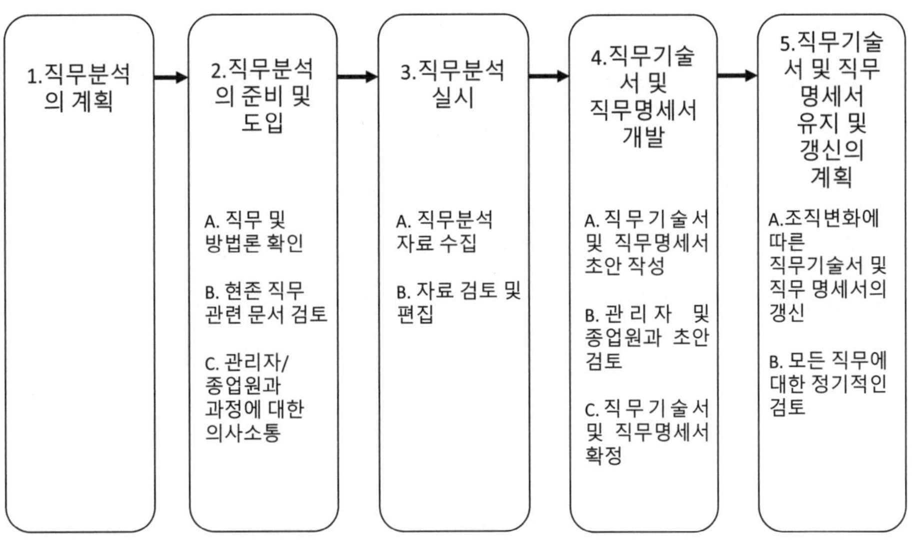

자료: Robert 외(2018). 인적자원관리.

3) 직무분석의 기법

(1) 직무 정보 수집 기법

직무분석을 효과적으로 수행하기 위해 직무에 대한 정보를 적절히 수집해야 한다. 우선 직무분석을 위해 필요한 정보를 수집하는 방법은 관찰법, 면접법, 질문지법, 중요사건기록법 등이 있다.

① 관찰법

관찰법(observation method)은 분석자가 직무수행자를 직접 집중적으로 관찰하여 수행되는 과업을 기술하는 방법이다. 보통 대화, 체크리스트, 작업표를 활용하여 기록하면서 진행된다. 관찰법은 직무수행자의 상황이나 시간의 흐름에 따라 크게 변동되지 않는 것을 전제로 하기 때문에 표준화되었거나 반복적이고 순환 과정을 가진 직무들에 활용할 때 더 유용하다. 따라서 고도의 작업이나 집중을 요구하는 직무에 적합하지 않을 수 있다.

② 면접법

면접법(interview method)은 분석자가 각 직무수행자를 대상으로 1:1 또는 1:소수로 대화를 나누는 대면 접촉 방식을 통해 정보를 획득하는 방법이다. 면접법은 직무를 수행하는 한 명의 작업자나 동일한 직무를 수행하는 집단을 대상으로 미리 준비한 표준화된 면접 질문 항목을 가지고 임한다. 면접법은 직무수행자에게 직접 정보를 얻을 수 있기 때문에 관찰법이 가지고 있는 문제점을 극복할 수 있다. 특히 관찰법에서 확인할 수 없는 정신적 과업도 모두 기술이 가능하다. 다만 면접 대상자가 가지고 있는 주관적 생각을 거를 수 없고 직무에 대한 왜곡된 정보를 제공하거나 면접을 기피하는 문제점이 발생할 수도 있다는 한계를 가진다.

③ 질문지법

질문지법(questionnaire method)은 사전에 설계한 표준화된 질문지를 이용하여 정보를 수집하는 방법이다. 질문지의 활용상 용이함과 편리함으로 인해 직무와 관련된 정보를 수집하는 데 널리 활용된다. 질문지에 포함되는 내용은 직무내용, 수행목적, 수행방법, 직무수행자 자격 요건 등이다. 질문지법은 정보 수집을 위한 시간과 비용이 절약되고 넓은 대상의 정보를 수집할 수 있다는 장점을 가지고 있다. 반면, 질문지법은 질문지 개발에 비용과 노력이 필요하고, 질문 문항이 잘못 구성되면 직무 정보에 대한 정확한 정보를 얻을 수 없어 타당성이 저해된다는 단점을 가지고 있다. 또한 질문 대상자의 무응답이나 불성실한 응답으로 인한 질문지의 신뢰도 문제도 제기된다.

④ 중요사건기록법

중요사건기록법(critical incidents method)은 직무수행자의 행동을 성과와 관련하여 효과적 행동과 비효과적 행동으로 구분하여 사례를 수집하고, 사례들로부터 직무성과에 효과적인 행동패턴을 추출하는 정성적 방법이다. 즉, 직무수행자의 경험에서 성과와 관련된 주제를 기록하여 효과적인 직무수행 행동을 분류하는 것이다. 중요사건기록법의 대표적인 장점은 직무 행동과 성과의 관계를 직접적으로 파악할 수 있다는 것이다. 다만 중요사건기록법은 정성적 방법이기 때문에 수집된 직무 행동을 분류하고 평가하는 데 많은 시간과 노력이 필요하며, 해당 직무 행동에 대한 포괄적인 정보 획득에 한계가 있다는 단점도 가지고 있다.

(2) 직무분석 기법

직무분석 기법은 직무분석의 대상이 되는 직무 자체의 내용과 직무수행자가 어떤 자격과 기술을 가져야 하는지 밝혀내기 위한 기법이다. 직무를 분석함에 있어 어떤 관점을 취하는지에 따라 조사 내용과 도출 결과가 다소 달라질 수 있는데 주로 사용되는 기법으로는 기능적 분석법, 직위 중심 분석법, 관리직 분석법, 과업목록법 등이 있다.

① 기능적 분석법

기능적 분석법(functional job analysis; FJA)은 미국 노동성에 의해 직무 배치와 상담에 사용하기 위해 개발된 것으로 직무를 간단히 분류하는 데 유용하다. 즉, 분석 대상의 직무수행을 위해 요구되는 기능(function)과 작업이 무엇인지에 초점을 맞춰 직무를 규명하는 것이다. 기능적 분석법은 모든 직무가 가지고 있는 세 가지 일반적 기능, 즉 자료(data) 관련 기능, 사람(people) 관련 기능, 사물(things) 관련 기능으로 분류하고 정리한다.

이 방법을 활용하여 미국의 직업사전(Dictionary of Occupational Titles; DOT)이 만들어졌는데, 직무수행자가 어느 기능을 많이 담당하며, 무엇에 시간을 더 소요하는지 분석하여 담당자가 갖춰야 할 자격을 밝히며, 어떤 교육과 훈련이 요구되는지도 알 수 있고, 다른 방법과 결합하여 직무분류와 직무평가에 활용된다는 유용성을 가지고 있다.

② 직위 중심 분석법

직위 중심 분석법(Position Analysis Questionnaire; PAQ)은 〈표 6-4〉와 같이 작업자 활동과 관련된 187개 항목과 임금과 관련된 7개 항목을 포함하는 194개의 항목으로 구성된 질문지로 작업에 대한 표준화된 정보를 얻는 것이다. 예를 들어 학원장이 하는 일을 알아내는 것이 기능적 분석법이라고 한다면, 직위 중심 분석법은 학원장이라는 직책(position)을 담당하고 있는 사람을 중심으로 완수해야 할 일과 맡은 역할이 무엇인지를 밝히는 것이다.

이 방법을 통해 직무를 수행하기 위해 필요한 정보의 출처, 필요한 활동과 도구의 정보, 다른 사람과 필요한 상호작용, 요구되는 정신적·육체적 활동 등을 확인할 수 있다. 또한 직위의 중요성, 작업 활동의 빈도, 응용 가능성, 소요 시간 등을 확인하여 기능적 분석법보다 다각적이고 포괄적인 정보를 얻을 수 있어 선발과 직무분류 용도로 널리 활용되고 있다. 그러나 성과 표준이나 훈련 내용을 설문지의 문항과 점수로 도출하기 어렵다는 문제를 가지고 있다.

〈표 6-4〉 직위분석 질문지 내용

부문(요소의 수)	내용
정보의 투입(35개)	직무수행에 필요한 정보를 어디서, 어떻게 얻는가?
정신적 과정(14개)	직무수행에 포함되는 논리, 의사결정, 계획, 정보처리 활동은 무엇인가?
작업산출(49개)	직무수행에 필요한 육체적 활동은 무엇이며 어떤 도구, 수단이 사용되는가?
다른 사람과의 관계(36개)	직무수행에서 다른 사람과의 어떤 관계가 요구되는가?
작업환경 및 직무상황(19개)	직무가 수행되고 있는 곳의 물적 · 사회적 상황은 어떠한가?
기타 측면(41개)	직무와 관련된 다른 활동, 조건, 특성은 무엇인가?

자료: 김영재 외(2021). 신인적자원관리.

③ 관리직 분석법

관리직 분석법은 속성이 매우 미묘하고 복잡한 관리직 직무에 대한 접근법으로 전통적인 경영 과정으로서의 계획(planning), 조직화(organizing), 지휘(leading), 통제(controlling)의 활동이 직무 담당자에 따라 다르게 수행되는 것을 고려한 방법이다. 국제 경영학계에서 높은 평가를 받는 연구자인 Mintzberg는 조사를 통해 관리자들이 전통적인 경영 활동뿐만 아니라 통화, 이동, 회의 참석, 미팅 등의 다양한 활동을 하고 있음을 지적하였다. 이에 관리자의 직무는 각 관리자들의 직급과 직종, 지역과 조직에 따라 다르기 때문에 획일적인 분석 방법을 넘어 설문과 면접을 통해 직무의 가치를 측정해야 된다고 주장하였다.

관리직 분석법은 〈표 6-5〉와 같이 Tornow와 Pinto가 개발한 관리직위기술질문지(Management Position Description Questionnaire; MPDQ)를 활용하여 책임, 관계, 제약, 요구, 활동과 관련된 관리 직무를 기술할 수 있다. 이 설문지를 활용하여 보상관리를 위한 새로운 관리 직무를 분석하고 평가할 수 있으며, 다양한 직무 가운데 중요성의 수준과 직무수행에 있어 필요한 지식, 기능, 능력을 확인할 수 있다.

〈표 6-5〉 관리직 질문지 구성

번호	범주	정의
1	제품, 마케팅, 재무전략 계획 수립	장기적 사업 성장과 기업의 안정성을 얻기 위해 생각하고 계획을 수립하는 것
2	타 부서와 인력에 대한 조정	관리자가 직접 통제하지 못하는 개인과 집단의 활동을 조정하는 것
3	내부 경영통제	기업의 재무적, 인적, 기타 자원을 검토하고 통제하는 것
4	제품과 서비스에 대한 책임	생산시기와 품질을 확실하게 하기 위해 제품과 서비스의 기술적 측면을 통제하는 것
5	대중 및 고객과의 관계	고객과 대중에 대해 직접 접촉을 통해 기업의 명성을 유지하는 것
6	높은 수준의 컨설팅	조직에서 제기되는 특별한 문제를 다룰 수 있는 기술적 능력을 적용하는 것
7	행동의 자율성	직접적 감독 없이 직무활동을 수행하는 것
8	재무적 약속의 승인	조직에서 행한 재무적 약속을 승인하는 것
9	스탭 서비스	사실 확인, 기록 정리 등의 스탭 서비스를 상사에게 제공하는 것
10	감독	부하들과 대면 접촉을 통해 작업을 계획, 통제, 조직화하는 것
11	복잡성과 스트레스	마감시간을 맞추고 요구되는 직무활동을 수행하기 위해 높은 스트레스를 받으며 작업하는 것
12	높아진 재무적 책임	기업의 성과에 직접적으로 영향을 줄 재무적 투자와 기타 재무적 의사결정을 하는 것
13	폭넓은 인력에 대한 책임	기업 내에서 종업원에 영향을 미치는 인적자원관리와 정책에 대해 폭넓은 책임을 지는 활동과 관련되는 것

자료: 김영재 외(2021). 신인적자원관리.

④ 과업목록법

과업목록법(task inventory procedure)은 미 공군에서 처음 개발한 내용을 기반으로 분석 대상의 직무 과업을 열거하고, 소요 시간, 빈도, 중요성, 난이도, 학습 속도 등의 차원에서 평가하는 방법이다. 이 방법을 통해 특정 과업에 대한 구체적 정보를 수집하고 특정 직업을 구성하는 단위로 분석할 수 있다. 과업목록법은 단위적 분석을 추구하는 방법으로 분석 대상의 과업이 매우 세부적이며 체계적 분석이 가능하고 직무에 대한 현장 상황을 파악할 수 있다는 장점이 있다. 물론 과업목록법은 과학적 분석 방법이며, 일반화된 양식이 없기 때문에 개발하는 비용이 많이 소요되지만, 개발 이후 교육 용도로 활용하기에 매우 효과적인 방법이다.

4) 직무분석의 결과와 활용

직무에 대해 다양한 기법을 활용하여 분석이 이루어지면 이를 활용하기 위한 체계적 자료가 도출된다. 이렇게 직무분석을 통해 확인된 내용은 직무기술서, 직무명세서의 자료로 작성된다.

(1) 직무기술서와 직무명세서

직무기술서(job description)란 직무를 있는 그대로 기술해 놓은 문서를 말한다. 이 문서에는 직무 명칭, 업무 위치, 직무의 내용, 직무수행 방법 및 절차, 작업 조건, 책임 등이 일목요연하게 정리되어 있다.

직무명세서(job specification)란 해당 직무를 잘 수행하기 위해 작업자가 갖추어야 하는 자격과 능력에 대한 상세한 조건을 나열해 놓은 문서를 말한다. 직무수행자의 경력, 지식, 교육 정도, 기술, 자격 등에 대한 정보가 정확히 기술되어 있다.

(2) 직무기술서와 직무명세서의 활용

직무분석을 통해 얻게 된 결과물인 직무기술서와 직무명세서는 인적자원관리의 다양한 영역과 과정에서 활용된다. 인적자원관리는 채용, 배치, 교육 및 훈련, 보상, 평가, 승진, 이동 등의 다양한 양상을 띠는데 직무분석 산출물로서의 직무기술서와 직무명세서는 적절한 관리의 기초 자료가 된다.

또한 직무기술서와 직무명세서는 종사자 평가의 명확한 기준을 제시할 수 있다. 종사자 선발과 배치에 있어 직무명세서의 내용을 비교하여 해당 직무에 필요한 조건을 갖추었는지 검토할 수 있다. 또한 직무급, 직능급 등 임금을 결정할 때 직무기술서의 직무 내용과 수준에 따른다면, 합당한 임금 설정이 가능할 것이다.

2. 직무설계

1) 직무설계의 개념

직무설계(job design)는 조직의 업무 수행 작업단위 속에 과업, 의무, 책임, 기타요소 등 다양한 하부 단위 과업을 서로 연결시키고 짜 맞추어 조직화하는 것이다. 과업을 어떻게 조직화하느냐에 따라 직무수행의 효율성이 확보되고 담당 직무 수행자들의 직무만족의 정도가 좌우된다.

직무설계는 많은 직무와 작업요소들에 의해 종사자의 동기부여에 많은 영향을 주기 때문에 직무성과에 영향을 주게 된다. 또한 직무설계는 종사자의 전반적인 직무만족에도 영향을 끼친다. 사람들은 특정 직무요소에 더 만족하기 때문에 어떤 것을 더 좋아하는지 밝혀내는 것이 중요하다. 따라서 효과적인 직무설계는 이직 감소와 결근과도 관련이 있다. 아울러 많은 상황에서 직무설계는 종사자의 신체적·정신적 건강에도 영향을 줄 수 있고 실제 다양한 질병과 같은 개인적 문제 원인을 직무설계에서 찾을 수 있다(Robert 외, 2018).

교육기업 경영자는 직무와 직무의 설계 구성요소를 설정하는 당사자이다. 따라서 직무설계 과정에서 중요한 역할을 하기 때문에 반드시 특정 직무를 수행하는 모든 종사자에게 작업의 기대, 요구사항, 책임, 책무를 명확하게 해야 한다. 직무설계를 하는 과정에서 경영자는 직무 특성과 사람 특성을 모두 고려해야 한다. 이 두 가지 특성은 [그림 6-4]와 같이 경영자에 의해 통제 가능 여부가 다르기 때문에 이러한 특성을 직무설계에 반영해야 한다.

[그림 6-4] 직무와 사람의 일부 특성

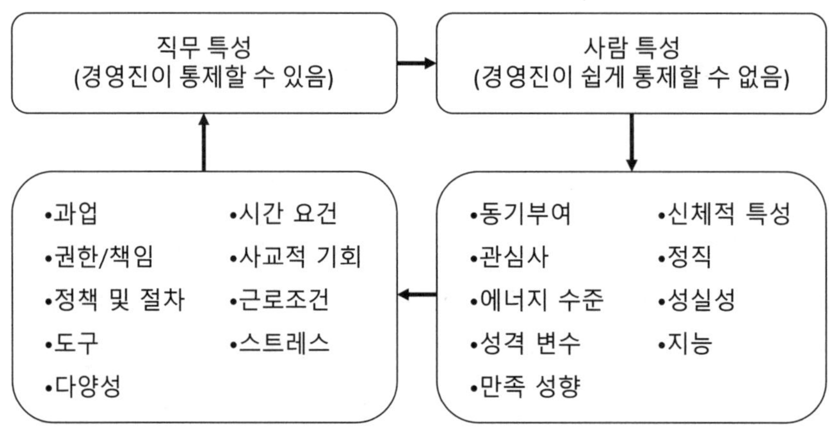

자료: Robert 외(2018). 인적자원관리.

2) 전통적 직무설계

직무설계의 전통적 접근은 Adam Smith의 《국부론(The Wealth of Nations)》(1776)에서 시초를 찾아 볼 수 있다. Adam Smith는 그의 저서에서 핀 제조공장의 사례를 들어 분업의 효과를 설명하였다. 핀을 한 명의 노동자가 혼자서 만들면 하루에 평균 10개 정도 생산하지만, 핀의 제조공정을 18가지로 나누어 10명의 작업자가 각각 한 가지 공정만 담당하면 하루의 생산량이 480배 증가한다는 것이다.

20세기 초반 산업화로 인한 대기업의 공장의 등장도 직무설계의 전통적 방식을 엿볼 수 있는 장면이다. 과학적 관리법을 주장한 Taylor는 산업화 진행 과정의 비능률과 저생산성의 극복 방안으로 직무설계방식을 제시하였다. 과학적 관리법은 이후 Ford의 3S-표준화(standardization) · 단순화(simplification) · 전문화(specialization)의 생산 기초원리가 되었고 단일 직무와 반복, 숙련과 분업 효과의 극대화를 추구하는 직무설계로 발전하였다.

이러한 내용을 종합하면 능률적인 직무설계를 통해 낮은 비용과 높은 성과를 달성하고자 하는 기업의 목표가 전통적 직무설계의 핵심 개념이 된 것이다.

3) 현대적 직무설계

인적자원관리 이론의 역사가 과학적 관리법에 대한 인간성 무시라는 지적으로부터 인간성을 강조한 관리법으로 발전한 것처럼 전통적 직무설계에서 현대적 직무설계로의 변화 과정에서 종사자의 직무 불만족, 노동의 소외, 근로생활의 질 저하가 고려되었다. 즉, 직무설계는 전통적 접근과 현대적 접근으로 구분되는데 이는 시기적 분류가 아니라 접근에 대한 관심 초점의 변화이다. [그림 6-5]와 같이 전통적 직무설계는 직무를 중심으로 사람을 어떻게 적응시키는지가 관건이었다면, 현대적 직무설계는 사람을 중심으로 직무를 어떻게 설계하는지가 초점이다.

또한 직무설계에서의 사람중심적 접근은 인적자원관리의 행동과학 이론에 근거를 두고 직무의 기술적 측면뿐만이 아니라 자아성취와 같은 인간의 욕구도 함께 고려하며 직무설계가 이루어지고 있다. 이에 직무설계의 적용은 종사자의 동기부여(motivation)를 향상시켜 생산성 향상에 기여한다는 주장이 제기되고 있다.

[그림 6-5] 직무설계의 분류

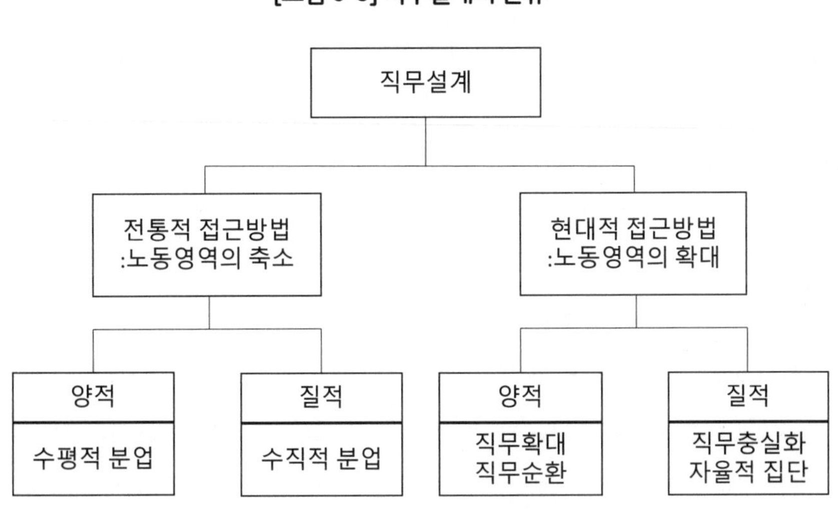

4) 직무설계이론

(1) 직무특성이론 모형

직무특성이론 모형(job characteristic model)은 Hackman과 Oldham에 의해 제시되어 현대적 직무설계의 지침이 되는 이론이다. 이 모형은 직무 특성을 〈표 6-6〉과 같이 다섯 가지로 제시하며 상호관련성과 종업원의 생산성, 동기유발 및 만족 간의 영향 관계를 설명한다.

〈표 6-6〉 직무특성이론 모형의 다섯 가지 요인

기술다양성(skill variety)	직무를 수행하는 데 있어서 다양하게 기술 및 능력을 사용하는 활동들이 요구되는 정도
과업정체성(task identity)	직무의 일체성으로 직무가 요구하는 전체로서의 완결 정도
과업중요성(task significance)	직무 자체가 동료나 고객의 생활이나 복지 등에 중요한 역할을 한다고 지각하는 것
자율성(autonomy)	자신의 직무에 대한 일정을 계획하거나 직무를 수행하는 절차를 결정할 때 허용된 자율, 독립성, 재량권의 정도
피드백(feedback)	직무수행의 효율성이나 질에 대해 얻게 되는 직접적이고 확실한 정보의 양

자료: Hackman & Oldham(1976). Motivation through the design of work: Test of a theory.

직무특성이론을 도식으로 나타내면 [그림 6-6]과 같다. 여기에서 세 가지 차원, 즉 기술다양성, 과업정체성, 과업중요성은 핵심직무 차원으로 종사자에게 작업에 대한 의미성을 부여한다. 이러한 세 가지 특성이 직무에 존재하면 종사자는 자신의 직무를 중요하며 가치 있게 생각하게 된다.

또한 자율성이 높은 직무는 담당자에게 직무 결과에 대한 책임감을 갖게 한다. 아울러 직무의 특성으로 종사자에게 피드백이 제공되면 작업자는 자신의 직무수행 결과에 대한 지식으로 자신의 업무 수행이 어느 정도로 효과적인가를 알 수 있다. 즉, 의미 있는 과업은 자기 책임하에 수행할 수 있고, 수행 결과를 종사자 스스로 확인할 때 내재적 동기가 상승하며, 작업의 질을 향상시키고, 높은 직무만족과 낮은 결근율 및 이직률의 결과를 낳는다.

[그림 6-6] 직무특성이론

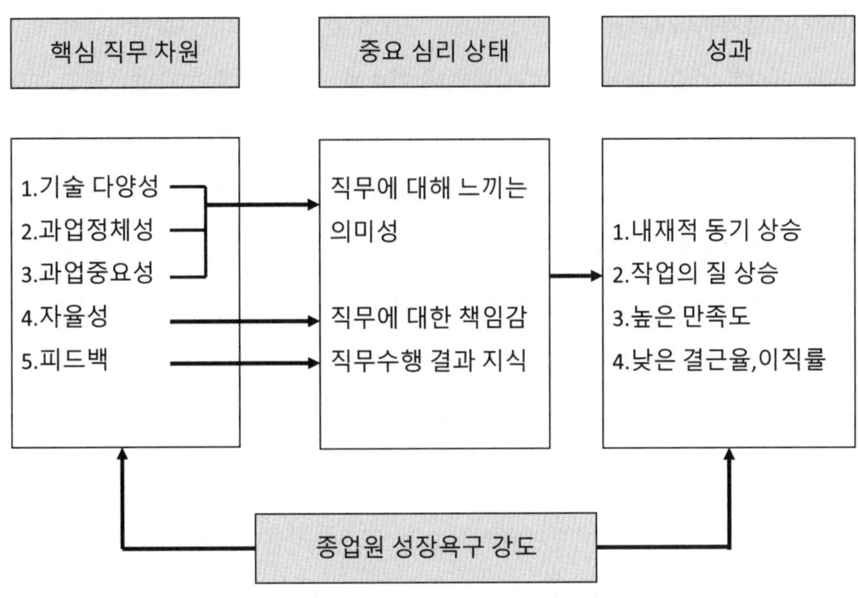

자료: Hackman & Oldham(1976). Motivation through the design of work: Test of a theory.

Hackman과 Oldham의 직무특성이론은 직무의 동기유발 잠재력을 측정하기 위해 다음 공식과 같은 핵심직무차원들을 분석, 결합하여 동기유발 잠재력 점수(motivation potential score)라는 단일지수를 도출할 수 있다.

$$\text{동기유발 잠재력 점수} = \left[\frac{\text{기술다양성} + \text{과업정체성} + \text{과업중요성}}{3} \right] \times \text{자율성} \times \text{피드백}$$

이와 같은 직무특성이론모형에 대한 연구 결과는 다음의 세 가지 시사점을 제시한다.

첫째, 핵심직무차원의 점수가 높은 직무를 수행하는 사람들은 그렇지 않은 사람들보다 더 동기가 유발되고 더 만족하며, 더 생산적이다. 둘째, 강한 성장의 욕구를 가진 사람은 그렇지 않은 사람들보다 동기유발 잠재력이 직무에 더 긍정적으로 반응한다. 셋째, 핵심직무차원들은 작업 결과에 대해 심리적 상태를 통하여 간접적으로 영향을 끼친다.

(2) 사회 · 기술시스템이론

사회 · 기술시스템이론(Socio-technical System Theory)은 1950년대 사회학자들에 의해 제시된 것으로 조직을 단순한 기술시스템이나 인간관계에 기초한 사회시스템으로 보지 않고, 거시적 관점에서 두 시스템을 통합적으로 파악하는 이론이다. 기술이 발전함에 따라 인간과 사회의 중요성을 인식하여 삶의 질이나 사회 · 문화적 환경도 같이 고려해야 한다는 관점을 취한 이론인 것이다.

사회 · 기술시스템이론적 직무설계 접근은 1960년대 중반 이래 노르웨이, 스웨덴 등 북유럽 지역을 중심으로 한 노동의 인간화와 근로생활의 질 향상(quality of working life; QWL)에 많은 영향을 끼쳤다. 즉, 기술의 효율성 증진과 함께 구성원들의 사회적 욕구 충족도 함께 강조하여 조직에서의 사회적 역할의 중요성을 강조하는 동시에 개인의 동기부여와 삶의 질 향상에 초점을 두어 현대적 직무설계 도입의 근거가 되었다. 사회 · 기술시스템이론의 대표적 사례는 관리자의 권한을 구성원에게 위임하는 자율적 작업집단(self-managing team)이나 조직 구성원이 스스로 품질 관련 문제를 찾아 해결하는 지속적 모임인 품질분임조(quality circle) 등이 있다.

5) 직무설계 방법

(1) 개인 수준의 직무설계 방법

① 직무확대

직무확대(job enlargement)는 직무를 구성하는 과업의 수를 늘려 직무의 범위를 수평적으로 확장하는 것이다. 개인의 직무에서 작업의 수를 늘리거나 기존에 세분화된 여러 작업을 통합하여 소수가 처리하도록 재편성의 방법을 취한다.

그러나 직무확대는 과업의 수는 증가하지만 의사결정의 책임은 증대되지 않도록 설계해야 한다. 수평적인 직무확대는 〈표 6-7〉과 같은 여러 가지 효용과 문제를 가지고 있다.

〈표 6-7〉 직무확장의 효용과 문제

효용	• 단순 반복 업무의 단조로움, 지루함, 싫증을 줄여 직무만족 향상, 결근율 및 이직률 감소 • 작업자에게 보다 많고 다양한 과업을 수행하게 하여 학습 및 능력 개발 제고 • 구성원들의 다기능화로 업무배치 범위 확대와 인력 활용 유연성 제고, 노동 가치 제고
문제	• 직무 추가 과업이 단조롭고 흥미 없을 경우 작업자 실망 • 작업자의 새로운 과업에 대한 태도가 성장욕구에 따라 상이함 • 권한과 책임의 증대가 동반되지 않아 적극적 동기유발에 한계

자료: 김영재 외(2021). 신인적자원관리의 내용을 재구성.

② 직무충실화

직무충실화(job enrichment)는 직무확대와 달리 단순히 과업의 수를 늘려서 직무를 구조적으로 확대하는 것이 아니라, 직무의 내용을 풍부하게(enrich) 만드는 것이다. 이를 통해 작업상 책임을 늘리고 능력을 발휘할 수 있는 여지를 크게 하고 보다 도전적이고 보람되도록 직무를 구성하는 것이다. 직무충실화는 작업자가 자신이 맡은 일을 스스로 구상·조직·통제·평가하는 권한과 책임을 부여하여 개인적 성장의 기회를 제공하도록 직무를 재편성하는 것이다.

직무충실화는 Herzberg의 2요인이론에 근거를 두며 직무충실화를 위해 직무가 갖추어야 할 요소를 여덟 가지로 제시하였다. Herzberg가 제시한 요소는 직접적 피드백, 고객관계, 학습기회, 일정 수립 기회 제공, 전문적 능력의 배양, 자원 통제, 상하 간 직접적 커뮤니케이션, 직무에 대한 개인적 책임 등이다(Herzberg, 1974).

직무충실화에 가장 중요한 개념은 전통적으로 관리자의 고유 기능이었던 계획 (planning)과 통제(controlling)를 작업자에게 위양하는 것이다. 이를 통해 자기주도적 업무를 수행하는 종사자는 자아성취감을 느껴 직무만족이 증대되며, 궁극적으로 생산성 향상을 달성할 수 있다.

(2) 집단 수준의 직무설계 방법

① 직무순환

직무순환(job rotation)은 직무교체제 또는 직무순회라고도 하며 집단을 대상으로 하는 직무확대 모델로 작업자가 다양한 직무를 순환하여 수행하여 기술다양성을 확보하게 하는 것이다. 즉, 계획적으로 여러 직무를 차례차례로 수행시켜, 해당 분야의 업무를 정확히 파악하게 하고 경험을 축적시켜 고성과자로서의 능력과 지식을 계발시키는 방식이다.

직무순환을 통해 작업자가 장기간 같은 직무만 수행하며 느끼는 지루함을 감소시키고, 기능다양성을 제고시켜 인력 활용의 유연성을 확보할 수 있다. 또한 작업자에게 보다 높은 직무수행의 기회를 제공함으로 전문성 확보와 능력개발을 촉진하여 경력개발을 지원할 수 있다.

그러나 직무순환은 직무난이도, 직무적응기간, 직무성과 변화, 직무체류기간 등을 고려해야 한다. 또한 순환 근무에 따른 비용과 새로운 직무 적응을 위한 불필요한 낭비의 문제가 발생하고 현재 직무에 만족하는 직원의 의미 충만성을 저해하여 단기적 해결책이라는 지적을 받기도 한다.

② 직무교차

직무교차(overlapped workplace)는 집단 내 직무의 일부분을 다른 종사자의 직무와 의도적으로 중복되게 하여 중복된 부분을 공동으로 수행하게 하는 방법이다. 직무교차는 개인 수준의 직무설계 방법인 직무확대, 직무충실화와 달리 집단을 대상으로 도입하는 수평적 직무확대이다.

직무교차는 직무의 일부분을 다른 작업자와 공동으로 수행하게 하는 것이 핵심인데 이를 위해 [그림 6-7]과 같은 직무교차 모델을 도입하여 활용하기도 한다.

[그림 6-7] 직무교차 모델

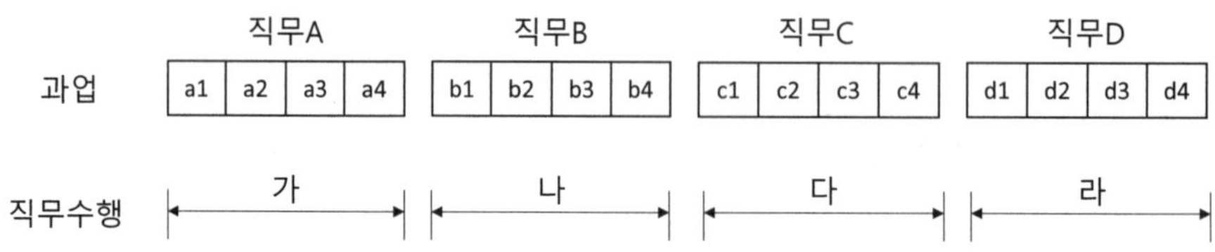

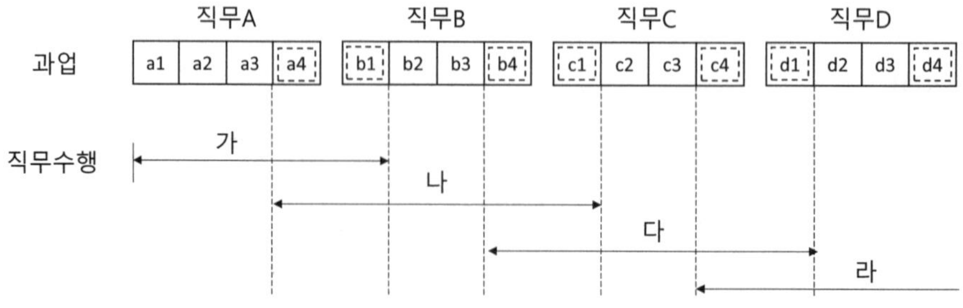

자료: 박경규(2001). 신인사관리.

직무교차의 가장 중요한 효용은 직무전문화로 인한 작업자 간 협동 부족의 소외 현상을 해소하는 것이다. 공동의 작업 공간에서 수행되는 교차된 직무 활동을 통해 구성원 간 인간관계가 형성되기 때문이다. 그러나 잘못된 직무교차의 실시는 모두 직무를 소홀히 하는 책임 모호의 문제를 야기해 기업의 생산성에 문제가 발생할 수 있다. 따라서 적절한 협동 시스템 구축과 체계적 교육은 효과적인 직무교차의 중요한 전제사항이다.

③ 자율적 작업팀

자율적 작업팀(autonomous work team)은 직무충실화의 직무설계가 집단 수준에서 실시되는 경우의 기법으로 팀 단위의 작업을 수직적으로 통합시켜 심화시키는 것을 의미한다. 자율적 작업팀은 달성하기 위해 부여된 팀 목표에 따라 작업할당, 휴식시간 등을 자율적으로 결정하는 권한을 활용한다. 또한 자율적 작업팀은 스스로 팀 구성원을 선발하고, 상호 간 성과를 평가한다.

자율적 작업팀은 의사결정권한의 부여 정도에 따라 완전한 자율적 작업팀, 준자율적 작업팀으로 나뉜다. 또한 팀에 부여되는 자율성의 정도는 자율적 작업팀의 통제와 조정에 장점과 약점으로 작용되어 궁극적으로 생산성에 영향을 미치거나 갈등 발생 원인이 되기도 한다.

3. 직무평가

1) 직무평가의 개념

(1) 직무평가의 정의

직무평가(job evaluation)란 조직 내 여러 직무가 가지는 가치를 일정 기준에 따라 서로 비교하여 상대적 가치를 결정하는 체계적인 측정이다. 직무가치는 기업의 목표 달성에 해당 직무가 어느 정도 공헌하는지로 결정된다. 예를 들어 온라인 교육 강좌를 제공하는 기업의 많은 업무 중에 사무실을 청소하는 업무보다 교육 강좌를 촬영하는 업무의 공헌도가 훨씬 높다. 기업의 많은 업무는 상호의존적이고 직간접적으로 연계되어 있어 어느 업무가 더 큰 공헌 정도를 가지고 있는지 파악하기가 어렵다. 따라서 직무가치의 평가는 기업 목표 달성의 공헌도라는 핵심 개념을 중심으로 해당 직무를 수행하는

데 요구되는 양적, 질적 측면에 대해 다음과 같은 질문을 통해 간접적 방법으로 추리된다.

- 직무수행에 요구되는 자격과 기술 수준은 어느 정도인가?
- 직무수행에 요구되는 정신적, 신체적 노력의 부담 정도는 어느 정도인가?
- 직무수행에 수반되는 위험요인은 어느 정도인가?
- 위의 질문에 대해 다른 직무와 비교하여 생기는 차이는 어느 정도인가?

즉, 직무평가는 직무가 어떻게 진행되는지 규정하는 직무설계, 직무가 어떻게 설계되었는지 밝히는 직무분석과 달리 직무분석 결과를 이용하여 직무의 특성을 명확히 파악하고 직무 간의 상대적 가치를 판단하여 서열을 매기는 것이다(임창희, 2015).

(2) 직무평가의 목적

직무의 가치를 평가하고 직무 간 서열을 정하고자 하는 목적은 다음과 같이 크게 임금수준의 결정, 인력의 확보 및 배치, 인력의 개발을 들 수 있다.

① 임금수준의 결정

직무평가의 기본 목적은 평가의 결과를 토대로 임금의 수준을 결정하는 것이다. 직무가치를 기준으로 결정되는 임금형태를 직무급체계라고 한다. 기업의 목표 달성을 위한 직무의 중요도, 수행의 난이도, 작업환경의 위험도 등을 고려하여 높은 수준의 직무를 높은 가치로 평가하는 것이다. 이러한 직무가치 평가 결과에 의해 공정한 임금 지급과 합리적 인건비 지출이 될 수 있도록 임금을 책정한다.

② 인력의 확보 및 배치

기업의 수많은 직무들이 중요도, 난이도, 위험도가 상이한 것처럼 조직 구성원의 능력 수준도 많은 차이를 보인다. 인력을 선발하거나, 배치할 때 직무와 사람의 능력의 적합도를 높이기 위한 것도 직무평가의 중요한 목적이다. 이러한 직무평가 활용은 직무가치와 구성원의 능력을 공통적으로 고려하여 인력 확보와 배치의 합리성을 높일 수 있다.

③ 인력의 개발

조직 구성원의 능력을 개발하기 위해서는 현재 직무의 수준과 필요 직무의 목표를 확인해야 한다. 이를 위해 수행된 중요도, 난이도와 같은 직무평가의 기준은 직무이동경로를 설계할 때 중요한 자료가 될 수 있다. 또한 수행능력이 부족한 직무를 먼저 수행하고 쉬운 직무를 나중에 수행할 경우 종사자의 능력개발이 지체되는 문제가 발생할 수도 있다. 따라서 종사자의 승진, 이동, 배치를 결정하기 위한 직무 수준에 따른 합리적 이동경로 설계가 직무평가의 중요한 목표이다.

2) 직무평가의 대상

직무의 가치를 평가하여 서열을 정하는 것이 직무평가의 개념이라는 측면에서 직무의 어떤 사항을 평가할지 결정하는 것은 직무평가 결과 자체에 영향을 주는 중요한 내용이다. 기업의 유형과 직무의 내용이 각기 달라 공통적으로 적용할 수 있는 직무평가요소는 존재하지 않는다. 또한 직무를 사람의 가치를 평가하듯이 접근하는 것도 유효하지 않은 방법이다. 따라서 완벽하지는 않지만, 직무평가요소를 선정할 때 가급적 모든 직무에 공통적이며, 객관적 측정이 가능한 요소를 선택하는 것이 필요하다.

이에 일반적으로 많은 회사에서 다음과 같은 직무요소를 평가의 기준으로 사용한다(임창희, 2015).

- 숙련 정도: 교육, 경험, 지식, 기술이 어느 정도 필요한가?
- 노력 정도: 육체적·정신적 노력이 어느 정도 필요한가?
- 책임 정도: 일이 잘못될 경우, 여파와 책임은 어느 정도인가?
- 작업환경: 작업 장소, 여건, 분위기 등은 어느 정도인가?

3) 직무평가 방법

직무평가 방법은 [그림 6-8]과 같이 크게 종합적 평가 방법과 분석적 평가 방법으로 구분된다. 종합적 평가는 직무수행의 난이도를 기준으로 한 포괄적인 판단으로 직무가치를 상대적으로 평가하는 방법이며, 서열법과 분류법이 활용된다. 분석적 평가 방법은 직무분석에 따라 직무를 기초적 요소 혹은 조건으로 분석하는 방법으로 계량적으로 평가하는 방법이며, 점수법과 요소비교법이 활용된다(김영재 외, 2021).

[그림 6-8] 직무평가 방법

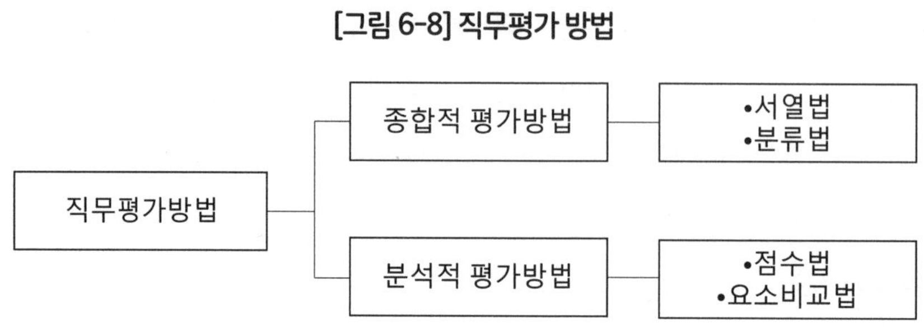

(1) 서열법

서열법(ranking method)은 직무의 상대적 가치를 중요도, 난이도 등의 다양한 요소를 전체적으로 고려해 평가하여 직무 간 서열을 매기는 방법이다. 서열법은 여러 평가자의 서열의 평균을 내거나 각 직무평가요소별로 서열을 매겨 가중치를 고려하여 합산하기도 한다. 서열법은 빠르고 쉽게 직무를 평가할 수 있고 전체적이며 포괄적인 관점에서 각 직무를 상호 비교할 수 있다. 그러나 서열법은 평가자의 주관이 개입될 소지가 크며, 평가자의 능력에 따라 신뢰도를 확보하기 어렵다는 단점을 가지고 있다.

(2) 분류법

분류법(job classification)은 등급법이라고도 하는데 미리 등급을 1~5등급, 또는 상중하와 같이 나누고 각 등급에 해당하는 직무요소의 기준을 설정한 다음 직무를 조사하여 기준에 부합하는 등급에 분류, 배치하는 방식이다. 예를 들어 1등급을 '매우 단순하고 반복적인 직무'라고 정하고 해당 직무를 1등급으로 분류하는 것이다.

분류법은 직무평가에 있어 주어진 등급에 대한 분류만 하기 때문에 간단하고 이해하기 쉽다는 장점을 가지고 있다. 그러나 등급을 정의하고 설정하는 것이 용이하지 않을 수 있고, 어느 등급에 분류하는지에 대한 의사결정에 주관적 판단이 개입될 여지가 있으며, 공통적인 분류 기준을 적용하기가 어렵다는 문제점이 있다.

(3) 점수법

점수법(point system)은 모든 직무에 적용될 수 있는 평가요소들을 미리 설정하고 직무가치를 점수로 나타내어 평가하는 방식이다. 즉, 직무를 평가요소로 분해하여 각 요소별로 중요도 점수를 산정하고, 점수를 합산하여 직무가치를 평가한다. 일반적으로 점수법은 평가요소 선정-평가요소별 가중치 설정-평가요소별 점수 부여의 순서로 이루어진다.

1950년, 국제노동기구(International Labour Organization; ILO)는 직무평가요소를 숙련, 책임, 노력, 직무환경으로 제시하였다. 이러한 직무평가요소에 따른 점수법에 의한 직무평가의 예시는 〈표 6-8〉과 같다.

〈표 6-8〉 점수법에 의한 직무평가 예시

직무평가요소		만점	A직무	B직무
대분류	소분류			
숙련(50)	기초지식	20	16	18
	경험	15	7	10
	응용능력	15	12	10
노력(15)	정신적 노력	8	6	5
	육체적 노력	7	5	4
책임(20)	지도감독 책임	15	8	12
	타인에 대한 책임	5	4	3
직무환경(15)	작업환경	10	4	4
	위험	5	4	3
총점		100	66	69

(4) 요소비교법

요소비교법(factor-comparison method)은 〈표 6-9〉와 같이 회사의 핵심이 되는 몇 개의 기준직무(key jobs)를 선정하여 기준직무를 대상으로 평가요소와 비교하여 모든 직무의 상대적 가치를 결정하는 방법이다. 요소비교법은 직무의 상대적 가치를 점수화하여 임금액으로 평가할 수 있다는 특징이 있다.

요소비교법은 우선 기준직무를 선정하고, 평가요소를 결정한다. 이후 기준직무에 대한 순위를 평가요소별로 결정한다. 그리고 평가하고자 하는 직무를 요소별로 배분표에 위치하고 임금액을 결정한다.

요소비교법은 사용이 복잡하고 실시하는 데 많은 노력이 필요하지만 기준직무만 적절히 선정되면 점수법보다 훨씬 합리적으로 사용할 수 있다. 그러나 기준직무의 정확성이 떨어지거나, 직무 내용의 변경이 생긴다면 평가 결과에 영향을 줄 수 있기 때문에 전체 측정 척도의 변경이 불가피하다.

〈표 6-9〉 요소비교법 예시

직무	임금	숙련도	노력	책임	직무환경
A	8,000	3,000(1)	3,000(1)	500(4)	1,500(2)
B	6,000	500(3)	2,000(2)	500(3)	3,000(1)
C	5,000	1,500(2)	1,000(3)	2,000(1)	500(4)
D	4,000	900(4)	900(4)	1,500(2)	1,200(3)
적용	기업의 핵심 기준직무를 대상으로 평가요소별 서열을 매기면 숙련도 5위, 노력 2위, 책임 2위, 직무환경 6위 등의 등급 설정이 가능하다. 기준직무에 해당하는 기존 임금액을 평가요소별 서열에 따라 분류한 후 다른 직무를 기준직무와 비교하여 직무가치와 임금액을 결정해 나간다. 예를 들어 홍길동이라는 직원의 직무가 숙련도는 김길동의 직무B, 노력은 박길동의 직무D, 책임은 최길동의 직무A, 직무환경은 이길동의 직무B와 비슷하다고 가정하면, 홍길동의 임금은 4,900원(500 + 900 + 500 + 3,000)으로 산정이 가능하다.				

제3절

인적자원의 확보

1. 계획

1) 인적자원계획 수립 과정

교육기업에서 이미 보유한 자원을 고려하여 필요한 인적자원을 확보하기 위한 첫 단계는 인적자원에 대한 계획을 수립하는 것이다. 인적자원계획의 수립은 전략적 접근 과정으로서의 경영 활동의 과정과 유사하다. 우선 조직이 처한 내부·외부 환경을 분석하고 이를 토대로 보유한 인적자원의 양과 질을 평가하는 것으로 이어진다. 이후 변화하는 환경에 대응하기 위해 필요한 인적자원양, 즉 수요를 검토한다. 그리고 인적자원의 수요를 충족할 수 있는 공급 가능량을 확인한다. 만일 인적자원 수요-공급의 불균형이 예상되는 경우 이를 조정할 적절한 방안을 찾는 절차로 이어진다. 이러한 인적자원계획의 수립 과정은 [그림 6-9]와 같이 이루어진다.

[그림 6-9] 전략적 인적자원계획 수립 과정

환경 분석	- 조직에 영향을 주는 정치·법적 환경, 경제적 환경, 사회·문화적 환경, 기술적 환경 분석 - 기업이 추구하는 전략 계획과 현재 보유한 인력의 양과 질을 검토하여 환경 변화에 대응할 인적자원계획 수립
↓	
인적자원 수요 예측	- 미래에 필요한 인적자원 양과 질 추정 - 조직 전략 계획에 따른 필요 인적자원의 수요 변화 예측
↓	
인적자원 공급 예측	- 장래 특정 시점에 조직이 필요한 유형의 인력 확보 가능 수준 추정 - 인적자원 확보 가능한 내부공급원과 외부공급원 검토 및 규모 확인
↓	
인적자원 수요-공급 불균형 조정	- 인적자원 수요와 공급이 균형을 이루면 현재 인력 수급 상태 유지 - 인적자원 수요와 공급 불균형이 예상되면 수요 충당, 인력 감소 조치 강구

2) 환경 분석

교육기업의 경영자들은 인적자원 확보를 위해 조직에 영향을 미치는 내부 및 외부의 환경 조건에 대한 평가인 환경 탐색(environment scanning)을 실시한 후 조직에 영향을 미치는 조건을 분석한다.

환경은 크게 통제가 가능한 내부 환경과 통제가 불가능한 외부 환경으로 구분된다. 외부 환경은 조직의 미래 인적자원을 결정짓는 많은 거시적 환경이 포함되며, 일반적으로 정치적·법적 환경(political environment), 경제적 환경(economic environment), 사회문화적 환경(socio-cultural environment), 기술적 환경(technological environment)을 뜻하는 PEST 기법[46]으로 분석된다. 이러한 외부 환경은 조직의 인적자원 확보에 기회가 되기도 하지만 위협이 되기도 한다.

내부 환경은 경영자 또는 인적자원 관리자의 통제와 관련된 의사결정이 가능한 환경이다. 인적자원의 내부 환경은 조직 내부의 인적자원이 가지고 있는 모든 강점과 약점의 요소를 포괄한다. 지

46) 1장 교육서비스경영의 기초-3절 교육서비스 경영의 특성-3. 교육서비스 경영의 환경 부분 참고.

적자본, 충실하고 몰입된 관리자, 현실적이며 적응력이 높은 종사자 등은 내부 환경의 강점 사항이다. 반면, 종업원의 숙련도 부족, 리더십의 부재, 낡은 인재관리 관행 등은 인적자원 내부 환경의 약점 사항이다.

이렇듯 인적자원 내부 환경의 강점(Strength)과 약점(Weakness), 외부 환경의 기회(Opportunity)와 위협(Threat)은 대표적인 환경 분석 방법인 SWOT 분석[47]을 통해 세부 인적자원 확보 전략 도출로 이어진다.

또한 인적자원 확보를 위한 환경 분석에 노동시장에 대한 분석도 함께 이루어져야 한다. 노동시장이란 기업에서 고용하고자 하는 노동의 양(노동수요)과 노동자가 일하면서 제공하고자 하는 노동의 양(노동공급)이 만나 형성하는 시장을 의미한다. 즉, 교육기업이 확보하고자 하는 노동자에 대한 수요와 자신의 노동력을 제공하여 일하고 싶은 노동자의 공급이 만나 노동시장을 형성한다. 그러나 노동시장에서의 수요와 공급은 늘 일치하지 않아 불균형을 이룬다. 이와 같이 노동시장의 수요와 공급에 영향을 주는 요인들은 〈표 6-10〉과 같다.

〈표 6-10〉 노동시장의 영향 요인

노동수요가 늘어나는 경우	노동공급이 늘어나는 경우
- 임금이 줄어들 때 - 사람들이 상품(서비스)을 많이 사려 할 때 - 한 사람이 할 수 있는 일이 적을 때 - 기술 발전이 없을 때	- 일하려는 사람이 많을 때 - 일하는 시간이 늘어날 때 - 교육, 훈련으로 능력과 기술이 늘어날 때 - 일하는 사람의 사기와 충성심이 높을 때

3) 인적자원 수요 예측

필요한 인적자원 수급에 대한 환경 분석이 완료되면 어떤 자질을 갖춘 인적자원이 얼마나 필요한지에 대해 추정하는 수요 예측으로 이어진다. 인적자원의 수요 예측 방법은 크게 정성적 방법과 정량적 방법으로 나뉜다. 정성적 방법은 인적자원에 대한 전문가와 경영자의 경험과 직관 판단에 의해 이루어지는 방법이다. 정량적 방법은 과거의 추세와 현재의 상황을 파악하고 미래에 대한 가

47) 4장 교육서비스 경영전략 수립-3절 전략 수립 방법-3. 환경 분석-3) 환경 분석 방법 부분 참고.

설을 설정하고 검증하기 위해 다양한 계량적 자료를 활용하기 때문에 계량적 방법이라고도 한다.

(1) 정성적 방법

정성적 방법은 인적자원 전문가와 관리자, 경영자의 판단에 입각하여 인적자원의 수요를 예측하는 방법이다. 조직의 과거 상황과 현재의 환경 및 전략 목표 달성의 방법을 잘 아는 전문가의 판단에 따라 조직이 어떤 자질의 인적자원이 얼마나 필요한지를 판단하고 예측한다. 정성적 수요 예측 방법은 전문가인 사람의 판단을 근거로 하기 때문에 주관적이고 비공식적으로 이루진다. 따라서 조직의 규모가 비교적 작거나 정량적 예측을 위한 자료와 정보가 부족한 상황에서 비교적 간단하게 활용되는 방안이다.

그러나 정성적 수요 예측은 사람의 견해에 의존하기 때문에 주관적 판단이 시장을 면밀하게 고려할 수 없고, 인적자원 수요 예측을 위한 다양한 기법이 발달되고 있는 추세에서 인적자원 수요를 완벽하게 파악하기에 한계를 가진다. 그럼에도 인적자원 수요에 대한 식견과 전문성을 가진 전문가와 관리자의 의견은 수요 예측에 충분한 타당성을 가지고 있어 현장에서 많이 활용된다. 대표적인 인적자원의 정성적 예측 방법은 명목집단기법과 델파이기법이 있다.

① 명목집단기법

명목집단기법(nominal group technique; NGT)은 여러 대안을 마련하고 그중 하나를 선택하는 것에 초점을 두는 구조화된 집단의사결정 기법이다. 즉, 서로 다른 분야에 종사하는 사람들을 명목상 집단으로 간주하고 자유로운 아이디어를 도출시키되 의견을 서면으로 받아 익명성을 보장하고 반대 논쟁을 극소화하는 방식이다. 명목집단기법은 기법의 용어가 나타내듯이 본래 집단이 활발하게 상호하는 것과 달리 '명목상의 집단'이라는 조작적 집단을 구축하여 독창적 사고를 제한하는 단점을 보완한다.

인적자원 수요 예측에 있어 명목집단기법은 크게 다섯 가지 단계의 과정으로 이루어진다. 첫 단계는 아이디어 수집 단계로 '우리 조직의 미래의 인적자원 수요는 얼마나 될 것인가'의 질문에 대한 답을 생각한다. 두 번째 단계는 각각 제시된 문제에 대한 생각을 정리하고 자신의 아이디어를 서면에 기록한다. 세 번째 단계는 각자 자신의 아이디어를 발표하거나 제출하여 이를 취합하여 하나의 도표로 기록하되 특정 아이디어에 대한 비평과 출처 확인을 제한한다. 네 번째 단계는 취합된 아이디어에 대한 장점, 타당성에 대한 보완이나 부수적인 설명과 토론을 진행한다. 마지막 단계는 수집된 아이디어를 대상으로 투표하고 최종적으로 가장 많은 점수를 얻은 것을 집단의 결정으로 도출한다.

명목집단기법은 의사결정에 참여하는 모든 구성원이 타인의 영향력으로부터 자유롭고 독립적으로 문제를 생각해 볼 수 있으며, 의사결정에 시간 소요가 많지 않다는 장점을 가진다. 반면 명목집단기법을 활용하는 과정에 있어 진행자는 높은 자질과 훈련을 거쳐야 하며, 한 번의 과정에서 한 가지 문제만 처리할 수 있다는 단점이 있다.

② 델파이기법

델파이기법(Delphi method)은 미래에 대한 예지를 위한 장소인 고대 그리스 델포이(Delphoe) 신전에서 유래된 것처럼 특정 문제에 있어서 다수의 전문가들이 의견을 종합하여 미래 상황을 예측하는 방법이다. 일종의 집단의사결정기법인 델파이기법은 집단의 의견을 조정하고 통합하거나 개선시키기 위해 외부의 인적자원 전문가, 내부 관리자, 스태프 등을 대상으로 의견을 수렴하고 종합하여 인적자원의 수요를 예측하는 데 활용된다. 즉, 다수의 의견이 개인의 의견보다 정확하다는 계량적 원리를 정성적 기법에 적용한 민주적 의사결정 방법이다.

델파이기법은 집단 토론과 의사결정에서 지위와 위계에 따라 영향이 발생하는 것을 해결하기 위해 직접 대면보다 문서상 피드백을 중시하여, 예측에 대한 질문서를 송부·회송하는 절차를 반복하면서 참여자의 견해나 평가를 수정·보완해 나간다. 참가하는 의견 개진자들은 최고경영자부터 일선감독자까지 다양하며, 경우에 따라 외부 전문가와 정보를 공유하기도 한다.

인적자원 수요 예측에 있어 델파이기법은 크게 여섯 가지 단계의 과정으로 이루어진다. 첫 단계는 전문가 집단 구성의 단계로 조직의 인적자원 수요에 대한 전문적 식견을 가진 조직 내·외부의 사람을 선정한다. 두 번째 단계는 선정된 전문가들에게 조직의 장단기적 인적자원의 수요를 묻는 익명의 설문지를 발송한다. 세 번째 단계는 발송한 설문지의 답변을 수집하고 취합하여 종합된 결과를 응답자들에게 다시 발송한다. 네 번째 단계는 종합된 결과의 내용을 참고하여 인적자원 수요에 대한 예측을 다시 실시하도록 설문조사를 수행한다. 다섯 번째 단계는 앞선 과정을 몇 차례 반복한다. 여섯 번째 단계는 응답한 내용이 일정한 결과로 수렴될 때 반복된 설문조사 과정을 종료하고 결과를 인적자원 수요 예측 수치로 활용한다.

델파이기법의 장점은 개인들이 대면으로 만나지 않아 익명성을 보장받아 솔직한 의견을 내고, 쉽게 반성적 사고를 하며 솔직해질 수 있다는 것이다. 또한 반복적 설문조사 절차를 통해 의견자의 생각을 재조정하여 전체적으로 합리적인 결정에 도달할 수 있도록 촉진한다. 반면, 델파이기법은 민주적 의견 합치가 반드시 좋은 결과로 이어지지 않고, 여러 번의 복잡한 과정을 거쳐야 하는 단점을 가지고 있다. 따라서 델파이기법과 같은 정성적 방법과 함께 정량적 방법을 함께 수행하여 서로 단점을 보완하고 극복하는 다양한 방법을 취하기도 한다.

(2) 정량적(계량적) 방법

정량적 방법은 인적자원의 수요를 예측함에 있어서 하나 또는 다수의 기준요소를 설정하여 기준에 따라 도출된 계량적 자료를 통해 수요인력을 예측하기 때문에 계량적 방법이라고도 한다. 이는 과거의 추세가 미래에도 지속될 것이라는 가정을 근거로 인력의 수요를 예측하는 것이다. 예를 들면 기업의 매출액이 증가하는 추세를 보인다면 투입되어야 할 인적자원의 수도 늘리는 것이 적절하다고 판단하는 것과 같다.

다만 정량적 방법은 수치와 측정 등 계량적 자료를 근거로 하여 인적자원 수요 예측에 객관성을 확보할 수 있다는 장점에도 불구하고 급변하는 경영 상황과 시장 환경에 대한 완벽한 대응이 어렵다는 문제를 가지고 있다. 따라서 전문가의 직관이나 경험 또는 판단에 근거한 정성적 방법을 통해 이러한 문제점을 보완하기도 한다.

아울러 인적자원 수요에 정량적 방법을 적용하기 위해서는 기업의 축적된 자료와 정보가 결과 도출의 신뢰성의 전제가 되기 위해 충분한 양이 필요하기 때문에 규모가 작은 기업에서는 활용하기 어렵다는 문제점이 있다. 하지만 최근 시장 상황에 대한 정량적 방법을 가능하게 하는 기술의 발전과 활용 가능한 공공 데이터가 증가하는 추세는 이러한 문제점을 해결해 주고 있다. 대표적인 인적자원의 정량적 예측 방법은 추세분석과 회귀분석이 있다.

① 추세분석

추세분석(trend analysis)은 인적자원의 수요와 밀접한 상관관계를 가진 기준변수 하나를 선정하고 변수와 수요 간의 관계를 과거의 추세를 통해 판단하고 예측하는 기법이다. 추세(trend)란 시계열 자료가 장기적으로 변화하는 큰 흐름을 나타내는 것으로 과거의 인적자원 자료에 의해 미래의 수요를 예측하는 비교적 단순한 기법이다. 추세분석을 위해서는 우선 과거 인적자원 수요의 자료가 월별, 분기별, 연별로 작성되어야 하고 추세를 그래프로 나타내는데 이러한 그래프를 추세선(trend line)이라고 한다.

인적자원 수요 예측에 있어 추세분석은 크게 다섯 가지 단계의 과정으로 이루어진다. 첫 단계는 과거 자료를 검토하여 인적자원 변화와 관련된 요인, 즉 호황, 불황, 구조조정 등을 검토한다. 두 번째 단계는 과거 인적자원의 변화 요인과 인적자원 규모의 관련성을 파악한다. 세 번째 단계는 종사자의 연간생산량을 계산하고 과거의 노동생산성 추이를 함께 파악한다. 네 번째 단계는 과거의 자료를 토대로 미래의 노동생산성 추이와 이에 필요한 투입인적자원의 수요를 예측한다. 마지막 단계는 기업이 전략적으로 필요한 특정 시점의 인적자원 수요를 파악한다.

추세분석을 통한 인적자원 수요의 예측은 시계열 자료를 통한 변화의 추이를 검토하고 선형모형(linear model)의 함수관계를 통한 의사결정으로 매우 합리적인 계량적 예측 방법이다. 이러한 분석 방법이 타당성을 확보하기 위해서는 인적자원의 수요를 변동시키는 요인이 어느 수준에서 일정하게 유지된다는 것을 전제해야 한다. 따라서 안정적인 수요 변동은 추세분석을 통해 예측이 가능하지만 과거의 추세가 미래에도 계속된다는 보장이 없기 때문에 완벽한 수요 예측이 어려울 수 있다. 또한 추세분석을 위한 방법이 통계기법과 분석기법을 토대로 두고 있어 이에 대한 분석 역량을 가지고 있어야 한다는 전제사항이 있다.

② 회귀분석

회귀분석(regression analysis)은 인적자원관리 분야 외에 다양하게 활용되는 대표적인 사회과학적 분석 방법이다. 하나의 종속변인에 영향을 주는 변인이 무엇이고 가장 크게 영향을 미치는 변인이 무엇인지 또한 종속변인을 설명해 줄 수 있는 가장 적합한 모형이 무엇인지 규명하는 통계적 방법이다.

인적자원 수요 예측에도 이러한 회귀분석이 적절히 활용되기 위해서는 인적자원 수요 결정에 영향을 미치는 독립변인을 검토해야 한다. 이러한 독립변인은 매출액, 생산량, 수익, 투자 등이 투입될 수 있고, 다음과 같은 회귀식으로 표현될 수 있다.

$$Y = a + bX1 + cX2 + dX3 + eX4$$

Y = 인력수요　a = 고정인력　b, c, d, e = 가중치
X1 = 매출액　X2 = 생산량　X3 = 수익　X4 = 시설투자

회귀분석의 궁극적인 목적은 독립변인과 종속변인을 설명하는 회귀식을 도출하는 것이다. 이러한 회귀식은 설정한 변인의 분포를 통해 가장 적합한 선을 도출시킨다. 따라서 적합한 회귀선을 도출하기 위해서는 인적자원 수요를 설명할 수 있는 적절한 설명변수를 투입해야 하고 이는 과거 자료를 통해 추정될 수 있다.

회귀분석은 인적자원 수요에 대한 여러 변수의 정보를 조합하여 하나의 설명식을 도출하기 때문에 인적자원 수요 예측과 같이 다양한 변수들이 상호 상관을 갖는 복잡한 문제를 연구하는 데 유효한 방법이다. 그러나 회귀분석은 회귀식 도출에 필요한 충분한 양의 과거 자료가 존재해야 하고, 설명변수와 인적자원 수요 사이에 유의한 상관관계가 존재할 때 활용할 수 있다는 제한점이 있다.

4) 인적자원 공급 예측

다양한 방법을 통한 인적자원의 수요 예측이 마무리되면 예측한 수요를 충당할 수 있는 공급에 대한 예측이 이루어져야 한다. 필요한 인적자원 수요에 대해 공급을 어떻게 할 것인지 예측하는 것은 이전에 수행된 수요 예측을 충족시키는 것이고 인적자원 확보의 핵심이기도 하다. 인적자원의 공급 예측을 위한 원천은 기업 내부와 기업 외부로 나눌 수 있다. 기업 내부의 원천은 현재 조직의 인적자원을 활용하는 것으로 승진, 배치전환 등을 통해 이루어진다. 기업 외부의 원천은 현재 조직 내부에 존재하지 않아 외부로부터 충당해야 할 외부 인력을 의미한다.

(1) 내부 공급

기업 내부 원천에서의 인적자원 공급은 외부 원천의 자료보다 상대적으로 쉽게 예측할 수 있다. 이는 조직 내의 인적자원에 대한 자료가 내부 자료로 구축되어 있기 때문이다. 기업 내부에서도 조

직 구성원의 인적자원 변동은 끊임없이 이루어진다. 기업의 전략 목표와 투자와 같이 경영 활동과 관련된 이유일 수도 있지만, 조직 구성원 개인적 사유 때문에 이동과 변동이 이루어지기도 한다. 내부 인적자원의 공급을 예측하는 기법은 크게 기능목록표 활용, 마코브 분석, 대체도 활용 등이 있다.

① 기능목록표 활용

기능목록표(skill inventory)란 한 조직의 인력이 보유하고 있는 모든 역량을 체계적으로 나타낸 체크리스트로 개인의 직무적합성에 대한 정보를 정확하게 찾기 위해 활용되는 기록이다. 기능목록표를 활용하여 조직의 목표 달성에 필요한 인력을 평가하고, 새로운 인력을 채용할지의 기준을 확보할 수 있다. 최근 조직에서는 기능목록표를 기업의 정보시스템에 축적하여 관리하는데 이는 조직전략에 맞는 인력을 내부에서 쉽게 찾기 위함이다.

또한 조직 구성원의 기능이 기업의 경쟁력이 되는 교육서비스 분야에서는 기능격차분석(skill gap analysis)을 통하여 부족한 기능을 보충하고, 신입직원 채용의 주요 기준으로 활용한다. 기능목록표에는 일반적으로 보유기능, 현재 담당 직무 내용 및 책임, 교육수준, 경력, 교육훈련, 직무성과 등이 포함되며, 기업의 특성에 따라 정보가 가감되기도 한다.

기능목록표는 주기적으로 갱신되어 활용되어야 하고 최근에는 개인 및 조직에 관한 각종 정보와 기능목록표의 정보를 연계시킨 인사정보시스템(Human Resources Information System)으로 통합하여 기업의 중요한 전략 자산으로 활용되기도 한다.

② 마코브 분석

마코브 분석(Markov chain method)은 러시아의 수학자인 Markov가 주장하고 제시한 이론이다. 이 이론은 인적자원 공급을 예측함에 있어 시간의 경과에 따라 한 직급에서 다른 직급으로 이동해 가는 과정을 확률적으로 기술하는 분석 방법이다. 즉, 현재 직무에 계속 재직할 가능성, 조직 내 다른 직무로 이전할 가능성, 조직을 이탈할 가능성의 확률을 다음과 같이 계산한 상태에서 다른 상태로 바뀔 확률의 전이행렬(transition probability matrix)에 기초하여 설명하는 방법이다.

time1		time2				
		직무A	직무B	직무C	직무D	퇴직
직무A	60	45(0.70)	6(0.10)	3(0.05)	0.(0.00)	10(0.15)
직무B	70	10(0.15)	45(0.60)	4(0.05)	8(0.10)	7(0.10)
직무C	50	0.(0.00)	0.(0.00)	40(0.80)	2(0.05)	8(0.15)
직무D	40	0.(0.00)	0.(0.00)	2(0.05)	38(0.85)	5(0.10)

$$[60, 70, 50, 40] \times \begin{bmatrix} 0.70 & 0.10 & 0.05 & 0.00 & 0.15 \\ 0.15 & 0.60 & 0.05 & 0.10 & 0.10 \\ 0.00 & 0.00 & 0.80 & 0.05 & 0.15 \\ 0.00 & 0.00 & 0.05 & 0.85 & 0.10 \end{bmatrix} = [52.5, 48, 48.5, 43.5, 27.5]$$

③ 대체도 활용

대체도(replacement chart)란 조직의 특정 직무가 공석이 되었을 경우를 가정하여 누가 그 직무에 투입될 수 있는지 파악하기 위해 작성된 표이다. 대체도는 조직 구성원의 연령, 성과 수준, 승진 가능성 등을 중심으로 시각적으로 표현하여 현재의 전체 조직 구성원들로부터 충원 가능한 직무가 무엇인지를 파악할 수 있기 때문에 조직 구성원의 장기근속이 중요한 교육기업에서 매우 유효한 방법이다.

대체도는 조직도와 마찬가지로 조직의 다양한 직무를 나타내는 동시에 승진할 수 있는 사람의 직무를 보다 명확히 표시하고, 이를 통해 인사평가에 반영할 수 있다. 또한 인사부서의 각종 평가의 수단과 결과의 참조 목적으로 활용되기도 한다.

(2) 외부 공급

노동시장 변화 상황에 따라 필요한 인적자원을 내부 공급만으로 충당하기 어려운 경우 조직 외부로부터 공급이 가능한 인적자원의 규모를 예측해야 한다. 특히 인적자원의 외부 공급은 외부 노동시장 상황에 크게 영향을 받는다.

외부 노동시장 상황을 확인하기 위해서는 인구통계, 경제활동인구, 고용률, 실업률, 고용동향 등의 정보를 활용할 수 있다. 이러한 자료는 고용노동부와 같은 정부기관이나 국책연구소, 고용 및 노동 관련 연구기관의 다양한 자료를 통해 확보할 수 있다. 또한 외부 인력 공급의 원천인 대학과 교육기관, 직업훈련기관을 통해서 인적자원 공급의 추이도 예측이 가능하다.

5) 인적자원 수요-공급 균형

인적자원의 수요 예측과 공급 예측이 마무리되면 수요와 공급을 비교하여 부족하거나 과잉된 상황에서 인력 수급을 조정하여 적절히 인적자원을 유지하는 조치를 취해야 한다.

(1) 인력 부족 상황

인력의 부족 상황은 인적자원의 공급보다 수요가 큰 경우에 발생한다. 인력 부족 상황에서는 부족 인력을 조직 내부와 외부에서 적절히 충원하는 조치가 필요하다. 내부 인력의 활용 유형은 초과근로 실시, 생산성 향상, 새로운 역량 개발의 방법으로 나뉜다.

초과근로 실시는 내부 인력의 작업시간을 늘려 근로의 양을 늘리는 것이다. 부족한 인적자원의 유형이 조직 내부에 이미 존재하고 있으며 필요한 기능과 역량의 요구의 양이 크지 않을 경우 초과작업을 통해 어느 정도 해결이 가능하다.

생산성 향상도 초과근로 실시와 마찬가지로 조직 내부에 존재하는 인적자원의 유형을 보다 많이 활용하여 대응하는 것이다. 기업의 교육훈련, 동기유발, 보상제도 변경, 직무재설계 등이 이러한 생산성 향상과 관련된 제도이다.

새로운 역량 개발은 부족한 인적자원의 유형이 조직 내부에 존재하지 않는 경우에 선택되는 조치이다. 환경 변화에 따라 기존 인력에게 새롭게 요구되는 기능과 역량을 습득시키는 개발전략으로 상대적으로 시간과 비용이 많이 요구되는 방안이기도 하다.

부족한 인력을 충족하는 방법은 내부 인력의 초과 운영과 생산성 향상, 인적자원개발의 방법도 있지만, 이러한 조치가 문제를 해결하기에 제한적이거나, 비용 대비 효과가 미비할 경우 조직 외부의 자원을 활용하여 부족한 인원을 보충하기도 한다. 대표적인 외부 인력 활용 방안은 임시직 고용, 파견근로 활용, 아웃소싱 등이 있다.

임시직 고용은 기간계약고용, 시간제고용과 같이 정해진 기간 동안 고용하여 고용의 유연성 향상을 도모할 수 있으면서, 상대적으로 인건비를 절감할 수 있다는 장점이 있다. 또한 기업의 생산량 및 판매량 증감, 경기 변동에 따라 인력을 탄력적으로 고용할 수 있다는 이점을 가진다.

파견근로 활용은 파견기업의 사원을 필요에 따라 파견받아 해당 업무에 종사시키고 파견요금을 지불하는 방식이다. 파견근로 활용을 통해 기업은 인건비를 절감하고, 일시적인 노동 수요의 부족을 해결할 수 있어 장래의 불확실성에 대응할 수 있다.

아웃소싱(outsourcing)은 시장 상황의 급변과 경쟁 심화 상황에서 기업의 부가가치가 높은 핵심사업만 담당하고 부수적인 업무는 외부의 외주에 의존하는 것을 의미한다. 특히 인원 절감과 생산성 향상, 전문가 확보라는 다양한 혜택을 기대할 수 있는 제도이다. 아웃소싱 도입을 위해서는 대상 업무의 비용과 효과를 균형적이며 합리적으로 평가해야 하고, 외주업체의 선정과 계약 과정에 면밀한 고려가 필요하다. 아울러 조직 내부 구성원의 공감대를 형성하여 전략적 수단이라는 인식을 공유할 필요가 있다.

(2) 인력 과잉 상황

인력의 과잉 상황은 인적자원의 수요보다 공급이 큰 경우에 발생한다. 이를 해결하기 위해서 지속적인 공급의 원천인 신규채용을 중단하거나 현재 과잉인력에 대한 퇴사나 이직을 유도하여 인력의 자연감소를 추구하는 자연감원방식을 활용할 수 있다. 이러한 자연감원방식으로 인력 과잉 상황에 대한 근본적 해결이 어려울 경우 의도적으로 대응을 위한 수단을 고려할 수 있는데 이러한 대표적인 방안으로 직무분할제, 조기퇴직제도, 다운사이징, 정리해고 등이 있다.

직무분할제(job sharing)는 하나의 업무를 둘 이상의 근로자가 나누어 수행하는 것을 의미한다. 즉, 종사자의 직무에 대해 동등한 책임을 지는 수평적 분할로 여러 종사자가 하나의 직무를 공유하는 것이다. 직무분할제를 통해 종사자의 근로시간의 다양화를 얻을 수 있으며, 근무와 개인적 시간을 균형적으로 추구하는 종사자의 욕구를 충족시킬 수 있다. 또한 직무분할제는 기업의 인력 활용의 유연성을 제고할 수 있으며, 인력 감축을 하지 않아도 종사자의 업무의 적용 범위 및 영속성 유지가 가능하다. 또한 여러 근로자가 기능과 경험을 공유함으로 새로운 환경 변화에 대응할 수 있는 특수업무팀을 구성할 수 있다.

조기퇴직제도(early retirement program)는 일정 연령에 도달한 구성원의 조기 퇴직을 유도하여 새로운 인생을 시작하도록 하거나 이직을 유도해 경력정체현상을 해결하는 인원감축 제도이다. 조기퇴직제도는 일정 연령에 도달한 종사자가 신청서를 제출하고 회사가 인정하면 퇴직금 이상의 가산금을 지급하는 것이다. 최근 고령화로 인한 인생 이모작의 상황에 따라 전직이나 창업을 지원하는 과정이 운영되기도 한다. 최근 인사적체와 승진정체를 해소하고 조직 활성화에 기여하며, 고연령자의 인건비를 절감하는 데 조기퇴직제도가 큰 기여를 하고 있다. 다만 조기퇴직제도는 무능인력 방출이나 노사관계의 불신 야기, 기업윤리문제 제기와 같은 한계를 지적받기도 한다.

다운사이징(downsizing)은 조직이 경쟁력을 높이기 위해 다수의 인력을 계획적으로 감축하는 것을 의미한다. 경기침체나 불황, 산업 내의 과다 경쟁에 대응하기 위해 영구적이며 의도적으로 인력을 감축하는 것이다. 다운사이징을 통해 기업은 단기간의 손실을 줄이고, 장기적 경쟁력을 높인다는 목적을 달성하고자 한다. 다운사이징은 인건비 감축으로 인한 성과 향상에는 일정 부분 기여하지만, 인재손실과 퇴출 기준의 불명확성, 조직 내 생존한 종사자의 동기부여 저하 등의 근본적인 문제를 가지고 있다.

정리해고는 인력 감축의 최후의 방안으로 경제적·산업적·기술적 성격에 기인하여 기업의 합리화 계획에 따라 근로자를 감축하거나 인원 구성 변경을 위한 해고로 정의된다. 무엇보다 정리해고는 근로기준법이 정한 요건을 충족해야 하고 정해진 절차를 준수하며 진행되어야 한다.

2. 모집

1) 모집의 개념

교육기업에서 필요한 인재를 획득(talent acquisition)하는 과정은 경영 활동에서 매우 중요한 요소이다. 기업에서의 인재 획득이란 조직의 인력 수요를 충족시키기 위해 필요한 높은 자질의 인재를 찾고 채용하는 과정이다(Robert 외, 2018). 이러한 인재를 획득하는 근본적인 단계는 모집과 선발이 있다. 모집(recruitment)이란 기업에게 필요한 인력을 선발하는 계획을 외부에 알려 입사 희망자들로 하여금 지원하게 하여 조직으로 끌어들이는 과정이다. 어느 부서에 어떤 사람을 언제, 몇 명 정도 채용할 것인지 내·외부의 지원 희망자에게 알리는 것을 모집이라고 한다면, 다수의 지원자 가운데 기업에 가장 적합하다고 생각하는 사람을 채용하기로 결정하는 것을 선발(selection)이라고 한다.

모집 과정에서 중요한 것은 지원자들에게 모집 대상이 되는 직위나 직무에 대한 정확한 정보를 제공해야 한다는 것이다. 일반적으로 지원자들에 공개되는 정보는 선발 직위에 대한 직무내용, 직무수행 요건 및 자격, 처우, 선발 인원, 지원 절차 및 서류 등이다. 따라서 모집은 [그림 6-10]과 같이 선발을 위한 사전 단계이며, 명확한 직무분석과 인적자원계획에 영향을 받는다.

[그림 6-10] 직무분석, 인적자원 계획, 모집, 선발 간의 관계

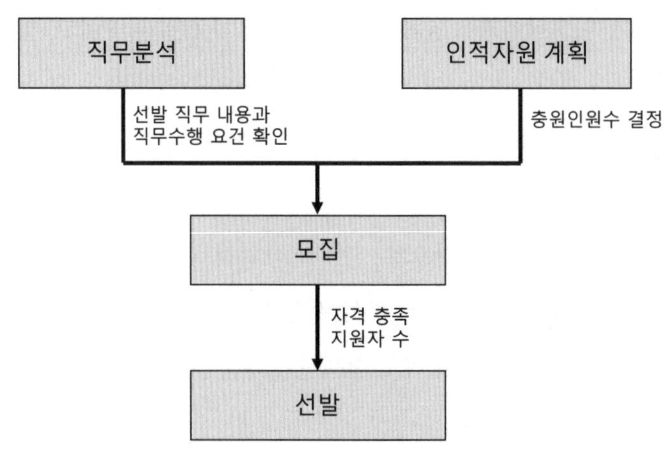

좋은 인력을 확보하기 위해서는 모집 방법과 모집 절차를 적절히 고려해야 한다. 모집 방법은 모집 대상을 조직 내부 또는 외부 어디에서 충원할 것인가의 모집 원천과 관련된 내용이다. 또한 모집 절차는 모집 전략에 따라 고려해야 할 주요 전략적 결정과 관련된 문제이다.

(1) 모집 방법

기업에서의 모집은 인력의 공급 원천과 조직의 인력 수요를 연결해 주는 중요한 인적자원의 기능이다. 다양한 모집의 방법에 따라 조직에 요구되는 인적자원을 실제로 획득할 수 있게 된다. 모집 방법을 결정하기 전 충원할 인력 공급의 원천이 조직 내부의 인력인지, 외부의 인력인지 결정하는 모집 원천에 대한 결정이 필요하다.

내부 인력 원천은 내부 인력을 활용하여 조직이 필요한 인력을 충원하는 것으로 모집 원천에서 첫 번째로 이루어지는 방법이다. 즉, 내부노동시장을 통한 기업의 내부모집(internal search)으로 오랫동안 우리나라 기업 풍토에서 활용한 방법이다. 인력의 수요가 발생하면 외부노동시장에서 인력을 구하기보다 내부의 인력을 개발시켜 충당하는 것으로 외부모집(external search)에 의한 비용과 시간 소요의 단점을 극복할 수 있는 방법이다.

반면, 외부 인력 원천은 변화하는 경영환경에서 경쟁력을 확보하기 위해 핵심인력을 기업 외부에서 모집하는 방법이다. 외부의 인력시장을 대상으로 공개모집, 현장모집, 광고, 직업소개소, 내부 인력의 외부 인사 추천 등 다양한 방법을 활용하여 인력을 모집하는 것이다. 외부모집을 통해 기업 내부에서 핵심인력을 공급받는 것에 대한 한계를 극복하고 외부노동시장에서 준비된 우수 핵심인력을 충원할 수 있다는 장점 때문에 최근 내부모집보다 외부모집이 점차 증가하는 추세이다.

(2) 모집 절차

① 내부 또는 외부 모집 의사결정

모집 절차에 있어서 첫 번째 과정은 내부 또는 외부의 어느 인력 원천을 활용하여 인력을 충원할 것인지 결정하는 것이다. 기업이 우선적으로 고려하는 인력 원천은 내부이다. 특히 상위경영층으로 올라갈수록 내부에서 승진시켜 충원하는데 이와 같이 내부모집을 통해 높은 성과를 달성할 수 있기 때문이다. 최근 우수한 기업에서 높은 인적자원 수준의 인력에는 조직 외부보다 내부 인력이 더 적합하다는 관점이 늘어나고 있다.

다만 내부 인력에 대한 과도한 의존은 승진함에 있어 자신의 능력을 넘는 수준까지 다다를 수 있어 결국 조직이 무능한 사람으로 구성된다는 피터의 원칙(Peter Principal)이 적용되어 조직의 경직성과 침체를 유도한다는 지적이 있다. 따라서 내부모집과 외부모집의 장·단점을 적절히 고려하여 선택하는 전략적 결정이 필요하다.

② 모집 대상의 능력 수준 결정

모든 조직이 우수한 인력을 모집하기 위해 노력을 기하는 것에 따라 모집 대상인 인력의 능력 수준을 결정하는 것이 필요하다. 모집 대상의 능력 수준은 기업이 가지고 있는 사명과 비전, 전략 목표에 따라 결정된다. 즉, 우수한 인재가 가지고 있어야 할 능력 수준은 기업의 경영이념과 인력개발 방침, 경쟁적 요인과 연결하여 다양하게 고려되어야 할 전략적 사항이다.

③ 모집 촉진 전략 수립

모집의 목적이 조직에서 요구하는 우수한 인력을 최대한 많이 확보하는 것이라면, 이러한 목적을 달성하기 위한 다양한 촉진 전략을 수립하는 것은 필요한 일이다. 이를 위해 직접적인 모집 광고나 모집 요원 운영과 함께 기업의 대외적 이미지를 형성하여 장기적 관점에서 기업에 대한 긍정적 이미지를 통해 모집 촉진 효과를 얻기 위한 노력이 점차 늘어나고 있다. 기업의 이미지 광고뿐만 아니라 사회, 경제, 윤리적 책무에 대한 기업의 노력을 홍보하여 우수한 인력이 필요하며 개인과 기업이 동반 성장할 수 있다는 이미지를 모집 대상자에게 소구할 수 있다.

④ 전략적 모집 방법 활용

기업이 보유한 자원의 한계가 있기 때문에 모집의 과정에서 최소한의 자원 투자로 최대한의 인력을 확보하기 위한 전략적 방안을 실행해야 한다. 이를 위해서는 [그림 6-11]과 같은 전략적 모집의 고려 사항을 모색해야 한다. 기업의 사업 전략에 적합한 모집 방법, 필요한 근로자의 자질과 수의 균형, 모집 활동 수행과 이에 투입되는 시간과 자금의 한계, 모집 노력의 실제적 효과성을 측정하는 것 등이 전략적 모집에서 고려해야 하는 사항이다.

[그림 6-11] 효과적인 모집과 전략적 구성요소

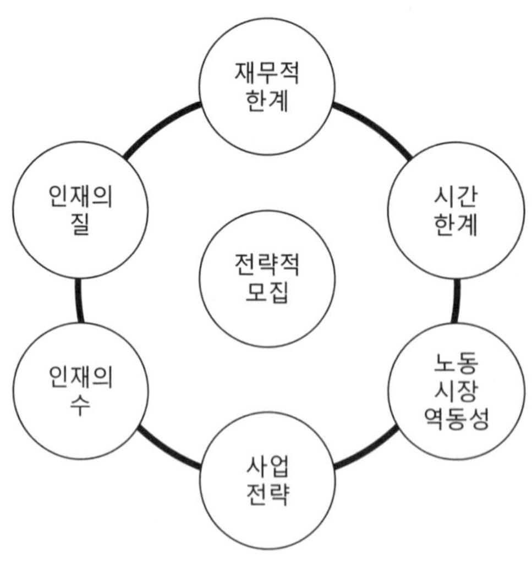

출처: Robert 외(2018). 인적자원관리.

2) 모집의 효과성 검토

기업이 필요한 인력 수요를 충당하기 위해 실시한 모집이 적절한 성과를 도출하기 위해서는 활용한 모집 원천과 방법, 절차에 대한 효과성을 검토해야 한다. 모집의 효과성을 검토하기 위해서는 여러 지표를 측정하고 다양한 평가 기준을 설정해야 하는데 이때 활용될 평가 기준은 다음과 같다.

(1) 비용-편익 분석

비용-편익 분석(cost-benefit analysis)은 모집 활동에 투입된 비용 대비 달성한 모집의 효과(편익)를 측정하는 방법이다. 경영 활동에서의 중요한 목표 지표는 효율성이기 때문에 모집에 투입되는 비용을 최소화하며 최대의 인력 확보 효과를 달성하는 것이 필요하다. 모집에 투입되는 비용은 직접비용과 간접비용으로 구분되는데, 광고비, 모집 요원 급여, 에이전시 수수료 등이 직접비용이라면 모집에 투입되는 직원의 노력, 기업 이미지 등이 간접비용이라고 할 수 있다. 비용-편익 분석은 채용된 지원자들의 회사 근속기간과 투입된 모집 비용을 비교하여 측정하게 된다.

(2) 공석 충원 소요 시간 측정

모집의 효과성을 측정하는 지표는 필요한 인원이 발생한 공석을 충원하는 데 소요되는 시간을 측정하는 것이다. 공석을 채우기 위해 모집이 시작되고 최종적으로 인원을 선발하는 시간을 측정하고 시간의 비용을 계량적으로 분석하여 모집의 효과성을 검토하는 방법이다. 소요 시간 측정은 처음 지원자의 접촉 시점과 최종 합격하여 채용되는 시점의 평균을 활용하여 발생하는 편차를 극복하기도 한다.

(3) 정량적 · 정성적 평가

모집에 투입되는 노력과 도출된 효과는 정량적(quantitative) 지표나 정성적(qualitative) 지표로 측정될 수 있다. 정량적 지표의 평가는 지원자의 수와 관련된 것으로 기본적인 지원자의 수가 선발을 위한 충분한 인력 풀(pool)을 형성하였는지에 따라 정해진다. 정성적 지표는 지원자의 질과 관련된 것으로 지원하는 인력의 평균 자질이 필요한 인력의 직무를 충실히 감당할 수 있는지를 평가하는 것이다.

(4) 모집 효과성 지표

필요한 인력을 모집하는 데 활용되는 주요 지표로는 〈표 6-11〉과 같이 산출률(yield ratio), 선발률(selection ratio), 수용률(acceptance ratio), 기초율(base rate) 등이 있으며, 이러한 지표를 적절히 고려하여 모집에 대한 효과성을 검증할 수 있다(김영재 외, 2021).

〈표 6-11〉 모집평가 지표

지표	내용
산출률	지원자의 모집과 선발의 각 단계에서 어떻게 인원이 선택되고 축소되는지 보여 주는 비율로서, 최초 지원자 수에서 최종 합격자 수까지 단계별 비율에 따라 선발단계의 적정 산출률을 파악하고 점검함
선발률	지원자 중 최종 선발된 인원의 비율로서 특정 집단의 인력 중 실제 선발되는 인력을 나타냄
수용률	최종 합격하고 기업으로부터 채용 제의를 받는 지원자 중 실제 입사하는 정도를 나타내는 지표로 최종 합격자 대비 입사자의 비율로 측정하며 조직의 인력 확보 능력을 나타냄
기초율	지원자 가운데 선발 과정을 거치지 않고 무작위로 선택했을 때 일정 기간 후 업무 수행의 성과를 판단하여 모집의 질적 성공을 측정하는 지표

3. 선발

1) 선발의 개념

선발(selection)은 인적자원 확보를 위해 모집한 지원자들 가운데 배치하고자 하는 직위와 관련된 자격을 갖춘 인력의 숫자를 줄여 선택하는 과정이다. 적절한 선발을 위해서는 선발 과정에 적용할 선발 기준을 개발하고, 효과적인 선발을 통해 지원자가 배치된 업무에서 선발에서 예상한 성과를 도출하도록 해야 한다. 즉, 선발이란 주어진 조직의 상황에서 지원자 중 가장 적합한 자격을 갖추었다고 판단되는 사람을 선택하는 과정을 의미한다.

2) 선발의 원칙

적절한 인적자원 확보를 위한 선발 과정이 목표로 한 인적자원 목표를 달성하기 위해서는 선발의 원칙을 준수하여야 한다. 선발의 원칙은 지원인력의 선발에 대한 의사결정의 합리성을 확보해 준다. 인적자원 관리자가 선발의 과정에서 고려해야 할 선발의 원칙은 크게 효율성의 원칙, 형평성의 원칙, 적합성의 원칙이 있다(임창희, 2015).

(1) 효율성의 원칙

새로운 인적자원인 채용자가 조직에서 업무를 시작하면 생산 활동을 수행하여 조직의 수익을 창출하지만, 반대로 비용도 발생한다. 이에 창출되는 수익과 지출되는 비용의 관계를 고려하여 보상 비용 대비 조직 공헌이 더 크다고 예측되는 사람을 선발하는 것이 필요하다.

선발 이후의 인적자원 유지와 관리에서 채용자가 업무를 수행하고 기간이 지난 이후에 맡은 직무에 적합한 사람인지 판단이 가능하고, 일정 기간 후 잘못된 선발이라는 결과로 이어질 경우 선발 단계에서 대안의 지원자를 뽑지 못한 기회비용의 상실도 효율성과 관련된 문제이다. 따라서 선발 단계에서 최적의 인재를 선발하기 위한 효율성의 원칙을 따르는 것이 최선이다.

(2) 형평성의 원칙

선발 과정에 참가하는 모든 지원자들에게 동등한 선발 평가의 기회를 주는 것이 형평성의 원칙을 준수하는 것이다. 선발 직무에서의 특별한 필요조건이 없는 한 지원자 사이에 차이를 두거나 차별 대우를 하는 것은 형평성에 위배되는 것이다. 따라서 모든 지원자에게 지원 절차, 면접과 같은 선발 절차의 기회를 동일하게 부여하여야 하고 선발 과정에서도 경쟁 지원자 간 차별적 요소가 발생하지 않게 관리하는 것이 요구된다.

(3) 적합성의 원칙

적합성의 원칙은 여러 선발의 원칙 가운데 가장 핵심의 원칙이라고 할 수 있다. 선발을 포함한 모든 인적자원 확보 과정의 궁극적인 목표가 직무에 적합한 사람을 확보하는 것이기 때문이다. 이는 조직적 측면에서 필요한 인력을 확보한다는 것도 중요하지만, 지원자 개인적으로도 적합성이 배제된 선발은 이후 조직을 이탈하는 등의 결과로 이어져, 결국 조직의 손실로 이어지기 때문이다.

이러한 적합성의 원칙을 확보하기 위해 선발의 과정에서 [그림 6-12]와 같은 예측치(predictors)와 준거치(criterion)를 설정하고 이를 적절히 결합하여 활용한다. 예측치란 선발 과정에서 일반적으로 사용하는 서류 평가 점수, 면접 점수, 시험 등의 선발도구로 주로 점수(scores)를 뜻한다. 선발 과정에서 선발도구의 점수화는 점수가 미래의 근무성과를 예측하는 지표로 활용될 수 있다는 가정에서 시작된다. 반면, 준거치는 지원자가 선발되어 채용된 이후 근무를 통해 달성하게 될 업무의 직무성과 기준을 의미한다. 선발의 목적이 고성과 예상자를 확보하는 것이기 때문에 이를 예측할 수 있는 기준을 결정하는 것은 매우 중요하다. 실무적으로 주로 활용되는 준거치로는 근무평정 점수, 직무수행에 따른 매출액과 생산성, 기업 성과에 대한 기여도 등이 있다.

선발 과정에 필요한 예측치와 준거치 설정이 끝나면 이를 적절히 결합하여 의사결정을 하게 되는데 결합의 방법은 경영자의 직관을 따르는 직관적 방법과 통계적 방법을 통한 합리적, 계량적 방법 등이 있다.

[그림 6-12] 선발 예측치, 준거치, 결합방법

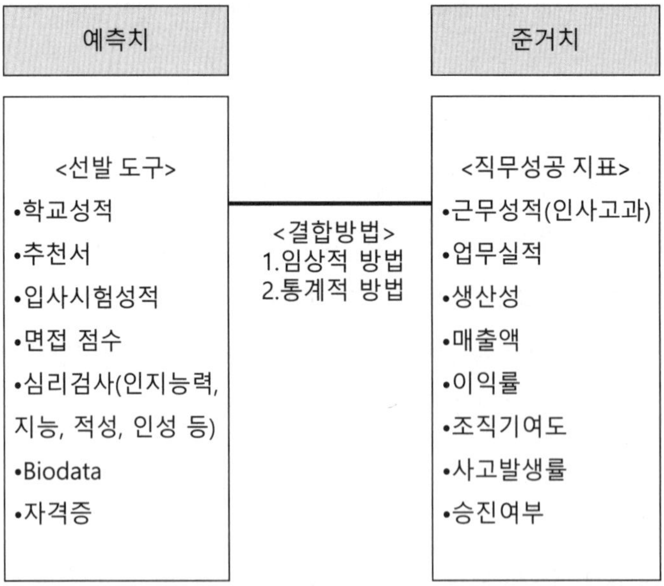

예측치

<선발 도구>
•학교성적
•추천서
•입사시험성적
•면접 점수
•심리검사(인지능력, 지능, 적성, 인성 등)
•Biodata
•자격증

<결합방법>
1.임상적 방법
2.통계적 방법

준거치

<직무성공 지표>
•근무성적(인사고과)
•업무실적
•생산성
•매출액
•이익률
•조직기여도
•사고발생률
•승진여부

자료: 김영재 외(2021). 신인적자원관리.

3) 선발의 방법

선발을 위한 절차는 기업의 목표와 전략에 따라 다양하게 진행되지만 일반적으로 [그림 6-13]과 같은 과정을 거치게 된다. 이러한 여러 과정과 단계에서 사용되는 일반적인 방법은 서류전형, 시험, 면접이 있다.

[그림 6-13] 선발 절차

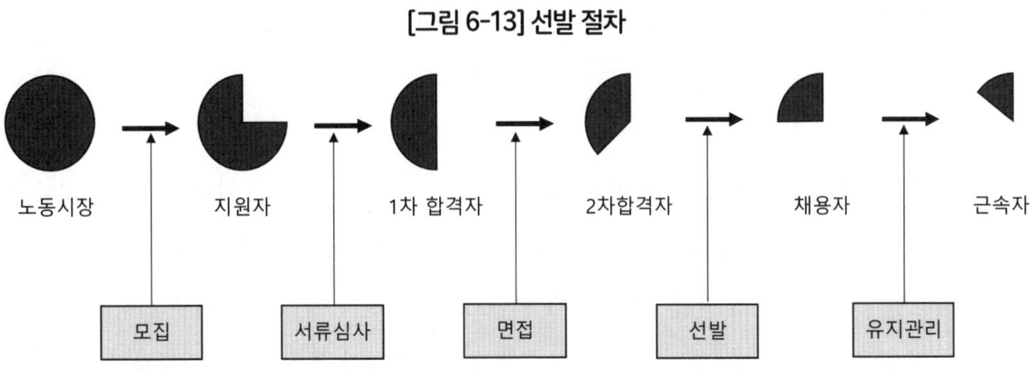

(1) 서류전형

서류전형은 지원자로부터 받은 지원서와 제출 서류를 통해 지원자의 직무적합성을 1차적으로 검증하는 방법이다. 제출 서류에는 이력서, 성적표, 졸업증명서, 자격증, 추천서, 자기소개서 등이 포함된다. 이와 같은 서류의 지원서 양식은 공식 문서를 통해 배포되는데 이는 지원자에 대해 가능한 한 많은 정보를 획득하기 위해 설계되어 있다. 서류전형을 통해 근무 경력과 직무에 대한 준비도를 검토하며 추천서나 자기소개서 등 추가 서류를 통해 지원자의 태도, 자격, 보상 희망 수준, 이직 가능성 등을 예측할 수 있다.

또한 서류전형에서 확인하는 지원자의 신상에 대한 자료를 바이오데이터(biodata)라고 하는데, 이는 성별, 학력, 연령, 거주지 등이 포함된다. 이러한 바이오데이터는 중요한 선발 기준이 될 수 있는데, 단순한 인적사항을 넘어 직무몰입, 조직헌신과 같은 조직효과성과 매칭을 통해 직무적합성을 엿볼 수 있는 중요한 자료가 될 수 있기 때문이다.

(2) 시험

선발시험은 지원자의 전문적 능력이나 성격, 심리특성을 측정하여 선발의 의사결정에 활용하기 위해 최근 많이 실행되는 방법이다. 시험은 크게 성격검사, 지능검사, 적성검사, 능력검사 등이 있다.

이 중 교육서비스와 같이 인적자원의 능력이 중요한 영역에서는 능력검사가 다른 검사보다 더 중요하다. 능력은 크게 일반적 능력과 전문적 능력으로 나뉘는데 교육서비스 제공이라는 특성상 해당 교육프로그램 강의 등에는 전문적 능력이 무엇보다 중요하다. 이러한 능력을 사전에 나타내기 위해 지원자는 다양한 외부시험의 성적을 시험 이전 단계의 서류에 포함하기도 한다.

(3) 면접

면접은 서류전형과 시험에서 알아내기 어려운 개인의 인성, 적성, 태도를 확인하기 위한 대면 방식의 선발 방법이다. 면접은 다양한 기준에 따라 나뉘는데 크게 유형과 방법으로 나눌 수 있다.

면접은 유형에 따라 구조적 면접과 비구조적 면접으로 구분된다. 구조적 면접은 전형을 위해 사전에 준비된 질문사항을 기반으로 이루어지기 때문에 비전문가나 조직의 인사담당자가 아니어도 누구나 면접관으로 참여할 수 있다. 비구조적 면접은 질문 내용이 준비되지 않은 상태에서 면접관이 자율적으로 질문하는 방식으로 이루어지기 때문에 면접관의 경력과 전문성이 요구된다.

또한 면접은 방식에 따라 집단면접, 위원회면접, 압박면접, 상황면접, AI면접 등으로 나뉜다. 집단면접은 1:多의 형식으로 여러 지원자를 대상으로 면접이 이루어지는 방식으로 시간의 절약과 비교 평가의 이점이 있으나, 개인의 특수성을 검증하지 못하는 한계가 있다. 위원회면접은 여러 명의 면접관이 한 명의 지원자를 놓고 집중적으로 질문하는 방식으로 진행되고 이후 면접관 토의를 통해 평가가 이루어진다. 압박면접은 지원자의 직무수행의 어려움을 해결하는 문제해결력을 확인하기 위해 지원자의 약점을 집중적으로 공격하여 반응 형태를 분석하는 방식이다. 상황면접은 직무상황에서 일어날 수 있는 예시 상황을 제시하고 지원자의 대응능력을 파악하는 방식으로 지원자의 창의력과 유연성을 검증할 수 있다. 최근 기술의 발전으로 인공지능(artificial intelligence)을 활용한 면접이 각광을 받고 있다. 컴퓨터에서 인공지능이 제시하는 질문에 대한 지원자의 답변, 신체변화 등을 인공지능이 탐지하여 평가 점수를 도출하는 새로운 개념의 면접 방식이다.

4) 선발의 도구

선발을 통해 달성하고자 하는 가장 중요한 목적은 직무에 적합한 사람을 채용하고 부적합한 사람을 탈락시키는 것이다. 이를 위해서는 적절한 선발도구(selection tool)를 활용해야 하는데 만일 선발도구가 잘못되었다면, 적합한 사람을 탈락시키고, 부적합한 사람을 채용하여 조직의 큰 문제를 발생시킬 수 있다.

즉, 합리적인 선발도구를 활용하여 지원자를 평가하는 것이 필수적이다. 이러한 선발도구의 합리성을 검토하기 위한 검증 기준은 타당도, 신뢰도, 효용성 등이 있다.

(1) 타당도

타당도(validity)란 선발도구가 지원자의 능력이나 자질을 적절히 평가하는 것과 관련된 문제이다. 선발도구가 평가의 결과를 아무리 정확하게 측정하였어도 선발에 필요한 내용을 측정하지 못했다면 타당도를 확보하지 못한 것이다. 선발도구의 타당도를 검증하기 위해서는 〈표 6-12〉와 같은 척도를 검토할 수 있다.

〈표 6-12〉 타당도 검토 척도

내용타당도	- 선발도구의 문항이 측정하고자 하는 것을 잘 대표하는 항목으로 구성되었는지 살펴보는 것 - 입사 후 담당할 직무를 잘 아는 전문가가 모여 직무-도구 상관관계를 검토
기준타당도	- 이미 타당도가 입증된 선발도구와 비교하여 타당도를 살펴보는 것으로 동시타당도와 예측타당도로 나뉨 - 동시타당도란 시험문제를 통해 측정한 결과와 현재 직무성과의 상관관계를 검토 - 예측타당도란 시험문제를 통해 고득점을 받아 합격한 사람의 이후 직무성과와의 상관관계를 검토
개념타당도	- 선발도구가 실제로 무엇을 측정하였는가, 측정하고자 하는 능력과 자질을 실제로 선발도구가 측정하였는가를 살펴보는 것 - 개념타당도는 집중타당도, 판별타당도, 법칙타당도로 나뉨 - 집중타당도는 같은 능력을 측정하는 경우 다른 선발도구를 사용해도 높은 상관관계가 존재하는지를 검토 - 판별타당도는 다른 능력을 측정하는 경우 같은 선발도구를 사용해도 측정값 간에 차별성이 나타나는지를 검토 - 법칙타당도는 선발도구의 한 요인과 다른 요인의 관계를 검토

(2) 신뢰도

신뢰도(reliability)란 선발도구가 지원자의 능력이나 자질을 측정할 때 이를 정확하게 측정하였는지를 검토하는 것이다. 즉, 선발도구로 한 사람을 반복적으로 측정한 경우 결과가 일정하다면 선발도구는 신뢰도를 확보한 것이다. 평가 상황이 바뀜에 따라 평가 결과가 다르게 나온다면 이는 일관성을 잃어 신뢰성이 낮아지는 것이다. 신뢰성을 확보하기 위해 인적자원 관리자는 〈표 6-13〉과 같은 방안을 검토할 수 있다.

〈표 6-13〉 신뢰도 검토 방안

재검사법	- 동일한 선발도구로 동일 대상에게 재조사 후 둘 간의 상관관계를 검토하는 방법
복수양식법	- 동일한 선발자료에 대해 2개 이상의 상이한 선발도구를 개발하여 동일한 대상을 상대로 검토하는 방법
반분법	- 선발도구를 일정한 체계에 따라 반으로 나누어 사용하여 검토하는 방법
내적일관성법	- 다수의 선발도구 항목을 양분하여 한쪽에 속한 항목과 다른 쪽에 속한 항목의 상관관계를 반복적으로 계산하여 신뢰도를 저해하는 항목을 파악하여 삭제하는 방법

(3) 효용성

효용성(utility)은 선발 과정에서 투입되는 비용과 도출되는 수익을 균형적으로 검토하는 문제이다. 고액의 면접전문가, 높은 개발비용의 선발도구를 활용하여 적은 지원자를 선발한다면 효용성 측면에서 문제가 있는 것이다. 따라서 선발의 정확성을 높이되 선발의 비용을 최대한 낮추는 효용성 확보는 선발도구를 개발하고 활용하는 데 중요하게 고려해야 할 요소이다.

효용성을 확보하기 위해서는 합리적 선발도구 선택에 있어서 수익과 비용적 측면의 검토와 함께 타당도와 신뢰도에 대한 의사결정도 필요하다. 높은 타당도와 신뢰도를 확보하기 위해서는 높은 비용이 발생하여 효용성을 저해할 수 있기 때문에 적절한 수준에서 인력을 선발할 수 있는 경제적 지표 수준을 확보하는 것이 필요하다.

제4절

인적자원의 개발

1. 인적자원개발의 이해

1) 인적자원개발의 개념

인적자원개발(human resource development; HRD)은 조직의 목표 달성을 위해 현재 또는 미래에 직무가 요구하는 사항을 충족하기 위한 목적으로 조직 구성원의 능력과 기술을 향상시키는 체계적이며 계획적인 경영 활동으로 정의된다(McLagan, 1989). 인적자원개발은 인적자원관리(human resource management; HRM)의 한 부분이면서 핵심 영역이기도 하다.

인적자원개발에 대한 학문적, 실무적으로 통일된 견해는 없고, 인적자원관리(HRM)와 인적자원개발(HRD)을 혼용하여 사용하기도 한다. 다만 1980년대 미국훈련개발협회(American Society for Training and Development; ASTD)가 기업의 교육훈련의 개념을 규정하기 위해 HRD에 대한 정체성과 역할, 기능에 대한 연구를 수행하였고, 연구 결과 〈표 6-14〉와 같은 '인적자원 수레바퀴(human resource wheel)'의 개념을 제시하였다.

이러한 연구 결과를 종합해 보면 인적자원개발이란 기업의 다양한 영역에서 개인의 지식·기술·능력을 향상시켜 부서, 팀, 조직 전체의 성능을 향상시키고 건전한 방향으로 유지, 변화시키는 역할과 기능까지 포함하는 경영 활동으로 볼 수 있다(김영재 외, 2021).

〈표 6-14〉 인적자원 수레바퀴

종합적 개념	구분	영역	초점
인적자원 결과 변수들의 향상 - 생산성 - 질 - 혁신 - 인적자원 성취 - 변화수용 태세	인적자원개발 핵심영역	훈련 및 개발	현재 및 미래의 직무를 성공적으로 수행하기 위한 핵심역량의 개발
		조직개발	부서 간 및 부서 내 관계 증진 및 변화 관리
		경력개발	개인과 조직의 욕구 합치를 위한 개인과 조직의 경력 관리
	인적자원개발 관련 영역	조직 및 직무설계	개인과 부서의 과업, 권한, 기능 등의 명확화
		인적자원 계획	조직 내 인적자원의 욕구, 전략, 철학의 명확화
		업적관리 시스템	조직 목표 달성을 위한 개인의 역할과 목표의 체계화
		선발 및 충원	직무요건과 개인의 능력, 경력 목표와의 합치
	타 인적자원 관리 영역	보상 및 복리후생	보상의 공정성과 지속성
		종업원 지원제도	종업원의 고충 해소와 상담
		노사관계	노사평화, 노사관계의 건전성
		인적자원정보 시스템	인적자원 정보기반 구축

자료: McLagan(1989). Models for HRD practice.

2) 인적자원개발의 영역

미국훈련개발협회(ASTD)의 연구용역을 수행한 P. A. McLagan은 인적자원개발의 영역을 크게 교육훈련(Training and Development; T&D), 조직개발(Organization Development; OD), 경력개발(Career Development; CD)의 세 가지로 구분하였다.

첫째, 교육훈련은 종사자의 지식, 기술, 태도를 변화, 발전시키는 활동으로 용어에서 알 수 있듯이 훈련(Training)과 개발(Development)의 기능을 포함한다. 훈련이 종사자가 자신의 직무를 잘 수행할 수 있도록 지식과 기술을 연마하는 것이라면, 개발은 기업의 미래 경영 활동에 필요한 직무를 잘 수행하도록 종사자의 능력을 키워 대비하는 것으로 미래적 성격이 강하다. 일반적으로 기업에서 이루어지는 교육훈련은 연수, 직무교육, 코칭, 카운슬링, 경영자 교육 등이 있다.

둘째, 조직개발은 경영자가 조직의 위기나 정체 상황에서 이를 극복하기 위한 동력을 조직 내에서 찾기 위해 조직 구성원을 변화시킬 노력과 정책과 관련된 활동이다. 조직개발은 행동과학의 지식과 관행들을 조직에 적용하여 조직의 변화를 이끌어 궁극적으로 조직의 효과성(effectiveness)을 증대시키는 과정이다. 따라서 조직개발은 조직뿐만 아니라 하위 시스템까지 변화시키는 시스템 전반적(systemwide) 접근이기 때문에 중요한 인적자원개발의 영역이다(Cummings & Worley, 2004). 조직개발을 위해 기업에서 활용하는 일반적인 기법은 감수성 훈련, 설문조사 피드백, 과정자문, 팀 구축, 집단 간 개발, 장점 탐색, 리엔지니어링 등이 있다.

셋째, 경력개발은 조직 내의 구성원이 개인의 생애를 발달적 관점으로 인지하여 단계적으로 다양한 과업을 다루며 성장해 나가는 과정을 뜻한다. 저명한 진로학자 Super는 개인의 생애를 발달의 과정으로 정의하고 과정을 크게 성장기, 탐색기, 확립기, 유지기, 쇠퇴기로 제시하였다(Super, 1951). 이러한 발달 과정에서의 경력개발은 크게 경력계획(career planning)과 경력관리(career management)로 나뉜다. 경력계획은 조직 내에서 자신의 기술과 능력을 평가하여 보다 경력을 발전시키는 계획을 세워 나가는 과정이다. 아울러 경력관리는 기업에서 개인이 설정한 경력계획을 촉진시키고 구체적으로 실현되도록 필요한 조치를 취하는 것이다.

3) 마케팅적 인적자원개발

인적자원개발은 경영 원리 중 인적자원에 대한 개념이기 때문에 또 다른 경영 활동의 영역인 마케팅 개념을 적용하면 보다 명확한 이해가 가능하다. 마케팅에서의 전략 수립 및 수행의 과정은 기업 수준의 전략 수립-내·외부 환경 분석을 통한 시장 기회 파악-전략 목표 설정-STP 마케팅전략(시장세분화·표적시장 결정·포지셔닝)-4P 마케팅믹스 관리(제품·가격·촉진·유통) 순으로 이어진다. 이러한 마케팅의 전략 과정은 〈표 6-15〉와 같이 인적자원개발에 적용하여 검토가 가능하다.

〈표 6-15〉 마케팅과 인적자원개발 전략 수립 과정 비교

구분	마케팅	인적자원개발(HRD)
기업 수준의 전략 수립	기업의 사명 설정	인적자원개발(HRD) 사명 설정
내·외부 환경 분석	기업의 내·외부 환경 분석	인적자원개발(HRD) 내·외부 환경 분석
전략 목표 설정	사업단위 전략 목표 설정	인적자원개발(HRD) 전략 목표 설정
STP 마케팅전략	사업단위 시장세분화·표적시장 결정·포지셔닝	인적자원개발(HRD) 시장세분화·표적시장 결정·포지셔닝
4P 마케팅믹스 관리	제품전략	교육훈련 프로그램
	가격전략	훈련비용, 생산성 손익 비용
	촉진전략	HRD 촉진 프로그램 홍보
	유통전략	훈련장소, 장비

4) 인적자원 포트폴리오

기업이 보유하고 있는 여러 사업과 제품·서비스별 경쟁적 강점과 시장 매력도 평가 이후, 강한 사업에 더 많은 자원을 투입하고 약한 사업은 처분하는 등의 전략적 의사결정의 목적은 최적의 사업포트폴리오(business portfolio)를 유지하는 것이다.

포트폴리오란 한 명의 예술가의 작품을 타인에게 보여 주기 위해 모아놓은 대표작의 모음집이다. 이러한 개념을 경영 활동에 적용한 것을 사업포트폴리오라고 한다. 포트폴리오의 개념을 인적자원에 적용하여 인적자원의 다양한 스펙과 특성을 나타내며 기업에서 노동시장의 동향을 파악하고 인적자원관리에서 경쟁력을 확보하기 위해 다양한 자원의 평가와 관리를 하기 위한 단위를 인적자원 포트폴리오(HR portfolio)라고 한다.

사업포트폴리오를 분석하여 기업이 보유한 사업단위의 시장 공헌도를 시각적으로 평가하고 시장 내에서의 경쟁적 위치를 확인할 수 있다. 이처럼 인적자원 포트폴리오를 통해서도 무형의 인적자원이 가진 가치 평가의 어려움을 해결하고 계량적 분석과 관리가 가능해진다. 이를 위해 기업은 인적자원 통제시스템(HR Controlling System)을 구축하고 인적자원에 대한 새로운 데이터를 확보해야 한다.

인적자원 포트폴리오는 마케팅의 대표적인 사업포트폴리오 분석 방법인 BCG 매트릭스[48]를 차용한 것이다. BCG 매트릭스가 시장성장률과 시장점유율의 척도를 기준으로 자사가 보유한 사업 단위의 경쟁적 위치를 파악한 것처럼 인적자원 포트폴리오는 [그림 6-14]와 같이 인적자원의 잠재력과 업무 성과를 기준으로 인적자원의 공헌 정도를 확인하고 관리하는 기법이다. 잠재력과 업무 성과의 높고 낮음을 기준으로 스타(star), 일하는 말(workhorse), 문제아(problem employee), 죽은 나무(deadwood)로 구분하여 인적자원개발의 목표 설정과 관리 여부를 판단할 수 있다(김영재 외, 2021).

[그림 6-14] 인적자원 포트폴리오

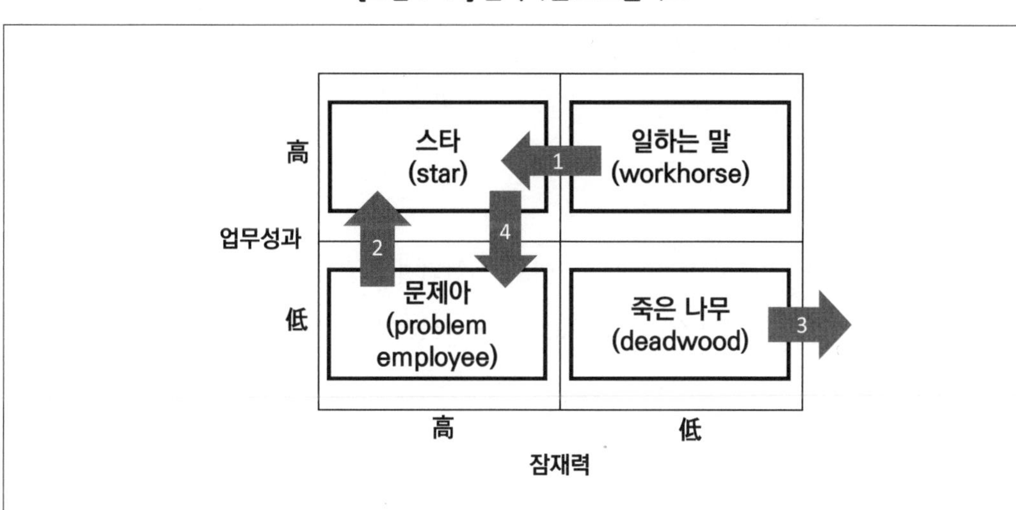

1. '일하는 말'을 교육, 훈련시켜 역량 향상으로 '스타'가 되도록 관리
2. '문제아'는 경영자의 리더십 발휘를 통해 동기부여 하여 '스타'가 되도록 관리
3. '죽은 나무'에 대한 투자를 중단하고 최대한 빠른 시일 내에 퇴출 유도
4. '스타'와 같은 핵심인력 관리가 부실하면 '문제아'로 전락할 수 있으므로 지속적인 동기부여 및 보상 관리 실시

48) 4장 교육서비스 경영전략 수립-3절 전략 수립 방법-4. 사업포트폴리오 분석-1) BCG 매트릭스 부분 참고.

2. 교육훈련

1) 교육훈련의 의의

(1) 교육훈련의 개념

교육훈련은 조직 구성원들이 직무를 수행하는 데 필요한 지식, 기술, 능력을 배양시켜 조직 목적을 달성하도록 돕는 모든 프로세스로 정의된다(Mathis & Jackson, 2008). 교육훈련은 주로 단기적 직무성과 향상을 목적으로 한 훈련과 단기적 성과뿐만 아니라 장기적 관점에서의 조직 구성원의 자질 및 능력 향상을 강조하는 장기적 관점의 교육의 합성어이다. 즉, 교육훈련은 조직 구성원으로 하여금 조직의 목적에 기여할 수 있는 능력을 개발하는 것이고, 전략적이고 체계적인 접근을 통해 여러 가지 학습 원리(learning principal)가 잘 적용된 조직 목표 달성을 위한 경영 활동이다.

(2) 교육훈련의 필요성

교육훈련에 투입되는 비용이 즉각적인 수익으로 실현되지 않음에도 불구하고 교육기업을 포함한 많은 조직이 교육훈련에 대해 강조하고 많은 투자를 하는 이유는 다음과 같다(임창희, 2015).

① 인간의 개발 가능성 제기

경영 활동에 있어서 활용되는 대표적인 자원으로 재무적 자원, 물적 자원 등이 있다. 이러한 물리적 자원은 투입되는 가치가 유지되거나 시간의 경과와 사용에 따라 손실이 이루어진다. 그러나 인적자원은 임금을 포함한 투입 자원에도 불구하고 적절히 개발시키면 물리적 자원과 달리 높은 가치를 창출하는 자원이 되기도 하며, 잠재되어 있는 능력을 개발하여 새로운 역량으로 기업의 성과에 크게 기여할 수 있는 가능성을 가지고 있다.

② 기술과 환경의 변화

기술과 환경이 지속적으로 변화하고 있으며 그 속도와 범위가 점차 늘어나고 있어 이에 대응하기 위해 조직에서의 새로운 기술과 기능에 대한 학습 필요도 함께 증대되고 있다. 또한 경쟁 환경이 심화되고 시장 상황이 급변함에 따라 시장 내에서 경쟁우위를 유지 또는 확보하기 위해 새로운 기술과 지식에 대한 필요는 교육훈련에 대한 요구가 늘어난 이유가 된다.

③ 지식사회 전문성 필요

사회 발전과 경영기법의 고도화로 인해 과거 제조업 중심의 단순 노동기술보다 새로운 창의력과 전문성에 대한 요구가 증대되고 있다. 따라서 직무 생애에 있어 일회적 교육훈련으로 해결되었던 인적자원개발의 빈도가 점차 늘어나게 되었고, 새로운 시장 환경에 따라 대두되는 기회 파악과 가치 창출에 대한 안목과 전문성이 필요하게 되어 교육을 통한 투자와 개발에 대한 요구도 함께 늘어나고 있다.

④ 지식반감기의 가속화

미국의 경제학자, Fritz Machlup은 지식을 경영 자원으로 인식하였는데 한 분야의 지식의 절반이 쓸모없는 것으로 바뀌는 데 걸리는 시간의 길이를 '지식반감기(Half-Life of Knowledge)'라는 개념으로 소개하였다. 최근 지식과 정보 및 기술이 가진 유용성이 절반으로 감소되는 반감기의 기간이 점차 짧아지고 있다. 즉, 지식기술의 발달로 인해 지식반감기가 급격히 짧아지고 있는 추세이며, 이에 대한 대응으로 조직에서 새로운 지식을 학습하고 교육훈련시키는 능력에 대한 중요성이 점차 강조되고 있다.

⑤ 의사소통과 상호협조 필요

교육훈련은 조직 및 경영학적 목표 이외의 사회학적 기능도 담당하고 있다. 즉, 종사자들의 지식과 기술, 능력 향상이라는 본연의 추구 목표도 있지만, 교육훈련 과정에서의 회사의 사명, 비전, 전략 목표를 공유함으로 조직 구성원의 자발적 협조를 얻어낼 수도 있다. 또한 새로운 전략 수립과 실행에 있어서 선제적인 교육훈련은 종사자 개인의 동기부여와 태도 변화, 정책 수용에 일조할 수도 있다.

(3) 교육훈련의 효과

교육훈련은 인적자원개발의 일부분이기 때문에 인적자원관리가 가지는 효과가 공통적인 목표이다. 이에 교육훈련의 효과는 기업과 종사자 모두에게 다양한 효용으로 발생하게 된다.

우선 기업은 교육훈련을 통해 종사자의 노동생산성을 증대시킬 수 있으며, 시간의 경과에 따른 지식과 기술의 감소 및 노후화를 해결하여 노동의 질을 유지시킬 수 있다. 또한 기업의 미래 전략과 경영환경 대응을 위해 기존 인력에 대한 교육훈련을 실시하여 미래에 필요한 전략적 인적자원을 확보하게 된다.

또한 종사자는 교육훈련을 통해 조직 구성원 이상의 한 개인으로서 자아개발과 성장욕구를 충족시킬 수 있으며, 자신의 특기와 개성을 개발하여 보다 인간다운 만족을 실현할 수 있다. 또한 이러한 직무만족의 향상은 직업생활에 대한 질을 높이고 이는 회사로부터 받는 보상 수준의 증가의 원인이 되기도 한다. 또한 조직에서 이루어지는 교육훈련을 통해 새로운 기술과 능력을 향상시켜 높은 승진과 보상으로 이어질 수 있다.

2) 교육훈련의 과정

교육훈련의 과정은 [그림 6-15]와 같이 교육훈련 사전 분석, 교육훈련 프로그램 설계, 교육훈련 실시, 교육훈련 사후 평가의 4단계의 과정을 거쳐 실행된다.

[그림 6-15] 교육훈련 단계

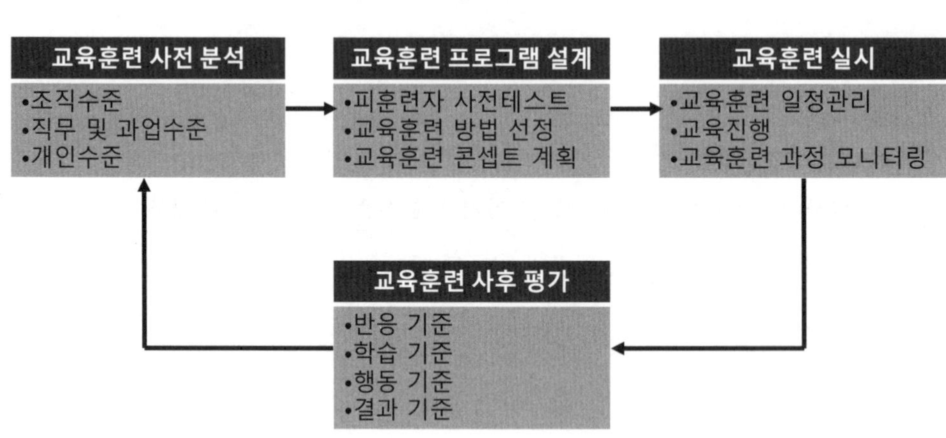

(1) 교육훈련 사전 분석

교육훈련의 사전분석은 수요(needs) 분석이라고도 한다. 교육훈련 이전에 조직의 목표 달성과 목적을 검토하고 종사자에게 필요한 부분을 파악한다는 측면에서 필요성 분석이라고도 한다. 교육훈련의 사전 수요분석은 조직 수준, 직무 및 과업 수준, 개인 수준의 수준에서 파악할 수 있다.

① 조직 수준의 분석

조직 수준의 사전 수요 분석은 조직 전체 수준에서 어떤 교육훈련이 필요한지 결정하는 것으로 조직의 목표 달성을 위해 해결하고자 하는 문제와 깊은 관련성을 가진다. 예를 들어 교육서비스 품질 향상, 종사자의 불만 해소, 새로운 교육프로그램 도입에 따른 지식 및 기술 전달 등이다.

② 직무 및 과업 수준의 분석

직무 및 과업 수준의 사전 수요 분석은 종사자들의 직무와 과업에 요구하는 조건과 관련된 교육훈련 필요도가 대상이다. 보다 높은 성과의 직무를 수행하기 위한 종사자의 지식, 기술, 능력을 향상시키기 위한 분석이며, 새로운 직무의 생성에 대한 새로운 직무 수행자를 대상으로 실시하는 분석이 해당된다.

③ 개인 수준의 분석

개인 수준의 사전 수요 분석은 조직 구성원 개인별 평가를 통해 직무수행에 부적합한 요소가 발견되면 이에 대한 보완을 하기 위한 목표가 반영된 것이다. 또한 조직 구성원 개인이 희망하는 수요도 조직의 효과성에 영향을 미칠 수 있기 때문에 교육훈련 실시에 중요한 분석 대상이 된다. 개인 수준의 수요 분석을 위해 설문조사, 필요도 조사 등의 사전 측정이 이루어지기도 한다.

(2) 교육훈련 프로그램 설계

교육훈련 프로그램 설계는 조직의 목표 달성을 위한 상황과 목적의 특성, 수요 분석, 학습자의 역량을 따라 〈표 6-16〉과 같이 탐색 단계, 정보 수집 및 분석 단계, 사후 분석 및 활용 단계의 3단계로 이어진다(Witkin et al., 1995).

〈표 6-16〉 교육훈련 프로그램 설계 단계

단계	구분	내용	산출물
1단계	탐색 단계	• 교육요구분석을 위한 관리계획 수립 • 교육요구분석의 일반적 목적 확인 • 주요 교육 요구 영역과 문제 확인 • 요구 교육 영역과 관련된 기존의 정보 확인 • 수집할 자료, 출처, 방법, 자료의 잠재적 용도 결정	2단계, 3단계를 위한 준비계획, 교육요구분석 평가를 위한 계획
2단계	정보 수집 및 분석 단계	• 교육요구분석의 상황, 범위, 한계 결정 • 교육 요구에 대한 자료 수집 • 교육 요구에 대한 예비적 우선순위 결정 • 모든 자료 분석 및 종합	우선순위가 높은 교육 요구에 기초한 행동을 위한 준거 설정
3단계	사후 분석 및 활용 단계	• 교육 요구의 우선순위 결정 • 대안적 해결 방법 모색 • 실행 방법을 위한 행동계획 개발 • 요구분석 평가 • 결과 보고	행동계획, 문서와 구두를 통한 보고 및 보고서 작성

자료: Witkin & Altschuld(1995). *Planning and conducting needs assessments: A practical guide.*

또한 교육훈련 프로그램 설계에서 교수체제개발(Instructional System Design; ISD) 단계에 따른 수행 방안을 활용할 수 있다. ISD는 현재 수행 직무를 분석하여 이를 근거로 교육 방법을 도출하기 때문에 기존 교육의 문제점인 직무와 무관한 형식적 교육의 문제를 해결할 수 있는 방법이다. ISD는 〈표 6-17〉과 같이 분석-설계-개발-실시-평가의 5단계로 이루어진다.

〈표 6-17〉 교수체제개발(Instructional System Design; ISD) 단계

단계	구분	내용
1단계	분석 단계	• 미래 환경 변화에 따른 직무수행상 교육 요구를 도출하고 이를 적절히 이해하며 해결 방안을 탐색 • 현재 문제와 추구 현상과의 Gap 발견 • 교육의 필요성, 강화할 지식·기술의 규명, 수행 예정 직무의 규명을 수행
2단계	설계 단계	• 수집, 분석 자료를 토대로 교육 목표 및 교육전략 계획 수립 • 분석 단계에서 확인된 문제와 해결 가능한 교육의 방법 제시
3단계	개발 단계	• 교육훈련에 사용될 도구 개발 • 교육 과정, 강사 및 교육생 매뉴얼, 수업 매체 선정 및 제작
4단계	실시 단계	• 파일럿 테스트를 실시하여 교육 타당도 검증 및 전면 실시 결정 • 개발 교육의 현장 효과성과 효율성 검토
5단계	평가 단계	• 프로그램 실시 결과, 교육적 효과 검토 및 개선·수정 부분 결정 • 개선된 교육 시스템 도입 여부 평가

(3) 교육훈련 실시

교육훈련 프로그램의 설계가 마무리되면 이를 운영할 실제적인 유형과 방법을 활용해야 한다. 적용 가능한 교육훈련 유형은 매우 다양하고 새로운 교육 방법들이 개발되고 유행하기 때문에 관련된 적합한 의사결정이 필요하다. 교육훈련의 유형은 교육훈련의 대상, 교육훈련의 실시장소, 교육훈련의 내용, 교육훈련의 방법 등의 기준에 따라 결정해야 한다. 이렇듯 다양한 기준에 따라 선택할 수 있는 교육훈련의 유형은 〈표 6-18〉과 같다.

<표 6-18> 교육훈련 기준별 유형

<table>
<tr><th>분류 기준</th><th>구분</th><th colspan="2">교육훈련 유형</th></tr>
<tr><td rowspan="2">대상</td><td>계층별</td><td colspan="2">직무층 훈련, 관리층 훈련, 임원 교육</td></tr>
<tr><td>신분별</td><td colspan="2">신입사원 훈련, 임시직 훈련, 정규직 훈련</td></tr>
<tr><td rowspan="3">장소</td><td rowspan="2">사내교육</td><td colspan="2">직장 내 교육훈련(OJT)</td></tr>
<tr><td colspan="2">직장 외 교육훈련(Off JT)</td></tr>
<tr><td>사외교육</td><td colspan="2">대학 및 교육기관</td></tr>
<tr><td rowspan="3">내용</td><td>신입사원</td><td colspan="2">입직훈련, 오리엔테이션</td></tr>
<tr><td rowspan="2">기존 사원</td><td>직무훈련</td><td>도제훈련, 실습장 훈련</td></tr>
<tr><td>교양훈련</td><td>일반교양강좌, 기초교육</td></tr>
<tr><td rowspan="6">방법</td><td>강의식</td><td colspan="2">직접강의, 온라인 강의</td></tr>
<tr><td>회의식</td><td colspan="2">자유토의, 배석토의, 담화, 분반토의</td></tr>
<tr><td>시청각</td><td colspan="2">영상, PPT, 컴퓨터 활용</td></tr>
<tr><td>참여식</td><td colspan="2">역할연기, 감수성 훈련, 비즈니스게임, 인바스켓 훈련</td></tr>
<tr><td>사례연구</td><td colspan="2">토론 및 발표</td></tr>
<tr><td>자기개발</td><td colspan="2">사외위탁, 언어교육</td></tr>
</table>

(4) 교육훈련 사후 평가

교육훈련을 실시한 후 개인과 조직에 효과가 발생하였는지 적절히 검증하는 사후 평가 과정을 가져야 한다. 즉 최초 교육훈련에 대한 설계 단계에서 설정한 목표를 달성하였는지 검토하는 것이다. 교육훈련의 효과를 평가하기 위해서는 교육비, 반응, 학습, 행동, 성과 등을 기준으로 적용할 수 있다. 이러한 평가 기준 설정에 있어 D. L. Kirkpatrick은 [그림 6-16]과 같이 반응, 학습, 행동, 성과의 네 가지 기준을 제시하였는데 이를 4수준 평가모형(Kirkpatrick's Four Levels of Evaluation Model)이라고 한다.

[그림 6-16] 교육훈련 평가 단계

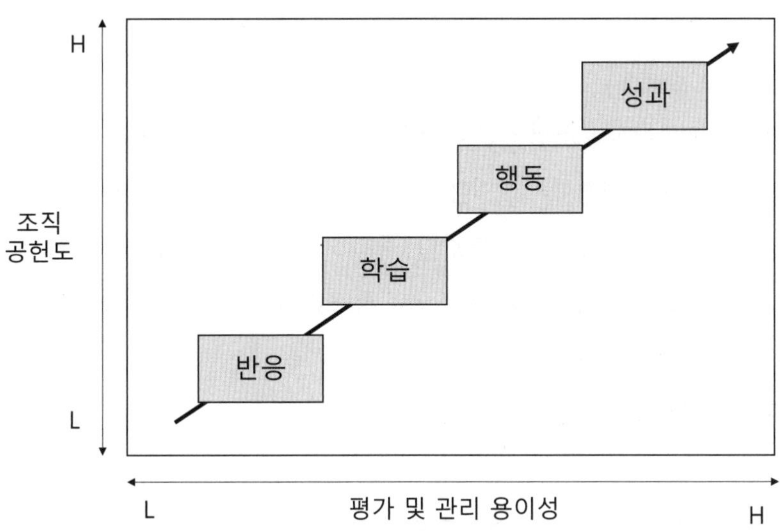

① 반응 기준

반응 기준(reaction criteria)은 프로그램에 참여한 피교육자들의 교육훈련 프로그램 만족도를 측정하여 평가하는 것이다. 참여한 교육훈련에 대해 좋았다고 생각하는지의 내용을 피교육자에게 물어 주로 교육훈련 프로그램의 질, 운영 과정, 수업 방법 등에 대한 개인적인 의견 등을 설문조사를 실시하여 파악한다.

② 학습 기준

학습 기준(learning criteria)은 교육훈련 프로그램 참가자들의 지식, 기술, 태도 등이 어느 정도 향상되었는지를 측정하여 평가하는 것이다. 교육훈련 프로그램에서 배운 내용을 얼마나 많이 이해하고 기억하여 잘 알고 있는지를 확인하여 프로그램의 교육적 효과를 목표 측면에서 파악하는 것이다.

③ 행동 기준

행동 기준(behavior criteria)은 교육훈련 프로그램 참가자들이 숙달한 지식, 기술, 태도를 자신의 직무 현장에서 얼마나 적용하고 있는지를 파악하는 것이다. 실제로 배운 것을 행동으로 옮기고 실천하는지를 검토하여 학습된 결과로 전이가 나타나는지를 평가하는 것으로 현업적용도 평가라고도 불린다.

④ 성과 기준

성과 기준(result criteria)은 교육훈련 프로그램에 참가한 피교육자들의 학습 결과로 실제 조직의 경영 성과가 향상되었는지를 평가하는 것이다. 교육훈련을 통해 습득한 학습 내용이 행동 변화와 조직 성과에 얼마나 영향을 미치는지를 확인한다. 특히 교육 전과 교육 후의 비교를 통해 경영 성과에 대한 기여를 평가하므로 교육비 투자 대비 수익 성과를 파악하는 데 유용한 평가이다.

3) 교육훈련 평가 지표: ROI

조직에서 설계, 실시한 교육훈련이 기업의 전략적 목표를 달성하였는지 평가하기 위해 다양한 지표가 활용된다. 특히 교육훈련의 운용에 투입되는 예산과 달성한 성과를 검증하기 위해 계량적 효율성 수치로 활용되는 대표적인 지표가 ROI(return on investment)이다.

ROI는 투자자본수익률로서 단순히 인적자원개발의 교육훈련 효과 측정에만 활용되는 것은 아니다. 기업에서 이루어지는 모든 투자활동 대비 수익성을 얼마나 달성했는지 측정하는 것으로 최근 경영 활동에서 규모적 성장보다 효율 및 수익성을 중시하는 기류에 따라 중요한 경영평가기법으로 활용되고 있다.

투자 대비 효율성을 검토하기 위한 ROI는 재무관리나 회계 영역뿐만 아니라 인적자원 분야 특히 교육훈련 투자 대비 인적자원 활용성과 도출의 효율성을 검증하는 데 유용한 측정 지표이다.

교육훈련의 성과를 측정하기 위한 ROI 방법 활용을 위해서는 먼저 투자(Investment)에 대한 분석이 필요하다. 인적자원을 위해 투자하는 급여총액, 복리후생 비용, 교육훈련 비용 등이 분석의 대상이다. 이후 도출 가능한 효용(Return)에 대한 분석이 이루어지며, 수익 창출액, 비용 절감액, 종사자 보상비용, 교육훈련을 통한 개선비용 등이 이에 해당된다.

투자(I)와 효용(R)에 대한 분석이 완료되면 다음 공식과 같은 ROI 산출 공식에 따라 지표를 도출하게 된다. 결과적으로 ROI 값이 크면 클수록 교육훈련 프로그램의 성과가 높고 효율적이라는 시사점을 도출할 수 있다.

$$ROI(\%) = \frac{순효용(효용 - 비용)}{비용} \times 100$$

3. 조직개발

1) 조직개발의 의의

(1) 조직개발의 개념

조직개발은 계획적인 조직 변화 관리 기법의 집합으로 기업의 경쟁력을 강화시키고 장기적으로 효율성과 성과를 향상할 목적을 달성하고자 조직의 구조와 경영 활동의 과정, 조직 구성원의 행동과 조직문화의 개선을 가져오게 하는 체계적 변화 과정이다(강정애 외, 2015).

조직개발은 조직변화와 구분하여 개념화하는 것이 필요하다. 조직개발은 고객에게 지식과 기술을 전이하고 목적 달성을 위한 문제 해결 능력을 구축하는 것과 같은 변화로서 근로생활의 질, 조직효과성 향상 등과 같이 특정한 목적을 가진 조직 변화 과정이다. 이에 반해 조직변화는 기술과 경영 혁신, 조직의 쇠퇴와 진화 등을 포괄하는 모든 형태의 변화로 성과 향상과 관계없이 발생할 수 있다(Cummings & Worley, 2004).

따라서 조직개발은 조직변화보다 작은 개념이자 한 방법으로 조직의 효율성을 유지하기 위해 조직을 변화시키고 환경에 적응하게 만드는 과정으로 경영자에 의해 의도적으로 이루어지며, 조직효과성을 향상시키고 개선하기 위한 조직변화의 방법이라고 할 수 있다. 즉, 조직개발은 조직의 효율성과 종사자의 역량을 변화, 개선시키기 위한 모든 노력과 방법을 포함한다.

(2) 조직개발의 목표

조직개발의 목표는 조직개발의 개념으로부터 확인할 수 있는 것처럼 조직을 현재 상태에서 바람직한 상태로 변화시키는 것이다. 기업에 속해 있는 조직의 바람직한 모습은 조직의 효과성을 극대화하는 것으로 이러한 목표를 실현하기 위해 추구하는 하위 목표는 다음과 같다(민경호, 2003).

첫째, 조직 구성원의 신뢰와 지지를 증대시킨다.
둘째, 조직 내 발생하는 문제를 회피하지 않고 직면하여 해결하는 능력을 키운다.
셋째, 조직 내 커뮤니케이션을 보다 개방화하고 다양화한다.
넷째, 조직 구성원의 사기와 만족을 증대시킨다.
다섯째, 경영자의 리더십 스타일을 참여적 리더십과 협동적 리더십으로 변화시킨다.
여섯째, 조직 내 집단 간의 갈등을 해소시킨다.

2) 조직개발의 변화 과정

조직개발의 목적을 달성하기 위해 조직개발은 일련의 과정에 따라 변화한다. 조직개발은 변화의 성격과 진단된 문제 등의 다양한 상황적 여건에 따라 변화되는 과정과 활동이 다르게 나타난다. 조직개발의 과정을 설명하는 데 있어서 공통적으로 적용되는 과정은 행동변화적 측면과 계획적 측면으로 나눌 수 있다(이학종, 양혁승, 2011).

(1) 행동 변화의 단계적 과정

조직개발의 변화는 조직 구성원에게 불안감의 원인이 되며, 저항감과 비협조적인 태도로 이어질 수 있다. 또한 조직 구성원이 변화에 대해 인식이 있지만, 실천으로 이어지지 못해 조직의 효율성을 떨어뜨리기도 한다. 조직개발의 과정에서 조직 구성원의 문제가 아닌 경영층의 요인으로 문제가 발생할 수 있는데, 조직 구성원의 반응과 요구를 고려하지 않고 조직개발에 대한 경영층의 일방적인 추진이 구성원의 저항을 일으킬 수도 있다.

이와 같은 부정적 결과가 나오지 않도록 조직개발 과정에서 조직 구성원들의 변화에 대한 필요성 인식과 적극적 참여, 변화 방법에 대한 조직 전체의 공유와 협력이 필요하다. 이러한 조직개발의 근본적 접근을 위해 Lewin은 조직개발의 순서적 과정을 강조하였고 변화담당자[49]의 역할을 중심으로 크게 네 가지 단계적 행동개발 과정을 제시하였다(Lewin, 1947).

---

49) 변화담당자(change agent)는 조직개발의 수행자로 개인, 집단 또는 이외의 변화 대상에 대하여 변화가 효과적으로 이루어지도록 변화 과정에 간섭하는 개입(intervention)을 통해 조직을 변화시키는 전문가이다(Argyris, 1970).

① 변화 필요성 인식

조직개발의 첫 번째 단계는 조직진단을 통해 변화의 필요성과 방향이 정립된 이후, 조직 구성원에게 현재의 조직시스템과 행동에 문제가 있음을 알게 하고 이로 인해 집단과 조직 성과에 부정적 영향을 미치고 있음을 인식시킨다. 이러한 인식을 바탕으로 변화에 대한 필요성을 공감하게 하며 관심을 기울이게 하는 단계이다. 이 단계에서 변화담당자는 조직의 성과와 효율성에 대한 자료와 조직 구성원 간의 상호작용에 대한 조사를 토대로 문제의 증상을 제시하여 변화의 분위기를 조성한다.

② 해빙

조직개발의 두 번째 단계는 조직 변화에 부정적인 태도를 갖게 하는 조직 구성원의 불안감과 불확실성에 대한 인식과 가치관을 해소하는 것이다. 조직 구성원의 기존 가치관과 의식구조를 벗어나 새로운 관점과 가치관을 제시하는 것으로 이를 해결하지 않으면 조직개발은 요원해질 수 있다. 따라서 구성원의 굳어 있는 관점과 가치관을 녹이는 해빙(unfreezing)을 통해 조직 구성원의 폐쇄적 관점, 불신, 안일한 과업행동 등과 같은 고정된 기존 가치관과 경향성에 대해 인식도를 높여 준다. 이를 통해 보다 개방적이고 성취지향적인 관계와 과업행동이 도출될 수 있도록 의식구조의 변화를 촉진한다.

③ 변화 주입

조직개발의 세 번째 단계는 변화의 내용을 실제로 주입시키는 단계이다. 조직개발에서의 행동변화는 이전의 해빙 과정에서 기존 가치관에 대한 새로운 관점과 태도의 대체가 이루어질 때 형성된다. 변화에 대한 새로운 시스템의 도입과 새로운 역할 수행이 조직 구성원 자신에게 효익이 있다는 확신을 주어야 한다. 또한 새로운 직무 내용과 작업 방법으로부터 얻은 만족감과 욕구 충족 등을 통해 수준 높은 자아실현 단계를 체험함으로 새로운 변화의 동력을 확보하는 것이다.

④ 재동결

조직개발의 마지막 단계는 이전 단계에서 형성된 새로운 가치관, 태도, 행동을 지속적으로 반복하고 강화하여 영구적인 패턴으로 정착시키는 것이다. 조직 내 구성원 간의 상호 관계 촉진이나 보장제도 활용, 환경 조성을 통해 새로운 행동의 강화와 영구적 행동으로 재동결(unfreezing)시키는 것은 조직개발의 마지막 전략적 단계이다. 재동결 과정을 통해 조직 변화의 좋은 효과로서의 행동의 소멸과 이전 행동으로의 회귀의 위험성을 제기할 수 있다. 변화담당자는 장기간에 걸쳐 조직 구성원이 새로운 행동에 익숙하여 정착되도록 여러 형태의 강화 작용을 활용하여 재동결을 유도한다.

(2) 계획적 변화모형

Lewin의 행동 변화의 단계적 과정은 조직개발의 변화 과정에서의 전략적 개념 정립에 중요한 틀을 제공한다. 이러한 조직개발은 상황에 따라 구체적으로 나타나는 양상이 모두 다르다. 그러나 조직 변화는 계획적으로 변화할 수 있으며 [그림 6-17]과 같은 조직개발모형과 같이 순차적인 과정을 거친다(이학종, 양혁승, 2011).

[그림 6-17] 조직개발모형

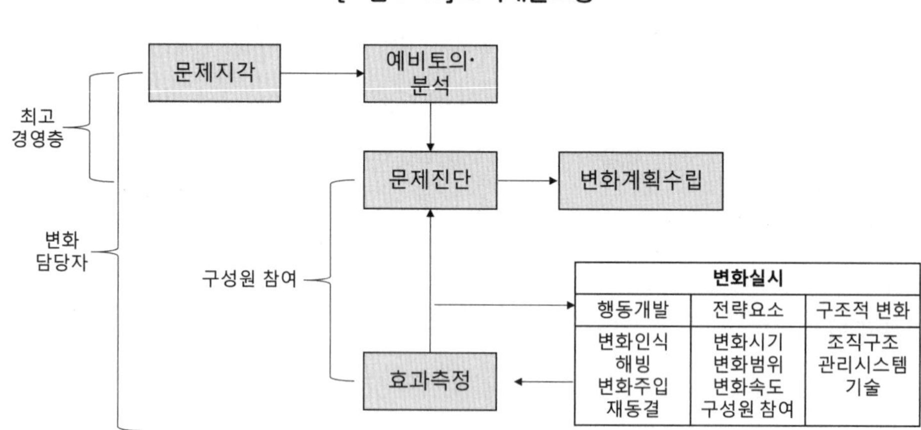

① 문제의 진단

첫 번째 단계는 문제의 현상이 지각되는 상황에서 변화담당자의 조사를 통해 문제를 진단하는 것이다. 문제를 진단하기 위해 특정 부문에서 성과와 효율성 간의 차이(Gap)를 확인하고 다양한 정보와 자료를 통해 이를 검증하는 것이다.

② 변화계획 수립

두 번째 단계는 문제의 원인을 기술하여 구조적으로 분석하고 조직 구성원의 문제 행동을 규명한다. 조직에 존재하는 여러 가지 공식적, 비공식적 환경을 고려하여 실행 가능한 변화 전략과 방안을 설정하는 것이다.

③ 변화 실시

세 번째 단계는 실제 변화를 만드는 실제적인 과정을 집행하는 것으로 경영자와 변화담당자의 개입하에 조직구조를 시스템적으로 변화시키고 다양한 변화기법을 활용하고 적용한다. 변화에 적용되는 조직개발기법과 단계적 순서 적용과 변화의 강도는 해결해야 할 문제의 성격과 변화를 통해 달성하고자 하는 성과 목표에 따라 다르다.

④ 결과 평가

마지막 단계는 실시한 변화의 실행 사항과 이로 인해 도출된 결과를 주기적으로 측정하여 추구하는 성과가 달성되었는지 평가하는 것이다. 결과 평가는 변화 과정의 마지막 단계이지만 실행하는 변화전략과 방법을 피드백하여 과정을 조정하거나 수정하기 위한 단계이기도 하다. 평가 과정에서 도출된 결과는 조직 구성원들과 공유되고 피드백되어 변화를 더욱 촉진시키는 요인이 될 수 있다.

3) 조직개발 기법

조직개발 기법은 교육훈련 프로그램이 진행되는 과정에서 조직개발을 위해 관리자가 참여하는 계획적 활동이며 조직의 효과성과 성과를 향상시키기 위한 다양한 방법을 의미한다. 우선 조직개발을 위한 적절한 개입기법을 선정하기 위해 조직의 효과적 운영을 위해 검토할 이슈가 무엇인지 확인해야 한다(Cummings & Worley, 2004). 확인된 이슈에 따라 채택할 수 있는 개입기법의 종류는 인간 과정 개입, 기술·구조적 개입, 인적자원관리 개입, 전략적 개입 등이 있다(김영재 외, 2014).

(1) 인간 과정 개입

인간 과정 개입(human process interventions)은 조직 내 의사소통, 리더십, 집단역학과 같이 조직 구성원 사이에서 발생하는 사회적 과정과 연관된 것으로 갈등을 해결하고 팀을 조직하는 것과 관련된 기법이다. 따라서 주로 심리학, 사회학, 교육학 등의 학문을 근간으로 하고 있으며, 조직의 인간개발을 중시하여, 사람과 조직 프로세스가 같이 향상될 때 조직효과성도 높아진다고 보는 것이다(Cummings & Worley, 2004).

인간 과정 개입과 관련된 대표적인 기법은 코칭(coaching), 과정 자문(process consultation), 삼자 개입(third party intervention) 등이 있다. 코칭은 관리자가 목표를 명확히 하고 장애물을 처리하며, 성과 향상을 돕는 것으로 일대일 관계를 기반으로 한 개인 학습의 기법이다. 과정 자문은 작업집단에서 발생하는 대인관계와 사회적 역할에 집중하여 집단의 문제를 스스로 인식하고 해결하는 기술 획득을 도와 집단 구성원이 집단기능을 진단하는 것을 조력하는 방법이다. 삼자 개입은 관리자가 문제 해결, 단체교섭, 조정과 중재와 같은 방법을 통해 갈등을 해결하도록 조력하는 방식이다.

(2) 기술 · 구조적 개입

기술·구조적 개입(technostructure interventions)은 업무를 부서에 할당하는 방식과 이러한 과정에서 부서 간의 균형을 유지하는 방법과 관련된 기법이다. 조직의 과업 방식과 직무설계와 같이 기술과 분업, 계층구조 등의 구조적 문제에 초점을 맞추어 주로 공학, 사회학, 심리학의 학문 영역을 토대로 한다. 즉, 일반적으로 생산성 향상과 개인의 만족 모두를 추구하기 위한 노력의 결과인 조직효과성은 적절한 작업설계와 조직구조로부터 기인된다는 관점이다(Cummings & Worley, 2004).

기술·구조적 개입과 관련된 대표적인 기법은 구조적 설계(structural design), 리엔지니어링(re-engineering), 종사자 관여(employee involvement), 작업설계 변화 프로그램 등이 있다. 구조적 설계는 변화 과정에서 과업의 성과를 어떻게 전문화할 것인가를 목적으로 조직을 분업하는 것으로 전통적 방식의 조직을 보다 유연하고 통합적으로 변화시키는 것이다. 리엔지니어링은 조직의 체질과 구조를 근본적으로 재설계하는 것으로 작업흐름 통합 등을 통해 신속한 과업 성과를 추구하는 것을 의미한다. 종사자 관여는 종사자의 복리후생과 조직효과성의 향상이 목적이며, 조직 상위의 지식, 권한, 보상 등을 조직 하부로 이동시키는 것이다. 작업설계 변화 프로그램은 작업집단과 직무를 설계하는 것으로 기술적, 동기부여적, 사회기술적인 시스템 접근이나 종사자가 과업의 다양성, 자율성, 피드백을 자유롭게 하여 직무 충실화를 유도하는 것을 뜻한다.

(3) 인적자원관리 개입

인적자원관리 개입(human resources management interventions)은 조직에 필요한 인재를 유입

시키고, 목표를 설정하고 평가와 보상, 경력개발과 관련된 것을 목표로 설정하고 접근하는 방법이다. 이는 조직효과성이 종사자와 조직을 통합하는 과정에서 발생한다는 관점을 가지고 무엇보다 사람에 초점을 두는 것이다(Cummings & Worley, 2004).

인적자원관리 개입과 관련된 기법은 목표 설정, 성과 평가, 보상시스템 구축, 경력계획 및 개발 등이 있다. 목표 설정은 개인의 목표와 조직의 목표의 적합성을 추구하며 관리자와 종사자가 같이 주기적으로 작업계획을 세우고, 성과를 검토하여 목표 달성의 장애를 해결하는 것이다. 성과 평가는 업무와 관련된 성과와 문제 해결을 위한 강점과 약점을 함께 평가하는 과정으로 개인과 집단의 성과를 피드백하여 목표 설정과 보상시스템 간 연계성을 확보하는 것을 의미한다. 보상시스템 구축은 종사자의 성과와 만족을 향상시키기 위해 임금, 승진, 복리후생과 같은 제도를 적용하고 조직의 보상을 설계하는 것이다. 경력계획 및 개발은 조직 구성원이 조직에서의 경력경로를 적절히 선택하고 경력 목표를 달성하도록 조력하는 것을 뜻한다.

(4) 전략적 개입

전략적 개입(strategic interventions)은 기업이 진입하고 경쟁할 사업과 시장을 선정하고 어떤 서비스를 제공할 것인지와 환경 변화에 어떻게 대응할 것인지에 대한 기법이다. 조직 내부 기능과 환경을 연계시켜 변화하는 환경에 대응하기에 적합하도록 조직을 변화시키는 것으로 전략경영, 조직이론, 개방시스템이론, 경제학을 토대로 삼는다(Cummings & Worley, 2004).

전략적 개입과 관련된 대표적인 기법으로는 통합된 전략 변화, 인수·합병, 제휴, 네트워크 구축 등이 있다. 통합된 전략 변화는 사업전략과 조직시스템이 연계되어 환경 변화에 따라 함께 변화해야 한다는 관점으로 조직 구성원의 바람직한 방향으로의 전략적 전환을 돕는 것이다. 인수·합병은 둘 이상의 조직의 효과적인 운영 통합을 도와 다양한 이슈를 함께 검토할 새로운 조직을 형성하도록 돕는 것이다. 제휴는 둘 이상의 조직이 각자 보유한 다양한 자산을 공유하여 공동의 목표를 추구하도록 돕는 것이다. 네트워크 구축은 하나의 조직이 해결하기 어려운 복잡한 문제를 해결하기 위해 여러 조직과 관계하도록 파트너를 포함한 구조를 개발하도록 돕는 것이다.

4. 경력개발

1) 경력개발의 이해

(1) 경력 관련 개념

경력(career)이란 여러 학자들에 의해 다양하게 정의되지만, 일반적으로 개인이 일생에 걸쳐 직업과 관련하여 얻게 되는 모든 경험을 의미한다. 따라서 경력을 특정 직업에만 국한하여 정의하는 것보다 직무와 관련된 모든 활동이 경력에 해당된다. 따라서 조직 구성원 개인의 경력관리(career management)는 기업의 중요한 이슈이며, 개인의 경력계획(career planning)과 회사의 경력관리 활동을 연결시킨 경력개발(career development; CD)은 조직의 중요한 관리 영역이다.

경력개발 과정에서 초기 중요한 단계는 경력 목표를 설정하는 것이다. 경력 목표는 경력 과정에서 궁극적으로 도달하기 위한 경력 추구의 최종 도착점으로 개인은 〈표 6-19〉같이 다섯 가지 경력 닻(career anchor) 중 일부를 선택하는 것으로 경력 목표를 설정한다(임창희, 2015).

〈표 6-19〉 경력 닻의 유형

유형	주제	내용
전문가 닻	기술·기능 중심	기술적, 기능적 역량을 최대한 갖추기 위해 자신의 특기를 개발하고 전문지식을 획득함. 관리자나 감독자로의 승진보다 전문가, 권위자 등이 최종 경력 목표임.
관리자 닻	관리 능력 중심	최고의 리더십을 갖추고 조직의 최고경영자 위치에 오르고자 함. 회사의 여러 분야의 경험을 바탕으로 빠른 승진을 목표로 함.
조직인 닻	안정 중심	특정 조직 안에서 안정적 지위 유지를 추구함. 자율성과 독립적인 업무 수행과 연구를 원하고 회사 구성원으로 정해진 임금을 받으며 조직생활을 영위하려 함.
기업가 닻	창의적 기업가 정신	조직에 속하거나 의존하기보다 스스로 혼자 성취하려 함. 자신의 경력 경험을 바탕으로 창업을 희망하며 언제든지 현재 조직을 이탈할 수 있음.
자유인 닻	자율과 독립	조직 생활에 구속되어 일하는 것보다 자유인으로 최고의 수준에 오르려고 함. 자신의 연구개발 결과를 사업과 제품으로 실현하는 것을 경력 목표로 설정함.

경력 목표가 설정되면 개인이 조직에서 최종 경력 목표에 도달하기 위해 경력을 쌓아가면서 경험하게 될 직무를 배열하는데 이를 경력경로라고 한다. 또한 조직은 개인이 경력을 축적함에 따라 경험하게 될 승진과 경력 기회에 대한 정보를 제공해 주는데 이러한 활동도 경력경로의 영역이다. 경력경로는 승진과 같은 수직적 경력경로와 직무전환과 같은 수평적 경력경로가 있다. 단일직무와 기능식 조직에서는 전통적인 수직적 경력경로를 선호하고 다양한 직무경험을 쌓아야 하는 중간관리자 이상의 경영층은 수평적 경력경로가 적합하다.

경력개발은 입사, 승진, 퇴직의 과정인 경력단계에 따라 이루어진다. 경력단계는 [그림 6-18]과 같은 경력 사이클(career cycle)에 따라 탐색-사회화-확립-유지-쇠퇴의 단계가 나타난다. 탐색 단계는 자신의 적성을 고려하여 여러 직무 정보를 수집하는 단계이며, 사회화 단계는 특정 분야를 선택하여 안착하는 단계이다. 확립 단계는 해당 분야에 숙련되고 몰입하여 그 분야의 전문가가 되는 단계이고, 유지 단계는 조직에 대한 관리자, 지원자의 역할을 담당하는 단계이다.

[그림 6-18] 경력 사이클

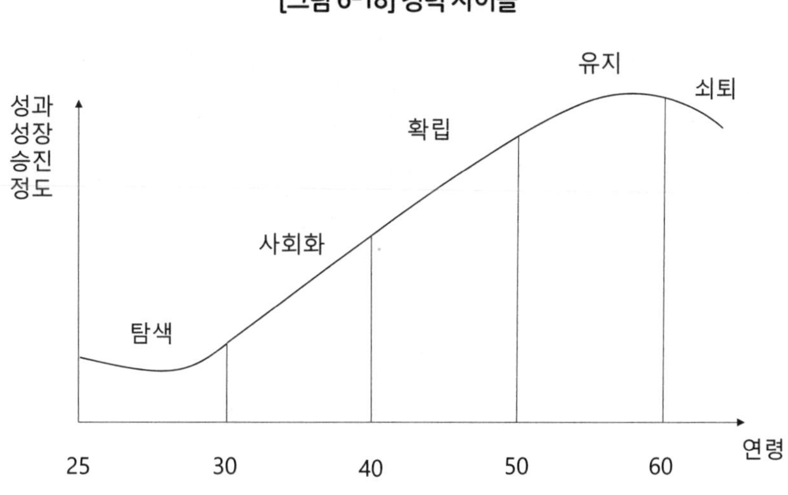

(2) 경력개발의 개념

경력개발 관련 다양한 개념을 종합하면 경력개발은 [그림 6-19]와 같이 경력계획과 경력관리의 두 가지 영역을 포괄하며, 조직 구성원 개인이 경력 목표를 달성하기까지의 방향과 경로를 미리 설정하고, 설정한 계획이 실행으로 옮겨지고 계속 진행되도록 지원하여 개인과 조직의 요구에 맞게 경력을 달성시키는 인적자원관리 활동이다(임창희, 2015).

[그림 6-19] 경력개발 계획 및 관리 과정

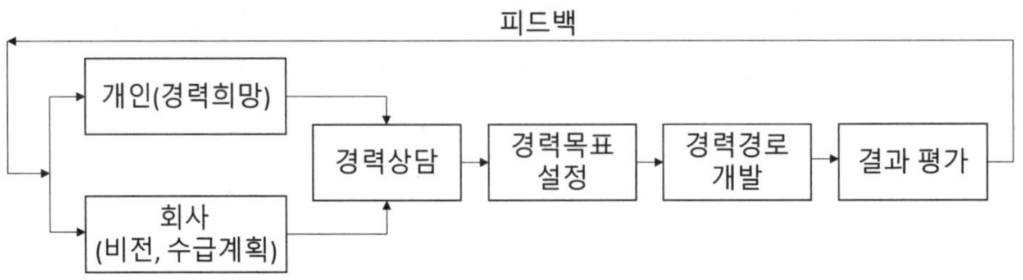

2) 경력개발의 과정

개인의 경력개발은 일정한 단계에 따라 이루어지며, 각 단계에 따라 다양한 과업과 직무목표를 만나게 된다. 일반적으로 경력개발은 〈표 6-20〉과 같이 다섯 단계로 구분된다.

〈표 6-20〉 경력개발 5단계

단계	구분	연령	주요 과제
1단계	직업 선택	0~25세	직업 이미지 개발, 직업 탐색, 최초 직업 선택, 필요교육 이수.
2단계	조직 진입	18~25세	원하는 조직에서 일자리 획득, 정확한 정보를 토대로 직무 선택.
3단계	경력 초기	25~40세	직무와 조직의 규칙, 규정에 대한 학습. 자신의 직업 및 조직에 적응. 역량을 증대시켜 꿈을 추구함.
4단계	경력 중기	40~55세	경력 초기와 성인 초기를 재평가하고 꿈을 수정함. 성인 중기에 적합한 선택을 통해 지속적으로 열심히 일함.
5단계	경력 말기	55세~퇴직	지속적 종사. 자존심 유지. 퇴직 준비.

(1) 직업 선택 단계

직업 선택 단계에서는 자신과 직업의 세계에 대한 아동기, 청년기, 성인 초기에 형성된 이미지가 직업 선택에 영향을 미친다. 이 단계에서는 자신에게 적합한 직업을 선택하기 위해 자신의 욕구, 흥미, 능력, 가치, 취업 기회 등을 고려한다. 실제 취업을 하거나 취업을 위한 교육이나 훈련을 받아 자신의 자아개념을 실천하기 위해 노력하고 현실적 요인을 중시하여 적합해 보이는 직업을 선택하며 직무를 수행한다(김봉환, 2019). 한편 진로학자 Supe는 생애적 진로발달 단계를 크게 성장기-탐색기-확립기-유지기-쇠퇴기의 다섯 단계로 제시하였는데, 이 중 성장기와 탐색기의 일부가 직업 선택 단계에 해당된다(Super, 1951).

(2) 조직 진입 단계

조직 진입 단계는 조직 밖에서 조직 안으로 들어가는 과정으로 Super의 진로발달 단계 중 탐색기의 후반부에 해당되며 어떤 조직이 자신의 진로 목표와 가치를 충족시킬 가능성이 높은지를 판단하여 입사하는 단계이다. 조직은 개인의 역량을 평가하여 업무를 가장 잘 수행할 것으로 판단되는 사람을 모집과 선발이라는 과정을 통해 신입사원으로 확보한다.

조직의 입사 과정은 모집, 선발, 오리엔테이션, 사회화의 네 단계로 구분된다. 모집은 개인과 조직 간의 상호 적합도를 매칭해 보고 개인은 회사 정보를 찾으며, 조직은 구직자를 확보하는 과정을 취한다. 선발은 개인과 조직의 상호 선택 과정으로 서류 평가, 면접 평가 등을 통해 최종 입사 대상자를 선정한다. 오리엔테이션은 신입사원의 최초 적응 시기로 개인은 입사에 대한 스트레스를 해결하고, 조직은 신입사원에게 기업에 대한 정보와 정서적 안정을 제공한다. 마지막 사회화는 개인과 조직의 상호 적응 과정으로 조직은 신입사원에게 영향을 끼쳐 조직문화에 동화될 수 있도록 한다.

(3) 경력 초기 단계

경력 초기 단계는 자신이 발견하고 선택한 직업에서 영구적인 위치를 확보하기 위해 노력하는 단계이며, Super의 생애진로발달 단계 중 확립기에 해당하며 크게 정착시기와 성취시기로 세분류할 수 있다.

정착시기는 신입사원이 최초 입사한 이후 처음 맡게 되는 직무를 적절히 수행하기 위해 조직에 적응하고 정착하는 시기이다. 이 시기에 이루어지는 바람직한 정착 양상을 조직사회화(organizational socialization)라고 한다. 개인이 자라면서 사회의 가치와 규범을 습득하는 것과 같이 새로운 조직 구성원이 성공적으로 조직의 일원이 되기 위해 직무 관련 지식과 사회적 지식을 학습하는 것이 조직사회화이다. 조직사회화 프로그램은 직무수행의 효율성, 사람, 조직정치, 언어, 조직 목표 및 가치, 역사 등의 내용을 주로 다룬다.

정착시기를 거치면 적응에 대한 관심이 줄고 성취, 권한, 책임에 대한 욕구가 강해진다. 업무역량을 지속적으로 발휘하고, 책임과 권한의 증대를 요구하며, 조직 내·외부에서 직무와 조직에 기여할 다양한 기회를 찾는 시기이다. 또한 자신의 경력 목표를 달성하기 위한 전략을 개발하고 실행하며, 환경 변화에 대한 적응이 이루어진다. 이에 조직은 개인의 경력경로 탐색을 조력하고, 긍정적인 성과 평가를 제공하며, 적절한 인사평가와 피드백을 통해 현실적인 경력경로를 구축하도록 도전하고 책임을 제공해야 한다.

(4) 경력 중기 단계

경력 중기는 정해진 직업에 정착해 유지하기 위한 노력을 하는 시기로 개인은 자신의 기술을 갱신하거나 지속적으로 직무능력을 향상시켜 혁신적인 방법으로 새로운 기술을 터득하기도 한다(김봉환, 2019). Super의 진로발달 단계 중 유지기에 속하는 이 단계에서 개인은 두 가지 경력 이슈를 다룬다. 첫째는 개인이 경력 중기에 들어서며 전환에 직면하고 지난 경력을 재평가하는 것이다. 둘째는 자신의 업무의 생산성을 유지하는 것인데, 더 이상 승진이 어렵다고 판단되거나 경력정체(career plateau)가 발생하는 것을 인지하면 생산성이 크게 감소한다.

경력정체란 조직 내에서 승진이 정체되거나 책임 있는 상위 직위로의 이동이 막힌 상태로 직급 상승 중단과 같은 객관적 중단과 승진에 대해 개인이 느끼는 주관적인 불만인 주관적 정체도 포함된다. 경력정체는 [그림 6-20]과 같이 행동 유형과 현실 인식에 따라 방어형, 절망형, 성과미달형, 이상형의 네 가지 유형으로 구분된다.

[그림 6-20] 경력정체 유형

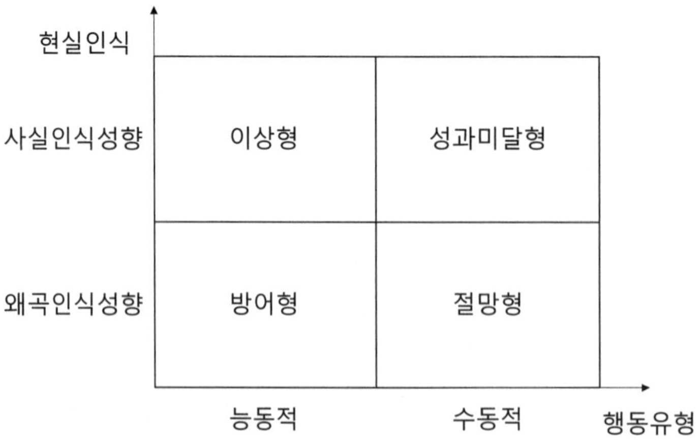

현실인식	능동적	수동적
사실인식성향	이상형	성과미달형
왜곡인식성향	방어형	절망형

(가로축: 행동유형)

경력 중기 단계에서 발생하는 구성원의 경력 관리를 위해 적절한 이동기회를 제공하며 직무를 재설계하거나 멘토링과 지속적인 교육프로그램을 운영해야 한다. 또한 중년의 종사자의 성과의욕을 자극하기 위한 도전적인 직무와 자극적인 과업 제시와 인정, 칭찬 등 다양한 보상 방법 활동도 필요하다.

(5) 경력 말기 단계

경력 말기 단계는 조직 구성원이 신체적·정신적으로 노쇠해짐에 따라 직업 전선에서 은퇴하여 다른 활동을 찾기 위한 시기로 Super의 생애발달 단계의 마지막 쇠퇴기에 해당하는 단계이다. 이 시기에 조직은 경력 말기 구성원을 위한 별도의 관리 방안을 모색해야 하는데 성과 기준을 새롭게 제시하고 교육과 직무 재설계를 통해 경력 말기 구성원들을 활성화시켜야 한다.

최근 들어 퇴직준비 프로그램(outplacement program)과 같이 퇴직 이후의 삶에 대한 준비를 촉진하는 제도가 발달되고 있다. 개인이 은퇴 준비에 관심을 갖게 하며 그에 따른 은퇴생활과 관련된 진로발달 과업이 존재함을 인식하여 경력 말기의 조직 구성원을 지원하는 것이다.

3) 승진관리

(1) 승진관리의 개념

승진(promotion)이란 조직 구성원이 현재 담당하고 있는 직무보다 더 나은 직무로 올라가는 수직적 이동을 의미한다. 승진을 통해 직무에 대한 책임이 커지고 직위도 높아지며, 기술과 과업 수준도 높아져 대우도 좋아진다. 조직 구성원에게 승진은 조직생활의 중요한 목적이며, 자아실현의 상징이고 동기의 유인가(valence)에도 강한 영향을 미친다(Jones & Vroom, 1964).

따라서 조직에서 승진을 적절히 관리한다면 조직 구성원 개인은 자아발전의 욕구를 충족시키고 조직은 효율적인 인적자원관리의 자산을 확보할 수 있다. 또한 승진은 다른 보상만큼 중요하게 여기는 인식으로 인해 임금상승을 억제시키고 지위승진으로 사원의 만족도를 높일 수 있다.

(2) 승진관리의 원칙

승진관리가 잘못 이루어지면 인적자원의 적체현상이 발생하고, 사원들의 사기 저하와 불평을 초래하여 조직효과성을 저해하는 요인이 될 수 있다. 따라서 조직과 구성원 모두의 입장에서 동의할 수 있는 명확한 승진 방침과 제도의 운영이 필요하다. 승진관리의 기본 원칙은 [그림 6-21]과 같이 적정성, 공정성, 합리성을 들 수 있다.

[그림 6-21] 승진관리의 원칙

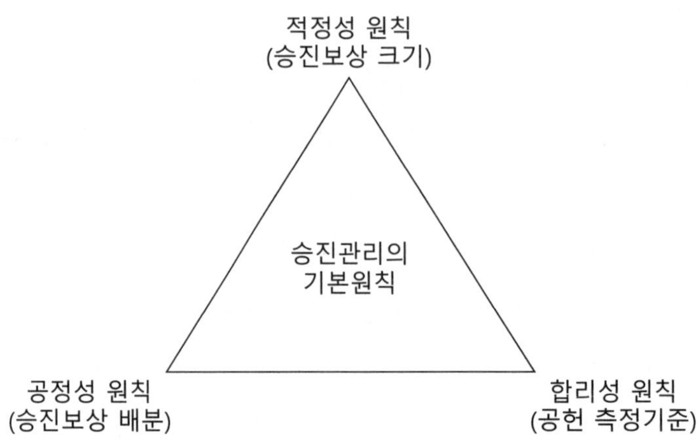

① 적정성

적정성이란 승진할 직위의 수가 적정하여 사원들이 승진할 능력과 시기가 되었을 때 승진을 할 수 있는 크기를 확보하는 것이다. 조직 구성원이 일정한 정도의 공헌을 하였을 때 받을 수 있는 승진보상의 크기를 뜻하며, 만일 조직에 충분히 공헌하였지만 승진보상을 받지 못한다면 승진관리의 적정성을 확보하지 못한 것이다.

승진보상의 적정성은 시간과 공간적 차원에서 접근이 가능하다. 시간적 차원은 과거의 구성원이 받은 승진보상과 현재 구성원이 받는 승진보상을 비교하는 것이고, 공간적 차원은 동종 산업의 유사한 조직 구성원이 받는 승진보상과 자신의 조직의 구성원이 받는 승진보상을 비교하는 것이다.

② 공정성

공정성이란 조직 구성원에게 배분하는 승진보상과 승진의 기회가 얼마나 올바르게 나누어졌는지에 대한 것이다. 이 원칙은 상대적이기 때문에 공정성의 원칙이 지켜지지 않는다면 구성원의 불만이 증가되고 갈등의 원인이 되며 이직과 탈퇴 현상까지 나타난다. 따라서 승진관리의 공정성을 확보하기 위한 승진기준을 만들고 승진평가 과정을 공개하여 승진보상의 결과가 공정하였다는 것을 알리는 것이 바람직하다.

③ 합리성

합리성이란 조직 구성원이 조직의 목표 달성을 위해 공헌한 내용과 이로 인해 승진에 미치는 영향 요소가 합리적으로 선택되었는지 평가하는 것이다. 예를 들어 연고주의 기준의 승진관리는 비합리적이며, 개인의 성과, 근속연수, 자질, 역량 등의 조직의 목표 달성과 관련된 것을 기준으로 한 승진관리가 합리적인 것이다. 따라서 조직은 승진의 기준이 되는 공헌의 기준을 명확히 설정하고 측정하여 승진관리의 합리성을 확보해야 한다.

(3) 승진관리의 유형

승진관리의 유형은 크게 직계승진, 자격승진, 직책승진, 대용승진으로 나뉜다.

① 직계승진

직계승진은 직무중심주의를 기반으로 직무를 분석, 평가, 분류한 이후 직무의 자격요건을 충족하는 대상자를 선정하여 승진시키는 방법이다. 승진을 관리하기 위해 구성원의 역량과 직계의 요건을 미리 파악하고 두 요소의 일치를 통해 승진자를 선발하는 것으로 최적의 승진제도라고 할 수 있다. 다만 직계승진은 이론적으로 타당한 근거에도 불구하고 직무요건이 지속적으로 변화하고 직계구조가 불안정할 수 있기 때문에 다른 승진제도와 함께 보완적으로 활용된다.

② 자격승진

자격승진은 구성원이 갖추고 있는 직무수행능력을 상급으로 올려 주는 것으로 자격에 따라 승진시키는 방식이다. 자격승진은 신분자격승진과 직능자격승진으로 나뉘는데 연공주의에 입각하여 직무의 내용과 직무수행 능력과 무관하게 근속연수, 학력, 연령 등의 개인 인적 자격요건에 따라 승진시키는 것이 신분자격승진이다. 반면, 직능자격승진은 개인의 직무수행능력이 상위 등급으로 상승할 경우 승진시키는 것으로 구성원의 능력 신장의 동기부여를 제공하고 승진정체 현상을 감소시키는 데 유용하다.

③ 직책승진

직책승진은 회사의 많은 업무를 중요성과 책임의 크기에 따라 여러 계층으로 나누고 상급 직급의 공석 발생과 새로운 상위 직급 신설 시 활용하는 방식이다. 기업에서 많이 활용되는 것으로 예를 들면 사원, 대리, 과장, 차장, 부장, 이사 등 직책계층을 설정하고 이동시키는 승진을 뜻한다. 직책승급은 승진자격 대상자는 많고 상위 직급은 한정되어 있기 때문에 승진정체 현상이 발생하여 구성원의 사기 저하나 조직 이탈 현상이 나타날 수 있다.

④ 대용승진

대용승진(Surrogate Promotion, 代用昇進)은 직급 호칭만 바뀌고 직무, 책임 등을 유지하는 겉보기 승진을 의미한다. 직무 중심의 승진관리의 경직성을 없애고 융통성을 확보하기 위해 실시되는 것으로 특정 구성원에 대한 승진의 필요성은 없지만 사기 저하를 방지하고 인사체증을 해결하기 위한 형식적 승진이다. 특히 사회적 체면을 중시하는 우리나라 현실에서는 대용승진의 효과가 상대적으로 큰 편이다.

5. 학습조직

1) 학습조직의 이해

(1) 학습의 개념

학습이란 새로운 것을 배우고 익혀 나가는 과정이지만 조직에도 적용되어 인적자원을 개발하는 중요한 기제가 된다. 일반적인 학습의 개념과 달리 인적자원개발적 측면에서 조직 경영적 학습은 지식을 습득, 저장, 전이, 공유하여 조직의 성장과 발전을 도모하는 전략적 활동이다.

기업에서의 학습의 수준은 [그림 6-22]와 같이 개인학습-집단학습-조직학습으로 이루어지며 다양한 학습 간 상호 밀접한 관계를 가진다(Marquardt, 2002).

[그림 6-22] 학습조직화의 기본체계

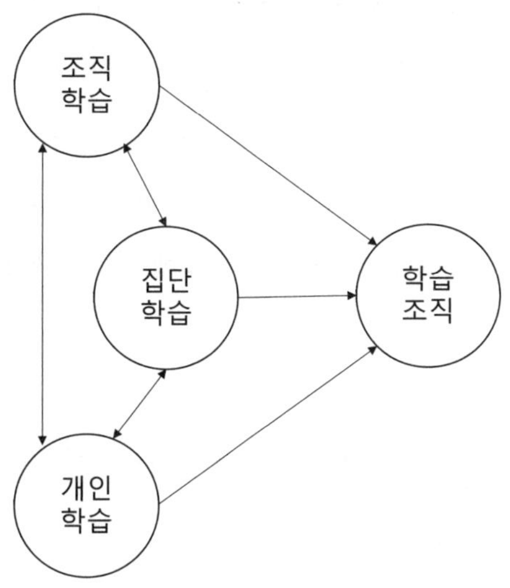

(2) 학습조직의 개념

학습조직(Community of Practice; Cop)은 조직 전체 차원에서 지식이 창출되고 이를 기초로 환경적응력과 경쟁력을 증대시켜 가는 조직을 의미한다(삼성경제연구소, 1997). 다만 학습조직은 하나의 조직 유형으로 검증된 개념이 아닌데 그 이유는 학습조직이 보유한 개인학습, 집단학습, 조직학습에 대한 체계적 연구가 아직도 진행되고 있기 때문이다. 다만 학습조직의 핵심이 학습활동이라는 측면에서 학습조직은 단순고리학습(single loop learning)과 이중고리학습(double loop learning)의 두 가지 학습방법으로 구분하여 설명된다.

단순고리학습은 조직의 문제를 발견한 개인 또는 조직이 과거에 해결한 방식으로 현재 문제를 해결하는 것이다. 즉, 과거에 학습한 것을 그대로 사용함에 따라 다른 학습이 이루어지지 않는다. 반면, 이중고리학습은 조직에서 발생한 문제를 해결하기 위해 기존 과업의 방식이 아닌 새로운 방식을 고안하는 것을 의미한다. 과거의 학습이 새로운 학습의 토대가 되고 고안된 새로운 방식의 성공, 실패 여부와 무관하게 그 과정에서 이루어지는 학습을 뜻한다.

학습조직은 이러한 이중고리학습을 통해 새로운 환경 변화에 대응하고 변화에 적응하는 지식과 능력을 지속적으로 습득해 나가는 새로운 형태의 조직이다.

(3) 조직학습의 개념

조직학습(organization learning)은 학습조직과 개념적 차이가 있으며, 조직 수준에서의 학습이 이루어지는 현상, 즉 학습의 내용, 과정, 결과 등을 내포하는 가치중립적 개념이다. 조직학습은 개인·집단·조직의 다양한 수준과 양상으로 나타나는데 개인의 행동뿐만 아니라 조직적 차원에서 반복되는 학습을 통해 학습조직을 구축하는 활동이다. 개인이 학습을 통해 새로운 지식을 추가하는 것처럼 조직도 학습을 통해 학습조직화되고 그 과정에서 [그림 6-23]과 같이 지식의 공유, 확산, 반복, 습관화가 이루어진다.

[그림 6-23] 조직학습과 학습조직의 의미

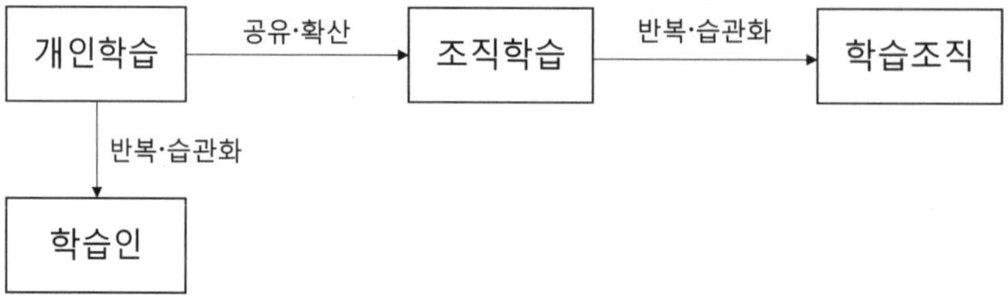

출발	과정	결과
개인학습	공유·확산 →	조직학습
조직학습	반복·습관화 →	학습조직
개인학습	반복·습관화 ↓	학습인

2) 학습조직의 구축

학습조직의 대표적인 연구자 Peter Senge는 자신의 저서 《학습하는 조직(The fifth discipline)》(1997)에서 학습조직의 핵심 구성요소로 [그림 6-24]와 같이 시스템 사고(System Thinking), 개인숙련(Personal Mastery), 정신모델(Mental Model), 공유비전(Shared vision), 팀 학습(Team learning)을 제시하였다.

[그림 6-24] Senge의 학습조직 구축 요인과 상호 연관성

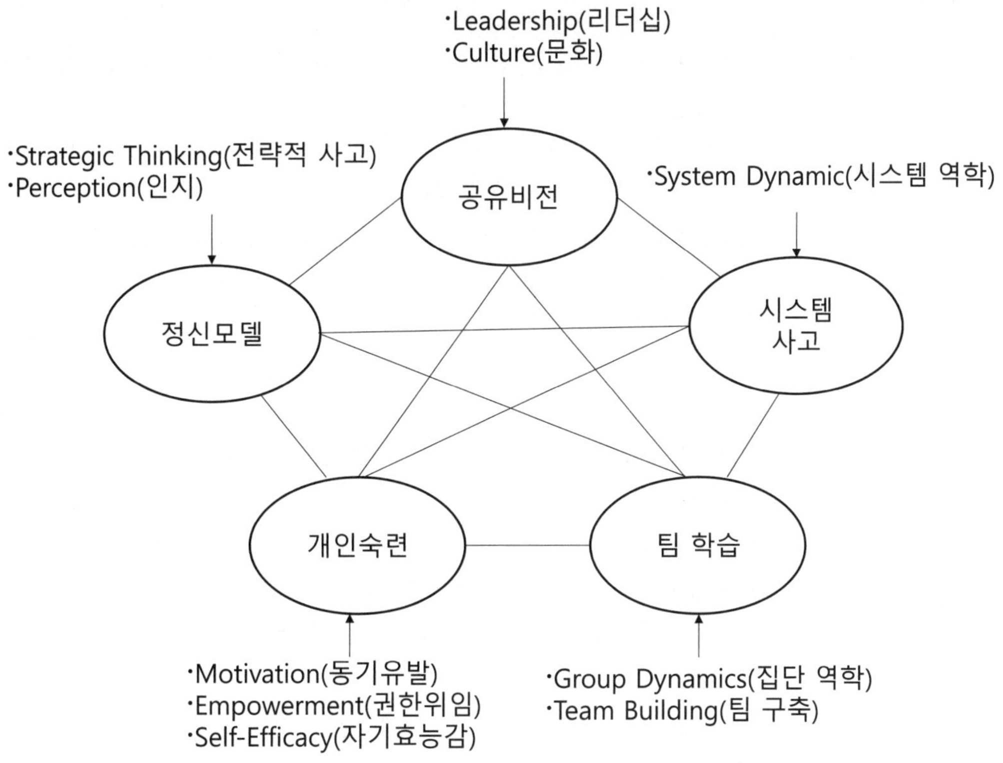

〈표 6-21〉과 같은 다섯 개의 학습조직화 구성요소는 조직의 과제인 조직혁신의 미래지향성을 고려하는 것이다.

<표 6-21> 학습조직화의 구성요소

구성요소	정의
시스템 사고 (System Thinking)	• 전체를 인지하고 이에 포함된 부분들 사이의 순환적 인과관계 또는 역동적인 관계를 이해할 수 있게 하는 사고의 틀 • 우리가 세상을 이해하고 필요한 조치를 하는 방법에 영향을 미치는 내면에 깊숙이 자리한 가정, 일반화, 혹은 그림이나 이미지
개인숙련 (Personal Mastery)	• 미래의 비전과 현실 사이에서 발생하는 창조적 긴장(creative tension) • 개인이 진정으로 추구하는 본질적인 가치를 위하여 현재 자신의 개인적 역량을 지속적으로 넓혀 가고 심화시켜 나가는 행위
정신모델 (Mental Model)	• 주변에서 발생하는 현상들을 이해하는 인식체계이며 학습조직 구축을 위한 철학적 기반 • 현실 인식과 행동양식에 영향을 미치는 기본 가정, 일반화된 인식기반, 그리고 인지적 심층구조
공유비전 (Shared vision)	• 학습조직으로 만드는 출발점으로 조직이 추구하는 방향이 무엇이며 왜 중요한지에 대해 모든 조직원들이 공감대를 형성하는 것 • 구성원에게 미래상을 공유하게 하며 진정한 헌신과 참여를 끌어내는 일련의 도구와 기술
팀 학습 (Team learning)	• 조직 구성원들이 구체적으로 그들의 바람직한 결과를 얻기 위하여 의도적이고 체계적으로 지속하는 학습 행위 • 구성원들 간의 대화와 공동사고로부터 시작되며, 대화와 토론 문화의 정착이 팀 학습의 핵심적인 요소

자료: Senge(1997). The fifth discipline.

3) 지식경영

(1) 지식경영의 개념

지식경영이란 조직의 이질적이고 상호보완적인 자원을 기반으로 기존의 지식의 활용과 새로운 지식의 차별적 전략과 관리를 통해 조직경쟁력을 위한 혁신적인 가치를 창출하는 활동이다(천면중, 허명숙, 2019). 즉, 경쟁의 가속화와 기술의 발전으로 조직의 지식의 필요가 증대됨에 따라 조직의 성장을 위해 조직 내·외부의 다양한 지식을 학습, 생성, 저장, 공유, 활용하는 경영 활동이다.

(2) 지식의 유형

일본의 경영학자 노나카 이쿠지로는 조직에서 자산으로 활용할 수 있는 지식을 〈표 6-22〉와 같이 암묵지(tacit knowledge)와 형식지(explicit knowledge)로 구분하였다. 암묵지는 학습과 체험을 통해 개인에게 습득되지만 외부로 표현되지 않는 상태의 지식이다. 반면, 형식지는 문서나 매뉴얼처럼 외부로 표출돼 여러 사람이 공유할 수 있는 형태의 지식을 의미한다.

〈표 6-22〉 지식의 두 가지 유형

구분	암묵지	형식지
정의	• 언어로 표현할 수 없는 주관적 지식	• 언어로 표현 가능한 객관적 지식
특징	• 경험을 통해 몸에 밴 지식 • 전수하기 어려움	• 언어를 통해 습득된 지식 • 전수가 상대적으로 쉬움
속성	• 추상성 · 개인적 · 비체계적	• 구체성 · 공식적 · 체계적
예시	• 자전거 타기	• 매뉴얼

(3) 지식의 확산

조직의 지식은 암묵지와 형식지라는 두 가지 형태의 지식을 기반으로 상호 연관성을 가지며 새로운 지식으로 창출되고 증대되고 발전한다. 노나카 이쿠지로는 이러한 지식의 증대는 조직 자체에서는 일어나지 않으며, 조직 구성원 개인들에 의해서 이루어진다고 설명하였다. 이러한 지식 증대의 현상은 [그림 6-25]와 같이 공유화(socialization), 표준화(externalization), 연결화(combination), 내면화(internalization)의 순환 과정으로 창출된다.

공유화는 개인이 보유한 암묵적 지식이 다른 사람에게 전달되어 또 다른 암묵적 지식을 만들어 내는 과정을 말하며, 표준화는 암묵적 지식이 형식적 지식으로 객관화되는 과정이다. 연결화는 형식지가 또 다른 형식지를 만들어 내는 과정으로서 개인이나 조직이 보유한 형식적 지식을 연결하여 새로운 지식을 창조하는 것을 뜻하며, 내면화는 형식적 지식을 개인이 받아들여서 자신의 내면적인 지식으로 활용하는 과정을 의미한다.

[그림 6-25] 창조적 루틴 지식 전략

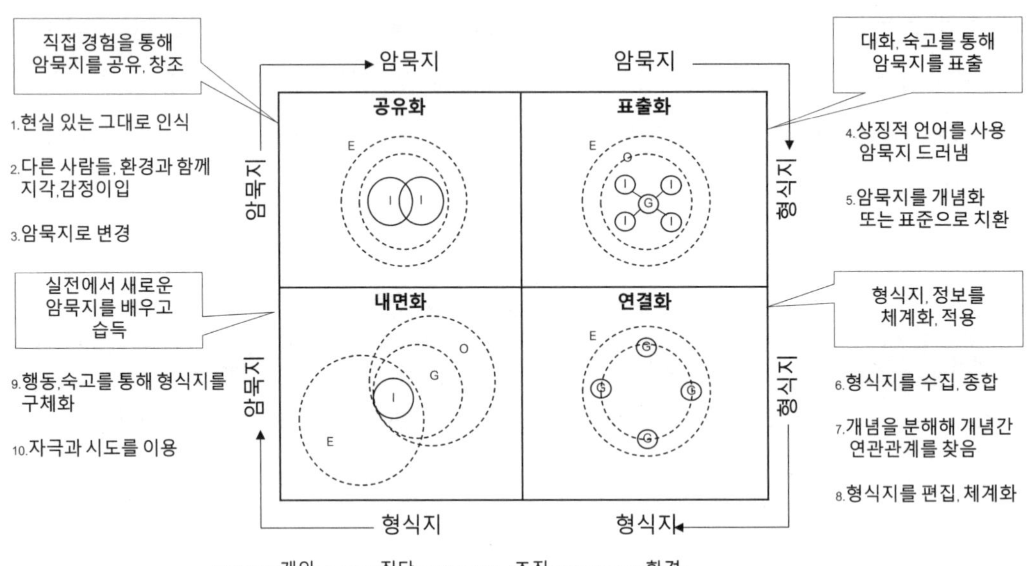

자료: 노나카 이쿠지로(2010). 창조적 루틴.

제5절

인적자원의 평가와 보상

1. 인사평가

1) 인사평가의 이해

(1) 인사평가의 개념

인사평가는 인적자원관리 시스템의 핵심 기능으로 종사자와 종사자의 업무 성과를 평가하는 활동이다. 조직 구성원이 수행한 성과에 대한 평가를 통해 업무 성과를 개선하고, 개인의 역량을 높이는 방향을 결정하는 것이 인사평가의 핵심 기능이다.

인사평가는 구성원의 근무성적, 능력, 성과, 태도 등을 조직효과성의 관점에서 정기적으로 검토하고 평가하는 제도로 근무평정, 인사고과, 성과관리 등으로 부르기도 한다. 인사평가를 통해 도출된 결과를 통해 구성원의 과거의 근무성적과 잠재능력을 체계적으로 분석하고 파악하여 경영 활동의 중요한 인적자산으로 활용하고 보다 높은 업무 수행을 위해 능력을 개발하고 육성을 위한 관리 도구로 활용된다.

(2) 인사평가의 목적

인사평가는 기업 활동의 중요한 인적자원관리 도구로 다음과 같은 목적에 따라 운영된다.

첫째, 조직 성과의 측정을 통한 향상을 추구하는 것이다. 인사평가를 통해 도출된 결과는 평가 대상자들에게 피드백되어 능력과 태도가 개선된다. 평가가 없을 경우 지속될 문제에 대한 검토를 통해 성과 향상에 도움이 될 수 있어 기업은 종사자의 성과를 측정하여 승진, 보상, 임금결정에 활용한다.

둘째, 인사평가를 통한 인적자원의 손익 기여를 확인하여 기업의 가치를 측정하는 것이다. 기업의 존재 이유가 영리 추구를 위한 가치 창출이기 때문에 경영 활동에 투입되는 다양한 자산 중 인적자원의 값도 파악해야 한다. 이에 인사평가는 기업의 가치를 측정하는 중요한 방안이 된다.

셋째, 인적자원에 대한 대가를 지불하고 공헌을 도출하기 위한 보상의 근거를 확보하는 것이다. 투입되는 비용과 경영 성과에 기여하는 공헌을 확인하여 높은 공헌자에게 많은 보상을 시행하여 공정성을 확보하는 것이 필요하다. 만일 평가의 과정과 결과가 공정하지 못하면 종사자의 불평이 늘어나고 그들의 행동을 공헌의 방향으로 유도하기 어렵다.

넷째, 기업이 보유하고 있는 인적자원의 가치, 능력, 특기 등의 정보를 통해 적재적소에 인적자원을 배치하는 것이다. 인사평가는 인력수급계획을 통해 효율적인 선발과 방출의 기초 자료가 된다. 즉, 종사자의 적성, 능력 등을 정확히 평가한다면 적재적소 배치를 실시하여 종사자의 적성과 능력을 효과적으로 활용할 수 있으며, 기업은 장단기 인력개발 계획 수립에 필요한 자료를 확보할 수 있다.

다섯째, 종사자의 능력을 개발하여 기업과 종사자 모두의 성장 기회를 얻는 것이다. 인사평가는 종사자에게 좋은 평가 결과를 얻기 위한 동기부여를 제공한다. 또한 종사자의 능력개발이 인사평가를 통해 드러나 개인과 조직의 인적자원 투자에 대한 피드백이 이루어진다.

(3) 인사평가의 요소

인사평가의 구성요소는 평가 대상, 평가 내용, 평가 시간 지향성이다(김영재 외, 2021). 이러한 세 가지 요소를 적절히 관리하고 시스템을 구축하는 것을 인사평가 시스템이라고 부른다. 인사평가 구성요소를 적절히 고려한 인사평가 시스템은 공정한 보상관리와 효과적 인적자원개발의 기반이 된다.

① 평가 대상

인사평가의 대상은 평가를 받은 평가 대상이나 평가의 관할권을 의미한다. 평가의 관할권은 피평가자를 대상으로 한 평가권자를 의미하는 것으로 과거에는 관리자인 상급자가 하급자를 평가했으나, 최근 동료 평가, 자기 평가, 하급자 평가 등 평가자가 다양해지고 있는 추세이다.

② 평가 내용

평가 내용은 〈표 6-23〉과 같이 평가의 결과에 해당하는 업적, 투입요소 관련 행동, 피평가자의 인간적 특성 등이 포함된다. 업적의 평가는 양적 측면과 질적 측면에서 이루어지며, 행동 중심의 평가요소에서는 자격요소, 의지적 요소, 사회적 행동 등을 평가한다. 또한 피평가자의 적극성, 예의성, 도덕성, 창의성 등의 인간적 특성도 중요한 평가 내용이다.

〈표 6-23〉 평가 내용으로서의 요소와 항목

<table>
<tr><td rowspan="2">평가요소</td><td>능력</td><td>태도·성격</td><td colspan="2">행동</td><td>업적</td></tr>
<tr><td>지식, 기술, 자격증</td><td>인간관계, 창의력,
리더십, 신뢰</td><td colspan="2">규정준수, 명령수행,
고객서비스</td><td>매출액, 생산량,
불량률, 사고율</td></tr>
<tr><td rowspan="3">성과
평가 항목</td><td>성과</td><td colspan="2">평가 기준</td><td colspan="2">세부항목</td></tr>
<tr><td>양적 성과</td><td colspan="2">업무량, 업무의 질, 시간 비용</td><td colspan="2">업무달성량, 정확성,
일정 완수, 원가 절감</td></tr>
<tr><td>질적 성과</td><td colspan="2">업무 수행 과정, 유효성</td><td colspan="2">업무능력, 업무혁신과 개선,
제안 정도, 리더십</td></tr>
</table>

③ 평가 시간 지향성

인사평가의 시간적 지향성(time orientation)은 평가 자료의 시간적 측면을 고려한 것이다. 피평가자의 업적과 행동 등을 기록하여 추후 이를 평가에 반영하는 것은 과거지향적 평가 방식이다. 따라서 과거지향적 평가 지표가 가진 한계를 감안하여 피평가자의 잠재력을 평가하기 위한 미래지향적 평가가 인적자원개발의 중요한 관심사가 되고 있다.

2) 인사평가의 기준

효율적인 인사평가를 실행하기 위해서는 적절한 인사평가 기준(criteria)을 설정하는 것이 필요하다. 적합하지 않은 기준에 의한 인사평가는 종사자의 업적과 능력을 평가하는 데 문제가 되며, 피평가자들의 불신을 야기하여 인적자원관리뿐만 아니라 전체 조직의 위험요소가 될 수 있다.

이에 적절한 인사평가 기준이 갖추어야 할 요소는 타당성, 신뢰성, 수용성, 실용성 등이 있다. 아울러 인사평가의 기준을 설정함에 있어 여러 인사평가 오류가 발생하지 않도록 적절히 관리하는 노력이 필요하다.

(1) 타당성

인사평가의 타당성(validity)이란 목적에 맞게 평가하는 것으로 평가요소 선정이 평가 목적과 일치하는 것이다. 즉, 타당성이란 직무성과와 관련성 있는 내용을 측정하는 정도로 인사평가 결과가 실제 직무성과와 얼마나 관련성이 높은 것인지를 나타내는 것이다. 실제 성과와 측정된 결과가 유사할수록 타당성이 높아진다.

타당성을 높이는 방안으로는 임금, 교육훈련, 승진, 동기유발 등 다양한 평가 목적에 맞는 요소를 찾아 평가하는 것이다. 또한 조직 전체 사원을 대상으로 하는 평가 항목과 별도로 직종, 직급별로 세분화하여 차별화된 평가요소를 집단별로 적용할 수 있다.

(2) 신뢰성

인사평가의 신뢰성(reliability)이란 정해진 평가요소가 평가 대상과 내용을 얼마나 정확하게 평가하는지를 나타내는 것이다. 신뢰성은 성과 측정에 대한 결과치의 일관성 또는 안정성이라고도 하기 때문에 일관성이 높으면 신뢰성이 높다고 할 수 있다. 인사평가 도구의 신뢰성을 확보하기 위해서는 평가도구의 정확성이 필요하며, 정량적이며 객관적 평가도구로 신뢰성을 높일 수 있다.

인사평가 도구의 신뢰성을 확인하는 방법으로 재검사법, 복수양식법, 반분법, 내적일관성법 등의 통계적 방안을 활용할 수 있다. 또한 상대평가와 절대평가를 적절히 활용하고 평가 결과를 공개하여 피평가자의 피드백을 받을 수도 있다. 최근 여러 평가자에 의한 다면평가를 실시하는 경우가 있는데 최고점과 최저점을 제외하여 신뢰성을 높이는 노력을 하기도 한다.

(3) 수용성

인사평가의 수용성(acceptability)이란 평가제도나 절차가 합리적이며 공정하여 피평가자들이 평가 결과를 받아들여 자신의 업무행동을 성찰하고 개선하려는 것이다. 인사평가의 목적이 인적자원의 개발의 지표를 제공한다는 측면에서 수용성 높은 인사평가는 구성원의 수용성을 제고시켜 개인의 능력개발과 기업의 성과 향상에 도움이 된다.

수용성을 높이는 방안으로는 평가 개발에 사원을 참여시키거나, 새로운 평가제도에 대한 교육훈련을 통해 평가자의 평가 오류를 최소화하는 것이다. 또한 다양한 경로로 평가자와 피평가자의 피드백을 통해 수용성 제고의 고려 사항을 검토하는 것이다.

(4) 실용성

인사평가의 결과가 기업의 다양한 영역에서 유용하게 활용되는 것과 함께 소용되는 비용을 고려하는 것이 실용성을 확보하는 것이다. 평가도구의 개발비, 평가시간, 평가요소 측정 노력이 과도하게 많이 투입되는 경우 인사평가의 실용성이 저해된다.

실용성을 높이기 위해 적절한 평가에 대한 투자와 높은 변별력 확보로 능력자와 무능력자를 구분하는 것이 필요하다. 또한 인사평가의 방법과 절차가 평가 과정에 용이하게 활용되도록 평가도구도 적절히 개발되어야 한다.

(5) 인사평가 오류

인사평가의 적합한 기준을 확보하지 못하거나, 평가도구가 제대로 기능을 수행하지 못하는 경우 인사평가의 오류가 발생한다. 인사평가에서 발생하는 오류는 매우 다양하지만 일반적인 오류는 〈표 6-24〉와 같이 평가자 오류, 피평가자 오류, 제도적 오류로 구분될 수 있다.

〈표 6-24〉 인사평가 오류

구분		내용
평가자 오류	심리적 원인	상동적 태도(stereotype), 현혹효과(halo effect), 논리적 오류, 대비오류, 근접오류
	통계분포 원인	관대화 경향, 가혹화 경향, 중심화 경향
피평가자 오류		편견, 투사, 성취동기수준, 지각방어
제도적 오류		직무분석의 부족, 연공서열의 의식, 평가 결과의 미공개, 인간관계 유지, 평가기법의 신뢰성

3) 인사평가의 방법

(1) 전통적 방법

① 관찰법

관찰법이란 상급자가 하급자의 업무 내용을 관찰하여 평가하는 정성적인 평가 방법이다. 업무의 집중 정도, 태만의 수준, 불필요한 행동의 빈도를 관리자가 관찰하여 평가하는 것이다. 관찰법은 가장 쉽고 중요한 평가 방식으로 사람이 관찰할 수 있는 모든 것을 확인할 수 있다는 장점이 있다.

② 서열법

서열법은 능력과 업적을 종합하여 다수의 피평가자의 서열을 매기는 방식으로 이루어진다. 평가 시 평가요소별로 평가하여 각 요소별로 서열을 매기지만, 필요에 따라 특정 요소에 가중치를 적용하여 평가하기 때문에 서열이 바뀔 수 있다. 서열법은 평가 방식이 용이하고 비용과 시간이 절감되며 관찰법에 비해 평가 오류도 적다는 장점이 있다.

③ 평정척도법

평정척도법은 한 명의 피평가자를 대상으로 각 평가요소들에 대한 단계적 차등을 두어 평가 목적에 맞는 평가요소만 평가할 수 있는 방법이다. 따라서 점수의 등급화에 따라 서열법이 가진 단점은 발생하지 않지만, 평가자의 오류가 발생할 수 있다.

④ 체크리스트법

체크리스트법은 평가요소를 대표하는 직무와 관련된 구체적 예시를 다수 제시하고, 피평가자의 행동이라고 여겨지는 것을 표기하여 체크된 개수와 가중치를 감안하여 점수화하는 방식이다.

(2) 현대적 방법

① 균형성과 평가법

균형성과 평가법(Balanced Score Card; BSC)은 평가의 명칭에서 나타나듯이 재무적·비재무적 성과를 모두 균형 있게 고려하는 평가 방식이다. 단기 중심의 재무적 성과 관리에서 단기와 장기의 비재무적 성과를 모두 고려하는 것으로 결과와 함께 과정도 평가하는 방법이다.

균형성과 평가법은 재무적 관점, 고객 관점, 내부 프로세스 관점, 학습과 성장 관점의 다양한 관점을 활용하여 기업의 성과 평가 기준을 균형 있고 조화롭게 조절하며 평가하는 방식이다. 균형성과 평가법은 개인의 역량이 업무 과정에서 증폭되면 기업의 모든 업무 프로세스가 기업의 전략 목표를 중심으로 조화를 이루도록 조정하는 효익이 있다.

② 행위기준 평가법

행위기준법(Behaviorally Anchored Rating Scale; BARS)은 피평가자의 중요한 행동과 사건 중 직무와 관련된 행동을 위주로, 나타나는 빈도에 따라 척도 점수를 매기고 총점을 계산하는 방식이다. 행위기준 평가법은 실제 직무와 관련된 행동을 기준으로 평가하기 때문에 평가의 용이성을 확보할 수 있으며, 좋은 점수의 기반이 되는 피평가자의 행동을 구체적으로 제시한다는 장점이 있다.

좋은 점수를 받기 위한 행동을 계속하게 하여 조직 구성원의 개발을 촉진하고 인사평가 이상의 개인 동기부여 요소가 작용한다는 측면에서 대표적인 인사평가의 현대적 방법이라고 할 수 있다.

③ 목표관리법

목표관리법(Management By Objectives; MBO)은 일정 기간 내에 달성할 특정 목표를 평가자와 피평가자가 함께 협의하여 설정하고 기간 종료 후 달성한 성과와 계획한 목표를 비교하는 결과 지향적 평가 방법이다. 목표관리법은 개인과 부서의 목표를 기업 전체의 목표와 연계되도록 계획하여 모든 조직 구성원이 해당 기간의 행동을 계획성 있게 진행한다는 이점이 있다.

목표관리법이 성공하기 위해서는 피평가자가 자신의 목표를 계획하고 설정할 구체적인 방법을 명확히 하고, 목표 설정 과정에서 충분한 대화를 통해 협의가 이루어져야 한다. 아울러 목표관리법은 결과 지향적 방법이기 때문에 목표를 명시적, 객관적, 측정 가능하도록 구체적으로 설정하여야 한다.

④ 평가센터법

평가센터법(Assessment Center; AC)은 특정 평가 부서가 승진 대상, 선발 대상을 평가하기 위한 다양한 평가 방법의 집합을 의미한다. 평가센터법의 평가 기법은 단편적인 인사평가를 지양하기 위해 다양한 평가 방법을 활용하여 피평가자의 해결 과정을 관찰하고, 갈등을 해결하는 과정의 평가를 통해 평가를 하는 방식이다.

평가센터법은 피평가자의 의사소통방식, 리더십, 문제 해결 능력, 상황 판단 능력 등 다양한 요소의 평가가 가능하다. 평가센터법은 다른 평가기법보다 인력, 시간, 비용이 많이 발생하지만, 평가의 결과가 입체적이고 종합적이어서 대기업이나 높은 직위의 인력을 선발할 때 많이 활용되는 기법이다.

⑤ 다면평가제도

다면평가제도는 상급자가 하급자를 평가하는 단편적이고 하향적인 평가의 단점을 보완하기 위해 [그림 6-26]과 같이 평가자 자신을 포함해, 부하, 동료, 고객, 외부전문가, 상급자 등 다양한 평가자들에 의해 이루어지는 평가를 의미한다. 다면평가제도는 다운사이징과 같은 조직구조의 변화와 고도의 지식과 기술을 요하는 최근 직무 요구의 변화가 반영된 평가 방식이다.

[그림 6-26] 360° 다면평가제도

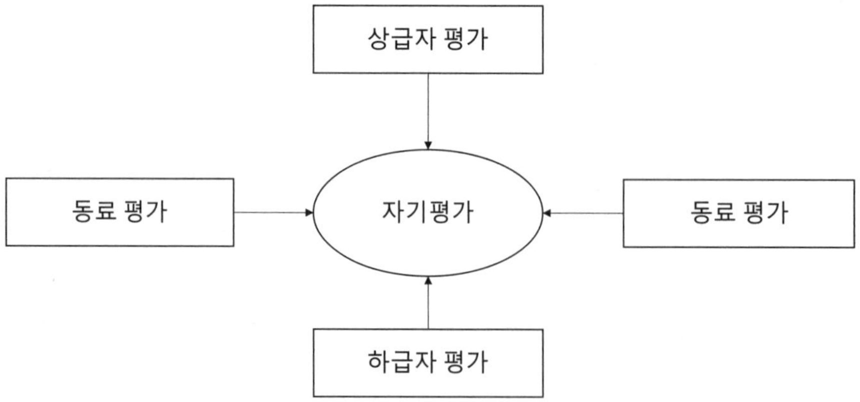

다면평가는 엄밀히 말하면 평가라기보다 피드백 방식인데 평가를 통한 특정 포지션 배치, 임금 결정, 인력 감축의 의사결정보다 피평가자에게 피드백하여 인적자원을 개발시키는 것이 목적이다(김영재 외, 2021).

2. 임금관리

1) 임금관리의 이해

(1) 임금관리의 개념

기업 조직에 속한 종사자가 회사 성과에 공헌을 하면 기업은 해당 근로자에게 경제적, 비경제적인 요소로 이에 대한 보답을 하는데 이러한 것들을 통틀어 보상(reward)이라고 한다. 보상은 인적자원관리에서 고용관계의 일부분으로 노동의 대가로 받는 모든 것을 의미한다. 보상은 크게 직접적인 임금과 간접적인 복리후생으로 나뉜다. 이 중 직접적인 화폐적 임금으로 받는 보상에 대한 관리를 임금관리라고 한다.

임금은 보상의 형태로서 종사자가 제공하는 노동의 대가로 사용자가 지급하는 금전적이며 직접적인 보상을 의미한다. 보상은 [그림 6-27]과 같이 금전적 보상과 비금전적 보상으로 나뉘고 금전적 보상 중 대표적인 직접적 보상을 임금이라고 한다.

[그림 6-27] 보상의 유형

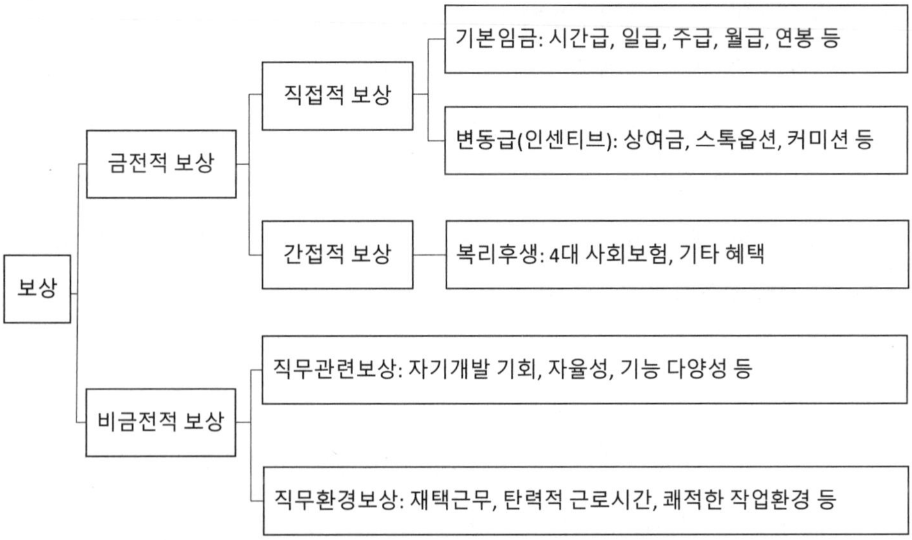

- 보상
  - 금전적 보상
    - 직접적 보상
      - 기본임금: 시간급, 일급, 주급, 월급, 연봉 등
      - 변동급(인센티브): 상여금, 스톡옵션, 커미션 등
    - 간접적 보상
      - 복리후생: 4대 사회보험, 기타 혜택
  - 비금전적 보상
    - 직무관련보상: 자기개발 기회, 자율성, 기능 다양성 등
    - 직무환경보상: 재택근무, 탄력적 근로시간, 쾌적한 작업환경 등

임금에 대해서 근로기준법에서는 사용자가 근로의 대가로 근로자에게 임금·봉급, 그 밖에 어떠

한 명칭으로든지 지급하는 일체의 금품을 말한다고 규정한다(근로기준법). 따라서 임금이란 사용자의 지휘와 명령을 통해 근로를 제공한 근로자의 노동 대가에 대한 보상을 의미한다.

임금관리가 다른 자원의 관리와 구별되는 이유는 미래지향적 성격을 가지고 있기 때문에 임금관리가 잘못 이루어지면 조직 구성원의 미래 행동이 바뀌기 때문이다. 또한 다른 생산비와 달리 임금수준은 한번 인상되면 다시 내리기 어렵고, 보류나 지연이 가능한 원료비, 영업비와는 달리 인건비는 기업의 현금 자산의 직접적 인출로 이어진다.

(2) 임금관리의 기준

적절한 임금관리를 위한 적절한 임금관리 기준은 안정성과 공정성이며 이는 임금관리의 대표적인 기준이다.

안정성이란 기업의 비용, 매출과 무관하게 정해진 임금이 지출되는 것과 관련된다. 기업의 다양한 비용 지출은 매출이 줄어들면 같이 줄어드는 것이 당연하다. 하지만 임금은 조직 구성원의 생계유지 수단이기 때문에 다른 비용과 같이 변동하여 지출할 수 없다. 즉, 기업에서 임금은 생산원가의 비용으로 생산량과 매출액 대비 안정적인 비중을 차지하여야 한다. 따라서 임금관리는 종사자의 가계안정을 위해 생산량과 무관하게 임금수준을 일정하게 유지하고 가계생활을 보장하고 적합한 노동대가를 보상할 안정성을 유지해야 한다.

공정성은 기업과 개인이 업무 관계를 고용상태의 교환행위로 본다는 사회심리학적 이론을 토대로 한다. 종사자가 자신의 노력, 시간, 능력을 기업에 제공하면 그 대가로 임금 등의 보상을 받는 것이다. 이러한 교환관계에서 기업-개인 모두 만족할 만한 교환행위가 이루어져야 하고 노동 제공과 대가 보상이 상호 정당해야 한다는 것이다. 즉, 공정성 개념은 임금관리에 있어서 조직 구성원이 제공한 노동에 대해 공정한 대가를 받은 것을 의미한다.

(3) 임금관리의 영역

기업에서 관리해야 할 임금의 영역은 크게 임금수준, 임금체계, 임금형태의 세 가지로 정리된다.

임금수준(wage level)의 관리는 종사자에게 지급하는 평균 임금의 수준이 다른 동종 기업과 산업 수준을 기준으로 할 때 어느 정도인지에 대한 문제이다. 동종업계 임금수준과 비교하여 너무 높거나 낮지도 않고 적정 수준을 유지하는 것이 필요하며, 이를 위해 사회적 상황, 산업 현황, 해당 기업의 전략 등의 수많은 요인을 고려하여 기업에 가장 적합한 임금수준을 유지해야 한다.

임금체계(wage system)의 관리는 임금제도를 구축하고 정해진 임금 총액을 종사자에게 배분함에 있어 어떠한 기준을 적용할 것인지에 대한 문제이다. 따라서 임금체계는 임금 배분 기준에 관한 것으로 부서 간, 업종 간, 능력 간 당연한 격차를 바탕으로 임금구조가 너무 차이 나지 않도록 관리하는 것이 필요하다.

임금형태(wage form)의 관리는 한 종사자에게 정해진 임금 총액을 어떠한 형태, 시기에 따라 지급하는지에 대한 문제이다. 종사자의 상황과 기업의 기준에 따라 시간급, 성과급, 시기별 지급 등 다양한 상황이 발생하는데 이러한 모든 것을 고려하고 개인의 만족과 생계 등을 고려하여 임금형태를 관리하여야 한다.

2) 임금수준의 관리

(1) 임금수준 관련 이론

임금의 수준을 결정하는 것에 대하여 여러 주장과 이론이 제기되었고, 이는 크게 고전적 이론과 적정 수준 거래 기준 이론으로 나뉜다.

고전적 이론은 임금수준과 노동자의 생존, 기업의 경영, 계약과 관련된 내용으로 크게 생존비설, 잉여가치설, 계약설로 나뉜다. 생존비설은 임금수준은 노동자가 생존할 수 있으면 된다는 것으로 생존비보다 적게 주면 노동자의 생존이 불가능하다는 관점으로 생존비 이하의 임금 책정이 노동의 공급량의 감소로 인한 노동가격의 인상을 예방한다고 주장한다. 잉여가치설은 자본가가 노동자의 노동을 활용하여 기업을 경영하는 데 있어 적은 인건비와 원료비를 투입하여 획득한 이익을 자본가가 독식하지 못하도록 잉여가치의 수준을 노동자 임금수준까지 올려야 한다는 Karl Marx의 주장이다. 마지막으로 계약설은 자유계약원칙에 입각하여 자본가와 노동자가 서로 어느 정도의 노동을 제공하고 어느 정도의 임금을 책정할 것인지 관계의 과정을 통해 결정하는 자유경쟁 시장적 관점이다.

임금수준에 대한 또 다른 접근 관점은 거래형태로의 임금의 적정 수준을 파악하는 것으로 고전적 이론 제기 이후 현대에 들어와 제시되었다. 거래 기준 이론의 주요 내용은 〈표 6-25〉와 같이 경제적 거래, 심리적 거래, 사회적 거래, 정치적 거래, 윤리적 거래로 나뉜다(임창희, 2015).

〈표 6-25〉 거래 기준 임금수준 결정 관점

경제적 거래	노동 상품의 수요-공급에 따라 임금이 형성됨. 노동자는 최고의 임금을, 자본가는 고품질의 노동력을 최저 임금으로 구입하기를 원하여 둘이 만나는 지점에서 거래가 이루어짐.
심리적 거래	노동 제공에 따른 보상에 경제적 임금뿐만 아니라 다른 심리적 만족까지 포함시킴. 비경제적 만족이 적을수록 임금이 올라가야 하고, 반대로 직무만족과 같은 심리적 만족이 올라가면 낮은 임금도 수용됨.
사회적 거래	개인의 임금수준은 사회적 지위의 상징을 나타냄. 노동 상품은 그 자체보다 노동을 제공하는 사람의 인격, 사회적 지위에 맞는 임금이 지불되어야 함.
정치적 거래	노동 상품을 거래하는 당사자 사이 권력의 줄다리기를 통해 임금이 결정됨. 임금수준을 회사의 권력에 대응하는 개인 혹은 단체의 힘으로 보아 노동조합의 세력을 통해 임금수준을 높임.
윤리적 거래	임금은 거래자의 가치관에 따라 입각한 가치판단, 사회적 규범, 윤리적 잣대로 타당한 수준에 결정됨. 공헌도가 부족한 노동력에도 최소한의 임금은 보장되어야 함.

자료: 임창희(2015). 인적자원관리.

(2) 임금수준 결정 요인

노동자가 기업으로부터 받게 되는 임금수준을 결정하는 요소는 다양한 요인의 영향을 받는다. 이는 [그림 6-28]과 같이 기업의 지불능력, 노동자의 생계비와 같은 임금수준 관여 당사자와 관련된 것과 노동시장의 임금수준, 최저생계비와 같은 외부 공정성 결정에 대한 것에 따라 임금수준의 범위가 결정된다.

[그림 6-28] 임금수준 결정 기본 모형

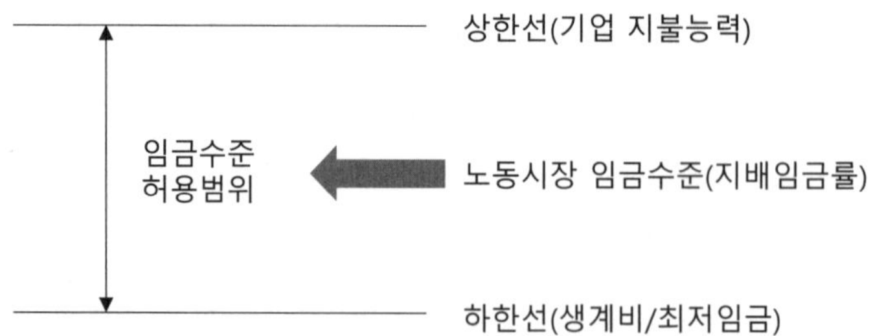

① 기업의 지불능력

임금은 기업의 지출 비용의 성격을 가지고 있기 때문에 기업 이익이 늘어난다면 임금수준도 올라간다. 즉, 기업의 지불능력을 파악하고 정해진 범위 내에서 결정하는 것이 필요하다. 이러한 지불능력을 파악하는 것은 수익성(profitability)과 생산성(productivity)의 두 가지 기준을 통해 확인할 수 있다. 수익성은 지출에 대한 수익의 비율로 손익분기점, 원가 구성 지점, 매출 총이익 등의 분석 방법이 있다. 생산성은 물가상승을 고려하지 않은 상태에서의 임금 인상을 노동생산성 향상과 연계하여 기업의 지불능력을 파악하는 방법이다. 대표적인 생산성 분석 방법은 부가가치 기준 분석법과 매출액 기준 분석법이 있다.

② 노동자의 생계비

임금은 근본적으로 종사자의 생계를 위한 소득 원천이므로 근로자와 그의 부양가족의 생계를 충족하기 위한 임금의 최저하한선을 의미한다. 생계비 기준 임금수준 파악은 임금수준 관리의 기초이지만 생계에 필요한 최소한의 유지 기준이 모호하여 최저임금과 같은 외부 자료를 검토하기도 한다. 또한 생계비를 산정할 때 종사자의 생애주기를 고려하여 신입직원과 부양가족 보유 직원의 생계비를 다르게 책정할 수 있다.

③ 노동시장의 임금수준

임금수준은 기업의 지불능력을 상한선으로, 노동자의 생계비를 하한선으로 하여 범위가 설정되고, 이 범위 안에서 노동시장의 임금수준을 파악하여 임금의 대내외적 공정성을 확보한다. 이는 노동이 일반 상품과 같이 수요와 공급에 따라 균형을 이룬다는 관점을 반영한 것이다. 노동시장에서 정해진 임금의 수준을 지배임금이라고 하는데 이러한 정보를 얻기 위해 적절한 임금조사가 이루어져야 한다.

④ 최저임금

최저임금은 고전적 임금이론의 생존비설을 근간으로 하여 근로자의 임금의 하한선을 정하는 법적 제도이다. 이는 노동공급량과 노동생산성과 무관하게 준수해야 하는 노동자의 생활을 보호하도록 강제하는 제도이다.

3) 임금체계의 관리

임금체계는 임금을 지급하는 항목의 구성 내용 또는 개별 종사자의 임금을 결정하는 기준이다. 종사자에게 지급되는 임금의 형식적인 구성 항목이 무엇이며, 내용적인 임금 기준과 개별 임금의 격차를 나타내는 것이다. 임금체계는 일반적으로 [그림 6-29]와 같이 기준 내 임금, 기준 외 임금, 상여금으로 구성된다. 임금체계에 따라 연공급, 직무급, 직능급은 고정적으로 지급되는 것이고 업적에 따라 지급되는 성과급이 주요 임금 유형이다.

[그림 6-29] 임금체계

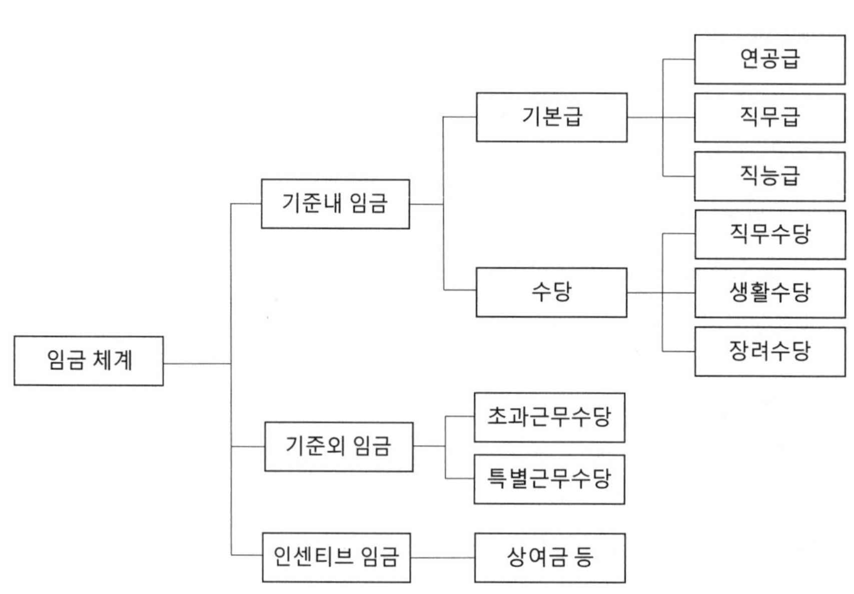

(1) 연공급

연공급은 근무기간, 즉 근속연수에 따라 임금을 산정하여 지급하는 방식이다. 개인의 근속연수를 개인의 업적과 동일하게 보고 임금을 책정하는 것이다. 연공급은 연륜이 높으면 업무 숙련도가 높다는 가정하에 오래 근무한 종사자에게 동일한 직무를 맡은 다른 근로자보다 더 많은 임금을 주는 것이다.

(2) 직무급

직무급은 맡은 직무의 난이도를 기준으로 임금을 책정하는 것으로 직무의 상대적 가치를 고려한 것이다. 특히 부가가치를 많이 생산하거나 수행 난이도가 높은 직무는 해당 업무를 담당하는 사람의 임금도 높아야 한다는 것을 전제로 활용한다. 직무급은 동일 노동-동일 임금이라는 원칙을 준수하면서도 회사에의 공헌에 따라 보상할 수 있다는 이점이 있다.

(3) 직능급

직능급은 종사자가 직무를 수행하는 데 요구되는 자격과 능력의 보유 여부를 기준으로 임금을 결정하는 것이다. 즉, 직무에 공헌할 수 있는 정도를 종사자의 능력을 기초로 평가한 후 임금을 책정하여 무엇보다 임금산정 시 인사평가 결과가 유용하게 활용된다. 다만 직무에 발휘된 잠재 보유 능력을 검토하고 측정하기에 어렵다는 점은 단점으로 제기된다.

(4) 성과급

성과급은 종사자가 회사에 공헌한 대가로 지불되는 보상의 의미가 크기 때문에 업적을 기준으로 임금을 결정하는 방식이다. 기업에 공헌한 종사자의 업적과 성과를 평가할 기준을 명확히 한다면 기업 목표 달성에 가장 적합한 임금 책정 방법으로 볼 수 있다.

4) 임금형태의 관리

임금형태는 임금제도에 의해 정해진 일정한 금액의 임금을 어떤 방식으로 지급할지를 결정하는 것이다. 종사자에 대한 임금의 계산과 지불방법을 의미하는 것으로 어떠한 단위 기준으로 산정해 주는지를 나타낸 것이다.

일반적으로 많이 활용되는 임금형태는 시간급과 성과급이다. 또한 임금형태 관리의 개선의 유형으로 연봉제도 많이 채택되는 임금형태이다.

(1) 시간급

시간급(time payment)은 근로자의 업무의 양이란 업무 성과와 무관하게 단순히 근로시간을 단위 기준으로 임금액을 산정하고 지급하는 방식이다. 시간급은 근로자가 정해진 근로시간만 준수하면 받는 정액의 임금이기 때문에 고정급 또는 정액급이라고 한다. 시간급은 기준이 되는 시간의 단위를 어떻게 설정하는지에 따라 시급제, 일급제, 주급제, 월급제로 나뉜다.

시간급은 다른 임금형태보다 계산하기 용이하고 사용하기에 편리하다. 또한 임금계약이나 모집과 선발에 있어 정확한 정보를 제공하기 때문에 명확한 임금형태 기준이 된다. 다만 정해진 근로시간을 기준으로 하는 시간급의 특성으로 종사자의 동기부여에는 한계가 있다.

(2) 성과급

성과급(output payment)은 근로자 또는 근로자가 속한 집단이 수행한 노동의 성과나 업적을 기준으로 임금을 산출하고 지급하는 임금형태이다. 목표로 한 특정 과업을 달성하여 얻게 되는 결과의 보상으로 변동 임금의 성격이 짙어 업적급, 변동급, 능률급이라고 하며 인센티브(incentive) 임금이라고도 한다.

성과급은 시간급과 달리 작업 성과 및 능률과 직결되는 특별한 보상으로 종사자의 동기부여를 통해 노동생산성을 향상시킬 수 있다. 또한 종사자의 근로의욕을 고취시키고 경영 성과에 따라 분배하는 참여적 임금으로 성과 지향적 임금형태라고 할 수 있다. 그러나 종사자들이 성과급을 받기 위해 단기간 실적에 집중하거나 임금 결정의 기준이 되는 성과 달성 지표를 설정하기에 어려움이 있다.

(3) 연봉제

연봉제는 시간을 기준으로 임금액을 설정하는 시간급의 일종이지만, 능력주의적 보상체계 구축이라는 경영환경에 따라 직무수행능력과 업적, 기업 공헌도를 1년 단위로 평가하여 급여를 책정하고 차등지급하는 성과급의 특성을 가지고 있다.

연봉제는 종사자의 능력과 업적에 초점을 맞추는 전략적 임금제도이므로 변동급의 특징을 가진다는 것에서 연공급과 차이가 발생한다. 또한 연봉 책정에 있어 개별 종사자의 업무 성과와 능력에 따라 차별화하여 임금을 책정하는 개별계약의 형태이다. 아울러 임금체계와 임금관리를 1년 단위로 단순화하여 임금 책정의 복잡한 과정을 일부 해소한다는 장점을 가지고 있다.

3. 복리후생

1) 복리후생의 이해

(1) 복리후생의 개념

복리후생(employee benefits and services)이란 종사자에게 제공되는 임금 외적인 경제적 안정과 생활의 질을 향상시키기 위한 간접적인 보상을 의미한다. 즉, 기업이 종사자의 생활을 안정시키고 질을 향상시키기 위해 종사자와 그의 가족에게 제공하는 모든 보상과 서비스를 의미하는데, 이러한 복리후생은 급부(benefits)와 서비스(services)로 구분된다.

급부적 복리후생은 종사자의 건강과 사고 발생 시 제공되는 보호와 장래 대비책으로 퇴직소득, 실업보험, 의료보험 등이 이에 속한다. 서비스적 복리후생은 종사자의 욕구를 충족시키기 위해 제공되는 다양한 기여로서 휴가, 주택지원, 의료서비스 등이 있다.

이러한 다양한 복리후생은 사회의 발전과 생활수준의 향상, 종사자의 직업생활 관점의 변화로 점차 중요시되고 있으며, 임금과 같은 기본적 근로조건을 보완하고 근속기간을 늘리는 중대한 파생적 근로조건으로 인식되고 있다.

(2) 복리후생의 기능

복리후생은 다양한 기능을 수행하면서 기업의 경영 활동의 여러 목적을 충족해 준다. 기업이 복리후생을 담당해야 하는 목적은 경제적, 사회적, 정치적, 윤리적 목적에서 고려할 수 있다.

경제적 목적에서 복리후생이 잘된 회사는 직원의 사기가 높아 생산성이 올라가 궁극적으로 회사 목표 달성에 기여할 수 있다는 것을 추구한다. 근로자에 대한 대우가 높다면 우수한 인재 확보, 결근과 이직을 줄이는 조직몰입을 유도할 수 있다.

사회적 목적에서 복리후생은 임금이라는 직접적 보상 이외의 근로자 가족에 대해 제공되는 간접적 지원을 통해 그들에게 사회적 보호와 배려를 제공하는 것이다. 또한 조직의 공통된 복리후생을 통해 다양한 능력과 공헌의 종사자에 대한 지원으로 사회적 격차를 줄이는 효과가 있다.

정치적 목적에서 복리후생 제도를 적절히 운영하면 근로자의 직무만족과 조직몰입을 높여 국가나 노동조합의 영향력을 약화시켜 회사의 정치적 권한을 높일 수 있다.

윤리적 목적에서 복리후생은 단순히 종사자의 만족도를 높이는 수준을 넘어 종사자와 종사자 부양가족에 대한 학비, 건강, 문화생활의 권리를 충족시켜 기업의 윤리적 책무를 담당하는 중요한 요인이 될 수 있다.

2) 복리후생의 유형

(1) 법정복리후생

법적복리후생은 조직 구성원과 그들의 부양가족의 사회보장을 위해 일생생활에서 만날 수 있는 위험을 해결하고 보호하는 목적으로 법에서 정한 것이다. 종사자의 안전과 안정을 목적으로 기업에서 당면하는 다양한 위험들로부터 보호하는 것에 초점을 두는 것이다.

대표적인 법정복리후생의 제도는 사회보험제도로서의 의료보험, 연금보험, 고용보험, 산업재해보상보험 등이 있다. 또한 퇴직금제도와 유급휴일, 휴게시설 등도 법정복리후생의 유형이다.

(2) 법정 이외의 복리후생

법으로 규정된 법정복리후생 이외에 기업이 자발적으로 실시하는 복리후생을 자발적 복리후생이라고 한다. 즉, 기업이 법정복리후생에서 정한 범위와 수준을 넘어 근로자에게 제공하는 추가적 혜택을 의미한다.

대표적인 법정 이외의 복리후생은 조직 구성원과 그들의 가족의 경제적 안정에 직접적으로 관련된 프로그램이 있다. 주택 소유를 위한 지원, 경조사와 재해 대비 공제제도, 교육비 지원, 소비생활 보조, 금융제도 등이 경제적 복리후생의 사례들이다.

또한 의료서비스, 건강상담, 이미용, 운영 및 여가시설, 문화시설 등 건강과 여가와 관련된 보건생활과 여가활동 지원 시설과 서비스도 법정 이외 복리후생이다. 아울러 임금을 받은 구성원의 법정 휴일과 병가, 연차휴가 등의 휴가와 중식시간, 휴식시간 등 의무노동시간에 대한 보상도 법정 외 복리후생의 제도이다.

3) 복리후생의 설계와 관리

(1) 복리후생 설계

복리후생 설계는 [그림 6-30]과 같이 복리후생 프로그램에 영향을 주는 요인을 고려하여 조직의 목적 달성에 기여할 수 있는 복리후생 프로그램의 형태와 범위를 결정하고, 복리후생 프로그램에 투입되는 비용을 결정하며, 복리후생의 혜택 대상을 정하는 등의 다양한 전략적 선택이다.

[그림 6-30] 복리후생 프로그램 설계와 영향 요인

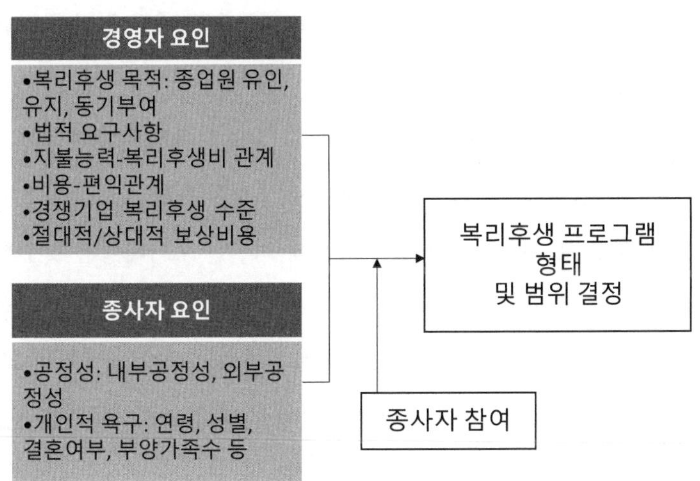

이를 위해 복리후생과 기업의 성과를 검토함에 있어서 구성원의 동기를 부여하지 않은 위생요인과 동기요인을 고려해야 한다. 아울러 구성원의 복리후생욕구가 무엇인지 명확히 분석해야 한다. 이는 대상자별로 요구하는 복리후생의 내용과 프로그램이 다르기 때문이다. 따라서 기업은 조직 구성원의 욕구를 반영하여 각자가 선호하는 복리후생 패키지를 선택하는 신축적 프로그램으로서 카페테리아식 복리후생 프로그램(cafeteria benefits program) 제도를 운영하기도 한다. 식당 메뉴에서 원하는 음식을 선택하는 것과 같이 자신에게 할당된 비용 범위에서 여러 복리후생 비용 옵션 중 적합한 것을 선택을 채택하는 것이다.

(2) 복리후생 관리

설계한 복리후생제도가 운영되면 기업의 자원으로서의 비용이 투입되는 것으로 효과를 극대화하도록 적절한 관리가 필요하다. 복리후생제도가 설계한 목적의 성과를 거두기 위해 합리적 제도 설계와 함께 효율적인 관리 방안이 요구된다. 복리후생의 관리 방안으로는 효과적 의사소통, 비용의 분석, 모니터링 및 종사자 참여 등이 있다.

복리후생의 운영의 목적이 결국 종사자에 대한 보상으로 만족도를 제고하는 것이기 때문에 지속적인 제도의 안내와 이해를 유도해야 한다. 따라서 복리후생의 내용을 잘 전달하고 취지를 공유하는 효과적인 커뮤니케이션 활용이 필요하다.

아울러 복리후생 관리의 효율성을 높이기 위해 투입되는 비용에 대한 철저한 비용 분석은 필수적이다. 복리후생 비용의 파악과 분석은 복리후생의 성과를 제고시키기 위한 기초 자료를 확보하는 것이고 효과적인 커뮤니케이션 프로그램에 필요하기도 하다. 복리후생 비용을 분석하기 위해 연간 총비용, 종사자 1인당 연간 소요 비용, 임금 대비 복리후생 비용을 검토할 수 있다.

운영되고 있는 복리후생 프로그램에 대한 평가를 위해 적절한 모니터링은 필수적인 활동이다. 복리후생 프로그램이 의도한 목표를 달성하고 있는지, 운영 과정에서 낭비와 부적절한 활동이 있는지를 검토해야 한다. 또한 복리후생제도 운영에 종사자를 직접 참여시킴으로써 커뮤니케이션과 복리후생 운영에 대한 피드백을 받을 수 있고 제도의 수정을 통해 복리후생제도의 효과성을 높일 수 있다.

제 7 장

재무관리

제1절

재무관리의 이해

1. 재무관리의 개념

1) 재무의 정의

교육서비스 기업에서 재무(finance)는 한정되고 부족한 자원을 어떻게 여러 기간에 걸쳐 적절히 배분하는가에 관한 것으로 중요한 경영 활동의 영역이다. 따라서 재무와 관련된 의사결정은 자원 배분과 관련된 의사결정이라고 할 수 있다. 재무의사결정은 두 가지 특징으로 정의되는데, 첫째, 재무와 관련된 의사결정에 수반되는 비용과 이익이 오랜 기간에 걸쳐 발생되고, 둘째, 의사결정자는 관련된 의사결정이 수반하는 미래 비용과 이익을 확실하게 예측하지 못한다는 것이다(Merton 외, 2009). 따라서 새로운 교육서비스 조직의 경영활동을 시작할지 결정할 때, 이익은 몇 년에 걸쳐 얻을 수 있는지 불확실하여 투자와 비용의 많고 적음을 검토해야 한다.

재무의 영역은 일반적으로 재무관리(financial management), 자본시장(capital markets), 투자(investment)의 세 가지 영역으로 구분된다. 재무관리는 기업재무(corporate finance)라고도 하며 어떤 자산을 얼마나 취득하고, 필요한 자본을 어떻게 조달하며, 부의 극대화를 위해 기업을 어떻게 운영할지에 대한 의사결정에 초점을 맞춘다. 자본시장은 주식, 채권, 이자율로 결정되는 시장과 관련된 개념이며, 투자는 주식과 채권에 관한 의사결정이다. 따라서 교육서비스 기업에 일반적으로 적용되는 재무는 재무관리에 관련된 영역으로 볼 수 있다.

재무에 대한 의사결정은 단순히 기업에만 해당되는 것은 아니다. 대부분의 개인이나 가계에서도 재무와 관련된 여러 의사결정 상황을 만나게 된다. 이러한 기본적인 재무의사결정 사항은 크게 네 가지로 정리된다. 첫째, 개인과 가계가 현재 부에서 얼마를 소비하고, 얼마를 저축하여 미래를 대비해야 하는지의 소비와 저축 관련 의사결정이다. 둘째, 개인이나 가계가 저축하고자 하는 재산의 투자 형태에 대한 의사결정이다. 셋째, 계획한 소비와 투자를 이행하기 위해 돈을 차입할 방법과 관련된 자금조달 의사결정이다. 넷째, 개인이나 가계가 직면한 재무적 불확실성을 해소하는 방법을 찾는 것에 대한 위험관리 의사결정이다.

즉, 재무에 대한 의사결정은 경제적 가치를 가지는 모든 것을 지칭하는 자산(assets), 조달한 자금인 부채(liability)와 자본(equity)이 핵심 요소이며, 이는 기업의 재무관리의 기능과도 관련된다. 기업에서의 재무관리는 〈표 7-1〉과 같이 투자결정(investment decision), 자본조달결정(financing decision), 배당결정(dividend decision), 재무자료 분석 등의 크게 네 가지로 정리된다.

〈표 7-1〉 재무관리 기능

구분	내용
투자결정 (기업자산의 최적배합)	- 보유할 자산의 종류와 규모에 대한 의사결정 - 기업의 미래수익성, 성장성, 영업위험이 달라짐
자본조달결정 (기업자본의 최적배합)	- 투자에 필요한 자본의 원천에 대한 의사결정 - 기업의 자본구조, 재무위험, 자본비용이 달라짐
배당결정	- 투자의 결과로 실현된 순이익의 배당금, 유보이익을 나누는 의사결정 - 자본조달결정의 잔여적 의사결정
재무자료 분석	- 기업의 회계 및 재무자료를 수집·분석하여 정보이용자에게 필요 정보 제공

2) 재무관리의 정의

재무관리란 기업의 자금(funds)의 흐름을 파악하고 분석하는 것으로 재화와 서비스처럼 필요로 하는 수요자와 이를 제공하는 공급자 사이의 교환관계에서 나타나는 수요와 공급을 자금에 적용하는 것이다. 재무관리는 기업이 처한 재무환경에 대한 재무의사결정(financial decision)이기 때문에 좁은 의미에서 재무관리를 기업재무론(corporate finance)이라고도 한다. 즉, 자금의 수요자인 기업 입장에서 자금의 흐름과 관련된 활동을 다루며, 자금의 운용과 조달, 유동성 등이 관리의 영역이다.

재무관리의 개념은 이를 담당하는 재무담당자(재무관리자)(chief financial officer; CFO)의 역할을 통해 파악할 수 있다. 재무담당자는 기업의 재무상태표(statement of financial position)를 통해 기업의 재무 상태를 확인하며 기업의 재무상태표는 [그림 7-1]과 같이 차변과 대변으로 구분되고 자산, 부채, 자본의 구성요소로 나타난다.

[그림 7-1] 기업의 재무상태표

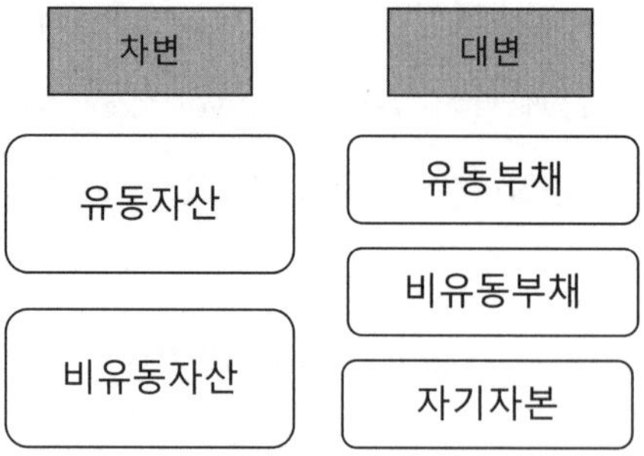

차변	대변
유동자산	유동부채
	비유동부채
비유동자산	자기자본

기업의 자산(asset)은 재무상태표의 왼쪽, 즉 차변에 위치하고 크게 유동자산과 비유동자산으로 구분된다. 유동자산은 현금, 재고자산과 같이 단기간 동안 보유하는 자산이며, 비유동자산은 건물, 기계와 같이 장기간 보유하는 자산이다. 유동자산과 비유동자산을 구분하는 기준은 일반적인 회계 관행상의 1년을 기준으로 한다.

기업이 자산을 구입하기 위해서는 자금이 필요한데 이는 재무상태표의 오른쪽, 즉 대변에 위치시킨다. 조달에 필요한 자금은 크게 부채(liability)와 자본(equity)으로 구분된다. 부채는 일정한 기한에 상환의 약속이 된 자금으로 단기간 사용하는 유동부채와 장기간 사용하는 비유동부채로 구분된다. 유동부채와 비유동부채는 자산과 마찬가지로 1년을 기준으로 갚아야 하는 기한을 정한다. 또한 자본은 기업의 소유주가 직접 출자한 자금과 과거 경영 활동을 통해 벌어들인 이익을 기업 내부에 유보한 자금을 포괄한다. 자기자본으로서의 자본은 부채와 달리 기한 내 갚아야 할 의무가 없는 자금이다.

3) 재무관리의 목표

(1) 기업가치 극대화

전통적인 경영 활동의 목표는 이윤을 극대화하는 것이지만, 단순한 이윤 창출이 기업의 가치 창출을 온전히 설명하지 못한다는 문제점이 제기되었다. 이는 이윤의 개념이 모호하고, 화폐가 가진 시간적 가치를 무시한다는 것이다. 이러한 화폐 기반의 이윤 중심적 경영관리는 미래의 불확실성이나 위험(risk)을 대비하기에 한계를 가진다는 비판이 제기되었고, 이를 해결하고자 현대적 재무관리의 필요성이 대두되었다.

현대적 재무관리의 목표는 과거의 이윤 극대화의 목표에서 기업의 가치 극대화라는 목표로 관점의 변화가 이루어졌다. 기업가치(V)란 기업이 미래에 얻을 것으로 기대되는 현금의 흐름을 미래에 발생 가능한 위험을 반영하여 적절한 할인율을 적용한 현재 가치이다. 따라서 기업가치는 다음과 같은 수익성과 위험도에 의해 결정된다.

기업이 보유중인 자산의 수익성: 수익성↑ → C_t↑ → V↑

$$V = \sum_{t=1}^{\infty} \frac{C_t}{(1+k)^t} = f(\text{수익성, 위험도})$$

미래현금흐름의 위험도: 위험도↑ → k ↑ → V↓

기업의 가치는 현대의 대부분의 기업이 주식회사의 형태를 가지고 있기 때문에 [그림 7-2]와 같이 주주, 주가와 관계가 있다. 즉, 기업의 가치가 극대화되면 주주와 주식가격이 극대화될 수 있다. 또한 기업의 가치 극대화는 투자에 있어서 순현가(NPV)[50] 극대화를 통해 달성할 수 있다.

50) 순현가는 순현재가치이며 최초 투자 시점부터 사업이 끝나는 시점까지의 연도별 순편익 흐름을 각각 현재의 가치로 환산한 것이다. 편익과 비용을 할인율에 따라 현재 가치로 환산하여 편익의 현재 가치에서 비용의 현재 가치를 뺀 값으로 계산된다. 순현가가 0보다 크면 해당 사업을 채택할 가능성이 높아진다.

[그림 7-2] 기업가치·주주 부·주가 간 관계

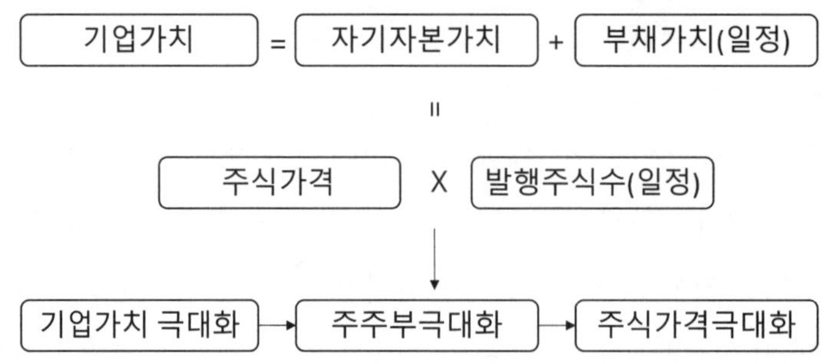

이처럼 기업의 재무관리의 목표를 기업 가치 극대화로 설정하는 것은 다양한 타당성을 가진다. 우선 전통적 관점과 달리 가치가 가진 개념이 명확해지고, 화폐의 시간적 가치를 고려하여 미래의 불확실성을 예측할 수 있다. 또한 주가와 같이 증권시장에서 평가된 것을 통해 객관적으로 측정하여 관리할 수 있다.

(2) 주주가치 극대화

재무관리의 목표로서 기업가치 극대화를 설정한 것은 기업에 자금을 조달하는 채권자와 주주 모두를 기업의 소유주의 일부로 여기기 때문이다. 만약 기업의 형태가 주식회사라면 기업에 자본을 제공하는 주주의 가치를 극대화하는 것도 재무관리의 중요한 목표이다.

채권자와 주주의 특성은 구분할 필요가 있는데, 채권자는 기업에 제공한 자금에 대한 이자와 원금을 상환받을 권리가 있다. 하지만 이 금액은 기업의 성과와 무관하게 정해진다. 반면, 주주는 기업의 이익에 따라 배당받는 금액이 달라지기 때문에 기업가치가 변동되면 주주의 가치도 같이 변동된다. 따라서 주주가치의 극대화는 기업가치 극대화와 연동되는 중요한 재무관리의 목표이다. 또한 주주의 권리는 주식 형태로 거래되기 때문에 주식가치의 극대화를 통해 주주가치의 극대화 정도를 쉽게 파악할 수 있다.

(3) 이윤과 시장점유율 극대화

기업의 재무관리는 경영 활동을 위한 하위 영역이기 때문에 기업의 수익과 비용의 차이로 정의되는 이익이나 기업의 시장점유율을 극대화하는 것을 목표로 삼는다. 전통적으로 이윤을 극대화하기 위해 한계수익과 한계비용이 일치하는 최적생산수준을 정하여 기업의 총이익 극대화를 모색하였다. 하지만 이윤 극대화가 기업의 이익의 시간 차이와 미래의 불확실성을 반영하지 못한다는 측면에서 현대에 들어와 가치 극대화의 목표에 포함시켜 고려한다.

또한 교육서비스 산업에서의 시장점유율 극대화도 중요한 재무관리의 목표이다. 시장점유율은 기업이 가진 전략적 사업단위의 중요한 강점 요소이기 때문에 이에 대한 목표 설정과 달성은 기업의 생존과 성장에 직결된 문제이다. 따라서 장기적 목표에 따라 기업이 시장점유율을 높이고 기능성을 확보하기 위한 가치 극대화도 필수적인 재무관리 영역이다.

4) 재무관리의 기능

기업에서의 재무관리의 목표를 달성하기 위해 다양한 기능을 수행해야 한다. 재무관리는 기업 내의 최고 재무담당자(chief financial officer; CFO)가 담당하며, 기업에서 이루어지는 모든 의사결정을 위한 〈표 7-2〉와 같은 재무적 기능을 지휘한다.

〈표 7-2〉 재무관리의 기능

<table>
<tr><th>구분</th><th>기능</th><th>구분</th><th>기능</th></tr>
<tr><td>Ⅰ.
계획</td><td>- 장·단기 자금계획
- 자본지출과 운영 활동 예산 편성
- 매출 예측
- 성과 평가
- 가격 책정 전략
- 경제성 평가
- 구매와 투자 철회 분석</td><td>Ⅴ.
자산 보호</td><td>- 보험 적용 범위 제공
- 내부관리 및 감사
- 자산 보호 및 손실 방지
- 부동산 관리</td></tr>
<tr><td>Ⅱ.
자본의 공급</td><td>- 기업 필요 자본 제공 계획 수립 및 집행</td><td>Ⅵ.
세금 관리</td><td>- 세금 정책, 절차 수립과 관리
- 세무 당국과의 관계 관리
- 세무 보고서 준비
- 세무 계획</td></tr>
<tr><td>Ⅲ.
자금의 관리</td><td>- 현금 관리
- 금융기관 관계 유지
- 회사 자금, 증권 수령, 보관, 지불
- 외상 매출 관리 및 회수
- 연금 관리
- 투자 관리
- 보관 업무</td><td>Ⅶ.
투자자 관계</td><td>- 투자자 연락 계획 수립, 유지
- 주주 의사소통 수립, 유지
- 애널리스트 커뮤니케이션</td></tr>
<tr><td rowspan="2">Ⅳ.
회계와 관리</td><td rowspan="2">- 회계 원칙 수립
- 회계 자료 생성, 보고
- 비용 표준화
- 내부 감사
- 시스템과 회계 절차
- 보고서 작성
- 경영 활동 결과 보고 및 해석
- 경영계획 및 기준, 성과 비교</td><td>Ⅷ.
평가 및
자문</td><td>- 타 기업 전문가 의뢰
- 기업 정책, 경영, 목표 효율성 등 상담 또는 자문</td></tr>
<tr><td>Ⅸ.
경영정보
시스템</td><td>- 전자 정보 처리 시설 개발, 사용
- 경영정보시스템 개발, 사용
- 시스템과 절차 개발, 사용</td></tr>
</table>

2. 재무관리의 핵심 이론

1) 화폐의 시간가치

재무활동에서 현재와 미래의 여러 기간에 걸쳐 이루어지는 현금흐름(cash flow)이 발생한다. 기업 내부로 들어오는 현금의 흐름을 현금유입(cash inflow)이라고 하고 기업 외부로 나가는 현금의 흐름을 현금유출(cash outflow)이라고 한다. 교육기업이 교육 장비를 설치하는 시점에는 현금유출이 발생하지만 이를 활용한 교육서비스 제공 활동을 통해 현금유입이 발생한다.

이와 같은 현금흐름은 현재와 미래의 다양한 시점과 상황에 따라 유입, 유출의 형태로 나타난다. 그러나 시점의 변화에 따른 현금의 가치는 서로 다르게 평가된다. 같은 금액의 현금도 현금흐름이 이루어지는 시점에 따라 서로 다른 가치로 여겨지는데 이를 화폐의 시간가치(time value of money)라고 한다. 즉, 정해진 기간에 정해진 이자율을 고려하여 계산한 가치로서 예를 들어 1년간 이자율이 5%라면 현재의 100만 원의 화폐는 1년 후 105만 원의 화폐와 동일한 시간가치를 가지게 된다.

또한 경영 활동에서 가까운 장래에 발생하는 현금흐름이 보다 큰 가치로 평가되고, 보다 먼 미래의 현금흐름을 상대적으로 작은 가치라고 평가한다. 이러한 개념을 '재무관리 제1원리(the first principal of finance)'라고 한다.

화폐의 시간가치 개념에 따라 기업의 자산의 가치는 그 자산을 통해 가져다줄 미래 현금흐름이 발생하는 시기를 고려하여 평가된다. 미래의 시점에 발생될 현금흐름을 오늘의 시점 가치로 환산한 평가 가치를 현재가치(present value), 또는 현가라고 한다. 이러한 개념을 활용하여 자산의 가치를 미래의 현금흐름의 가치로 설명한 모형을 재무관리의 토대가 되는 기본 모형인 현재가치평가모형(present value model)이다.

2) 위험-수익의 상충 관계

재무관리에서 자산을 투자할 때 자산을 통한 미래 현금흐름은 불확실한 경우가 많다. 단순하게 은행에 예적금을 불입한 경우 만기 시 받을 금액은 명확히 알 수 있지만, 기업이 경영 활동을 위해 투자한 경우에는 투자한 금액에 대해 얼마의 수익을 낼 수 있을지는 불확실하다. 따라서 재무관리에서 불확실한 현금흐름에 대한 자산의 가치 평가에 불확실성이 반영되어야 하는데 이를 위험-수익의 상충 관계(risk-return trade-off)라고 한다. 즉, 미래 현금흐름의 불확실성이 커질수록 위험부담에 대한 대가로서의 더 많은 수익을 요구하는 것이다.

투자자들은 불확실한 금액보다 확실한 금액을 선호한다는 가정이 있는데 이를 '재무관리 제2원리(the second principal of finance)'라고 한다. 위험-수익의 상충 관계에 따라 높은 위험을 감수하면 높은 수익률을 요구(high-risk high-return)하고, 낮은 위험을 감수하면 낮은 수익률을 보상(low-risk low-return)받게 된다. 이러한 재무관리에서 위험-수익의 상충 관계의 대표적인 모형을 자본자산가격모형(capital asset pricing model; CAPM)이라고 한다.

3) 차익거래와 가격결정

동일한 상품이 서로 다른 시장에서 거래되는 가격이 다를 경우 저렴한 시장에서 상품을 매입하여 비싼 가격의 시장에서 매도하는 거래를 차익거래(arbitrage)라고 한다. 하지만 시장 상황이 매우 경쟁적이면 투자자들의 차익거래의 수가 늘어나게 되어 궁극적으로 차익거래를 통한 이익이 없어지게 되는데 이를 시장균형상태라고 한다. 결국 위험과 수익의 상충 관계의 이론이 적용된 여러 상품이 같은 가격에 거래될 때 차익거래가 사라지고 시장은 균형 상태에 다다르게 된다.

이러한 차익거래에 대한 원리를 차익거래가격결정이론이라고 하며 위험-수익을 통한 수익률 이론은 자본자산가격결정모형 한계를 극복하는 재무이론으로 활용되고 있다.

4) 자본시장의 효율성

기업은 외부자금 조달을 위해 채권이나 주식을 발행하는데, 이렇게 금융상품이 거래되는 시장을 자본시장이라고 한다. 자본시장에서의 구성원은 기업, 주주, 채권자, 금융회사들이 있으며, 이러한 시장참여자는 합리적(rational)이고, 자본시장은 효율적(efficient)이라는 가정을 제기한다.

즉, 시장참여자는 자신의 목적을 달성하기 위해 합리적인 활동을 행하며, 효과적인 방법을 추구하게 된다. 또한 자본시장도 시장에서 형성되는 자산의 가격과 정보를 신속하며 충분히 반영하는 효율적인 환경을 가지고 있다는 것이다.

자본시장의 효율성은 적절한 재무관리를 위한 재무이론의 주요 가정이 되며, 기업 자산의 시장 가격이 자산과 관련된 정보를 충실히 반영하고 있으므로 진실한 가치 척도로 여길 수 있다는 전제가 된다.

3. 재무관리 조직의 형태

1) 기업의 형태

기업의 가치를 극대화하는 과정에서 고려해야 할 것은 다양한 기업형태이다. 시장에는 여러 형태의 기업이 경영 활동을 수행하는데 개인이 모든 소유권을 가지고 있는 주로 작은 규모의 기업을 개인기업(sole proprietorship)이라고 한다. 개인기업의 소유주는 회사 부채에 대한 무한책임을 지고, 소유주의 수명이 회사의 수명이 되며, 소유권 이전이 쉽지 않다.

또한 소수의 출자자들에 의해 공동으로 소유되고 경영되는 기업형태를 공동기업(partnership)이라고 한다. 대표적으로 합명회사(general partnership)가 있으며, 소유권을 가진 출자자들에게 무한책임이 있으며, 소유주의 사망과 출자 철회로 회사의 존속이 종료된다.

기업의 모든 사업이 기업 활동의 출자 한도의 책임을 지고, 부채에 대해서는 자유로운 사원으로 구성된 유한회사(limited liability company)라는 형태의 기업도 있다. 유한회사는 합명회사와 주식회사의 중간 형태라고 볼 수 있다(박정식 외, 2017).

2) 주식회사

현대의 많은 기업은 개인기업, 합명회사, 유한회사와 달리 기업의 소유권을 많은 주주들에게 분산시키고 자금을 조달하는 주식회사(corporation)의 형태를 취한다. 국내 기업의 유형을 살펴보면, 일반적으로 기업의 업체 수는 개인기업이 주식회사보다 수적으로 많이 존재하지만, 매출 규모는 주식회사가 개인회사와 비교가 무의미할 정도로 큰 비중을 차지한다. 이는 일정 규모 이상의 기업이 대부분 주식회사의 형태를 취하기 때문도 있지만, 큰 규모의 기업이 성장하는 과정에서 주식을 통해 자금을 조달하기 때문이기도 하다.

주식회사는 개인기업과 달리 설립함에 있어서 복잡한 절차가 요구된다. 기업명, 사업의 내용, 발행 주식 수, 이사회 의결 방법, 이사의 수 등 경영 활동의 기준이 될 내용을 규정한 정관이 필요하다. 주식회사는 법인의 성격을 띠기 때문에 경영자가 임의로 경영 활동을 수행하기보다 정관에 기초한 경영 활동 수행이 요구된다. 주식회사는 설립 시 소수의 출자자들의 주식 보유로부터 시작하여 기업의 규모가 커지면 새로운 주식을 발행하고 많은 투자자들로부터 필요자금을 조달한다.

기업이 주식회사의 형태를 띠는 이유는 개인기업과 비교하여 경영상 여러 장점이 있기 때문이다. 무엇보다 주식회사는 새로운 주식을 발행하여 여러 투자자들로부터 필요자금을 조달할 수 있다는 장점이 있다. 또한 주식을 보유한 주주는 자신이 소유한 주식의 수에 비례하여 경영 활동에 참여하는 권리와 이익을 배분받을 권리를 갖게 되어 기업가치 극대화라는 재무 목표에 동참할 수 있다. 아울러 투자자는 주식의 비율에 대한 이익 배당의 권리와 함께 회사 부채에 대한 유한책임을 가진다.

이러한 장점에도 불구하고 주식회사는 여러 단점도 가지고 있다. 무엇보다 주주와 기업 간의 관계에서 이해당사자가 증가하면 이러한 과정에서 많은 갈등이 발생할 소지도 늘어난다. 또한 투자를 통한 기업 규모의 증가는 의사결정 과정의 복잡성을 증대시키고 경영 활동의 효율성도 저해할 수 있다. 아울러 주식회사는 법인격의 성격을 띠고 있어 법인세와 개인소득세 등의 이중 세금 부담도 가지고 있다.

3) 소유와 경영의 분리 문제(대리문제)

개인이 소유하는 개인기업이나 소수의 출자로 운영되는 합명회사는 소유주가 기업 경영 활동에 대한 책임을 진다. 하지만 주식회사는 다수의 주주가 소유권을 분산하여 소유하고 있다. 따라서 다수의 주주가 모두 경영에 참여하는 것은 현실적으로 어렵기 때문에 주주의 권익을 대표하는 이사회를 구성하여 경영을 담당시킨다. 이사회는 경영 활동을 대표할 최고경영자를 선임하고 최고경영자는 주주의 이익을 위한 경영 활동을 수행하는데 이를 소유와 경영의 분리(severation of ownership and control)라고 한다.

하지만 소유와 경영의 분리는 주주의 대리인인 경영자가 주주의 부를 극대화하기보다 자신의 이익을 극대화하도록 의사결정을 할 가능성이 있다. 이러한 경우 기업가치의 극대화가 주주의 부의 극대화로 이어지지 않을 수 있다.

이러한 문제를 대리문제(agency problem)라고 하며 이를 해결하기 위해 드는 비용을 대리비용(agency cost)이라고 한다. 대리문제를 해결하기 위해 다양한 제도를 활용하는데 이러한 제도를 운영하기 위해 투입되는 비용은 궁극적으로 주주 부의 극대화를 통해 재무관리의 목표 달성을 가능하게 한다. 대리문제의 해결 제도로는 경영자를 감시하는 기관의 설치, 주주총회에서 이사 선임권 행사, 주식옵션 또는 주식상여금 등의 경영자 보상제도 도입, 합병 및 매수 시장의 상황을 통한 경영자 교체 등이 있다.

제2절

재무제표

1. 재무제표의 이해

1) 재무제표의 개념

재무제표는 기업의 모든 재무정보를 요약하여 모아놓은 표이며, 내·외부 보고를 위해 제작되는 자료이다. 이에 교육서비스 기업 경영자가 합리적 의사결정을 하기 위해 반드시 재무제표를 이해하고 분석하는 것이 필요하다.

기업의 재무정보를 정리해 놓은 자료로서의 재무제표는 각 항목을 화폐금액으로 표현하였기 때문에 객관적인 측정과 분석이 가능하다. 또한 재무제표는 미래의 불확실한 예측보다는 실제 발생한 과거의 자료를 객관적이며 측정 가능한 항목으로 표현하고 유사한 항목으로 나타내야 한다.

2) 재무제표의 종류

기업이 회계처리 및 재무제표를 작성할 때, 통일된 기준으로서의 기업회계기준을 준수해야 한다. 기업의 회계와 감사를 위해 통일성과 객관성을 따르는 회계기준을 따라야 하는데 우리나라는 일반적으로 한국채택국제회계기준(K-IFRS)을 준수하여 회계처리를 한다. 이러한 기준에 따르면 재무제표는 재무상태표, 손익계산서, 현금흐름표, 자본변동표, 주석으로 구성된다. 이를 '표준재무제표'라고도 하는데 중소기업회계기준에서는 재무제표를 대차대조표, 손익계산서, 자본변동표 또는 이익잉여금처분계산서로 규정하고 있다.

재무제표의 하위 구성 자료와 이를 통해 제공하는 정보는 다음 〈표 7-3〉과 같다.

〈표 7-3〉 재무제표의 종류

구분	내용
재무상태표	기업의 특정한 시점의 재무 상태
손익계산서	기업의 일정 기간 동안의 경영 성과
현금흐름표	기업의 일정 기간 동안의 현금흐름
자본변동표	기업의 일정 기간 동안의 자본변동 내용
주석	재무제표에 대한 추가적 정보

3) 회계장부의 기재

회계상 거래는 일반적 경영 활동의 거래와 달리 회계장부상 기재의 대상이 되는 자산, 부채, 자본의 변동의 원인이 되며, 변동금액을 객관적으로 파악하는 사건을 의미한다. 회계장부의 기재 방법은 단식부기와 복식부기로 구분된다. 단식부기는 하나의 거래의 원인 또는 결과 중 하나만을 기록하는 방식이며, 복식부기는 하나의 거래의 원인과 결과를 모두 이중으로 기록하는 방식이다. 기업 규모가 커질수록 단식부기보다 복식부기 방식을 사용하도록 요구하는데 이는 많은 재무정보를 전달하는 장점을 가지고 있기 때문이다.

복식부기 방식의 회계처리 시 장부에 기록하는 명칭으로서 자산, 부채, 자본, 수익, 비용 등의 여러 세부항목을 구분하는 명칭을 '계정' 및 '계정항목'이라고 한다. 이러한 계정을 기록할 때 재무상태표의 좌측을 '차변', 우측을 '대변'으로 구분하여 기재하게 된다.

재무제표의 작성과 표시는 회계 기준에 따라 〈표 7-4〉와 같은 원칙을 따라야 한다.

〈표 7-4〉 재무제표 작성과 표시 일반 원칙

항목	내용
계속기업	경영진은 재무제표를 작성할 때 계속기업으로서의 존속 가능성을 평가해야 한다. 경영진이 경영 활동을 중단하는 등의 상황이 아닐 경우 재무제표를 작성할 때 계속기업을 전제로 작성한다.
재무제표 작성 책임 및 공정한 표시	재무제표 작성과 표시에 대한 책임은 경영진에게 있다. 경영진은 재무제표를 경제적 사실과 거래의 실질을 반영하여 공정하게 표시하여야 한다.
재무제표 항목 구분 및 통합 표시	중요한 항목은 재무제표의 본문이나 주석에 내용을 가장 잘 나타낼 수 있도록 구분하여 표시하고, 중요하지 않은 항목은 성격이나 기능이 유사한 항목과 통합하여 표시할 수 있다.
비교재무제표 작성	재무제표의 기간별 비교 가능성을 제고하기 위해 전기 재무제표의 모든 계량 정보를 당기와 비교하는 형식으로 표시한다.
재무제표 항목의 표시 및 분류 계속성	재무제표의 기간별 비교 가능성을 제고하기 위해 재무제표 항목의 표시와 분류는 예외적인 경우를 제외하고 매기 동일하여야 한다.
재무제표 보고양식	재무제표는 이해하기 쉽도록 간단하고 명료하게 표시한다.

4) 회계순환 과정(재무제표 작성 과정)

회계순환 과정이란 매 회계기간에 따라 거래를 인식, 기록, 요약하는 순환 과정을 의미하고 재무제표 작성 과정을 뜻하기도 한다. 이러한 회계순환 과정은 [그림 7-3]과 같이 회계기간 중(기중) 절차와 회계기간 말(기말) 절차로 구분된다.

[그림 7-3] 회계순환 과정

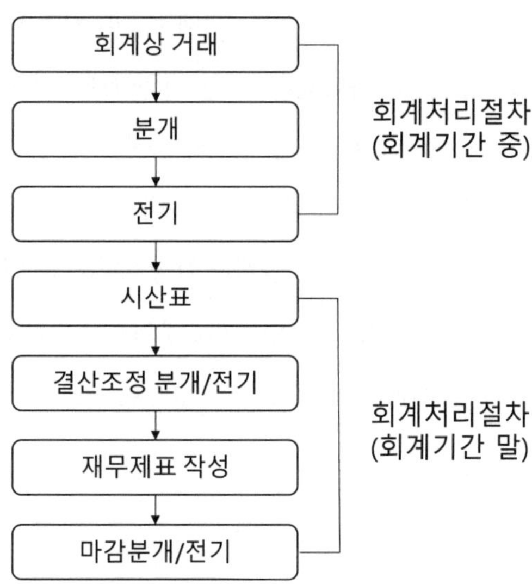

회계기간 중의 회계처리 절차는 회계상의 거래가 인식되면 이를 재무제표에 회계 처리하는 '분개'와 장부에 기재하는 '전기'의 과정을 따른다. 회계기간 말의 결산 절차는 회계 처리한 것을 집계하는 표인 '시산표'를 작성하여 회계기간 말에 재무제표 작성을 위한 '결산분개'를 수행하고 재무제표를 작성하는 마감분개 과정이다.

2. 재무제표의 구성요소

1) 재무상태표

(1) 재무상태표의 개념

재무상태표는 일정한 시점에서 현재 기업이 보유하고 있는 경제적 활용 자원으로서의 자산과 상환 의무로서의 부채, 다양한 자본에 대한 정보를 제공하는 보고서이다. 재무상태표를 통해 회계정보 내·외부 이용자들은 기업의 유동성, 재무적 탄력성, 수익성과 위험성을 평가하고 투자 또는 자금회수 등의 의사결정을 할 수 있다.

재무상태표를 구성하는 요소는 자산, 부채, 자본이며, '자산 = 부채 + 자본'이라는 등식이 성립된다. 재무상태표의 좌측인 차변에는 자산을 기재하는데 기업이 부채 또는 자본을 통해 조달한 자금이 어떻게 활용되고 있는지를 나타낸다. 또한 재무상태표의 우측인 대변에는 부채와 자본을 기재하는데 기업이 경영 활동을 위해 자금을 부채와 자본을 통해 조달한 정보를 제공한다.

재무상태표를 대변과 차변으로 구분하여 나타내는 것을 복식부기라고 하며, 복식부기는 차변인 자산의 합계와 대변의 부채 및 자본의 합계가 항상 일치하는 대차 평형의 원리가 적용된다.

과거에는 재무상태표를 대차대조표(balance sheet; B/S)라고 불렀으며, 현행 중소기업회계기준에서는 재무상태표와 대차대조표를 혼용하고 있는데, 이는 대변과 차변의 조화로운 표라는 의미에서 시작된 것이다.

(2) 재무상태표의 계정과목

① 외상매출금

제품이나 상품을 판매하여 발생한 매출을 인식한 것으로 향후에 발생할 수취 가능한 채권으로 기업의 주된 영업활동과 관련된 것이다.

② 미수금

기업의 주요한 영업활동 이외의 거래에서 발생한 것으로 이를 수취채권으로 보고 기간종료일부터 1년 이내 회수될 것으로 예상되는 것이다.

③ 선급금

재고자산에 대해 매입한 대금의 물건을 받기 이전에 상대방에게 미리 지급한 금액을 말한다.

④ 상품

판매를 주요한 목적으로 보유한 것으로 즉시 판매가 가능한 형태를 가진 재고자산 등이 상품에 속한다.

⑤ 제품

기업이 제조 및 제작하여 판매할 목적으로 보유하고 있는 생산품을 의미한다.

⑥ 유형자산

기업이 영업활동을 수행하기 위해 취득한 자산으로서 토지, 건물, 기계장치, 구축물, 차량운반구, 비품 등이 이에 속한다.

⑦ 무형자산

물리적 실체는 없지만 식별이 가능하고, 기업이 실제로 통제하여 미래의 경제적 효익이 있는 비화폐성 자산을 의미한다. 영업권, 산업재산권, 저작권, 개발비 등이 이에 속한다.

⑧ 외상매입금

기업의 영업활동 과정에서 발생하는 매입채무로서 어음이 발생하지 않을 때 원재료나, 상품 등을 매입하는 경우로 인식한다. 일반적으로 보통예금이나 현금으로 결제하는 경우 감소하게 된다.

⑨ 미지급금

기업의 영업활동 과정에서 거래에서 발생한 채무로 간주하는 것으로 기간종료일부터 1년 이내 지급해야 할 것을 의미한다. 주로 설비 등의 투자활동 거래에서 발생한다.

⑩ 예수금

기업이 종업원에게 급여를 지급할 때는 4대보험, 근로소득세를 공제한 후 지급하는데, 종업원이 급여 정산 과정에서 국민건강보험, 세무서 등 제3자에게 지급할 금액을 미리 징수하여 대신 납부하기 위해 일시적으로 보관하는 금액을 의미한다.

⑪ 차입금

재무활동에서 타인으로부터 조달하는 자금을 의미한다. 차입금은 회계 보고 기간말로부터 1년 이내에 상환 예정인 단기차입금과 만기가 1년을 초과하는 장기차입금이 있다.

⑫ 가지급금

결산이 이루어지지 않은 계정으로서 지급에 대해 적절한 회계처리가 이루어지지 않은 지급액을 일시적으로 처리하는 것을 의미한다.

⑬ 가수금

결산이 이루지지 않은 계정으로 적절한 회계처리가 이루어지지 않아 일시적으로 처리하는 계정으로 미결산계정이므로 결산이 끝나기 전에 적절한 계정과목 대체처리가 필수적이다.

2) 손익계산서

(1) 손익계산서의 개념

손익계산서는 일정한 기간 동안에 기업의 경영 성과에 대한 정보를 제공하는 보고서로서 당해 회계기간의 경영 성과뿐만 아니라 미래 기업의 현금흐름과 수익창출 능력 등의 예측에 유용한 정보를 제공하는 자료이다.

손익계산서는 수익, 비용, 이익의 개념이 혼합되어 있고, 수익과 이익을 혼용하여 사용한다. 일반적으로 수익은 비용이 고려되지 않은 개념인 반면에, 이익은 수익에서 비용을 차감하고 남은 순이익의 개념으로 구분된다. 수익과 비용, 이익은 '이익 = 수익 - 비용'이라는 이익산출산식이 적용된다.

수익과 비용은 언제 인식할 것인가에 대한 기준을 통해 회계상 인식된다. 회계상 인식에 적용되는 주요한 기준으로 현금주의 또는 발생주의를 적용시킬 수 있다. 현금주의에 따르면 수익은 현금을 수취할 때 회계상에 기록하는 것이며, 비용은 현금을 지급할 때 기록하는 것으로 측정하는 방법이 쉬워 기준 적용이 용이하지만, 기간의 손익이 왜곡될 수 있다. 반면, 발생주의는 현금 수취나 지급보다 거래나 사건을 중요시하여 수익과 비용을 발생기간에 기록하는 방법이다. 따라서 실현 가능하고 획득 가능성이 높은 경우 수익으로 인식하고, 관련된 수익이 인식된 기간에 비용을 대응하여 인식하는 방법이다. 발생주의는 현금주의보다 측정하는 방법이 어렵지만, 해당 기간의 손익이 적합하게 측정된다는 이점이 있다.

일반적인 기업회계기준은 특별한 예외 경우를 제외하고 발생주의에 따라 수익과 비용을 인식한다. 발생주의에는 선수수익과 같이 향후 발생할 수익에 대해 미리 현금을 받는 경우 부채로 인식하고, 선급비용과 같이 이후 발생될 비용에 대해 미리 현금을 주는 경우 자산으로 인식하는 이연이라는 개념도 포함된다.

(2) 손익계산서의 계정과목

① 매출액

기업의 주요 영업활동에서 발생하는 제품, 상품, 용역 등의 총매출액에서 매출할인, 매출환입, 매출에누리 등의 차감을 반영한 것이다.

② 매출원가

제품, 상품 등의 매출액에 대응되는 원가이며 판매되는 제품이나 상품 등에 대한 제조원가 또는 매입원가를 의미한다. 매출액과 매출원가는 손익계산서에서 구분되어 표시되고, 매출액에서 매출원가를 차감하여 매출총손익으로 표시한다.

③ 판매비·관리비

제품, 상품, 용역 등의 판매활동과 기업의 관리 및 유지 활동에서 발생하는 비용을 의미한다. 매출원가에 속하지 않는 모든 영업비용이 해당되며, 급여, 복리후생비, 접대비, 광고 선전비 등이 있다.

④ 영업 외 수익

기업의 주요 영업활동이 아닌 다른 활동에서 발생하는 수익으로 이자수익, 임대료 수익, 단기투자자산처분이익, 외환차익 등이 이에 속한다.

⑤ 영업 외 비용

기업의 주요 영업활동이 아닌 다른 활동에서 발생하는 비용으로 이자비용, 단기투자자산처분손실, 외화환산손실 등이 이에 속한다.

3) 현금흐름표

(1) 현금흐름표의 개념

현금흐름표는 기업의 현금흐름을 표현하는 표로서 기업의 주요한 경영 활동별로 이루어지는 현금흐름을 구분하여 표시한 것이다. 현금흐름표는 무엇보다 기업의 현금흐름창출 능력에 대해 정보를 제공할 수 있고, 기업의 유동성과 재무적 안정성을 평가하는 유용한 정보로 활용된다.

현금흐름표는 현금에 대한 흐름을 크게 영업활동, 투자활동, 재무활동으로 구분하여 각각의 활동으로 인한 현금흐름을 구분하고 표시한다. 이를 기초로 현금을 가산하고 기말의 현금을 산출하는 형식으로 표시하게 되는데, 현금흐름표에서 현금이란 현금 및 현금성 자산을 뜻한다.

현금흐름표는 기업회계기준상 발생주의를 채택하여 작성되어 현금흐름과 기업의 거래의 불일치 상황을 보완적으로 평가하기 위해 작성된다. 따라서 기업이익과 현금흐름과의 상관관계를 확인하고 이익의 질이 달라지는 경우 회계 정보 이해당사자들은 현금흐름표를 통해 기업의 자금조달 능력, 유용성, 기업의 확장 능력을 파악하고 분석할 수 있다.

(2) 현금흐름의 기업 활동

① 영업활동

영업활동은 기업의 이익에 직접적으로 영향을 미치는 생산, 구매, 판매활동과 같이 주된 수익활동으로서 경우에 따라 부수적으로 수반되는 제반 활동 중에 투자활동, 재무활동을 제외한 모든 거래를 영업활동의 영역에 포함시킨다.

② 투자활동

투자활동이란 현금의 대여와 회수, 유가증권·투자자산·유형자산·무형자산의 취득과 처분활동을 의미한다.

③ 재무활동

재무활동이란 현금의 차입 및 상환, 신주발행이나 배당금지급과 같이 부채 및 자본계정에 영향을 미치는 거래를 의미한다.

4) 자본변동표

(1) 자본변동표의 개념

자본변동표는 기업이 보유한 자본의 크기와 그 변동에 관한 정보를 제공하는 재무보고서이다. 즉, 기업의 재무상태표에 표시된 자본의 변화 내역을 자본의 구성요소별로 표현한 것이다. 자본변동표에서는 신주발행, 배당금지급 등의 내용을 파악할 수 있다.

(2) 자본변동표의 정보

① 자본금

주주가 납입한 금액 중에서 발행주식에 나타난 액면금액을 의미한다.

② 잉여금

자본금을 제외한 것으로 자본잉여금과 이익잉여금을 의미한다. 자본잉여금은 자본거래에서 발생한 것이며 대표적인 자본잉여금으로는 발행가액이 액면가액을 초과할 경우 그 초과하는 금액을 가리키는 주식발행 초과금이 있다. 이익잉여금은 손익계산서에서 당기순이익을 배당이나 사외에 유출하지 않고 회사에 유보시킨 금액이다.

③ 자본금의 증가

자본금의 증가로는 유상증자와 무상증자가 있다. 유상증자는 액면발행, 할증발행, 할인발행의 형태로 나뉘며 신주를 발행하면 인수가액을 신주인수금으로부터 현금과 현물로 납입하여 기업의 자산이 늘어난 것을 의미한다. 무상증자는 회사의 자산이 증가하지 않고 자본항목 간의 이동만 나타나는 것으로 주주의 지분율로 변하지 않는 것이다. 무상증자는 자본준비금, 재평가적립금, 이익준비금 등을 자본금으로 전입하여 증자한 것이다.

5) 주석

주석은 재무제표 본문에 표시된 정보를 이해하는 데 도움이 되는 추가적인 정보를 제공하는 해

설적 자료이다. 재무상태표, 손익계산서, 현금흐름표, 자본변동표에 인식되어 있는 항목에 관한 설명이나 금액의 세부내역과 우발적 상황 또는 약정상황과 같이 재무제표에 인식되지 않는 항목에 대한 추가 정보를 제공한다.

3. 재무제표의 분석

1) 재무제표 분석의 개념

재무제표 분석은 재무정보가 포괄적으로 포함된 표를 분석하여 의미 있는 정보를 도출하고 이를 통해 경영 성과 달성과 안정적 영업활동을 위한 보다 신속하고 객관적인 의사결정을 수행하기 위한 과정이다. 재무제표를 분석하는 방법과 기법은 〈표 7-5〉와 같이 매우 다양하다.

일반적으로 여러 기업과 기업이 활동 중인 산업과의 비교가 아닌 경우, 즉 하나의 기업의 재무제표를 분석할 때는 일반적으로 기간별 비교 방법을 사용한다. 기업회계기준에 의해 표시된 재무제표의 전기와 당기를 비교하여 기간에 따른 기업의 재무건전성에 대한 내용을 분석하는 것이다.

〈표 7-5〉 재무제표 분석 방법

방법	목적
기간별 비교 방법	기업의 성장성, 변동성 등에 대한 정보 획득
산업 평균 비교 방법	해당 기업의 산업 내에서의 경쟁우위력에 대한 정보 획득
기업 간 비교 방법	해당 기업과 유사 기업을 비교하여 장점과 단점 등 경쟁우위력에 대한 정보 획득

2) 재무제표 비율 분석

재무제표를 분석하는 가장 용이하며 일반적인 방법은 재무제표를 구성하는 내용을 기반으로 구성요소 간의 비율을 분석하는 것이다. 재무제표의 비율 분석의 방법은 크게 유동성 비율, 안정성 비율, 수익성 비율, 활동성 비율, 기타 비율 분석 등이 있으며 분석 목적과 의도에 따라 다르게 활용된다.

(1) 유동성 비율

유동성 비율은 기업이 보유한 지급능력을 파악하기 위한 분석 방법이다. 주요한 유동성 비율로는 유동비율, 당좌비율, 방어기간 비율 등이 있다. 특히 대표적인 유동성 비율인 유동비율은 유동자산을 유동부채로 나누어 계산하여 기업의 단기자금지급능력을 파악할 수 있는 것이다.

유동비율을 통해서 기업의 지불능력을 파악할 수 있는데, 일반적으로 2대 1의 원칙, 즉 200%를 유지하는 것이 바람직하다. 유동비율이 높아지면 기업은 유동자산을 다른 곳에 투자하지 않고 있는 것으로 이를 효율적이지 못한 것으로 보며, 단순히 수치가 높다고 좋은 것으로 판단되지는 않는다. 다음은 유동성 비율을 도출하는 기본식이다.

$$\text{유동비율} = \frac{\text{유동자산}}{\text{유동부채}}$$

$$\text{당좌비율} = \frac{\text{현금} + \text{단기투자자산} + \text{매출채권순액}}{\text{유동부채}}$$

$$\text{방어기간 비율} = \frac{\text{방어자산(현금성 자산} + \text{영업현금 회수액)}}{\text{(영업활동 비율} - \text{비현금비용)} \div 365}$$

(2) 안정성 비율

안정성 비율은 기업의 재무적 안정성을 파악하기 위한 분석 방법이다. 주요한 안정성 비율은 부채비율과 이자보상비율 등이 있다. 부채비율은 부채를 자본으로 나누어 계산하며, 기업이 보유한 자기자본인 자본에 대비해서 타인자본인 부채의 의존도를 판단하게 된다.

특히 부채의 비율이 높은 경우에는 타인자본의 의존도가 높은 것으로 판단되며, 일반적으로 200% 이하의 수치가 나오면 기업의 재무구조가 안정된 것으로 본다. 다음은 안정성 비율을 도출하는 기본식이다.

$$부채비율 = \frac{부채}{자본(또는\ 총자산)}$$

$$이자보상비율 = \frac{이자비용 + 법인세비용\ 차감\ 전\ 이익}{이자비용}$$

(3) 수익성 비율

수익성 비율은 기업의 매출, 자산, 자본 등에 비해 상대적으로 어느 정도의 수익과 이익을 발생시키고 있는지를 파악하기 위한 분석 방법이다. 주로 매출액 순수익률, 총자산이익률, 자기자본이익률, 주당순이익 등이 있다.

수익성 비율 중에 매출액 순이익률은 순매출액에 대비하여 당기순이익의 비율이 몇 %인지를 보여 주는 것으로 비율이 높으면 높을수록 기업의 경영 활동이 잘된 것으로 평가된다.

또한 주당순이익은 기업이 발행한 주식 한 주당 어느 정도의 순이익이 발생하고 있는지를 나타내는 것으로 기업회계기준에서 주당순이익을 손익계산서와 주석에 공시하여야 한다. 다음은 수익성 비율을 도출하는 기본식이다.

$$매출액순이익률 = \frac{당기순이익}{순매출액}$$

$$총자산이익률 = \frac{당기순이익}{평균\ 자산\ 총액}$$

$$자기자본이익률 = \frac{우선주\ 배당금\ 차감\ 당기순이익}{평균\ 자기자본}$$

$$주당순이익 = \frac{우선주\ 배당금\ 차감\ 당기순이익}{가중평균\ 유통주식\ 수}$$

(4) 활동성 비율

활동성 비율은 기업이 보유한 다양한 자원이 어떻게 효율적이고 효과적으로 활용되고 있는지를 파악하는 분석 방법이다. 주요한 활동성 비율은 매출채권회전율, 재고자산회전율, 총자산회전율 등이 있다.

특히 매출채권회전율은 순매출액을 평균 매출채권으로 나누어 분석하는데 기업의 회계기간 동안 제품을 판매하며 외상대금으로 생긴 매출채권을 얼마나 빨리 현금화시키는지 보여 주는 지표이다. 매출채권회전율이 높은 것은 매출채권의 현금화 속도가 비교적 순탄하다는 것을 의미하고, 반대로 낮은 것은 매출 회수기간이 길어 대손 발생위험이 높다는 뜻이기 때문에 관리가 필요하다. 다음은 활동성 비율을 도출하는 기본식이다.

$$\text{매출채권회전율} = \frac{\text{순매출액}}{\text{평균 매출채권(순액)}}$$

$$\text{이자보상비율} = \frac{\text{매출원가}}{\text{평균 재고자산}}$$

$$\text{총자산회전율} = \frac{\text{매출원가}}{\text{평균 자산 총액}}$$

(5) 기타 비율

기타 비율에는 주당장부가액, 주당현금흐름, 주가수익비율, 배당성향 등이 있다. 특히 주가수익비율(price earning ratio; PER)은 주식의 시장가격을 주당순수익으로 나누어 파악한다. 이는 기업에 대한 투자의사결정을 하는 데 중요한 정보가 되는 지표이다. 다음은 기타 비율을 도출하는 기본식이다.

$$주당장부가액 = \frac{보통주주지분}{보통주식\ 수}$$

$$주당현금흐름 = \frac{당기순이익 + 비현금비용}{보통주식\ 수}$$

$$주가수익비율 = \frac{주식의\ 시장가격}{주당순이익}$$

$$배당성향 = \frac{현금배당}{당기순이익}$$

4. 재무제표의 활용

교육서비스 기업의 경영자는 기업을 경영함에 있어 재무상태표와 손익계산서의 주요 계정과목을 파악하고 적절히 파악하여 건전한 재무구조를 수립하도록 노력해야 한다.

교육서비스는 도매업에서 취급되는 물건의 매입, 판매 등의 재고자산으로서의 상품이 아니기 때문에 제품과 상품을 구분하여 관리하지는 않는다. 그러나 교육서비스 기업 역시 이익의 극대화를 목표로 경영 활동을 수행하므로 영업이익과 당기순익을 구분하여 관리하여야 한다. 기업의 영업손실이 발생하더라도 영업 외 이익이 발생하면 당기순이익으로 결산이 마무리되는 경우가 있는데, 경영자는 영업손실이 발생하지 않도록 관리해야 하고 주요 영업활동의 손익에 대한 철저한 관리가 필요하다.

또한 중소기업으로서의 교육서비스 기업은 재무회계와 세무회계를 구분하여 관리하여야 한다. 재무회계는 기업의 회계기준에 따라 작성하였기 때문에 이를 근거로 세금을 정산하는 것은 아니다. 따라서 세무적 측면을 고려하여 세무회계로 인한 이익과 재무회계에 의한 이익을 구분하여 적절히 관리하는 것이 필요하다.

또한 교육콘텐츠와 무형의 지적자산을 개발하는 교육서비스 기업은 개발비에 대한 자산 계상에 대한 정확한 이해가 필수적이다. 개발에 대한 지출이 발생한 경우 자산이나 비용 중 어떤 항목으로 인식시키느냐에 따라 재무제표의 비율에 변화가 크다는 것을 인식하여야 한다.

또한 다양한 의사결정의 기법과 함께 재무제표 비율 분석을 활용한 경영 판단에 익숙해져야 한다. 재무제표 비율 분석은 계량적 경영 판단의 기초적 자료가 되며 기업의 방향 설정에 있어서 유용하게 활용된다. 따라서 재무제표 비율 분석을 통한 합리적인 의사결정의 습관을 통해 재무건전성을 확보하여 지속 가능한 경영 성과를 추구해야 한다.

제3절

재무분석의 이해

1. 재무분석 기법

1) 재무분석의 개념

재무관리의 궁극적인 목표인 기업가치 극대화는 기업의 수익성 향상과 위험 감소를 통해 이루어진다. 따라서 기업의 목표 달성을 위해 경영자는 적절한 자본조달을 통해 최대 수익을 위한 투자활동에 매진하여야 한다. 이러한 재무기능을 효과적으로 수행하기 위한 선제적 활동으로 기업의 현황을 파악하고 문제점을 분석해야 하는데 이를 재무분석(financial analysis)이라고 한다.

재무분석은 크게 두 가지 의미로 해석된다. 첫째는 넓은 의미로서의 재무분석으로 재무활동 전반에 걸친 분석을 뜻한다. 기업의 모든 자금흐름활동을 평가하고 기업의 경영 활동을 위한 의사결정에 필요한 분석이다. 둘째는 좁은 의미로서의 재무분석으로 기업 재무의 현재와 과거 상태와 경영 성과를 파악하여 미래 경영 활동에 요구되는 기초 자료를 얻는 것으로 재무제표를 통한 재무 비율 분석이 이에 속한다.

재무제표분석을 통한 비율 분석이 다소 단편적이라는 지적이 있었기 때문에 보다 나은 재무 비율 분석을 위한 방법들이 발전되어 사용되었다. 재무제표 비율 분석보다 보다 발전된 재무분석은 ROI와 ROE와 같은 지표를 이용한 분석을 들 수 있다.

2) ROI 분석

ROI(Return on Investment)는 투자수익률이라고도 하며 기업의 목표를 결정하는 재무요인을 체계적으로 관찰하고 문제 발생 가능성이 있는 재무요인을 통제하는 기법이다. 투자수익률은 순이익을 총투자액으로 나눈 것으로, 총투자액은 재무상태표에서 총자산의 금액, 총자본과 같기 때문에 다음과 같이 총자산순이익률 또는 총자본순이익률과 같은 의미로 사용된다.

※ 총자본순이익률(투자수익률) 산출식

$$\text{총자본순이익률(투자수익률)} = \frac{\text{순이익}}{\text{총자본}}$$

$$= \frac{\text{순이익}}{\text{매출액}} \times \frac{\text{매출액}}{\text{총자산}}$$

$$= \text{매출액순이익률} \times \text{총자산회전율}$$

매출액순이익률과 총자산회전율은 [그림 7-4]와 같이 재무제표의 비율 분석에서 사용되는 각 계정항목의 결합으로 표시된다. 이와 같은 투자수익률에 관련된 재무요인들의 관계를 나타낸 것을 ROI Chart라고 한다. 따라서 ROI 분석은 투자수익률의 증대를 목표로 영향을 미치는 다양한 요인들과 상관관계를 파악하고 분석하는 방법이다. 즉, 기업의 경영 성과와 효율을 투자수익률과 관련된 재무 요인을 기준으로 체계적이며 종합적으로 분석 및 통제하는 기법이다.

[그림 7-4] ROI Chart

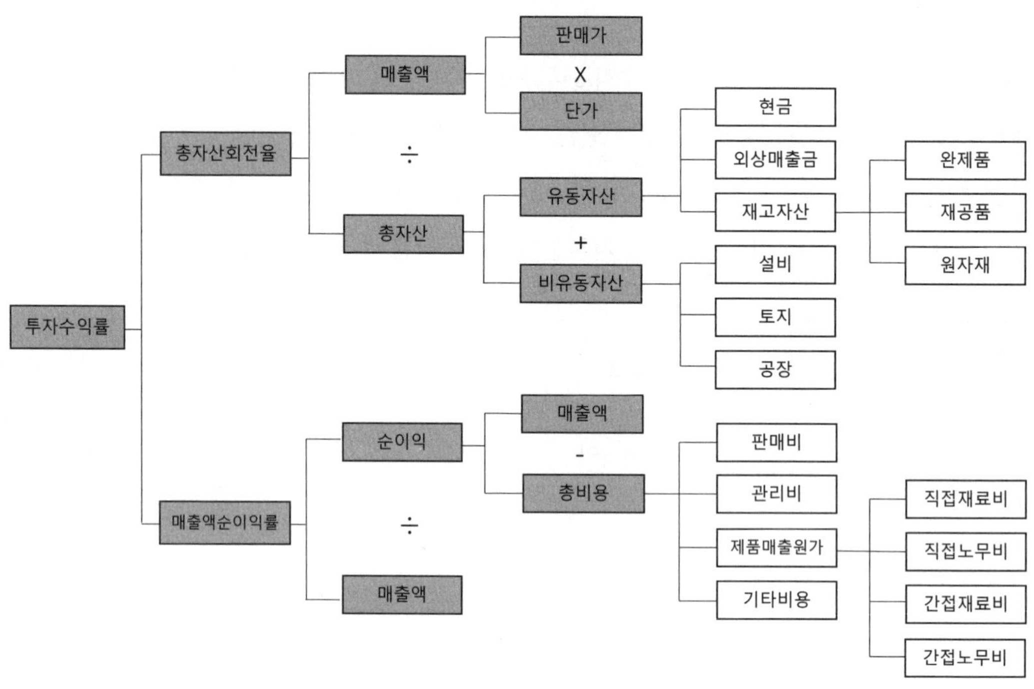

ROI 분석은 다양한 장점으로 인해 활용된다. 첫째, ROI 분석은 활동성 비율인 총자산회전율과 수익성 비율인 매출액순이익률을 결합하여 자산관리와 영업활동을 종합적으로 분석하고, 경영 성과와 함께 야기되는 문제점을 포괄적으로 파악할 수 있다. 둘째, ROI 분석은 기업의 총투자액에 대한 성과 비율 파악이 가능하여 성과 평가 및 통제에 있어 개념적으로 타당성이 높다. 셋째, ROI 분석은 기업 전체 구성원에게 각 부서의 업무와 기업 목표를 연관시켜 하나의 그림으로 표현해 주어 쉽게 인식시켜 부문별 활동의 효과성과 효율성을 파악할 수 있다.

그러나 ROI 분석은 몇 가지 한계점을 가지고 있다. 첫째, 투자수익률 자체가 기업의 목표가 될 수 있는지의 문제가 있다. 둘째, 투자수익률은 개별 기업이 사용하는 회계처리방식에 영향을 받는다. 셋째, 투자수익률은 가치를 시장가치가 아닌 장부 가치를 기준으로 계산하여 평가에 왜곡이 발생할 수 있다. 넷째, 투자수익률은 기업의 전략, 경쟁 정도, 시장점유율 등 다양한 요인에 영향을 받는다. 다섯째, 타인자본의 사용으로 투자수익률이 증가되면 부채 사용에 대한 위험 증가에 대해 파악할 수 없다.

3) ROE 분석

ROE(Return on Equity)는 자기자본순이익률이라고도 하며 ROI와 함께 자기자본순이익률을 분석하기 위해 사용되는 기법이다 ROE는 다음과 같이 순이익을 자기자본으로 나눈 값으로 ROI에 총자본 대비 자기자본의 비율을 곱하여 계산한다.

※ ROE 산출식

$$ROE = \frac{순이익}{총자본} = ROI \times \frac{총자본}{자기자본}$$

ROE는 기업의 실질적 소유주로서의 주주들에게 투자한 자본을 통해 얻어낸 수익성을 나타내는 지표로 투자자 입장에서 가장 중요한 재무비율이다. 즉, ROE는 이익과 배당의 성장률을 결정하는 기본요소로 기업의 ROE가 지속적으로 높게 평가되면 기업의 높은 수익성을 통해 새로운 투자기회를 확보할 수 있다.

ROE는 ROI가 부채로 인한 영향을 파악할 수 없다는 한계점을 극복하기 위해 활용된다. 따라서 기업의 부채 사용의 정도인 재무위험이 순이익과 자기자본순이익률에 미치는 영향을 확인할 수 있다.

또한 ROE 분석을 통해 기업의 성과를 결정짓는 여러 요인들을 종합적으로 분석할 수 있다. ROE 분석을 통해 다음과 같이 수익성을 나타내는 매출액영업이익률과 자산 이용의 효율성을 나타내는 총자산회전율, 자기자본의 구성 비율과 세금부담률 등을 구분하여 기업 성과와 관련된 다양한 요인들을 파악하고 관리할 수 있다.

※ ROE 분석 공식

$$ROE = \frac{순이익}{납기전순이익} \times \frac{납기전순이익}{영업이익} \times \frac{영업이익}{매출액} \times \frac{매출액}{총자산} \times \frac{총자산}{자기자본}$$

2. 레버리지분석

1) 레버리지분석의 개념

기업은 영업활동에서 장기간 사용하는 비유동자산의 소유와 타인자본의 사용에 대한 고정비를 부담한다. 이때 비유동자산은 감가상각비, 타인자본을 사용할 때는 이자비용이 고정비로 발생한다. 이처럼 고정비는 지렛대와 같이 이익의 변동성을 확대하는 효과가 있는데 이러한 고정비 부담을 레버리지(leverage)라고 하고 기업의 타인자본의존도를 나타낸다.

즉, 재무적 의사결정을 위해 미래의 매출액에 대한 예측도 중요하지만, 매출액 변화에 따른 이익의 변화 정도에 대한 분석이 필요한데 이러한 분석을 레버리지분석(leverage analysis)이라고 한다. 레버리지가 기업의 타인자본의존도를 나타내지만 재무상태표의 부채와 구분해야 하는데, 부채가 정태적 의미의 레버리지라면, 동태적 개념으로의 포괄손익계산서상의 정의가 필요하다. 이러한 포괄손익계산서에서의 레버리지는 〈표 7-6〉과 같이 영업레버리지(operating leverage), 재무레버리지(financial leverage), 결합레버리지(combined leverage)로 구분된다.

〈표 7-6〉 레버지리의 유형

구분	내용
영업레버리지	유형자산, 무형자산을 보유함으로 고정영업비용을 부담하는 것
재무레버리지	타인자본을 사용함으로 고정재무비용을 부담하는 것
결합레버리지	영업레버리지와 재무레버리지를 결합한 것 유무형자산과 타인자본의 사용으로 인해 고정비용을 부담하는 것

2) 영업레버리지분석

영업레버리지분석이란 유형자산이나 무형자산을 보유함으로 인해 고정영업비용을 부담하는 것을 의미한다. 영업레버리지분석은 매출액의 증감 여부와 무관하게 일정하게 발생하는 고정영업비용이 매출액 변화에 따른 영업에 어떤 영향을 미치는지 분석하는 것이 핵심 목표이다. 즉, 기업의 매출에 관련된 금액을 고정적인 것과 변동적인 것으로 구분하여 변화 사이에 나타나는 영향의 관계를 분석하는 것이다. 영업레버리지분석을 위해 매출액, 영업비용, 영업이익 사이의 상관관계를 밝히는 것이 필요하며 이를 손익분기점분석이라고 한다.

3) 손익분기점분석

손익분기점(break-even point; BEP)이란 교육기업의 서비스 생산 및 판매활동에서 총수익과 총비용이 같게 되어 순이익이 0이 되는 지점을 말한다. 또한 매출액과 영업비용이 같게 되면서 영업이익이 0이 되는 지점을 의미하기도 한다. 손익분기점은 기업의 경영 활동에서 발생하는 원가, 매출액, 이익의 상호 관계를 분석하여 CVP 분석(cost-volume-profit analysis)이라고 지칭되기도 한다.

손익분기점분석은 기업의 영업비용을 〈표 7-7〉과 같이 고정비와 변동비로 구분하여 적용한다. 고정비는 기업의 매출과 상관없이 일정하게 발생하는 비용이며, 변동비는 매출에 비례하여 발생하는 비용이다.

〈표 7-7〉 고정비와 변동비의 대표 항목

고정비	변동비
건물, 시설의 감가상각비 임지료 경영자의 보수	직접노무비 직접재료비 판매수수료

고정비와 변동비와 매출의 관계는 [그림 7-5]와 같이 나타나는데 고정비(FC)는 매출과 무관하게 일정하고 변동비(VC)는 매출에 정비례한다. 따라서 서비스 단위당 소요되는 변동비(v)와 단위당 변동비에 매출량(Q)을 곱하면 등식이 성립된다. 또한 총영업비(TC)는 고정비와 변동비를 합한 것과 같게 된다.

[그림 7-5] 매출량과 비용 간의 관계와 산출식

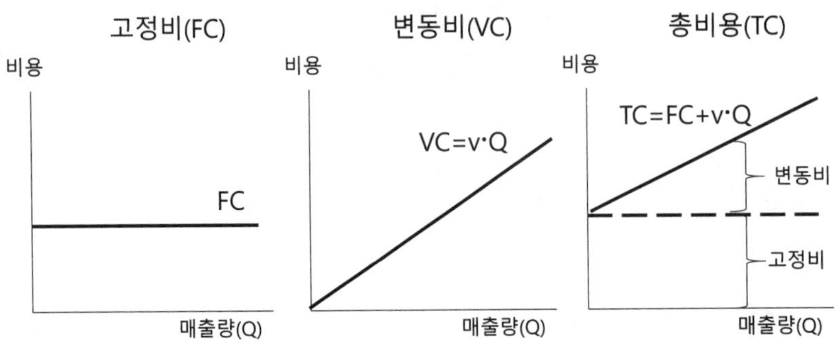

[그림 7-6]과 같은 손익분기점분석을 통해 기업의 영업이익이 0이 되는 지점에 도달하기 위한 판매와 영업 활동의 기준을 알 수 있다. 또한 영업손실과 영업이익의 영역을 판단하여 매출의 목표를 설정할 수 있으며 목표이익(target profit)을 손익분기점을 통해 계산할 수 있다.

[그림 7-6] 손익분기점분석 예시

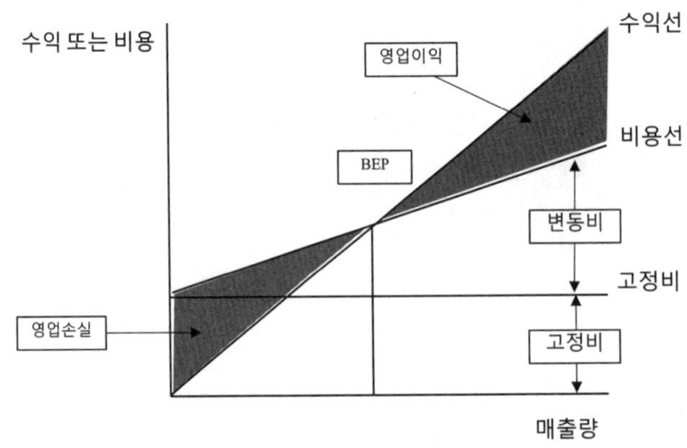

4) 재무레버리지분석

재무레버리지란 타인자본을 이용하여 고정재무비용을 부담하는 것을 의미하며, 재무레버리지 분석은 손익계산서의 영업이익에서 세후순이익을 결정하는 부분의 분석을 뜻한다. 타인자본을 사용하면 영업이익이 증가하거나 감소하는 것과 상관없이 일정 금액의 이자비용이 발생하고 나머지

부분이 주주에게 돌아가게 된다. 이처럼 타인자본 사용에 의해 발생하는 고정적인 이자비용이 지렛대와 같은 역할을 하게 되어 주주에게 돌아가는 세후순이익의 변화의 비율이 영업이익변화율에 따라 확대되는데 이를 재무레버리지 효과라고 한다.

기업의 레버리지도가 큰 것은 기업의 타인자본의존도가 높다는 것으로 영업이익이 조금만 변하면 주주에게 배당되는 주당순이익이 크게 변하게 된다. 따라서 재무레버리지도가 높은 기업에 대해 주주들은 위험에 대한 인식 정도가 높아지고 또한 높은 수익률을 요구한다.

5) 결합레버리지분석

영업레버리지는 고정영업비용, 재무레버리지는 고정재무비용이 분석의 중요한 대상이다. 더 나아가 매출액과 순이익의 관계를 동시에 고려하기 위해 영업레버리지와 재무레버리지의 효과를 결합하여 분석하는 것을 결합레버리지분석이라고 한다. 결합레버리지분석은 매출액이 변화하는 것에 따라 순이익의 변화관계를 분석하는 것으로 결합레버리지의 효과를 결합레버리지도(degree of combined leverage; DCL)라고 한다.

결합레버리지도는 영업레버리지도와 재무레버리지도의 곱으로 도출된다. 고정비용이 커지면 영업레버리지도가 커지고, 이자비용이 커지면 재무레버리지도가 작아지는데 둘 사이의 상관관계를 통해 불확실성에 대한 대응을 위해 결합레버리지분석이 적절히 검토될 수 있다.

제4절

세무관리

1. 세무의 개념

1) 재무관리와 세무

기업의 다양한 재무관리의 영역과 관리 중에 세금은 적절히 관리되어야 할 경영 활동의 중요한 일부분이다. 세금에 대한 관리가 기업 재무의 모든 기능을 포괄하는 것은 아니지만 국가에 납부할 세금을 고려하고 누락 없이 납부하며, 조세제도에 대한 합리적 이해와 전략 수립은 기업의 회계에서 중요한 관리 분야이다.

세무는 국가의 조세제도와 세금 정책을 면밀히 분석하여 관련된 절차를 수립하고 관리하는 것이다. 또한 세무 당국과의 적절한 관계를 관리하고 세금 보고서를 준비하는 것도 포함된다. 무엇보다 납부할 세금에 대한 계획을 세우고 이를 기업의 세무전략과 연계하여 납부해야 할 세금이 경영 활동에 저해 요인이 되지 않도록 해야 하는 것이 필요하다.

2) 세금의 의의와 종류

세무와 관련된 내용은 복잡한 조세 정책과 연관되어 내용이 방대하고 복잡하다. 따라서 기업의 경영에서 세금에 대한 중요성을 고려하지 않고 단순하게 세무사 등 외부전문가에게 맡기는 경우가 많다. 그러나 세무는 세금이라는 기업의 현금 지출과 관련되기 때문에 적절히 관리해야 할 영역이고 세무 절차를 준수하지 않는 경우 가산세 등과 같은 다양한 세무적 제재의 원인이 되기도 한다.

세금은 부담하는 주체에 따라 구분되는데 크게 직접세와 간접세로 구분된다. 또한 세금을 징수하는 주체에 따라 국세와 지방세로 구분된다. 국세는 [그림 7-7]과 같이 여러 나라의 국경을 기준으로 국내에서 이루어지는 거래에 대해 부담해야 하는 내국세와 국경을 넘나드는 수출입물품에 대해 부담해야 하는 관세로 구분된다. 내국세를 담당하는 정부기관은 국세청이며, 관세를 담당하는 정부기관은 관세청이다.

[그림 7-7] 국세의 종류

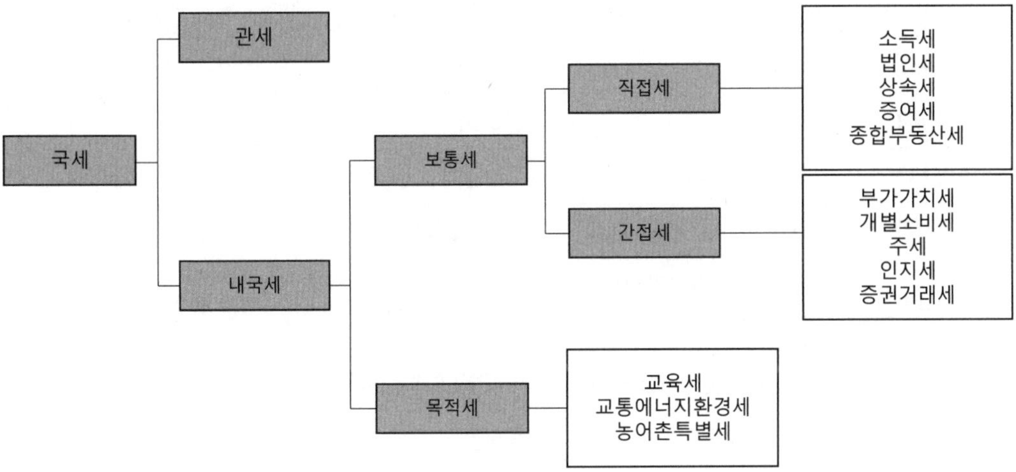

기업의 경영 활동에서 반드시 고려해야 하는 세금은 거래 시 발생하는 부가가치세와 개인사업자 및 법인사업자로서 발생하는 사업의 소득에 대해 부과하는 소득세, 법인세가 있다.

세무 관련 절차를 진행할 때 기업의 형태를 우선 고려해야 한다. 기업은 개인기업 또는 법인기업 중 선택해야 하며, 동업의 경우 동업계약서 작성도 필수적이다. 법인기업인 경우 설립 시 사업 목적, 발기인, 주주, 자본금, 임원선임 등을 결정하는 법인설립등기를 먼저 진행한 후 사업자등록신청이 필요하다. 또한 업종에 따른 신고와 허가가 필요한데 교육서비스 기업 중 교습이 이루어지는 조직은 교육청의 등록 절차가 이루어져야 한다.

2. 사업자세무

사업자에게 적용되는 주요한 세무는 크게 〈표 7-8〉과 같이 부가가치세, 소득세, 법인세 등으로 구분된다.

〈표 7-8〉 부가가치세·소득세·법인세

구분	부가가치세	소득세	법인세
대상주체	사업자	개인주민등록번호	법인등록번호
과세대상	부가가치	개인 소득	법인 소득
과세소득	매출액 - 매입액	총수입금액 - 필요경비	익금총액 - 손금총액
과세기간	1기(1월~6월), 2기(7월~12월)	1월 1일~12월 31일	회계연도 기간
신고납부기간	각 과세기간 '종료일'로부터 25일 이내	5월 1일~5월 31일	결산 후 3개월 이내
세율	10%(단일세율, 영세율 제외)	6%~42%(초과누진세율)	10%~25%(초과누진세율)
관련법률	부가가치세법	소득세법	법인세법

1) 부가가치세

(1) 부가가치세의 개념

부가가치세는 재화나 용역이 생산 및 제공되는 경우와 유통되는 과정에서 각 단계마다 창출되는 기업의 부가가치에 대해 부과하는 세금이다. 부가가치세는 모든 거래 단계에서 과세하는 일반소비세이며, 직접세와 달라 조세의 부담이 최종소비자에게 전가되는 간접세이다.

(2) 부가가치세 신고·납부·세율

부가가치세의 과세기간은 〈표 7-9〉와 같이 6개월이며, 1년에 4번 신고 및 납부한다. 제1기는 1년의 상반기에 해당되며, 제2기는 1년의 하반기에 해당된다. 예정신고는 각 과세기간 중 앞선 3개월의 기간이며, 확정신고는 과세기간 중 예정신고기간과 이후 3개월의 기간에 대해 신고하는 기간이다. 개인사업자는 예정신고기간 시기의 신고의무는 없지만, 직전 과세기간의 2분의 1의 세액이 예정고지되고 고지된 금액을 예정신고기간에 납부해야 한다.

즉, 부가가치세의 대상기간 및 신고납부기간은 매 분기(신고대상기간)가 끝난 후 25일 이내에 신고 및 납부하여야 한다. 한편, 부가가치세율은 단일세율 10%가 적용된다.

〈표 7-9〉 부가가치세 신고납부기간

구분	신고대상기간	신고·납부기간
제1기 예정신고	1월 1일~3월 31일	4월 1일~4월 25일
제1기 확정신고	4월 1일~6월 30일	7월 1일~7월 25일
제2기 예정신고	7월 1일~9월 30일	10월 1일~10월 25일
제2기 확정신고	10월 1일~12월 31일	다음 해 1월 1일~1월 25일

(3) 간이과세

간이과세는 사업의 규모가 영세한 개인사업자에 대해 납세의무이행의 편의를 도모하고 세금 부담을 완화시키기 위한 제도이다. 간이과세는 〈표 7-10〉과 같이 일반과세와 달리 업종별 부가가치율에 따라 간편한 방법으로 부가가치세 납세의 의무를 이행하도록 하는 것이다. 간이과세는 직전 1년의 재화와 용역의 공급에 대한 대가(부가세 포함)가 4,800만 원에 미달하는 개인사업자 중 간이과세배제대상이 아닌 사업자를 대상으로 하며, 간이과세의 부가가치세 과세기간은 1월 1일부터 12월 31일까지 1기이다.

〈표 7-10〉 일반과세자와 간이과세자의 비교

구분	일반과세자	간이과세자
대상 사업자	간이과세자가 아닌 개인과세사업자와 법인과세사업자	직전 연도 공급대가가 4,800만 원 미만인 개인사업자(간이과세배제대상자 제외)
과세표준	공급가액	공급대가(부가가치세 포함 금액)
세율	10%, 0%(영세율)	업종별 부가가치율×10%, 0%(영세율)
세금계산서 발급	세금계산서 발급, 영수증도 가능	영수증만 발급
매입세액	전액 매입세액으로 공제	업종별 부가가치율 공제

간이과세자는 매입액이 매출액보다 더 많더라도 부가가치세 환급이 되지 않는다. 따라서 매입액이 많이 발생하여 부가가치세의 환급이 필요한 사업장은 일반과세자로 신청하는 것이 세무적으로 유리하다. 또한 간이과세자는 직전 연도 사업장의 공급대가가 4,800만 원 이상이면 그다음 해 7월 1일부로 일반과세자로 전환된다.

(4) 부가가치세 계산

부가가치세법상의 부가가치는 〈표 7-11〉처럼 매출액에서 매입액을 차감하여 계산되며 이에 부가가치세 세율 10%를 곱하고 기타 공제세액을 차감하여 계산한다. 간이과세자는 매입액을 차감하는 대신 업종별로 정해진 부가가치율과 10%를 곱하고 기타 공제세액을 차감하여 계산한다.

〈표 7-11〉 부가가치세 계산구조 비교

구분	계산구조
일반과세자	(매출액 - 매입액) × 10% - 기타 공제세액
간이과세자	매출액 × 업종별 부가가치율 × 10% - 기타 공제세액

다만 공제받지 못하는 매입세액이 있는데, 세금계산서 미수취 및 합계표의 미제출, 부실기재, 사업과 직접 관련이 없는 지출, 개별소비세법의 자동차 구입·임차·유지, 접대비 및 유사한 비용의 지출, 부가가치세가 면제되는 사업 등과 관련된 매입세액이 있다.

(5) 세금계산서·계산서·영수증

세금계산서란 사업자가 재화와 용역을 공급할 경우 발생하는 부가가치세를 거래징수하기 위해 공급받는 자에게 발급하는 세금영수증이다. 공급받는 자는 수취한 세금계산서에 따라 거래징수당한 매입세액에 대해 매출세액에서 공제받기 때문에 세금계산서는 관리되어야 할 중요한 세무자료이다.

세금계산서에는 〈표 7-12〉와 같이 필요적 기재사항과 임의적 기재사항이 있는데, 필요적 기재사항의 일부 또는 전부가 미기재된 경우 매입세액을 공제받을 수 없으며, 이러한 세금계산서를 발급한 사업자는 세금계산서 발급불성실로 가산세가 부과된다.

〈표 7-12〉 세금계산서의 필요적 기재사항과 임의적 기재사항

구분	내용
필요적 기재사항	공급하는 사업자의 등록번호, 성명 또는 명칭, 공급받는 자의 등록번호, 공급가액, 부가가치세, 작성 연월일 등
임의적 기재사항	공급하는 자의 주소, 공급받는 자의 상호·성명·주소, 공급하는 자와 공급받는 자의 업태와 종목, 공급품목, 단가와 수량, 공급 연월일 및 거래의 종류, 사업자 단위과세의 승인을 얻은 사업자인 경우 실제로 재화 또는 용역을 공급하거나 공급받은 종된 사업장의 소재지 및 상호 등

세금계산서의 발급은 부가가치세 납세의무 중에서 일반과세자로 등록한 사업자가 부가가치세가 과세되는 재화 및 용역 공급에 발급하지만, 간이과세자와 면세사업자는 세금계산서를 발급할 수 없고, 계산서를 발급하게 된다. 계산서는 부가가치세법 및 조세특례제한법에 정해진 부가가치세가 면세되는 대상에 대한 적격증빙이며 세금계산서는 부가가치세가 있는 것이고, 계산서는 면세 대상 거래 시 부가가치세를 기재하지 않고 공급가액만 작성한다. 즉, 세금계산서가 공급가액 + 부가가치세(과세물품 공급이)로 발급된다면, 계산서는 공급가액(면세물품 공급이)으로 발급한다.

영수증은 간이과세자 및 일반과세자 중 관련 법령에 정한 사업자가 재화 또는 용역을 공급할 경우 발급한다. 세금계산서의 필요적 기재사항 중 공급받는 자와 부가가치세를 기재하지 않는 계산서로 적격증빙이 있는 영수증은 세금계산서와 유사한 기능을 한다.

(6) 전자세금계산서·전자계산서

전자세금계산서와 전자계산서는 전자적인 방법으로 세금계산서와 계산서를 발급하고 해당 내용을 국세청에 전송하는 제도이다. 종이세금계산서와 계산서를 수기로 작성, 보관, 신고하는 데 발생하는 비용을 절감하고 세무적 거래의 투명성을 확보하고자 도입된 제도로서 국세청 홈택스에서 전자세금계산서와 전자계산서를 발급, 조회할 수 있다.

특히 법인사업자와 직전 사업연도 과세공급가액이 2억 원 이상의 개인과세사업자는 전자세금계산서와 전자계산서 발급이 의무이며 기준 대상이 점차 확대될 예정이다(국세청 법령). 의무 대상이 전자세금계산서를 발급하지 않고 종이세금계산서를 발급하는 경우 가산세의 대상이 된다.

(7) 영세율 · 면세

영세율제도는 일정한 재화 또는 용역의 공급에 대해 0%의 세율을 적용하는 것이다. 부가가치세는 최종소비자를 대상으로 하는 소비세로서 국내가 아닌 수출재화 등에 적용된 기업의 부가가치의 과세를 환급하기 위한 조정세율제도이다.

면세란 일정한 재화 또는 용역의 공급에 대해 부가가치세의 납세의무를 면제하는 것이다. 면세의 경우 매출세액이 존재하지 않고 매입 시 거래징수한 매입세액에 대해 환급받을 수 없으며, 부가가치세 부담이 완전히 제거되지 않은 부분면세라고 할 수 있다. 특히 교육 및 문화와 관련된 재화와 영역을 제공하는 다수의 교육서비스 기업과 시설은 면세제도가 적용된다.

영세율과 면세 비교의 내용은 〈표 7-13〉과 같다.

〈표 7-13〉 영세율과 면세 비교

구분	영세	면세
개념	일정한 재화 · 용역 공급에 대한 과세표준에 영(0)의 세율 적용	일정한 재화 · 용역 공급에 대해 납세의무를 면제하는 제도
대상	수출 및 조세정책 목적	기초생필품 및 조세정책 목적
취지	소비지국 과세원칙 실현	부가가치세 세 부담 역진성 완화
납세의무	납세의무 있음	부가가치세법상 납세의무 없음
납세자협력의무	부가가치 세법상 각종 권리 · 의무	세금계산서합계표 제출의무 대리납부의무

2) 소득세

(1) 소득세의 개념

소득세는 지난해 1년간 개인의 경제활동으로 얻은 소득에 대해 납부하는 세금이다. 소득세는 종합소득, 퇴직소득, 양도소득으로 구분되며, 교육서비스 기업에서는 사업소득이 포함된 종합소득세가 주된 관리 항목이다.

종합소득세의 과세 대상 소득으로는 사업소득, 근로소득, 이자소득, 배당소득, 기타 연금소득이 있다. 분리과세 기준에 해당되는 이자, 배당, 기타 소득 등은 종합소득세 합산신고대상에서 제외된다.

종합소득세의 과세기간은 매년 1월 1일부터 12월 31일까지의 1년이며, 신고 및 납부 기간은 익년 5월 1일부터 5월 31일까지이다. 그러나 성실신고확인 대상 사업자는 성실신고확인서 제출의 경우 신고 및 납부 기간을 6월 30일까지 연장하여 신고할 수 있다.

(2) 소득세 세율 · 계산구조

종합소득세율은 소득구간별로 세율을 다르게 적용하고 누진적으로 적용하는 초과누진세율로 구성된다. 현재(2022년) 기준 세율은 〈표 7-14〉와 같은 8단계 초과누진세율구조로 되어 있다.

〈표 7-14〉 종합소득세율

소득구간별 소득세율				계산 방법
소득구간(초과)	소득구간(이하)	세율	누진공제	초과누진 과세세율구조
~	12,000,000	6%	-	과세표준 × 6%
12,000,000	46,000,000	15%	1,080,000	과세표준 × 15% - 1,080,000
46,000,000	88,000,000	24%	5,220,000	과세표준 × 24% - 5,220,000
88,000,000	150,000,000	35%	14,900,000	과세표준 × 35% - 14,900,000
150,000,000	300,000,000	38%	19,400,000	과세표준 × 38% - 19,400,000
300,000,000	500,000,000	40%	25,400,000	과세표준 × 40% - 25,400,000
500,000,000	1,000,000,000	42%	35,400,000	과세표준 × 42% - 35,400,000
1,000,000,000	~	45%	65,400,000	과세표준 × 45% - 65,400,000

종합소득세는 일시적이고 한정적으로 발생하는 다른 소득, 즉 퇴직소득, 양도소득과 달리 수시로 다양하게 발생하는 소득을 모두 종합한 것이다. 따라서 종합소득세는 [그림 7-8]과 같이 사업소득, 근로소득, 이자소득, 임대소득, 연금소득, 기타소득과 합산하여 종합소득금액을 도출하고 종합소득공제 대상을 차감하여 과세대상이 되는 종합소득과세표준을 도출한 후 초과누진세율구조의 종합소득세율을 곱하여 산출세액을 계산한다.

[그림 7-8] 종합소득세 계산구조

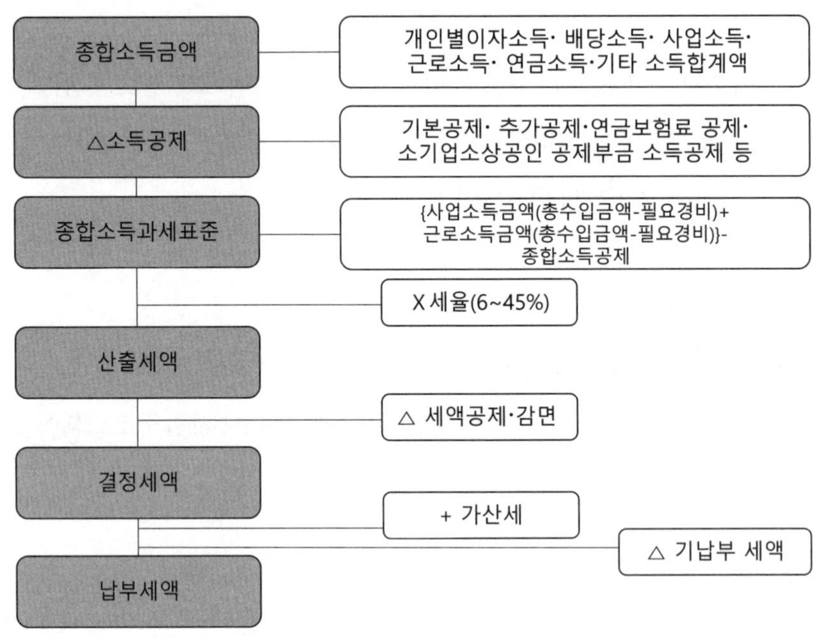

(3) 기장의무

사업자는 소득금액을 계산 가능한 증명서류 등을 갖추고 사업에 대한 모든 거래사실을 객관적으로 파악하도록 복식부기에 따라 장부를 기록 및 관리해야 한다. 하지만 업종 규모 등을 고려하여 일정 규모 미만의 사업자는 간편장부로 사업에 관한 거래사실을 기록할 수 있는데, 간편장부란 재무제표 가운데 손익계산서만을 작성한 것과 같다. 간편장부는 가계부를 작성하듯이 수입과 비용을 일자별로 작성하여 손익계산서 형식이 나오도록 작성하는 것이라면, 복식부기는 거래의 이중성을 이용하여 하나의 회계사실을 복식으로 장부에 기입하는 형식으로 작성한다.

간편장부대상자는 당해 과세기간에 신규로 사업을 개시한 사업자나 직전 과세기간의 수입금액의 합계액이 〈표 7-15〉의 업종별 기준금액에 미달하는 사업자를 의미하며, 복식부기의무자는 간편장부대상자 이외의 사업자를 뜻한다. 특히 교육서비스업은 수익금액 기준이 7천5백만 원으로 해당 금액 미만은 간편장부대상자, 이상은 복식부기대상자이다.

〈표 7-15〉 간편장부대상자·복식부기의무자 기준수입금액

업종	기준수입금액	
	간편장부대상자	복식부기의무자
가. 농업·임업 및 어업, 광업, 도매 및 소매업(상품중개업 제외), 부동산매매업, 그 밖에 "나" 및 "다"에 해당되지 아니하는 사업	3억 원 미만	3억 원 이상
나. 제조업, 숙박 및 음식점업, 전기·가스·증기 및 공기조절 공급업, 수도·하수·폐기물처리·원료재생업, 건설업(비주거용 건물 건설업 제외), 부동산 개발 및 공급업(주거용 건물 개발 및 공급업에 한정), 운수업 및 창고업, 정보통신업, 금융 및 보험업, 상품중개업	1억5천만 원 미만	1억5천만 원 이상
다. 부동산 임대업, 부동산업(부동산 매매업을 제외), 전문·과학 및 기술서비스업, 사업시설관리·사업지원 및 임대서비스업, **교육서비스업**, 보건업 및 사회복지서비스업, 예술·스포츠 및 여가 관련 서비스업, 협회 및 단체, 수리 및 기타 개인서비스업, 가구 내 고용활동	7천5백만 원 미만	7천5백만 원 이상

(4) 외부조정계산서

외부조정계산서 첨부 대상은 소득세과세표준확정신고서에 세무사 또는 세무사법에 따라 등록한 공인회계사가 작성한 조정계산서를 첨부해야 하는 사업자이다. 외부조정계산서 붙임대상자는 직전 과세기간의 수입금액이 〈표 7-16〉과 같이 업종별 기준수입금액 이상인 사업자와 복식부기의무자이다. 교육서비스업의 외부조정계산서 붙임대상자 기준 수입금액은 1억5천만 원이다.

〈표 7-16〉 외부조정계산서 붙임대상자 기준 수입금액

업종	수입금액 기준
가. 농업·임업 및 어업, 광업, 도매 및 소매업(상품중개업 제외), 부동산매매업, 그 밖에 "나" 및 "다"에 해당되지 아니하는 사업	6억 원
나. 제조업, 숙박 및 음식점업, 전기·가스·증기 및 공기조절 공급업, 수도·하수·폐기물처리·원료재생업, 건설업(비주거용 건물 건설업 제외), 부동산 개발 및 공급업(주거용 건물 개발 및 공급업에 한정), 운수업 및 창고업, 정보통신업, 금융 및 보험업, 상품중개업	3억 원
다. 부동산 임대업, 부동산업(부동산 매매업을 제외), 전문·과학 및 기술서비스업, 사업시설관리·사업지원 및 임대서비스업, **교육서비스업**, 보건업 및 사회복지서비스업, 예술·스포츠 및 여가 관련 서비스업, 협회 및 단체, 수리 및 기타 개인서비스업, 가구 내 고용활동	1억5천만 원

(5) 기준경비율 · 단순경비율

기준경비율제도는 모든 사업자가 스스로 작성한 장부를 근거로 소득금액을 산정하고 소득세를 신고해야 하지만, 장부를 작성하지 않은 사업자에 대해 정확한 소득금액의 산정이 어렵다는 것을 감안하여 장부가 없는 사업자의 소득금액을 추계하기 위한 방법이다. 기준경비율은 〈표 7-17〉과 같이 직전 연도의 수입금액에 따라 기준경비 도는 단순경비율을 적용하여 소득금액을 계산하는 것이다.

기준경비율 적용 대상자는 장부를 기장하지 않는 사업자로 단순경비율적용 배제 사업자와 직전 과세기간의 수입금액이 일정 금액 이상인 사업자 및 당해 연도 신규 사업자로 해당 과세기간의 수입금액이 일정 규모 이상인 사업자이다.

〈표 7-17〉 기준경비율 적용 대상자 수입금액 기준

업종	계속사업자 직전사업금액	신규사업자 당해수입금액
가. 농업 · 임업 및 어업, 광업, 도매 및 소매업(상품중개업 제외), 부동산매매업, 그 밖에 "나" 및 "다"에 해당되지 아니하는 사업	6천만 원 미만	3억 원 미만
나. 제조업, 숙박 및 음식점업, 전기 · 가스 · 증기 및 공기조절 공급업, 수도 · 하수 · 폐기물처리 · 원료재생업, 건설업(비주거용 건물 건설업 제외), 부동산 개발 및 공급업(주거용 건물 개발 및 공급업에 한정), 운수업 및 창고업, 정보통신업, 금융 및 보험업, 상품중개업	3천6백만 원 미만	1억5천만 원 미만
다. 부동산 임대업, 부동산업(부동산 매매업을 제외), 전문 · 과학 및 기술서비스업, 사업시설관리 · 사업지원 및 임대서비스업, **교육서비스업**, 보건업 및 사회복지서비스업, 예술 · 스포츠 및 여가 관련 서비스업, 협회 및 단체, 수리 및 기타 개인서비스업, 가구 내 고용활동	2천4백만 원 미만	7천5백만 원 미만

기준경비율은 소득금액을 계산할 때 증빙수취에 의한 방법을 사용하는 것을 원칙으로 한다. 기준경비율 대상자의 매입비용, 인건비, 임차료 등의 주요경비는 증명서류에 의해 필요경비로 인정하고, 기타 경비는 기준경비율에 의해 계산된 금액을 필요경비로 인정하는 방식이다.

단순경비율은 종합소득세를 장부에 의해 계산한 소득금액으로서 신고하지 않은 사업자 중에서 직전 과세기간의 수입금액이 기준 수입금액에 미달하는 사업자와 당해 연도 신규사업자가 해당된다.

3) 법인세

(1) 법인세의 개념

법인세는 법인의 소득에 대해 부과하는 세금으로 개인에게 부과되는 소득세와 같은 성격을 가진다. 법인세는 법인의 소득이 과세대상으로 개인의 소득이 과세대상인 소득세와 같은 성질의 세금이다.

법인세납세의무자는 국내에 본점이나 주사무소, 사업의 실질적 관리장소를 둔 법인으로 과세대상은 국내외에서 발생하는 모든 소득에 대해 납부해야 한다.

법인세는 법인과세표준 및 세액신고서를 작성하고 각 사업연도의 종료일이 속하는 달의 말일부터 3개월 이내에 관할세무서에 신고하고 세금을 납부하여야 한다. 신고기한의 말일이 공휴일인 경우 그다음 날까지 신고납부가 가능하다.

법인세 신고·납부기한은 부가가치세, 소득세와 달리 특정한 기간이 고정된 것이 아니고 대상 법인의 사업연도에 따라 결정된다. 법인세 신고 시 법인세과세 표준 및 세액신고서와 함께, 재무상태표, 손익계산서, 이익잉여금처분계산서, 세무조정계산서, 현금흐름표 등을 함께 첨부해야 한다.

(2) 법인세 세율 및 세무조정

법인세의 세율은 종합소득세와 같이 초과누진과세가 적용되어 현재(2022년) 기준 〈표 7-18〉처럼 세율구조를 가지고 있어 과세 표준이 높을수록 더 많은 세금을 내는 구조이다.

〈표 7-18〉 법인세율

소득구간별 법인세율				계산 방법
소득구간(초과)	소득구간(이하)	세율	누진공제	초과누진 과세세율구조
~	2억	10%	-	과세표준 × 10%
2억	200억	20%	2천만 원	과세표준 × 20% - 2천만 원
200억	3,000억	22%	4억 2천만 원	과세표준 × 22% - 4억 2천만 원
3,000억	~	25%	94억 2천만 원	과세표준 × 25% - 94억 2천만 원

법인기업은 기업회계에 따라 회계처리를 하고 장부를 기재하는 경우 세무회계와 차이가 발생한다. 따라서 기업회계와 세무회계 차이를 찾아서 조정하는 절차가 필요하다. 이처럼 기업이 일반적으로 공정하고 타당하다고 인정된 회계원칙에 의해 작성한 재무제표상의 당기순손익을 기초로 세법 규정에 따라 익금 및 손금을 조정하여 정확한 과세소득을 계산하기 위한 일련의 절차가 필요하다. 즉, 세무조정은 기업회계에 따른 결산서상 이익과 같은 결과물을 세무회계에 따른 각 사업연도 소득과 같은 결과물로 조정하는 과정이다. 세무조정의 전반적인 조정 방법은 [그림 7-9]와 같다.

[그림 7-9] 세무조정 방법

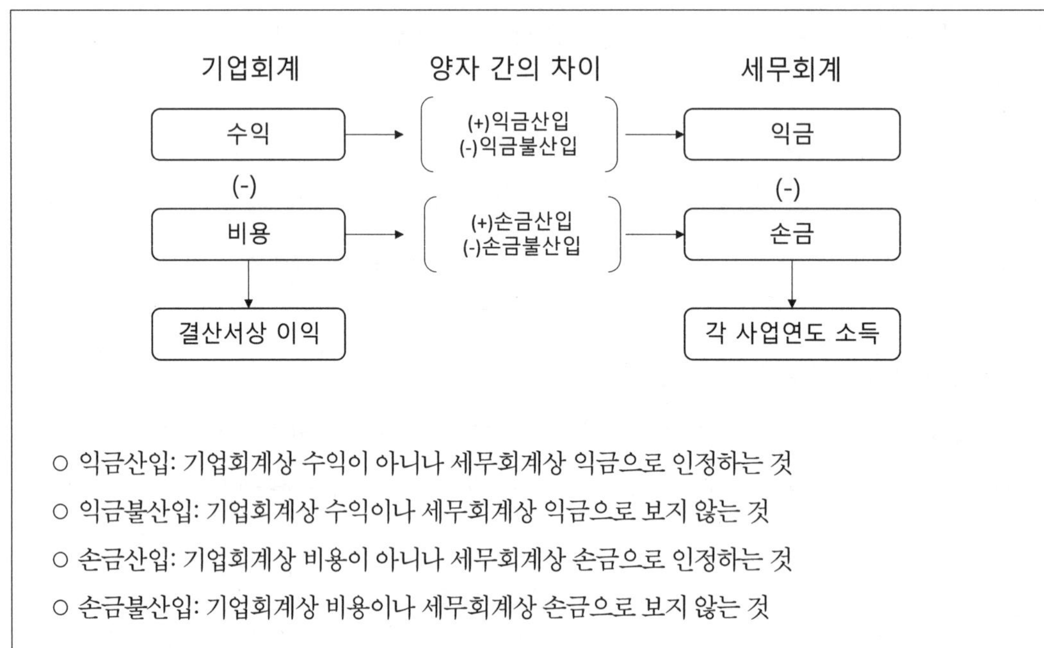

(3) 법인세 계산구조

법인세의 계산구조는 재무회계상 당기순손익인 결산서상의 당기순이익을 재무회계상의 순손익인 각 사업연도 소득금액으로 전환하여 [그림 7-10]과 같은 계산구조를 가진다.

[그림 7-10] 법인세 계산구조

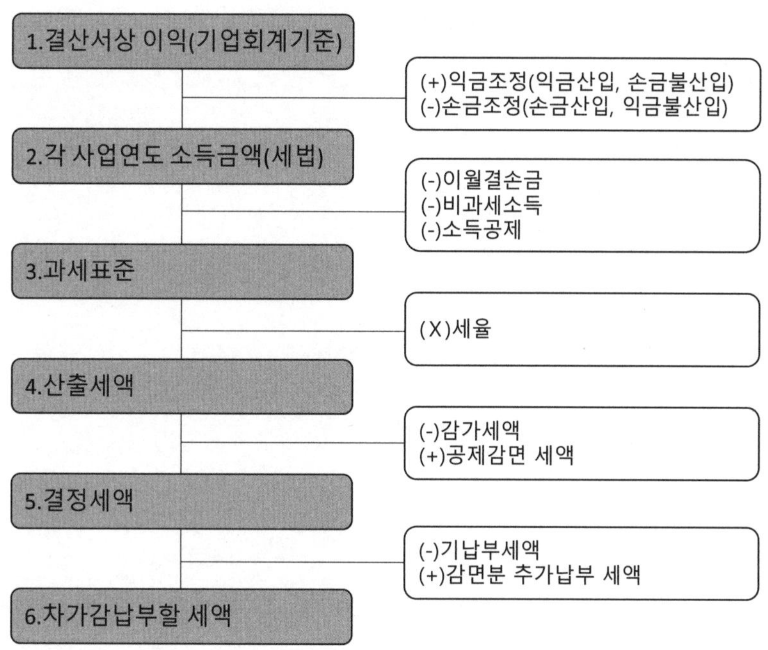

제 8 장

마케팅관리

제1절

마케팅관리의 이해

1. 마케팅의 개념

1) 마케팅의 정의

마케팅(marketing)은 시장을 뜻하는 마켓(market)이라는 단어에서 파생되었다. 마케팅의 개념은 20세기 초 미국에서 처음 생겨났으며 연구자에 따라 〈표 8-1〉과 같이 다양하게 정의된다. 이러한 연구자들의 주장을 종합하면, 마케팅이란 시장이라는 유무형의 공간에서 고객의 욕구를 충족시킬 수 있는 가치 있는 것(제품 또는 서비스)을 만들고, 알리고, 전달하고, 교환하는 일련의 활동으로 개념을 정의할 수 있다(김대열, 2022).

〈표 8-1〉 마케팅의 정의

연구자/기관	정의
한국마케팅학회(KMA), 2002	마케팅은 조직이나 개인이 자신의 목적을 달성시키는 교환을 창출하고 유지할 수 있도록 시장을 정의하고 관리하는 과정이다.
Kotler & Keller, 2012	마케팅은 다른 사람과 함께 가치 있는 제품과 서비스를 창조하고, 제공하며, 또한 자유롭게 교환함으로써 개인과 집단이 요구하며 필요로 하는 것을 획득할 수 있는 사회적 과정이다.
미국마케팅학회(AMA), 2013	마케팅은 고객들, 협력자들, 그리고 더 나아가 사회 전체에 가치 있는 것을 창출하고, 알리고, 전달하고, 교환하는 행위, 제도 및 과정이다.
안광호 외, 2018	마케팅은 소비자의 필요와 욕구를 충족시키기 위해 시장에서 교환이 일어나도록 하는 일련의 활동들을 말한다.
이학식 외, 2019	마케팅은 자신이 판매하고자(혹은 제공하고자) 하는 것을 상대방에게 매력적으로 보여 이를 수용하게 하는 행위 혹은 노력이다.

2) 마케팅의 핵심 개념

마케팅을 보다 명확히 정의 내리기 위해서는 관련된 필요, 욕구, 수요, 가치, 제품, 서비스, 제공물, 교환, 시장 등에 대한 기본 개념을 이해해야 한다.

(1) 필요(needs) · 욕구(wants) · 수요(demands)

마케팅은 기본적인 인간의 필요와 욕구를 충족시키는 것에서부터 시작된다. 우선 필요란 기본적인 만족의 결핍을 느끼는 상태이다. 인간은 생리, 안전, 소속, 존경, 자아실현 중에 어느 것이 결핍되었다고 느끼면 필요를 느끼게 된다. 즉, 필요는 마케팅에 의해 만들어지는 것이 아니라 인간 본성의 욕구에서 발생하는 것이다. 또한 욕구는 필요가 소비자에 따라 구체적 제품이나 서비스에 대해 나타나는 바람이다. 욕구는 〈표 8-2〉와 같이 근본적 욕구(fundamental needs)와 구체적 욕구(specific wants)[51]로 구분된다(이학식 외, 2019).

〈표 8-2〉 욕구의 유형

근본적 욕구	- 의식주와 같이 본원적이고 근본적인 것에 대한 욕구 - 소비자 모두 동일한 욕구	예) 배움을 통한 성장 욕구
구체적 욕구	- 근본적 욕구 실현을 위한 수단에 대한 욕구 - 소비자 취향, 소속된 사회문화에 따라 다름	예) 구체적인 교육서비스 선택

수요는 특정 제품이나 서비스에 대한 욕구가 구매력과 구매의지에 의해 뒷받침되는 것이다. 어떤 제품에 대한 욕구가 있다고 하더라도 구매력과 구매의지가 뒷받침될 때 구매가 이루어진다.

(2) 가치(value)

소비자들은 제품이나 서비스를 통해 자신의 필요와 욕구를 충족시킨다. 예로 소비자는 갈증을 해소하기 위해 음료를 구입한다. 하지만 음료는 생수, 탄산음료, 과일주스, 커피류 등 종류가 다양하다. 이러한 다양한 대안에서 필요와 욕구를 충족시킬 가장 좋은 것을 선택한다. 즉, 가치는 소비

51) 마케팅 핵심 개념의 구성요소를 설명함에 있어서 소비자의 필요(needs)와 욕구(want)를 구분한 관점(안광호 외, 2018)과 필요(needs)를 욕구(want)의 한 종류로 본 관점(이학식 외, 2019)이 있다.

자가 제품 대안을 선택할 때 필요와 욕구의 충족 이상으로 지불하는 대가를 선택할 때 지침이 되는 개념이다.

한편 가치는 '편익(benefits)과 비용(costs)의 상쇄관계(trade-off)'에 의해 영향을 받는다. 편익이란 어떤 제품을 통해 받는 만족 또는 욕구 충족의 효과이며, 비용이란 제품을 구매하기 위해 사용되는 금전적 비용, 시간, 노력 등을 의미한다. 소비자는 가급적 적은 비용을 치르고 큰 효용을 얻으려고 한다. 예를 들어 어떤 소비자는 1대 다수의 교육 강좌보다 1대1 개인교습을 선호하지만 1대 다수 교육 강좌보다 더 높은 가격을 지불해야 하기 때문에 결국 1대 다수의 교육 강좌를 선택한다. 교육서비스 기업은 높은 가치 제공을 위한 높은 편익, 적은 비용의 서비스 제공이 필요하다. 높은 편익, 적은 비용 상쇄관계(가치 = 총편익 - 총비용)를 고려한 가치 향상의 방법은 〈표 8-3〉과 같이 세 가지가 있다.

〈표 8-3〉 가치 향상 방법

비용을 낮추는 방법	할인 프로모션 행사
제품의 편익을 높이는 방법	새로운 교육 강좌를 출시하는 경우 이전과 동일한 가격대에 좋은 교육서비스 제공
비용을 낮추고 편익을 높이는 방법	새로운 시장을 개척하는 선발기업보다 경쟁자가 많은 시장의 후발기업을 위한 방법

(3) 제품(products) · 서비스(services) · 제공물(offering)

소비자들은 제품과 서비스를 소비함으로 자신의 욕구를 충족시킨다. 소비하는 제품은 물리적 형태의 유형의 제품(tangible/physical products)과 무형의 서비스(intangible services)를 포함한다. 특히 교육서비스와 같은 마케팅 영역에서는 무형의 서비스가 유형의 제품보다 더 큰 비중을 차지한다.

또한 마케팅의 주체가 시장에 제공하는 것이 유형의 제품과 무형의 서비스뿐만 아니라 사람, 조직, 아이디어, 장소 등 많은 것을 포함한다면 이는 제공물(offering)로 확대되어 표현되기도 한다.

(4) 교환(exchange)

마케팅 핵심 개념인 교환이란 각 참여자가 무엇인가를 다른 참여자에게 제공하고(offering) 자신이 원하는 무엇인가를 획득하는 것이다. 즉, 소비자는 가치 있는 제품과 서비스를 제공받고 그 대가를 지불하며, 기업은 가치 있는 제품과 서비스를 제공하고 이익을 획득하는 행위를 취한다.

교환의 여부는 참여자들의 교환의 조건에 대한 동의 여부에 달려 있다. 교환을 통해 이전보다 더 나은 상태로 만들어 줄 수 있다는 의미에서 교환을 창조의 과정이라 할 수 있다.

특히 교환에서의 마케팅의 범위를 정함에 있어 초기에는 마케팅에 대해 이익을 추구하는 조직인 기업의 행위로 받아들여 왔다. 그러나 이후 Kotler, Levy, Drucker 등의 학자들에 의해 학교, 교회, 관공서, 평생교육기관 등 비영리조직도 마케팅 주체로 확대되었다. 따라서 마케팅의 핵심을 상거래 이상의 활동으로 교환 이상의 자신의 효용(utility)이 증대되는 가치창출과정(value-creating process)으로 보는 것이다.

(5) 시장(market)

시장의 전통적 의미는 전통시장, 백화점 등 물건을 사고, 파는 사람 간의 교환이 발생하는 장소이었다. 그러나 마케팅(marketing)의 어원은 시장(market)에서 유래된 것으로 보다 명확한 시장의 마케팅적 의미는 특정 장소를 지칭하는 것보다 욕구 충족을 위한 어떤 제품이나 서비스의 실제 또는 구매력을 갖춘 개별 혹은 잠재고객의 집합으로 보는 것이 적절하다(안광호 외, 2018).

또한 마케팅 성공의 시장적 측면을 고려하면 제한된 시장에 경쟁기업이 많을 경우 동일한 고객의 욕구를 더 잘 충족시키는 것이 마케팅이므로 마케팅은 수요창출행위(demand-creating activity) 또는 시장창출행위(market-creating activity)의 역할을 하는 것이다(이학식 외, 2019). 아울러 시장의 개념이 지속적으로 확장하여 시장의 개념이 전통적 제품과 서비스에 한정되지 않는다. 예를 들면 '교육 시장(education market)', '자금 시장(money market)', '기술 시장(technology market)' 등과 같이 시장의 개념이 확대되었다.

3) 마케팅의 체계

교육기업에서 수행하는 마케팅의 기본적인 범주는 기업 마케팅 개념의 정립, 소비자 행동의 이해, 환경 분석, 마케팅 조사, 소비자 분석, 제품 및 서비스 기획, 가격결정, 촉진계획, 유통계획 등이 있다. 이러한 범주는 기업에서 설정한 마케팅 목표에 따라 체계를 가지게 된다.

기업의 마케팅은 마케팅 개념의 정립과 소비자 행동의 마케팅 체계의 토대로 이루어진다. 이러한 이론적 토대 위에 환경 분석, 마케팅 조사, 소비자 분석의 과정은 시장세분화를 통해 표적시장의 선정과 제품의 포지셔닝 등 마케팅전략 수립으로 이어진다. 이렇게 수립된 마케팅전략을 근거로 제품(product), 가격(price), 촉진(promotion), 유통(place)의 4P 마케팅믹스 프로그램이 개발 및 실행된다.

(1) 마케팅믹스

마케팅믹스(marketing mix) 개념은 1960년대 McCarthy 교수에 의해 제시되었다. 이는 기업의 다양한 마케팅 활동을 제품(product), 가격(price), 촉진(promotion), 유통(place)의 네 가지 넓은 종류의 마케팅믹스 수단으로 분류한 것이다. 이러한 마케팅믹스와 관련된 의사결정은 〈표 8-4〉와 같다.

〈표 8-4〉 마케팅믹스 의사결정

구분	내용
제품계획 (product planning)	제품의 다양성, 품질, 디자인, 특성, 상표명, 포장, 크기, 서비스, 보증, 반품 등의 구성요소를 검토하여 제품, 제품구색, 제품이미지, 브랜드, 포장 등의 개발과 관련한 의사결정을 내리는 것
가격계획 (price planning)	정가, 할인, 공제, 할부조건, 신용조건 등의 구성요소를 검토하여 제품 가격의 수준과 범위, 가격결정기법, 판매조건 등을 결정하는 것
촉진계획 (promotion planning)	판매촉진, 광고, 인적판매, PR(public relation), 직접마케팅 등의 구성요소를 검토하여 고객에게 제품정보를 전달하고 구매 유도를 설득하는 등의 의사결정을 내리는 것
유통계획 (place planning)	유통경로, 범위, 분류(구색), 위치, 재고, 수송 등의 구성요소를 검토하여 유통경로를 설계하고, 물류 및 재고 관리, 도매상 및 소매상의 관리를 위한 계획을 세우는 것

(2) 마케팅믹스의 확대

최신 마케팅 선구자인 Pilip Kotler는 전통적인 마케팅믹스에 현대적 구성요소를 추가하여 재해석하였다. 기존의 4P 개념에 사람(people), 과정(process), 프로그램(program), 성과(performance)의 구성요소를 추가한 것이다. 사람은 구성원들이 마케팅 성공에 중요한 요소라는 인식에서 내적 마케팅을 반영한 것이고, 과정은 마케팅관리가 이루어지는 과정에서의 창의성, 원리, 원칙, 구조 모두를 반영한 것이다. 프로그램은 기업의 소비지향적 활동 일체를 반영한 것이며, 성과는 재무적 및 비재무적, 기업 자체의 차원을 넘는 시사점을 제시하는 범위의 결과 측정치를 고려하였다(Kotler & Keller, 2011).

또한 4P 마케팅믹스에 새로운 구성요소가 추가되어 7P 마케팅믹스 개념으로 확장되었다. 7P 믹스란 현재 마케팅 환경에서 과정(process), 물리적 근거(physical evidence), 사람(people)의 3P 요소와 전통적 4P 요소를 합쳐 7P라는 개념으로 확장되어 활용되는 것이다.

아울러 4P 마케팅믹스가 새로운 마케팅 환경에서 변형되기도 하는데 대표적인 개념이 4C 마케팅믹스이다. 4C 마케팅믹스란 인터넷 마케팅이 강조되는 추세에 기존 4P 개념을 응용한 4C 개념이 등장한 것으로 인터넷 마케팅의 효율 극대화를 위한 전략적인 요소인 콘텐츠(contents), 커뮤니케이션(communication), 커머스(commerce), 커뮤니티(community)를 의미한다.

2. 마케팅관리의 개념

1) 마케팅관리의 정의

마케팅의 기본 개념이자 구성요소로서 제품과 서비스 및 효용이 교환되는 과정에서 마케팅 목표 달성을 위해 상당한 양의 과업과 기술로의 마케팅관리(marketing management)가 요구된다. 마케팅관리란 표적시장을 선정하고, 우수한 고객 가치를 창조하며, 전달하고, 의사소통함으로써 고객을 확보·유지하며 증대시키는 과학적 활동이다(Kotler & Keller, 2011).

이러한 마케팅관리에 대한 정의는 일정 부분의 한계가 존재하기 때문에 보다 명확한 규정을 위한 지적이 이어지고 있다. 우선 마케팅관리의 개념 자체가 추상적이고, 사회적 정의의 맥락으로 관리적 정의(managerial definition)에는 미진하여 실제로 활용할 수 없다는 것이다. 또한 마케팅을 '제품을 판매하는 기술'로만 제한하여 생각하여 '고객 만족을 통한 이윤 추구'라는 기업의 궁극적인 마케팅의 목표를 설명하기에 빙산의 일각에 불과하다는 것이다. 따라서 마케팅을 '고객 만족'과 '이윤 추구'라는 두 목표를 상충시키지 않고 조화롭게 달성하는 궁극적인 방법을 탐색하고 수행하며 평가, 조절하는 일련의 관리적 개념으로 이해하는 것이 필요하다.

2) 마케팅관리 철학의 변화

고객 만족을 통한 이익 실현이라는 교육서비스 기업의 마케팅적 목표 달성을 이해하고 정리할 지침과 마케팅관리 철학이 필요하다. 이러한 마케팅관리 철학은 시대가 지남에 따라 변화하였다. 전통적 경영환경에서의 마케팅 철학은 기업 중심적이었으나, 마케팅 시장 환경의 변화에 따라 고객 중심적 마케팅 철학으로 변화하고 있다. 이러한 마케팅관리 철학의 변화 과정에서 기업 중심적 마케팅 철학을 고압적 마케팅, 고객 중심적 마케팅 철학을 저압적 마케팅이라고도 한다.[52)]

(1) 기업 중심적 마케팅관리 철학

기업 중심적 마케팅관리 철학은 제조 기업을 위주로 생산개념, 제품개념, 판매개념으로 변화, 발전하였다.

① 생산개념

생산개념으로서의 관점은 마케팅관리 철학 중 가장 오래된 개념 중 하나이다. 기업의 가장 큰 관심은 생산성(productivity)이라는 전제에서 시작하여 소비자가 쉽고 싸게 구매할 수 있는 상품을 선호할 것이기 때문에 생산의 효율성과 유통망 확보를 중요시하는 관점이다. 이러한 시장 상황은 판매자시장(sellers' market)이며, 반대로 공급이 수요를 초과하는 상황을 구매자시장(buyers' market)이라고 한다.

판매자시장에서는 생산이 곧 판매이므로 기업의 큰 관심은 생산량 증가이다. 제품수요가 공급을 초과하는 상황으로 상품이 만들어지기만 하면 팔리기 때문에 높은 제품 원가를 낮추기 위한 생산성 향상이 가장 큰 목적이다. 예를 들면 Ford 자동차 회사가 20세기 초 가내수공업 방식에서 4S[기계의 전문화(specialization), 부품의 규격화(specification), 작업의 단순화(simplification), 제품의

52) 고압적 마케팅(push marketing)은 표준화·규격화·대량생산 제품과 서비스를 소비자에게 밀어붙여 판매하는 강압적 방침의 전략으로 소비자 욕구를 무시하고 기업 내부적 관점에서 생산 과정 이후에 관심을 가진다. 이에 고객 피드백을 무시하는 일방향 선형 마케팅 또는 후행적 마케팅이라고도 부른다. 이에 반해 저압적 마케팅(pull marketing)은 고압적 마케팅의 상대적인 개념으로 기업이 소비자의 욕구를 파악하고 제품의 계획단계에서부터 적극적으로 참여를 유도하는 마케팅 활동이다. 이에 고객 피드백을 사전에 적극적으로 반영하여 순환 마케팅 또는 선행적 마케팅이라고도 부른다.

표준화(standardization)]의 포드 시스템(Ford System)으로 대량생산을 통한 원가절감에 초점을 기울인 것은 생산개념의 마케팅관리 철학을 기반으로 한 것이다.

② 제품개념

제품개념으로서의 관점은 생산개념이 공급 증대를 위한 생산성 향상에 주력하며 제품 차별화를 도외시하는 상황이 발생하고, 경쟁자들 간에 제품이 유사해지고 경쟁이 점차 치열해진 상황에서 발생하였다. 즉, 소비자들이 최고의 품질과 성능의 제품을 선호할 것이므로, 기술적으로 우수한 혁신적 제품을 생산하고 이를 지속적으로 개선하는 데 주력하는 것을 위주로 한 마케팅관리 철학인 것이다.

이러한 관점은 기술적으로 뛰어나지만 시장에서 외면당하는 제품이 출시되는 경향이 발생하였고, 소비자의 욕구를 반영하지 못하는 신제품 연구개발 및 설계가 단순 제품 제조와 판매로 이어지기 때문이라는 현상을 반영한 것이다.

그러나 제품개념의 철학이 생산개념 철학과 마찬가지로 기업 중심적 사고에 머무르게 되면 시장에서 실패할 가능성이 크다는 한계를 가지고 있다.

③ 판매개념

판매개념으로서의 관점은 제품개념의 관리 철학으로도 시장에 대응하지 못할 만큼 경쟁이 더욱 치열하게 되는 상황에서 채택되었다. 즉, 고객이 기업에서 생산하는 제품이나 서비스를 자발적으로 구입하지 않을 것이라는 가정하에 공격적인 영업 및 촉진 활동을 펼치는 것으로 잠재고객을 찾아 밀어 넣기식으로 판매하는 고압적 마케팅(push marketing)이 주된 영업방식이다.

판매개념 마케팅관리 철학은 여전히 고객 중심적이 아닌 기업 중심적 사고방식에 머무르고, 소비자들이 원하는 상품을 만드는 것보다 기업이 만든 상품을 단순히 판매하는 것을 기업의 목표로 삼고 있다는 한계를 가진다.

그러나 판매개념에 대한 지적은 마케팅에 대한 새로운 시사점을 도출시키는 데 일조하였다. 즉, 가장 뛰어난 마케팅은 마케팅 자체가 필요 없도록 기업이 소비자들의 욕구와 필요를 인식하고, 그를 충족시킬 제품과 서비스를 만들어 별도의 판매나 촉진활동이 필요 없게 하는 것[53]이라는 주장이 설득력을 얻게 된 것이다. 또한 마케팅 조사, 상품개발, 가격결정, 유통경로 설계 등의 저압적 마케팅(pull marketing) 활동이 효과적으로 선행되어야 한다는 것이다.

아울러 판매개념에 지나치게 의존하게 될 경우 선행활동을 체계적으로 수행하지 않게 되고, 막대한 양의 광고, 판촉 캠페인, 상품의 강매, 밀어 넣기식 판매로 단기간 매출 증대로 인한 영업실적 개선에는 효과적이나 장기적으로는 고객 불만과 부정적 구전효과로 기업 및 브랜드 이미지 실추로 연결될 수 있다.

(2) 고객 중심적 마케팅관리 철학

① 마케팅 개념

마케팅 개념은 치열한 경쟁에 직면한 기업이 기업 중심적 경영철학에서 벗어나, 고객의 입장에서 기업과 관련된 여러 활동을 전개하는 고객 중심적 마케팅관리 철학이다. 마케팅 개념의 목표는 표적시장에 속한 고객들의 욕구를 파악하고 찾아내어 그 욕구를 경쟁자들보다 더 효과적이고 효율적으로 충족시키는 것이다.

마케팅 개념은 이전의 마케팅관리 철학의 판매개념과 구분된다. 판매개념이 기존 제품의 판매와 촉진활동의 강화를 통해 매출을 증대시켜 이익을 남기려는 것에 초점을 맞춘다면 마케팅 개념은 시장의 고객들이 가진 욕구를 통합된 마케팅 활동을 통해 만족시켜 이익을 창출하는 것에 초점을 둔다.

즉, 마케팅 활동은 시장의 고객에 초점을 맞추고 상품기획, 가격결정, 광고, 판매촉진, 유통경로 등이 일관성을 갖고 통합·조정되어야 함을 우선 고려하는 것이다. 마케팅 개념은 고객지향성(customer orientation)과 고객 만족을 통한 이익 실현도 매우 중시한다.

고객지향성이란 고객의 욕구를 고객이 지불 가능한 가격에 맞추는 것으로 많은 기업은 고객지향적 관리 철학을 표방하는 슬로건을 통해 이를 표현하고 있다. 또한 고객 만족을 통한 이익 실현은 기업의 궁극적인 목표가 단순히 고객 만족을 극대화하는 것이 아니라 고객의 욕구를 충족하여 이

53) 유명한 경영이론가 Peter F. Drucker는 "마케팅의 목표는 판매가 필요 없게(superfluous) 만드는 것이다. 궁극적으로 마케팅이 지향하는 것은 고객을 이해하고 제품과 서비스를 고객에게 맞추어 제공함으로써 저절로 팔리도록 하는 것이다."라는 말을 남겼다

익을 실현하는 것으로 기업의 마케팅 활동을 규정하는 것이다. 즉, 기업의 이익을 실현하는 전제조건하에서 고객에게 더 많은 가치를 전달하기 위해 노력해야 하며 이를 통해 기업은 장기적 발전을 도모할 수 있고, 고객은 기업이 제공하는 제품과 서비스에 만족하게 되는 것을 강조하는 것이다.

② 복합적 마케팅 개념

기존의 마케팅 개념이 보다 다양하고 복잡한 마케팅 활동 상황에 처해지며 현실에 맞는 마케팅 관련 문제를 광범위하게 통합하는 인식적 접근으로 보다 발전하였다. 이를 복합적 또는 총체적 마케팅 개념(the holistic marketing concept)이라고 한다. 복합적 마케팅 개념에 관련된 하위 개념으로는 관계마케팅(relationship marketing), 통합적 마케팅(integrated marketing), 내부마케팅(internal marketing), 성과 마케팅(performance marketing) 등이 있다.

관계마케팅은 기업이 마케팅 참여자들과 서로 만족스러운 장기적 관계를 구축하는 것을 의미한다. 관계마케팅은 마케팅 참여자로서 단순히 고객에 국한한 고객관계관리(customer relationship management; CRM)를 넘어 주요 파트너와의 관계관리(partner relationship management; PRM)를 포함하는 것이다. 관계마케팅의 궁극적인 목표는 기업의 자산으로서 마케팅 네트워크(고객, 종사자, 공급업자, 유통업자, 광고업자 등) 구축과 이를 통한 상호 이익을 창출하는 것으로 설정된다.

통합적 마케팅은 소비자를 위해 가치를 창조하며 커뮤니케이션하고, 전달하기 위해 마케팅 활동을 고안하고 마케팅 프로그램을 조합·조성하는 것이다. 기업이 마케팅믹스의 네 가지 영역인 제품, 가격, 촉진, 유통 등 각각의 마케팅 활동을 서로 시너지가 발휘하도록 면밀히 조정하고 수행하는 것으로, 예를 들면 커뮤니케이션 수단으로 TV광고와 PR을 선택한 후 일관성을 확보하고 효과를 강화하여 시너지가 창출되도록 전략을 수립하는 것을 들 수 있다. 즉, 기업은 모든 커뮤니케이션을 통합하고, 통합된 경로전략을 수립해야 하는데, 최근 온라인 마케팅 활동이 점차 두드러지고 있어 상표 구축, 제품과 서비스 판매에 온라인 사이트 등의 역할이 강조되고 있는 실정이다.

내부마케팅은 복합적 마케팅의 중요한 구성요소이며 조직의 모든 구성원들이 각자에게 필요한 마케팅 사고를 갖게 하는 것을 뜻한다. 마케팅 구성원들 사이의 갈등을 조절하고 고객 중심의 마케팅 사고로 무장시키는 것을 포함하는 것으로 마케팅을 한 부서의 책임으로만 국한하지 않고 마케팅과 직접적 관련이 없는 조직의 구성원들에게도 고객을 우선적으로 고려하는 고객 중심의 마인드를 심어 주어야 한다는 것을 강조한다. 또한 내부마케팅은 고객봉사의 자질이 있는 종사자를 적절히 선발·교육·훈련·배치하고 동기부여하는 것을 포함한다.

성과마케팅은 다양한 마케팅 활동과 프로그램을 실행할 때 기업 및 사회에 요구되는 재무적, 비재무적 책임과 관련된 것이다. 기업의 최상위 마케팅 관리자는 마케팅 활동과 프로그램에 의한 법적, 윤리적, 사회적, 환경적 영향을 고려해야 한다. 성과마케팅은 재무책임성, 사회적 책임 마케팅 등으로 구분되어 설명된다.

재무책임성이란 마케팅 관리자가 상표 구축 및 고객 기반 성장의 관점뿐 아니라 재무 및 수익성 관점에 따라 마케팅에 투자하는 것이다. 즉, 기업의 다양한 재무적 측정수단을 이용하여 마케팅 노력이 창출하는 직간접적인 가치를 평가하는 것이 필요하다. 이는 마케팅 조사, 통계적 분석을 통해 마케팅 활동의 재무적 효율성, 효과성 평가를 통해 실현된다.

사회적 책임 마케팅이란 마케팅 노력이 기업 및 고객을 넘어 사회 차원으로 확대되고 있기 때문에 마케팅 활동의 실행에 있어서 윤리적, 환경적, 법적, 사회적 맥락을 충분히 고려해야 한다는 것을 의미한다. 즉, 기업은 소비자의 욕구 충족과 함께 소비자 및 사회의 장기적 복지를 통해 경쟁사보다 효과적, 효율적으로 고객을 만족시키는 것으로 기업이 소비자의 욕구 충족, 기업이윤 창출, 사회 전체의 이익의 세 가지 측면을 모두 고려하여 마케팅 의사결정을 내리는 것을 지칭한다. 최근에는 마케터의 진정성(authenticity)을 근거로 소비자의 영혼까지 움직이는 '마케팅3.0'[54]의 개념으로까지 진화해야 한다고 주장하며, 사회 지향적 마케팅(societal marketing concept)으로 확대되었다. 사회적 책임 마케팅이란 단순한 기업의 사회적 책임(corporate social responsibility; CSR) 감당을 넘어 기업의 마케팅 활동의 결과가 장기적으로 사회 전체에 미치는 영향까지 강조하는 것으로 오늘날 가장 바람직한 관리 철학으로 보는 것이다.

---

54) 마케팅1.0은 제품 중심 마케팅을 말하며 최대한 많은 제품을 판매하는 것이 목적으로 산업혁명 시기에 등장했고, 기업은 시장을 물리적 필요를 채우는 구매자들로 인식하였다. 마케팅2.0은 고객 만족 및 보유 중심의 마케팅을 뜻하는데, 정보기술의 등장으로 시장을 이성과 감성을 지닌 영리한 소비자들의 집합으로 인식하였다. 마케팅3.0은 가치 중심 마케팅을 의미하여 더 좋은 세상을 추구하며 고객을 주체적이고 이성과 감성, 영혼을 지닌 완벽한 인간으로 여기며 마케팅 활동을 수행한다.

3. 마케팅관리 과정

마케팅관리 과정은 시장과 고객욕구를 분석한 결과를 토대로 표적고객을 선정, 제품 포지셔닝의 마케팅 체계에 따라 마케팅전략을 수립하며, 마케팅 프로그램을 계획하고 수행하며 통제하는 일련의 과정이다. 마케팅 이론의 대가 Philip Kotler는 [그림 8-1]과 같이 마케팅관리 과정의 전형을 제시하였다(Kotler & Armstrong, 2017).

[그림 8-1] 마케팅관리 과정의 전형

R	Research	시장과 고객욕구 이해를 위한 시장조사

↓

STP	STP; Segmentation, Targeting, Positioning	고객지향적 마케팅전략 수립

↓

MM	4P MM; product, price, promotion, place Marketing Mix	통합적 마케팅 프로그램 개발

↓

I	Implementation	마케팅 프로그램의 실행

↓

C	Control	전략적 통제시스템을 통한 재평가·수정

제2절

마케팅전략 수립

1. 마케팅전략의 개요

1) 마케팅전략

기업에서 추진할 수 있는 전략의 수준은 여러 가지 기준으로 구분할 수 있는데, 일반적으로 기업 수준의 전략, 사업단위 수준의 전략, 기능 수준 전략[55]이 있고, 마케팅 목표에 따른 마케팅전략을 별도로 추진할 수 있다. 마케팅전략은 전략 위계의 하위 전략에 해당되며 기업 전체의 경영 목표와 전략 목표에 따라 시장과 서비스별로 전체 전략을 수행할 구체적인 마케팅 프로그램을 계획하는 것이다.

목표 시장이 결정되고 이에 따른 마케팅 목표가 결정되면 세부 마케팅전략을 수립하고 이를 실현할 마케팅믹스 프로그램을 개발하는데 최종적으로 도출된 마케팅 성과를 평가하고 통제하는 것이 마케팅전략의 주요한 추진 과제이다.

2) STP 전략

복잡하고 다양한 교육서비스 시장에서 기업이 전체 시장을 점유할 목적의 교육서비스를 생산하여 고객의 다양한 욕구를 충족시키는 것은 비효율적일 수 있다. 따라서 각 교육기업은 기업의 목표, 자원, 역량을 토대로 전체 목표 시장을 세분화하고 이 중 일부 시장을 집중적으로 관리하는 마

55) 4장 교육서비스 경영전략 수립-2절 전략의 수준 부분을 참고.

케팅믹스 프로그램 운용 전략이 유효한데 이를 STP 전략이라고 한다.

STP는 시장세분화(segmentation), 표적시장 결정(targeting), 포지셔닝(positioning)의 영어 단어의 머리글자를 딴 용어이고, 마케팅전략의 출발점이며, 마케팅관리에서 가장 중요하고 기초적인 과정이다(김성영, 라선아, 2017).

시장세분화는 이질적인 욕구를 가진 전체 시장을 동질적인 욕구를 가진 소비자끼리 묶어 몇 개의 세분시장으로 나누는 것이다. 표적시장 결정은 시장세분화 과정을 통해 나누어진 시장에서 설정한 기준에 따른 평가로 자사와 적합도가 가장 높은 매력적인 시장을 선택하는 것이다. 포지셔닝이란 선택한 표적시장에서 고객의 마음에 자사의 브랜드와 서비스를 각인시키는 활동으로 마케팅믹스 프로그램 조정을 통해 이루어진다.

이러한 STP 전략은 세분시장을 중심으로 하는 마케팅전략으로 〈표 8-5〉와 같이 시장세분화, 표적시장 결정, 포지셔닝의 3단계로 이루어진다.

〈표 8-5〉 STP 전략

1. 시장세분화	시장을 서로 다른 욕구, 특성, 구매행동 등의 특성에 따라 구분한 것
2. 표적시장 결정	각 세분시장의 매력도를 평가하여 하나 또는 그 이상의 시장을 선택하는 것
3. 포지셔닝	자사의 제품이 경쟁우위를 가질 곳에 위치시키고 마케팅믹스 프로그램을 개발하는 것

또한 STP 전략의 각 과정은 서로 별개로 이루어지는 것이 아니라 하나의 흐름을 가지고 순차적이며, 연쇄적으로 이루어진다. 하나의 교육서비스 기업이 모든 소비자의 욕구를 충족시킬 교육서비스를 제공하는 것은 거의 불가능하다. 이는 소비자의 욕구가 각각 상이하여 이질성을 가지고 있기 때문에다. 따라서 교육기업은 전체 시장을 몇 개의 세분시장으로 나누고 각 세분시장에 적합한 서비스를 개발하고 제공하여야 한다. 이러한 STP 전략 수립으로서의 시장세분화전략 추진의 보다 구체적인 절차는 다음 〈표 8-6〉과 같다.

〈표 8-6〉 STP 전략의 구체적 추진 절차

1. 교육서비스 시장의 정의	세분화 대상이 되는 교육서비스 시장을 명확히 함
2. 시장세분화 기준변수의 선정	여러 기준변수 중 적절한 변수 선정으로 효과적 결과를 모색함
3. 시장세분화 실시	선정한 기준변수에 따라 시장세분화를 실시함
4. 세분시장 분석	각 세분시장의 매력도를 분석함
5. 표적시장 결정	자사에 적합한 세분시장을 표적시장으로 선정함

2. 시장세분화

1) 시장세분화의 개념

교육기업이 전체 소비자를 만족시킬 교육서비스 또는 교육콘텐츠를 제공하는 것, 즉 개인화된(customized) 마케팅전략을 수행하는 것은 현실적으로 불가능하다. 또한 개인의 특성을 무시하고 하나의 마케팅전략만을 구사하는 것도 기업 입장에서 위험한 전략이다. 이에 기업의 자원을 적절히 활용하여 목표를 달성할 시장세분화가 필요하다. 시장세분화는 하나의 시장을 어떤 기준으로 나누는 것으로, 세분시장(market segment)에 투입되는 마케팅믹스 프로그램에 유사하게 반응하는 비교적 동질적 고객 집단으로 군집화하는 방식이다.

이와 같은 시장세분화를 통한 세분시장 마케팅(segment marketing)의 효용은 다음과 같다. 첫째, 적은 비용으로 많은 고객을 확보하여 높은 성과를 기대할 수 있다. 둘째, 세분시장에 가장 적합한 가치를 제공할 수 있다. 셋째, 새로운 시장, 제품에 대한 기회를 파악할 수 있다. 넷째, 궁극적 목표인 시장에서의 경쟁적 우위를 확보할 수 있다.

STP 전략의 첫 단계인 시장세분화의 방식은 〈표 8-7〉과 같은 단계의 배경을 거쳐 이루어졌다.

〈표 8-7〉 시장세분화 배경

1. 대량마케팅 (mass marketing)	- 대량생산, 대량유통, 대량촉진을 통해 하나의 제품을 모든 고객에게 판매하는 방식 - 생산원가, 마케팅 비용 절감효과로 낮은 가격 실현과 잠재시장 공략이 가능함 - 마케팅관리 철학의 생산개념을 가지고 시장에 접근함 - 규모의 경험곡선효과를 활용한 방식
2. 제품다양화 마케팅 (product-variety marketing)	- 제품의 형태, 품질, 크기 등 차이 나는 2개 또는 그 이상의 제품을 판매하는 방식 - 세분시장의 소구 목적보다 단순히 시간이 지남에 따라 한 제품에 대한 싫증을 해결하기 위해 제품의 다양성을 제공하려 함
3. 표적시장 마케팅 (target marketing)	- 시장을 세분하고, 하나 또는 복수의 세분시장을 선택하여 각 시장에 적합한 제품을 제공하는 방식

2) 시장세분화 결정의 고려 사항

시장세분화를 실시하기 전에 우선 목표로 하는 교육서비스 시장이 의미 있는 목표 달성을 위해 세분화할 필요가 있는지 먼저 검토해야 한다. 시장세분화 결정을 위해 우선적으로 고려할 사항은 다음과 같다.

첫째, 혁신 교육서비스는 시장 규모가 작고 경쟁 브랜드가 없으며, 소비자의 욕구도 다양하지 않다. 이때 시장세분화를 한다면 세분시장의 크기가 너무 작아 무의미할 수 있다.

둘째, 해당 교육서비스가 제품수명주기상 성숙기가 되면 경쟁 브랜드가 늘어나고 소비자의 욕구가 다양해진다. 이때 시장세분화와 차별화된 서비스 개발이 필요하다.

셋째, 후발기업은 신규 세분시장의 발견과 구축이 어렵다. 따라서 기존 세분시장 특성을 반영한 역세분화전략이 유효한 경우가 있다. 역세분화전략은 기존 세분시장을 통합하고, 여러 세분시장에 소구하는 교육서비스를 출시하는 것이다.

넷째, 시장의 규모가 어느 정도 크더라도 소비자의 욕구가 유사하면 시장세분화는 불필요할 수 있다. 이때 기업은 하나의 서비스로 전체 시장을 소구하는 무차별적 마케팅을 통해 규모의 경제를 실현한다.

3) 시장세분화 기준

효과적인 시장세분화를 위해 다양한 변수가 기준이 된다. 시장세분화 변수는 지리적 변수(geographic variables), 인구통계학적 변수(demographics variables), 심리적 변수(psychographics variables), 행동적 변수(behavioral variables) 등이 활용된다.

(1) 지리적 변수

지리적 변수는 대표적인 시장세분화 기준으로 국가, 지역, 도시에 따라 소비자를 세분하는 것이다. 예로 도시 규모를 기준으로 대·중·소도시로 분류하거나 기후, 주거형태로 세분화한다. 지리적 변수를 기준으로 한 세분화는 시장을 구분하는 것이 쉽다는 장점이 있다. 그러나 지역마다 소비자의 차이가 뚜렷할 때 효과적이다. 따라서 지역이 떨어졌지만 기후, 생활, 문화의 차이가 없는 경우, 지리적 변수 하나로 시장을 세분화하기는 어렵다.

(2) 인구통계학적 변수

인구통계학적 변수는 소비자의 욕구와 서비스 이용 빈도를 잘 반영하기 때문에 가장 널리 사용되는 시장세분화 기준 중 하나이다. 즉, 라이프스타일과 같은 행동변수의 시장도 표적시장 크기와 특성을 알기 위해 인구통계학적 변수가 많이 사용된다. 인구통계학적 변수는 세부적으로 [그림 8-2]와 같이 연령, 성별, 소득, 사회계층 등이 있다.

[그림 8-2] 인구통계학적 시장세분화 변수

연령	교육
성별	종교
가족규모	인종
소득	세대
직업	국적

(3) 심리적 변수

심리적 변수는 동일한 인구통계학적 집단을 세분화하는 변수로서 소비자에 대해 더 의미 있는 정보를 제공해 주는 이점이 있다. 인구통계학적 기준으로 분류한 소비자가 같은 세분시장에 속하는 경우에도 매우 다른 심리적 특성을 보이는 경우가 있다. 이럴 경우 심리적 변수를 통해 보다 면밀히 세분화하는 것이 필요하다. 대표적인 심리적 변수로는 〈표 8-8〉과 같은 개성(personality), 라이프스타일(lifestyle) 등이 있다.

〈표 8-8〉 심리적 변수

개성	- 어떤 대상에 대해 비교적 일관성 있고, 지속적으로 반응하는 개인의 독특한 심리적 특성임 - 자신의 개성과 부합하는 브랜드 이미지를 가진 브랜드를 선호함 - 공격성, 순응성, 충동성 등은 라이프스타일보다 깊이 내재되어 작용함
라이프 스타일	- 사람들이 살아가는 방식을 의미함 - 보통 개인의 행위(activities), 관심(interests), 의견(opinions)을 의미하는 AIO 변수로 측정됨 - 광고를 통해 특정 라이프스타일 집단의 생활을 묘사하여, 같은 라이프스타일에 속하거나, 속하고 싶은 소비자로 동질성을 느껴 서비스 구매를 유도함

(4) 행동적 변수

지리적, 인구통계학적, 심리적 변수가 개인 특성변수라면, 행동적 변수는 교육서비스와 관련된 소비자의 특성변수이다. 즉, 소비자가 마케팅 변수에 대해 어떻게 반응하고 행동하는지를 분석하여 보다 효과적인 마케팅전략을 세워 나가는 데 활용되는 변수이다. 예로 최근 행동적 변수를 기준변수로 시장을 세분한 다음 소비자들의 프로파일 변수를 소비자의 특성변수로 사용한다. 행동적 변수는 행태 변수(behavior variables)라고도 하며 〈표 8-9〉와 같이 매우 다양하다.

〈표 8-9〉 행동적 변수

구매 또는 사용 상황	- 언제 구매하고, 언제 사용하는지에 대한 변수
추구하는 편익	- 소비자가 획득하고자 하는 편익(benefits)을 기준으로 하는 변수 - 편익세분화(benefit segmentation)는 서비스 구매 시 고려하는 주요 편익 차이로 구분함 - 편익세분화는 시장 특성과 경쟁자 파악, 새로운 편익에 따른 신제품 아이디어, 새로운 시장기회 확보를 위해 사용하는 경우도 있음
서비스 사용경험	- 사용경험에 따른 세분화 ① 사용경험이 전혀 없는 소비자 ② 과거 사용경험이 있지만 현재 사용하지 않는 소비자 ③ 향후 사용 가능성이 있는 소비자 ④ 처음 구매하여 사용하는 소비자 ⑤ 정기적으로 사용하는 소비자 - 사용경험에 따른 마케팅 계획의 예 ① 사용경험이 없거나, 사용 가능성 있는 소비자: 자사 서비스 시용(trial) 유도 ② 정기적으로 사용하는 소비자: 타사 서비스로의 전환을 막는 판매 후 소비자 관리 - 기업의 시장 내 위치에 따른 전략 ① 시장점유율 높은 기업: 수요확대를 위한 잠재적 소비자 상태 촉진활동 ② 시장점유율 낮은 기업: 경쟁사의 소비자들의 자사 제품 전환 유도 전략
사용률	- 서비스의 사용량에 따른 세분화 : 대량소비자, 보통소비자, 소량소비자 - 대량소비자가 전체 매출의 높은 비율을 차지하므로, 기업은 대량소비자를 확보하는 것이 유리함
충성도	- 브랜드, 점포, 제조회사에 대한 충성도를 변수로 사용함 - 충성도에 따른 세분화 ① 높은 충성도 ② 약간 높은 충성도(전반적으로 하나의 브랜드를 선호하나, 가끔 다른 브랜드 구입) ③ 전혀 충성도가 없는 경우(구입할 때마다 다른 브랜드나 할인 브랜드 구입) - 충성도가 높은 시장: 학원 등 교육서비스 - 마케팅 시사점으로 브랜드 충성도 원인(습관적 행동, 낮은 가격, 유통의 문제 등)을 파악하는 것이 필요. 습관적 구매가 브랜드 충성도를 반영한 것이 아님을 유의
서비스에 대한 태도	- 서비스에 대한 열성적, 호의적, 부정적 태도 변수임 - 열성적, 호의적 소비자: 가끔 자사 서비스 우수성 확인 정도의 판촉홍보도 효과적임 - 부정적 소비자: 상당히 많은 시간을 들여 다양한 촉진활동으로 태도 전환을 위해 노력해야 함
구매자의 구매 과정 단계	- 소비자가 현재 어떠한 구매 과정에 있는지 파악하는 것 - 서비스의 인지, 지식 및 관심 정도, 구매의사 강도 등 고려

4) 효과적인 시장세분화의 요건

(1) 측정가능성(measurability)

세분시장의 규모, 구매력 등은 측정 가능해야 한다. 세분시장의 측정가능성은 적절한 표적시장 결정과 선택에 중요한 의사결정의 기준이 된다. 예를 들어 고액 개인과외 시장은 비교적 잘 드러나지 않아 세분시장으로 측정하는 것은 용이하지 않다.

(2) 접근가능성(accessibility)

세분시장의 고객에게 유통경로나 매체를 통한 접근이 용이한 것을 의미한다. 서비스를 제공하기 위한 적절한 유통경로의 존재와 개발가능성 등이다. 물리적 접근뿐만 아니라 커뮤니케이션할 수 있는 매체도 포함된다.

(3) 충분한 규모의 시장(substantiality)

세분시장은 상당한 이익을 얻을 수 있는 규모(size)를 갖춰야 한다. 교육기업이 마케팅믹스 프로그램을 투입하거나 규모의 경제, 경험효과를 충분히 활용할 만큼 충분히 큰 동질적 집단이 필요하다. 다만 세분시장을 과도하게 넓게 잡으면 마케팅 활동 대비 수익성이 떨어지고, 좁게 잡으면 개인적인 마케팅이 필요하여 부적절하다. 그러나 최근 ICT 기술의 발달로 커뮤니케이션이 활발해져 세분시장의 크기가 점점 작아지고 있는 추세이다.

(4) 차별화 가능성(differentiability)

세분시장 내는 동질성, 세분시장 간에는 이질성을 보여야 한다. 즉, 투입하는 마케팅믹스에 세분시장 내에서는 유사한 반응이, 다른 세분시장은 상이한 반응이 나타나야 한다. 이는 마케팅믹스의 효과를 검증하기 위한 조건이다. 예를 들어 미혼여성, 기혼여성이 특정 취미 교양 교육 강좌에 유사한 반응을 보이면, 결혼 변수는 효과적 기준이 되지 못한다.

(5) 실행가능성(actionability)

표적시장을 선정하고 효과적인 마케팅 프로그램을 개발, 운영하는 기업의 능력을 의미한다. 예로 기업이 충분한 시장성이 있는 10개의 세분시장 기회를 발견해도, 각각에 적합한 마케팅 프로그램을 개발할 수 없다면 세분화는 무의미하다.

최근 발달한 ICT 기술이 적용된 마케팅 프로그램 개발과 활용은 적합한 세분시장 발견에 크게 유용하다. 지리적 변수, 인구통계학적 변수는 측정과 관찰이 용이하지만, 소비자 행동과 관련성이 낮을 수 있다. 반면 심리적 변수, 행동적 변수는 소비자 행동과 관련성이 높지만, 측정과 관찰이 어렵다. 최근 방대한 고객 데이터베이스 등 빅데이터(big data)를 이용하여 변수 사용의 딜레마를 극복하는 사례가 점차 증가하고 있다.

3. 표적시장 결정

1) 표적시장 결정의 개념

기업이 보유한 자원은 무한하지 않고, 공략하고자 하는 시장의 매력도도 각각 상이하기 때문에 적절한 시장세분화 과정이 수행되어도 모든 시장을 공략할 수 없다. 따라서 세분화를 통해 도출된 여러 시장 대안 가운데 적절한 표적시장을 결정(targeting)하는 것은 필수적인 마케팅 절차이다.

표적시장 결정이란 발견한 여러 세분시장 가운데 자사의 제품과 서비스에 적합하여 고객의 반응을 가장 많이 얻을 수 있는 시장을 선정하는 것을 뜻한다(채서일, 이성호, 2017). 이를 위해 세분화된 시장을 몇 가지 기준에 따라 평가하고 자사와 적합도가 가장 높은 매력적인 시장을 선택하는 것이 마케팅 STP 전략의 표적시장을 결정하는 절차이다. 표적시장 결정을 위해서는 우선 몇 가지 기준을 설정하고 세분시장을 평가하는 과정이 선행되어야 한다.

2) 세분시장의 평가

표적시장 결정 과정에서 진행될 첫 번째 단계는 시장을 세분화한 다음 공략할 세분시장을 선택하기 전에 세분된 시장을 평가하는 것이다. 세분시장을 평가하기 위한 기준으로는 크게 세분시장의 규모와 성장률(매력도), 세분시장의 구조, 기업의 목표 및 자원 등이 있다.

세분시장 평가 첫 번째 기준은 세분시장의 규모와 성장률, 즉 매력도이다. 충분한 규모와 높은 성장률을 보이는 시장을 선택하기 위해 시장의 판매량, 예상성장률, 예상수익률에 대한 자료를 수집하고 분석함으로 이루어지는 과정이다. 그러나 큰 규모, 높은 성장률의 시장은 매력적인 시장처럼 판단될 수 있으나 경쟁이 치열하거나, 마케팅전략 추친 과정에서 감당해야 할 자원이 부족할 수 있기 때문에 항상 매력적인 것만은 아니다.

두 번째 기준은 세분시장의 구조이다. 시장 구조는 장기적 세분시장 매력도에 영향을 주는 요인으로서 대표적으로 구조적 요인에서 가장 많은 영향을 주는 것은 경쟁자이다. 즉, 경쟁자가 강하고 공격적이면 경쟁자가 속한 시장은 상대적으로 덜 매력적인 시장으로 볼 수 있다. 또한 시장 구조에서 대체제품이 있거나 잠재적 대체제품이 있는 경우에도 시장 매력도는 떨어진다. 교육열이 높은 시장이라도 학습지, 개인과외, 공부방 등 학원을 대체할 교육서비스가 많은 시장은 덜 매력적으로 볼 수 있다. 아울러 Michael Porter의 산업구조분석 모형[56]에 따라 구매자의 힘, 공급자의 힘도 매력도에 영향을 끼치게 된다.

세 번째 기준은 기업이 설정한 목표와 보유한 자원이다. 표적시장으로 선정하기 위한 고려 시장이 기업의 목표와 맞지 않는다면 매력적인 시장이라도 표적시장으로 부적합할 수 있다. 아울러 자사가 표적으로 선택할 세분시장의 욕구를 충족시킬 인적·물적·기술적 자원을 보유하고 있는지와 또한 경쟁적 우위를 누릴 만큼 풍부한지 고려하는 것도 중요한 세분시장 평가 기준이다.

3) 표적시장 결정 전략 대안

세분시장에 대한 기준과 이에 따른 평가가 이루어진 이후에 기업은 몇 개의 세분시장을 공략할지 결정해야 한다. 이렇게 기업이 표적시장으로 선택할 수 있는 대안 전략은 [그림 8-3]과 같이 무차별적 마케팅(undifferentiated marketing), 차별적 마케팅(differentiated marketing), 집중적 마케팅(concentrated marketing)의 세 가지가 있다.

56) 4장 교육서비스 경영전략 수립-3절 전략 수립 방법-6. 경쟁전략 수립 방법-1) 산업구조분석 부분을 참고.

[그림 8-3] 표적시장 선택 전략

무차별적 마케팅

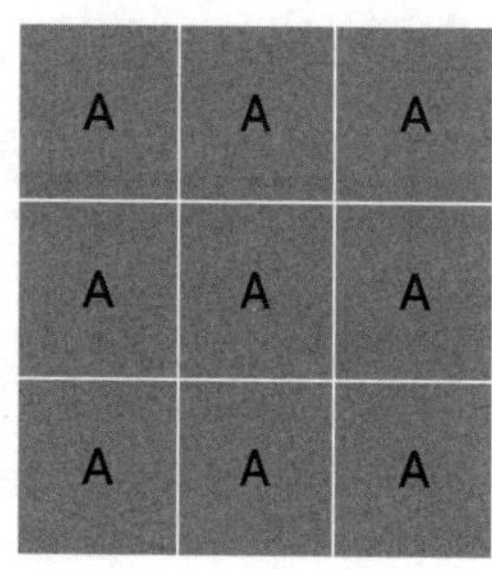

차별적 마케팅

집중적 마케팅

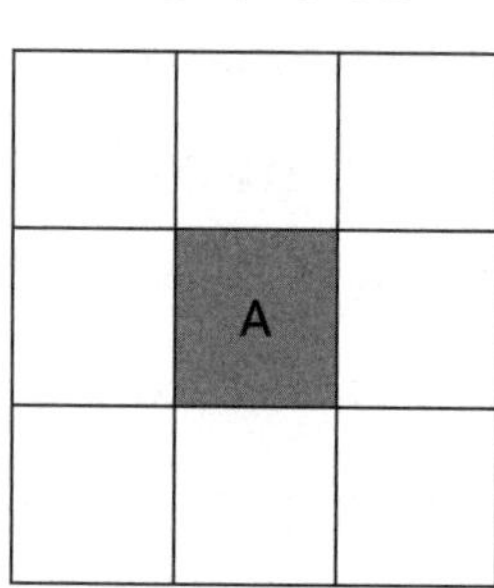

무차별적 마케팅은 비차별적 마케팅, 대량마케팅이라고도 하며, 세분시장의 차이를 무시하고 하나의 전략으로 전체 시장에 접근하는 방식이다. 소비자의 차이보다 공통점에 중점을 두어 우수한 자사 교육서비스의 이미지를 심어 주기 위해 대량공급과 대량광고 방식을 채택하며, 유명 프랜차이즈 교육기업이 채택하는 전략이다. 무차별적 마케팅은 규모의 경제를 통해 단순 서비스를 공급하고, 이를 통한 비용을 절감할 수 있다. 또한 세분시장에 대한 조사가 불필요하여 전략과 광고에 소요되는 비용이 절감된다는 장점이 있다. 그러나 단점은 소비자들의 다양한 욕구를 충족시키지 못하는 서비스를 제공하고 브랜드 자체에 대한 고객의 평가가 다르다는 한계를 가진다는 것이다. 또한 일반적으로 가장 큰 세분시장 공략으로 격심한 경쟁 양상을 보여 수익률이 저하된다는 한계가 있다.

차별적 마케팅은 여러 개의 표적시장을 선정하고 각각 다른 서비스로 접근하는 방식이다. 무차별적 마케팅보다 높은 매출과 이익이 가능하므로 다수의 현대적 기업이 추구하는 전략이라고 할 수 있다. 다만 많은 표적시장의 잠재고객을 대상으로 해야 하기 때문에 인적·물적·기술적 자원이 풍부한 기업이 선택하는 전략이다. 차별적 마케팅의 장점은 각 세분시장마다 강력한 위치를 차지하여 자사에 대한 인식을 제고시킬 수 있다는 것이다. 또한 소비자 욕구를 기반으로 하여 추진되는 마케팅전략으로 충성도 높은 고객을 중심으로 높은 재구매 효과가 기대된다. 다만 차별적 마케팅은 전략 수행을 위한 마케팅 조사, 교육서비스 개발, 서비스 품질 관리 등을 위해 많은 비용이 발생한다는 단점도 가지고 있다.

집중적 마케팅은 여러 개의 표적시장 중 적합한 하나의 세분시장만을 집중하여 표적으로 정하는 방식이다. 무차별적 마케팅이나 차별적 마케팅과 달리 큰 시장의 작은 점유율보다 하나 또는 소수의 적은 시장에서 높은 점유율을 추구하는 전략이며, 자원이 비교적 제한된 중소기업이나 지역기반 교육기업이 취하는 전략이다. 집중적 마케팅의 장점은 특정 시장의 소비자의 교육서비스 욕구를 매우 잘 아는 전문화 기업 이미지 구축이 이루어질 때 강력한 위치를 얻을 수 있다는 것이다. 그러나 집중적 마케팅은 매우 작은 시장을 공략하기 때문에 교육 트렌드의 변화와 구매행동이 변하는 등 불확실성에 대한 높은 위험을 감수해야 한다. 또한 집중적 마케팅 대상 시장이 성장하는 경우 보다 큰 경쟁 회사가 진입할 수도 있기 때문에 다수 기업들은 하나의 시장에 집중하기보다 복수의 세부시장에 접근하는 것을 선호하여 전략적 단점을 보완한다.

4) 표적시장 결정 고려 요인

표적시장을 결정하여 시장을 공략하기 위한 전략을 설정함에 있어 다양한 요인을 고려해야 한다. 즉, 무차별적, 차별적, 집중적 마케팅 중 전략 대안을 선택할 때 고려할 요인은 〈표 8-10〉과 같다.

〈표 8-10〉 표적시장 선택 고려 요인

구분	상황	적합한 마케팅
① 기업의 보유 자원	보유 자원이 제한적일 때	집중적 마케팅
② 서비스의 다양성 정도	표준화된 서비스이나 품질이 균일한 제품	무차별적 마케팅
	서비스 구색이 복잡한 경우나 서비스 디자인 차이가 큰 제품	차별적 마케팅 집중적 마케팅
③ 서비스수명주기	신서비스 시장 진입을 위한 도입기	무차별적 마케팅 집중적 마케팅
	고객의 다양한 요구 충족을 위한 성숙기	차별적 마케팅
④ 시장의 다양성	모든 구매자가 같은 취향, 같은 양을 구매, 기업의 마케팅 노력에 대한 반응이 동일할 경우	무차별적 마케팅
⑤ 경쟁기업의 전략	경쟁자가 무차별적 마케팅전략을 구사할 경우	차별적 마케팅 집중적 마케팅

4. 포지셔닝

1) 포지셔닝의 개념

포지셔닝(positioning)은 표적시장 고객의 인식 속에 자사의 교육서비스 브랜드를 경쟁 브랜드에 비해 차별적으로 받아들이도록 위치시키는 것이다. 따라서 서비스 포지션(service position)으로 한 서비스가 소비자에 의해 정의되는 방식이며, 경쟁 서비스에 비하여 소비자 마음속에 차지하는 상대적 위치로 정의된다.

이러한 과정에서 기업은 자사의 교육서비스 브랜드가 경쟁 브랜드에 비해 어떤 차별적 가치를 제공하는지 고려하여 고객지향적 관점의 몇 개의 단어로 표현하는데 이를 가치제안(value proposition)이라고 한다. 가치제안은 마케팅 실행 과정에서 브랜드 가치제안은 브랜드 아이덴티티(brand identity), 서비스 제안은 서비스콘셉트(service concept), 판매접점에서는 UPS(unique selling point) 등으로 표현된다.

교육서비스와 교육콘텐츠에 대한 정보 노출이 많은 현대 소비자는 구매의사결정의 단순화를 위해 서비스군을 몇 개로 묶어 교육서비스를 마음속 특정 위치에 저장시킨다. 따라서 기업은 경쟁적 우위를 확보하기 위해 적절한 포지셔닝 전략을 구사하는 것이 필요하다.

2) 포지셔닝 유형

포지셔닝의 유형은 여러 가지로 구분할 수 있으며, 분류의 기준과 주체에 따라 일반적으로 소비자 포지셔닝(consumer positioning), 경쟁적 포지셔닝(competitive positioning), 재포지셔닝(repositioning) 등의 세 가지로 분류된다.

소비자 포지셔닝에는 대표적으로 속성 포지셔닝, 이미지 포지셔닝, 사용상황 포지셔닝, 사용자 포지셔닝 등이 있다. 속성 포지셔닝은 가장 널리 사용되는 포지셔닝 유형으로 서비스의 속성을 기준으로 포지셔닝을 하는 방법이다. 자사의 교육서비스의 속성 중 경쟁적 우위를 갖는 요소가 있다고 판단되는 경우 사용되는 방법이다. 이미지 포지셔닝은 서비스가 갖는 구체적이며 물리적인 편익을 강조하는 속성 포지셔닝과 달리 서비스의 추상적인 편익을 강조하며 포지셔닝하는 방법이다. 사용상황 포지셔닝은 교육서비스가 사용되는 상황이나 서비스 이용 목적을 묘사하여 포지셔닝하는 방법이다. 사용자 포지셔닝은 서비스 사용자나 사용자 집단, 계층을 이용한 포지셔닝이다.

경쟁적 포지셔닝은 소비자 지각 속에 위치하고 있는 경쟁사나 서비스를 명시적 또는 묵시적으로 비교하는 것으로, 비교 포지셔닝, 실적 포지셔닝, 니치 포지셔닝 등이 있다. 비교 포지셔닝은 경쟁 브랜드나 경쟁 서비스와 비교하는 방식의 포지셔닝이다. 실적 포지셔닝은 시장점유율, 업계 1위와 같이 시장의 경쟁우위적 위치를 이용한 포지셔닝이다. 니치 포지셔닝은 틈새시장을 뜻하는 니치(niche)의 어원과 같이 기존 서비스가 충족시키지 못하는 시장에 대한 포지셔닝이다.

재포지셔닝은 소비자의 기호 및 트렌드의 변화, 강력한 경쟁 서비스의 등장 등으로 기존 경쟁우위를 잃는 경우 다시 포지셔닝하는 방식이다. 기존 서비스에 대한 소비자의 신념과 태도는 쉽게 변하지 않기 때문에 새로운 교육서비스 포지셔닝에 비해 어렵다.

3) 포지셔닝 차별점과 동등점

포지셔닝은 자사의 교육서비스가 경쟁사에 비해 가치고 있는 차별점을 찾아 소비자에게 인식시키는 것이다. 차별점(point-of-difference; PODs)은 어떤 브랜드와 관련하여 소비자들에게 연상되는 차별적인 긍정적 속성, 편익을 의미한다. 차별점은 소비자에게 바람직한 속성이나 편익이며, 해당 기업의 콘텐츠나 서비스로 구현되며, 경쟁 브랜드와 확실히 다르게 인식되어야 한다.

아울러 동등점(point-of-parity: POPs)은 다른 브랜드도 동시에 가진 속성이나 편익 연상이다. 포지셔닝 전략에서 차별점과 함께 동등점을 인식할 수 있도록 노력해야 하는데 일반적으로 포지셔닝 전략을 수립할 때 차별점 이외의 속성이나 편익이 경쟁 제품에 비해 동등하지 않고 도리어 열등할 것이라는 의구심을 갖는다. 특히 이는 시장열위 브랜드나 신생 브랜드에게 자주 나타나는 현상으로 차별점 강조와 함께 경쟁자들과 동등점이 있다고 설득해야 한다.

4) 포지셔닝 전략 수립 과정

(1) 경쟁적 강점 파악

포지셔닝 전략을 수립하기 위해서는 우선 소비자에게 가장 높은 가치를 줄 수 있는 교육서비스를 선택하게 해야 한다. 따라서 기업은 소비자의 욕구와 구매 과정을 경쟁사보다 잘 이해하고, 경쟁사보다 높은 가치를 제공해야 한다. 이러한 경쟁적 강점은 다양한 차별화를 통해 이루어진다. 교육서비스 시장에서의 대표적인 차별화 방안은 시설 차별화, 서비스 차별화, 인적 차별화, 이미지 차별화 등이 있다.

시설 차별화는 교육서비스가 제공되는 물리적인 시설과 공간에 대한 차별화로 시설 디자인, 교육 제공 장비의 성능 등을 통해 확보된다. 서비스 차별화는 교육서비스의 전달, 서비스 생산 과정의 품질, 교육 수강자가 느끼는 친절을 통한 차별화이다. 인적 차별화는 직원의 선발 및 훈련을 통한 차별화로서, 특히 소비자들과 접촉면이 많은 교육서비스 산업의 직원에게 매우 중요하다. 이미지 차별화는 똑같은 교육서비스를 제공하더라도 기업 이미지, 브랜드 이미지 차별화로 다르다고 인식하는 것을 기반으로 한다. 이미지는 단순하고, 차별적인 서비스의 편익과 포지셔닝을 잘 표현하는 가치제안으로 전달할 수 있어야 하며, 이미지 차별화를 위해 심벌이나 로고 등이 차별화의 중요 수단으로 사용되기도 한다.

(2) 경쟁우위 선택

경쟁사 대비 자사의 경쟁적 강점을 파악한 후, 어떤 경쟁우위점을 선택하고, 몇 개의 우위점을 통해 차별적 포지셔닝을 할지 결정하게 된다.

우선 포지셔닝 차별점의 수를 고려해야 하는데 표적시장에 오직 하나의 편익에 집중하여 촉진시키는 것이 적절하다. 소비자는 '1등'을 보다 잘 기억하기 때문에 기업은 '1등'이 될 서비스 속성을 찾는다. 이러한 서비스 속성은 소비자가 교육서비스를 구매할 때 매우 중요하게 고려하고, 타 경쟁사 대비 확실한 우위점이 있어야 한다. 또한 하나 이상의 다수의 차별점을 이용하여 포지셔닝하기도 한다. 이는 다수의 세분시장에 소구한다는 이점이 있지만 다양한 주장을 할수록 소비자의 신뢰가 낮아지고 도리어 하나의 포지션을 잃게 된다는 위험이 있다.

이후 차별점에 대한 선택이 이루어져야 하는데 서비스와 기업의 모든 차별점을 포지셔닝하는 것은 각 차별점에 따른 편익의 제공으로 기업의 비용 증대를 가지고 오게 된다. 따라서 교육기업은 다음의 고려 요소를 검토하여 경쟁적 강점으로의 차별점을 신중히 선택해야 한다. 선택 가능한 차별점은 〈표 8-11〉과 같다.

〈표 8-11〉 차별점 기준

중요성	차별점은 소비자에게 확실한 가치의 편익을 제공함
차별성	경쟁자들이 제공할 수 없고, 확실한 방법으로 제공함
우수성	다른 방법보다 확실히 뛰어난 편익임
전달성	차별점이 전달되고, 보여 줄 수 있음
선점성	경쟁자들이 쉽게 모방할 수 없음
가격 적절성	차별점이 구입을 꺼릴 정도의 가격 인상을 초래하지 않음
수익성	차별점이 기업에게 이익을 제공함

차별점이 선택되면 선택한 포지션을 표적소비자들에게 바람직한 포지셔닝이 되도록 전달한다. 교육기업의 마케팅믹스 노력은 이러한 전략을 뒷받침하고 실질적인 행동으로 이어져, 서비스의 품질을 높인다. 바람직한 포지셔닝이 이루어지고 난 후 지속적 유지를 위해 서비스의 품질에 대한 검사 등을 통해 지속적으로 검토해야 한다.

정확한 포지셔닝을 위해 다양하게 활용되는 프레임워크로 지각도(perceptual map)가 있다. 지각도는 [그림 8-4]와 같이 여러 가지 평가를 위해 차원을 나누고 서비스나 브랜드를 위치시켜 상대적 위치를 확인하는 방식이다. 서비스의 심리적인 포지셔닝을 위한 강력한 도구로 제품 속성을 두세 개의 차원으로 압축하여 제품지각공간을 형성한다. 이는 서비스의 전반적인 유사성이나 선호도에 대한 소비자 조사를 근거로 실시되며 기하학적 거리로 환산하여 공간상에 표시하는 것이다.

[그림 8-4] 지각도 예시

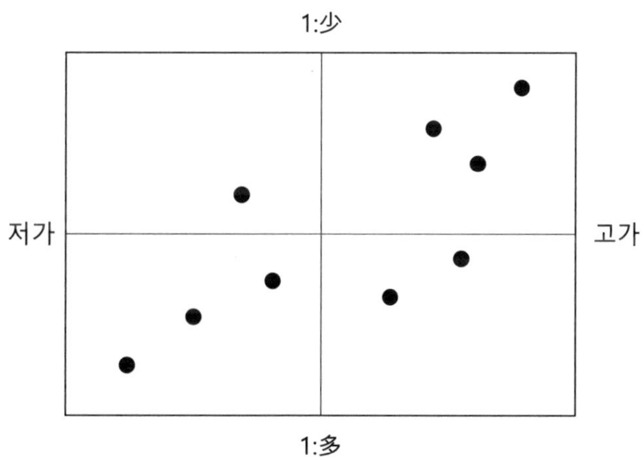

지각도 분석을 통해 소비자의 교육서비스에 대한 인식차원을 알 수 있고, 기존 서비스와 잠재적 서비스의 상대적 위치를 알 수 있다. 또한 충분한 시장성이 있지만 현재 경쟁 서비스나 자사 서비스가 소구하지 않은 위치를 확인하고, 현재 자사의 서비스에 대한 정보 제공을 통해 현재 위치를 파악할 수 있는데 거리가 가까울수록 직접적 경쟁자, 멀수록 간접적 경쟁자로 파악되는 것이다. 아울러 현재 자사 서비스가 소구하는 위치에 몇 개의 경쟁 서비스가 존재하는지 경쟁강도를 파악할 수 있으며 선호도 조사를 통해 소비자들이 가장 이상적으로 생각하는 서비스 속성을 파악할 수 있다.

(3) 교육서비스 중소기업의 포지셔닝 전략

포지셔닝 전략은 자원이 풍부한 대기업에서 수행되는 것이 보통이다. 따라서 중소 교육서비스 기업은 대기업에 비해 자원이 제한되기 때문에 더 집중적이고 일관성 있는 마케팅 프로그램으로서의 포지셔닝 전략 수립이 필요하다.

교육서비스 중소기업은 무엇보다 소비자에게 보여 줄 수 있는 뚜렷한 교육서비스 또는 교육콘텐츠의 이점을 발견하여 포지셔닝을 실시해야 한다. 이를 위해 소비자와 시장 조사를 면밀히 실시하여, 유효한 포지셔닝 전략으로서 한두 개의 강력한 브랜드에 집중하는 것이 필요하다.

또한 중소기업 교육서비스에 대한 소비자의 의구심을 해소하기 위해 소비자가 교육서비스나 교육콘텐츠를 사용해 볼 기회를 마련하는 것도 유효하다. 마케팅전략으로 대규모 광고보다 인터넷과 모바일 마케팅 등 상대적으로 투입되는 자원의 방법을 채택하여 덜 불리한 방법을 활용하거나, 브랜드명, 로고, 심벌 등 브랜드 요소들을 조화롭게 통합한 마케팅 통합적 일관성도 확보해야 한다.

제3절

교육서비스 마케팅믹스

1. 제품전략

1) 제품의 이해

(1) 제품의 개념

제품(product)의 본래 개념은 원료를 사용하여 기업에 수익을 주기 위해 제작·판매하는 물품이었다. 하지만, 시장의 변화와 사회의 발전으로 인해 제품이 보다 넓은 의미로 정의되는데 소비자의 욕구를 충족시키기 위해 구매하는 모든 것으로 확장되었고 유형 제품(tangible products)과 무형 서비스(intangible service)로 분류된다. 시장지향적 기업은 소비자 입장에서 제품을 정의하고 소비자가 제품 구매를 통해 충족하고자 하는 필요와 욕구를 파악한다. 구매 욕구는 크게 기능적 욕구(functional needs), 감각적(쾌락적) 욕구(hedonic needs), 상징적 욕구(symbolic needs)로 나뉘고 각각을 충족시키는 제품을 기능적 제품(functional goods), 쾌락적 제품(hedonic goods), 상징적 제품(symbolic goods)이라고 한다.

(2) 제품의 구성요소

서비스를 포함한 제품은 [그림 8-5]와 같이 핵심제품, 유형제품, 확장제품의 세 가지 수준의 구성요소를 가진다.

핵심제품(core product)은 소비자가 제품을 구매하여 얻고자 하는 본질적인 편익이며, 욕구를 충족시키는 본질적 요소이다. 예로 학원 강좌 수강의 핵심제품은 만족도 있는 교육 자체이다. 유형제품(tangible product)은 핵심제품이 구체화된 것으로 편익을 실현하기 위한 물리적 요소의 집합이고 가시적인(visible)인 것이며 실제적 제품(actual product)이라고도 한다. 교육 강좌가 이루어지는 장소, 시간, 커리큘럼 자체가 그 실제 예인 것이다. 유형제품의 구성요소는 브랜드명, 품질, 특징, 스타일 등이 내포되어 있어 유형제품의 특성을 다르게 결합하여 소비자에 대한 소구력을 확보할 수 있다. 확장제품(augmented product)은 물리적 제품에 추가되는 것으로 대금결제방식, 보증, 상담, 안내 등이 있다. 시장경쟁이 치열한 상황에서 내구재의 경우 확장제품을 달리하여 자사 제품을 차별화할 수 있다. 예를 들면 교육서비스 기업에서는 수강 할인 서비스, 멤버십 서비스, 보강 서비스 등이 이에 속한다.

[그림 8-5] 제품 구성의 3단계

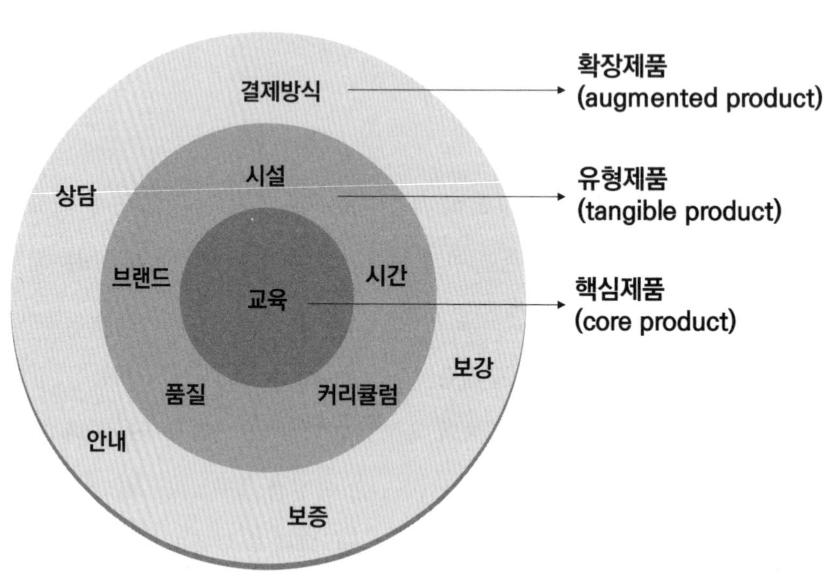

(3) 제품 구성요소의 관리

제품의 세 가지 구성요소인 핵심제품, 유형제품, 확장제품은 기업의 마케팅전략 목표를 달성하기 위해 적절히 관리되어야 한다. 우선 핵심제품의 관리적 측면에서 소비자는 제품 자체를 소비하는 것이 아니고, 제품이 주는 혜택을 소비한다는 것을 유념해야 한다. 따라서 제품에 기대하는 혜택은 소비자마다 다르기 때문에 경영자는 이를 파악할 필요가 있다. 예로 교육시설을 선택하는 소비자는 기대한 혜택이 다른데, 어떤 사람은 교육시설을, 어떤 사람은 교육내용을, 어떤 사람은 교강사를 중요시 여기는 것처럼 기대가 상이하다는 것을 고려해야 한다. 또한 소비자는 제품의 구매로 인한 혜택으로 제품을 선택하기 때문에 이를 충족시킬 제품 또는 서비스의 속성과 특성을 파악하여 제품을 개발하는 것이 중요하다.

또한 유형제품의 관리를 위해 무형의 서비스에서 고려해야 할 주요 구성요소로 서비스 품질, 서비스 특성, 브랜드명 등이 있다. 이러한 요소의 차이는 서비스 성능이나 품질에 차이가 있다고 지각하는 원인이 될 수 있다.

우선 서비스 품질은 서비스 포지셔닝에 이용되는 주요 도구로 서비스 성과에 직접적 영향을 준다. 품질이란 좁은 의미로 결점이 없는 것으로 정의되지만, 우수한 품질은 고객이 자각하는 가치와 고객 만족에 영향을 미쳐 고객 가치, 고객 만족을 창출하는 전략적 도구가 되기도 한다. 서비스 품질을 관리하기 위해 전사적 품질관리(total quality management; TQM)의 개념이 활용되는데 이는 모든 교육기업 구성원이 서비스 품질 향상을 위해 기울이는 노력을 뜻하며, 품질에 대한 관리를 투자로 보고 서비스 품질 유지 및 향상을 위한 노력을 주요 성과지표로 여기는 것이다. 또한 품질 수준에서 경영자는 서비스 포지셔닝을 지원할 품질 수준, 즉 서비스의 기능을 제대로 수행할 능력을 적절히 선택해야 한다. 서비스 관리에서 품질 일치성을 확보해야 하는데 이는 제품품질은 결점이 없는 것이며 목표 성능 수준을 일관되게 전달하는 것 모두를 포함해야 한다.

서비스 특성은 서비스가 제공되고 수행되는 기본적이며 부수적인 기능을 뜻하고, 경쟁 서비스와 차별화시키는 경쟁도구이다. 서비스 특성은 서비스 포지션을 실제로 고객에게 전달하는 데 사용되는 개념이다. 예로 성인 대상 교육 강좌는 자기개발을 위해 실용성과 같은 서비스 특성을 갖추는 것이 적합하다.

브랜드명은 문자, 단어, 숫자 등으로 표현되는 서비스의 이름이자 명칭이다. 자사의 서비스를 경쟁 서비스와 구별하고, 여러 교육서비스 중 자사의 제품을 선택하는 데 큰 영향을 미친다. 브랜드명은 서비스 특성, 서비스 편익, 마케팅전략과 함께 고려하여 결정하고 체계적 관리가 필요하다. 무엇보다 발음과 기억이 편리하고, 교육서비스의 특성과 편익을 효과적으로 전달할 수 있어야 한다.

아울러 확장제품의 관리는 서비스 본체와 무관하지만 서비스 차별화와 소비자 구매에 큰 영향을 끼치는 요인이다. 대표적인 확장제품의 관리 영역으로는 대금결제방식, 멤버십 관리 등이 있으며, 교육콘텐츠의 경우 보장 및 보증, 배달, 사후서비스(A/S)까지 포괄한다.

2) 제품의 분류

제품은 여러 가지 기준에 의해 다양하게 분류된다. 소비자의 구매 욕구를 기준으로 하면 앞에서 설명한 바와 같이 기능적 제품, 쾌락적 제품, 상징적 제품으로 구분된다. 또한 구성요소로서 핵심 제품, 유형제품, 확장제품으로 구분된다. 그리고 제품의 물리적 형태를 기준으로 하면 유형 제품과 무형 제품(서비스)으로 구분된다. 이러한 다양한 분류와 함께 사용자가 교육서비스를 구매하는 목적을 기준으로 편의품, 선매품, 전문품으로 나뉜다.

(1) 편의품

편의품이란 제품을 구매할 때 많은 노력을 기울이지 않는 저가 제품을 의미한다. 일반적으로 유형의 제품을 기준으로 편의품은 필수품, 충동품, 긴급품으로 나뉜다. 필수품이란 설탕, 커피, 화장지, 치약 등 정기적으로 구매하는 것이다. 충동품은 슈퍼마켓, 할인점의 잡지나 껌 등 사전 계획 없이 충동적으로 구매하는 것이다. 긴급품은 폭설 시 부츠, 비 올 때 우산 등 비상시 즉각적으로 구매하는 것이다.

이러한 유형의 제품과 달리 교육서비스와 같은 무형의 제품의 편의품적 측면은 다음과 같다. 편의품은 일반적으로 구매빈도가 높으며, 제품에 대한 관여도가 낮은 편이다. 따라서 정기적으로 수강하거나, 대안 선택과 구매 과정에서 낮은 관여도를 보이는 교육서비스는 편의품적 특성을 가지는 것이다. 편의품에 대한 마케팅전략은 낮은 서비스 차별성을 고려하여 저가격 판매 정책이나, 빈번한 판매촉진이 유효하다.

(2) 선매품

선매품이란 제품의 품질, 디자인, 포장 등 제품특성을 토대로 대안들을 비교·평가하여 구매하는 제품을 의미하며 대표적으로 가구, 가전제품 등이 이에 속한다. 편의품은 대체로 고가로 소비자는 구매계획, 정보탐색에 많은 시간을 할애하며, 불특정 다수에 대한 광고, 특정 구매집단 표적의 인적 판매가 사용된다.

교육서비스는 구매빈도가 낮고, 비교적 고관여도를 보이는 선매품적 특성을 보인다. 인적자원에 대한 투자와 자녀의 진로에 대한 가능성을 높이기 위해 높은 가격도 감수하며, 여러 서비스 선택

대안에 대한 정보를 습득하는 복잡한 의사결정을 보이기 때문이다. 따라서 이러한 고관여 소비자 행동을 고려하여 가격 품질 효과에 따른 높은 가격 정책을 추구하는 것이 필요하다. 편의품과 달리 여러 대안 가운데 선택의 과정이 일어나기 때문에 적절히 서비스 차별화와 경쟁 서비스와 구분되는 서비스 특징을 강조하는 것이 필요하다. 또한 상담과 안내 과정의 인적 판매 절차가 중요하기 때문에 투입되는 직원과 상담 과정에서의 면밀한 설계가 필수적이다.

(3) 전문품

전문품이란 소비자가 특별한 노력을 기울이고 구매하는 제품이다. 전문품은 높은 제품 차별성, 강한 브랜드 충성도를 가지고 있는 것이 특징으로 고급 향수, 스포츠카, 유명 디자이너의 의류 등이 이에 속한다. 전문품은 일반적으로 고가이므로 구매에 많은 노력을 기울이기 때문에 기업은 구매력 있는 소비자만을 표적으로 광고 및 판촉활동을 실시하기도 한다. 또한 소수의 전속대리점이 넓은 상권을 포괄하는 전속적 유통경로전략을 구사하기도 한다.

고가의 교육프로그램이나 1:1 맞춤교육이 대표적인 전문품적 교육서비스이며 구매빈도가 매우 낮고, 구매와 이용에 있어 매우 높은 관여도를 보이는 것이 특징이다. 교육서비스의 전문품적 특성을 고려하여 경영자는 마케팅전략을 구사할 때 소비자의 고관여 특성에 소구하기 위해 높은 수준의 브랜드를 강조하기도 한다. 일반적으로 전문품을 구매하는 소비자는 상징적 제품 구매 특성을 보이기 때문에 고가의 서비스를 구매하는 소비자 자신의 지위를 강조하는 촉진활동이 유효하다. 또한 높은 수준의 정보 요구와 고객 판매 접점의 관리를 위해 숙련되고 높은 전문성을 가지고 있는 인적자원의 확보와 배치가 매우 중요하다.

3) 제품의사결정

(1) 제품믹스

교육서비스 기업 전체의 제품 구성은 [그림 8-6]과 같이 제품믹스와 제품계열로 분류된다. 제품믹스는 기업이 제공하는 모든 개별 제품 및 서비스의 집합을 의미하고, 제품계열은 기능이 유사하거나, 동일 집단에게 제공되거나, 같은 서비스 제공 경로를 이용하여 밀접한 관계가 있는 제품의 집합을 의미한다.

제품믹스의 구조는 크게 넓이(폭)(breadth/width), 길이(length), 깊이(depth)로 분석된다. 제품믹스의 넓이(폭)는 기업이 가진 전체 제품계열의 수를 의미하며, 제품믹스의 길이는 각 제품계열의 제품의 수이고, 제품믹스의 깊이는 특정 제품계열의 한 제품이 제공하는 다양한 품목의 수를 의미한다.

[그림 8-6] 제품믹스 넓이, 길이, 깊이

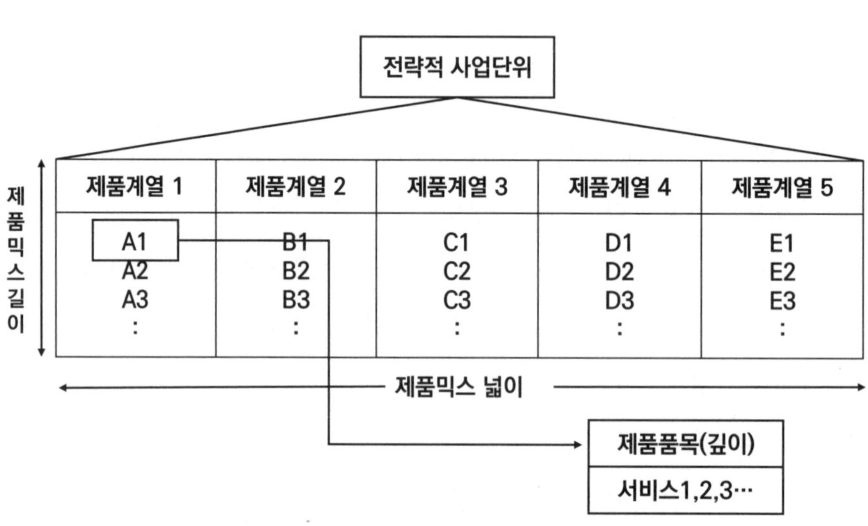

교육서비스 기업에서의 제품믹스 관련 의사결정은 제품믹스의 넓이와 제품믹스의 길이 및 깊이 관련 전략으로 나뉜다.

제품믹스의 넓이에서 너무 적은 수의 제품계열은 매출과 시장점유율 정체의 원인이 되고, 너무 많은 수의 제품계열은 수익성 악화의 원인이 된다. 즉, 적정 수준의 제품계열의 유지가 마케팅 성과 유지에 효과적이다. 적정 수준의 제품계열의 수준 및 제품믹스의 넓이 관리는 수익성, 시장점유율, 매출증대 가운데 목표로 하는 것에 따라 달라진다.

제품믹스의 넓이를 설정할 때는 기업의 목표를 고려해야 한다. 기업의 목표가 완벽한 제품 구색 보유로 인한 높은 시장점유율이라면 넓은 제품계열을 보유하는 것이 필요하다. 반면 기업의 목표가 시장점유율 확대보다 고수익이라면 수익성 높은 한정된 제품계열 보유가 적합하다.

한편 기업이 신제품을 출시한 후 시간이 흐름에 따라 점차 제품계열의 수가 증가한다. 현장에서는 다양한 제품계열 소개 목적으로 제품계열 확대를 요구하지만, 재무관리자는 수익성 개선을 위한 제품계열 제거를 원할 수 있다. 따라서 관련 부서의 상이한 목표의 조화를 검토한 제품믹스 넓이에 대한 전략이 필요하다.

기업은 제품믹스의 길이 및 깊이 관련된 전략 의사결정도 고려해야 한다. 제품계열의 품목 수가 너무 적으면 매출 기회를 놓치고, 너무 많으면 수익성이 감소된다. 이에 제품믹스의 길이 및 깊이에 대한 전략은 [그림 8-7]과 같이 하향확장(downward stretch), 상향확장(upward stretch), 쌍방확장(two-way stretch)의 세 가지 유형이 있다. 또한 제품계열 확장 이외 제품품목을 추가시켜 확장하는 제품확충(product filling)이 있다.

[그림 8-7] 제품확장의 유형

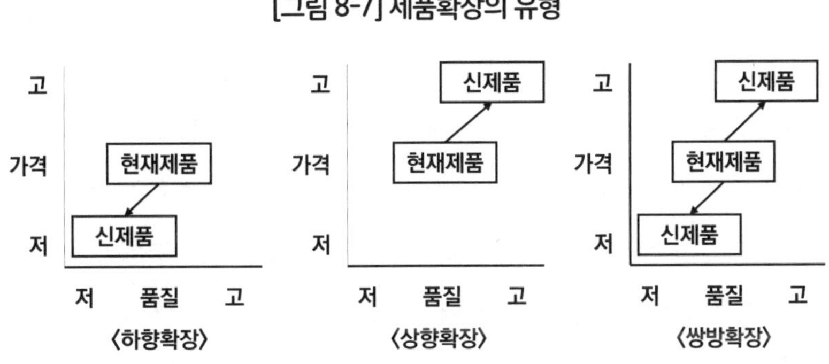

하향확장은 초기 고품질, 고가의 서비스를 출시한 후 저가의 신제품을 추가하는 전략이다. 중·저가 시장이 급성장하거나, 중저가 경쟁기업의 자사 고급시장 공격에 대해 반격하는 상황, 고급시장 성장이 둔화되는 상황에서 활용되는 방안이다. 마케팅전략으로 고급시장 진출로 고품질 이미지 획득 후, 그 이미지를 중·저가 시장에 활용하기도 하며, 신규 경쟁기업 진입 전 중·저가 시장 선점을 추구할 경우에도 채택된다. 다만 하향확장 전략은 기존 고급제품들의 시장을 잠식할 위험성이 있으며, 기존 고급 브랜드 이미지에 부정적 영향으로 인해 고객의 이탈 위험이 있다.

상향확장은 초기 저품질, 저가의 서비스를 출시한 후 고가의 신서비스를 추가하는 전략이다. 고가시장이 급성장하거나 높은 마진 추구를 위해 추진되며, 중·저가 시장에서의 기업 제품 이미지를 제고하는 상황에서 활용된다. 그러나 상향확장은 기존 고급제품 시장 고객의 높은 브랜드 충성도가 존재하고 있다는 시장 상황과 소비자들의 품질에 대한 불신을 고려해야 한다.

쌍방확장은 중간 수준의 품질과 가격의 서비스군에서 신서비스를 출시하는 것이다. 고소득의 소비자와 저소득의 소비자 모두에게 소구하여 매출증대와 시장점유율 증가의 여러 목표를 추구하는 것이다.

제품확충은 기존의 제품계열 내에서 새로운 품목을 추가하는 것이다. 잉여설비의 활용과 매출의 증대, 여러 세분시장의 침투, 다양성을 추구하는 소비자의 욕구를 충족하기 위해 채택되는 전략이다. 다만 품목 간 차이에 대해 소비자가 혼돈될 수 있으며, 과다한 확충으로 인한 비용 상승과 수익성 감소 가능성이 있다는 유의점이 있다.

(2) 브랜드

브랜드(brand)의 어원은 고대 스칸디나비아어 'brandr'로서, '불로 새긴다'의 의미로 화인(火印)을 하여 자신의 소유를 밝히듯, 제품이나 서비스를 소비자에게 식별시키고, 경쟁자들과 차별화하기 위해 사용되는 고유의 이름, 상징물, 로고들의 결합을 의미한다.

브랜드와 관련된 용어는 브랜드명(brand name), 브랜드마크(brand mark), 등록상표(trade mark) 등이 있다. 브랜드명은 브랜드를 구성하는 요소 중 말로 표현하는 부분으로 코카콜라, 맥도날드, 아이폰 등이 그 예이다. 브랜드마크는 말로 표현되지 않고 눈으로 볼 수 있는 부분이며 예로 맥도날드의 노란 M, 아이폰의 사과 등을 들 수 있다. 등록상표는 브랜드 구성요소 전체 또는 일부분이 특허청에 상표등록 된 것으로 보통 '등록되었다(registered)'의 의미로 Ⓡ로 표시하거나 TM으로 표시하는데, 브랜드가 일상적 용어로 사용되며, 등록상표는 법률적 의미를 가진다.

강력한 브랜드는 다양한 역할을 수행하여 기업의 마케팅전략에 기여하며 고객의 브랜드 충성도를 높인다. 이를 통해 경쟁 브랜드의 공격적 촉진활동과 저가 공세를 방어할 수 있다. 또한 강력한 브랜드는 높은 브랜드 인지도를 통해 신제품 또는 신서비스에 해당 브랜드를 부착하여 마케팅 비용을 절감한다.

브랜드는 계층구조를 가지고 있으며 이에 따라 다양한 전략방안으로 활용할 수 있다. 브랜드 계층구조는 브랜드명과 관련하여 〈표 8-12〉와 같이 기업 브랜드명 전략(corporate brand name strategy), 패밀리 브랜드명 전략(family brand/umbrella brand name strategy), 개별 브랜드명 전략(individual brand name strategy), 혼합 브랜드명 전략[57]에 적용된다.

---

57) 혼합 브랜드명 전략은 기업 브랜드명과 개인 브랜드명을 조합한 전략으로 이는 다시 제품계열별 기업 브랜드명 전략과 개별 브랜드명·기업 브랜드명 혼용 전략으로 나뉜다. 제품계열별 기업 브랜드명 전략은 여러 제품계열을 생산하는 기업이 각 제품계열에 상이한 브랜드명을 부착하고, 각 제품계열 내의 모든 제품들에는 기업 브랜드명을 이용하는 것이다. 반면 개별 브랜드명·기업 브랜드명 혼용 전략은 이미 익숙한 기업별로 개별 브랜드명들과 결합시키는 것이다.

〈표 8-12〉 브랜드 전략

<table>
<tr><td rowspan="4">기업 브랜드</td><td colspan="2">- 기업의 이름을 서비스 브랜드로 사용하는 것</td></tr>
<tr><td>특성/
활용</td><td>- 전 서비스에 획일적 활용이 가능함
- 서비스의 품질과 성능에 대해 신뢰를 줌
- 브랜드 identity가 분명한 기업, 사업포트폴리오 간 서비스군 유사, 표적고객이 동질적, 기술 발전 속도가 빨라 개별 브랜드 수명주기가 짧은 산업군에 적합함</td></tr>
<tr><td>장점</td><td>1. 신제품 출시 시 인지도, 이미지 확실한 기존 브랜드 활용 가능함
2. 동일 상표의 여러 제품 중 한 가지 서비스 성공의 긍정적 효과가 파급됨
3. 이미지 통일이 용이하고 마케팅 비용을 효율적으로 관리할 수 있음</td></tr>
<tr><td>단점</td><td>1. 한 서비스 이미지가 나빠지면 전체 제품에 부정적 영향을 줌
2. 개별 서비스의 실패가 기업 전체 이미지를 손상시킬 가능성이 있음
3. 오랜 기간 하나의 영역에서 사용한 브랜드는 다른 제품 범주 확장이 어려움</td></tr>
<tr><td>패밀리 브랜드
(공동 브랜드)</td><td colspan="2">- 여러 가지 서비스에 공동으로 브랜드를 사용하는 것
① 수평적 패밀리 브랜드 전략: 성공한 한 개의 브랜드를 다른 서비스에 적용하는 것. 계열확장과 브랜드확장이 이에 속함
② 수직적 패밀리 브랜드 전략: 기업명을 모든 서비스에 적용하는 것
③ 성공한 브랜드명을 기업명으로 사용</td></tr>
<tr><td rowspan="4">개별 브랜드</td><td colspan="2">- 한 가지 서비스에만 브랜드를 사용하는 것
- 복수 브랜드 전략: 서비스군 내 두 개 이상의 개별 브랜드를 사용하는 것</td></tr>
<tr><td>특성/
활용</td><td>- 서비스군이 다양한 기업이 기업 브랜드보다 제품 브랜드를 강조하는 것임
- 기업 브랜드의 역할이 외부로 표출되지 않아 기업 이미지가 거의 역할을 하지 않음. 도리어 기업 이미지를 숨겨서 개별 브랜드와 관계를 단절하는 경우도 있음
- 서비스군이 많아 하나의 기업 브랜드로 통합하기 어려운 경우, 사업포트폴리오 간 제품군이 이질적, 표적고객 집단이 이질적, 브랜드 독립성과 포지셔닝으로 세분시장에서의 명확한 구분이 필요함</td></tr>
<tr><td>장점</td><td>1. 서비스 속성, 특성을 잘 나타내 명확한 브랜드 이미지 전달이 용이함
2. 개별 브랜드 실패가 기업 전체에 주는 영향이 미비</td></tr>
<tr><td>단점</td><td>1. 브랜드 구축, 유지 관련 비용으로 마케팅 비용 발생
2. 브랜드 간 시너지 효과 창출 어려움. 즉 기업 브랜드/개별 브랜드 중 선택 필요</td></tr>
<tr><td>브랜드 수식어</td><td colspan="2">구형 모델과 구분하거나 서비스 등급 분류를 위해 붙이는 수식어</td></tr>
</table>

브랜드명을 결정할 때는 다양한 사항을 고려해야 한다. 브랜드명은 시각적·언어적으로 서비스와 잘 어울려야 하며, 서비스의 편익을 내포해야 한다. 또한 브랜드명은 발음하기 쉽고, 짧고, 독특하여 기억이 용이해야 한다. 또한 브랜드명의 법적 효과성을 확보하기 위해 상표등록이 가능해야 하기 때문에 국가명, 지역명, 제품명, 최상급은 포함할 수 없다.

4) 신제품

(1) 신제품의 개념

교육서비스 기업에게 신제품(신서비스)을 개발하고 관리하는 것은 매우 중요하다. 개발된 신제품은 출시된 이후 제품수명주기(product life cycle)의 단계에 따라 사라진다. 이에 교육기업은 신제품 개발과 제품수명에 따른 단계별 마케팅전략 개발에 유의해야 한다.

마케팅관리론적 측면에서 신제품은 지금까지 누구도 생각하지 못한 것으로 기업의 관점과 소비자의 관점에 따라 분류된다. 즉 기업과 소비자가 느끼는 참신성(새로움)(newness)에 따라 [그림 8-8]과 같이 분류된다.

[그림 8-8] 신제품 분류

소비자가 느끼는 참신성 \ 기업입장의 참신성	저	고
저	제품개선	제품 계열의 추가 및 확장
고	재포지셔닝	혁신제품

제품개선은 기업과 소비자 모두 참신성이 낮다고 생각하는 신제품이다. 기업이 가진 기존 제품을 약간 변화시키거나 개선하지만 소비자는 느끼지 못하는 경우이다. 예로 현재 제공되는 교육 강좌의 방식과 교육요소가 일부 수정되는 것을 들 수 있다. 혁신제품은 기업과 소비자 모두 참신성이

높다고 생각하는 신제품이다. 최초로 출시된 교육서비스나 교육콘텐츠 등이 이에 속한다. 제품계열의 추가 및 확장은 소비자에게는 널리 알려져 참신성이 낮지만, 기업에게는 신제품으로 분류되는 경우이다. 이는 자사 입장에서는 신제품으로 여겨지지만 소비자에게는 기존 제품을 모방한 신제품이다. 재포지셔닝은 기존 제품을 새로운 소비자나 용도에 이용하는 재포지셔닝으로 소비자에게는 참신성이 높지만, 기업에게는 참신성이 낮은 신제품이다. 예로 초중고 대상 교과 영어수업을 성인용 영어강좌로 재포지셔닝하는 경우가 있다.

(2) 신제품 개발

신제품 개발은 일반적으로 [그림 8-9]와 같이 아이디어의 창출, 아이디어 평가, 제품개념의 개발과 테스트, 마케팅전략의 개발과 사업성 분석, 제품 개발, 시험마케팅, 상업화의 7개의 과정을 거친다.

[그림 8-9] 신제품 개발 프로세스

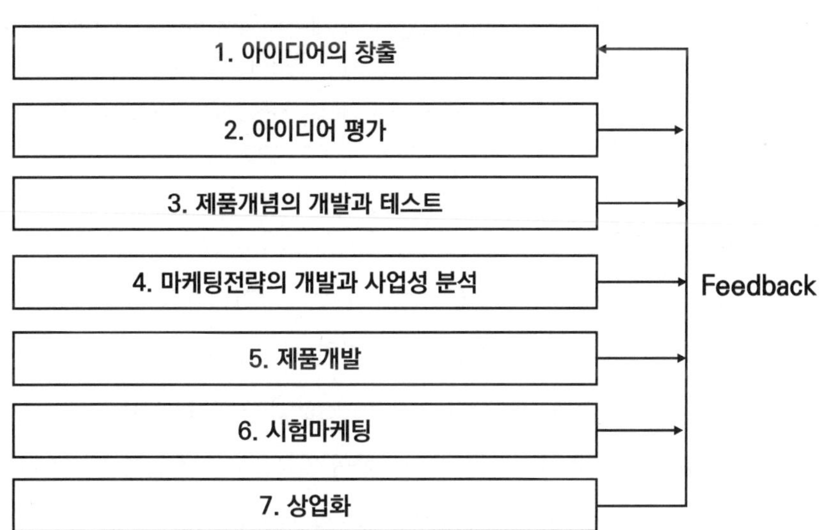

① 아이디어의 창출

신제품 개발은 신제품에 대한 아이디어 탐색을 통해 시작된다. 이러한 아이디어 탐색은 마케팅 환경을 분석하여 자사의 강점을 최대한 살릴 수 있는 신제품 개발기회를 파악하는 것이다. 좋은 아이디어는 시장기회를 잘 살릴 수 있기 때문에 이를 저해하는 마케팅 근시(marketing myopia), 즉

시장의 경쟁구도를 너무 협소하게 보는 것을 유의해야 한다.

신제품 아이디어의 원천은 크게 내부적 원천과 외부적 원천으로 나뉜다. 내부적 원천은 기업 내의 최고경영층, 마케팅부서, 현장 접점 교강사 및 직원 등의 의견이다. 외부적 원천은 고객, 경쟁자, 타 기업, 환경 변화 등의 현황을 들 수가 있다.

신제품의 아이디어는 〈표 8-13〉과 같은 다양한 아이디어 창출 기법을 활용하여 얻을 수도 있다.

〈표 8-13〉 신제품 아이디어 창출 기법

구분	기법	내용
1. 표적집단면접(FGI)	- 대표성을 띤 소비자 표본 6~12명 인터뷰	
2. 소비자 분석 · 관찰	- 소비자의 제품 및 서비스 사용과 과정, 문제점, 경험에서 단서 발견	
3. 아이디어 발상법 활용	브레인스토밍	비판 없이 창의적 아이디어 창출 유도
	속성열거법	기존 제품 속성을 열거하여 변경, 재결합
	강제적 결합법	두 개 이상의 제품을 강제로 결합
	형태적 분석법	한 제품의 여러 속성을 파악하여 가능 수준을 찾아, 각 수준끼리 조합
4. 개방형 혁신(open innovation)	- 기업 외부의 혁신역량을 기업 내부 신제품 개발 과정과 연결시킴	

② 아이디어의 평가

아이디어 평가의 목적은 아이디어 창출 단계에서 찾은 아이디어의 수를 축소해 나가는 것이다. 서비스 제공이 불가능하거나, 수익성이 없거나, 충분한 매출 잠재력이 없거나, 기업 목적과 이미지에 부합하지 않는 경우 아이디어 선별 과정(idea screening)을 거쳐 제거한다. 단 아이디어 선별 과정에서 유의할 오류는 두 가지이다. 좋은 아이디어의 기각(drop-error)과 부적절한 아이디어의 채택(go-error)이다. 이를 예방하기 위해 체크리스트를 활용하기도 한다.

③ 제품개념의 개발과 테스트

신제품 아이디어 평가에서 채택된 아이디어는 제품개념 개발과 테스트로 구체화된다. 우선 제품개념 개발 단계에서 제품개념을 명확히 해야 한다. 제품개념(product concept)이란 제품 아이디어를 소비자가 사용하는 단어로 표현한 것으로 제품의 형태, 특징, 편익, 기능 등에 관한 것이다. 소비자는 제품 아이디어를 구매하지 않기 때문에 마케팅 담당자는 이러한 제품 아이디어를 소비자 입장에서 더욱 구체화시킨 제품개념을 개발해야 한다. 이렇게 개발된 제품개념은 지각도(perceptual map)에 위치시켜 경쟁 제품을 파악하고 마케팅전략 수립에 활용한다.

제품개념의 테스트 단계에서는 표적시장 소비자들이 해당 제품개념을 어떻게 평가하는지 표적집단면접법(FGI)이나 서베이를 통해 적합성을 검증한다. 제품개념 테스트는 소비자가 원하는 편익의 제공 여부, 개념 표현의 명확성, 개념의 수정이나 개선의 필요를 확인하기 위해 실시한다. 제품테스트에서 제품개념을 설명할 때 글이나 그림을 함께 제시하면, 기술서만 제시한 것보다 신뢰성을 높일 수 있다.

④ 마케팅전략의 개발과 사업성 분석

이전 과정을 통해 선택된 제품개념은 예비적인 마케팅전략 수립과 사업성 평가가 필요하다. 마케팅전략 개발은 표적시장의 선정, 마케팅 목표, 단기적 마케팅전략 수립, 장기적 마케팅전략 수립의 단계로 이루어진다.

제품개념과 마케팅전략이 개발되면 사업성분석(business analysis)을 통해 신제품 사업계획의 매력도를 평가한다. 사업성분석은 신제품을 개발하는 데 있어서 고려하는 가격, 촉진 등의 마케팅 활동에 예상되는 매출과 이익을 추정하는 것이다. 사업성분석은 수요 예측, 제품원가분석, 총이익 추정 등의 순서로 이루어진다.

⑤ 제품 개발

제품 개발은 제품개념의 기술서나 그림에서부터 실제 제품을 만드는 것이다. 따라서 이 단계에서는 R&D부서와 현장 부서가 적극적으로 개입된다. 세부적 단계로는 새롭게 제공되는 신제품에 대한 구체적 사양(specification)을 결정하고 제품설계를 진행한다. 이때 어떤 제품 또는 서비스가 갖고 있는 속성 하나하나에 고객이 부여하는 가치를 추정함으로써, 그 고객이 어떤 제품을 선택할지를 예측하는 기법으로 컨조인트 분석(conjoint analysis)을 활용하기도 한다. 이후 시제품(prototype)을 개발하고 소비자 테스트를 통해 시장의 반응을 조사한다.

⑥ 시험마케팅

시제품이 결정되면 시험마케팅(test marketing) 단계로 들어간다. 시험마케팅은 신제품과 마케팅 프로그램을 실제로 시장에 도입해 소비자의 반응을 확인하는 것이다. 시험마케팅의 목적은 시장 진입 시 나타날 잠재적인 문제들을 사전에 해결하는 것이다. 이 단계에서는 제품뿐만 아니라 포지셔닝 전략, 가격, 촉진, 유통 등 전반적인 마케팅 프로그램에 대한 테스트가 포함된다. 또한 시험마케팅을 통해 핵심편익의 충족, 제품 개선, 서비스원가 절감 방안을 파악하여 마케팅전략의 수립과 변경의 시사점을 얻을 수 있다.

시험마케팅의 문제점은 상당한 비용과 시간이 소요되어 경쟁사의 대처나 모방이 발생할 수 있다는 것이다. 이에 다음과 같이 시험마케팅을 실시하거나 생략하는 상황이 발생한다. 일반적으로 활용되는 시험마케팅의 방법은 〈표 8-14〉와 같다.

〈표 8-14〉 시험마케팅 방법

1. 표준시험시장법	- 표적시장에 대해 어느 정도 대표성 있는 도시를 선택함 - 마케팅 캠페인과 신제품 도입 후 성과를 측정 - 결과를 토대로 전체 시장의 매출과 이익을 추정하여, 마케팅 프로그램을 조정함
2. 통제시험시장법	- 일정 수의 안테나 샵(antenna shop)을 선택하고 동의하에 새로운 서비스 체험을 실시함 - 시설의 위치와 수, POP촉진, 가격 등을 계획에 따라 통제함 - 각 요인에 따른 매출 영향 추적
3. 모의시험시장법	- 모의 서비스 환경을 조성하고 광고와 판촉을 한 후, 실험 대상자를 실험시설에 안내하여 신제품을 테스트함 - 신제품과 대안제품의 구매 기록을 통해 신제품의 시용구매(trial) 정도와 광고 및 판촉의 효과 추정

⑦ 상업화

시험마케팅 결과를 기반으로 신제품을 도입할 시장을 결정한다. 신제품을 출시하기 전에 관련 정보를 소비자에게 미리 공식적으로 공표하는 프리어나운싱(preannouncing)을 하기도 한다. 프리어나운싱 이후 시험마케팅 결과 성공이 예측되면 신제품을 도입(launching)하게 된다. 이때 의사결정이 필요한 내용은 〈표 8-15〉와 같은 신제품 출시 시기와 출시 지역의 결정이다.

〈표 8-15〉 신제품 출시 시기와 지역별 상업화 의사결정 내용

<table>
<tr><td rowspan="3">출시 시기</td><td>초기진입전략</td><td>- 경쟁 제품보다 먼저 진입
- 유리한 유통경로 선점, 특정 제품군의 리더 이미지 확립, 독점적 지위 추구 전략</td></tr>
<tr><td>동시진입전략</td><td>- 경쟁 제품과 동시에 진입
- 경쟁 제품의 출시 시기에 맞춰 자사 신제품 출시를 당기거나, 연기함</td></tr>
<tr><td>후발진입전략</td><td>- 경쟁 제품이 시장 진입 후 진출
- 초기진입의 마케팅 비용 절감과 시장에서 나타나는 문제 파악</td></tr>
<tr><td>출시 지역</td><td colspan="2">- 단일 지역 출시, 몇몇 지역 다발적 출시, 전국시장 또는 국제시장 동시 출시 결정
- 대기업은 전국시장 동시 출시하나, 중소기업은 성공할 특정 지역 먼저 출시 후 확대함</td></tr>
</table>

(3) 제품수명주기

신제품이 출시되어 진화하는 과정을 이해하는 데 [그림 8-10]의 제품수명주기(product life cycle; PLC) 개념이 활용된다. 제품수명주기는 하나의 제품이 시장에 출시되어 성장과 성숙을 거쳐 쇠퇴하는 과정을 말한다.

[그림 8-10] 제품수명주기

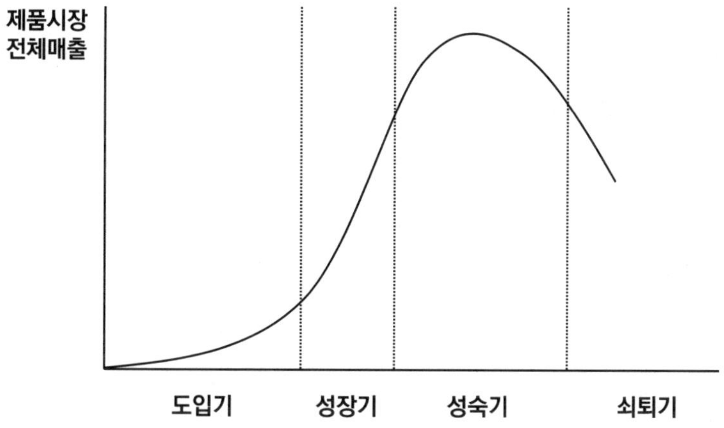

제품시장
전체매출

도입기 성장기 성숙기 쇠퇴기

제품수명주기는 [그림 8-10]과 같이 S자형을 보이며, 〈표 8-16〉에 제시된 것처럼 도입기, 성장기, 성숙기, 쇠퇴기의 4단계로 나뉜다.

〈표 8-16〉 제품수명주기 단계

① 도입기	- 신제품이 시장에 처음 등장하여, 잠재고객의 관심을 끌고 구매를 자극하는 단계 - 긴 기간 지속, 매출성장률 낮음, 높은 제품도입비용으로 이익이 마이너스
② 성장기	- 제품이 성공적으로 수용되어 수요가 확산하는 단계 - 신제품 매출이 점차 체증하여 증가하기 시작함 - 제품 시장을 창조한 기업은 매출성장이 높고, 이익이 증가함 - 경쟁기업이 진입하는 시기
③ 성숙기	- 많은 잠재고객이 이미 신제품을 수용함 - 신규 구매가 적어 성장률이 낮거나 감퇴하기 시작함 - 경쟁자 대처를 위한 마케팅 비용 지출로 이익이 줄어듦
④ 쇠퇴기	- 소비자의 기호 변화, 성능우수·가격 저렴한 대체품 등장, 경쟁자의 마케팅전략으로 수요가 지속적으로 감소함 - 전체 매출과 이익이 완전히 하향함

제품수명주기에 따른 마케팅전략도 도입기, 성장기, 성숙기, 쇠퇴기의 단계별로 상이하게 진행된다.

도입기는 제품인지도가 낮고, 수요가 적어, 매출이 적지만 초기 마케팅 비용의 많은 지출로 적자가 발생한다. 또한 신제품이라는 기본 기능의 특성으로 경쟁이 약한 상황에 처한다. 따라서 도입기에는 기본 기능 제품만 출시하는데 이는 시장 규모가 작고, 니즈가 다양하지 않고, 시장세분화 필요성이 낮기 때문이다. 도입기에는 상황에 따라 고가격(skimming pricing) 또는 저가격(침투가격: penetration pricing) 전략 선택이 가능하지만 상대적으로 고가격전략이 많이 채택된다. 이는 단위당 높은 마진을 실현하고, 잠재경쟁자가 당분간 없으며, 다수의 소비자가 고가 지불이 가능한 상황이기 때문이다. 또한 도입기에는 버즈마케팅 등 주로 인지도 제고에 중점을 두는데 신제품의 혁신성이 클수록 많은 노력이 필요하다.

성장기는 신제품에 대한 가속적 구매 확산이 이루어지며 대량생산으로 인한 가격 인하로 전체 시장 규모가 급속히 확대된다. 이 단계에서는 다수의 경쟁자들의 시장 참여로 제품차별화 기회와 가격 인하 경쟁이 나타나기도 한다. 성장기 후반에는 경쟁상대 등장과 촉진비용 소모로 수익은 감소한다. 성장기에는 다양한 고객 니즈 충족을 위한 제품차별화, 제품 기능 및 품질 향상을 모색해야 하며, 선발기업은 도입한 고가를 인하, 후발기업은 경쟁력 있는 가격을 설정하기도 한다. 도입기의 브랜드 인지도 제고의 촉진 목표는 브랜드 선호도 향상으로 전환되고 도입기의 1차적 수요(primary demand) 충족 대신 경쟁에 대처하는 선택적 수요(selective demand)를 유발하는 것이 필요하다.

성숙기는 시장의 많은 참여자와 과잉생산능력으로 경쟁이 심화되는 단계이다. 과도한 가격 인하 경쟁, 판매 촉진비용 증대로 이익이 감소하게 되며, 다양한 제품으로 제품차별화 기회가 제한되는 상황에 처한다. 성숙기에는 제품 간 사소한 차이, 심리적 차별화를 강조해야 하며 기존 제품으로 새로운 소비자의 수요를 유도하기도 한다. 또한 기존 소비자들의 소비량이 증대하거나 새로운 용도를 개발시키기도 한다. 아울러 기존 제품 품질 향상과 신규 브랜드를 개발하며, 수익성 저하의 제품은 철수시키기도 한다. 성숙기에는 경쟁자 대응적 가격 인하 정책을 추구하며, 브랜드 전환 유도를 위한 판매촉진 노력을 보다 강화한다. 이미 경쟁 심화가 극대화된 상황에서 새로운 광고캠페인보다 많은 판매원 이용, 판매촉진 수단을 개발하는 것이 필요하다.

쇠퇴기는 시장 환경요인 변화로 수요가 지속적으로 감소하게 된다. 따라서 이 시기에는 제품에 대한 유지전략, 수확전략, 철수전략, 재마케팅 등 재활성화 전략을 선택하는 것이 필요하다.

2. 가격전략

1) 가격의 이해

(1) 가격의 개념

가격(price)은 소비자가 제품이나 서비스를 구입하기 위해 지불하는 화폐의 양이며, 기업과 소비자가 제품이나 서비스의 가치를 나타내는 기준이기도 하다. 가격은 가치획득을 통해 기업 경영의 원천이 되는 이익을 결정한다. 가격, 이익, 수입, 비용에 대한 관계는 다음 공식과 같다.

총이익 = 총수입 - 총비용 = (가격 × 판매량) - 총비용

기업은 가격관리를 통해 소비자에게 편익을 제공하고, 고객창출 기회를 증대할 수 있다. 그러나 가격은 다음과 같은 다양한 마케팅믹스적 특징을 가지고 있기 때문에 단순히 소비자에게 제공되는

혜택의 대가로만 생각하는 것은 부적절하다.

우선 가격은 다른 요소보다 소비자의 반응을 신속하게 이끌어 낸다. 광고와 같은 촉진전략을 추진하는 것보다 가격 인하를 하는 것이 훨씬 더 신속한 매출 증대로 이어질 수 있다. 또한 가격에 대한 소비자의 반응은 민감하다. 가격에 대한 매출 탄력성(매출변화율÷가격변화율)은 광고보다 높다. 가격 변화에 대한 경쟁기업의 반응 역시 민감하다. 광고 등을 이용한 촉진 증대보다 가격 인하에 대해 경쟁기업이 민감하게 대응한다.

가격은 쉽게 변화시킬 수 있다는 마케팅전략의 유연성에도 불구하고 가격 이미지는 쉽게 바꿀 수 없다. 따라서 제품과 서비스의 브랜드 계열 확장의 상향확장이 어렵다. 아울러 가격은 다른 마케팅믹스보다 유연성이 높다. 제품, 촉진, 유통은 환경 변화에 대처하는 데 많은 시간과 노력이 필요하지만, 가격은 즉각적으로 대응이 가능하다.

(2) 가격 결정 요인

마케팅믹스 요인으로 가격을 결정하기 위해 영향을 주는 요소들은 다양하게 존재하며 이에 대한 이해는 가격전략 설정과 추진에 필수적이다. 가격 결정에 영향을 미치는 요인은 소비자의 수요, 원가, 경쟁 환경, 정부의 규제 등이 있다.

① 수요

가격과 구매행동의 관계를 설명하는 개념은 수요의 법칙(law of demand)과 수요의 가격탄력성(price elasticity)이 있다. 수요의 법칙은 제품의 가격이 인하될수록 제품을 구매하는 양이 증가하여 우하향 형태의 곡선이 나타난다는 것이다. 수요의 가격탄력성은 다음과 같이 가격 변화와 판매량의 변화를 나타내는 식이다.

$$\text{가격탄력성} = \frac{\text{판매량의 변화율}}{\text{가격의 변화율}} = \frac{\dfrac{\text{변화 후 판매량 - 변화 전 판매량}}{\text{변화 전 판매량}}}{\dfrac{\text{변화 후 가격 - 변화 후 가격}}{\text{변화 전 가격}}}$$

가격탄력성은 절댓값을 기준으로 1보다 크면 탄력적 수요로 인식되며, 1보다 작으면 비탄력적 수요로 인식된다. 즉, 탄력적 수요가 비탄력적 수요보다 가격에 민감한 것이다. 가격탄력성이 커지는 경우는 대체재가 많고, 구매자들이 쉽게 고가격과 저가격을 인지하며, 브랜드 충성도가 낮아 구매습관을 쉽게 변화시킬 수 있는 경우이다.

한편 가격탄력성이 상이하게 작용하는 경우, 즉 가격 변화에 동일하게 반응하지 않는 경우는 다음과 같다. 가격 인하로는 수요가 크게 증가하지 않지만, 가격을 인상하면 수요가 감소하는 경우와 가격이 변화해도 수요가 변하지 않는, 소비자에게 별 의미가 없는 무관심 범위(indifference band)에 있는 경우가 있다. 또한 단기적으로 가격탄력성이 작아도 장기적으로 가격탄력성이 큰 경우와 표적세분시장의 소비자 반응이 다른 경우 등이 있다. [그림 8-11]은 가격탄력성의 탄력적, 비탄력적 양상을 나타낸 것이다.

[그림 8-11] 가격탄력성

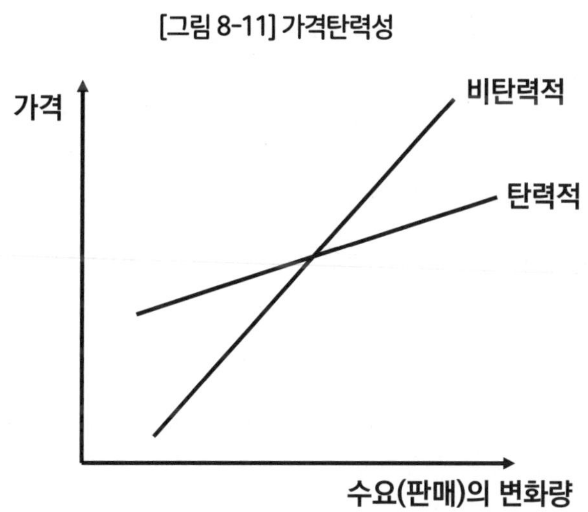

② 원가

원가(cost)는 가격의 하한선을 결정하는 것으로 기업이 제품이나 서비스를 공급하는 데 필요한 모든 비용을 분석하여 원가를 파악해야 한다. 기업은 경쟁우위를 확보하고, 시장점유율을 높이고, 현금의 유동성을 확보하기 위해 일시적으로 원가보다 낮게 가격을 결정할 수 있다. 그러나 장기적으로 원가 이하로 가격을 책정하면 기업은 생존할 수 없다.

원가가 상승한 경우 기업의 대응방안은 크게 다섯 가지로 정리된다. 첫째, 제품은 그대로 유지하고 원가상승분을 가격에 반영하는 방법, 둘째, 제품은 그대로 유지하고 원가상승분의 일부를 자체 비용절감에 반영하거나 일부 소비자 가격에 반영하는 방법, 셋째, 기존 가격을 그대로 유지하고 제품 수정을 통해 비용을 흡수하는 방법, 넷째, 가격을 인상하고 소비자들이 수용하는 선에서 제품을 수정하는 방법, 다섯째, 이윤이 나지 않는 제품 및 서비스의 제공 중단 등이 있다.

반대로 원가가 하락한 경우 기업은 가격을 인하하여 매출을 늘리거나, 가격을 유지하고 이윤을 증가시킬 수 있다.

③ 경쟁 환경

경쟁 환경은 가격결정에 영향을 미치며, 유사한 품질의 제품과 서비스를 제공하면서 경쟁사보다 높은 가격을 제시하면 궁극적으로 고객을 잃게 된다. 반대로 경쟁사보다 유리한 원가로 가격을 낮게 제시하면 경쟁에서 유리하고, 경쟁사보다 고비용 구조를 가지면 가격경쟁보다 품질 향상 등 차별화 전략이 필요하다.

유사한 제품과 서비스로 치열한 경쟁을 하고 있는 상황에서는 시장가격 형성에 큰 영향을 주지 못한다. 이러한 경우 경쟁사보다 높은 가격을 제시하면 고객을 잃고, 경쟁사보다 낮은 가격을 제시하면 경쟁사도 가격을 인하한다. 따라서 경쟁적 가격 인하는 가격전쟁(price war)을 유발하여 기업의 이윤 손실로 이어진다.

만일 기업이 브랜드 이미지, 차별화된 제품과 서비스 제공이 가능한 경우 시장가격 이상의 가격을 제시하여도 일정 수준의 고객을 유지하는 것을 넘어 가격전쟁과 무관하게 기업이 주도적으로 가격을 결정할 수 있다.

④ 정부의 규제

사교육비를 포함한 교육서비스 가격은 특히 정부의 관리 대상으로 물가 안정을 위한 정책으로 규제된다. 또한 사교육을 사회적으로 바람직하지 못한 수요로 보고 억제하려는 정책 기조가 유지되면 이를 위한 가격 설정과 세금 부과 등 정부의 규제로 가격에 영향을 주게 된다. 또한 정부는 기업 사이의 가격 담합, 독점과 과점으로 인한 고가격을 규제하기 위한 다양한 정책을 추진하기도 한다.

(3) 가격관리이론

① 시장구조적 접근

기업과 소비자 사이의 교육서비스 판매, 제품차별화 정도, 진입장벽 등과 같은 요인은 시장구조를 결정한다. 이러한 시장구조적 상황은 기업이 제공하는 제품의 가격을 결정하는 데 영향을 미친다. 시장구조는 크게 완전경쟁, 독점, 과점 또는 독점적 경쟁의 구조를 보인다.

완전경쟁은 Adam Smith가 제시한 고전 경제학의 속칭 '보이지 않는 손'에 의해 관리되는 상황이다. 판매자, 구매자 수가 무한하고, 제품이 표준화되었으며, 시장으로의 진입 및 퇴출장벽이 존재하지 않는 경우에 나타난다. 기업이 자사 제품에 대한 어떠한 가격결정권이나 통제력이 없는 상황이다.

독점은 한 제품시장에 대체재가 없고 한 기업의 브랜드만 존재하는 상황으로 독점의 근본적 원인은 진입장벽(entry barriers)이 존재하기 때문이다. 독점기업은 시장의 유일한 공급자로 공급량을 조절하며 시장가격을 결정하고, 수요곡선은 시장수요곡선 자체가 되어 우하향 형태를 가지게 된다.

과점은 동일 제품을 공급하는 소수의 공급자가 존재하는 시장구조이다. 경쟁 제품이 유사하여 가격 변동 영향이 크기 때문에 가격결정권이 약하고 경쟁자들 간 담합으로 가격을 인상하는 경우가 많이 발생한다.

독점적 경쟁은 가장 일반적인 시장구조로서 한 제품시장에 다수의 공급자가 존재, 제품 간에 어느 정도 차별성이 있는 상황이다. 공급자 간 경쟁이 존재하지만, 제품 차별성으로 각 기업은 어느 정도 독점력과 가격결정권을 확보하기 위해 노력한다.

② 경제학적 접근

기업의 궁극적인 목표가 이익추구라는 측면에서 총이익 극대화 실현을 위한 경제학적 접근은 가격결정이 가격관리의 핵심이라는 것에서 시작된다. 제품당 이익은 '가격 - 평균비용'으로 계산되며 평균비용은 총비용을 총생산량으로 나누어 계산하며 총이익 공식은 다음과 같다.

총이익 = (가격 - 평균비용) × 판매량

총이익 공식을 단순히 적용하면 총이익은 가격이 높아질수록 커지지만, 이는 판매량 감소로 이어져 평균비용도 높아질 가능성이 있다. 이에 수요함수와 생산함수를 동시에 고려하여 총이익을 극대화시키는 가격을 결정해야 한다.

③ 심리학적 접근

기업에 제공하는 제품과 서비스에 대한 가격관리의 접근 중 시장구조와 경제학적 접근은 기업 중심적 접근법이라고 할 수 있다. 그러나 고객지향적인 시장 상황 변화에 따라 가격관리의 초점을 소비자, 더 나아가 소비자의 심리적 수용성에 집중하는 것이 새로운 가격관리 접근 방식이다.

가격관리의 심리학적 접근에서는 가격 변화에 대한 지각, 준거가격, 유보가격, 최저수용가격, 가격-품질 연상효과 등의 개념이 있다.

가격 변화에 대한 소비자의 지각은 가격 변화에 대한 지각이 동일한 것이 아니고 상대적이라는 개념이다. 대표적인 가격 변화 지각 이론은 웨버의 법칙(Weber's law)과 최소인식가능차이(just noticeable difference; JND)가 있다. 웨버의 법칙은 가격 변화의 지각은 상대적인 것으로 초기 가격 수준에 따라 달라진다는 것이다. 이러한 차이 인식에 필요한 자극변수는 웨버 상수로 측정되는데, '웨버 상수 = (자극변화 후 자극 수준 - 자극변화 전 자극 수준)/자극변화 전 자극 수준'이라는 공식으로 설명한다. 최소인식가능차이는 소비자가 가격 차이를 느끼는 최소한의 가격 변화를 설명한다. 가격 변화의 지각에는 어떤 임계치가 존재하여, 가격 인하는 최소인식가능차이보다 크게 하여 판매량을 증가시키고, 가격 인상은 최소인식가능차이보다 작게 하여 소비자 저항을 줄이는 것이 가격관리의 목표이다. 이에 가격 인하는 소비자가 쉽게 인식하게, 가격 인상은 소비자가 인식 못 하게 하는 것이 필요하다.

준거가격은 소비자가 제시된 가격의 높고, 낮음을 지각하는 것에 기준이 되는 가격을 의미한다. 판매가격이 준거가격보다 낮을수록 구매의도가 높아지는데 준거가격은 외적 준거가격과 내적 준거가격으로 구분된다. 외적 준거가격은 외부 자극과 정보를 바탕으로 형성되며, 기업이 제시한 정가와 할인가격 등이 이에 속하며, 외적 준거가격에 의해 느끼는 제품 가격은 높아진다. 내적 준거가격은 개인 구매경험, 기억 등에 따라 마음속으로 적정하다 생각하는 가격이다. 이것은 주관적이며, 할인이 잦은 제품의 내적 준거가격은 이미 낮아 가격할인 효과가 낮을 수도 있다. 또한 신제품은 준거가격이 형성되지 않아, 과거 유사한 제품 가격이 준거가격이 되기도 한다.

유보가격은 특정 제품을 구매하기 위해 지불할 의지가 있는 최고 금액으로 최대수용가격이라고도 한다. 유보가격은 다른 심리학적 가격에 비해 개인차가 크고, 반복구매, 집단구매, 복합구매 등 소비 행태와 시장변화에 영향을 받는다. 제품 가격이 유보가격보다 낮으면 소비자 잉여[58] 현상이 발생하며, 기업은 제품 가격을 유보가격까지 올려 잠재적 이익을 실현하려고 한다.

최저수용가격은 제품의 품질을 의심하지 않는 최소한의 가격을 말한다. 예로 프리미엄 교육 강좌로 홍보를 하면서 교육 수강 가격을 지나치게 낮추면 교육서비스 품질에 대해 의심하여, 대폭 할인된 금액에도 구매하지 않는 경우가 이와 같다. 제품 가격이 유보가격에 가까워질수록 비싸다고 느끼고, 최저수용가격에 가까워질수록 싸다고 느끼기 때문에 최저수용가격-유보가격 간 범위를 파악하여 경쟁력 있는 가격정책 수립이 중요하다.

가격-품질 연상효과는 소비자가 품질에 대해 판단할 정보가 부족할 경우 가격에 따라 품질의 높고 낮음을 추론하는 경향을 설명한 개념이다. 교육서비스 품질의 정보가 없고, 품질이 모호할수록 가격을 품질지표로 사용할 가능성이 높다.

2) 가격목표

교육서비스 기업의 경영자는 기업 전체와 마케팅 목표를 염두에 두어 이와 조화를 이룰 수 있도록 가격목표를 설정해야 한다. 예로 시장점유율, 수익, 이윤 등의 마케팅 목표에 따라 가격에 대한 마케팅 의사결정은 달라진다. 가격목표는 매출중심적 가격목표(sale-based objectives), 이윤중심적 가격목표(profit-based objectives), 현상유지적 가격목표(status-quo objectives), 기타 가격목표 등이 있다.

(1) 매출중심적 가격목표

매출중심적 가격목표는 현재의 매출성장이 장기적인 시장통제와 이윤증대의 기반이라고 믿는다. 따라서 단위제품 및 서비스당 마진을 낮추지 않고 판매량을 늘려 총이윤을 증가시키려고 한다. 대표적인 매출중심적 가격목표는 시장침투가격(penetration pricing)으로 표적시장 소비자가 가격에 민감하고 대량생산의 규모의 경제가 가능하며, 저가 상품을 통해 경쟁자 진입을 저지할 때 책정된다.

---

58) 소비자 잉여(consumer's surplus)는 소비자가 지불할 용의가 있는 최대 가격과 실제 지불한 가격 간의 차이를 의미한다.

(2) 이윤중심적 가격목표

이윤중심적 가격목표는 기업의 목표에 따라 여러 가지 이윤목표를 달성하도록 가격을 책정한다. 우선 이윤 극대화를 추구하는 기업은 최고 이윤을 낼 가격목표를 선택한다. 적정이윤 목표 기업은 단기간 이윤 극대화보다 장기간에 걸친 안정적 이윤을 확보할 수 있는 가격목표를 선택하고, 투자이익률 확보를 목표로 하는 기업은 투자비용의 일정 비율을 이익으로 확보하는 가격목표를 선택한다. 아울러 자금이 부족하고 불확실성이 큰 기업은 유동성(cash flow)을 높이는 가격목표를 선택하게 된다.

한편 이윤은 단위당 이윤과 총이윤으로 표현된다. 단위당 이윤이란 1 제품단위당 수익에서 비용을 차감한 부분으로, '총이윤 = 단위당 이윤 × 총판매량'의 공식이 성립된다.

대표적인 매출중심적 가격목표는 초기고가격(skimming pricing)으로 표적시장의 소비자가 제품의 품질, 독특함, 사회적 지위를 추구할 때 적용할 수 있다. 또한 특허권, 브랜드 충성도, 주요 원가통제로 시장경쟁을 억제할 수 있을 때, 소비자가 가격에 비교적 덜 민감하여 높은 초기 가격 지불용의가 있을 때, 규모의 경제가 존재하지 않아 단위비용이 별로 감소하지 않을 때 채택된다.

(3) 현상유지적 가격목표

교육기업이 해당 시장에서 좋은 위치를 차지하면 현재 시장점유율, 경쟁 제품과 가격균형을 유지하고 가격의 안정성을 확보하는 등 현상유지를 목표로 한다. 현상유지적 가격목표는 수요 변동을 최소화하고 경쟁으로 인한 이윤 감소의 위험을 피할 수 있다.

(4) 기타 가격목표

기업은 때로는 오로지 생존을 목표로 가격을 결정한다. 치열한 경쟁, 소비자의 기호변화, 급격한 시장축소 등 어려움에서 부도나 파산에 직면한 기업이 극단적 가격 인하를 통해 단기적 위기를 피하고 생존만을 추구할 수도 있다.

3) 가격결정방법

기업이 추구하는 전략 목표에 따른 가격결정 목표가 채택되면 구체적 가격을 결정하기 위한 방법을 선택한다. 가격의 근거에 따라 원가중심적 가격결정방법(cost based pricing), 수요중심적 가격결정방법(demand(consumer) based pricing), 경쟁중심적 가격결정방법(competition based pricing), 이러한 세 가지 방법을 통합한 통합적 가격결정방법(combination pricing)이 있다.

(1) 원가중심적 가격결정방법

제품 및 서비스 생산과 판매에 투입되는 모든 원가를 충당하고 목표로 한 이익을 추가하여 가격을 결정하는 방식이다. 기업의 원가는 고정원가(fixed cost)와 변동원가(variable cost)로 나뉜다. 고정원가는 생산량, 판매량에 따라 변하지 않고 기본적으로 투입되는 원가로 설비 투자비용, 임대료, 이자, 급여 등이 이에 속한다. 변동원가는 생산량에 따라 투입되는 정도가 변하는 원가로 인건비, 수도광열비, 유류비 등이 이에 속한다.

원가중심적 가격결정방법은 다양하게 적용되며 대표적으로 〈표 8-17〉과 같이 원가가산식, 가산이익률식, 목표투자이익률식, 손익분기점식 등이 있다.

〈표 8-17〉 원가중심적 가격결정방법

구분	내용
원가가산식	- 사전에 결정된 목표이익을 총원가에 가산하여 가격 결정 - 계산: 가격 = (총고정원가 + 총변동원가 + 목표이익)/총생산량 - 가격 변화가 판매량에 미치는 영향이 미비하거나, 가격 통제가 가능할 때 사용
가산이익률식	- 제품 한 단위당 생산원가나 구매원가 계산 후 판매원가의 충당, 적정 이익 확보 가능 수준의 가산이익률(markup)을 결정하여 가격 책정 - 계산: 가격 = 단위비용/(1 - 가산이익률) - 사전에 추정한 수요량이 정확한 경우 사용 가능
목표투자이익률식	- 기업의 목표 투자수익률(return on investment: ROI)을 얻도록 가격 결정 - 계산: 가격 = {(투자비용 × 목표투자이익률)/표준생산량} + 단위원가 - 자본집약적 산업에서 주로 사용
손익분기점식	- 손실을 피할 최소한의 판매지점[손익분기점(break-even point: BEP)]을 고려하여 가격 결정 - 계산: 손익분기점(판매량) = 총고정원가/(1 - 단위당)

(2) 수요중심적 가격결정방법

수요중심적 가격결정방법은 소비자 중심적 가격결정방법이라고도 하며 제품 및 서비스 생산에 드는 비용보다 표적시장 소비자의 제품가치 지각과 수요를 바탕으로 가격을 결정한다. 즉, 소비자가 원하는 가격이며, 지불할 수 있는 수준에서 가격이 결정되어야 한다는 것으로 소비자의 구매의도, 수요량, 가격탄력성, 표적시장 특성 등의 정보를 기초로 가격을 결정한다.

수요중심적 가격결정방법은 〈표 8-18〉과 같이 지각된 가치 기준법, 제품계열 가격법, 유인가격법, 단수가격법, 옵션제품가격법, 묶음가격법, 명성가격법, 관습가격법 등이 있다.

〈표 8-18〉 수요중심적 가격결정방법

지각된 가치 기준법	- 소비자에게 제품가치를 직접 물어보며 제품의 상대적 지각가치를 조사함 - 제품 속성의 중요도, 속성별 성능을 평가하여 가격을 추정하기도 함
제품계열 가격법	- 가격-품질 연상효과와 같은 취지의 가격결정방법 - 가격을 이용하여 제품들 간 품질 차이를 소비자에게 설득시키는 것이 목적임
유인가격법	- 소비자에게 잘 알려진 제품을 원가보다 싸게 판매하여 손실(loss)을 감수하고, 매장으로 유인(lead)하여, 주변 제품을 판매하여 마진을 올리는 전략 - 가격탄력성이 높은 본 서비스를 저렴하게 구입시켜 부속 서비스의 가격탄력성을 낮추고, 소비자를 종속시키는 전략
단수가격법	- 제품 가격 끝자리를 홀수(단수)로 표시하여 저렴하다는 인식을 주는 것 - 일반적으로 0으로 끝나는 가격(round price)의 바로 밑의 가격 '끝자리 9(nine-ending price)'로 표시하며, 왼쪽 자릿수 효과(left-digit effect)를 감안해야 함
옵션제품 가격법	- 기본적 기능과 추가적 기능을 구분하여 추가적인 옵션에 가격을 부과하는 것 - 가격민감도가 높은 소비자는 기본사양의 낮은 가격, 편의성을 추구하는 소비자는 높은 가격 구매 유도함
묶음가격법	- 여러 가지 제품을 묶음(bundle) 단위로 판매하는 것으로 각 제품을 합한 가격보다 낮은 가격으로 판매함 - 잘 팔리지 않는 제품을 더 큰 가치 소구에 활용함. 최근 인터넷 강의의 패키지 상품이 결합상품의 대표적인 예임
명성가격법	- 해당 제품에 지불할 수 있는 최고 가격, 시장에서 가장 높은 가격을 설정하여 고급이미지 부여 또는 강화를 위한 것으로 할증가격(premium pricing)이라고도 함 - 고가의 제품을 선호하는 이유는 높은 가격이 품질을 보장하며, 높은 사회적 지위와 연관시키기 때문임
관습가격법	- 장기간에 걸친 소비자의 수요로 관습적으로 형성된 가격 - 생산원가 변동이 있어도 품질, 수량 등을 가감하더라도 종전 가격을 그대로 유지하려 함

(3) 경쟁중심적 가격결정방법

경쟁중심적 가격결정방법은 경쟁사의 가격을 가격결정의 가장 중요한 기준으로 여긴다. 이러한 가격결정방법은 가격 책정이 간단하고, 소비자의 지각된 가치, 자사의 비용구조 등의 분석이 필요 없다는 장점이 있다. 그러나 동일한 비용구조를 가진 경쟁사의 동일한 소비자를 마케팅 대상으로 한다는 전제가 있어야 하며, 같은 산업의 기업이 다른 표적시장을 대상으로 할 수 있고, 경쟁사 간 비용구조의 차이가 발생한다는 한계를 가진다.

경쟁중심적 가격결정은 시장가격에 따른 가격결정 방식을 따르는데 기업의 비용구조 및 수요보다 시장가격을 중시하고, 경쟁자의 가격과 동일하거나 비슷하게 책정한다. 이는 원가구조를 파악하거나 수요의 추정이 어려우며, 경쟁사의 반응이 불확실한 경우 효과적이다.

(4) 통합적 가격결정방법

기업의 가격결정방법은 원가중심적 가격결정방법, 수요중심적 가격결정방법, 경쟁중심적 가격결정방법 등 한 가지만 채택하지 않는다. 가격결정의 각 방법의 효용을 검토하여 세 가지 접근방법을 종합적으로 고려하여 가격을 결정한다.

기업의 제품 가격의 하한선을 설정하고 가능한 이윤의 폭, 목표 가격, 손익분기점의 정보를 확보하기 위해서는 원가중심적 가격결정방법이 적합하다. 반대로 책정 가능한 제품의 가격 상한선을 설정하기에는 수요중심적 가격결정방법이 적절하다. 시장의 경쟁자의 관계를 고려하여 적정 가격의 수준을 제시하기 위해서 경쟁중심적 가격결정방법도 함께 고려된다.

4) 가격전략

(1) 신제품과 가격전략

가격은 제품수명주기의 단계에 따라 전략적으로 조정된다. 제품수명주기상 도입기, 즉 신제품이 출시되는 시점에 많이 사용하는 전략으로 초기고가전략(skimming pricing)과 시장침투가격전략(penetration pricing)이 있다.

초기고가전략은 신제품의 도입기에는 고가격을 책정하고 성장기를 거쳐 성숙기로 진입하면 가격을 낮추는 전략이다. 일반적으로 혁신적 신제품에 적용되고, 가격에 민감하지 않은 혁신소비자층

(innovator)이 수용한다. 초기고가전략의 목적은 제품 도입 초기 고가격, 고마진을 통해 단기 이익을 극대화하고, 성장기, 성숙기의 저가격 인하로 인한 경쟁에 대응하며, 연구개발비, 교육시설투자 비용을 초기에 회수하는 것 등이다. 초기고가전략을 사용 가능한 상황은 특허로 제품과 서비스가 보호되며, 경쟁자 진입이 용이하지 않으며, 대체품에 비해 신제품의 가치가 현저히 높은 경우이다.

시장침투가격전략은 도입기에 저가격을 책정하여 매출과 시장점유율을 조기에 확대하려는 전략이다. 시장침투가격전략은 모방 신제품을 개발한 후발 진입자가 높은 시장점유율을 확보하며, 가격에 민감하지 않은 소비자층의 구매가 완료되고 저가 보급형 제품으로 매출을 확대하는 것을 추진 목적으로 삼는다. 시장침투가격전략을 사용하는 상황은 규모의 경제가 존재하며, 단위당 이익이 낮아도 대량판매를 통한 총이익 확보가 가능하다 판단되는 상황이다. 아울러 소비자들이 가격에 민감하고 시장성장률이 높다고 판단하고, 저가격으로 경쟁자의 진입을 사전에 방지하고자 할 때 채택된다.

기업이 초기고가전략과 시장침투가격전략 중 하나를 선택하기 위한 결정 요인은 〈표 8-19〉와 같이 수요, 공급, 제품, 경쟁적 상황 등이 있다.

〈표 8-19〉 가격전략 결정 요인

구분		초기고가전략	시장침투가격전략
수요	수요의 가격탄력성[59]	저	고
	잠재시장 구조	소	대
	표적시장	소	대
	가격-품질 연상	고	저
공급	생산, 마케팅 비용	저	고
	생산 및 마케팅 능력	소	대
	규모의 경제(경험곡선효과)	저	고
제품	제품의 혁신성	고	저
	제품의 확산속도	저	고
경쟁	경쟁자 진입 가능성	저	고
	진입장벽	고	저

(2) 가격할인

가격할인은 대량구매자, 비성수기 구매 고객 등을 유인하기 위해 제시되는 조정된 가격이다. 가격할인은 생산량 증대를 통해 평균비용이 하락하거나, 시장점유율을 높일 목적의 공격적인 상황에서 활용된다.

교육서비스 기업에서 채택할 수 있는 가격할인의 세부 추진 방식은 결제방식할인, 수량할인, 시즌할인 등이 있다. 결제방식할인은 제품의 대금을 지불하는 방식에 따라 가격을 할인하는 것이다. 수량할인은 대량 구매 고객에게 가격을 할인하는 것이다. 시즌할인은 필요 교육 수강시기 따라 수요-공급의 유불리를 따라 구매하는 고객에 대한 할인이다.

(3) 가격차별화

가격차별화는 수요의 가격탄력성을 기반으로 동일한 상품에 대한 가격 인하 또는 인상을 통해 별개의 가격을 책정하여 최종 가격을 조정하는 것이다. 가격차별화는 기업이 전략적으로 서로 다른 세분시장에 대해 상이한 가격을 책정하는 것이다. 즉, 시장의 가격 변화 상황을 고려하여 비탄력적인 세분시장에는 높은 가격을, 탄력적인 세분시장에는 낮은 가격을 책정한다.

가격차별화는 소비자, 제품, 구매 시점, 구매 장소에 따라 다르게 책정된다. 소비자에 따른 가격 책정은 동일한 제품의 가격을 소비자에 따라 다르게 제시하는 것이다. 제품에 따른 가격 책정은 제품의 형태, 품질 등에 따라 다른 가격을 책정하는 것이다. 구매 시점에 따른 가격 책정은 주로 서비스 산업에서 고객이 집중되는 시간과 여유 있는 시간에 다른 가격을 책정하는 것이다. 구매 장소에 따른 가격 책정은 고객이 구매하는 제품과 서비스의 위치에 따라 다른 가격을 제시하는 전략이다.

이러한 다양한 가격차별화가 성공하기 위한 조건은 다음과 같다. 첫째, 가격차별화의 전제조건으로 시장세분화가 선행되어야 한다. 즉, 차별화된 가격에 각각 다르게 반응할 시장의 이질성 확보가 필요하다. 둘째, 각 세분시장에 적용되는 가격이 고객이 수용할 만한 수준이어야 한다. 셋째, 가격차별화는 변동전략으로 기존 가격에 대한 변화를 소비자가 지각할 수 있어야 한다. 넷째, 가격차

---

59) 수요의 가격탄력성은 학문적 이론에 따라 다소 상이하게 설명된다. 마케팅학적 측면에서 주로 초기고가전략의 대상인 고관여 상품은 가격탄력성이 낮고, 시장침투가격전략의 대상인 저관여상품은 가격탄력성이 높다고 설명한다. 반면 경제학적 측면에서는 저관여 상품인 필수품은 비탄력적이고, 고관여 상품인 사치품은 탄력적이라 설명한다. 예를 들어 쌀값이 절반으로 떨어진다고 세 끼의 식사를 여섯 끼로 늘리지 않는 것을 말한다. 따라서 교육 투자비와 같은 비용은 수요자와 시장 상황에 따라 가격탄력성을 상이하게 적용하는 것이 적절하다.

별화 전략 실행으로 인한 비용이 획득되는 이익보다 적어야 한다.

3. 촉진전략

1) 마케팅 커뮤니케이션

마케팅 커뮤니케이션은 마케팅(marketing)과 커뮤니케이션(communication)의 합성어로 마케팅 영역에서 이루어지는 다양한 의사소통의 총칭이다. 마케팅을 시장이라는 유무형의 공간에서 고객의 욕구를 충족시킬 수 있는 가치 있는 제품 또는 서비스를 만들고, 알리고, 전달하고, 교환하는 일련의 활동으로 정의할 때 발생하는 모든 의사소통을 마케팅 커뮤니케이션이라고 할 수 있다. 즉, 마케팅 커뮤니케이션은 교육서비스 기업이 시장에서 고객과 커뮤니케이션하는 모든 활동이다. 만일 교육기업이 좋은 교육서비스와 브랜드를 확보하고 있더라도 고객에게 이를 적절히 알리지 않고 구매하도록 설득하지 못한다면, 기업의 목표를 달성할 수 없기에 마케팅 커뮤니케이션은 마케팅관리에서 매우 중요한 요소라고 할 수 있다.

(1) 마케팅 커뮤니케이션 모형

Wilbur Schramm은 커뮤니케이션을 발신자와 수신자 사이에 발생하는 정보 및 아이디어의 교환이나 공유 또는 생각의 공통성을 구축하는 과정이라고 설명하였다(Schramm, 1971). 이와 같은 커뮤니케이션의 일반적 정의는 마케팅관리에도 적용되어 기업을 발신자로, 소비자를 수신자로 설정하여 기업의 메시지가 소비자에게 전달되고 작용하는 과정으로 설명된다.

이러한 마케팅 커뮤니케이션은 [그림 8-12]와 같은 모형의 과정에 따라 이루어진다. 마케팅 커뮤니케이션 과정을 이루는 구성요소는 발신인, 부호화, 메시지, 매체, 해독, 수신인, 반응, 피드백, 잡음 등이 있다.

[그림 8-12] 마케팅 커뮤니케이션 과정의 구성요소

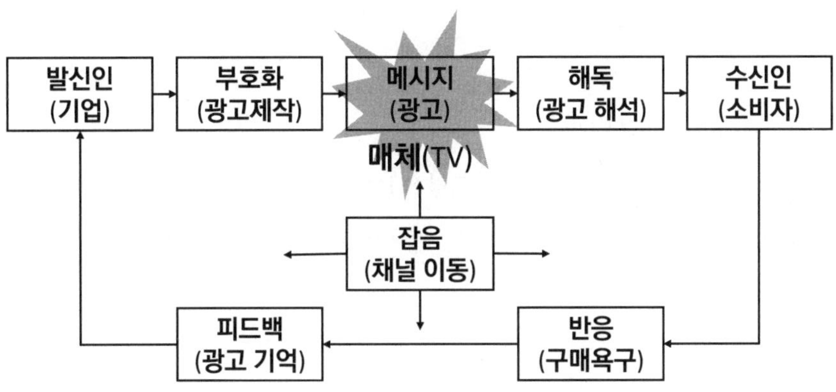

마케팅 커뮤니케이션에서 발신인은 메시지를 보내는 당사자로서 기업을 의미하며, 수신인은 메시지를 받는 당사자, 즉 소비자이다. 기업과 소비자 사이에서 부호화는 촉진할 교육서비스에 대한 광고제작으로 전달할 내용을 문자, 그림, 말 등으로 상징화하는 것이며, 이는 광고와 같은 형태의 메시지로 구체화된다. 발신인으로서의 기업은 TV와 같은 매체 의사전달 경로를 통해 수신인인 소비자에게 메시지를 전달한다. 소비자가 전달받은 광고를 자신의 생각과 감정에 따라 받아들이는 과정을 해독이라고 한다. 이후 광고에 노출된 소비자는 구매욕구가 유발되거나, 거절하는 등의 행동 반응을 보이며, 광고를 기억하거나 부정적인 반응 등의 피드백을 나타낸다. 또한 광고가 전달되는 과정에서 계획되지 않은 현상, 즉 다른 채널 이동, 수신상태 불량 등의 왜곡으로 수신을 방해하거나 의도와 다른 메시지를 획득하는 잡음이 발생한다.

마케팅 커뮤니케이션 과정에서 발생하는 메시지 전달 과정에서 발신인으로서의 기업은 자신의 메시지가 누구에게 전달되고, 어떤 반응을 획득하기를 원하는지 명확히 해야 한다. 발신인은 수신인이 메시지를 해독하는 방식을 고려하여 기술적으로 메시지를 부호화해야 하며, 효율적인 매체를 통해 표적 청중에게 메시지를 보내고, 피드백 채널을 확보하는 것을 이해해야 한다.

또한 마케팅 커뮤니케이션 과정에 잡음이 존재한다는 것을 이해하여, 의도와 다른 메시지 수용의 원인을 파악해야 한다. 마케팅 커뮤니케이션의 다른 수용의 원인은 선택적 주의(selective attention), 지각된 왜곡(perceptual distortion), 선택적 보존(selective retention) 등이 있다. 선택적 주의는 소비자는 선택적으로 주의를 기울이기 때문에 모든 자극을 감지하지 못한다는 것이다. 지각된 왜곡은 소비자는 메시지를 자의적으로 변형하고 수용하여 듣고 싶어 하는 것만 듣는다는 것을 설명한 개념이다. 선택적 보존은 소비자는 메시지의 일부만 장기기억하고, 정보도 선택적으로 검색하는 상황을 설명한 것이다.

(2) 마케팅 커뮤니케이션 개발 단계

마케팅 커뮤니케이션 개발은 일반적으로 [그림 8-13]과 같이 표적청중의 파악, 표적청중에게 원하는 반응의 결정, 메시지의 선택, 매체의 선택, 메시지 원천의 선택, 커뮤니케이션 효과의 측정의 여섯 단계로 이루어진다.

[그림 8-13] 마케팅 커뮤니케이션 개발 단계

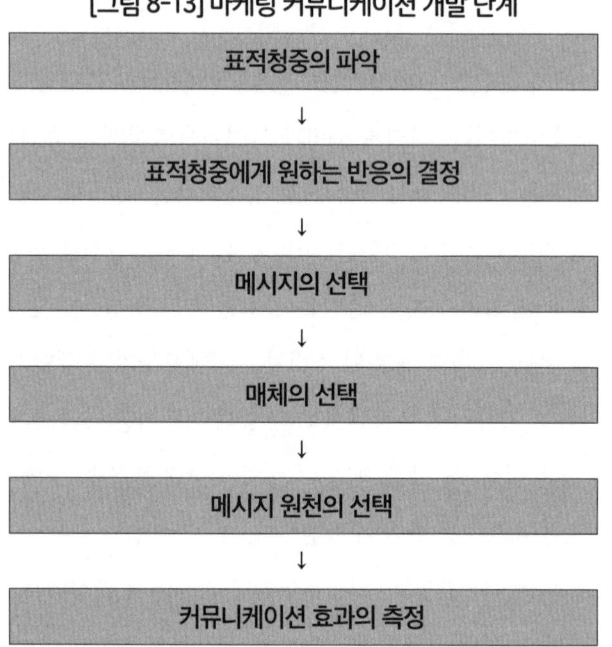

① 표적청중의 파악

기업은 촉진활동의 대상이 되는 표적청중을 명확하게 결정해야 한다. 청중은 잠재적 구매자나 현재 사용자들로, 직접 구매의사 결정을 하거나 의사결정에 영향을 주는 사람이다. 표적청중은 표적시장보다 작은 범위로 한정된다.

② **표적청중에게 원하는 반응의 결정**

표적청중이 결정되면, 그들에게 얻고자 하는 반응을 결정한다. 마케팅 커뮤니케이션의 최종 목표는 소비자의 구매이지만 이는 상당히 긴 소비자 의사결정 과정의 결과이다. 이는 촉진효과의 [그림 8-14]와 같은 하이어라키 모형(the hierarchy-of-effect model)으로 설명된다.

[그림 8-14] 촉진효과 하이어라키 모형

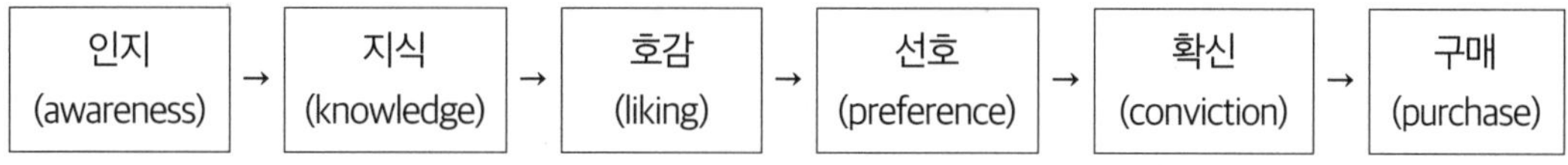

촉진 하이어라키에서의 촉진활동에 대한 반응은 인지적(학습적)(인지, 지식), 감성적(호감, 선호, 확신), 행동적(구매) 단계를 거친다. 이러한 표적청중의 반응 단계는 상황에 따라 다음 〈표 8-20〉과 같다.

〈표 8-20〉 표적청중 반응 단계와 상황

학습 하이어라키	인지-감성-행동	- 고관여, 브랜드 간 차이 뚜렷, 고가제품 구매 시
인지부조화 하이어라키	행동-감성-인지	- 고관여, 브랜드 간 차이 미미, 대중매체보다 인적판매에서 주로 관찰
저관여 하이어라키	인지-행동-감성	- 저관여, 브랜드 간 차이 미비, 저가제품, 대중매체 커뮤니케이션

③ **메시지의 선택**

표적청중에게 원하는 반응이 결정되면 효과적인 메시지를 개발해야 한다. 효과적인 메시지 개발을 위해 메시지 내용(무엇을 말할 것인가), 메시지 구조(어떻게 전달할 것인가), 메시지 형태(어떤 형태로 전달할 것인가)를 결정해야 한다.

메시지 내용은 제품과 관련된 소구점과 아이디어 등의 소구방식에 의해 결정된다. 소구방식은 이성적 소구(rational appeals), 정서적(감성적) 소구(emotional appeals), 도덕적 소구(moral appeals)의 세 가지가 있다.

메시지 구조는 메시지의 전달 내용의 구성을 의미한다. 메시지 구조와 관련하여 고려할 것은 주장측면(sidedness), 내용제시순서(order of presentation), 결론도출성(conclusion drawing)이다. 주장측면은 자사 제품의 장점만 제시하거나, 장점과 단점을 모두 설명하는 것에 대한 내용이다. 내용제시순서는 메시지의 핵심 내용을 처음 또는 마지막 중 어디에 제시할 것인지에 관한 것이다. 결론도출성은 결론을 명확하게 제시할지, 청중에게 맡길지에 관한 것이다.

메시지 형태는 메시지 전달 시 소비자의 주의를 끌 강한 광고 형태(format)를 개발하는 것과 관련되는 것으로 매체 종류, 이성적 소구 또는 감성적 소구, 청각적 소구, 시각적 소구 등에 따라 달라진다.

④ 매체의 선택

메시지를 전달하는 매체별 효과가 다르기 때문에 매체 선택은 중요하다. 매체는 크게 인적 경로(personal channel)와 비인적 경로(nonpersonal channel)가 있다.

인적 경로는 두 명 이상의 사람들이 직접 의사소통을 하는 방법이다. 인적 경로는 무엇보다 직접적 반응을 얻을 수 있어 효과적이며 직원이 구매자들과 직접 접촉하는 것과 같은 인적 경로는 직접 통제가 가능하다. 그러나 기업이 통제할 수 없는 의사전달이 있는데, 소비자 상담의 정보 전달이나, 주변 지인이 표적구매자에게 정보를 전달하는 경우 등이 있다. 따라서 점차 지인이 정보를 전달하는 구전(word-of-mouth)이 중요한 의사전달 경로가 되고 있다.

비인적 경로는 개인적 접촉 없이 메시지를 전달하는 매체들이다. 인쇄매체(신문, 잡지, 직접우편), 방송매체(라디오, TV), 전시매체(포스터, 옥외간판, 벽보) 등이 있다. 또한 실내 인테리어와 같이 구매 욕구를 일으키는 환경적 요인으로 분위기(atmosphere)나, 기자회견, 추첨행사 등 표적청중 등에게 메시지를 전달하기 위해 기획하는 이벤트(event)도 비인적 경로이다.

⑤ 메시지 원천의 선택

메시지의 원천을 선택함에 있어 설득효과를 극대화하기 위해 다양한 요소를 고려한다. 이때 감안하는 메시지 원천의 선택 기준은 신뢰성, 전문성, 진실성, 매력도 등이 있다.

신뢰성이란 전문성을 얼마나 가지고 있는가, 말한 것이 얼마나 믿을 만한가, 얼마나 매력적인 정보 원천인가와 관련된 것이다. 전문성은 메시지의 내용에 대해 얼마나 권위가 있는 사람인가와 관련된 것으로 이를 고려하여 교수, 과학자, 의사 등의 모델을 활용하기도 한다. 진실성은 얼마나 정직해 보이는가의 관점으로 전문가보다 도리어 친구와 같은 인물을 모델로 채택하여 진실성을 강조하는 것이다. 매력도는 소비자들이 얼마나 호감을 갖는가이며, 유머 있는 사람을 모델로 활용하는 경우이다.

⑥ 커뮤니케이션 효과의 측정

커뮤니케이션 효과 측정에는 메시지 기억 여부, 노출횟수, 회상내용, 메시지의 느낌, 메시지 전달 전후의 평가 등이 포함된다. 또한 몇 명이 제품을 구입했는지, 몇 명이 다른 사람에게 제품에 대해 이야기했는지, 몇 명이 교육서비스를 이용했는지가 포함된다.

2) 촉진예산과 촉진믹스의 결정

(1) 촉진예산의 결정

교육서비스 기업의 중요한 마케팅 의사결정 중 하나는 촉진에 얼마의 예산을 책정하는가이다. 그러나 촉진예산의 책정은 매출액 증가, 이익 증가 등 효과를 직접적으로 측정하기 어렵기 때문에 그 수준의 적절성을 알아내기 힘들다. 또한 산업별 촉진예산의 편차도 큰 편이다. 이러한 어려움을 극복하기 위해 광고예산에 〈표 8-21〉과 같이 매출액 비례법, 가용예산 활용법, 경쟁자 기준법, 목표 및 과업 기준법의 네 가지 방법이 사용된다.

〈표 8-21〉 촉진예산 결정 방법

방법	내용
매출액 비례법	- 현재 또는 예상되는 매출액, 제품의 판매가격의 일정 비율을 촉진예산으로 책정함
가용예산 활용법	- 회사가 충당 가능한 수준의 촉진비용을 책정함 - 다른 긴급한 비용의 예산 책정 후, 나머지를 촉진비용으로 책정하는 방법
경쟁자 기준법	- 경쟁자의 촉진예산에 따라 자사의 예산을 책정함
목표 및 과업 기준법	- 촉진활동을 통해 얻고자 하는 목표에 따라 예산을 책정함

(2) 촉진믹스의 결정

① 촉진믹스의 유형

교육서비스 기업은 책정한 촉진예산을 촉진 목표와 마케팅 목표의 달성을 위해 다양한 촉진믹스를 선택하고 구성하여 할당한다. 촉진전략의 마케팅 실무에서는 〈표 8-22〉와 같이 대중매체를 이용한 촉진인 ATL(above the line)과 대중매체보다 세분화된 커뮤니케이션 방법을 이용한 BTL(below the line)로 구분한다.

ATL은 전통적인 광고 활동으로 강한 광고 효과가 검증되어 왔다. 그러나 불특정 다수를 대상으로 한 마케팅이라는 측면에서 커뮤니케이션의 한계, 비용 대비 효용의 미검증, 대중의 ATL 매체 이탈 등 한계가 발생하였다. 이에 ATL과 같은 미디어를 매개하지 않고 판매지원, 유통지원 샘플링 등을 활용하는 BTL 촉진의 중요성이 빠르게 증가하고 있다.

ATL의 관련 매체는 TV, 영화, 라디오, 인쇄매체 등이 있고, BTL의 관련 매체는 직접우편, 판매촉진, 구매시점광고, 통신판매 등이 있다. 또한 소셜미디어의 등장으로 ATL과 BTL의 경계가 모호한 상황에서 이를 넘나드는 TTL 매체도 각광을 받고 있다.

〈표 8-22〉 ATL · BTL · TTL

종류	설명	매체
ATL (Above the line)	- 매스미디어 활용 거시적 촉진 - 큰 촉진 예산 규모 필요 - 준수 기준, 제약 많음 - 브랜드 인지도 제고에 용이	TV, 영화, 라디오, 인쇄매체
BTL (Below the line)	- 소규모, 1:1 수준 메시지 전달 - 여러 소규모 채널 활용 - 마케팅 효과 측정 가능 - 촉진 제약이 낮음	직접우편, 판매촉진, POP, 텔레마케팅
TTL (Through the line)	- 소셜미디어 등장으로 ATL/BTL 경계 모호 - 다양한 디바이스 등장으로 마케팅 채널 다변화 - 다양한 촉진수단 선택, 활용을 더 중시	소셜미디어, 디스플레이 배너, 동영상 광고

② 촉진믹스 선정 영향 요인

촉진믹스를 선정하는 영향 요인으로는 제품 또는 시장의 유형, 푸시 또는 풀 전략, 구매자의 의사결정 단계, 제품수명주기 단계 등이 있다.

먼저 제품 또는 시장의 유형에 따라 촉진믹스가 달라진다. 소비재를 판매하는 기업은 광고를 많이 사용하며 판매촉진 〉 인적판매 〉 PR 순으로 촉진비용을 지출한다. 반면, 교육콘텐츠를 제공하는 교육기업은 주로 인적판매를 사용한다. 인적판매는 적은 수의 대규모 판매자들로 구성된 시장에서 고가이며 구매의 위험부담이 높은 제품 판매에 주로 사용된다. 광고는 교육콘텐츠 시장에서 수요 자극에 큰 영향을 주지 않는다. 그러나 제품의 인지도를 높이고, 제품에 관한 지식을 제공하고, 인적판매 수행을 편하게 하며, 구매 후 확신을 주는 등의 중요한 역할을 한다. 인적판매는 B2B 및 B2C 시장에서도 중요한 역할을 한다.

기업의 푸시 또는 풀 전략도 촉진믹스 선정에 영향을 미친다. 푸시(push) 전략은 생산자가 서비스 제공 경로를 통해 최종소비자에게 제품을 밀어 넣는 것이다. 이 경우 생산자는 유통경로 구성원에게 인적판매, 판촉 등의 촉진활동을 수행한다. 이를 통해 유통경로 구성원이 자사 제품을 취급하여 최종소비자에게 구매를 촉진한다. 반면, 풀(pull) 전략은 생산자가 광고와 같은 마케팅 활동을 직접 수행하여 소비자가 제품을 구매하게 하는 것이다. 이 경우 소비자가 제품을 소매상 등에서 자발적으로 찾게 하여, 생산자로부터 제품을 구입하게 만든다. 즉, 풀 전략은 소비자의 수요를 증가시켜, 수요를 연쇄적으로 증가시키는 것이다.

구매자의 의사결정 단계도 주요한 촉진믹스 선정의 영향 요인이다. 구매자의 의사결정은 '인지 → 지식 → 호감 → 선호 → 확신 → 구매'의 촉진효과의 하이어라키 모형의 단계에 따라 이루어지는데 각 단계별로 효과적인 촉진 방법이 달라진다. 인지와 지식 단계에는 광고와 PR이 중요한 역할을 한다. 반면, 호감, 선호, 확신 단계에서는 인적판매가 효과적이다. 마지막으로 구매 단계에서는 판매촉진이 상대적으로 효과적인 방법이다.

마지막으로 촉진믹스 선정에서 제품수명주기 단계도 고려해야 한다. 즉, '도입기 → 성장기 → 성숙기 → 쇠퇴기'의 제품수명주기 단계에 따라 촉진방법이 다르게 사용된다. 도입기는 광고와 PR이 브랜드 인지도를 높이는 데 유용하며, 초기 시험구매 단계에서는 판매촉진도 효과적이다. 성장기에는 광고와 PR은 지속적으로 수행하나, 판매촉진의 활용은 점차 감소시킨다. 성숙기에는 다시 판매촉진이 광고보다 중요한 역할을 수행한다. 마지막 쇠퇴기에서는 제품을 잊지 않을 정도만의 광고를 유지하고, 판매촉진을 높은 수준으로 유지하는 것이 효과적이다.

3) 촉진믹스

(1) 광고

광고(advertising)는 기업이 비용을 들여 비인적 매체를 통해 표적시장에 제품과 관련된 정보를 전달하고 구매를 설득하는 대량 전달(mass communication) 활동이다. 광고는 짧은 시간에 많은 사람들을 대상으로 정보를 전달하기 때문에 많은 기업이 선호하는 커뮤니케이션 수단이다. 이러한 대량 전달성으로 인해 다른 촉진수단에 비해 1인당 정보 전달 비용이 낮은 편이다.

그러나 광고를 통해 소비자가 얻는 정보는 간접적인 것으로 제품의 특징을 설명하는 데 한계가 있다. 또한 광고매체의 전달능력의 한계로 깊이 있고 풍부한 정보를 전달하는 데 제한적이다. 이러한 한계로 광고만을 통해 확실한 시장 성과 획득은 어렵다.

광고의 역할은 크게 〈표 8-23〉과 같이 세 가지로 구분된다.

〈표 8-23〉 광고의 역할

정보제공, 설득, 강화	- 제품의 존재와 특성에 대한 정보를 제공, 제품 구매에 대한 설득을 통한 신규 구매자 확보, 기존 구매자를 유지함
인적판매기능의 대체	- 수많은 소비자에게 제품의 메시지를 전달하고, 인적판매보다 효율적으로 구매자를 확보함. 단, 다수의 소비자를 대상으로 하지만, 인적판매보다 설득력이 낮음
인적판매의 보완	- 광고가 제품정보를 소비자에게 제공하면, 판매원은 제품의 장점을 쉽게 확신시킬 수 있음

(2) PR

PR(Public Relation)은 기업이 소비자가 속한 지역사회나 단체 등과 긍정적 관계를 개발하고 자사나 자사 제품에 대한 긍정적 이미지를 형성하여, 장기적으로 제품 판매를 증대하려는 노력으로 홍보(publicity)보다 넓은 개념이다. 홍보는 비용을 들이지 않고 자사나 자사 제품을 매체 기사, 뉴스로 소비자들에게 알리는 것이지만, PR은 홍보활동 이외에 언론활동, 사내·외적 커뮤니케이션, 정치인의 입법활동, 정부 규제에 대한 합법적 설득활동, 경영층의 사회적 이슈나 기업 이미지에 관한 자문 등을 모두 포함한다.

홍보를 포함한 PR은 다음과 같은 특징이 있다. 첫째, 광고와 달리 메시지에 대해 기업이 비용을 지불하지 않는다. 둘째, 주관적 정보의 광고와 달리 뉴스 기사 형태의 객관적 정보 제공으로 신뢰성이 높다. 셋째, 뉴스 기사 형태 이외 사보발간, 기업이미지 제고 행사 개최 등 형식이 다양하다. PR의 수단으로는 언론보도, 회견, 특별행사, 공공캠페인, 간행물 발행 등이 있다.

(3) 판매촉진

판매촉진은 소비자에게 공급자인 기업이 만들어 낸 제품을 구매하도록 자극하는 광고, PR, 인적판매 이외의 모든 촉진활동을 의미한다. 일반적으로 제품이나 서비스의 판매를 촉진하기 위한 비교적 단기적 동기부여 수단의 총칭이기도 하다.

판매촉진은 신규 소비자에 대한 시험구매를 유도하고, 자사 제품에 대한 충성도 높은 소비자와의 관계를 강화하며, 충성도가 높지 않은 브랜드 전환자에 대한 반복구매를 장려하기 위해 사용된다. 판매촉진을 통해 여러 효용이 발생하는데, 우선 가격에 민감한 브랜드 전환자를 유인해 단기간에 높은 매출을 얻을 수 있다. 또한 판매촉진은 광고, 인적판매와 같이 사용되어 효과를 상승시킬 수 있다. 그러나 잦은 판매촉진과 가격할인은 소비자에게 저가 브랜드 이미지를 각인시키기 때문에 선도 브랜드는 판매촉진을 자주 사용하지 않는다. 아울러 광고와 달리 장기간에 걸친 소비자의 자사 브랜드 선호와 충성도를 끌어내기 어렵다는 한계도 지적된다.

(4) 인적판매

인적판매(personal selling)는 판매자가 가망구매자에게 직접 메시지를 전달하는 촉진방법이다. 인적판매는 대면 의사소통을 통해 필요한 정보를 즉각적으로 제공하고, 직접적 설득이 가능하기 때문에 잠재고객의 구매 실현에 효과적이다. 특히 교육서비스와 같이 구매자들이 충분한 서비스 정보를 원하는 경우 인적판매가 매우 유효하다. 또한 구매 이후 서비스가 중요한 경우도 인적판매가 중요하다.

교육서비스 구매 희망자에 대한 상담과 구매의사결정 과정도 모두 인적판매에 속한다. 이러한 인적판매 과정은 크게 〈표 8-24〉와 같이 준비단계-설득단계-고객관리단계로 구분된다.

〈표 8-24〉 인적판매 과정

단계		내용
준비단계	1. 고객예측	잠재고객을 탐색하는 단계이다. 고객정보, 마케팅정보시스템 자료, 판매기록 등을 검토하여 목록을 작성한다. 시장잠재력, 경제적 능력, 구매의도, 구매결정권한 등을 평가한다. 스노우볼 효과와 같이 소개 방식이 효과적이다.
	2. 사전준비	효과적 제품 소개에 필요한 구체적 자료를 수집, 정리한다. 많은 시간을 할애하여 잠재고객의 개성, 욕구, 현 이용 서비스 등의 정보를 수집한다.
설득단계	3. 접근	자사 제품을 소개하기 위해 잠재고객을 만나는 과정이다. 직원의 첫인상이 중요하며, 제품구매 유도보다 관계 형성에 집중한다. 자주 대면하여 친숙성을 갖게 하고, 소개인을 언급하거나, 기업을 자주 언급한다.
	4. 제품소개	제품이나 서비스의 특성, 장점 등 정보를 전달하여 구매 욕구를 발생하게 만드는 과정이다. 제품 및 서비스의 시연이 효과적이다.
	5. 의견조정	구매의 부정적 반응을 신중하게 듣고 성실하게 답변하여 고객의 불안요소를 파악하고 해소시키기 위한 객관적 정보를 제공한다.
	6. 구매권유	잠재고객이 제품에 대한 긍정적 태도를 가진다고 판단할 때 구매의도를 물어보는 단계이다. 구매를 주저하는 원인 파악, 대처방법, 대안 제시를 통해 유도할 수 있다.
고객관리단계	7. 사후관리	구매결정으로 판매과정이 종결되는 것은 아니다. 구매 발생, 이후 서비스 이용 안내 등 세밀한 사후관리로 만족도를 높이고, 반복 구매를 유도한다.

4) 구전

(1) 구전의 개념

구전(word-of-mouth)은 말이나 글 등 언어를 사용하여 소비와 관련한 정보를 주고받는 행위이다. 구전은 전통적인 판매촉진 도구는 아니지만 최근 입소문 마케팅, 바이럴 마케팅, 버즈 마케팅 등 새로운 마케팅 경향으로 주목받고 있다.

현재 시장 상황과 마케팅관리 측면에서 구전이 중요한 이유는 다음과 같다.

첫째, 소비자들은 기업의 메시지보다 구전에 더 강한 영향을 받고 신뢰를 보인다. 소비활동이 기업의 영향력에서 점차 벗어나 소비자들이 이를 주체적으로 조절하려는 경향이 강해지고 있기 때문이다. 이에 보통의 광고보다 긍정적 사용 후기에 더욱 호의적 태도를 보이고 구매의도로 연결된다.

둘째, 인터넷, 모바일 등 기술의 발전으로 구전의 양이 늘어나고, 속도가 빨라졌으며, 범위도 늘어났다. 과거의 구전은 가족과 지인 관계 위주의 오프라인에 국한되었으나 현재의 구전은 온라인 공간에서 일상과 상관없는 소비자 사이에서 광범위하게 이루어진다.

셋째, 전통적인 촉진수단은 기업이 자원을 투입해야 하지만, 구전은 소비자 사이에서 자율적으로 이루어진다. 이는 마케팅 생산성이 매우 높은 수단으로 경쟁 심화로 인한 수익성 압박을 겪고 있는 기업에게 효과적 마케팅 수단이 될 수 있다.

(2) 구전의 종류

구전은 발생하는 환경을 기준으로 오프라인 구전과 온라인 구전으로 나뉜다. 최근 교육기업은 온라인 공간의 전자우편, 후기, SNS 메시지, 댓글 등의 온라인 구전에 높은 관심을 보인다. 그러나 기업 입장에서는 단순한 환경적 분류보다 구전 발생의 기업의 개입 정도에 따른 분류가 더욱 중요하다. 이에 따라 구전은 경험적 구전, 결과적 구전, 의도적 구전으로 구분된다.

경험적 구전이란 제품이나 서비스에 대한 경험을 자발적으로 공유하는 것으로 소비자 구전 활동의 대부분이며 소비자의 예상과 기대에 못 미치는 제품과 서비스에 대한 것이다. 경험적 구전은 소비자의 실제 경험을 바탕으로 하여 다른 소비자들에게 높은 설득력을 보이고, 파급효과도 크다. 기업은 이러한 경험적 구전에 더 적극적으로 참여하는 소비자 집단이 존재함을 유의하고 전략적으로 활용해야 한다. 예로 신제품이 출시되면 의견 선도자나 적극적 구전 참여자의 호의적 1차 구전을 형성시켜야 한다.

결과적 구전은 기업이 전통적 마케팅 활동으로 일으키는 구전이다. 감동적 광고나 흥미로운 이벤트에 참여했을 때 주변에 알리는 경우의 구전이다. 결과적 구전은 경험적 구전과 비교하여 기업의 마케팅 활동을 기반으로 한다. 이에 기업의 간접적 마케팅 활동으로 여길 확률이 높아 소비자의 태도나 의사결정에 대한 영향력이 상대적으로 작다. 또한 경험적 구전과 달리 마케팅 자원의 비용이 발생한다. 그러나 통제가 거의 불가능한 경험적 구전과 달리, 세밀하게 기획하여 긍정적 구전을 일으킬 수 있다는 장점 또한 존재한다.

의도적 구전은 기업이 자원을 투입하여 발생시키는 구전이다. 예로 계약을 통한 유명인의 제품이나 서비스에 대한 추천이나 평가가 구전을 일으키는 것이다. 의도적 구전은 판매촉진과 가장 직접적으로 연결되어 있다. 따라서 소비자에게 저항감이나 부정적인 태도를 유발할 수 있다.

(3) 구전의 확산조건

구전의 확산조건으로 미국 Pennsylvania 경영대학원 Jonah Berger 교수는 여섯 가지 원칙을 제시하며 구전을 통한 가치소통을 이루기 위한 확산조건을 설명하였다.

첫째, 사회적 화폐(social currency)적 특성을 가져야 한다. 화폐가 경제생활을 윤택하게 하듯, 사회연결망에서 타인과의 상호작용을 윤택하게 하는 것이 사회적 화폐이다. 즉, 어떤 경험과 정보는 자신을 멋지고 지적으로 보이게 하는 화폐적 역할을 한다.

둘째, 계기(trigger)가 수반되어야 한다. 사람은 어떤 제품과 아이디어에 대해 번뜩 떠오를 때 이야기한다. 기업은 주변 환경에서 제품과 아이디어가 연상될 계기를 자주 주어야 한다.

셋째, 감성(emotion)적 접근이 필요하다. 놀랄 일, 짜증, 슬픔 등 사람의 감성을 자극하는 콘텐츠는 파급력이 크다. 이에 너무 기능만을 강조하기보다 감성에 주목해야 한다.

넷째, 대중성(public)을 확보하여야 한다. 사람은 모방심리가 강해서 대중의 눈에 띄면 쉽게 확산된다. 이에 제품이나 서비스 자체가 주목될 수 있는 유인책이 되어야 한다.

다섯째, 실용적 가치(practical value)가 수반되어야 한다. 시간 절약, 건강, 비용 절감 등의 유용한 정보는 금방 확산된다. 따라서 전문적인 내용을 사람들이 전달하기 쉽도록, 쉽고 명료하게 정리하여 제시해야 한다.

여섯째, 이야기성(stories)이 고려되어야 한다. 사람은 기승전결의 이야기를 선호한다. 전달할 가치의 이야기를 만들고 제품과 브랜드를 연결하는 것이 필요하다.

(4) 기업의 구전관리

① 구전 발생지 관리

구전의 시작은 브랜드 충성고객, 반감이 있는 소비자, 관심이 없는 보통 소비자 등 누구나 될 수 있기 때문에 관리하는 것은 매우 어렵다. 그럼에도 교육기업은 구전 발생자의 발굴, 커뮤니케이션, 내용 공급 등에 대한 계획을 세우고 수행하여 호의적 구전의 발생자를 촉진해야 한다.

대부분의 구전 발생자는 경제적 보상보다 사회연결망 내의 인정이나 만족을 중시하는 경향이 있다. 따라서 팬 커뮤니티 활동 정도에 따른 등급 부여, 브랜드 대사(ambassador) 프로그램의 운영은 효과적이다.

② 구전소재 관리

지속적이고 호의적인 구전 촉진을 위해 구전이 일어날 스토리, 상황, 고객 경험을 구전의 소재로 공급하고 관리해야 한다. 그러나 무엇보다 제품이나 서비스가 확실하게 차별화되는 뛰어난 품질, 특별한 기능, 세심한 고객서비스 등의 기본적인 것이 확실한 구전의 소재이다. 이 외에 구전의 소재가 될 수 있는 것은 판매촉진, 고객서비스, 사회적 책임활동, 한정수량, 소비자 이벤트, 궁금증 유발 광고 등이 있다.

③ 구전수단 관리

구전의 수단은 〈표 8-25〉와 같이 매우 다양하다. 최근 인터넷과 모바일 발전으로 활용 가능한 구전수단의 종류가 다양해졌다. 무엇보다 온라인 기반의 구전수단은 더 적은 비용으로 제공되는 장점이 있다.

〈표 8-25〉 구전수단

블로그	대부분 자신의 스토리를 작성하고 공유하는 형식으로 기업의 구전촉진에 매우 유용한 수단이다. 또한 한 분야의 정보와 전문성을 갖춘 파워 블로거는 소비자 구매 의사결정에 큰 영향을 준다. 그러나 최근 많은 블로거가 기업의 공식적 지원을 받는 페이드 블로거(paid blogger)라는 지적에 따라 신뢰도가 점차 감소하고 있다.
소비자 커뮤니티	특정 제품이나 서비스에 대한 자발적인 커뮤니티로 의견교환, 정보공유, 토론 등 다양한 구전활동이 이루어진다. 최근 많은 소비가 기업의 마케팅 메시지보다 소비자 커뮤니티 정보와 문의를 통해 이루어진다.
사회연결망 서비스(SNS)	소비자들은 페이스북, 트위터, 인스타그램, 네이버밴드, 카카오스토리 등 SNS를 통해 정보 공유와 자기표현을 한다. SNS는 1:1 연결보다 1:多의 연결로 구전의 증폭 효과가 발생한다.
정보 플랫폼 서비스	정보 공유 자체를 비즈니스 모델로 하는 기업으로 인해 정보 플랫폼은 새로운 구전의 장소가 되었다.
홈페이지, 이메일	기업의 홈페이지와 이메일은 구전을 위한 리마인더를 삽입하여 상호작용할 수 있다.
컨퍼런스, 박람회	B2B 등 교육콘텐츠 공급 마케팅에서 공급자-구매자가 만나는 컨퍼런스나 박람회는 중요한 구전의 수단이다.

④ 구전 대응 관리

구전에는 제품이나 서비스에 대한 문의나 항의, 비판 등이 담길 수 있다. 소비자 문의에 관계자가 대답하고, 실수를 사과하고, 잘못된 정보를 바로잡는 것이 필요하다. 부정적 구전을 억지로 바꾸려는 것은 역효과를 야기할 수 있다. 그러나 발생하는 문제에 대해 적절한 대응을 하고 이러한 절차에 따라 소비자가 만족할 경우 [그림 8-15]와 같이 기대수준 만족 정도를 중심으로 여러 효과가 나타날 수 있다.

구전과 관련된 통계, 분석 자료를 사내에 공유하고, 서비스 개발, 가격결정, 촉진 내용 변경 등 전통적 마케팅 활동에 반영하는 것이 시장지향적 의사결정 방식이다.

[그림 8-15] 기대 수준 만족과 구전효과

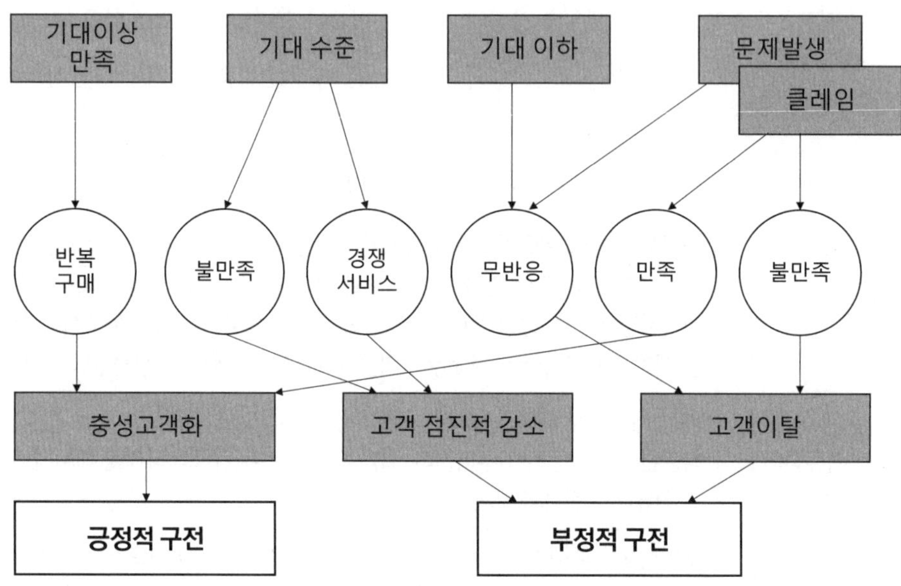

4. 유통전략

1) 가치전달 네트워크

기업이 고객의 욕구를 충족시킬 제품과 서비스를 생산하는 것을 가치창출(value creation)이라 하며, 이를 고객에게 전달하는 모든 과정을 가치전달(value delivery)이라고 한다. 또한 구매자가 제품 또는 서비스를 구매하도록 생산업자는 고객관계뿐만 아니라 공급체인(supply chain)의 주요 공급업자와 유통업자와의 관계도 구축해야 한다. 가치전달 네트워크는 교육 수강자 대상의 교육서비스 제공 기업보다 교육콘텐츠, 교재, 교보재 등을 생산, 공급하는 교육기업에게 있어 중요한 관리 영역이다. 따라서 교육기업의 특성에 따라 유통과 관련된 전략이 적용되는 가치전달 네트워크를 적절히 고려해야 한다.

이러한 공급체인 상 파트너와 관련된 개념으로는 전방거래, 후방거래, 마케팅 경로 등이 있다. 전방거래는 생산업자가 창출한 가치를 고객에게 전달하는 유통업자와의 거래를 의미한다. 후방거래는 생산업자가 가치창출을 위해 필요한 원자재, 원천 서비스 등의 제공자와의 거래를 의미한다. 아울러 마케팅 경로 또는 유통경로는 전방거래의 주체인 생산업자-유통업자 간의 관계이다.

전통적으로 마케팅 경로 관리자는 전방거래를 후방거래보다 중요시했다. 전방거래가 고객과의 실질적 관계를 형성하는 데 중요하기 때문이다. 그러나 가치창출의 중요한 역할로의 후방거래의 중요성도 강조되며, 전방거래와 후방거래를 통합하는 가치전달 네트워크(value delivery network) 개념이 강조되고 있다. 가치전달 네트워크는 전체 거래시스템의 성과를 향상시키고자 파트너관계를 형성한 생산업자, 공급업자, 유통업자, 최종소비자로 구성된다.

2) 유통의 이해

(1) 유통의 개념

유통(distribution)은 유통의 효용으로 설명되며, 이러한 과정인 유통경로는 생산자로부터 최종 소비자에게로 제품 및 서비스를 전달하는 과정에 참여하는 조직과 개인이다. 유통경로는 생산자가 만들어 낸 제품과 서비스를 소비자에게 전달하는 원유의 파이프라인과 같은 통로 역할을 한다.

(2) 중간상

유통경로에 포함되는 경로구성원은 [그림 8-16]과 같이 생산자, 중간상(intermediaries/middleman), 구매자(소비자)가 있다. 이 중 교육서비스에 필요한 콘텐츠나 물품을 제공하는 유통경로상에서 중간상의 역할이 필요하다.

[그림 8-16] 거래의 집중화와 접촉 효율성의 제고

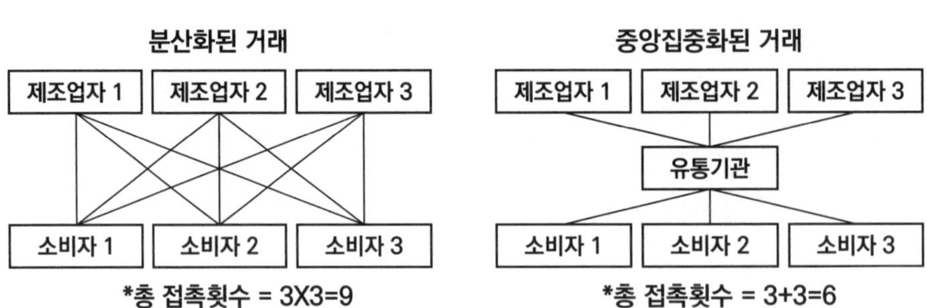

중간상의 필요성은 거래비용의 감소, 불일치 완화, 구색효용, 생산자 지원 등이 있다.

거래비용의 감소는 [그림 8-16]과 같이 총거래 수 최소화의 원칙(principal of minimum total transactions)에 따라 거래의 집중화를 통해 전체 거래 수를 감소시켜 거래의 경제성을 달성하는 것이다.

불일치 완화는 중간상이 생산자와 구매자에게 시간효용(time utility), 장소효용(place utility), 소유효용(possession utility)을 제공하는 것이다. 생산자는 중간상 이용으로 추가적 비용이 발생하지만 이는 중간상이 제공하는 세 가지 효용으로 상쇄된다. 시간효용은 소비자가 원하는 시간에 구매하는 것이며, 장소효용은 소비자가 원하는 장소에서 손쉽게 구매하는 것이고, 소유효용은 최종소비자가 제품을 쉽게 소유하게 하는 것이다.

구색효용(assortment utility)은 중간상이 생산자가 생산한 제품과 서비스의 구색을 소비자가 원하는 구색으로 전환시켜 주는 것이다. 즉, 각 생산자가 생산한 산출물의 공급 이질성(heterogeneity of supply)과 소비자의 다양한 수요 이질성(heterogeneity of demand)의 괴리를 없앤다.

생산자 지원은 그들의 부족한 유통능력, 재고부담, 시장정보 부족, 자금(금융) 등의 문제를 해결하는 것이다.

(3) 유통의 기능

유통의 기능에는 본원적 기능인 거래기능과 물적 유통기능, 지원적 기능인 조성기능이 있다.

거래기능은 소유권의 이전과 관계된 기능으로 하부 기능으로는 판매기능과 구매 기능이 있다. 판매기능은 생산업자를 대신하여 판매활동으로 판매촉진, 운송, 거래조건 조율 기능 등이 있다. 구매기능은 재판매를 위한 상품 구입 및 재생산을 위한 원자재 구입 등이 있다.

물적 유통기능은 재고 이전과 관계된 기능이며, 이를 통해 소비자가 제품과 서비스를 편리하게 구매하는 시간적, 장소적 이전이 가능하게 한다. 물적 유통기능의 하부 기능으로는 보관기능과 운송기능이 있다. 보관기능은 생산자를 대신하여 제품을 보관하고, 소비자에게 즉시 전달하여 시간적 효용을 높인다. 운송기능은 생산지역-소비지역을 연결시키고 소비자가 원하는 장소에 이동시켜 장소적 효용을 높인다.

조성기능은 거래기능과 물적 유통기능이 원활히 수행되도록 보조하는 기능이다. 하위 기능은 위험부담기능, 금융기능, 표준화기능, 정보제공기능 등이 있다. 위험부담기능은 재고유지 및 상품의 진부화, 도난, 화재, 손실 등 감수하는 것이다. 금융기능은 판매대금의 회수, 송금, 장부기록 등 금융거래활동을 수행하는 것이다. 표준화기능은 구매물량, 가격, 배달, 대금지급방법 등의 표준화를 의미한다. 정보제공기능은 예산판매량, 경쟁기업정보, 소비자 정보를 생산자에게 제공하고, 생산정보 및 상품정보를 고객에게 전달하는 것이다

3) 유통경로 구조

(1) 유통경로 유형

다양한 유통경로 구성원은 각각 자신들의 시장에서 다른 유통기관과 연결하여 하나의 유통경로를 이룬다. 유통경로는 표적소비자의 욕구에 의해 다양하게 조직되며, 다양한 형태의 중간상을 포함시키거나 배제시킨다. 또한 하나의 유통경로를 이용하기도, 다수의 유통경로를 이용하기도 한다. 유통경로의 유형은 [그림 8-17]과 같이 네 가지 유형으로 정리되며, 상황에 맞게 변형되기도 한다.

[표 8-17] 소비재 유통경로

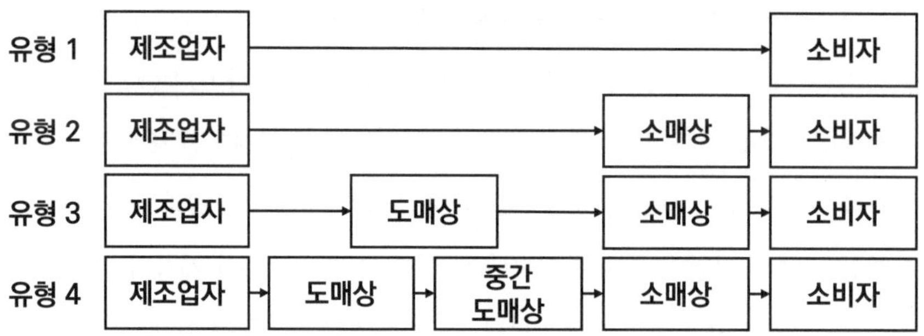

경로유형1은 생산자가 직접 소비자에게 판매하는 형태이며, 직접마케팅경로라고 부른다. 예로 학습지 등과 같은 인적판매 등이 여기에 속한다. 경로유형2는 생산자-소비자 간 소매상이 개입된다. 경로유형3은 제조업자-소비자 간 도매상과 소매상이 개입되며 가장 전형적인 경로 구조이다. 경로유형4는 제조업자-소비자 간 세 단계의 중간상이 개입된다.

경로유형1에서 경로유형4로 갈수록 경로구성원이 많아지는 것으로 이를 유통경로 길이가 길어진다고 표현할 수 있다. 유통경로가 길어질 때, 즉 유통단계가 많을 때는 중간상의 마케팅기능이 보다 전문화된다. 또한 중간상은 자신의 강점인 유통기능만 수행하여 효율성이 증대되고, 생산자가 모든 유통기능을 수행할 때보다 최종소비자가격은 내려간다. 그러나 이럴 때 생산자의 통제력은 약해진다.

(2) 수직적 마케팅시스템

유통경로조직은 독립된 유통기관의 거래관계에서 자연스럽게 형성된 전통적 유통경로(conventional distribution channel)에서 시작된다. 생산자-소비자 간 거래에 도매상과 소매상이 자연발생적으로 참여하는 것이 전통적 유통경로이다.

전통적 유통경로에서 각 경로구성원은 자신의 기능에만 집중하고, 다른 구성원의 경로성과나 기능에는 관심이 없다. 따라서 생산자-중간상 간 거래조건과 역할분담은 사전적 계획보다 협상 등을 통해 자연스럽게 형성되고 조정된다.

그러나 전통적 유통경로는 다양한 한계점을 가지고 있다. 우선 경로구성원 간 결속력이 약하고, 공통의 목표가 없거나 부족하다. 또한 경로구성원 간 법적 구속력이 없고 각자의 이익만을 추구하여 갈등이 많이 발생하며 조정이 어렵다.

전통적 유통경로의 이러한 한계점을 극복하기 위해 수직적 마케팅시스템(Vertical Marketing System; VMS)이 등장했다. 수직적 마케팅시스템은 운영의 경제성과 시장에 대한 영향력을 얻기 위해 본부에 의해 전문적으로 관리되고 설계된 네트워크 형태의 경로조직이다. 수직적 마케팅시스템은 각 경로구성원이 수행할 마케팅기능을 통제하여 규모의 경제를 달성할 수 있다. 이로 인해 전통적 유통경로보다 경로 전체의 목표 달성을 위한 협조를 끌어내기 용이하다.

수직적 마케팅시스템은 경로구성원의 소유권, 또는 통제권의 정도에 따라 [그림 8-18]과 같이 관리형VMS, 계약형VMS, 기업형VMS로 나뉜다. 수직적 통합 정도와 통제력은 관리형VMS 〈 계약형VMS 〈 기업형VMS 순이며, 통제력이 증가할수록 유통환경 변화에 대응하는 유연성은 감소한다.

[그림 8-18] 수직적 마케팅시스템 주요 유형

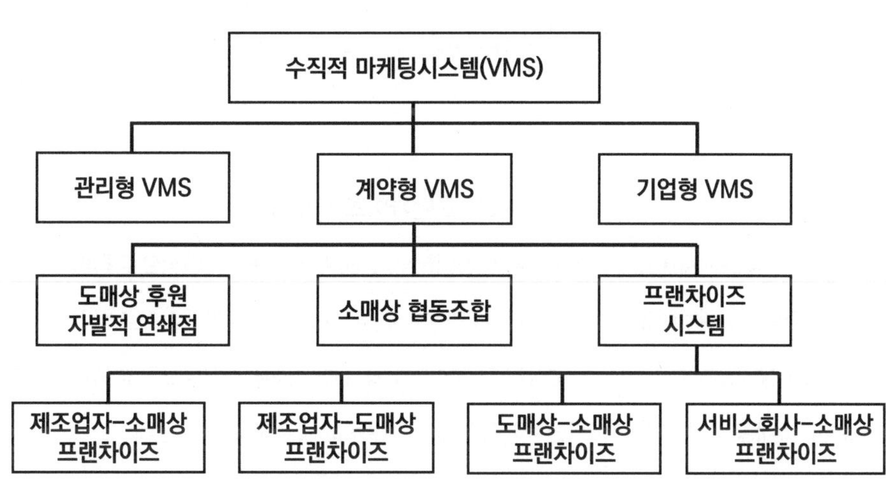

관리형VMS는 경로구성원들의 마케팅 활동이 소유권이나 계약에 의하지 않는 통제의 정도가 가장 낮은 VMS이다. 관리형VMS에서는 경로구성원이 개별적 경로목표를 추구하고, 그들을 함께 묶을 공식적 조직은 없다. 하지만 경로 리더의 역할을 하는 특정 경로구성원의 마케팅 프로그램에 비공식적으로 협력함으로써 공유된 경로목표를 추구한다. 관리형VMS는 경로구성원이 개별적 경로목표를 추구한다는 면에서 전통적 유통경로와 비슷하지만, 구성원이 최소한의 전체 경로지향성을 가진다는 점이 다르다.

계약형VMS는 경로구성원이 각자의 마케팅기능을 계약에 의해 합의함으로 공식적 경로관계를 형성하는 경로조직이다. 계약형VMS는 도매상 후원 자발적 연쇄점, 소매상 협동조합, 프랜차이즈 시스템의 세 가지 유형이 있다. 도매상 후원 자발적 연쇄점은 도매상을 중심으로 독립된 소매상들이 수직 통합된 경로조직이다. 연쇄점 회원으로 가입한 소매상들이 공동구매·공동촉진 등의 규모의 경제 효과를 통해 대규모 회사형 연쇄점과 경쟁한다. 소매상 협동조합은 중소 소매상들이 공동으로 도매기능 조직을 결성하고 소유하고 운영하는 경로조직으로 이 형태도 공동구매·공동촉진으로 규모의 경제를 달성하는 것이 목표이다. 프랜차이즈 시스템은 가맹본부가 계약에 의해 가맹점에게 상표, 상호, 기업 운영 방식 등을 사용하여 제품이나 서비스를 판매하는 권한을 부여하고, 가맹점은 가맹본부에게 초기 가입비, 사용료 등을 지급하는 경로조직이다. 프랜차이즈 시스템은 최근 가장 급성장하는 VMS 형태로, 가맹본부 입장에서는 많은 자본투자 없이 단기간에 사업을 확장할 수 있다. 또한 가맹점은 인지도 높은 상호와 효율적 경영기법을 이용해 높은 매출을 올리며, 지역 내 독점영업권으로 동일 점포와의 불필요한 경쟁을 피할 수 있다. 프랜차이즈 시스템의 유형은 〈표 8-26〉과 같다.

〈표 8-26〉 프랜차이즈 시스템

제조업자-소매상 프랜차이즈	제조업자가 가맹본부가 되고 소매상을 가맹점으로 참여시키는 형태
제조업자-도매상 프랜차이즈	제조업자가 가맹본부가 되고 도매상을 가맹점으로 참여시키는 형태
도매상-소매상 프랜차이즈	도매상이 가맹본부가 되고 소매상을 가맹점으로 참여시키는 형태
서비스회사-소매상 프랜차이즈	프랜차이즈 산업의 대부분을 차지하고 있는 형태

기업형VMS는 한 경로구성원이 다른 경로구성원들을 법적으로 소유하고 관리하는 경로유형으로 수위 In-house화를 뜻한다.

(3) 수평적 마케팅시스템

수평적 마케팅시스템(Horizontal Marketing System)은 같은 경로단계의 둘 이상의 기업이 새로운 마케팅 기회를 확보하기 위해 상호 협력하는 것이다. 기업들은 서로 업무제휴를 통해 자본, 생산능력, 마케팅 자원의 경쟁우위를 공유함으로 더 높은 경로성과를 얻을 수 있다. 이는 경쟁사 또는 비경쟁사 간 협력이나, 일시적 또는 지속적 협력관계를 형성하는 것을 의미한다.

4) 유통경로 설계

대부분의 제품과 서비스가 제품수명주기상의 성숙기에 속하고, 많은 신제품의 출시로 인해 제품의 차별화가 약화되고 경쟁이 치열해지고 있다. 또한 중간상의 높은 마진 요구와 촉진활동의 부담 기피 등에 따라 생산자는 이를 쉽게 통제할 유통경로의 설계가 필요하다. 유통경로의 설계 과정은 일반적으로 [그림 8-19]와 같이 다섯 단계를 거친다.

[그림 8-19] 유통경로 설계 과정

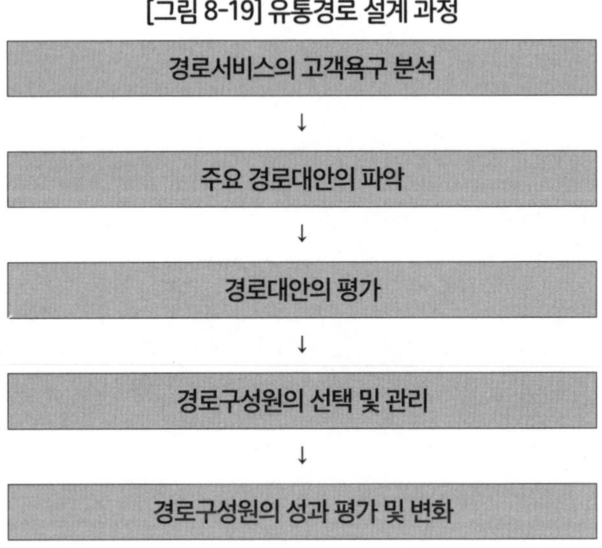

(1) 경로서비스 고객욕구 분석

유통경로설계의 첫 단계는 표적고객이 원하는 서비스 욕구와 이를 충족시키기 위해 제공할 서비스를 파악하는 것이다. 고객이 높은 수준의 서비스를 희망하면 많은 경로구성원이 필요하고, 이는 유통비용의 증가로 이어진다. 유통비용의 증가로 제품 가격이 인상된다면 가격에 민감한 고객은 경로구성원의 제공 서비스를 스스로 수행하거나 낮은 경로서비스를 직접 감수한다.

(2) 주요 경로대안의 파악

표적고객이 기대하는 경로서비스가 파악되면, 이를 충족할 최적의 경로대안을 개발해야 한다. 경로개발은 제조업자가 모든 유통서비스를 수행하는 통합적 유통 또는 직접유통(direct channel)과 일부 또는 전부를 일임하는 독립적 유통 또는 간접유통(indirect channel)이 있다. 이러한 경로대안의 개발 기준은 유통경로길이 길이와 중간상의 수(시장커버리지)이다.

경로대안의 개발은 기업이 목표로 하는 상품의 시장노출 수준에 필요한 중간상 수가 결정한다. 이를 시장커버리지(market coverage) 또는 유통집약도(intensity of distribution) 결정이라고도 한다. 시장커버리지 전략은 〈표 8-27〉과 같이 집약적(개방적) 유통(intensive distribution), 전속적 유통(exclusive distribution), 선택적 유통(selective distribution)으로 구분된다.

〈표 8-27〉 유통 시장커버리지 전략

	집약적(개방적) 유통	전속적 유통	선택적 유통
전략	- 가능한 한 많은 점포를 통해 자사 제품을 취급하게 하여 시장의 범위 최대화	- 한 지역에 하나의 점포에게 판매권을 부여함	- 한 지역에 제한된 수의 점포에게 판매권을 부여함
점포 수	- 최대한 많은 점포	- 하나	- 소수
통제력	- 제조업자 통제력이 낮음	- 제조업자의 통제력이 매우 높음	- 제조업자의 통제력이 제한된 범위에서 작용함
제품유형	- 편의품	- 전문품	- 선매품
장점	- 충동구매의 증가, 소비자 인지도 확대, 편의성 증가 - 대량 판매 발생	- 중간상의 독점판매권과 높은 마진 제공으로 적극적 판매노력 기대 - 판매가격, 신용정책, 서비스 등에 강한 통제 - 자사 브랜드에 적합한 중간상 선택으로 브랜드 이미지 강화	- 중간상만 유통경로에 참여시켜 매출과 이익 기대 - 선택된 중간상과의 우호적 거래관계 구축 - 집약적 유통에 비해 강한 경로통제와 낮은 비용 실현
단점	- 낮은 마진, 소량주문, 재고 및 재주문 관리가 어려움(소비자가 제품 구매의 노력을 기울이지 않음) - 브랜드 광고, 영업사원 유지의 비용 발생 - 중간상의 통제 어려움(중간상은 전체 매출에만 관심이 있음)	- 제한된 유통으로 인한 판매기회 상실 - 질 높은 서비스 제공에 대한 비용 발생	- 집약적 유통으로의 변화 시 이미지 하락 우려
적용	- 생산 대기업은 추가적 인센티브 제공으로 중간상 적극적 판매 독려함	- 제조업자는 소비자들이 자사 제품 구매를 위해 적극적인 시간, 노력을 투자하는지 고려해야 함	- 집약적 유통과 전속적 유통의 중간 방식으로 단기적 성과와 장기적 이미지의 균형 고려
제품수명주기	- 성장기	- 성숙기	- 도입기, 쇠퇴기(수익성 적은 경로 폐쇄)

(3) 경로대안의 평가

도입 가능성 있는 경로대안을 파악한 후 매력도를 고려하여 대안을 평가한 후에는 최종 의사결정이 필요하다. 경로대안 평가를 위해 사용되는 기준은 경제성, 통제력, 적응성 등이 있다.

경제성 평가(economic criteria)는 각 경로대안으로부터의 기대되는 판매수준과 판매 시 소요되는 비용을 추정하는 것이다. 즉, 직접유통경로와 간접유통경로 중 어느 것을 선택했을 때 매출수준이 높은지 검토한다. 또한 간접경로로 발생하는 고정비와 매출증가에 따른 수수료 제공을 고려하여 유리한 경로를 선택한다.

또한 경로대안의 마케팅 활동에 대한 통제력(control criteria)을 고려하여 경로대안을 선택할 수 있는데, 일반적으로 직접유통경로보다 간접유통경로가 통제가 어렵다. 이는 각 간접유통경로가 독립적 사업체로 자신의 이익 극대화에 관심이 있고, 규모가 큰 중간상은 큰 기업의 상품 판매에 집중하거나, 판촉활동에 비협조적일 수 있기 때문이다.

유통환경 변화에 대한 경로구성원의 공동의 대처와 적응성(adaptive criteria) 정도도 중요한 기준이다. 환경적응을 위해서는 모든 경로구성원의 강한 몰입이 필요하며, 이를 위해 장기적 계약이 이뤄진다. 그러나 장기적 계약은 기한 내 거래관계 유지의 한계를 가지게 된다.

(4) 경로구성원 관리

경로대안의 비교·평가를 통해 경로대안이 결정되면, 적절한 경로구성원을 선택해야 한다. 보다 나은 중간상 선택을 위한 기준으로는 신용능력, 명성·평판, 직원의 규모와 질, 판매능력, 취급하는 다른 제품 수와 특성, 기존 고객, 수익성·성장잠재력, 입지, 사업경험, 자사와의 협력선 등이 있다.

결정된 경로구성원을 적절히 관리하기 위해서는 무엇보다 교육 및 동기부여가 필요하다.

교육적 관리를 위해 선택한 중간상이 자사 제품을 효과적으로 판매·서비스할 교육을 실시한다. 교육내용에는 제품 지식, 판매요령, 사후 서비스 방법 등이 포함된다. 최근 계약에 의한 프랜차이즈 시스템의 확대로 이에 대한 필요성은 더욱 커졌다.

중간상에 대한 계속적 동기부여는 제품 판매 증대에 필수적이며 동기부여 방법으로는 긍정적 동기부여수단과 부정적 동기부여수단으로 나뉜다.

한편 제조업자는 중간상에 동기부여를 위해 여러 종류의 힘(power)을 사용한다. 이러한 힘에 대해 French과 Raven은 다섯 가지 유형의 힘의 원천[60]을 〈표 8-28〉과 같이 제시하였다.

〈표 8-28〉 힘의 원천

강제적 힘	- 공포, 물리적 위협의 힘으로 협력하지 않는 중간상에게 지원을 철수하거나 종료하는 것임 - 단, 중간상이 반발(대항적 힘)을 행사하여 갈등이 유발할 수 있음
보상적 힘	- 상대방에게 가치 있는 것을 제공하는 힘으로 중간상의 성과에 추가적인 혜택을 주는 것임 - 강제적 힘보다 바람직한 결과 유발 가능함
합법적 힘	- 공식적 권한에 기초한 힘으로 계약에 명시된 대로 요구하는 것임 - 예로 프랜차이즈 본사가 가맹점에게 계약의 준수를 요구하는 것임
전문적 힘	- 전문적 기술이나 지식에서 오는 영향력을 행사하는 것임 - 단 기술과 지식이 유통업자에게 전수되면 상실하므로 계속적으로 새로운 전문지식 유지가 필요함
준거적 힘	- 존경, 열망에서 나오는 힘으로 제조업자의 위상이 매우 높은 경우 유통업자는 제품의 유통 사실에 자부심을 느낌 - 대표적인 브랜드 대리점에서 나타남

(5) 경로구성원 성과 평가 및 변화

기업은 각 경로구성원의 성과를 성과표준과 비교하여 평가하며, 성과표준을 위해 구매할당량, 고객전달시간, 평균재고수준, 파손품에 대한 처리, 판촉노력의 협조, 고객서비스 등이 기준이 된다.

평가 후 높은 성과의 경로구성원은 보상하지만, 실적이 나쁜 경로구성원은 지원책을 강구하거나, 제거 또는 대체해야 한다. 또한 기존 유통경로 자체가 적절치 않다고 판단되거나, 유통환경이 변화한 경우 새로운 유통경로를 모색한다. 환경의 변화에는 소비자 구매 패턴의 변화, 시장의 확장, 제품수명주기 진행, 새로운 경쟁자 출현, 혁신적 유통경로 출현 등이 있다.

60) 2장 교육서비스 경영자-3절 교육서비스 경영자의 리더십-1. 리더십의 개념-2) 리더십의 특성-(4)리더십 원천 부분을 참고.

5) 유통경로 갈등 관리

(1) 갈등의 종류

유통경로 구성원을 관리하는 과정에서는 다양한 갈등이 발생하며 이에는 수직적 갈등, 수평적 갈등, 복수경로 갈등으로 나뉜다.

수직적 갈등은 서로 다른 단계에 있는 구성원 간에서 발생하는 갈등을 뜻하고 각 경로구성원의 추구 목표가 다르거나, 불충분한 커뮤니케이션으로 발생하는 것이다.

수평적 갈등은 동일한 단계의 중간상들 간의 갈등을 의미하며 둘 이상의 경로구성원에서 발생하는 것으로 예로 한 지역의 프랜차이즈 학원이 다른 지역의 학원의 상권에서 촉진활동을 하다 야기되는 갈등이다.

복수경로 갈등은 제조업자가 2개 이상의 복수의 유통경로를 통해 제품을 판매하는 경우 발생한다. 예로 본사가 기존 가맹점에 추가하여 직영 학원을 개설한 것 등이 있다.

(2) 갈등의 원인

갈등의 원인은 구성원 간에서 발생하는 다양한 요소의 불일치이며, 크게 목표의 불일치, 영역의 불일치, 지각의 불일치로 정리된다.

우선 목표의 불일치는 생산자는 저가격의 신속한 시장 침투를 희망하나, 유통업자는 높은 마진을 통해 단기 이익 극대화를 원하는 경우와 같은 상황에서 발생한다.

또한 영역의 불일치는 불명확한 역할분담과 권한에서 유발되는 것이며 예로 마케팅믹스 프로그램인 촉진활동 수행에서의 담당 역할이 명확히 정해지지 않은 경우를 들 수 있다.

마지막으로 지각의 불일치는 현실에 대한 견해의 차이로 발생되는 것이다. 생산자는 시장 전망을 낙관적으로 보고 유통업자의 많은 재고를 희망하나, 유통업자는 이를 원하지 않는 경우가 그 예이다.

(3) 갈등의 관리

갈등은 역기능적, 순기능적 효과를 동시에 지니고 있어 적절히 관리하고 건설적으로 해결해야 하는 것이 필요하다. 또한 갈등 관리를 위해 배분 수익 조정, 세분시장 경로의 명확화, 보상 제공, 투명한 경로 관리의 실시 또는 경로 축소의 방법 등이 있다.

무엇보다 목표 불일치로 발생하는 갈등은 공동의 상위목표를 재확인하여 화해하는 것이 중요하다. 이를 위해 유통경로 참여자들의 존속, 시장점유율 증대, 고객 만족 등 추구하는 공동의 목표를 다시 상기시키는 것이 필요하다.

또한 설득 또는 협상은 앞에서 설명한 힘(power)의 원천을 사용한 갈등 관리 방법이다. 특히 보상적 힘을 이용하여 당사자의 이해를 구하는 것을 설득이라고 한다면 양자가 각자의 주장을 부분적으로 양보하고 상대방의 주장을 수용하는 것을 협상이라고 한다.

앞선 갈등 관리 방식이 효과적이지 못한 경우 제3자의 개입을 통해 문제를 해결하게 된다. 이러한 방법에는 긍정적 협상 분위기만 조성하는 역할로 한정하는 화해 조성, 화해 조성보다 한 단계 나아가, 갈등 해소에 관한 절차적, 내용적 대안을 갈등 당사자에게 추천하는 조정, 중재 당사자에게 구속력까지 위임하는 중재 등의 방법이 있다.

제4절

마케팅 성과 구축과 관리

1. 마케팅 성과 구축

1) 브랜드자산

(1) 브랜드자산의 이해

브랜드자산(brand equity)은 어떤 브랜드를 가진 제품이나 서비스가 브랜드가 없는 경우에 비해, 브랜드를 부착함으로 획득하는 바람직한 차별적 마케팅 효과(differential marketing effect)를 말한다. 여기에서 차별적 마케팅 효과는 마케팅 노력에 대한 소비자 반응의 차이로 브랜드 선호, 브랜드 선택, 브랜드확장제품에 대한 평가의 차이로 인한 매출액과 이익의 증대를 들 수 있다.

이러한 브랜드자산은 고객의 관점과 기업의 관점에서 다르게 설명된다. 고객 관점에서는 브랜드 부착으로 인해 브랜드가 없는 경우보다 고객의 선호도가 증가된 것이지만 기업 관점에서는 브랜드 부착으로 브랜드가 없었을 경우보다 매출액, 이익이 증가된 것을 의미한다.

브랜드자산의 결정 요인은 [그림 8-20]과 같이 브랜드 인지도, 브랜드연상이 있다. 즉, 브랜드자산은 고객이 한 브랜드에 대해 높은 인지도를 가지며, 관련하여 긍정적이고(favorable), 강력하고(strong), 독특한(unique) 연상을 기억 속에 가질 때 발생된다.

[그림 8-20] 브랜드자산의 결정 요인

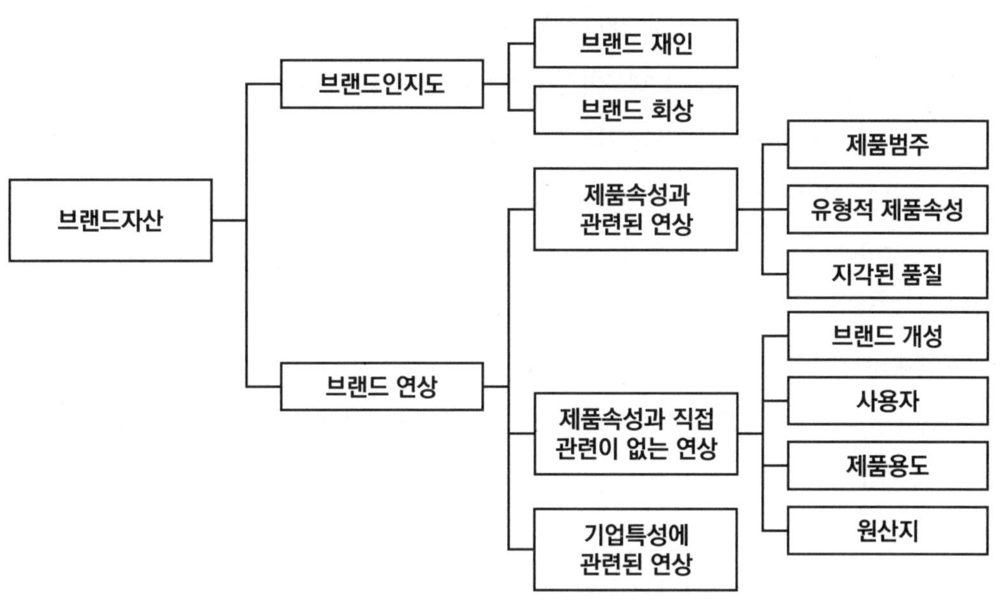

높은 브랜드자산은 고객과 기업에게 여러 가지 혜택을 준다. 우선 소비자 입장에서는 브랜드에 대해 많은 정보를 쉽게 해석하고 기억할 수 있다. 또한 높은 브랜드자산의 제품을 구매하며 구매결정에 자신감을 갖게 되고, 높은 브랜드자산의 제품을 소비·사용함으로 높은 만족감을 누린다. 기업 입장에서의 높은 브랜드자산 보유는 경쟁적 우위를 제공하며, 이러한 브랜드자산을 이용하여 적은 촉진비용으로 높은 수준의 소비자 인지도와 선호도, 자사 서비스의 우선적 선택을 유발할 수 있다. 또한 기업은 높은 브랜드자산으로 고가격 책정, 유통업자의 우선 취급 희망이 반영된 유통레버리지 이점, 브랜드확장(brand extension) 등의 부가 효과를 얻을 수 있다.

(2) 브랜드자산의 관리

① 브랜드 인지도

브랜드 인지도(brand awareness)란 소비자가 한 제품 범주에 속한 특정 브랜드를 재인(recognition)하거나 회상(recall)하는 능력으로 소비자가 그 브랜드를 아는 정도로 설명된다.

브랜드 인지도의 하위 개념으로의 브랜드재인은 브랜드회상보다 상대적으로 약한 강도로, 제품 범주 내의 여러 브랜드명을 제시하고, 과거에 보거나, 들어본 적이 있는지 조사하여 측정한다. 또한 브랜드회상은 브랜드재인보다 상대적으로 강한 강도로, 제품 범주 내에서 생각나는 브랜드를 열거함으로 확인되며, 기억 속에 저장된 특정 브랜드를 인출하는 능력이다.

높은 브랜드 인지도의 구축은 브랜드자산의 형성에 필수적인데 소비자가 브랜드에 대한 인지도 없이 특정 브랜드를 구매하는 경우는 거의 없기 때문이다. 따라서 브랜드 인지도 확보를 통해 얻고자 하는 목표는 고려 대상 브랜드군(consideration set)의 진입과 브랜드 친숙성(brand familiarity) 확보이다. 높은 인지도의 브랜드 제품은 특정 제품을 구매할 때 우선적으로 고려하는 브랜드인 고려 대상 브랜드군에 우선적으로 포함된다. 또한 높은 인지도의 브랜드는 브랜드 친숙성을 높여 고객선호도와 자사 서비스 선택의 가능성을 증가시킨다.

기업에서 유용하게 활용할 수 있는 브랜드 인지도 증대 방법으로는 반복광고, 시각적 정보 제공, 소리 형태 제공 등이 있다.

반복광고는 제품에 대한 메시지를 기억 속에 장기간 유지시킬 수 있다. 단, 반복광고로 인한 소비자의 싫증을 의미하는 광고효과의 감퇴 현상도 발생할 수 있기에 이를 유의해야 한다. 즉, 광고를 반복적으로 수행하되 실행 방법을 적절히 변형시키는 것이 필요하다.

시각적 정보를 제공하는 것은 언어적 정보인 단어보다 시각적 정보인 그림을 더 잘 기억하는 소비자의 특성을 활용한다. 예로 Apple의 사과 모양, KFC의 Sanders 할아버지 등이 있다. 브랜드명 및 제품정보를 소리 형태로 제공하는 것은 슬로건, 로고송, 기억증대기법 등을 이용한다.

② 브랜드연상

브랜드연상(brand association)은 브랜드와 관련하여 기억에 떠오르는 모든 것이며, 예로 KFC라는 브랜드를 들으면, Sanders 할아버지, 치킨너겟, 신속한 서비스 등이 연상되는 것과 같다. 브랜드연상은 특정 브랜드의 사용 경험이 많고, 광고 노출이 많을수록 강하게 형성되며, 각 연상의 연결관계도 강해진다.

또한 브랜드 이미지(brand image)는 브랜드연상과 밀접한 관련의 개념으로 소비자가 브랜드에 대해 갖는 전체적인 인상이며, 브랜드연상과 결합되어 형성된다.

브랜드연상은 브랜드자산의 하위요소로 상위개념과 동일하게 긍정적이고(favorable), 강력하고(strong), 독특한(unique) 연상을 필수 특성으로 가지고 있어야 한다.

이러한 브랜드연상의 유형으로는 제품 속성과 관련 있는 연상, 제품 속성과 관련 없는 연상, 기업 특성과 관련된 연상 등이 있다. 또한 제품 속성과 관련 있는 연상은 제품 범주, 제품 속성, 품질 및 가격 등의 연상으로 분류된다. 제품 속성과 관련 없는 연상은 브랜드 개성(brand personality), 서비스 사용자, 제품 용도와 관련된 것이 있다. 기업 특성과 관련된 연상으로 제품과 관련되지 않은 기업의 문화, 구성원의 특성, 최고경영층의 가치관 등과 관련된 연상을 활용하기도 한다. 이렇게 기업과 관련된 브랜드연상 전략을 기업 브랜드 전략(corporate brand strategy)이라고 한다.

(3) 브랜드자산의 활용

강력한 브랜드자산 구축은 브랜드 마케팅전략 구사의 기반이 된다. 이와 관련된 전략으로는 라인확장전략(line extension strategy)과 브랜드확장전략(brand extension strategy)이 있다. 라인확장전략은 기존의 제품 범주 내에 새로운 신제품이나 서비스를 추가로 도입하되, 기존 브랜드를 그대로 사용하는 것인 반면 브랜드확장전략은 기존의 브랜드명을 사용하되, 전혀 다른 제품군으로 진출하는 것이다.

이러한 브랜드확장전략의 활용은 각각의 장단점을 가지고 있다. 장점으로는 우선 기존 브랜드명의 친숙성을 이용하여 신제품을 즉시 인지시켜, 신제품 도입의 위험을 줄일 수 있다는 것이다. 또한 새로운 브랜드명의 신제품보다 마케팅 비용을 절감할 수 있으며 브랜드확장을 이용한 신제품이 호의적 평가를 받으면, 기존 브랜드명의 이미지를 강화시켜 기존 브랜드의 매출액 증가를 기대할 수 있다. 그러나 이러한 전략의 단점으로는 지나친 브랜드확장은 원래 브랜드 이미지를 약화시켜, 높은 충성도 소비자의 불만을 야기하고 잘못된 브랜드확장은 기존 브랜드명 이미지 또는 매출액에 부정적 영향을 준다는 것이다.

따라서 성공적인 브랜드확장전략을 채택하기 위해서는 사전에 여러 조건을 설정하고 고려해야 한다. 무엇보다 브랜드확장전략이 성공하기 위해서는 브랜드확장에 사용될 기존 브랜드명에 대한 인상이 좋아야 하며 기존 브랜드에 대한 긍정적 연상이 확장제품에 그대로 연결되어야 한다. 아울러 기존 브랜드에 대한 부정적 연상이 확장제품에 이전되지 않도록 브랜드확장제품에 대한 기존의 연상 중 긍정적인 요소만 영향을 주도록 해야 한다.

2) 고객자산

(1) 고객자산의 이해

미국마케팅협회(AMA)는 고객자산을 "기업의 모든 고객들의 생애가치를 합한 것"으로 정의한다. 또한 고객생애가치(customer lifetime value; CLV)는 "고객과의 관계로부터 창출될 것으로 예상되는 미래현금흐름의 현재 가치를 기반으로 계산한 고객관계의 화폐가치"로 정의된다. 즉, 기업에게 고객이 처음 거래를 시작한 때의 가치와 예상되는 미래의 가치가 다르며, 이는 고객생애가치로 설명된다. 고객자산은 이러한 고객생애가치를 모두 합친 것으로, 고객도 마치 자산, 토지처럼 그 재무적 가치를 관리할 필요가 있는 자산으로 보는 것이다.

그러나 교육기업이 고객을 정의함에 있어 명확한 경우와 그렇지 않은 경우도 있다. 보험과 같은 계약형 산업에서는 고객의 정의가 명확하지만, 선택의 폭이 넓은 소비재 중심의 거래형 산업에서는 고객의 정의가 명확하지 않다. 하지만 최근 고객별 거래 기록 분석을 토대로 고객자산의 적용범위가 넓어지고 있다.

이에 기업은 미래에 발생할 것으로 예상되는 화폐가치를 현재의 가치보다 낮게 평가하고 투자의사결정을 한다. 고객생애가치는 고객으로부터 예상되는 미래의 수익을 현재 가치로 전환한 값으로 가까운 미래의 작은 이익이 되는 고객과 먼 미래의 큰 이익이 예상되는 고객의 가치를 비교하여 전략을 구사하는 것이 타당하다.

또한 고객자산을 통한 마케팅전략 구사로 직접가치와 간접가치가 발생한다. 직접가치는 고객이 기업의 제품이나 서비스를 구매함으로 발생하는 가치이다. 반면 간접가치는 구매와 다른 방식으로 기업에 공헌하는 것이다. 대표적인 간접가치로는 주변에 자신의 구매·사용 경험을 전함으로 기업 또는 브랜드의 인지도를 높이는 활동, 특정 제품이나 서비스를 추천하여 기업 실적에 도움을 주는 활동, 제품 사용상 문제점·개선 방안의 의견을 전함으로 품질 향상, 신제품 개발에 도움을 주는 활동 등이 있다.

아울러 고객 자신을 규정하는 시점이 점차 현재 고객에서 미래 고객으로 확대되고 있다. 고객을 어떻게 보느냐에 따라 동적 고객자산(dynamic customer equity)과 정적 고객자산(static customer equity)으로 구분된다. 동적 고객자산은 미래에 획득이 예상되는 고객까지 포함한 것이며, 정적 고객자산은 현재 확보한 고객만을 상정한 것이다. 특히 동적 고객자산은 성장률이 높은 산업의 신생

기업의 경우 특히 중요하다. 그러나 최근 신생 교육기업의 경우 정적 고객자산만 추정하면, 기업의 표적고객의 자산은 상대적으로 과소평가될 수도 있다는 점을 유의해야 한다.

(2) 고객관계관리

① 고객관계관리의 개념

고객관계관리(customer relationship management; CRM)는 기업경영의 프로세스의 측면과 경영 소프트웨어 프로그램적 측면에서 개념화된다. 기업경영의 프로세스의 측면에서 고객관계관리는 기업과 소비자가 장기적 거래를 통해 신뢰, 몰입, 유대를 쌓고 상호 간의 성과로 나타나는 것이다. 이러한 고객관계관리의 개념이 경영소프트웨어 프로그램적 측면에도 적용되는데 고객관계관리는 데이터 마이닝을 통해 자사의 제품이나 서비스를 잘 구매할 고객을 결정하고 판매를 위한 적절한 기업 활동을 하는 것이다.

즉, 마케팅관리적으로 고객관계관리의 정의는 '고객관리에 필수적 요소들을 고객 중심으로 정리·통합하여 고객 활동을 개선하여, 고객과의 장기적 관계를 구축하고 기업의 경영 성과를 개선하는 경영 방식'이다. 따라서 고객관계관리는 고객지향성과 관계지향성을 근간으로 기업 활동이 이루어져야 한다는 것을 의미한다. 그러나 고객관계관리 이전에도 관계마케팅이 존재했다. 두 마케팅은 모두 고객지향성, 관계지향성을 근간으로 한다는 점에서 공통점을 가진다. 그러나 관계마케팅이 마케팅 측면만을 강조한 개념이라면, 고객관계관리는 고객과의 관계지향적 노력이 전사적으로 확대된 개념이라는 면에서 차이점을 가진다.

② 고객관계관리의 편익

고객관계관리를 통한 편익은 기업 입장과 고객 입장에서 발생한다. 기업 입장에서는 고객이탈률 감소, 비용절감, 매출증가, 고객유지비용 감소 등의 재무성의 향상과 긍정적 구전효과, 종업원 유지, 고객생애가치의 증대의 편익이 발생한다. 또한 고객 입장에서 발생하는 편익은 〈표 8-29〉와 같이 크게 경제적 편익과 사회 심리적 편익으로 구분된다.

〈표 8-29〉 고객관계관리의 고객 편익

경제적 편익	금전적 편익	할인, 추가제공, 무상제공 등
	비금전적 편익	구매의사결정의 효율성 향상, 시간 절약 등
사회 심리적 편익	사회적 편익	기업-고객 간의 정, 개인적 인지
	심리적 편익	구매위험 감소, 신뢰, 편안함
	고액화 편익	맞춤서비스, 특별관심, 특별서비스

③ 고객관계관리 전략

고객관계관리의 단계별 전략, 즉 고객자산 구축 단계는 고객획득(customer acquisition)-고객유지(customer retention)-고객향상(customer enhancement)의 단계를 통해 이루어지며 각 단계별로 적절한 마케팅전략을 구사해야 한다.

우선 고객획득 단계는 선별적 고객획득, 경쟁사보다 큰 가치 제공, 적절한 고객획득비용, 구전활용의 세부 단계로 구분되어 이루어지는데 각 단계별 효과적인 획득 기제를 활용하는 것이 필요하다.

다음으로 고객유지 단계에서는 고객정보관리, RFM 분석, 고객접점관리, 종업원 관리 등 다양한 전략적 고려 요인이 있다. 고객관계관리 전략 추진은 고객의 정보를 토대로 실행되기 때문에 무엇보다 양질의 고객 정보가 등록되어야 한다. 또한 고객관계관리 전략 효과성 제고를 위해 RFM 분석과 같은 방식이 활용되는데, RFM 분석이란 고객의 최근 구매시기(Recency), 구매빈도(Frequency), 구매금액(Money)을 분석하는 것이다. 또한 고객접점은 기업의 마케팅 활동이 전달되는 최일선으로, 고객의 평가는 고객접점에서 이루어져야 한다. 마지막으로 고객을 유지하기 위해 종업원을 유지하고, 자사에 대한 충성도를 개발해야 한다.

마지막으로 고객향상 단계는 고객과의 장기적 관계를 통해 다양한 판매기회를 추구하는 것으로 관련된 요소는 〈표 8-30〉과 같이 교차판매, 상위판매, 세대마케팅 등의 기법이 활용된다.

〈표 8-30〉 고객창출화 판매전략

교차판매(cross-selling)	A제품을 구매한 고객에게 다른 제품인 B제품도 판매함
상위판매(up-selling)	A제품을 구매한 고객에게 상위 제품인 A+제품도 판매함
세대마케팅(generation Marketing)	고객생애가치가 가장 극대화된 상황으로, 부모세대의 고객 만족도, 재가입률이 자식세대에 이어지는 경우

2. 마케팅 성과 관리

1) 마케팅 성과

(1) 마케팅 성과의 이해

기업의 마케팅 자원과 전략은 [그림 8-21]과 같이 구체적 마케팅 프로그램 형태로 시장에 영향을 주며, 소비자의 생각과 행동에도 영향을 미친다. 이러한 모든 영향은 마케팅 프로그램 실행이 주는 일종의 마케팅 성과로 정의된다.

또한 마케팅 성과는 다양한 방식과 지표로 측정될 수 있다. 즉, 분석단위를 개인 또는 시장 전체로 잡느냐에 문제와 측정이 필요한 주체가 처한 상황이 어떠한지에 따라서 각기 다른 상대적 중요성을 보인다.

[그림 8-21] 마케팅 성과 체인

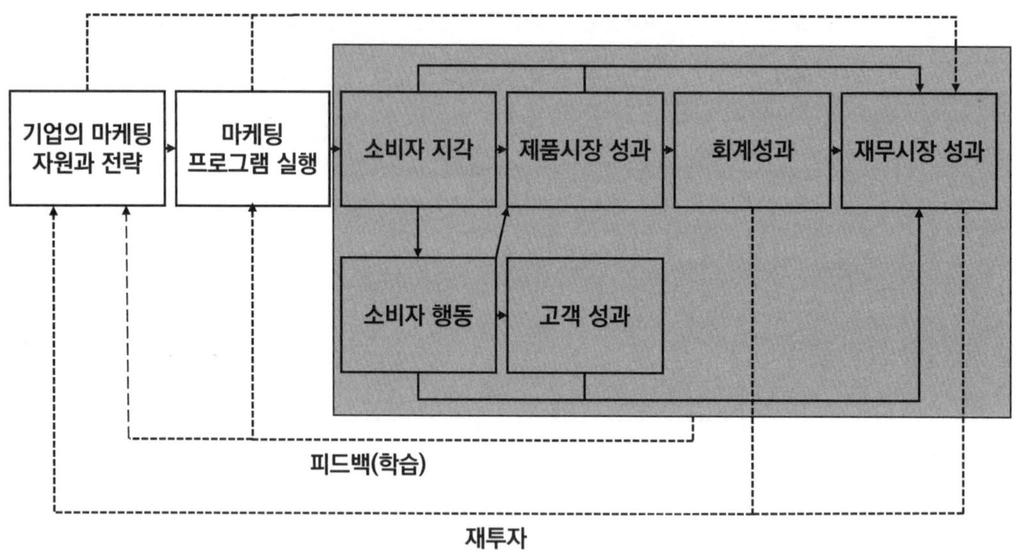

자료: Katsikeas et al(2016). Assessing performance outcomes in marketing.

(2) 마케팅 성과지표

① 조작적 정의

마케팅 성과지표를 설계하고 측정하기 위해서는 측정의 내용을 정의함에 있어 일반적으로 개념적 정의(conceptual definition)와 조작적 정의(operational definition)를 사용한다. 개념적 정의란 어떤 대상에 대한 추상적인 의미를 분명히 하는 것이다. 조작적 정의란 추상적 대상을 측정과 관찰이 가능하도록 표현하는 것이다. 예로 '우리 교육서비스를 사랑하고 계속 거래하려는 정도'가 개념적 정의라면, '지속수강의도'는 조작적 정의이다. 그러나 개념적 정의는 적절한 조작적 정의로 구체화되지 않는다면 제대로 측정되지 않는다는 한계점이 있다.

② 정기적·반복적 측정

정기적이고 반복적인 고객 조사는 소비자의 생각 등을 측정하는 지표의 특성으로 인한 불명확한 해석을 해결해 준다. 즉, 측정오차로 인해서 예측이 어렵고, 측정이 불가능한 부분을 반복적 측정으로 상쇄할 수 있다.

③ 선행지표와 후행지표의 측정

마케팅 성과지표는 그 지표에 대한 측정만을 의미하지 않는다. 마케팅 성과에 영향을 주는 선행지표와 영향을 받는 후행지표를 동시에 측정하여 각각이 제시하는 마케팅 의미를 확보해야 한다.

④ 단기성과와 장기성과의 균형

마케팅 환경에서의 성과검토에 있어 중요한 요소인 경제현상과 관련된 대표적 지표는 유량변수(flow variable)와 저량변수(stock variable)[61]가 있다. 시장점유율, 거래량, 영업이익은 일정기간을 통해 측정하는 유량변수이고, 인지도, 호감, 브랜드자산, 고객자산은 일정시점을 특정하여 측정하는 저량변수이다. 유량변수는 마케팅 활동의 단기적이고 가시적 성과를 측정하는 반면, 저량변수는 축적의 의미가 큰 장기적 변수를 관리하는 것이다.

기업은 단기적 마케팅 성과지표로 유량변수에 집중하지만, 이럴 경우 단기적 마케팅의사결정만 가능하므로 장기적 관점에서 유량변수와 저량변수를 균형 있게 고려해야 한다.

2) 마케팅생산성

(1) 마케팅생산성의 이해

마케팅생산성은 마케팅 성과지표와 마케팅전략 수립·실행을 이어 주는 핵심 개념으로, 마케팅 ROI(marketing return on investment) 또는 ROMI(return on marketing investment)라고도 불린다. 마케팅생산성은 복잡한 통계모형이나 계량경제학 모형을 적절히 활용하는 것이 필요하고, 활용도를 극대화하기 위한 전문적 영역의 이론적 검토가 필요하다.

(2) 마케팅생산성의 측정

교육기업이 운용하는 마케팅믹스 프로그램의 효율성을 검토하기 위해 마케팅생산성을 측정하는 계산은 다음과 같다.

---

61) 유량변수는 일정 기간 측정되는 지표로 소득, 수요량 및 공급량, GDP, 국제소득 등이 있다. 저량변수는 일정 시점에 측정되는 지표로 특정 시점 전까지 누적된 유량변수의 결과이며 재고량, 자산, 부채, 외환보유액 등이 있다.

마케팅생산성 = 마케팅 성과 지표값의 변화(%)/마케팅 활동의 변화(%)

마케팅생산성 = (마케팅 활동에 의해 증가된 재무적 가치 - 마케팅 비용)/마케팅 비용

(3) 마케팅생산성 활용 고려 사항

다양한 측정 및 계산을 통해 도출된 마케팅생산성 결과를 활용하기 위해서는 다음과 같은 유의 사항을 고려해야 한다. 첫째, 마케팅생산성은 마케팅 활동과 마케팅 성과 간의 인과관계를 기반으로 측정되어야 한다는 것을 유의해야 한다. 둘째, 마케팅생산성은 측정에 어떤 성과변수가 활용되었는지 주의해야 하여 의미를 명확히 해야 한다. 셋째, 마케팅생산성은 측정에 기업의 내부 핵심성과지표(KPI)나 관리회계기준과 조화가 필요하기 때문에 함께 검토하는 것이 필요하다. 넷째, 지속적인 마케팅생산성의 검토와 상시적 측정을 위해 적절한 시스템 구축이 수반되어야 한다.

참고문헌

국내 문헌

강정애, 권순원, 김현아, 양혜현, 조은영, 태정원(2015). 조직행동론. 서울: 시그마프레스.

권두승, 최운실(2016). 평생교육경영론. 파주: 교육과학사.

권영훈, 손건강, 최순주(2010). 리더-부하 간 교환관계(LMX)가 직무태도에 미치는 영향에 대한 동료 신뢰의 조절효과분석: 대인서비스업을 중심으로. 경영컨설팅연구, 10(2), 19-40.

김계수, 김용철, 박주영, 장정근(2008). 프로세스 중심의 경영 혁신. 서울: 대경.

김대열(2021). 마케팅관리론. 서울: 현대경영기술연구소.

김대열(2022). 마케팅관리론. 서울: 현대경영기술연구소.

김대열, 박명희(2020). 국내 사교육 연구 동향 분석. 교육과학연구, 51(1), 1-27.

김봉환(2019). 진로상담의 이론과 실제. 서울: 학지사.

김성영, 김종오, 라선아(2019). 경영학 원론. 서울: 한국방송통신대학교출판문화원.

김성영, 라선아(2017). 마케팅론. 서울: 한국방송통신대학교출판문화원.

김성영, 라선아(2021). 마케팅 특강. 서울: 한국방송통신대학교출판문화원.

김소현(2013). 평생교육조직의 지식경영 탐색과 군집분석. 한국교육, 40(4), 35-61.

김영재, 김재구, 이동명(2014). 조직행동론. 서울: 무역경영사.

김영재, 김성국, 김강식(2021). 신인적자원관리. 서울: 탑북스.

김용현 외(2015). 평생교육경영론. 파주: 양서원.

김종재 외(2007). 경영의 이해. 서울: 박영사.

김춘식(2011). 조선시대 서원 교육정책에 관한 연구. 한국행정사학지, 28, 55-78.

김태웅(2005). 서비스기업의 운영관리. 파주: 신영사.

김현수(2018). 서비스시대 교육서비스 신모델 연구. 서비스연구, 8(2), 25-39.

노규성, 조남재(2010). 경영정보시스템. 파주: 사이텍미디어.

노재범, 이팔훈, 이승현(2005). 서비스 이노베이션 엔진, 6시그마. 서울: 삼성경제연구소.

노형봉(2013). 서비스경영. 서울: 한경사.

민경호(2003). 현대인사관리. 서울: 무역경영사.

박경규(2001). 신인사관리. 서울: 홍문사.

박문서(2006). 교육서비스의 상업성 논쟁과 발전과제. 통상정보연구, 8(3), 43-69.

박명희(2015). 한국 사교육기업의 해외진출 성공요인 사례연구. 연세대학교 박사학위논문.

박명희, 강화정, 김대열(2020). 한국 사교육산업 발전사. 서울: 메가스터디(주).

박명희, 백일우(2020). 사교육 이해. 서울: 학지사.

박정식, 박종원, 조재호(2017). 현대재무관리. 서울: 다산출판사.

박재춘, 김성환(2015). LMX, 리더 도덕성, 지각된 팀효능감 및 조직시민행동의 관계. 한국콘텐츠학회논문지, 15(4), 420-430.

변상우, 김학돈, 홍승만, 정현우(2012). 조직행동론. 서울: 대진.

백기복(2011). 조직행동연구. 서울: 창민사.

백일우(2009). 교육경제학. 서울: 학지사.

삼성경제연구소(1997). 학습조직의 이론과 실제. 서울: 삼성경제연구소.

서울대교육연구소(1995). 교육학용어사전. 서울: 하우.

신용주(2017). 평생교육 프로그램 개발론. 서울: 학지사.

신유근, 이춘우(2020). 경영학원론. 서울: 다산출판사.

안광호, 하영원, 유시진, 박홍수(2018). 마케팅 원론. 서울: 학현사.

양종택(1999). 경영학 연습. 서울: 법문사.

오형술, 유정상, 문승기, 강경식(2012). 서비스공학. 서울: 한경사.

원석희(2015). 서비스 운영관리. 서울: 형설출판사.

윤덕균(2007). 초우량 기업들의 경영 혁신 200년. 서울: 민영사.

윤순봉, 장승권(1995). 열린시대 열린경영. 서울: 삼성경제연구소.

이군현(1992). Etzioni의 조직유형론의 한계와 이의 극복을 위한 새로운 개념모형의 탐색. 한국행정학연구, 9(2), 125-142.

이병진(2003). 교육리더십. 서울: 학지사.

이윤수, 정희원, 조대연(2016). 리더-구성원 간 공유 리더십이 팀 몰입 및 팀 만족에 미치는 영향: 행위자-상대자 상호의존 모형(APIM)의 적용. 기업교육과 인재연구, 18(2), 113-130.

이정환, 박한규(2013). 진성리더십 효과 요인에 관한 통합적 문헌 고찰. 대한경영학회지, 26(11), 2791-2814.

이학식, 안광호, 하영원(2018). 소비자행동. 서울: 집현재.

이학식, 임지훈, 박종철(2019). 마케팅. 서울: 집현재.

이학종, 양혁승(2011). 전략적 인적자원관리. 서울: 박영사.

이홍민(2013). 핵심인재 역량개발. 서울: 중앙경제.

이훈영(2017). 마케팅조사론. 서울: 청람.

임창희(2015). 인적자원관리. 서울: 비엔엠북스.

장환영, 백평구, 김성완, 홍정순(2018). 교육서비스과학의 정립을 위한 이론적 탐색. 기업교육과인재연구, 20(4), 125-147.

정기수, 구인성(2021). 리더십과 조직. 서울: 서평연.

조동성(2006). 전략경영. 서울: 서울경제경영.

조석준, 허중경(1995). 행정조직론. 서울: 한국방송통신대학교출판문화원.

조인희, 이인희(2011). 서비스경영학. 서울: 현우사.

중소기업진흥공단(2017). 중소기업 경영애로 해결을 위한 표준솔루션 200. 진주: 중소기업진흥공단 기업진단처.

차주항, 김연성, 최강화, 이동원(2011). 교육서비스 품질개선을 위한 TQM 전략연구. 서비스경영학회지, 12(1), 279-305.

채서일, 이성호(2017). 마케팅. 서울: 비엔엠북스.

채신석, 김재호(2021). 서비스 경영. 파주: 백산출판사.

천면중, 허명숙(2019). 지식경영: 이론과 사례. 서울: 한경사.

최돈민, 정기수(1997). 새로운 사회 교육 지도자의 자질과 특성 탐색. 한국평생교육학회. 평생교육학연구, 3(2). 79-107.

최선주, 강대중(2014). 상장교육기업 최고경영자의 교육 담론: 악한 사교육 담론의 균열과 재구성. 아시아교육연구, 15(2), 1-27.

한국교육학술정보원(2001). ICT 활용 교육 장학 안내서. 대구: 한국교육학술정보원.

한홍(2006). 시간의 마스터. 서울: 비전과리더십.

행정안전부(2008). 과학적인 인사관리를 위한 역량평가. 세종: 행정안전부.

홍희유, 채태형(1998). 조선교육사. 서울: 박이정.

황보윤 외(2019). 기업가정신과 창업. 서울: 이프레스.

역서

나가이 다카히사(2020). 사장을 위한 MBA 필독서50. 서울: 센시오.

노나카 이쿠지로(2010). 창조적 루틴. 서울: 북스넛.

Gary Yukl(2014). 현대조직의 리더십 이론. 서울: 시그마프레스.

James A. Fitzsimmons, Mona J. Fitzsimmons(2010). 스마트 시대의 서비스경영. 서울: 한국맥그로힐.

Metters. Richard, King-Metters. Kathryn, Pullman. Madeleine, & Walton, Steve(2006). 서비스운영관리. 서울: 한경사.

Merton, Robert C., Bodie, Zvi., & Cleeton, David L. (2009). 재무의 이해. 서울: 시그마프레스.

Michael Porter(2018). 마이클포터의 경쟁전략. 부산: 프로제.

Milan Kubr(2016). 경영컨설팅. 서울: 새로운 제안.

Palmer, Stephen(2008). 상담 및 심리치료의 이해. 서울: 학지사.

Paul E. Spector(2019). 산업 및 조직 심리학. 서울: 학지사.

Peter F. Drucker(2002). 21세기 지식경영. 서울: 한국경제신문.

Peter F. Drucker(2006). 경영의 실제. 서울: 한국경제신문.

Peter F. Drucker(2006). 성과를 향한 도전. 서울: 간디서원.

Peter G. Northouse(2017). 리더십 입문: 개념과 실천. 서울: 시그마프레스.

Peter G. Northouse(2018). 리더십: 이론과 실제. 서울: 경문사.

Peter M. Senge(2014). 학습하는 조직. 서울: ㈜에이지이십일.

Philip Kotler, Gary Armstrong(2017). 마케팅 원리. 서울: 시그마프레스.

Philip Kotler, Kevin Lane Keller(2012). 마케팅 관리론. 서울: 피어슨에듀케이션코리아.

Robert A. Reiser, John V. Dempsey(2014). 교수설계 공학의 최신경향과 쟁점. 서울: 아카데미프레스.

Robert L. Mathis, John H. Jackson, Sean R. Valentine, & Patricia A. Meglich(2018). 인적자원관리. 서울: 한경사.

Stephen P. Robbins, Mary A. Coulter, & David A. De Cenzo(2021). 경영학원론. 서울: 시그마프레스.

Valarie A. Zeithaml, Mary Jo Bitner, & Dwayne D. Gremler(2006). 서비스마케팅. 서울: 청람.

Vijay Kotu, Bala Deshpande(2016). 데이터 과학. 서울: 한티미디어.

해외 문헌

Ansoff, H. I. (1965). Corporate strategy: *An analytic approach to business policy for growth and expansion.* McGraw-Hill Companies.

Antonakis, J. E., Cianciolo, A. T., & Sternberg, R. J. (2004). *The nature of leadership.* Sage Publications, Inc.

Argyris, C. (1970). *Intervention Theory & Method: A Behavioral Science View.*

Baron, J. N., & Kreps, D. M. (1999). Consistent human resource practices. *California Management Review, 41*(3).

Bass, B. M. (1985). Leadership: Good, better, best. *Organizational dynamics, 13*(3), 26-40.

Blanchard, K. (2018). *Leading at a higher level: Blanchard on leadership and creating high performing organizations.* FT Press.

Boyatzis, R. E. (1991). *The competent manager: A model for effective performance.* John Wiley & Sons.

Burns, J. M., Looney, A., Casey, N., & O'Donnell, M. L. (1978). *Leader.*

Campbell, S., & Thoms, A. (1977). Ultrasound measurement of the fetal head to abdomen circumference ratio in the assessment of growth retardation. BJOG: *An International Journal of Obstetrics & Gynaecology, 84*(3), 165-174.

Carlisle, H. M. (1987). *Management essentials: concepts for productivity and innovation.* Science Research Associates.

Chandler, A. D. (1962). Strategy and structure: Chapters in the history of the industrial empire. *Cambridge Mass.*

Churchill, G. A., & Iacobucci, D. (1995). *Marketing research*. Methodological foundations, 6.

Conger, J. A., & Kanungo, R. N. (1987). Toward a behavioral theory of charismatic leadership in organizational settings. *Academy of management review, 12*(4), 637-647.

Cronin Jr, J. J., & Taylor, S. A. (1992). Measuring service quality: a reexamination and extension. *Journal of marketing, 56*(3), 55-68.

Dellaert, B., Borgers, A., & Timmermans, H. (1995). A day in the city: Using conjoint choice experiments to model urban tourists' choice of activity packages. *Tourism management, 16*(5), 347-353.

Deming, W. E. (2018). *Out of the Crisis, reissue.* MIT press.

Drucker, P. F. (1974). *Management: Tasks, responsibilities, practices* (reprint 1999).

Edelson, P. J. (1992). Rethinking Leadership in Adult and Continuing Education. *New directions for adult and continuing education, 56*, 5-15.

Etzioni, A. (1964). Modern Organizations Prentice Hall. *Englewood Cliffs,* NJ.

Fiedler, F. E. (1972). The effects of leadership training and experience: A contingency model interpretation. *Administrative Science Quarterly*, 453-470.

Fishbein, M., Ajzen, I., & Belief, A. (1975). *Intention and Behavior: An introduction to theory and research.*

French Jr, J. R., & Raven, B. (1959). The bases of social power. Studies in Social Power, Dorwin Cartwright. ed. Ann Arbor, MI; *Institute of Social Research*, University of Michigan, 150-67.

Galbraith, J. R., & Lawler, E. E. (1993). Organizing for the future: *The new logic for managing complex organizations.* Jossey-Bass.

Gilbert, N., & Specht, H. (1977). Coordinating social services: *An analysis of community, organizational, and staff characteristics*. Praeger.

Graen, G. B. (1976). Role-making processes within complex organizations. *Handbook of industrial and organizational psychology.*

Graen, G. B., & Scandura, T. A. (1987). Toward a psychology of dyadic organizing. *Research in organizational behavior.*

Graham, J. W. (1991). Servant-leadership in organizations: Inspirational and moral. *The leadership quarterly, 2*(2), 105-119.

Greenleaf, R. K. (1970). The servant as leader Indianapolis: the Robert K. *Greenleaf center*, 1-37.

Gross, E. (1969). The definition of organizational goals. *The British Journal of Sociology, 20*(3), 277-294.

Grönroos, C. (1984). A service quality model and its marketing implications. *European Journal of marketing.*

Hackman, J. R., & Oldham, G. R. (1976). Motivation through the design of work: Test of a theory. *Organizational behavior and human performance, 16*(2), 250-279.

Heres, L., & Lasthuizen, K. (2012). What's the difference? Ethical leadership in public, hybrid and private sector organizations. *Journal of change management, 12*(4), 441-466.

Herzberg, F. (1974). Motivation-hygiene profiles: pinpointing what ails the organization. *Organizational dynamics.*

Hiller, N. J., Day, D. V., & Vance, R. J. (2006). Collective enactment of leadership roles and team effectiveness: A field study. *The Leadership Quarterly, 17*(4), 387-397.

House, R. J. (1976). *A 1976 Theory of Charismatic Leadership*. Working Paper Series 76-06.

ISO(2018). Educational organizations Management systems for educational organizations Requirements with guidance for use.

Johnson, S. P. (2000). A critical evaluation of the new services development process: integrating service innovation and service design. *New service development, creating memorable experiences.*

Jones, S. C., & Vroom, V. H. (1964). Division of labor and performance under cooperative and competitive conditions. *The Journal of Abnormal and Social Psychology, 68*(3), 313.

Katz, D. (1966). Attitude formation and public opinion. *The Annals of the American Academy of Political and Social Science, 367*(1), 150-162.

Katz, R. (1955). Skills of an effective administrator. *Harvard Business Review*, Jan-Feb.

Katsikeas, C. S., Morgan, N. A., Leonidou, L. C., & Hult, G. T. M. (2016). Assessing performance outcomes in marketing. Journal of marketing, 80(2), 1-20.

Knowles, M. S. (1980). *From pedagogy to andragogy*. Religious Education.

Levitt, T. (1960). Marketing myopia. *Harvard business review, 38*(4), 24-47.

Lewin, K. (1947). Frontiers in group dynamics: II. Channels of group life; social planning and action research.

Human relations, 1(2), 143-153.

Lewis, B. R. (1993). Service quality measurement. Marketing Intelligence & Planning.

Lovelock, C. H. (1983). Classifying services to gain strategic marketing insights. *Journal of marketing, 47*(3), 9-20.

Manz, C. C., & Sims, H. P. (1990). *Superleadership: Leading others to lead themselves.* Berkley Trade.

March, J. G. (1994). *Primer on decision making: How decisions happen*. Simon and Schuster.

Marquardt, M. J. (2002). *Building the learning organization: Mastering the 5 elements for corporate learning.* Nicholas brealey publishing.

Mathis, R. L., & Jackson, J. H. (2008). *Human resource management.* Thomson/South-western.

McLagan, P. A. (1989). Models for HRD practice. *Training & development journal, 43*(9), 49-60.

Narayanan, V. K. (1993). *Organization theory; a strategic approach* (No. 04; HD31, N3.).

Na, Y. M., & Yoon, J. H. (2011). The effect of the mother's educational aspirations and the household's characteristics on private educational expenditures. *Korean Journal of Human Ecology, 20*(6), 1199-1212.

Noe, R. A., Hollenbeck, J. R., Gerhart, B. A., & Wright, P. M. (2007). *Fundamentals of human resource management.*

Parasuraman, A., Zeithaml, V. A., & Berry, L. L. (1985). A conceptual model of service quality and its implications for future research. *Journal of marketing, 49*(4), 41-50.

Parasuraman, A., Zeithaml, V. A., & Berry, L. (1988). *SERVQUAL: A multiple-item scale for measuring consumer perceptions of service quality. 1988, 64*(1), 12-40.

Putti, J. M., Koontz, H., & Weihrich, H. (1998). Essentials of Management: *An Asian Perspective*. McGraw-Hill Book Company.

Schein, E. H. (2010). *Organizational culture and leadership* (Vol. 2). John Wiley & Sons.

Schramm, W. (1971). Notes on Case Studies of Instructional Media Projects.

Schroeder, W. L. (1980). Typology of adult learning systems. *Building an effective adult education enterprise*, 41-77.

Senge, P. M. (1997). The fifth discipline. *Measuring Business Excellence.*

Simon, H. A. (2013). *Administrative behavior*. Simon and Schuster.

Skinner, S. J., Ivancevich, J. M., Lorenzi, P. & Crosby, P. (1996). Management(Homewood, IL: Richard. Irwin, Inc,).

Skidmore, R. A. (1995). Social work administration: *Dynamic management and human relationships.* Allyn & Bacon.

Spears, L. C. (2010). Character and servant leadership: Ten characteristics of effective, caring leaders. *The journal of virtues & leadership, 1*(1), 25-30.

Steers, R. M. (1977). Antecedents and outcomes of organizational commitment. *Administrative science quarterly*, 46-56.

Steers, R. M. (1991). *Introduction to organizational behavior fourth edition.*

Stoner, J. A. (1995). *Management.* Pearson Education India.

Super, D. E. (1951). Vocational adjustment: implementing a self-concept. *Occupations.*

Thierauf, R. J., Klekamp, R. C., & Geeding, D. W. (1977). *Management principles and practices: a contingency and questionnaire approach.* John Wiley & Sons.

Thompson Jr, A. A., & Strickland III, A. J. (1992). Strategic Management Concepts and Cases. *IRWIN Homewood,* Boston.

Waddell, D., Cummings, T. G., & Worley, C. G. (2004). *Organisation development & change*. Thomson.

Waterman Jr, R. H., Peters, T. J., & Phillips, J. R. (1980). Structure is not organization. *Business horizons, 23*(3), 14-26.

Witkin, B. R., & Altschuld, J. W. (1995). *Planning and conducting needs assessments: A practical guide.* Sage.

인터넷 검색 자료

동국대학교(2022). 의사결정나무. http://bigdata.dongguk.ac.kr에서 2022.5.01. 인출.

사회복지학사전(2022). 집단구조. https://terms.naver.com에서 2022.5.01. 인출.

실무노동용어사전(2022). 인사관리. https://www.elabor.co.kr에서 2022.5.01. 인출.

위키백과(2022). 간트차트. https://ko.wikipedia.org에서 2022.4.20. 인출.

통계청(2022). 한국표준산업분류. https://kssc.kostat.go.kr에서 2022.4.20. 인출.

표준국어대사전(2022). 서비스. https://stdict.korean.go.kr에서 2022.6.10. 인출.

표준국어대사전(2022). 혁신가. https://stdict.korean.go.kr에서 2022.5.01. 인출.

Mindtool(2022). decision model. https://www.mindtools.com에서 2022.5.10. 인출.

교육서비스 경영

초판 1쇄 발행 2023년 2월 10일

지은이 김대열
펴낸이 이기봉
편집 좋은땅 편집팀
펴낸곳 도서출판 좋은땅
주소 서울특별시 마포구 양화로12길 26 지월드빌딩 (서교동 395-7)
전화 02)374-8616~7
팩스 02)374-8614
이메일 gworldbook@naver.com
홈페이지 www.g-world.co.kr

ISBN 979-11-388-1639-7 (03320)